MBA MPA MPAcc MEM
逻辑推理

——高效思维训练与应试指导

周建武　编著

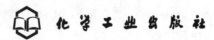

·北京·

本书根据管理类联考综合能力考试大纲要求与逻辑测试的最新命题动向而精心编写，突出了以训练逻辑推理和应试能力为目标的辅导特色。全书分为四大部分，其中：总论为应试指南，包括应试概要和解题指南；上篇为形式推理，包括词项逻辑、命题逻辑和演绎推理，注重的是考纲所要求的形式逻辑基础知识以及演绎推理的能力训练；下篇为非形式推理，包括归纳逻辑、论证逻辑和论证推理三个部分，注重的是逻辑归纳、论证以及批判性思维的能力训练；书后附录了最后冲刺，包括模拟考场、最新真题和应考策略，以供考生有针对性地训练提高。全书内容翔实，讲解精当，注重思维训练，揭示解题方法和应试技能，帮助考生创造逻辑高分奇迹。

图书在版编目（CIP）数据

MBA、MPA、MPAcc、MEM 逻辑推理：高效思维训练与应试指导/周建武编著．—北京：化学工业出版社，2018.4

ISBN 978-7-122-31726-1

Ⅰ.①M… Ⅱ.①周… Ⅲ.①逻辑-研究生-入学考试-自学参考资料 Ⅳ.①B81

中国版本图书馆 CIP 数据核字（2018）第 046470 号

责任编辑：廉　静　　　　　　　　　文字编辑：孙凤英
责任校对：边　涛　　　　　　　　　装帧设计：王晓宇

出版发行：化学工业出版社（北京市东城区青年湖南街 13 号　邮政编码 100011）
印　　刷：北京京华铭诚工贸有限公司
装　　订：三河市瓺发装订厂
787mm×1092mm　1/16　印张 32　字数 925 千字　2018 年 6 月北京第 1 版第 1 次印刷

购书咨询：010-64518888（传真：010-64519686）　售后服务：010-64518899
网　　址：http://www.cip.com.cn
凡购买本书，如有缺损质量问题，本社销售中心负责调换。

定　价：86.00 元　　　　　　　　　　　　　　　　　　　　　版权所有　违者必究

丛书序言

  硕士专业型学位是相对于学术型学位而言的学位类型，其目的是培养具有扎实理论基础，并适应特定行业或职业实际工作需要的应用型高层次专门人才。随着我国高等教育逐步向国际接轨，我国的管理类联考、经济类联考等专业硕士入学考试也在逐步借鉴美国的 GMAT、LSAT、MCAT 的考试模式，其中逻辑思维能力测试就是最大的体现，具体表现在逻辑推理和论证有效性分析两大题型。

  "管理类联考"是指管理类专业学位硕士研究生入学统一考试。管理类联考是在 MBA 联考的基础上发展起来的，从 2011 年起统称为管理类专业学位联考，截至目前，管理类专业硕士学位教育招生包含七个专业学位，分别是：工程管理硕士（MEM）、工商管理硕士（MBA）、公共管理硕士（MPA）、会计硕士（MPAcc）、图书情报硕士（MLIS）、旅游管理硕士（MTA）和审计硕士（MAud）。管理类联考考试科目包括"管理类联考综合能力"（满分为 200 分）与考研"英语二"（满分为 100 分）两科，总计 300 分。其中：管理类联考综合能力（科目代码 199）卷面结构包括数学、逻辑推理、写作三大部分，其分值分布为：数学 75 分（包括问题求解 15 题、条件充分性判断 10 题，每题 3 分），逻辑推理 60 分（30 题，每题 2 分），写作 65 分（包括论证有效性分析 1 题 30 分、论说文 1 题 35 分）。

  "经济类联考"是中国人民大学从 2011 年起在经济类硕士专业学位中首次举办的，在此基础上，教育部决定从 2012 年起在中国人民大学等多所高校的六个专业学位增设"经济类综合能力"选考联考科目，报考类别包括金融硕士（MF）、应用统计硕士（MAS）、税务硕士（MT）、国际商务硕士（MIB）、保险硕士（MI）及资产评估硕士（MV）。经济类联考综合能力（科目代码 396）卷面结构包括逻辑推理、数学基础、写作三大部分，满分为 150 分，其分值分布为：逻辑推理 40 分（包括选择题 20 题，每题 2 分，共 40 分）。数学基础 70 分（包括选择题 10 题，每题 2 分，共 20 分；计算题 9~10 题，共 50 分）。写作 40 分（包括论证有效性分析 1 题，20 分；论说文 1 题，20 分）。

  管理类联考综合能力（科目代码 199）和经济类联考综合能力（科目代码 396）两者的考试时间均为 180 分钟，其考试范围均为数学、逻辑推理、写作（包括论证有效性分析、论说文）三大部分。其中数学考试大纲有一定的差异。而逻辑、写作部分的考试大纲基本相同。两者的试卷结构对比如下：

		管理类联考综合能力（科目代码199）	经济类联考综合能力（科目代码396）
试卷满分		200分	150分
分值分布	数学基础	75分	70分
	逻辑推理	60分	40分
	写作 论证有效性分析	30分	20分
	论说文	35分	20分

　　逻辑研究的是理性思维，所谓理性思维是人们通过大脑的抽象作用对客观对象内在规定性的认识，是认识发展的高级阶段。逻辑有广义和狭义上的不同理解：广义的逻辑泛指与人的思维和论辩有关的形式、规律和方法，通常就是指人们思考问题，从某些已知条件出发推出合理的结论的规律；狭义的逻辑指的是一门学科，就是逻辑学，主要研究推理，是关于推理有效性的科学。

　　综合能力试卷中逻辑测试的目标是检验考生以下这些能力：逻辑知识的灵活运用能力、逻辑分析能力、推理论证能力、批判性思维能力。其中，逻辑推理部分主要是考察考生应用常用的逻辑分析方法，通过对已获取的各种信息和综合知识的理解、分析、综合、判断、归纳等，引出概念、寻求规律，对事物间关系或事件的走向趋势进行合理的判断与分析，确定解决问题的途径和方法。论证有效性分析的测试目标主要是考查考生的批判性思维能力，具体包括批判性阅读能力、论证缺陷分析能力和评论性写作能力。

　　高质量的考试辅导教材总是要具备三个要素：一是看它是否着力去突显为考生备考服务的宗旨；二是该书是否具有前瞻性，能否针对今后的考试；三是该书是否严格遵循大纲要求，难度与考试试卷相符或略微偏高。本套丛书就是按这样的要求来编写的，首先，针对考试题量大、内容广的特点，全面精讲基础知识和基本技能，帮助考生做好全面的复习，尽快适应考试；其次，根据命题思路，举题型讲方法，书中随处可见对以往考题的剖析，从中充分展示解题技巧和规律性，便于考生掌握和应用；再次，强调精练，在统计分析以往的考题的基础上结合未来命题的趋势，精心编排设计了针对性强、与命题发展方向相吻合的经典习题或模拟试题。本套丛书的例题、习题与模拟试题设计上突出了"适度偏难"，不只是为了让考生准备更充分，也是为了弥补目前各类复习指导教材与考试题目难度差距较大的不足。

　　我们衷心希望本套丛书能帮助考生有效地提高实战能力，给应试备考带来实实在在的效果，祝愿各位考生在认真准备的基础上，有良好的发挥，顺利地考取理想院校的专业硕士研究生。

　　由于本套丛书涉及的范围广、内容多、题量大，疏漏和不足之处在所难免，因此，热诚欢迎专家、考生及广大读者对本书批评并提出宝贵意见。若有信息反馈请直接发至周建武邮箱：zjwgct@sina.com。

作者
2018年3月于北京

前言

随着我国高等教育逐步向国际接轨,我国的专业硕士入学考试也在逐步借鉴美国的 GMAT、LSAT、MCAT 的考试模式,其中逻辑科目就是最大的体现。逻辑推理考试就是考查学生是否具有严谨的逻辑推理能力和在复杂情况下处理众多信息的应变能力的素质考试。逻辑考试作为管理类、经济类各类专业硕士选拔考试的重要一科,其考查目的是为了科学、公平、准确地测试考生的逻辑思维能力。

"管理类联考"是指管理类专业学位硕士研究生入学统一考试。管理类联考是在 MBA 联考的基础上发展起来的,从 2011 年起统称为"管理类专业学位联考",截至目前,管理类专业硕士学位教育招生包含七个专业学位,分别是:工程管理硕士(MEM)、工商管理硕士(MBA)、公共管理硕士(MPA)、会计硕士(MPAcc)、图书情报硕士(MLIS)、旅游管理硕士(MTA)和审计硕士(Maud)。

从 2011 年起,中国人民大学在经济类硕士专业学位中举办经济类联考,在此基础上,教育部决定从 2012 年起在中国人民大学等 9 所高校的金融、应用统计、税务、国际商务、保险、资产评估六个专业学位增设"经济类综合能力"选考联考科目。

管理类联考考试科目包括"管理类联考综合能力"(卷面结构包括数学、逻辑推理、写作三大部分,满分为 200 分)与考研"英语二"(满分为 100 分)两科,总计 300 分。其中:管理类联考综合能力分值分布为数学(75 分,包括问题求解 15 题、条件充分性判断 10 题,每题 3 分)、逻辑推理(60 分,30 题,每题 2 分)、写作(65 分,包括论证有效性分析 1 题 30 分、论说文 1 题 35 分)。

管理类联考综合能力(科目代码 199)和经济类联考综合能力(科目代码 396)两者的考试时间均为 180 分钟,其考试范围均为数学基础、逻辑推理、写作三个部分。其中逻辑推理测试的考试大纲基本相同。两者的试卷结构对比如下:

项目	管理类联考综合能力 (科目代码 199)	经济类联考综合能力 (科目代码 396)
试卷满分	200 分	150 分
分值分布	数学基础 75 分、逻辑推理 60 分、写作 65 分	数学基础 70 分、逻辑推理 40 分、写作 40 分

逻辑研究的是理性思维,所谓理性思维是人们通过大脑的抽象作用对客观对象内在规定性的认识,是认识发展的高级阶段。逻辑有广义和狭义上的不同理解:广义的逻辑泛指与人的思维和论辩有关的形式、规律和方法,通常就是指人

们思考问题，从某些已知条件出发推出合理的结论的规律；狭义的逻辑指的是一门学科，就是逻辑学，主要研究推理，是关于推理有效性的科学。

综合能力试卷中的逻辑推理部分作为一种能力测试，主要是考查考生应用常用的逻辑分析方法，通过对已获取的各种信息和综合知识的理解、分析、综合、判断、归纳等，引出概念、寻求规律，对事物间关系或事件的走向趋势进行合理的判断与分析，确定解决问题的途径和方法。逻辑科目的测试目标都是检验考生的三种能力：逻辑知识的灵活运用能力、批判性思维能力、逻辑分析能力。其测试特征不以难度为主，而以速度为主。在这种富有挑战性的实力型测试中，既需要具有雄厚的综合实力，又需要运用有效的应试方法和策略。

一本好的考试辅导教材，总是要具备三个要素：一是看它是否着力去突显为考生备考服务的宗旨；二是该书是否具有前瞻性，能否针对今后的考试；三是该书是否严格遵循大纲要求，难度与考试试卷相符或略微偏高。本书就是按这样的要求来编写的，首先，针对考试题量大、内容广的特点，全面精讲基础知识和基本技能，帮助考生做好全面的复习，尽快适应考试；其次，根据命题思路，举题型讲方法，书中随处可见对以往考题的剖析，从中充分展示解题技巧和规律性，便于考生掌握和应用；再次，本书特别提出了精练的概念，在统计分析以往的考题的基础上结合未来命题的趋势，精心编排设计了针对性强、与命题发展方向相吻合的经典习题或模拟试题。本书的例题与习题设计上突出了"适度偏难"，不只是为了让考生准备更充分，也是为了弥补目前各类复习指导教材与考试题目难度差距较大的不足。

针对非逻辑背景在职专业硕士考生的具体特点，本书根据各专业硕士最新考试大纲关于逻辑推理能力测试的要求而编写，在体系编排上体现了不同于一般辅导参考书的创意，全书分为四大部分，具体结构如下：

总论：应试指南。分为两章，其中，应试概要包括考试定位、命题分析、备考策略；解题指南包括推理方向、命题原则、解题原则、答案判别、逻辑阅读、解题步骤。

上篇：形式推理。分为三章，其中，词项逻辑包括澄清概念、直言推理、三段论；命题逻辑包括复合命题、多重复合、复合推演、模态逻辑；演绎推理包括关系推理、数学推理、逻辑分析。

下篇：非形式推理。分为三章，其中，归纳逻辑包括归纳推理、统计推理、因果推理、归纳方法；论证逻辑包括论证语言、逻辑规律、论证谬误、合情论证；论证推理分别详细讲解了逻辑测试的九大题型，包括假设、支持、削弱、评价、推论、解释、比较、描述、综合。

附录：最后冲刺。分为三个部分，其中，模拟考场给出了五套全真模拟试题，最新真题包含了最近的管理类联考逻辑试题，模拟试题和最新真题均提供了答案及其详解。另外，应考策略讲解了临考安排和考场策略。

为帮助各类非逻辑背景的考生更好地进行复习备考，本书的编写指导思想是紧扣逻辑推理考试特点，始终体现了逻辑备考的基本原则，即"化繁为简，思维至上"。全书从考生的实际出发，以逻辑推理理论为立足点，以逻辑学知识体系为基础，以日常逻辑思维能力的训练为目标，以大量的例题分类讲解为特色，把知识贯通、思维训练与解题技巧有效地结合起来。本书各个章节都包含了专项训练，书中所有例题、练习题、模考题和真题都提供了详尽的答案解析，以供考生有针对性地训练提高。

全书对逻辑推理考试从题型特点和解题方法上进行分类归总，在讲清每种套路的基本特点后，对例题进行详细分析其解题程序和方法，让考生学会如何运用这些基本的解题思路去实际解答考题。目的是通过对逻辑解题训练，帮助考生更好地做好逻辑科目的复习备考，全面掌握逻辑推理的基础知识、批判性思维技法、逻辑应试特点和解题技法，在较短时间内有效地提高逻辑推理能力和实际解题能力，以真正实现逻辑科目的高分突破。我们衷心希望这套丛书能有效地提高考生的实战能力，给复习备考带来实实在在的效果，祝愿各位考生在认真准备的基础上，有良好的发挥，顺利地考取理想院校的专业硕士研究生。

由于逻辑推理涉及的范围广、内容多，尽管我们尽力做到万无一失，但疏漏之处总是难免，因此，热诚欢迎辅导专家、考生及广大读者对本书批评并提出宝贵意见。若有信息反馈请直接发至周建武邮箱：zjwgct@sina.com。

作者

2018 年 3 月于北京

目录 CONTENTS

总论 应试指南

第一章 应试概要
第一节 考试定位 …… 002
一、考试渊源 …… 002
二、考查内容 …… 003
第二节 命题分析 …… 005
一、题库来源 …… 005
二、命题规律 …… 006
第三节 备考策略 …… 007
一、学习步骤 …… 007
二、训练策略 …… 010

第二章 解题指南
第一节 推理方向 …… 012
一、自下而上 …… 012
二、自上而下 …… 014
第二节 命题原则 …… 016
一、公平公正 …… 016
二、假设正确 …… 017
三、选项干扰 …… 019
第三节 解题原则 …… 021
一、收敛思维 …… 021
二、无需充分 …… 024
三、相对最好 …… 026
第四节 答案判别 …… 028
一、内容相干 …… 028
二、起到作用 …… 029
三、程度最大 …… 030
第五节 逻辑阅读 …… 032
一、快速阅读 …… 033
二、抓住题眼 …… 035
三、结构提炼 …… 037
四、精准理解 …… 040
五、明确问题 …… 041
六、题项结合 …… 042
第六节 解题步骤 …… 043
一、阅读理解 …… 043
二、寻找答案 …… 045

上篇 形式推理

第三章 词项逻辑
第一节 澄清概念 …… 050
一、概念分析 …… 050
二、定义判断 …… 052
【专项训练】 …… 054
【答案解析】 …… 056
第二节 直言推理 …… 058
一、对当关系 …… 058
二、变形推理 …… 062
【专项训练】 …… 066
【答案解析】 …… 068
第三节 三段论 …… 069
一、结构比较 …… 069
二、推出结论 …… 072
三、补充前提 …… 076
【专项训练】 …… 079
【答案解析】 …… 082

第四章 命题逻辑
第一节 复合命题 …… 086
一、联言推理 …… 086
二、选言推理 …… 089
三、假言推理 …… 093
四、省略假言 …… 099
【专项训练】 …… 100
【答案解析】 …… 104
第二节 多重复合 …… 106
一、摩根定律 …… 106
二、等价转换 …… 109
三、假言连锁 …… 111
四、二难推理 …… 112
【专项训练】 …… 116
【答案解析】 …… 120
第三节 复合推演 …… 123
一、推出结论 …… 123
二、补充前提 …… 126
三、结构比较 …… 127
四、评价描述 …… 128
【专项训练】 …… 129
【答案解析】 …… 134
第四节 模态逻辑 …… 138
一、模态推理 …… 138
二、模态复合 …… 140
【专项训练】 …… 142
【答案解析】 …… 143

第五章　演绎推理
- 第一节　关系推理 …… 145
  - 一、排序推理 …… 146
  - 二、关系推演 …… 147
  - 【专项训练】 …… 148
  - 【答案解析】 …… 150
- 第二节　数学推理 …… 151
  - 一、数学运算 …… 151
  - 二、数学思维 …… 152
  - 三、数学推演 …… 153
  - 【专项训练】 …… 154
  - 【答案解析】 …… 158
- 第三节　逻辑分析 …… 161
  - 一、演绎推论 …… 161
  - 二、演绎分析 …… 162
  - 三、匹配对应 …… 163
  - 四、真假话题 …… 165
  - 五、逻辑推演 …… 167
  - 六、分析题组 …… 169
  - 【专项训练】 …… 171
  - 【答案解析】 …… 178

下篇　非形式推理

第六章　归纳逻辑
- 第一节　归纳推理 …… 186
  - 一、归纳概括 …… 187
  - 二、轻率概括 …… 189
  - 【专项训练】 …… 190
  - 【答案解析】 …… 192
- 第二节　统计推理 …… 193
  - 一、统计概括 …… 194
  - 二、数据应用 …… 195
  - 【专项训练】 …… 198
  - 【答案解析】 …… 203
- 第三节　因果推理 …… 207
  - 一、因果分析 …… 207
  - 二、因果推导 …… 212
  - 三、因果推断 …… 214
  - 四、思维模式 …… 217
  - 【专项训练】 …… 219
  - 【答案解析】 …… 223
- 第四节　归纳方法 …… 225
  - 一、求同法 …… 225
  - 二、求异法 …… 227
  - 三、共变法 …… 231
  - 【专项训练】 …… 234
  - 【答案解析】 …… 238

第七章　论证逻辑
- 第一节　论证语言 …… 241
  - 一、语意预设 …… 241
  - 二、言语理解 …… 242
  - 三、对话辩论 …… 244
  - 【专项训练】 …… 245
  - 【答案解析】 …… 249
- 第二节　逻辑规律 …… 252
  - 一、同一律 …… 252
  - 二、矛盾律 …… 253
  - 三、排中律 …… 254
  - 【专项训练】 …… 256
  - 【答案解析】 …… 258
- 第三节　论证谬误 …… 259
  - 一、主张谬误 …… 259
  - 二、理由谬误 …… 260
  - 三、支持谬误 …… 263
  - 【专项训练】 …… 264
  - 【答案解析】 …… 266
- 第四节　合情论证 …… 267
  - 一、类比论证 …… 267
  - 二、实践论证 …… 271
  - 【专项训练】 …… 273
  - 【答案解析】 …… 277

第八章　论证推理
- 第一节　假设 …… 281
  - 一、充分假设 …… 283
  - 二、推理可行 …… 284
  - 三、无因无果 …… 285
  - 四、没有他因 …… 286
  - 五、假设辨析 …… 287
  - 六、不能假设 …… 289
  - 七、假设复选 …… 290
  - 【专项训练】 …… 291
  - 【答案解析】 …… 297
- 第二节　支持 …… 301
  - 一、充分支持 …… 303
  - 二、推理可行 …… 304

目录 CONTENTS

　　三、没有他因 ………………… 305
　　四、增加论据 ………………… 306
　　五、有因有果 ………………… 308
　　六、无因无果 ………………… 308
　　七、最能支持 ………………… 309
　　八、不能支持 ………………… 311
　　九、支持复选 ………………… 313
　　【专项训练】 ………………… 314
　　【答案解析】 ………………… 319
　第三节　削弱 …………………… 322
　　一、否定假设 ………………… 323
　　二、反对理由 ………………… 324
　　三、另有他因 ………………… 325
　　四、反面论据 ………………… 327
　　五、有因无果 ………………… 328
　　六、无因有果 ………………… 329
　　七、最能削弱 ………………… 329
　　八、削弱变形 ………………… 331
　　九、不能削弱 ………………… 332
　　十、削弱复选 ………………… 334
　　【专项训练】 ………………… 335
　　【答案解析】 ………………… 345
　第四节　评价 …………………… 351
　　一、是否假设 ………………… 352
　　二、对比评价 ………………… 353
　　三、不能评价 ………………… 354
　　【专项训练】 ………………… 355
　　【答案解析】 ………………… 356
　第五节　推论 …………………… 357
　　一、概括论点 ………………… 358
　　二、推出结论 ………………… 360

　　三、推论假设 ………………… 361
　　四、推论支持 ………………… 362
　　五、推论削弱 ………………… 363
　　六、不能推论 ………………… 364
　　七、推论复选 ………………… 365
　　【专项训练】 ………………… 366
　　【答案解析】 ………………… 372
　第六节　解释 …………………… 375
　　一、解释现象 ………………… 376
　　二、解释矛盾 ………………… 377
　　三、不能解释 ………………… 379
　　四、解释复选 ………………… 380
　　【专项训练】 ………………… 381
　　【答案解析】 ………………… 385
　第七节　比较 …………………… 387
　　一、结构平行 ………………… 388
　　二、方法相似 ………………… 389
　　【专项训练】 ………………… 390
　　【答案解析】 ………………… 392
　第八节　描述 …………………… 393
　　一、评价描述 ………………… 393
　　二、逻辑描述 ………………… 394
　　三、缺陷描述 ………………… 395
　　【专项训练】 ………………… 396
　　【答案解析】 ………………… 398
　第九节　综合 …………………… 399
　　一、完成句子 ………………… 400
　　二、论证题组 ………………… 401
　　【专项训练】 ………………… 402
　　【答案解析】 ………………… 406

附录　最后冲刺

　附录A　模拟考场 ……………… 412
　　一、模拟试题一 ……………… 412
　　二、模拟试题二 ……………… 424
　　三、模拟试题三 ……………… 436
　　四、模拟试题四 ……………… 448
　　五、模拟试题五 ……………… 460

　附录B　最新真题 ……………… 473
　　一、2017年真题 ……………… 473
　　二、2018年真题 ……………… 486
　附录C　应考策略 ……………… 498
　　一、临考安排 ………………… 498
　　二、考场策略 ………………… 499

总论

应试指南

逻辑推理考试作为管理类和经济类专业学位联考的重要一科，其考查目标是测试考生是否具有较强的分析、推理、论证等逻辑思维能力。具体是将逻辑基本原理应用到日常生活的各种题材中，考查学生是否具有严谨的逻辑推理能力和在复杂情况下处众多信息的应变能力。

第一章 应试概要

管理类和经济类专业学位联考的综合能力考试大纲规定：逻辑推理部分主要考查考生对各种信息的理解、分析、判断和综合，以及相应的推理、论证、比较、评价等逻辑思维能力，不考查逻辑学的专业知识。试题内容涉及自然、社会和人文等各个领域，但不考查相关领域的专业知识。

第一节 考试定位

逻辑推理考试本质上是一种能力型考试，主要测试考生的三种能力：逻辑学基本知识的灵活运用能力、批判性思维能力、逻辑分析能力。

一、考试渊源

能力型考试的模式来源于西方特别是北美。西方对逻辑理性的重视反映到学历教育与非学历教育各个领域，申请美国大学研究生院所要求的标准化考试——研究生入学资格考试 GRE（Graduate Record Examinations）、进入商学院攻读 MBA 的入学资格考试 GMAT（Graduate Management Admission Test）、进入法学院攻读 JD（Juris Doctor）的入学资格考试 LSAT（Law School Admission Test）和进入医学院攻读研究生的 MCAT（The Medical College Admission Test），都是能力型考试。西方尤其是美国的能力型考试作为研究生入学考试发展已经非常成熟，批判性思维能力是这三类考试主要的测试目标，具体来说，这三类考试主要包含以下几个部分：逻辑推理（Critical Reasoning）直接测试考生的逻辑与批判性思维能力；批判性阅读理解（Reading Comprehension）和数据充分性分析（Data Sufficiency）通过对文字和数学内容的理解测试考生的逻辑和批判性思维能力；批判性写作（Writing）同时测试考生的批判性思维和文字表达能力。

我国的专业硕士教育起步较晚，在各个方面都在借鉴欧美发达国家成熟的专业硕士教育体制包括入学考试模式。国内的各类专业硕士入学考试考查逻辑是从 1997 年的 MBA 联考开始的，逐步到 2011 年之后的管理类联考和经济类联考，很大程度上借鉴了 GMAT 考试的模式。

GMAT 是由美国商学院研究所入学考试委员会（Graduate Management Admission Test，简称 GMAT）委托新泽西州普林斯顿的教育测试中心（ETS）举办，在我国的主办单位是中国国外考试协调处（CIECB）。美国、英国、澳大利亚等国家的高校都采用 GMAT 考试的成绩来评估申请入学者是否适合于在商业、经济和管理等专业的研究生阶段学习，以决定是否录取。

在 GMAT 中的逻辑推理测验（critical reasoning），要求 25 分钟内完成 16 道题目，主要考查的是三个方面的推理能力：

(1) making arguments（确定论点）。

(2) evaluating arguments（评价论点）。

(3) formulating or evaluating a plan of action（规范或者评价一个行动计划）。

按照美国 ETS 命题人员的说法，逻辑推理题主要考查考生在以下三个方面是否具备有效推理的能力：

1. 论点构建（argument construction）

这一方面的问题主要要求识别或找到：

(1) 论述的基本结构（the basic structure of an argument）。

(2) 正确得到的结论（properly drawn conclusion）。

(3) 所基于的假设（underlying assumption）。

(4) 被强有力支持的解释性假说（well-supported explanatory hypotheses）。

(5) 结构上相似的论点的平行结构（parallels between structurally similar arguments）。

2. 论点评价（argument evaluation）

这一方面的问题主要要求在分析既定论点的基础上识别：

(1) 加强或削弱既定论点的因素（factors that would strengthen or weaken the given argument）。

(2) 在进行论述时所犯的推理错误（reasoning errors committed in making that argument）。

(3) 进行论述时所使用的方法（the method by which the argument proceeds）。

3. 形成并且评价行动方案（formulating and evaluating a plan of action）

这方面的问题主要要求识别：

(1) 不同行动方案的相对合适性、有效性或效率（the relative appropriateness, effectiveness, or efficiency of different plans of action）。

(2) 加强或削弱拟议行动方案成功可能性的因素（factors that would strengthen, or weaken, the prospects of success for a proposed plan of action）。

(3) 拟议行动计划所基于的假设（assumptions underlying a proposed plan of action）。

具体出现的题型是多种多样的，主要有以下九大类型：

(1) 假设：这类考题主要考查考生识别根据什么前提得出论点的能力。

(2) 支持：这类考题主要考查考生识别一种附加事实信息支持论点的能力。

(3) 削弱：这类考题主要考查考生识别一种附加事实信息反对论点的能力。

(4) 评价：这类考题主要考查考生评价论点的能力。

(5) 推论：这类考题主要考查考生通过作者明确的表述看出其含义的能力；考查考生根据文章中的论据能提出什么合乎逻辑的主张的能力；考查考生理解文章要点的能力。

(6) 解释：这类考题主要考查考生解释某个现象、结果或缓解某种矛盾的能力。

(7) 比较：这类考题主要考查考生识别类似推理问题的能力。

(8) 描述：这类考题主要考查考生识别推理结构、方法、特点和缺陷的能力。

(9) 综合：这类考题主要考查考生对论证推理综合运用的能力。

二、考查内容

管理类和经济类专业学位联考的"逻辑推理"考试与一般意义上的"逻辑学"考试只有一字之差，但考试的内容和要求却差别很大。那么，"逻辑推理"考试与"逻辑学"考试有什么差别呢？逻辑推理考试到底考什么呢？为此，我们首先要说明各类考试试题的类型。所有的考试试题不外乎三类：

第一类是知识型试题。要答对这类试题，就必须掌握并熟练记忆相关的知识；否则如果考生记不住相关知识点，就不能解决这类试题。比如，以往学校教育各类考试中出现的试题大量都是知识型试题。

第二类是纯粹能力型试题。纯粹能力型的试题是对个人思维能力的一种测试，解题过程原则上不涉及对具体知识的运用。比如智力测验、公务员行政职业能力测验等试题。

第三类是知识能力型试题。这种试题是介于上述两类试题之间，其特点是如果掌握相关的知识，有利于迅速准确地解题，但是这个题本身并不直接测试对相关知识的熟练记忆，也就是说，相关的知识哪怕记不住，只要考生的思维能力足够强，这类题也能答对。

下面把"逻辑推理"考试和"逻辑学"考试列表作一个对比：

项目		"逻辑学"考试	"逻辑推理"考试
考试对象		针对高等学校中逻辑专业学生的考试	管理类和经济类专业学位联考中的逻辑推理考试
试题分布	知识型试题	为主	几乎不涉及
	知识能力型试题	为辅	为辅
	纯粹能力型试题	几乎不涉及	为主
试题定位		侧重知识型的逻辑考试	侧重能力型的逻辑考试

可见，"逻辑推理"考试的定位是一种特殊类型的逻辑考试，是一种侧重能力型的逻辑考试。相关逻辑理论与知识点掌握得多，逻辑思维能力不一定就强，也就是说，专业硕士的逻辑推理考试并不主要测试你对逻辑知识点的死记硬背，而主要测试的是逻辑思维能力，所以，关键是要靠大量做题来训练和提高这一能力的。

逻辑试题所涉及的领域很宽，但几乎涵盖了思维科学、自然科学、技术科学、社会科学和日常生活的各个领域，但并非考核所有这些领域的专门知识，都仅限于常识范围，因此对每个题目题意的理解并不困难，题目主要测试考生的逻辑思维水平。总体来说，是一种倾向于能力的测试。

逻辑推理考查的内容包括形式推理和非形式推理两大类，大概各占逻辑试题一半的篇幅，逻辑试题的分类、特点、考查目标等总结列表如下：

项目	特点	考查目标	试题所涉及的内容	题量比例	试题类型
形式推理	演绎的、必然性推理	演绎逻辑知识	词项逻辑、命题逻辑、模态逻辑	约20%	知识能力型
		演绎推理能力	逻辑运算、推理、数学、比较、分析	约20%	
非形式推理	归纳的、语言的、或然性推理	归纳逻辑原理	归纳、统计、因果、类比、语言	约60%	纯粹能力型
		批判性思维能力	假设、支持、削弱、解释、推论、描述等		

具体而言，逻辑推理试题的分布、特点、破解思路及复习备考策略可归纳如下：

1. 形式推理

形式推理题属于必然性的推理，解题往往需要用到形式逻辑的基本规则，大致占逻辑试卷40%的分值。形式推理试题包括两种类型。

① 演绎逻辑知识相关试题。

属于知识能力型，其设计的依据是逻辑学的基础知识与推理规则，主要考查逻辑基础知识在各类题材中的灵活应用能力。内容包括词项逻辑、命题逻辑、模态逻辑。这类试题在国外研究生入学考试中这方面的内容很少涉及，也就是说对国外的逻辑测试来说，很少考查考生专门对逻辑学知识的掌握程度，而在国内的管理类、经济类专业学位联考的整张逻辑试卷中所占的比例占20%左右。

这类试题题的命题依据就是形式逻辑的基础知识，虽然并不专门考核或不直接考查逻辑专业知识,但逻辑知识是隐含在试题之中的。这部分试题虽然凭感觉选择也会有一定的成功概率,但若不按照有关的逻辑理论和方法去做,答题的速度比较慢而且很容易答错。当然,天生逻辑能力强的人即使不学逻辑学,选择速度和正确率也会相对较高,但也不是绝对把握。而对多数考生来说,是需要在平时复习中熟练掌握好相关知识点的。考生熟悉逻辑学的基础知识,掌握逻辑学的基本方法,才能迅速准确地解题。重点掌握必需的形式逻辑规则,主要包括概念、直言命题、复合命题、模态命题及其相应的推理规则,其中核心内容为复合命题及其推理。

② 演绎推理能力相关试题。

这是纯粹能力型的逻辑试题。这类考题几乎不涉及具体的逻辑知识,主要考查逻辑运算、推理、数学、分析等演绎推理能力。此类试题大致占逻辑试卷20%的分值。

这类试题要求考生分析一些假想的情况,是为了测试考生理解题设条件和引出结论的能力。这些题设条件(关系)往往被假设成多种情形,且彼此相互联系。考生必须根据给出的条件与暗示的信息回答有关问题。这类试题与数学题相近,仿佛逻辑规则下进行的"计算",当"计算"出正确答案后,错误的答案很难成为干扰选项,做对与做错考生考试自己就知道。

2. 非形式推理

非形式推理试题的特点是归纳的、语言的、或然性推理。这类试题主要测试考生的归纳、论证与批判性思维能力,大部分题目不涉及具体的逻辑知识,少部分题目虽涉及归纳逻辑的基本原理,但与知识的相关性较弱,因此,非形式推理总体上属于纯粹能力型的试题,大致占逻辑试卷60%的分值。

非形式推理试题是国内外研究生入学考试逻辑测试的主要组成部分,是逻辑推理考试的主流题型。这类试题往往存在极强的干扰选项,考试不仅要知道为什么选择某一答案,同时还要知道为什么不选择其他答案。破解非形式推理题不能直接套用逻辑学知识,不能用逻辑规则去"计算"这一类试题,这类试题总体上将结合题目内容来进行,主要是凭思维和经验来解决。非形式推理试题对阅读理解的要求比形式推理试题更高,做非形式推理试题首先要具有快速阅读、理解和分析能力,找准题干的论证结构,然后将选项中的无关项排除,再将剩余选项进行比较,最后判断出正确答案。

所以其备考准备要靠考生大量地做练习,在习题的练习过程当中找到解题的感觉。实际上解题的过程在很大程度上把思考和直觉结合起来,感觉的提高是很高级的过程,就是靠大量的做题来训练和提高逻辑与批判性思维能力。

第二节 命题分析

我国专业硕士考试是借鉴国外能力型考试的模式而设计的,经过二十余年的经验积累,命题模式已逐渐成熟并相对定型。

一、题库来源

逻辑考题的来源,也就是试题是如何命制的,这是考生普遍关心的问题。具体步骤是,首先,产生逻辑题库,逻辑题库中的试题是由各个命题专家组成员提供的;然后,在此基础上,在命题时间段内,考卷从题库中产生,并要经过专家的检验。

逻辑命题具有很强的承继性,管理类联考和经济类联考的逻辑题库来源主要有以下三个方面:

1. 国外历年真题

这是来自国外能力型考试的逻辑真题,其中主要是美国能力型考试(GMAT、LSAT、MCAT、GRE 等)的逻辑已考试题,这是我国的能力型考试逻辑命题的重要参考依据。包括两类:

一是国外真题的直接译制题。在国内最初的逻辑考试中，大量考题都是从 GMAT 等逻辑推理题直接翻译过来的，这已经是一个公开的秘密，比如 2002MBA 联考逻辑推理 50 个题中就有 31 道 GMAT、GRE 和 LAST 原题。

二是参考国外真题的二次或多次制作题。由于不少国外真题从逻辑推理的角度来看显得相对简单，为增加难度，对国外真题经过"汉化"处理后进一步进行设计改造，比如改造成别的题型，单选题变成了复选题，以及把简单的问题改成比较复杂的问题。

2. 国内历年真题

逻辑推理在管理类联考、经济类联考及以往国内 GCT 考试中都是兼容的，历年真题具有重要的相互参考价值，因此，国内历年的管理类联考、经济类联考以及以往的 MBA 联考、GCT 考试，甚至公务员考试中的逻辑真题，都是逻辑题库的一个重要来源。我们发现，同类考试中往年考过的题目再考，不同类考试中逻辑试题借用其他考试已经考过的试题是经常发生的现象。

总之，真题是逻辑复习备考的最好蓝本，具有很好的参考价值，面世的真题已有很多道，是重要的参考资料。而越新的试题，所体现出命题者的意图越新，参考价值越大。

3. 最新命制考题

随着命题专家对逻辑推理测试的把握和理解加深，考题的命题质量整体在不断提高。目前，直接借用或拷贝以往国内外真题的比例在不断下降，近年考卷中的原创考题占了绝大多数，目前来看，大致一张卷子 90% 以上都为原创题目，只有 10% 左右的考题为国内外考试往年真题。

鉴于以上命题分析，在备考训练中，要注意以下两点：

（1）国内外历年真题，具有重要的参考价值。

逻辑绝大多数为最新命制的新题，考生在考场上很难碰到与在平时做题训练时一模一样的题，但考试的题目类型、解题思维方法和技巧均借鉴往年国内外考题，考生绝不能忽视真题的作用。因此，往年的真题，一定要反复做，细细地总结。历年真题不仅使你熟悉真题类型和形式，还可以使你在考场上对绝大多数题产生不陌生、不害怕、似曾相识的心理优势。逻辑真题分类精解当作题典来看，历年的真题要拿过来做做，同一类考试历年的真题虽然再出现的可能性不大，但是通过真题你可以揣摩、分析、把握这种类型考试试题的重点。

（2）主流辅导书上的练习题和模拟试题，是复习训练的重要资料。

平时复习的时候，要不要看 GRE、GMAT、LSAT 等原题呢？如果我们有足够的时间的话，当然可以。这是原则上是这么说，但是因为考生时间有限，不可能花大量的时间去做那么大量的题库，所以这里有一个捷径，事实上这个工作我们已经做好了。我们已建立了相应的题库，并编入我们出版的书中。利用我们的辅导书来训练，可以起到事半功倍的作用。

见多识广，做多了，就熟练了。从熟能生巧的角度，有效地复习备考，至少需要训练 1000 道逻辑题，理想的状况是要做 3000 道逻辑题。

二、命题规律

逻辑考试表面上似乎变化不大，但通过对历届逻辑试题的对比与分析的基础上，从中发现还是存在着以下主要特点：

（1）逻辑考试的基本题型固定为假设、支持、削弱、评价、推论、解释、比较和描述等八类。

（2）综合题型（包括复选题和论证题组等）是上述基础题型的变形。在逻辑测试中，每年必出复选题和论证题组。其中，复选题就是多选题，这类题给出Ⅰ、Ⅱ、Ⅲ项，要做对就要对每个选项都要有把握，这就加大了难度。论证题组一般每张卷子出现 2~3 个题组，每个题组一般为 2 个小题；一般来说，论证题组是同一个论证，需要从不同的角度进行批判性思维，因此解题要求相对较高。

（3）阅读量较大；每一题将保持一定的篇幅，不再可能出现只有一行的题干。在考试时间不变的情况下，就大大提高了考生的压力。随着考生解题水平的提高，为加大逻辑测试的区分度，提高阅读量是提高考试难度的一个重要方法。其目的是进一步拉开考生的差距，从而更有利于考试的选拔性。具体地说，题目文字叙述显得很长，甚至有一些题搞得非常"绕"，从而增加阅读难度。因此，对考生来说，短时间内面对一堆杂乱无序的信息，确实是对记忆和推理能力的综合考验。

（4）语义分析或言语理解类的题目有增加的趋势，有些逻辑题从某种意义上更像语文阅读理解题。

（5）从题目本身来看，绝大部分为原创题目。专家们的命题依据是：从思维上讲，包括批判性思维和逻辑基础知识两个方面；从内容上讲，来源于报纸等传统媒体和网络等新媒体上一些文章，包括社会热点、科技、经济、教育、文化等话题。

（6）当然，由于逻辑命题的特殊性，很难做到每年的逻辑题目都是全新的，以前考过的题或原样照搬或稍作改动后再考的现象是并不鲜见的，有些考题都是考生在平时训练中见过的，当然这一比例不会太高，大致在10%。

（7）由于逻辑测试的范围和题型相对固定，每年测试的题型和解题思路都是平时训练时所见到过的。

总之，随着逻辑考试题型与解题套路的基本定型，再加上考生加强考前针对性的训练，逻辑考试取得高分对考生来说并非难事。逻辑思维能力是与生俱来的，我们的考生都接受过高等教育，所以一定要坚信：你的逻辑思维能力不比别人差。其实，解题能力的差别，不在你的逻辑思维能力本身，而是在你是否能够激发这种绝大多数人都大同小异的潜能。只要练习一定量的题目，你一定能在逻辑考试中拿高分。

第三节 备考策略

在管理类、经济类联考综合能力考试的各科中，逻辑推理测试是见效最快、复习效率最高的科目。给逻辑备考充分的时间是一件非常合算的事，边际效益最高，即在同等时间和精力投入的情况下，一般来说，逻辑科目的提分最多。这是因为：首先，逻辑有很强的规律性，通过适当的训练易于掌握；其次，逻辑的题目种类有限，只要分类总结各种题型比较细致，绝大多数题跳不出这些框架。总之，逻辑的解题规律，无须记忆，做题多了，题感就来了；特别是，快速做完逻辑的意义，不仅仅在逻辑的本身，而且可以把有限的时间让给其他科目，提高整张卷子的成绩。

一、学习步骤

逻辑备考的学习步骤大致可分为知识学习、解题学习、强化训练、冲刺训练四个阶段。

1. 知识学习阶段

知识学习阶段的主要任务是：学懂逻辑基础知识。

这一阶段是初学阶段，绝大部分考生之前没有学过逻辑学，刚开始接触逻辑科目，开始做了一些题，但是不知道有些题为什么做对，也不知道一些题为什么做错，做题大多凭直觉。因此，复习备考的第一步就应在较短的时间内熟悉掌握与考试直接相关的最基本的逻辑知识，运用形式化符号化的方法，研究逻辑思维形式结构。这个阶段要在熟悉逻辑基本知识基础上学习并掌握这些基本知识点在考试中的运用，这对形式推理类的知识能力型试题的应试是非常有益的。

对逻辑知识在逻辑推理考试中的地位和作用要全面正确地分析，具体包括以下两个方面：

第一，逻辑科目并不考查逻辑学的专门知识，但正如学了语法和修辞能够更好地说话写文章一样，学习逻辑并经过适当的强化训练必然有助于更正确、更快捷地论证和推理。理由是虽然推理的敏捷性和思维能力具有天生的因素，但逻辑学知识却是每个人可以学习的。虽然思维能力强的人不一定具有逻辑学知识，但是一个人如果具有逻辑学知识，必然有助于其推理。

第二，当然对应试来说，对逻辑知识的掌握必须有个适度的把握，也就是说考试相关的逻辑知识点的把握的问题，否则，如果把握得不好，学习掌握很多与考试不相关的逻辑理论与知识，则要浪费许多备考的宝贵时间。其实逻辑推理考试的学习不需要掌握太多逻辑学里面的知识和规则，很多逻辑理论对解题并没有什么太大用处，很多逻辑知识点只要作一般性的了解就可以了，真正需要熟练掌握的逻辑知识点并不多。逻辑考试相关的知识点，最重要的是这么几个，而且对知识点的考查主要是考基本知识点的灵活应用，而不是死记硬背。对逻辑知识的学习可分为以下三类：

（1）需要熟练掌握的知识点　　这类知识点需要熟练掌握，熟记相应的推理规则并能灵活运用，包括：

①命题逻辑。这是逻辑知识的重点，也是每年必考的知识点，要求熟练掌握联言、选言、假言的复合命题推理。条件关系（充分条件、必要条件、充要条件）以及它们的逆否命题是特别重要的，负命题的等值公式也要熟练掌握。

②词项逻辑、模态逻辑。这只需要掌握最基本的逻辑推理规则，比如直言命题的对当关系、模态方阵中的矛盾关系。

（2）只需理解或了解的知识点　　这类知识点只需要理解基本原理，不需要记忆具体知识和规则。包括：

①三段论的形式分析（三段论只考形式相似比较的题）。

②对演绎推理和归纳推理、必然性推理和或然性推理的概念和区别的基本认识。

③因果关系及其推理，求同法、求异法、共变法等方法。

（3）不需学习的知识点　　其余庞大的逻辑学知识体系，考生可以不用专门去学习，至多作为背景知识浏览一下，只要求有个大致的了解即可。

2. 解题学习阶段

解题学习阶段的主要任务是：学会准确解题。

在掌握逻辑基本知识的基础上，就可进行解题学习。考生需要明白的是，要学习逻辑知识，又绝不要拘泥于逻辑知识。理由在于，逻辑推理的主流题型考查的并非是逻辑学专门的知识，而主要是考生的逻辑素质。那么，什么是素质？所谓素质，就是你把学过的知识忘了以后，大脑中存在的思维推理能力，这种能力是你在成长过程中逐步形成的。由于每个人在成长过程中对世界的领悟通过内化而形成了各自的潜在逻辑，因此，正如不学语法和修辞也能说话写文章一样，不学逻辑也能大致正确地论证和推理。这是因为，人的逻辑思维素质，更大部分取决于人的遗传和成长过程中的经验积累，当中本来就含有逻辑的成分和因素。由于逻辑已经渗透到我们的语言、文化、传统以及各门科学知识之中，人们在学习语言、文化和各种专门知识的过程中，已经潜移默化地接受了逻辑训练。因此，建议考生只要把20％的精力放在掌握必要的逻辑知识上，而把80％的精力放在反复做题和总结解题套路上。

逻辑备考总体的目标是做题既快又准。而这需要分两个阶段来解决，首先解决"准"的问题。解题学习阶段要解决的问题就是"准"。也就是说刚开始学习做题不强调速度，但要强调做正确。此阶段的复习备考应把握以下几点：

（1）学习批判性思维的基本理念，了解逻辑推理测试的基本命题原则和解题原则。

（2）对各类题型的规律的总结和把握。要熟悉试题的基本类型，掌握各种题型的某些相关规律，将假设、支持、削弱、解释、推论等各类题型的解题规律认真阅读并细细总结。

（3）刚开始做题不要贪快，关键是要把题做明白。碰到不懂的，要仔细体会。最好找有详细解析的题目去做，每道题都要说出每个选项正确或错误的理由，特别是对做错的题要细致地总结，弄清做错的原因，找出防止再错的措施，在实践中慢慢领悟到正确解题的感觉。

总之，解题学习阶段的关键是熟悉逻辑题型，规范解题思路。要注意的是，做题后要学会总结，举一反三。逻辑光练不总结是考前训练的大忌。做逻辑题绝不能做完一遍就万事大吉了，做题的时候不要只做不反思，做完题后的总结与反思更为重要。一定要用足够的时间把难题和做错的题弄通、弄透彻，个别自己弄不透的题最好要请教老师或和同学一起讨论，直到自己想明白，不仅要知其然还要知其所以然。特别是做了一套题以后，总结一下看自己的感觉是不是和命题者的一致，这是解题训练的一个有效方法。真正的提高都是在练—总结—再练—再总结这个周而复始的过程中潜移默化的发生的。

由于逻辑命题思路基本固定，考题的局限性相对较强，因此，按照题目的类型进行解题套路的训练，不仅能全面把握各类题型的命题规律，而且能更快更好地培养考生的"题感"，即实际解题的感觉。而形成题感的标志就是正确答案在你眼中变得非常明显，也就是每个正确答案你都有充分理由。

3. 强化训练阶段

强化训练阶段的主要任务是：学会快速解题。

当然这个"快"是相对"准"基础上的"快"，在学会准确解题的基础上，进入第三阶段，开始大量做题，尽量将每一类题的历年考题全部做完，在此基础上，掌握各类题型的解题规律，从而提高解题速度和命中率。

客观地说，逻辑考题总体上难度不算大，但很多考生并不觉得容易，那么题目难在哪里呢？其实不是题目本身有多难，真实的情况是，一方面，多数考生是在职人员，离校多年，反应速度跟不上；另一方面，考生训练量没达到要求，使得熟练程度不够，没有形成真正的题感，因此，会明显感觉时间紧，来不及阅读或思考，以至于普遍觉得难。

也就是说，一般经过前两个阶段的复习备考，多数逻辑考题对考生来说已不是绝对做不出来，事实上若有充足的时间阅读和思考，大部分逻辑题都能做对，而且会发现多数逻辑题都比较简单。也就是说，只要时间足够，多数人的答题正确率会很高，但是仅仅答对逻辑题是远远不够的，还要答得快。但问题的关键在于时间紧，很多考生没有时间做题，要阅读那么大的文字量，并且要在短时间内思考确定答案，这就具有相当的难度了。也就是说在考场中，关键是时间限制，影响了答题正确率。所以，需要大量的强化训练，追求熟练程度，反复做题，形成题感。

如果考生平时训练不够，考试时要在规定时间内做完一套逻辑题是有相当难度的，从这个意义上，对复习备考来说，不管考生用什么方法解题，关键一定要快，要准，要实用。如果在规定时间内做一套题并有较高的正确率，那么你的解题思路就是可行的。如果做一套题超时很多，即使正确率较高，也没有实用价值。

"练"字当头，这是强化训练阶段的关键。在复习备考的过程中最主要的一点，多做习题。逻辑的主流试题是能力型，需要在解答大量习题的练习过程当中找到解题的感觉，从而来训练和提高逻辑思维能力。逻辑训练与运动训练相似的地方就是，在正确思想的指导下不断实践，技能才能有真正的提高。考生一定要把自己看成是运动员，感觉要靠自己练出来，经过反复训练来提高自己的实战能力。题做多了，速度和准确性自然就训练出来了。

考前三个月内，是逻辑成绩提高最有效的阶段，每天有必要用一个小时精练，并用半个小时时间总结错题和难题。在解题训练中通过不断总结出规律和套路，这样一来，进入考场时，逻辑科目自然而然就成为了你得高分的科目。

4. 冲刺训练阶段

冲刺训练阶段的主要任务是：进行模考训练。

冲刺阶段在临近考试前一个月，考试能否成功，这个阶段的训练方法是否得当将起着重要的作用。做练习时一定要集中限时训练，否则成效较小。由于逻辑题并不难，如果没有时间限制一般都能做出来，不这样集中训练就起不到应有的效果。其实真正考试的时候根本没时间仔细思考，主要凭感觉。有的考生习惯于平时慢慢做，做一题对一下答案，这非常不利于逻辑的备考，所以，冲刺训练时一定要按照考试规定的时间做一套题，做完后对答案，再对做错的题进行分析，并充分理解。

此阶段应反复进行限时模拟练习，提高应试水平。一定要严格遵照考试大纲所提出的时间要求进行模拟训练，练习一定要严格按照考试的时间进行，比如管理类联考是限时 54 分钟做 30 道逻辑题。同时应注意，不要进行疲劳战术，一次正式训练就只做一套题；要专心，不要隔一会儿做一道，有手无心；有时暂时的错误率比较高，也不要太担心。每次练习都要计时计分。

具体做法是：

(1) 总用时限制在考试规定的时间内做完；

(2) 题目做过一遍之后，记一下时间；

(3) 用 5 分钟检查一遍；

(4) 然后写下自己对"错了几个"的估计；

(5) 对照答案；

(6) 分析总结。

随着解题的熟练，要逐步给自己缩短时间训练，通过快节奏的训练把自己的速度逼出来，同时要提高解题准确率，使解题状态上升，这样才能达到身临其境的效果，适应考场氛围，实现"练兵"的目的，从中训练出来的题感再来应付考试就会显得胸有成竹了。与其他科目不同的是，逻辑的解题速度与正确率在一定范围内往往会同时提高，做得慢往往是不得法或者想歪了，反而正确率不见得就高。当练到把任何一套逻辑题稳定在规定内完成并有较高的准确率，复习备考就成功了。

二、训练策略

逻辑分为两个层次：隐逻辑和显逻辑。隐逻辑是一般人使用语言时表现出的逻辑，这种逻辑是不自觉的。显逻辑是逻辑学家通过对隐逻辑的概括得出的，是自觉的逻辑。我们通过学习显逻辑使隐逻辑得到强化，自觉地使用逻辑。因此，对逻辑推理考试来说，有效的复习备考就是一个挖掘潜能，规范思路，强化解题训练，逐步形成题感的过程。

1. 备考成功标志

鉴于逻辑科目的特殊性，逻辑复习备考成功的标志就是解题的快速、准确。

只有解题既快又准，才能夺得逻辑高分。因此，备考的过程分为两大步骤：

第一步，就是要追求准确率。这一阶段具体包括知识学习阶段和解题学习阶段。

第二步，追求熟练程度。这一阶段具体包括强化训练阶段和考前冲刺阶段。

逻辑复习备考的最终目标是要提高自己的逻辑解题实力，那么怎么提高呢？

逻辑解题实力包含原有能力、实际能力和应试能力三大部分。原有能力主要指的是考生在复习备考前所具有的阅读理解能力和逻辑思维能力；实际能力是指在原有能力的基础上，通过复习备考和强化训练，到考前所具有的实际能力；应试能力主要指的是将实际能力转化为处理具体考题的能力，具体是指应试方法和技巧的运用。

强化实力的方法可以分三方面：一是强化阅读理解能力，真题中的论证材料是提高阅读能力、掌握应试方法的最佳材料，通过反复研习真题来解决"理解速度跟不上阅读速度"的障碍；二是强化逻辑思维能力，掌握必要的逻辑基本知识和论证推理技能；三是强化实际解题能力，强化应试能力的最佳方法是类型化方法，通过对真题的分类精解来提高实际解题能力和应试能力。

2. 逻辑训练方法

建议考生有计划、有针对性地做些训练，将有助于提高自己的实战能力。具体训练方法如下：

(1)"实际解题"训练。

逻辑备考是一个挖掘潜能、规范操作的过程,以题论题绝对是短时间内提高逻辑考试成绩的最好办法。只有大量做题,才能形成题感;只有通过平时的强化训练,才能真正迅速、有效地培养考试现场的感觉,从而在正式应试时迅速找到解题方向。

在解题训练时,要平均1.8分钟做一道。做题时心态要平和,不要钻牛角尖。感觉一下1.8分钟的长度,实际还是很长的。个别题稍难,可能用的时间要长些,也不要着急。训练的过程本身就是为了达到熟能生巧,等你认真研读完本书,解题的速度也自然会提上来。记忆力对平时的训练起很大作用,类似的题目做过一遍之后,应当留下思路的痕迹,所谓"做一道是一道"。

(2)"解剖实验"训练。

做题要起作用,取决于下列两个条件:一是熟悉推理思路和解题套路;二是善于总结,能在表面看来无规律的题目中迅速把握试题规律。因此,在题目训练的过程中能否举一反三、触类旁通是逻辑复习效果的关键。

平时训练时,对自己做错的题或虽然做对但费时较多的题,在回头重做时,一定要写下这道题的分析过程,进行"解剖"实验,规范自己的思路及操作。

(3)"设身处地"训练。

训练到一定程度,可以尝试出一些不同类型的题目给自己做,考什么?怎么问?陷阱在何处?怎样构造迷惑性选项?在平时的训练中,比如对一些考过的题,考生也可以换种问法来出题,以训练自己的思路。

3. 逻辑精练方法

提高逻辑成绩最有效的办法就是精练。

所谓精练,就是要在熟悉逻辑基本知识和推理技巧的基础上,大量做题,反复练习,从而全面把握各类题型的命题规律,形成题感。逻辑思路是靠感觉,而感觉的培养是靠多做题目,平时多思考来的。那么什么样才算有题感了呢?一般来说,衡量的标志是在看完题干文字部分和问题后,不用看选项心里已经有了一个大致方向,也就是说在读完题目后就能猜到答案可能的"长相"。

精练时一定要集中训练,即在规定时间内做一套题,做题时要静下心来一口气做完,中间不要停顿,不要被干扰。要学会读题的结构,快速找出题干中论据和结论,识别论证方式的特点。开始限时间做题,发现自己强项类型题和弱项类型题,并找出为什么强、为什么弱的原因。每一类型题训练至少100道,寻找适合自己快速做题的方式。如果将逻辑推理分成形式推理与论证推理两大类,每类归纳总结出几种解题思路,那么所有逻辑题将迎刃而解!再加上平常多加练习,一定能够将逻辑快速突破!这因为在不断的练习过程中,考生才能强化对方法和技巧的使用,见到的题型多了,考试中自然得心应手。

到底要做多少题才能达到熟练的境界呢?一般经验是,达标训练量是1000道题,理想训练量是2000~3000道题。应该选择什么样的题来练呢?最好是真题,包括国内考试的真题和国外考试翻译过来的真题。逻辑备考的一个捷径就是通过历年真题提高快速解题能力。逻辑的命题具有很强的继承性,常考的领域都有重复性。因此,真题是逻辑复习备考的最好蓝本,逻辑备考的要诀就是在真题里提高解题能力,在真题里预测出今后命题的规律,在真题里悟出解题要领。由于一套真题需要命题组专家花一年时间专门琢磨,题目出得不可能不精,质量自然要远高于各类辅导书的习题,历年考题不仅使你熟悉考题类型和解题套路,还可以使你在正式临考时对绝大多数题将感到"面熟",无形中会产生胸有成竹的心理优势。因此,反复研习历届真题,是攻克逻辑考试的捷径。

在做逻辑真题时,最好的办法是转换思考角度,从命题者的角度来审视你所做过的题目,领会举一反三的实战精髓,通过做真题来实现自己从量变到质变的提升。一般经验是,逻辑做到1000道以上真题,考生就可以很清晰地领悟到逻辑到底考什么,并达到豁然开朗的境界。

第二章 解题指南

考生之所以很难在测试中获得高分,其主要原因是对这种试题的出题形式不够熟悉,遇到问题不知从何处着手。因此,考生很有必要了解逻辑推理题目的命题、解题的思维和原则,才能在备考和应试中达到事半功倍的效果。

逻辑考题从文本上看有三个部分:题干(原文)陈述、问题陈述和选项陈述,对这三个部分的充分理解是做好逻辑题的前提。

项目	阅读要点	思维要点
题干	论证关系(结论、理由),或者关键信息	确认题干是一个的论证,还是一些信息的判断
问题	命题考查方向	确定解题推理方向
选项	理解句子的真正意思	答案是比较出来的、最能实现问题目的的选项

第一节 推理方向

逻辑考题从解题思路上可分为"自下而上"与"自上而下"两个推理方向,其本质特征的区分在于问题陈述。

一、自下而上

一个论证的要素有三个:前提(理由或根据)、结论(主张、论题或论点)和支持关系。一个论证的推理过程,就是指前提到结论的思维变迁。

"自下而上"的推理的考题,题干是个论证关系。这类题考查的是选项与题干前提、结论的关系。也就是要把下面的选项分别拿到上面的题干中去,与题干中的前提结合起来,看能否满足问题要求的对题干结论所起到的作用,答案一定是满足问题要求的选项。

识别"自下而上"推理的标志在于问题中有类似"如果以下选项为真……,那么……?"这类的陈述。

这类题的题干是由一个"有待评价的论证"组成的,也就是从前提到结论的这个推理是否能成立是不确认的,需要对它进行评价。

假设、支持、削弱、评价等题型的解题思路是"自下而上",即这四类题型都是让考生从下面寻求一个选项放到上面题干中去,考查其对题干论证关系所起的评价作用,该选项是否满足问题要求所起的作用。由于题干论证的成立还有赖于一些隐含假设,因此根据不同的问题目的而对隐含假设起到一定的作用往往是解题的关键。

下图表达了这四类题的主要解题思路:

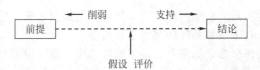

逻辑考查的是选项与题干前提、结论的关系。根据不同的问题目的，确定不同的解题方向：

问假设，则考虑使结论成立需要什么，哪一个是使其成立的一个必要条件，找假设则基于原论证方向向前，即寻找能使论证成立的题干为陈述的前提。

问支持，就找一个选项说它可能对，即将答案放在论据（前提）和结论之间，对题干推理或者结论有支持作用就可以，所以既可非充分又可非必要。

问削弱，就找一个选项说它不一定对，即将答案放在论据（前提）和结论之间，对题干推理或者结论有驳斥作用就可以，所以也是既可非充分又可非必要。

问评价，就是要去寻找一个能对题干推理起到正反两方面作用的选项。

例1：
题干：所有的猕猴桃都是香蕉，所以，猴子是香蕉。
问题：如果以下选项为真，最能支持上述结论？
选项：猴子是猕猴桃。
该选项能满足问题的要求，因此是正确答案。

例2：
题干：人是有思想的，因此，大熊猫是有思想的。
问题：如果以下选项为真，哪个能支持上述结论？
选项：①大熊猫是人；②大熊猫类似人。
以上两个选项都能满足问题的要求，而选项①比②更好，因此选项①是正确答案。

■ 可供收养的孩子数量比起想要收养的孩子数量要少得多。目前有200万对夫妇在排队等待收养孩子，但在1982年（我们最后所能查到的统计资料）只有大约5万个孩子被收养。

以下哪项陈述如果为真，则最能支持上述推论？
A. 想要收养孩子的夫妇的数目有相当程度的增长。
B. 寻求收养孩子的人们往往要通过中介机构进行长期的访问和调查。
C. 今年被领养孩子的数量比以往任何一年都要多。
D. 在一年中被收养孩子的数量基本上与同期可供被收养的孩子数量相等。
E. 那些寻求收养孩子的人一般来讲能够成为好父母。

[解题分析] 正确答案：D

所谓支持，就是把选项放入题干中，使结论成立的可能性增大的选项就是正确选项。

题干的关键信息是涉及三个数量：想收养的孩子的数量、可供收养的孩子的数量、被收养的孩子的数量。

题干结论是：可供收养的孩子的数量≪想收养的家庭的数量。

论据是：被收养的孩子的数量＝5万，想收养的孩子的数量＝200万。

如果D项为真，即：被收养的孩子的数量＝可供收养的孩子的数量，这样加上题干论据，就可以使"可供收养的孩子数量比起想要收养的孩子数量要少得多"这个推论成立。因此，该项为正确答案。

■ 除了何东辉，4班所有的奖学金获得者都是来自西部地区。

上述结论可以从以下哪项中推出？
A. 除了何东辉，如果有人是来自于西部地区的奖学金获得者，他一定是4班的学生。
B. 何东辉是唯一的来自西部地区的奖学金获得者。

C. 如果一个4班的学生是来自于西部地区，只要他不是何东辉，他就是奖学金获得者。

D. 何东辉不是4班来自于西部地区的奖学金获得者。

E. 除了获得奖学金的何东辉，如果有人是4班的学生，他一定来自西部地区。

[解题分析] 正确答案：E

题干给的是：除了何东辉，4班所有奖学金获得者都是来自西部地区。应该可以理解成：4班有人得到奖学金，有人没得到奖学金，而何东辉得到了。另外，何不是来自西部，而其他得到奖学金的都来自西部。

提出的问题是：上述结论可以从以下哪项中推出？

注意：本题要求选项推出题干，是自下而上的推理。

答案E给定的是：除了获得奖学金的何东辉，如果有人是4班的学生，他一定来自西部地区。既然这样，除了何东辉，4班其他所有学生都来自西部，因此4班其他所有获奖学金的同学也都来自西部。因此，E项真则题干真。

而题干真能推出D项真，反过来D项真推不出题干真。因此，D项不对（选D的人是把推理方向搞反了）。

二、自上而下

推论与假设、支持、削弱、评价题型的推理方向正好相反，其解题思路是"自上而下"，即假定我们所面临的题干陈述已经成立，让我们从题干陈述中推出结论或支持某个选项。

识别"自上而下"推理的标志在于问题中有类似"如果以上陈述为真，那么……？"这类的陈述。

推论题从题干陈述的角度可分为两类：

一类是，题干是一段陈述，但没有结论，不直接构成论证。即这类题往往是一个省略结论的论证，题干提供若干前提（信息），要求推出具体结论。

另一类是，题干本身就是个论证，有前提和结论。这类题要求推出具体哪个选项，实际上答案就是题干论证的隐含假设。因为题干论证既然已经成立，那么其隐含假设也应该成立。

推论题从问题陈述的角度也可分为两类：

一类是，要求推出结论。

另一类是，要求支持某个选项。这类题的解题思路是，在题干陈述成立的前提下，哪个选项成立的可能性最大，该选项就是答案。

例1：

题干：人是有思想的，而且某古人类学家张三认为，大熊猫本质上也是一种人。

问题：如果张三的观点正确，可以推出下面哪个结论？

选项：大熊猫是有思想的。

虽然张三观点有误，但问题陈述假定了张三观点正确，因此该选项能满足问题的要求，是正确答案。

例2：

题干：人是有思想的，而大熊猫的头脑非常类似人。

问题：以上陈述能支持下面哪个结论？

选项：大熊猫是有思想的。

该选项虽然不能从题干陈述必然推出，但能满足问题的要求，因此是正确答案。

例3：

题干：所有的猕猴桃都是香蕉，猴子是猕猴桃。

问题：从以上断定能合乎逻辑地得出以下哪项结论？

选项：猴子是香蕉。

虽然题干陈述不符合常识，但该选项能满足问题的要求，因此是正确答案。

■在农业发展初期，很少遇到昆虫问题。这一问题是随着农业的发展而产生的——在大面积土地上仅种一种谷物，这样的种植方法为某些昆虫的猛增提供了有利条件。很明显，一种食麦昆虫在专种麦子的农田里比在其他农田里繁殖起来要快得多。

上述论断不能解释下列情况的是：

A. 一种由甲虫带来的疾病扫荡了某城市街道两旁的梧桐树。
B. 控制某一种类生物的栖息地的适宜面积符合自然发展规律的格局。
C. 迁移到新地区的物种由于逃离了其天敌对它的控制而蓬勃发展起来。
D. 杨树的害虫在与其他树木掺杂混种的杨树林中的繁殖速度会受到限制。
E. 一种棉花害虫在专种棉花的农田里比在其他农田里繁殖更迅速。

[解题分析] 正确答案：C

题干断定：在大面积土地上仅种一种谷物的种植方法为某些昆虫的猛增提供了有利条件。

C项与题干断定不一致，不能被题干解释。其余选项都与题干的断定一致。

■研究发现，人类利用婴儿和成人之间形态上的典型差异作为重要的行为线索，幼年的特征可以唤起成年人的慈爱和养育之心。许多动物的外形和行为具有人类婴儿的特征，人们被这样的动物所吸引，把它们培养成宠物。

这一结论最适宜用来解释的现象是：

A. 某些对童年时代过分留恋的人会在穿衣打扮方面表现出明显幼稚化的倾向。
B. 子女长大成人离开家庭后，老人们喜欢养宠物，寄托抚爱之情，打发寂寞时光。
C. 长期以来，迪斯尼的艺术家赋予温良可爱的卡通米老鼠越来越年轻化的外形。
D. 在生活方面被过度照顾的孩子，心理成长会受到一定影响，往往表现得比较脆弱。
E. 有些成年人放下烦琐的工作，穿上大号尿不湿和婴儿服装，享受婴儿所能享受到的特权。

[解题分析] 正确答案：B

题干要点是：幼年的特征可以唤起成年人的慈爱和养育之心；人们被具有人类婴儿的特征的动物所吸引，把它们培养成宠物。

由于许多动物的外形和行为具有人类婴儿的特征，因此这些动物也可以唤起成年人的慈爱和养育之心，这也是一些老人们喜欢养宠物的原因。显然，B项可以从题干合理地解释。故选B。

其余选项不妥，比如，A、D项没有涉及题干的要点，显然推不出；C项也有一定道理，但没有B项好。

■表面上看，1982年的大学毕业生很像1964年的大学毕业生。他们相当保守，衣着讲究，对传统感兴趣，尊敬父母。但是他们有一种根深蒂固的差异：大部分1982年的学生在大一学年被调查中都认为有一份好收入是他们决定上大学的一个重要原因。

上面的陈述，如果正确，最好地支持了下面哪个结论？

A. 1964年的大学毕业生对财政问题的关心要比1982年的学生肤浅。
B. 1964年的入学大学生中不到一半人在刚入学时宣称上大学是为了增加他们赚钱的潜力。
C. 教育背景对收入的决定在1964年没有在1982年时那么明显。
D. 大多数1964年的学生在入学头一年和接受大学教育期间改变了他们上大学的理由。
E. 1964年的毕业生实际上没有1982年的毕业生保守。

[解题分析] 正确答案：B

题干断定：1982年与1964年的大学毕业生两者有相似之处，但也存在一种根深蒂固的差异：1982年的大多数人上大学的主要原因是有一个好的收入。

由此说明，1964年的大学毕业生不是这样，1964年的大学毕业生大部分上学不是为了好的收入，也就是只有少数1964年的大学毕业生上学是为了赚钱。B项中的"不到一半"就表示"少数"，因此为正确答案。

题干陈述的是上大学是否为了好收入，"对财政问题的关心"不等同于"为了好收入"，所以，A项不妥。

C项是个干扰项，这是一个新的比较，题干没有涉及教育背景起着是否相同的作用，所以为无关项（要注意本题是推论题，要求是"自上而下"的支持，而不是"自下而上"的支持。C项可以支持或部分解释上面的推理，如果把问题改为：下面哪一个最能够支持上面的结论？或者，下面哪一个最能够解释上面的现象？那么该项就正确了）。

D项偏离了题干论述，E项与题干信息相违背，所以，这两项都不对。

第二节 命 题 原 则

逻辑测试有三大命题原则，包括公平公正原则、假设正确原则和选项干扰原则。理解这三大命题原则有助于针对性地解题和复习备考。

一、公平公正

逻辑命题的一个首要原则是"公平公正"原则，包含两层意思：

第一，试题作为对基本素质的测试，应尽可能避免许多客观因素的影响，任何人接受测试都应享有充分的被公平对待的权利，并且保证无专业背景之间的差异。

即逻辑推理考试对任何一个考生都是公平的。具体地说，虽然逻辑考题都是基于一个题干陈述，所涉及的内容像语文的阅读理解文章一样，内容包罗万象，虽然具体一道逻辑题的内容可能涉及具体的专业学科，但读懂文章、回答问题，无需任何学科、专业的特定知识，你回答问题所需的一切信息均已包容在题干之中，考生只需着重从逻辑推理的角度来思考。一是，逻辑是一门工具性学科，逻辑测试考查的是事件与事件之间的推理关系，而不考查事件本身。逻辑不考具体知识，题目不涉及对具体事件准确与否的判断。二是，对命题者来说，利用专业背景知识也是设计干扰项的一个常用方法，做题一般无需用到具体的学科知识。因此，所谓要求考生扩大自己的知识，认为如果考生对题材所涉及的内容越熟悉，越有利于快速准确地解题，这是完全错误的，做逻辑不存在知识面的问题，本质上只是思维问题。

第二，作为主流题型的逻辑推理考题，也不需要专业逻辑学的知识来解答。

对绝大部分逻辑测试题而言，对是否具备逻辑专业知识的不同考生也是公平的。逻辑学知识掌握得多并不等于逻辑思维能力就强，作为能力型测试的主流逻辑试题主要考查的是逻辑思维能力而非逻辑知识。

虽然逻辑考试并不是考专门的逻辑知识，题目所直接用到的逻辑知识其实很有限，也很简单；但是也应该看到，逻辑考题本身并不简单。其主要原因来源于两个方面：

一是，逻辑考试涉及的面很广，试题内容几乎包括自然科学、人文社会科学、思维科学和一般性常识在内的一切领域。由于一般并不考核这些领域的具体知识，因此，在解答考题时，并不要求考生具有专门知识，而是要求考生在理解题目内容的基础上，结合内容去考虑其中命题之间的逻辑关系，有时则要求考生具有撇开命题内容抽取形式结构的能力。

二是，题目的量很大，要求考生能够快速阅读，并善于撇开不相干信息，提取和把握关键信息，从而迅速找出答案。

■去年全国通货膨胀率为17%，而今年到目前为止平均为11%，由此我们可以得出这样的结论：全国通货膨胀率正呈下降趋势，明年的通货膨胀率将会更低。

以下哪项如果为真，将严重削弱上述结论？
A. 去年通货膨胀率大幅度上升的主要原因是全国遭受了历史罕见的严重自然灾害。
B. 在发展中国家，通货膨胀率比较高是正常现象。
C. 消费者对于高通货膨胀率越来越适应了。
D. 政府开始把抑制通货膨胀看成是宏观控制的主要目标之一。
E. 由于抑制通货膨胀，现在失业人数和居民平均收入都有所下降。

[解题分析] 正确答案：A

题干根据今年通胀率比去年低，得出结论，明年的通胀率会更低。

A项表明，去年通胀率高是特殊情况，正常情况可能比今年要低，这说明今年的通胀率反而可能有上涨的趋势，意味着明年通胀率就有可能比今年还要高。这就严重地削弱了题干结论。

其余选项都起不到有效的削弱作用，比如，B项无法削弱通胀率会降低的趋势，E为无关项。

■科学家现在认为：人工髋关节的移植以前被认为是安全的，其实在使用45年以后会增加癌症的威胁。尽管这些移植确实提高了接受者生活的质量，但增加的癌症威胁是不可接受的代价，因此，这些移植应该被禁止。

下面哪一个，如果正确，最反对上面的论述？
A. 人工髋关节的移植会导致严重的并发症，比如感染、慢性发热、骨退变，这些并发症本身就可能使人变跛或者致命。
B. 几乎所有人工髋关节的移植者是在他们不可能再活30年的时候接受移植的。
C. 尽管移植在45年以后增加癌症威胁，但是一些癌症并不致命。
D. 由于人工髋关节的移植还不普遍，禁止它们也不会有多大难度。
E. 虽然在过去的10年，人工髋关节手术没有什么变化，但是手术费用却是大幅提高。

[解题分析] 正确答案：B

题干论述：人工髋关节的移植在使用45年以后会增加癌症的威胁，因此，应该被禁止。

B项表明，尽管45年以后可能会得癌症，但人工髋关节的移植者是在他们不可能再活30年的时候接受移植的，这显然说明人工髋关节的移植是完全可行的，有力地削弱了题干的论述。

其余选项均不妥，其中，A项指出移植的不利之处，为支持。C项说到45年以后增加癌症威胁，和原因一致，故为支持。D也为支持。E为无关项。

上述两题是典型的逻辑测试题，其内容分别涉及经济学和医学，但作为考生并不需要有经济学或医学的专业知识来解题，也就是说，考生是否学过经济学或医学，在解题干时都是公平的，因为做逻辑题只需要用逻辑推理能力即可。而且，其解题本质上也用不到具体的逻辑专业知识，完全是对思维与推理能力的一种考查。

二、假设正确

"假设正确"原则包含两层意思：

第一，对推理方向是"自下而上"的考题，要假设选项正确。

假设、支持、削弱和评价这四类由于问题陈述中典型的问法是"下面哪项如果正确，……"，则意味着在选项内容本身无可置疑的情况下，通过考查推理能否成立，有无缺陷，去实现问题目的。即选项中所表述的信息、观点或事实是否符合实际情况并不是我们所关注的问题，只要对题干推理起的作用符合问题要求的选项就是正确答案。例如：

题干：所有的印度人是佛教徒，因此，贝多芬是佛教徒。

问题：如果以下选项为真，最能支持上述结论？

选项：贝多芬是印度人。

该选项并不符合事实，但能起到问题所要求的作用，因此是正确答案。

第二，对推理方向是"自上而下"的考题，要假设题干正确。

针对这类推论题，要认为题干所陈述的内容都是正确的，也就是说，题干陈述所呈现的观点或事实是否正确并不重要，即使题干内容在违反常识或专业知识的情况下，也不能质疑其正确性。我们所要做的就是从题干出发，进一步往下推，能推出什么结论。

例1：

题干：所有的印度人是佛教徒，贝多芬是印度人。

问题：从以上断定能合乎逻辑地得出以下哪项结论？

选项：贝多芬是佛教徒。

本例中虽然题干陈述并不真实，但从中必然可以推出上述选项，该项即为正确答案。

例2：

题干：所有的印度人是佛教徒，所有的佛教徒有两个脑袋，贝多芬是印度人。

问题：如果以上资料为真，可以推出下面哪个结论？

选项：贝多芬有两个脑袋。

总之，在逻辑推理题中，由于所有问题都是在假定题干陈述或选项陈述为真的前提下而提出的，因此，在相应地理解题干陈述或选项陈述时，不必考虑其在事实上的真假，只要考虑其推理关系。

■以下两题基于以下共同题干：

失眠或睡眠质量不高会严重影响人的身心健康。调查发现，很多睡眠不好的人为改善睡眠质量，都有睡前饮用咖啡的习惯。因此，喝咖啡是治疗失眠症的辅助手段。

(1) 以下哪项如果为真，将对题干的论证提供最有效的支持？

A. 咖啡有很好的安眠作用。

B. 有证据表明，咖啡有提神的作用。这很可能是导致他们睡眠不好的原因。

C. 知识分子都有午夜喝咖啡的习惯。而大多数人都没有得失眠症。

D. 咖啡是人们喜爱的饮料。

E. 咖啡辅助治疗失眠症将产生严重的副作用。

[解题分析] 正确答案：A。

题干根据很多睡眠不好的人为改善睡眠而在睡前饮用咖啡，得出结论，喝咖啡可辅助治疗失眠症。

A项表明，咖啡等于安眠药，是明显的支持项（尽管似乎违背常识，但满足问题要求，因此要选为答案）。

B项表明，如果咖啡有提神的作用，将加重失眠者的症状，起削弱作用。C项有部分支持作用，但支持力度不足。D项为无关项。E项支持力度不足，甚至有削弱作用。

(2) 以下哪项如果为真，将严重质疑题干的结论？

A. 咖啡有很好的安眠作用。

B. 有证据表明，咖啡有提神的作用。这很可能是导致他们睡眠不好的原因。

C. 知识分子都有午夜喝咖啡的习惯。而大多数人都没有得失眠症。

D. 咖啡是人们喜爱的饮料。

E. 咖啡辅助治疗失眠症，将产生严重的副作用。

[解题分析] 正确答案：B。

B项表明，如果咖啡有提神的作用，将加重失眠者的症状，这就严重质疑了题干的结论。

本题组所包含的两个小题，由于问题要求所起的作用完全不一样，因此，正确答案是完全相反的。可见，对"自下而上"的考题，我们完全不必要怀疑选项陈述本身。

■火烈鸟经常停留在柔软泥泞的河床上。在这种河床上，淤泥越柔软，东西就越快地沉入其中并且被困住。为了避免被困住，火烈鸟一只脚站立；假如那只脚开始下沉，火烈鸟可以放下另一只脚来帮助把它拔出。

假如上面的信息是正确的，最好地支持了以下哪项？
A. 当火烈鸟站在坚实的河床上，它们经常一只脚站立，即使它们没有被困住的危险。
B. 河床越柔软，站于其上的火烈鸟越频繁转换它们站在河床上的脚。
C. 河床越硬，火烈鸟越经常地在河床上走动而不是站在一个地方。
D. 在火烈鸟的栖息地，大多数河流有柔软、泥泞的河床。
E. 火烈鸟不能睡很长时间而不转换它们站立的脚。

[解题分析] 正确答案：B

题干指出，火烈鸟在柔软、泥泞的河床上必须不断换脚来避免沉入。

从中可以合理地推出：河床愈软，火烈鸟沉入就愈快，就愈要频繁地转换它们站在河床上的脚，因此，B项为正确答案。其他选项均由题干信息中无法得到。

这是一道有趣的推论题，显然有些考生会认为题干似乎违反物理学基本定律，但在这里考查的是逻辑，并且问题中已假定上面题干是正确的，所以不需考虑题干陈述本身的正确与否。

三、选项干扰

所谓干扰项，就是高质量的迷惑性选项。逻辑考题编写的一个基本原则是所给出的选项中有一个选项必须比其他几个好。然而，正确选项的设计不能比其他几个选项明显得好以致问题的难度变得太小。若选项没有迷惑性，考试的难度会随着猜对的概率提高而下降。从某种意义上讲，命题者构造高质量的干扰项比构造正确选项的难度要大得多，对命题者来说，编制逻辑考题的最大挑战不在于如何编制出一个正确答案，也不在于如何编制出一个错误答案，而在于如何编制出一个非常像正确答案但又不是正确答案的选项。一道逻辑题通常所给出的选项中只有两个选项值得考虑。另外的选项，有的是无关项，即与题干推理不相关，有的尽管有时与推理主题有点关联，但起不到问题所要求的作用，这些都相对容易排除。

一般来说，一道好的逻辑题存在一到两个高质量的干扰项。那么，如何识别干扰项？这可以从命题者命制干扰项的如下思路中得到启示：

（1）概念陷阱。

命题者的一个好办法就是通过偷换概念来命制干扰项。

（2）范围陷阱。

就是在范围上做文章，这些选项的特点是：和正确答案很相近，但范围宽了或者窄了。因此解题时，考生必须有效界定题目所陈述的范围，那些陈述极端的选项，往往可作为干扰项排除。

（3）相关陷阱。

针对题干论证，选项必须在对前提和结论的推理链条上。比如，假设不能仅仅重复题干前提，需要联系前提和结论，如果只针对结论往往就不是正确答案。如果题干论证包含两个核心词，则正确答案通常要包含这两个核心词，而干扰项往往只包含一个核心词。

（4）相反陷阱。

选项中若存在两个意义完全相反的选项，尽管这两个选项都与题目相关，但其中一个必然是干扰项。若把题目或问题的意思理解反了，就容易选错答案。

（5）程度陷阱。

逻辑试题是单项选择题，作为答案的选项满足两个条件：第一，作用有效；第二，程度最大。所谓作用有效是指，答案必须能起到问题要求的作用；所谓程度最大是指，如果对同一道试题，存在两个或两个以上的选项都满足问题要求的作用，那么最大的可能是遇到了干扰项，我们必须选出最能满足问题要求的选项，即对问题起到所要求的作用程度最大的那个选项作为正确答案。

(6) 问题陷阱。

逻辑考题的提问方式多种多样，有的从正面提问，有的从反面提问；有的针对推理结构，有的针对题干结论，等等。所以一定对问题陈述进行仔细辨析，正确理解，否则就会与正确答题失之交臂，出现不必要的失分。所以在做题时，一定要阅读仔细，特别是要注意问题陈述中的不同提问方式，明确题目到底问的是什么，这对正确解题非常重要。

■最近一次战争里在重战区中执行任务的医疗人员，即使是那些身体未受伤害的，现在比在该战争不太激烈的战斗中执行任务的医疗人员收入低而离婚率高，在衡量整体幸福程度的心理状况测验中得分也较低。这一证据表明即使是那些激烈的战争环境下没有受到身体创伤的人，也会受到负面影响。

下面哪个，如果正确，最强有力地支持了以上得出的结论？
A. 重战区的医疗人员和其他战区的医疗人员相比，服役前所接受的学校教育明显比较少。
B. 重战区的医疗人员比其他战区的医疗人员刚入伍时年轻。
C. 重战区医疗人员的父母和其他战区医疗人员的父母，在收入、离婚率和整体幸福程度方面没有什么显著差别。
D. 那些在重战区服务的医疗人员和建筑工人在收入、离婚率和整体幸福程度等方面非常相似。
E. 早期战争中的重战区服务的医疗人员在收入、离婚率和整体幸福程度等方面，和其他在该战争中服役的医疗人员没有表现出太大差别。

[解题分析] 正确答案：C

本题的推理是由一个事实而得出一个解释性的结论，其隐含的假设是除了激烈的战争环境之外没有别的因素影响推论。选项C指出这两类人的父母没有显著差异，实际上指出没有遗传因素影响结论"即使是那些激烈的战争环境下没有受到身体创伤的人，也会受到负面影响"。

A是无关项；B是削弱项。

D无关，是范围陷阱。因为重战区和非重战区比较得出结论，工人怎样并不知道，应该是医疗人员比，与工人不可比。

E项是相反陷阱：早期战争中重战区服务的医疗人员整体幸福程度没有差别（并不差）。是有因无果的削弱（因为题干是，最近一次战争重战区的医疗人员整体幸福程度差）。

■胡萝卜、西红柿和其他一些蔬菜含有较丰富的β-胡萝卜素，β-胡萝卜素具有防止细胞癌变的作用。近年来提炼出的β-胡萝卜素被制成片剂并建议吸烟者服用，以防止吸烟引起的癌症。然而，意大利博洛尼亚大学和美国德克萨斯大学的科学家发现，经常服用β-胡萝卜素片剂的吸烟者反而比不常服用β-胡萝卜素片剂的吸烟者更易于患癌症。

以下哪项如果为真，最能够解释上述矛盾？
A. 有些β-胡萝卜素片剂含有不洁物质，其中有致癌物质。
B. 意大利博洛尼亚大学和美国德克萨斯大学地区的居民吸烟者中癌症患者的比例都较其他地区高。
C. 经常服用β-胡萝卜素片剂的吸烟者有其他许多易于患癌症的不良习惯。
D. β-胡萝卜素片剂不稳定，易于分解变性，从而与身体发生不良反应，易于致癌。而自然

β-胡萝卜素片剂性质稳定,不会致癌。

E. 吸烟者吸入体内烟雾中的尼古丁与 β-胡萝卜素发生作用,生成一种比尼古丁致癌作用更强的有害物质。

[解题分析] 正确答案:E

E 项如果为真,说明 β-胡萝卜素的抗癌作用不是无条件的。吸烟者吸入体内烟雾中的尼古丁与 β-胡萝卜素发生作用,生成一种比尼古丁致癌作用更强的有害物质,这就造成经常服用 β-胡萝卜素片剂的吸烟者反而比不常服用 β-胡萝卜素片剂的吸烟者更易于患癌症。这有力地解释了题干陈述的现象。

C 项没有讲不服用 β-胡萝卜素片剂的人有无不良习惯,好、坏处并存;D 项,讲 β-胡萝卜素片剂不稳定,但在稳定期内服用没问题。因此,C、D 的解释力度没有 E 好。

第三节 解题原则

逻辑测试的解题原则包括收敛思维、无需充分和相对最好三大原则,具体分述如下。

一、收敛思维

"收敛思维"原则是与"假设正确"命题原则相对应的解题原则,具体是指解题时,思维要收敛,即尽量在题目本身的信息范围内考虑问题,尽量不要带有自己的主观观点,不可添枝加叶。

下面从几个方面来解释"收敛思维"原则:

第一,思维能在题目所限定的范围之内。

① 由于逻辑题只是题目本身字面所体现的意思,并且在题目中只能就给出的信息进行推理,因此,不管题目假定的内容是否符合现实,我们都要把题设(题目假定的内容)当真理。

② 解题的注意力要集中在论证或推理的结构性和逻辑性是否有效上面。精确抽取信息作为题目的前提和条件,千万不要游离题目胡思乱想,只要推理无误,即使得出的结论是荒诞的,也要坚信不疑。

例 1:

题干:下蛋的就是恐龙,现在发现某母鸡也下蛋。

问题:如果以上陈述为真,可以推出下面哪个结论?

答案:某母鸡是恐龙。

例 2:

题干:大象是动物,所以大象是有腿的。

问题:以下哪项为如果真,能使上述推理成立?

答案:所有动物都有腿。

上述两例的答案都不符合现实,母鸡不是恐龙,有的动物(比如蛇)也没有腿,但由于逻辑只是推理问题,不是知识问题,因此不要拿生活常识来混淆。这两个答案之所以正确是因为符合了问题的要求。可见,做逻辑一定要收敛思维,不要带有背景知识来考虑。

第二,不能想当然,不能递进推理。

① 任何逻辑题都不需要用想象去解决。做逻辑题一个致命的误区就是去想象和联想,解题时千万不能有发散思维和形象思维。

② 逻辑题的推理大多只在一个层面上进行,逻辑考题的正确答案必须是其本身含义加上题目本身的信息来实现问题目的,决不能对选项的意思进行递进推理。换而言之,思维只能在题目本身之内,不能用题目之外信息的进一步推导。

例：一位卡车司机撞倒一个骑摩托车的人，卡车司机受重伤，摩托车骑士却没事，为什么？

答案：卡车司机当时没开车。分析：很多人看这个题容易主观想象卡车司机正开着卡车，而本题并没有表明这一点。

第三，区分两类考题的收敛思维。

① 对"自上而下"的推理考题，要对题干陈述进行收敛思维。

对推论类考题，收敛思维就是就是要认为题干所描述的内容都是正确的，即使题干在违反常识或专业知识的情况下，我们也不能质疑其正确性。我们所要做的就是从题干出发，进一步往下推，能推出什么结论，哪个选项符合推出的结论就是正确答案。所以，推论考题正确答案可以用核心词定位，同时凡是选项断定的范围超出题干的范围都是错误选项。

② 对"自下而上"的推理考题，要对选项陈述进行收敛思维。

对假设、支持、削弱和评价这四类考题，收敛思维就是要认为选项所描述的内容都是正确的，即使选项在违反常识或专业知识的情况下，我们也不能质疑其正确性。我们在找答案时只关心的是选项能否达到问题所要求的作用。可见，对于"自下而上"的考题，正确答案可以超出题干断定的范围。

■宿舍楼的高度为二层到六层不等，如果宿舍在二楼以上，它就有安全通道。

如果上面陈述属实，则下面哪项也是正确的？

A. 位于第二层的宿舍没有安全通道。

B. 位于第三层的宿舍没有安全通道。

C. 只有位于第二层以上的宿舍有安全通道。

D. 位于第四层的宿舍有安全通道。

E. 有些两层楼的宿舍楼没有安全通道。

[解题分析] 正确答案：D

逻辑解题只能根据题干给予的信息进行推理，不能有任何的想象和猜测。

根据题意可知，二楼以上（不包括二楼）必然有安全通道。

因此，二层或二层以下的有没有安全通道的情况不知道，是未知事件。

D项，位于第四层，当然一定有安全通道，所以为正确答案。

A、C、E均为未知选项，B为错误选项。

■有些恐龙和所有现代鸟类具有相同的头骨和骨盆特征，尽管并非所有恐龙都有此特征，有些科学家仍声称所有具有如此特征的动物都是恐龙。

如果上面的论述和科学家的假设都正确，下面哪一个一定正确？

A. 相对其他动物，鸟类特征和恐龙更为接近。

B. 一些古代的恐龙和现在的鸟类无法区分。

C. 所有具有现代鸟类头骨特征的动物，同时具有和现代鸟类相似的骨盆。

D. 现代鸟类是恐龙。

E. 所有恐龙都是鸟类。

[解题分析] 正确答案：D

题干断定了三段论的两个：

第一，所有现代鸟类的头骨和骨盆具有与某些恐龙的头骨和骨盆相同的特征。

第二，所有具有这样特征的动物都是恐龙。

由此推出结论：现代的鸟类是恐龙。因此，D项为正确答案。

只要不受常识干扰，会很容易发现D是正确的，题目考的是逻辑，不是生物学，要学会收敛思维！A做了一个无关比较，且"其他动物"是新概念；B中的"没有区别"不可能得到；C中的"所有动物"把讨论范围扩大；E中的"所有"也把题干中的"一些"范围扩大化。

第二章 解题指南

■一所国立大学有水泥楼梯,楼梯上的地毯十分破旧并严重磨损。尽管职业安全与健康管理机构数次提醒该学校,但学校并未更换楼梯间已烧坏的灯泡。最近,一个叫弗瑞得的学生在楼梯地毯上绊了一跤,摔下了楼梯,造成严重脑震荡及其他伤并住院。他在出院后,仍需要后续的医疗措施并要继续吃药,还要休学一个学期。他提出了对学校的诉讼。

在诉讼中,下列哪一项最可能是弗瑞得的律师提起该人身伤害赔偿案的原因?

A. 因为水泥楼梯太硬导致学生受伤。
B. 学校应对地毯状况负责。
C. 灯泡烧坏构成学校的疏忽。
D. 学生坠落的高度加剧了学生的伤势。
E. 职业安全与健康管理机构无权管理学校。

[解题分析] 正确答案:B

题干事件发生的先后顺序为:地毯坏了、摔倒受伤、起诉学校。

根据最前的事件"地毯坏了"和最后的事件"起诉学校"之间的关系,定位选项,应选B项。

题干中也涉及了灯泡,但题干并没有断定所有灯泡都坏了,也没有出现在晚上或者光线不好的字眼,所以不能确定是因为看不见路而摔倒的,所以,不能选C项。

做逻辑要收敛思维,只从一个层面上思考,不要递进推理,不能想象。

■尽管事实是对于备办宴席的健康检查程序比普通餐厅要严格得多,但是上报到市健康部的食品中毒案件更多地来自于酒宴服务而不是餐厅饮食服务。

下列哪一个,假如正确,帮助解释上面语句中的明显的自相矛盾?

A. 在任何时候在餐厅中吃饭的人数比酒宴中的人数都多得多。
B. 酒宴服务机构知道他们将对多少人服务,因此比餐厅不大可能有剩下食物供应,这是食品中毒的一个主要来源。
C. 许多餐厅既提供酒宴服务又提供个人饮食服务。
D. 所报告的酒宴食品中毒案的数目与该宴席是否在供应者的营业场所,还是客户的地方服务没有关系。
E. 人们不大可能在吃的一顿饭和随之而来的疾病之间建立联系,除非该疾病影响的是相互联系的一个群体。

[解题分析] 正确答案:E

本题目的为解释为什么"对酒宴服务的卫生检查比普通餐厅严格,而上报到健康部的食品中毒案却更多"。显然这个矛盾是由酒宴与普通餐厅的区别造成的,哪一个选项体现区别呢?

A选项指出普通餐厅的人多应当食品中毒案也多,所以A不对。

B也是应说明酒宴服务食品中毒案少而不是多。

C最易误选,这也体现出许多考生思维的典型错误:递进推理。但C只表明很多餐馆在提供个人饭菜之外,也提供包办酒席的服务,但并没有说明包办酒席服务所占比例以及中毒情况,所以不能够起到解释作用。注意:逻辑推理题的推理大多只在一个层面上进行,且不能进行段落之外信息的进一步推导。C仅仅说明了有些餐厅提供两种服务而已,这怎么能说明为什么食品中毒案多呢?有人说既提供个人饮食又提供酒宴不就可能解释了吗?这种思维就是递进思维,你仅仅认为可能怎么样了,并不一定是这样,所以C根本无法说明任何东西。

D与本题无关。

E中指出人们不大可能在一顿饭和随之而来的疾病之间建立联系,除非疾病影响的是相互联系的一个整体。个人饮食一般是自己吃饭,那么犯病了,你是无法联系哪一顿饭使你生病的,因为你吃的饭顿数太多了。酒宴服务就不一样,酒宴是一大群相互认识的人一起吃饭,如果大家饭后都病了，那说明这顿饭有了问题，所以 E 指出个人饮食与酒宴服务的区别，解释了上面的现象。

二、无需充分

"无需充分"原则是指答案不需要充分性。逻辑考题是要我们寻找一个与题干推理有关并对题干推理起到某种作用的选项，而并非一个真理。也就是说，找答案时不需要去考虑选项所起的作用是不是完全充分的，而是看答案对题干的逻辑关系是否起到问题所要求的作用。

比如，支持、削弱可以有很多角度，而且对一个选项来说，所起的支持或削弱的作用不是绝对的，而是相对的，即答案不需要会使逻辑完全成立或完全不成立，只要加强前提与结论的联系就是支持，只要指出前提到结论之间的漏洞就是削弱，其实生活中绝对的、全面的或必然的推理是很少的，原因就在于自然界和社会中的现象之间是互相联系、互相制约的，任何事件的发生都依赖于许多条件，现实生活中，我们很难找到某一事件发生的所有条件，因此当问题要求去寻找一个支持或削弱题干推理的答案时，我们的目标是去寻求一个（仅仅是许多条件或许多原因中的一个）使结论成立的可能性增大或减小的答案，而绝非一定要去寻求一个使结论必然成立或必然错误的答案。

例 1：

题干：某人正好看到天空中飞过三只渡鸦，因此，他看到的下一只飞鸟也是渡鸦。

问题：下列哪一个选项能支持上面论述？

答案：渡鸦成群飞。

分析：这是一道国外考题，是一道典型的逻辑题。有的考生认为这个答案不正确，因为他看到的两只渡鸦可能是成群飞的渡鸦中最后的两只。这种思维错误主要在对答案并不需要充分性没有清楚的认识。就这道题而言，渡鸦成群飞这个条件确定使得上面论述的结论"他看到的下一只鸟也是渡鸦"的可能性增大，因此它是正确答案。但即使这个条件找到了，我们也并不保证结论就一定正确，我们对于支持题型，仅仅是找一个使结论成立可能性增大的选项而已。

例 2：

题干：这个物体看上去是红的，因此，这是一个红物体。

问题：下列哪一个选项能削弱上面论述？

答案：有红光照在该物体上。

分析：根据我们的知识，红光的照耀使物体看上去是红色的。然而，这并不能得出该物体不是红色的，因为，红色的物体在红光的照耀下看上去也是红的。所以，新信息只是削弱了原来的论证和结论的可接受性，而不是驳倒原来的论证或结论。但由于削弱只需要使结论成立的可能性降低，因此，此答案按正确。

例 3：

题干：如果某个考生天资聪明、接受了辅导，并且学习努力，就能考上研究生。

问题：下列哪一个选项能支持上面论述？

答案：小张学习努力考上了研究生。

分析：这就是对题干的部分支持，并不能使结论一定成立，也许小张不聪明或者没有接受辅导呢？但由于答案不需要充分性，支持不需要使结论一定成立，只要使结论成立的可能性增大即可。故此答案正确。

例 4：

题干：如果某个考生天资聪明、接受了辅导，并且学习努力，就能考上研究生。

问题：下列哪一个选项能削弱上面论述？

答案：小张学习努力但没考上研究生。

分析：这是对题干的部分削弱，并不能全面否定结论，也许小张不聪明或者没有接受辅导呢？但由于答案不需要充分性，削弱不需要使结论一定不成立，只要使结论成立的可能性降低即可。故此答案正确。

例5：

题干：一组感冒患者每天服用番茄红素，发现感冒好转，医生由此推理测：番茄红素有治疗感冒的功效。

问题：以下哪项如果为真，最能支持医生的结论？

答案：还有一组感冒患者，没有服用番茄红素胶囊，他们的感冒在同样时间内没有好转。

分析：有的同学认为这个答案不对，他们认为，如果服用番茄红素的这组感冒患者可能本来身体就好，那就不能认为是番茄红素的作用。这种思维错误主要在对答案并不需要充分性没有清楚的认识。

■从1940年以来，离婚与结婚的比例增大了，因此，现在生活在单亲家庭中的儿童比例也一定比1940年时要大了。

下面哪个，如果正确，最强有力地削弱了以上得出的推断？

A. 自1940年以来，妇女在25~35岁间结婚的人数减少了。
B. 离婚时，孩子通常有权选择跟父母中的哪一位生活在一起。
C. 1940年以来，家庭中孩子的数目大致保持稳定，并且没有大幅度的波动。
D. 1940年以前，父母双亡后被单亲家庭领养的孩子是比较少的。
E. 由于医学的进步，1940年以来，由于父母中一位去世而由另一位家长抚养的孩子比例减少了。

[解题分析] 正确答案：E

题干论述：由于离婚率增加，单亲家庭中的儿童比例也一定增加。

E项指出，单亲家庭中的儿童还可能是由于双亲之一死亡导致，而由于医疗进步，此种可能导致与单亲生活的孩子数减少，所以，即使离婚增加，也未必导致单亲家庭中的儿童比例也一定增加。这实际上指出有其他因素会影响单亲家庭中的儿童比例下降，因此有力地削弱了题干。

其余选项均偏离了推理的主题，都不能有效地削弱题干。

■如果运动员想有更出色的表现，他们就应该在高海拔地区训练。在高海拔地区，身体中每单位体积的血液里含有的红细胞数量比在海平面上多。红细胞运输氧气，而氧气供应充足便能提高竞技水平，在高海拔地区训练的运动员每单位体积的血液能运载更多的氧气，这样便会有更出色的表现。

如果运动员的心跳速率在高地时和在低地时相同，下面哪个，如果正确，对上面的论点打击性最大？

A. 科学家发现运动员的心脏需要一段时间调整，才能适应在高海拔地区的训练。
B. 科学家发现在高海拔地区人体内的血液总量降低了25%。
C. 在高原训练的中距离跑运动员有时会败给在海拔为零的平地上训练的运动员。
D. 在过去20年，运动员在所有高海拔地区进行的比赛中成绩都明显提高了。
E. 在海拔5500米以上的高地，中距离跑运动员的速度要比在海拔为零的平地上快几秒钟。

[解题分析] 正确答案：B

本题为存在它因否定假设的削弱题。

本题推理："因为每单位血液中红细胞多，所以高海拔训练好"。

一般地，当题干推理由单位或比例而得出一个结论时，推理成立暗含假设为"总量或数量没有发生变化"。反对主要是反对假设。

B通过指出血液总量下降而反对了假设,题目论据是单位体积中的氧气量增加,这并不意味着总氧气量增加。现在B说总血量减少,那么总的红细胞就不一定增加,总氧气量也并不一定增加,成绩也并不一定提高。也许有人要问,万一单位体积氧气量增加大于25%,结论不就对了吗?但是注意,答案并不需要有充分性。所以B正确。

有人认为若如A所说,高海拔训练需适应一段时间,那就相当于指出了高海拔训练的缺点,所以起到了反对作用。但究竟高海拔训练带来的最终收益我们并不知道,完全有可能最终收益大于训练适应成本,所以A并无多大削弱力度。

C中的"有时"在某种程度上能起一定的削弱作用,但程度不够。

D中的"所有高海拔地区"把范围扩大,起到支持作用。

E中指出了一个"5500米"的特例,也并不能对上面描述的一般现象构成反对。

■某州州长任命了一名黄种人担任州旅游局长,许多白种人和黑种人指责这一任命是一种显示各族平等的政治姿态;后来州长又任命了一名黑人担任州警事总监,许多白种人和黄种人对这一任命又作出了同样的指责。确实,州长作出上述任命的时候很大程度上是出于政治上的考虑,但这又有什么错呢?况且,上述任命完全在州宪章赋予州长的权力范围之内。

以下哪项,如果为真,最能加强上述论证?

A. 各族平等是业已受到宪法和公众确认的普遍原则。
B. 被任命的旅游局长和警事总监完全能够胜任他们的职位。
C. 本州州长政绩显赫,声誉颇佳,过去很少受到他人的指责。
D. 在作出了上述任命之后,州长紧接着又任命了一名白种人担任财政总监。
E. 评价一项任命的根据不仅是看这一任命是否符合法律程序,而且更要看其是否有利于公众的需要。

[解题分析] 正确答案:B

题干结论是州长的任命没错(即出于一定的政治考虑是可以的,但不能仅仅从政治上考虑,要符合州宪章的条件)。题干的意思是虽然在同等符合条件的候选人中从政治上有所考虑并没有错,但如果仅从政治上考虑而不顾候选人根本不能胜任,那就有错了。

现在如果我们除了能证明市长对这些人的任命完全符合城市宪章外,还能够说明这些被任命者对于他们所担任的职务来说是完全称职的,那么市长就不应该受到指责。选项B表明的正是这一点。

实质上,本题B项是推理成立必要条件,如果B项不成立,即被任命的旅游局长和警事总监不能够胜任他们的职位,那么可以说明州长的任命完全是一种显示各族平等的政治姿态。

选项B并不是题干题干推理成立的充分条件,即有B项存在,题干结论也不一定能成立,比如州长任命的人并不是最好的,还有很多人比他们还好,那么,也不能说明州长的任命没错。但B项是题干的假设,确实能加强题干论证,因此就是正确答案。

选项D依然强调了市长对属下的任命主要是出于政治上的考虑,因为很可能被任命的白种人担任财政总监是不胜任的。

三、相对最好

"相对最好"是与"选项干扰"命题原则相对应的解题原则。逻辑考题要求考生根据题干所给信息及逻辑推理,从所列选项中选出一个选项,从而实现问题目的。很多情况下,这个选项并不是专业知识背景下或常识中的最佳选项,但只要是所列选项中最能实现问题目的的选项就可以了,也就是要让考生从所列选项中挑选一个相对最好的选项。

具体对形式推理类考题而言,其答案是充分的、必然正确的。而对非形式推理而言,其答案是不充分、不必然的,只是相对最好的,即按问题要求对题目推理所起的作用是程度最大的选项。

■新一年的电影节的影片评比,准备打破过去的只有一部最佳影片的限制,而按照历史片、爱情片等几种专门的类型分别评选最佳影片,这样可以使电影工作者的工作能够得到更为公平的对待,也可以使观众和电影爱好者对电影的优劣有更多的发言权。

以下哪项假设最可能是上述评比制度改革隐含的前提?

A. 划分影片类型,对于规范影片拍摄有重要的引导作用。
B. 每一部影片都可以按照这几种专门的类型来进行分类。
C. 观众和电影爱好者在进行电影评论时喜欢进行类型的划分。
D. 按照类型来进行影片的划分,不会使有些冷门题材的影片被忽视。
E. 过去因为只有一部最佳影片,影响了电影工作者参加电影节评比的积极性。

[解题分析] 正确答案:B

题干制度改革的方法是,分类评选最佳影片。

选项 B 显然是上述评比制度改革所必需的,否则,如果有的影片无法按照这几种专门的类型来进行分类,那么对这样的影片的评选就无法操作,这就不可避免地会影响评选的公正和观众的参与。可见 B 项的存在才使得影片评比的改革可行。

至于选项 A、C、E,都正面支持了这种制度改革,但是否一定是先决条件呢?理由似乎都不充分。

D 项也有假设意义,但没有 B 的力度大,B 是更需要假设的。

■纯种的蒙古奶牛一般每年产奶 400 升。如果蒙古奶牛与欧洲奶牛杂交,其后代一般每年可产 2700 升牛奶。为此,一个国际组织计划通过杂交的方式,帮助蒙古牧民提高其牛奶产量。

以下哪项,如果为真,对该国际组织的计划提出了最严重的质疑?

A. 并不是欧洲所有奶牛品种都可以成功地同蒙古奶牛杂交。
B. 许多年轻的蒙古人认为饲养奶牛是一种很低贱的职业,因为它不如其他许多职业有利可图。
C. 蒙古地区的放牧条件只适于饲养当地品种的奶牛,不适合杂交奶牛生长。
D. 蒙古牧民出口到欧洲的主要产品是牛皮和牛角,而不是牛奶。
E. 许多欧洲奶牛品种每年产奶超过 2700 升。

[解题分析] 正确答案:C

反对方法、存在它因的削弱题。

题干的计划是:蒙古牛与欧洲牛杂交来提高利润,理由是杂交牛产奶多。

作为削弱计划可行性的题目,一般大多是反对为实施计划而采用的方法。如果 C 项为真,则由于蒙古地区的放牧条件只适于饲养当地品种的奶牛,意味着杂交奶牛在蒙古不适合养殖,这就对上述国际组织的计划的可行性提出的最严重的质疑。因此,C 为正确答案。

题干推理并未说到"所有的",因此 A 不可能起到反对作用。

D 是削弱作用很小,虽然牛奶不是蒙古向欧洲出口的产品,但多产牛奶可以供应国内或向其他国家出口,D 还是起不到削弱作用。

E 项易误选,但段落里面并未说出杂交牛最好,即使欧洲奶牛好,也不一定适应蒙古,而且本题是让我们质疑计划的可行性,所以 E 不正确。

■过去的 20 年里,科幻类小说占全部小说的销售比例从 1% 提高到了 10%。其间,对这种小说的评论也有明显的增加。一些书商认为,科幻小说销售量的上升主要得益于有促销作用的评论。

以下哪项如果为真,最能削弱题干中书商的看法?

A. 科幻小说的评论，几乎没有读者。
B. 科幻小说的读者中，几乎没有人读科幻小说的评论。
C. 科幻小说评论文章的读者，几乎都不购买科幻小说。
D. 科幻小说评论文章的作者中，包括著名的科学家。
E. 科幻小说的评论文章的作者中，包括因鼓吹伪科学而臭了名声的作家。

[解题分析] 正确答案：C

书商根据科幻小说销量增加的同时科幻小说评论也增加，得出结论，评论导致了科幻小说销量上升。

诸选项中，A、B和C项都能削弱题干中书商的看法，但是，A项是说科幻小说的评论几乎没有影响，B项是说科幻小说的评论在科幻小说的读者中几乎没有影响，即A、B项的意思是评论对销售没有影响，该买还是买，该不买还是不买。

C项是说科幻小说的评论对于它的读者有负影响，即本来可能买的读了评论后也不买了，意味中评论对科幻小说起了负促销作用。显然，C项比A和B项更能削弱题干，因此，C为正确答案。

D项不能削弱题干。E项涉及的只是一个例，即使能削弱题干，也力度不足。

第四节 答 案 判 别

考生往往感到，不少逻辑题的答案存在争议，其实往往是考生没弄清各类题目的对错界限和判断标准。由于逻辑中的非形式推理不是必然性的推理，答案也无需充分性，因此，关键是要探讨清楚逻辑题的对错本质，如果明白了答案的标准，就不会引起无谓的争论。

那么，什么样的选项才能成为正确答案呢？判断答案的对错标准是什么？下面我们给出要成为一个正确答案的三个条件，也是答案判别的三条原则。

一、内容相干

所谓内容相干原则，就是对解题来说，在一个有效的推理和论证中，要保证前提和结论的联系，也就是前后事件要有逻辑关联，即日常所说的"前言要搭后语"。

我们必须知道，相干的和不相干的区别，要把自己的注意力聚焦于相干事实，并且不让不相干的考虑事项影响他们的结论。逻辑相干性的一般解释是：相干性指的是内容相关联，它意味着对考虑的事情是重要的、有密切的逻辑关系。一个前提对结论肯定性相干，仅当接受它使得结论的可接受性增强；一个前提对结论否定性相干，仅当接受它使得结论的可接受性削弱。

具体对解题来说，要注意以下两点：

第一，做题时，边阅读题干边找出结论，然后看结论所依赖的前提，这样在脑中形成逻辑主线（因为…所以…）。然后，以是否与结论相干的标准去删除选项，排除无关项，剩下的再排除相反选项，这样就容易找到答案了。

第二，逻辑题的答案设计必然与题干有关，答案往往具有与事件相关（有时甚至事件重复）的形式，如果与题干内容的相关性最明显，就最有可能是正确答案。

■在大型游乐公园里，现场表演是刻意用来引导人群流动的。午餐时间的表演是为了减轻公园餐馆的压力；傍晚时间的表演则有一个完全不同的目的：鼓励参观者留下来吃晚餐。表面上不同时间的表演有不同的目的，但这背后，却有一个统一的潜在目标，即：

以下哪一选项作为本段短文的结束语最为恰当？

A. 尽可能地减少各游览点的排队人数。
B. 吸引更多的人来看现场表演，以增加利润。

C. 最大限度地避免由于游客出入公园而引起交通阻塞。
D. 在尽可能多的时间里最大限度地发挥餐馆的作用。
E. 尽可能地招徕顾客，希望他们再次来公园游览。

[解题分析] 正确答案：D
由题干知，大型游乐公园里的有两个经营项目：现场表演与公园餐馆。
午餐时间的表演→减轻公园餐馆的压力
傍晚时间的表演→鼓励参观者留下来吃晚餐
问题问的是表演是为了什么？根据内容相干原则，现场表演肯定与餐馆有关。
D项表明"通过对人群流动的引导，在尽可能多的时间里最大限度地发挥餐馆的作用"，对现场表演是为公园餐馆进行了语意关联。因此，为正确答案。
其余各项所断定的都可能是现场表演的目的，也可能不是，是未知的，没有与餐馆相干，即与题干信息不相关，因此，作为结束语均不恰当。
此题所测试的，是从题干的前提条件，可推出哪项结论。这里所依据的，就是前提和结论之间的语义关联。

二、起到作用

答案判别的第二个原则就是起到作用，即正确答案必须能起到问题要求的作用，当然这个作用不一定是充分的，只要是一种可能性即可。
具体对解题来说，要注意以下两点：
第一，要注意要找一个能满足问题要求所起的作用的选项，而不是找符合常识或者客观真理的选项。
第二，要明确问题要求，其所要求的是正作用还是反作用，是要求针对结论起作用还是针对论证起作用。我们要寻找的是满足问题目的的选项。

■学校董事会决定减少员工中教师的数量。学校董事会计划首先解雇效率较低的教师，而不是简单地按照年龄的长幼决定解雇哪些教师。
校董事会的这个决定假定了：
A. 有能比较准确地判定教师效率的方法。
B. 一个人的效率不会与另一个人的相同。
C. 最有教学经验的教师就是最好的教师。
D. 报酬最高的教师通常是最称职的。
E. 每个教师都有某些教学工作是自己的强项。

[解题分析] 正确答案：A
要解雇效率较低的教师，首先必须能依据一定的方法来较为准确地判定一个教师是否有效率。因此，A项是校董事会的决定必须假设的。

■大多数抗抑郁药物都会引起体重的增加。尽管在服用这些抗抑郁药物时，节食有助于控制体重的增加，但不可能完全避免这种体重的增加。
以上信息最能支持以下哪项结论？
A. 医生不应当给超重的患者开抗抑郁药处方。
B. 至少有些服用抗抑郁药物的人的体重会超重。
C. 至少有些服用抗抑郁药物的人会增加体重。
D. 至少有些服用抗抑郁药物的患者应当通过节食来保持体重。
E. 服用抗抑郁药物的人超重，是由于没有坚持节食。

[解题分析] 正确答案：C

这是一道推论题。通过阅读理解，我们知道题干的意思是，在服用这些抗抑郁药物时，节食也不可能完全避免这种体重的增加。可见，至少有些服用抗抑郁药物的人会增加体重。

三、程度最大

如果找到了一个选项，与题目内容相干并起到了问题要求的作用，那是否一定是正确答案呢？还不一定，因为满足这两个条件的选项往往不一定只有一个，这时候，就要比较这些选项哪项所起的作用最大，即正确答案应该是最能实现问题的目的，这就是答案判别的最后一个原则"程度最大原则"。

以最能削弱型来举例，则应首先将选项与题干一致的选项排除掉，同时寻找与题干相矛盾或不一致的选项，从中进一步比较削弱的程度。特别要注意的是最能削弱型考题，很多情况下，备选选项中有两个或两个以上能削弱题干推理的选项，因此，在确定答案时必须比较其支持削弱的程度。

一个论证的论证力度，是指通过该论证所获得的结论真实性的可接受程度。一个论证的论证力度取决于两点：第一，论据真实性的可靠程度；第二，推理的证据支持度。那么，怎么来比较答案所起作用的程度呢，以什么样的指导思想和界限去区分正确答案和混淆选项呢？从解题经验来看，主要有以下几个规律：

1. 结论优于前提

针对结论的选项所起作用的程度要大于针对前提的选项。

由于一个完整的论证是由结论、前提和论证形式三要素构成的，而结论又是论证的中心，因此，对结论的强化或弱化力度上要大于对前提、论据或理由的作用力度。

2. 内部优于外部

针对内部论证的选项所起作用的程度要大于针对外部信息的选项。

由于逻辑推理必须紧扣题干，并且要从题干本身所蕴含的内部意思出发。因此，从内部对原有论证的作用力度一般要比从外部信息的作用力度要强。

针对逻辑主线的强化或弱化优于非逻辑主线的强化或弱化。比如，针对题干推理隐含假设的作用力度要大于一般性选项。由于假设是题干推理成立的必要条件，因此，否定假设的强化或弱化力度当然要大于既非充分也非必要条件的强化或弱化。

3. 必然优于或然

对题干论证起必然性强化或弱化的选项所起作用的程度要大于或然性强化或弱化的选项。

比如，凡是"需要进一步调查""不一定""尚待进一步证实"之类的选项都是或然性强化或弱化，往往都不是最能支持或最能削弱题型的正确答案。

4. 明确优于模糊

含有确定性数字的选项对题干论证所起作用的程度要大于含有模糊概念的选项。

如果某个选项当中有"有些""部分""有时候""某些情况下""略"等这种量少的用词和具体的某个特例，这类选项的强化或弱化力度是比较弱的，出现这些词的选项往往不是最能支持或最能削弱题型的正确答案。

5. 量大优于量小

包含数量大的选项对题干论证所起作用的程度要大于数量小的选项。

6. 总体优于部分

包含总体的选项对题干论证所起作用的程度要大于包含部分的选项。比如，提供整体因素对题干论证进行强化或弱化力度要大于提供单一因素的强化或弱化。

7. 直接优于间接

对题干论证起直接强化或弱化的选项所起作用的程度要大于间接强化或弱化的选项。

比如，否定假设的直接弱化力度要大于无因有果、有因无果等间接弱化。

8. 逻辑优于非逻辑

提供逻辑意义上的强化或弱化的选项对题干论证所起作用的程度要大于提供非逻辑意义上的选项。

一般地，逻辑意义上的强化或弱化比非逻辑意义上的强化或弱化更有力。即提供逻辑形式化强化或弱化的选项对题干论证所起作用的程度要大于提供非形式化信息的选项。比如，所谓逻辑意义上的削弱就是指按照逻辑学的原理或知识点来进行削弱。如果某一选项刚好指出题干违背了逻辑学中的某一原理，那么，我们就可以认为这是逻辑的削弱，同时也可以认为它是一种非常强力的削弱。比如选项如果是题干的负命题，就最能削弱题干论证。

■甲市的劳动力人口是乙市的十倍。但奇怪的是，乙市各行业的就业竞争程度反而比甲市更为激烈。

以下哪项断定如果为真，最有助于解释上述现象？

A. 甲市的人口是乙市人口的十倍。
B. 甲市的面积是乙市面积的五倍。
C. 甲市的劳动力主要在外省市寻求再就业。
D. 乙市的劳动力主要在本市寻求再就业。
E. 甲市的劳动力主要在乙市寻求再就业。

[解题分析] 正确答案：E

一般来说，劳动力人口与就业竞争是相关联的，但题干描述了一个矛盾现象：甲市的劳动力人口是乙市的十倍。但乙市的就业竞争程度反而比甲市更激烈。怎么来解释这个矛盾呢？就要指出劳动力人口与就业竞争程度之间的非关联性，具体可以用存在它因的办法来解释这个矛盾。

选项 C 和 E 符合这一点，而 E 的解释程度比 C 更强，因此 E 为正确答案。

选项 A 有助于说明甲市的劳动力人口比乙市多，但不能解释题干矛盾。

选项 B 为无关项。

选项 D 的解释方向正好相反，加剧了题干矛盾。如果要把问题改为"以下哪项最不能解释上述现象？"，那么就应该选 D。

■现在市面上电子版图书越来越多，其中包括电子版的文学名著，而且价格都很低。另外，人们只要打开电脑，在网上几乎可以读到任何一本名著。这种文学名著的普及，会大大改变大众的阅读品味，有利于造就高素质的读者群。

以下哪项如果为真，最能削弱上述论证？

A. 文学名著的普及率一直不如大众读物，特别是不如健身、美容和智力开发等大众读物。
B. 许多读者认为电脑阅读不方便，宁可选择印刷版读物。
C. 一个高素质的读者不仅仅需要具备文学素养。
D. 真正对文学有兴趣的人不会因文学名著的价钱高或不方便而放弃获得和阅读文学名著的机会，而对文学没有兴趣的人则相反。
E. 在互联网上阅读名著仍然需要收费。

[解题分析] 正确答案：D

题干观点：因为电子版的文学读物价格低廉并且易于获得，所以电子版的名著能够改变大众的阅读品味，有利于造就高素质的读者群。

A、C 为明显无关选项，排除；

B 指出有人认为电子读物不方便，有一定的削弱作用，但是没有排除另外一些人愿意选用电子读物的可能，削弱力度不足，排除；

D意味着即使价格便宜了也方便了，但是原来不读的人还是不读，那么电子读物就不能改变大众的阅读品味，削弱题干论述，正确；

E说电子读物也需要收费，有削弱的意思，但是没有排除题干所说的收费低廉的可能性，削弱力度不足，排除。

■现在，大多数用后即可废弃的塑料罐上都贴上了用以说明塑料的类型或质量的号码（从1到9）。具有最低编号的塑料品最容易被回收工厂回收，因此用后被回收而不是被倾倒到垃圾堆里的可能性最大。具有最高编号的塑料很少被回收，因此，消费者可以通过拒绝购买那些包装在最高编号的塑料制品内的产品，使不能回收的废物长期来看显著减少。

下面哪一点，如果正确，最能严重地削弱上面的结论？

A. 目前，收集、分类和回收被抛弃的塑料废品的费用要比用原材料制造的新的塑料产品的高。

B. 许多消费者没有注意到印在塑料容器上的号码。

C. 塑料容器经回收后，编码几乎总是在增加，因为回收处理会使塑料产品的质量下降。

D. 包装在最低编号的塑料制品内的产品通常要比那些包装在较高塑料制品内的产品贵。

E. 那些将所有废弃的塑料容器收集起来以备将来回收的社区，只有在明显没有回收商来回收它们的情况下，才将有较高编码的塑料倾倒进垃圾堆里。

[解题分析] 正确答案：C

消费者们只购买那些装在较低编号的塑料包装内的产品，可以使塑料废物量减少，但是如果这些具有较低编号的塑料外包装，在回收再处理时，质量一直下降，那么就不能使不可回收的废弃塑料长期显著地减少，因此C是正确答案。选项A、B和D似乎也能削弱本题的结论，但是应该注意的是本题只是在讨论消费者们可以拒绝购买那些包装在最高编号的塑料包装内的产品，也即本题是在讨论一种可能性，而非必要性，因此A、B和D都是错误的；E是无关选项。

第五节 逻辑阅读

逻辑考试测试人的日常思维能力，这个日常思维能力中包括一个重要的方面就是一个阅读理解能力，对信息的快速、准确地理解把握、分析、推理的能力。逻辑试题的题干中通过文字表达了相当多的信息，那么同样长度的题干，考生首先受到挑战的就是你能不能在比别人更短的时间内准确地把握这些文字所表达的信息，这就是测试的第一步。

逻辑可以说是阅读和推理水平的综合测试，逻辑的难度一方面是快速阅读，另一方面在快速阅读的基础上找出逻辑结构，并且运用相应的技巧找到正确答案。逻辑阅读的关键在于要快速阅读文字材料，准确把握文中观点和推理结构，具体就是看清逻辑主线，辨识前提和结论，搞清推理路线。

阅读不是知识问题，而是能力问题。知识可速效记忆就行，能力与原有基础和后天训练提高相关。阅读能力与逻辑能力是关联在一起的，每人原有基础不一样，有人原先就强，有人就弱，有效训练可提高，但不是短时间能提高的。由于阅读理解是逻辑推理的基础，只有读明白了才能进行有效的推理。其实逻辑题难度常在看不懂题干，或把握不了题干的推理。由于逻辑考试都要测试考生对于文字信息的阅读理解能力，因此，考生首先受到的挑战是，如何迅速准确地理解并恰当整理题干的文字信息，其次，才是基于这些信息基础之上正确进行逻辑思考。阅读是一切逻辑题成功解题的基础，也是考试中决定心理状态的关键因素。可以说逻辑考试是否成功至少一半的因素要归于阅读，提高阅读水平是解答逻辑题的首要条件。因此，从平时起加强对阅读能力的培养显得尤为重要。

一、快速阅读

逻辑考试不同于一般逻辑考试的特点，首先是整个试卷的阅读量很大。比如管理类联考有30道逻辑题，字数在6000字以上，按分值和时间分布来看，大概要在54分钟内完成，由于每道题均有一定长度，分配给每道题的时间平均大约也仅是1.8分钟；很多考生如果不经过训练，读完读明白一道题也得用很长时间，根本就来不及推理和解题了。因此，考生一定要从平时开始有意识地训练自己快速阅读的能力。只有达到较大的训练量，才能达到较高的逻辑阅读水平。

快速阅读的训练方法有以下几种：

（1）全景视觉。快速阅读追求的是"全景视觉"，一次注视的是一个字群或者一个意群，甚至整段文字，速读法不仅是对书本的表面浏览，而且是一种积极、活跃的理解和记忆过程，它是一种真正的阅读艺术。

（2）快速扫描。其核心是在快速浏览的同时大脑积极思维，迅速提炼，从而抓取关键信息。在训练中，特别要注意在仅读一遍语段的情况下，迅速提炼出究竟哪句话为结论，然后看出和结论相关的直接原因是什么，也即迅速找出语段的逻辑主线。

（3）积极思考。要积极思考阅读，每读完一部分，应该知道其逻辑作用，所以要边读边想。当读不懂题或没有理顺文章逻辑关系时，还是很难找到正确答案。当不是很在意时，读题干往往只是用眼睛去看题目，读完了，只知道文章里的字你都认识，题干什么意思以及逻辑关系根本不知道。如果在实际考试中是这种情况，既浪费时间，又增加了心理负担。所以，要边阅读边积极思考，每读完一部分，应该知道其逻辑作用，所以要边读边想。

（4）文字理解。逻辑试题测试很重要的一点是你对于文字信息的理解能力，逻辑题的题干都有一定的文字量，考试的时候受到的第一个挑战或者应具备的第一个能力就是对信息的理解整理能力，很多考生感觉逻辑考试有些题目特别绕口，逻辑考试不像逻辑，倒像语文的咬文嚼字，在逻辑题文字表述提出的信息理解当中感受到了这种挑战。逻辑考试中有专门一种语意理解型的题目，就是测试考生对题干表述的理解能力，像是在玩文字游戏，但这绝对不是这种题目本身的某种缺陷或者没有把明白的问题说清楚，实际上是测试考生对一段文字的语意理解的能力，特别是对关键概念的内涵的把握和分析，这类题型就像考语文的阅读理解。

（5）抗烦阅读。虽然逻辑试题涉及的内容极其广泛，天文地理、科学研究、世界时事、国计民生、经济管理、历史人文、文化习俗、生活常识等均有涉及，但在解题时并不需要考生掌握试题所涉及内容或学科的专门知识，试题只是借助这样的背景而已，所以解题时只需要用你的逻辑常识和思维能力就可以了。具体说就是要求考生在理解题目内容的基础上，着重关注这些内容之间的逻辑关系，或者是它们所体现、所承载的逻辑形式，并对这些逻辑关系或逻辑形式做出思考、评价和选择。建议考生从平时起注意阅读自己平常较烦的内容的文章，比如天文、地理、生物、考古、医学、经济等各类文章，每次快速读一个段落，体会阅读速度与效益的结合。

（6）抽象思维。抽象思维是逻辑阅读和解题的基本方法，逻辑推理是排斥形象思维的。如果在做题时想象段落所描述的形象，而不能迅速抽象出题干的逻辑推理关系，这是做逻辑题之大忌。应该说快速阅读能力和抽象思维能力是逻辑考试成功的两大关键能力。对问题的抽象指的是把文字叙述转化为形式化的表达，也就是用一些符号、字母来表达事物间的联系，具体地说，逻辑试题内容涉及的自然或社会科学的专门知识并不影响解题，可以对题目的专有名词或有关命题用A或B等符号抽象出来即可，而不用去探究其内容的正确性，只要推理合乎逻辑就对。加快思考的考试技巧是用适当的符号和条件关系式去表示相应的命题、推理或论证，由于符号和公式非常简短，可以用逻辑规则去推理，从而大大节省时间，加快解题速度。

（7）空中摄影。考生必须根据命题人员所设定的问题目的去读语段，按照不同的问题目的锁定不同的读题重点，且思维应在题目之内。你的眼睛就如摄影机的镜头摄入设定的风景，然后整个思维的过程犹如洗相片的过程,尽可能拷贝原来的风景且不至于失真。对于读完后的题目,先不要忙着做题,要在大脑里面梳理一遍,我们可称之为"洗影"的过程,就是所谓将题目的主干信息提出来,然后拷贝到大脑中去,马上在大脑中形成推理思路。通过有效的阅读训练,做逻辑题时,要有一种"会当凌绝顶,一览众山小"的宏观把握能力,这是成为一名逻辑高手的必要条件。

■吴大成教授:各国的国情和传统不同,但是对于谋杀和其他严重刑事犯罪实施死刑,至少是大多数人可以接受的。公开宣判和执行死刑可以有效地阻止恶性刑事案件的发生,它所带来的正面影响比可能存在的负面影响肯定要大得多,这是社会自我保护的一种必要机制。

史密斯教授:我不能接受您的见解。因为在我看来,对于十恶不赦的罪犯来说,终身监禁是比死刑更严厉的惩罚,而一般的民众往往以为只有死刑才是最严厉的。

以下哪项是对上述对话的最恰当评价?

A. 两个对各国的国情和传统有不同的理解。
B. 两人对什么是最严厉的刑事惩罚有不同的理解。
C. 两人对执行死刑的目的有不同的理解。
D. 两人对产生恶性刑事案件的原因有不同的理解。
E. 两人对是否大多数人都接受死刑有不同的理解。

[解题分析] 正确答案:C

这类二人对话的题目,一般是阅读量较大,因此,解题的关键在于要在快速阅读两位教授对话的过程中,迅速把握其说话的主旨。

由题干不难得出结论:吴大成教授认为执行死刑的目的是有效地阻止恶性刑事案件的发生,而史密斯认为执行死刑的目的是给十恶不赦的罪犯以最严厉的惩罚。两人对执行死刑的目的有不同的理解。因此,C项的评价最为恰当。

■鸡油菌这种野生蘑菇生长在宿主树下,如在道氏杉树的底部生长。道氏杉树为它提供生长所需的糖分。鸡油菌在地下用来汲取糖分的纤维部分为它的宿主提供养料和水。由于它们之间这种互利关系,过量采摘道氏杉树根部的鸡油菌会对道氏杉树的生长不利。

以下哪项如果为真,将对题干的论述构成质疑?

A. 在最近的几年中,野生蘑菇的产量有所上升。
B. 鸡油菌不只在道氏杉树底部生长,也在其他树木的底部生长。
C. 很多在森林中生长的野生蘑菇在其他地方无法生长。
D. 对某些野生蘑菇的采摘会促进其他有利于道氏杉树的蘑菇的生长。
E. 如果没有鸡油菌的滋养,道氏杉树的种子不能成活。

[解题分析] 正确答案:D

在本题的阅读中,"鸡油菌"和"道氏杉树"等名词都是考生所不熟悉的,因此要从平时就要培养自己的抗烦阅读能力。

阅读题干,首先要概括成自己的一句话,即"菌有利于树,因此,过量采摘菌对树不利"。如果D项的断定为真,则说明虽然过量采摘鸡油菌会直接割断和道氏杉树的互利关系,但有可能促进其他有利于道氏杉树的蘑菇的生长,而最终仍间接地对道氏杉树有利。这就构成了对题干的质疑。其余各项均不能构成质疑。

■在目前财政拮据的情况下,在本市增加警力的动议不可取。在计算增加警力所需的经费开支时,光考虑到支付新增警员的工资是不够的,同时还要考虑到支付法庭和监狱新雇员的工资,由于警力的增加带来的逮捕、宣判和监管任务的增加,势必需要相关机构同时增员。

以下哪项如果为真,将最有力地削弱上述论证?

A. 增加警力所需的费用,将由中央和地方财政共同负担。
B. 目前的财政状况,决不至于拮据到连维护社会治安的费用都难以支付的地步。
C. 湖州市与本市毗邻,去年警力增加19%,逮捕个案增加40%,判决个案增加13%。
D. 并非所有侦察都导致逮捕,并非所有逮捕都导致宣判,并非所有宣判都导致监禁。
E. 当警力增加到与市民的数量达到一个恰当的比例时,将会减少犯罪。

[解题分析] 正确答案:E

读题干时,视线要快速掠取段落的主干脉络,本题的主干脉络就是"警力增加会导致相关机构增员",要削弱论证就是要说明"警力增加"与"相关机构增员"并没有必然的联系,这两者之间是有差异的。

如果E项的断定为真,则说明警力的增加不一定会造成逮捕、宣判和监管任务的增加,相反,有可能因为犯罪的减少而降低这方面的开支。这就有力地削弱了题干的论证。其余各项均不能削弱题干的论证。其中,A和B项能削弱题干的结论,但不能削弱题干的论证;C项实际上加强了题干的论证。

二、抓住题眼

解读题干是解题的重要一环,解读题干不仅要了解题干的内容、给定的条件,还要了解题干的主旨及其关键词。

逻辑考题所涉及的面很广,在试题内容上包罗万象。快速阅读理解有两个障碍,一个是比较陌生的语境,比如我们看到"中国蚂蚁",这个时候你会觉得没有任何的心理障碍,但是如果你看到"堪培拉半岛的一种蜥蜴",这个时候你不大理解;另一个是逻辑题中出现的一些冷门学科或生僻名词,目的是通过增加考生的阅读困难来增加题目的难度,比如"对苯二甲酸二羟乙酯"等名词就给考生增加了很大的阅读难度,其实,考生只要把它看成"酯"就行了。

从这个角度来说,阅读理解所占用的仅仅是期望通过这种比较难以理解的语境或者语句将逻辑结构给隐藏起来的目的,因此阅读最关键的问题是找清其逻辑含义和逻辑结构,阅读本身不是目的。而解逻辑试题根本不需要相关科学知识,在题目所提供的信息范围内完全应该能够解题,你只是仍把它当作一个一般的逻辑题来做即可。由于这些名词给考生带来了一定的心理压力,因此,考生要有意识地从平时起就训练自己,注意克服阅读生涩名词或短语给自己带来的心理障碍。

阅读中的抽象提炼关键在于考生要善于抓住关键性信息,即所谓的"题眼"。每一道逻辑题都有自己的"题眼",也就是题目评论的"靶子"。"题眼"往往是关键的字词、语句,如果"题眼"抓错了,就会出现"想歪了"的现象,选了无关的干扰项或次要项。

由于逻辑考题的阅读量较大,时间有限,所以不可能慢慢地阅读,而要在快速阅读中抓住关键信息,那么,什么样的信息是关键性信息?一句话,与题干中问题相关的信息就是关键性的,否则就是冗余的起干扰作用的信息。加快阅读的考试技巧是阅读时圈阅"题眼"。边阅读边给"题眼"做明显的标记,将大大提高做题的速度和准确性。具体做法是,边读题边在题目上画出重点(或者待处理的元素、条件都在读题过程中记在草稿纸上)。敏感的人看完题干后不但能抓住"题眼",而且能看出文字背后的弦外之音或者漏洞,甚至预测到作者会从哪些角度设置题目。

■科学研究表明,大量吃鱼可以大大减少患心脏病的危险,这里起作用的关键因素是在鱼油中所含的丰富的"奥米加-3"脂肪酸。因此,经常服用保健品"奥米加-3"脂肪酸胶囊将大大有助于你预防心脏病。

以下哪项如果为真,最能削弱题干的论证?

A. "奥米加-3"脂肪酸胶囊从研制到试销,才不到半年的时间。

B. 在导致心脏病的各种因素中，遗传因素占了很重要的地位。
C. 不少保健品都有不同程度的副作用。
D. "奥米加-3"脂肪酸只有和主要存在于鱼体内的某些物质化合后才能产生保健疗效。
E. "奥米加-3"脂肪酸胶囊不在卫生部最近推荐的十大保健品之列。

[解题分析] 正确答案：D

在阅读本题时，遇到"奥米加-3"脂肪酸这样的专有名词，你只要把它看成一种物质就行了。

如果D项的断定为真，说明吃鱼有助于预防心脏病，是由于鱼油中所含的"奥米加-3"脂肪酸经过了与鱼体内某些物质的化合而具有了疗效；但保健品胶囊中所含的"奥米加-3"脂肪酸完全可能缺少这种特殊的化合而不具有疗效。这就有力地削弱了题干的论证。其余各项对题干的论证都可有所削弱，但力度显然不如D项。

■ 最近最经常上演的15部歌剧中没有19世纪德国作曲家理查德·瓦格纳的作品。虽然音乐制作人都希望制作听众想听的作品，但瓦格纳的作品没有被相对频繁地演出并不能表明他的作品不受欢迎，而是因为他的歌剧的舞台演出费用极其昂贵。

下面哪个，如果正确，最能支持上面的结论？
A. 经常上演的歌剧中不包括小型业余作曲群体的作品。
B. 演出公司经常得到一些为了能看豪华气派的歌剧而赞助的人的支持。
C. 所有最近经常上演的歌剧至少是已流行了75年的作品。
D. 近期瓦格纳的作品录音带出得比别人都多。
E. 近年来各类歌剧作品受欢迎的程度不断提高。

[解题分析] 正确答案：D

题干结论：造成查理·瓦格纳作品演出不频繁的原因不是他的作品不受欢迎而是他的作品的舞台演出费用极其昂贵。

要对题干的结论构成支持，就要以瓦格纳的作品为出发点来说明他的作品是受欢迎的。题干的五个选项中，只有D项陈述，近期瓦格纳的作品录音带出得比别人都多，这作为一个新的证据，说明了他的作品广受欢迎，从而有力地支持了题干结论。

关键词定位，五个选项中，只有D涉及了瓦格纳的作品。

■ 在若兰国，10年前放松了对销售拆锁设备的法律限制后，盗窃案的发生率急剧上升。由于合法购买的拆锁设备被用于大多数盗窃案，因此重新引入对销售拆锁设备的严格限制将有助于降低若兰国盗窃案的发生率。

如果以下哪项为真，对上述论证提供了最强的支持？
A. 若兰国的总体犯罪率在过去10年中急剧上升了。
B. 重新引入对销售拆锁设备的严格限制在若兰国得到了广泛的支持。
C. 在若兰国重新引入对销售拆锁设备的严格限制，不会影响警察和其他安全机构对这种设备的合法使用。
D. 在若兰国使用的大多数拆锁设备是易坏的，通常会在购买后几年内损坏而且无法修好。
E. 五年前引入的对被控犯有盗窃罪者更严厉的惩罚对若兰国的盗窃案发生率几乎没有影响。

[解题分析] 正确答案：D

题干结论：对销售拆锁设备严格限制将有助于降低若兰国盗窃案的发生率。

上述论证有明显的漏洞，社会上已经存在一些拆锁设备，即使不再增加，若不清除已存在的拆锁设备，仍可用于盗窃。D项堵塞了这一漏洞，指出这种设备易坏且修不好，意味着那些拥有此设备的盗窃犯不久以后也不会再拥有该设备，从而引入此设备的限制确实能够起到减少犯罪的作用,有力地支持了题干的结论。

其余选项均不妥。其中,A项,暗示也许盗窃案的增加是由于大环境的影响,跟开锁设备的销售无关,有削弱作用。B、E为无关选项。C项与降低盗窃案发生率无关。

用结论关键词定位答案,关键词为"设备"。

三、结构提炼

逻辑阅读和逻辑解题是分不开的,阅读和解题的思考几乎是同步进行的,阅读中就开始解题,在解题中进行阅读。阅读可以分成两个层次:

一个是浅层次阅读,即普通阅读。一般意义上的中文阅读是为了获取信息,甚至需要联想和欣赏,一般意义上的中文阅读好的人并不等于逻辑阅读就好;而逻辑应试读题的误区是欣赏与想象,切忌沉浸在题目之中,精力分散在各句话语之间而不能迅速判断其相互关系。

另一个是深层次阅读,即逻辑阅读。逻辑考的不是一般意义上的中文阅读,而要达到更深层次的逻辑阅读,那就是读题干的内在逻辑,即解读作者逻辑思路的过程。逻辑阅读是读出语段的思维结构,视线和思维要像X射线一样把题目的逻辑骨架抽象出来。

在阅读过程中,逻辑思维至关重要,是解题的关键,读者只要抓住思维结构,就可以按照问题要求选出正确答案来。

(1) 逻辑阅读的关键步骤　　逻辑阅读的关键是快速提炼逻辑结构的能力,对前面所述"自下而上"的逻辑题的题干都是一个论证,逻辑读题的最好方式是边扫描边快速地提取题干的推理脉络,简洁把握什么是前提,什么是结论。读题和思考步骤如下:

① 删除　　对于题干过长的,要大量删除不相关信息,一般对背景性介绍的文字可以略而不读,句子中大量的修饰成分都不是读题重点。具体而言,当题干是一个或若干论证时,将那些与确立或反驳一个主张不相干的部分、重复的信息去掉,属于交际性的内容、其他话题的插入、无关的枝节、顺便说的话等都可忽略,它们不进入论证结构的描写。考生在阅读归纳时要做到长题读短,只要抽象出主干句子构成的逻辑主线就可以了。

② 替换　　正确理解的基础是"换句话说",即用自己的话来复述,把晦涩读通俗,阅读时要把书面语言全部转换成口头语,用清楚、确切的表达方式来替代含糊或者间接的表达方式,同义的所有表达式用唯一的表达式代换。

③ 提炼　　这是逻辑阅读的最关键的一步。在解答逻辑题时,应带有目的地去读题干,这个目的就是弄清前提(理由、论据)和结论。具体就是逻辑关系在大脑里分析它的推理过程是如何发生的,并在脑子里简化为"由什么推出什么"的一句话。

题干逻辑主线可提炼为:前提→结论。

首先找结论,随着逻辑题长度明显增加,对此除提高阅读能力外(不是阅读技巧),要做训练,看对一段话中在仅读一遍的情况下,究竟哪句话为结论。找提炼题干结论的办法大致有以下两种:

一是,一个推理的结论可以出现在题干中的任何一个地方,一般来讲,会有一些连接词。如果有连接词,可借助于连接词区分前提或结论。一般说来,在"因为""假如""由于""既然"等词之后的语句表示原因、前提和条件;在"所以""因此""那么""因而""这表明""由此可见"等之后的语句表示结论和结果。

二是,若没有连接词,可通过分析语句之间因果联系寻找结论。如果上面的内容你看不明白,你一定要问一下自己,"作者到底想要证明什么?",一般来说,作者设法要证明的便是结论。

然后找前提,再找出作者为了证明这个结论的前提:作者所摆出的理由、作者所给出的证据。要注意题干有些信息只是背景知识,不是理由或前提。

逻辑是一种推理,有前提有结论,前提有不同种前提,有大前提小前提,哪个是大前提,哪个是小前提,哪个是结论,读了以后能抓住这个纲领是正确解题的关键。两者比较,结论比论据（或前提）更重要。读题要化复杂为简单，理解题干的结论、中心意思。无论如何强调对结论的重视都是不过分的，因为选项最终是作用在结论上。

④ 补充　提炼出题干的逻辑结构之后，还得评价这个推理的有效性。被评估的论证应是一个结构完整的论证，因此，在评估之前，应对论证补充隐含前提，即使论证未表达出来的预设、假设或省略前提明确化，也就是在阅读题干之后一定要寻找推理的假设。

⑤ 评估　读逻辑题本质是批判性阅读，读完每一句都想想这一句说了什么，在整个论证中起什么作用。当你读完题干时，应该想想将其推理记在脑子里（即记住前提、结论和假设）。题干的大部分推理错误你都能识别，比如假设错误。当你能用自己的话复述推理时，即使你还没读问题，你通常也能臆测到问题会问什么。用自己的话复述能帮你理解题干的意思。一般说来，题干经常将很简单的问题描述得很复杂以增加难度；用自己的话来复述能帮你理解文章的意思。一旦你用自己的话复述，问题就变得很容易理解。

在此基础上，在看选项之前，针对问题，你就可以在读完题干时想想正确答案应该是什么。在你读完题干和问题之后，你可能在脑子里对答案有了一个概念。不过这只完成了一半，选项中你必须找出一个和你臆测中最相似的那个选项。即使你对正确答案没有概念，也别泄气。找出明显错误的选项，排除它，就能提高你正确的概率。

(2) 结论所处题干中的三种位置　若题干陈述是一个论证，就要辨析一下何为结论，何为前提，以及前提与结论的关系。逻辑阅读关键是要抓结论，因为选项最终是作用在结论上。把握好这种阅读规律，做题目的速度就提上去了。题干结构从读题的角度可分为结论前置、结论后置和结论中置结构三类：

① 结论前置结构是指这样一种结构：在开头提出结论、论点，后面论证该结论、论点或结论。

② 结论后置结构是指这样一种结构：这种结构在最后才给出结论、论点，前面是对该结论、论点的论证或背景描述。这种结构前面很多是不用仔细看的背景介绍，读题重点是抓住后面的结论。

③ 结论中置结构是指这样一种结构：在题干中间提出结论、论点，题干前面、后面是背景介绍以及论证该结论、论点的理由。

■最近的一项研究指出："适量饮酒对妇女的心脏有益。"研究人员对1000名女护士进行调查，发现那些每星期饮酒3～15次的人，其患心脏病的可能性较每星期饮酒少于3次的人更低。因此，研究人员发现了饮酒量与妇女心脏病之间的联系。

以下哪项如果为真，最不可能削弱上述论证的结论？
A. 许多妇女因为感觉自己的身体状况良好，从而使得她们的饮酒量增加。
B. 调查显示：性格独立的妇女更愿意适量饮酒并同时加强自己的身体锻炼。
C. 护士因为职业习惯的原因，饮酒次数比普通妇女要多一些。再者，她们的年龄也偏年轻。
D. 对男性饮酒的研究发现，每星期饮酒3～15次的人中，有一半人患心脏病的可能性比少于3次的人还要高。
E. 这项研究得到了某家酒精饮料企业的经费资助，有人检举研究人员在调查对象的选择上有不公正的行为。

[解题分析]　正确答案：D

结论前置。开头"适量饮酒对妇女的心脏有益"就是题干的结论，后面的调查是对这个结论的论证。

D项断定了与题干有所不同的统计数据，但这一数据是基于对男性饮酒者的研究之上的，而题干的结论有关饮酒量与妇女心脏病之间的关系，由于男性饮酒与女性饮酒没有直接的关系，因此，D项是答案（尽管由于不同性别的人之间的某种共性，D项仍可能对题干的结论有所削弱,但这种削弱的力度显然不如其余各项)。

A、B和C项如果为真,说明题干中被调查的女护士中,饮酒次数较多者患心脏病的可能性较低,完全可能是由于她们的身体素质和健康状况本来相对较好,而不是由于饮酒的次数较多。这就有力地削弱了题干的结论。E项如果为真,则自然可以由调查操作上的不公正与不规范,而有力地质疑其结论的可信性。

■在司法审判中,所谓肯定性误判是指把无罪者判为有罪,否定性误判是指把有罪者判为无罪。肯定性误判就是所谓的错判,否定性误判就是所谓的错放。而司法公正的根本原则是"不放过一个坏人,不冤枉一个好人"。

某法学家认为,目前,衡量一个法院在办案中是否对司法公正的原则贯彻得足够好,就看它的肯定性误判率是否足够低。

以下哪项,如果为真,能最有力地支持上述法学家的结论?

A. 错放,只是放过了坏人;错判,则是既放过了坏人,又冤枉了好人。
B. 宁可错判,不可错放,是"左"的思想在司法界的反映。
C. 错放造成的损失,大多是可弥补的;错判对被害人造成的伤害,是不可弥补的。
D. 各个法院的办案正确率普遍有明显的提高。
E. 各个法院的否定性误判率基本相同。

[解题分析] 正确答案:E

结论后置。开头是背景介绍,什么"肯定性误判"或"否定性误判",不用仔细看,不需要当场理解。后面法学家的结论才是阅读重点。

显然两类误判都与司法公正有关(由题干,无论错判,还是错放,都不利于体现司法公正。因此,肯定性误判率和否定性误判率二者缺一不可,都应当成为衡量法院办案是否公正的标准)。

但法学家认为只要看肯定性误判率是否足够低就可以了,因此正确答案必然要对否定性误判率做一个说明或解释。题干只有E项涉及了这一点。

题干中的法学家认为,一个法院的错判率越低,说明越公正,要使这个显然片面的结论成立,必须满足一个条件,即各个法院的错放率基本相同。否则,即使一个法院错判率足够的低,但同时它的错放率也足够的高,就并没有体现司法公正。因此,E项是没有它因的假设类支持。

其余各项都不足以使题干中法学家的结论成立。其中,A和C项对法学家的结论有所支持,但它们断定的只是就错判和错放二者对司法公正的危害而言,前者比后者更严重,但由此显然得不出法学家的结论。

■面对预算困难,W国政府不得不削减对于科研项目的资助,一大批这样的研究项目转而由私人基金资助。这样,可能产生争议结果的研究项目在整个受资助研究项目中的比例肯定会因此降低,因为私人基金资助者非常关心其公众形象,他们不希望自己资助的项目会导致争议。

以下哪项是上述论证所必须假设的?

A. W国政府比私人基金资助者较为愿意资助可能产生争议的科研项目。
B. W国政府只注意所资助的研究项目的效果,而不注意它是否会导致争议。
C. W国政府没有必要像私人基金资助者那样关心自己的公众形象。
D. 可能引起争议的科研项目并不一定会有损资助者的公众形象。
E. 可能引起争议的科研项目比一般的项目更有价值。

[解题分析] 正确答案:A

结论中置。题干的结论是:有争议项目在整个受资助项目中的比例会降低。

题干的论据有两条:第一,一大批原来由政府资助的项目转由私人基金资助;第二,私人基金资助者较不愿意资助争议项目。

A项是题干的论证必须假设的。否则，如果事实上W国政府和私人基金资助者一样较不愿意资助争议项目，那么，这最多能得出结论：争议项目在整个受资助项目中的比例原来就很低。而不能得出结论：有争议项目在整个受资助项目中的比例，会因为大批政府资助的项目转由私人基金资助而降低。

B项不是题干的论证必须假设的。因为，即使W国政府不光注意所资助的项目的效果，而且在意它是否会导致争议，作为政府，出于全局的考虑，它仍然很可能愿意资助有争议的项目。这样，题干的论证仍然能够成立。

四、精准理解

逻辑考试在很大程度上是对考生阅读能力的一个考验，有一些题几乎考的就是语文的阅读理解，而不是真正的逻辑推理关系。对于"自上而下"逻辑题，题干往往没有明确的论证关系，题干提供的是一些具体陈述。因此，对这样的题，考生阅读时一定要力求做到精准理解。需要注意以下两点：

（1）注意细节。即不要遗漏题干重要信息。读逻辑题时一定要细，包括问题，逻辑试题的陷阱经常就在细节里，这是命题的一个重要招数。

（2）注意层次。逻辑阅读不能停留在文字的表面，一定要注意题干叙述所隐含的意思，要特别注意段落层次和逻辑结构，把握不同层次的意义，才能正确解题。

■厄尔尼诺和拉尼娜是热带海洋和大气相互作用的产物。拉尼娜的到来将对全球气候产生相反的影响，由厄尔尼诺现象造成的许多反常气候就会改变。美国沿海遭受飓风袭击的可能性会上升，澳大利亚东部可能发生洪水，南美和非洲东部地区可能出现干旱，南亚将出现猛烈的季风雨，英国气温将会下降，大西洋西岸可能提前出现暴雨和大雪，并使该地区的产粮区遭受破坏性旱灾，东亚的雨带将往北移，秋冬季雨水将会增多。拉尼娜在将冷水从海底带到水面的同时，也把海洋深层营养丰富的物质带到水面加快浮游植物和动物繁殖，将使东太平洋沿岸国家渔业获得丰收。

以下除哪项外，都是上文所描述的拉尼娜现象可能带来的影响？

A. 非洲某些地区的干旱不但没有缓解，而且有加重的趋势，非洲一些国家的生活仍然艰难。

B. 澳大利亚西部可能发生洪水，对该地区的牧业将产生不良的影响，世界羊绒的价格可能上涨。

C. 美国东海岸地区的冬天会变冷，降雪量会有明显的增加，影响该地区的粮食生产，世界粮食价格有上涨的趋势。

D. 由于冬季雨水比较充沛，我国北方冬小麦的生长条件得到改善，小麦产量将会有所增加。

E. 墨西哥、智利等国的渔业将走出多年徘徊的局面，世界渔产品的价格有可能下降。

[解题分析] 正确答案：B

本题就是一道比较典型的阅读理解题，就是阅读量较大，要求考生在短时间内快速阅读的同时能注意细节，理解准确，从而找到正确答案。

选项B说："澳大利亚西部可能发生洪水"。而题干中说的是"东部"，没说"西部"，与题干所述不符。选项A中指的"非洲某些地区"就是题干中讲的"非洲东部地区"。选项C说的"美国东海岸地区"与题干中说的"大西洋西岸"相同。选项D所说的"我国北方冬季雨水比较充沛"与题干中说的"东亚的雨带将往北移"有关。选项E中的"墨西哥、智利等国家"与题干中的"东太平洋沿岸国家"一致。

■据《科学日报》消息，1998年5月，瑞典科学家在有关领域的研究中首次提出，一种对防治老年痴呆症有特殊功效的微量元素，只有在未经加工的加勒比椰果中才能提取。

如果《科学日报》的上述消息是真实的，那么，以下哪项不可能是真实的？

Ⅰ．1997年4月，芬兰科学家在相关领域的研究中提出过，对防治老年痴呆症有特殊功效的微量元素，除了未经加工的加勒比椰果，不可能在其他对象中提取。

Ⅱ．荷兰科学家在相关领域的研究中证明，在未经加工的加勒比椰果中，并不能提取对防治老年痴呆症有特殊功效的微量元素，这种微量元素可以在某些深海微生物中提取。

Ⅲ．著名的苏格兰医生查理博士在相关的研究领域中证明，该微量元素对防治老年痴呆症并没有特殊功效。

A. 只有Ⅰ。
B. 只有Ⅱ。
C. 只有Ⅲ。
D. 只有Ⅱ和Ⅲ。
E. Ⅰ、Ⅱ和Ⅲ。

[解题分析] 正确答案：A

Ⅰ不可能是真实的。因为由题干，上述观点，是瑞典科学家在1998年5月首次提出的，因此，芬兰科学家不可能在1997年4月已经提出过。

Ⅱ和Ⅲ都可能是真的。因为题干只是断定，《科学日报》登载的消息是真实的，而没有断定消息中提到的瑞典科学家的观点是真实的。

五、明确问题

提问方式的灵活多变是增大题目难度的方式，逻辑考题的提问方式多种多样：有的从正面提问，有的从反面提问；有的针对推理结构；有的针对题干中论证或结论与选项的逻辑关系，等等。所以，一定仔细辨析，正确理解，否则就会与正确答题失之交臂，出现不必要的失分。

比如，问题中同样都有"支持"字样，并不一定都是支持题型，如果问的是"下列哪个选项能支持上述结论（或论证）？"则是支持题型，解题的思路是"自下而上"；而如果问的是"以上事实最能支持以下哪个选项？"则为推论题型，解题的思路就应该是"自上而下"。

又如，要区分"下列选项哪个支持上述说法？"还是"下列选项都支持上述说法，除了？"等不同的提问方式。特别要注意"最能削弱（支持）"，"最不能削弱（支持）"和"以下选项都能支持以上反对者的观点，除了"等不同的问法。

再如，"以下选项一定是真实的是""以下选项可能是真实的是"与"以下选项都可能是真实的，除了"这三种问的意思是完全不一样的。

可见，明确问题是正确解题的一个关键。只有读懂问题，才能找到正确的思维推理的方向。所以在做题时，一定要阅读仔细，注意不同的提问方式，准确理解到底题目问的是什么。

■当有纳税人试图通过隐瞒自己的应纳税收入时，就发生了一个恶性循环：这些人的逃税导致立法者必须提高税率，否则无法获得事先设定的公共收入；而增加的税率又鼓励更多的纳税人隐瞒应纳税收入。

除非以下哪项为真，否则上面所说的恶性循环不会发生？

A. 税率增加鼓励纳税人去设法增加自己的税前收入。
B. 检查逃税的方法，可以检查出一些人的逃税行为，这些重新获得的税收比税收检查的成本要高，但其有效性不稳定。
C. 当立法者制定税率时，没有考虑到会有纳税人逃税而对税率进行适当调整。
D. 那些总是逃税的人并不会因为税率降低而停止逃税，除非在同时对逃税者课以高额罚款。
E. 什么样的税率会鼓励纳税人逃税，这在纳税人中间没有太大的差别。

[解题分析] 正确答案：C

题干的问题是"除非以下哪项为真，否则上面所说的恶性循环不会发生？"，由于"除非P，否则不Q"就是指P是Q的必要条件，因此，问题实际上问的是"如果哪项不成立，那么恶性循环就不会发生？"

选项C就是恶性循环发生的必要条件，因为如果当立法者制定税率时考虑到了会有纳税人逃税而对税率进行适当调整，那么，这些人就不必要逃税，立法者就不必提高税率，从而上述的恶性循环就不会发生。

■美国法律规定，不论是驾驶员还是乘客，坐在行驶的小汽车中必须系好安全带。有人对此持反对意见。他们的理由是，每个人都有权冒自己愿意承担的风险，只要这种风险不会给别人带来损害。因此，坐在汽车里系不系安全带，纯粹是个人的私事，正如有人愿意承担风险去炒股，有人愿意承担风险去攀岩纯属他个人的私事一样。

以下哪项，如果为真，最能对上述反对意见提出质疑？

A. 尽管确实为了保护每个乘客自己，而并非为了防备伤害他人，但所有航空公司仍然要求每个乘客在飞机起飞和降落时系好安全带。
B. 汽车保险费近年来连续上涨，原因之一，是由于不系安全带造成的伤亡使得汽车保险赔偿费连年上涨。
C. 在实施了强制要求系安全带的法律以后，美国的汽车交通事故死亡率明显下降。
D. 法律的实施带有强制性，不管它的反对意见看来多么有理。
E. 炒股或攀岩之类的风险是有价值的风险，不系安全带的风险是无谓的风险。

[解题分析] 正确答案：B

上述反对意见是"系不系安全带是个人私事"，要质疑它，就要说明"系不系安全带不是个人私事"。如果B项为真，则说明不系安全带会影响别人，它引起的汽车保险费的上涨损害了全体汽车主的利益。这就对题干中的反对意见提出了有力的质疑。其余各项均不能构成有力的质疑。

六、题项结合

题项结合是指在具体做逻辑题时，要树立把选项和题干作为一个整体来破解的思维习惯。要把题干与选项结合起来阅读，即根据所要解决的问题，把题干信息与选项结合起来，一定要注意各选项分别有没有题干中所隐含的信息，这有利于准确地抓住关键信息以找到解题突破口。

■核战争将导致漫长的"核冬季"包围地球这种科学预测是不可相信的。大气科学家和天气专家无法可靠而准确地预测明天的天气。而核爆炸对本地和世界范围大气情况的影响一定遵循那些控制着日常天气变化的规律。如果天气无法用目前的知识预测，那么核冬季这一假设用目前的知识也不能预测。

下面哪一项如果正确，将最严重地削弱论断"如果科学家无法准确地预测日常天气，他们对核冬季的预测也不可信"？

A. 核冬季的科学理论使用的是那些预报日常天气的人可以得到的数据。
B. 科学家对核冬季的预测只能是凭空构想的，因为这些预测无法通过不造成伤害的实验加以证实。
C. 天气预报人员通常不坚持说他们的预测不会出错。
D. 对灾难性的自然事件，如火山爆发、地震所做的科学预测比日常天气预测的可信度要低。
E. 核冬季这一科学理论与剧烈的天气变化而非日常天气变化相关。

[解题分析] 正确答案：E

本题的问题已明确要削弱论断"如果科学家无法准确地预测日常天气，他们对核冬季的预测也不可信",因此,没必要再读题干。

E 说明核冬季的预测与日常天气没有关系,削弱了论断。

A 支持了题干,B、C、D 项为无关项。

■在某一市政府,一法官推翻了一嫌疑犯拥有非法武器的罪名。一看到警察,那个嫌疑犯就开始逃跑,当警察追他时,他就随即扔掉了那件非法武器。那个法官的推理如下:警察追击的唯一原因是嫌疑犯逃跑;从警察旁边逃跑的自身并不能使人合情合理地怀疑他有犯罪行为;在一非法追击中收集的证据是不能接受的。因此,这个案例中的证据是不能接受的。

下面哪一条原则,如果正确,最有助于证明那个法官关于那些证据是不能被接受的判决是合理的?

A. 只要涉及其他重要因素,从警察那儿逃跑就能使人产生一个合情合理的有关犯罪行为的怀疑。

B. 人们可以合法地从警察那儿逃跑,仅当这些人在不卷入任何犯罪行为时。

C. 仅当一个人的举动使人合情合理地怀疑他有犯罪行为时,警察才能合法地追击他。

D. 从警察那儿逃跑的自身不应被认为是一个犯罪行为。

E. 在一个人的举动能使人合情合理地怀疑他有犯罪行为的情况下,警察都能合法地追击那个人。

[解题分析] 正确答案:C

问题是要问法官的推理成立。因此读题重点是有关法官推理的文字。前面的背景介绍,就没必要看了。

要使法官推理合理,即证据不能接受,需要说明警察的非法追击,看哪一个选项能得出非法追击就可以了。

警察在没有合情合理的理由的情况下,对嫌疑犯进行非法追击,结果得到的证据不能被使用。因此要想对嫌疑犯进行合法的追击,警察就必须得有合情合理的理由,因此 C 为正确答案。

E 项是个无效推理;其他选项没有说明是否合法或非法追击,因此,不能推出证据是否能接受的论断。

第六节 解题步骤

逻辑解题包括阅读理解与寻找答案两大步骤:阅读理解(读取、抽象)→寻找答案(排除、推理、确定答案)。

一、阅读理解

逻辑答题时,思维要聚焦在白纸黑字上,不带有任何个人主观的预设和其他文字的干扰,视线落点只在本题之内,每阅读一道题就只考虑这一道题所论述的范围,做完后这题就在思维中马上消失,立即进入下面新的题。

1. 阅读步骤

逻辑试题都分为题干、问题和选项三部分,解答逻辑试题的第一步是阅读理解,首先要审清题干的内容和意义,然后注意问题提出的角度和方式。大多数人从头至尾读下去,也有人习惯先读问题,再读题干,这两种方法都可以,主要看自己的习惯。

(1)阅读题干,理解题意内容。

阅读题干陈述时要边读边思考,"换句话说""其实就是说"这类语言转换是理解题意的关键技能,也是节省阅读理解时间的主要方法。逻辑阅读决不能把简单的东西复杂化,而要把复杂的东西简单化。

(2) 阅读问题，明确问题目的。

通过问题陈述可判断题型，从而确定解题方向。认真读完题干后，再仔细看问题，一定要看仔细，不要看错或漏看。要明确问题是针对题干的结论、题干的形式结构还是题干的前提假设的。要做到"有的放矢""有问有答"，就必须仔细阅读、准确理解问题的方向与角度，否则就会犯答非所问的错误。

2. 判断类型

阅读题目后，根据题目特点，可大致分出是形式推理还是非形式推理的类型，这两类题目的特点、分类、解题要点与方法是不同的，列表如下：

项目	题目特点	分类	解题要点	解题方法
形式推理	题干陈述存在条件关系等演绎推理关系	逻辑知识	条件关系、公式化推导	答案是运算出来的
		演绎推理	数学与运算、反应速度	
非形式推理	题干陈述不存在条件关系等演绎推理关系	自下而上	因果关系、先抓结论（作者观点），再找前提	答案是分析比较出来的
		自上而下	主题思想，题干信息的阅读与理解	

判断出推理类型后，这有利于明确解题思维的方向。这两类推理的常用解题方法归纳如下：

(1) 形式化推理题的常用解题技法

① 公式法——把题目的文字叙述转化为形式化的表达，解题过程就是公式化推演。

② 作图法——对一些直言推理题，有时需要画个示意图，有助于完成推理。

③ 列表法——对一些逻辑分析题，边读题边把已知条件列在表格上，并进一步推理，可以较快地找到正确答案，有利于解题。

④ 计算法——此法用于解决数学相关题。

⑤ 矛盾法——此法用于解决真假话题。

⑥ 归谬排除法——先假设某一备选项成立，然后代入题干，如果出现矛盾，说明该选项不成立，要排除掉；如果只剩一项不能导致矛盾，该选项就是正确答案。

(2) 非形式化推理题的常用解题技法

① 假设法——重点关注题干论证的隐含假设。

② 因果法——重点关注题干论证的因果关系。

③ 核心词定位法——就是先确定题干的核心词（关键词），然后从中找出包含题干核心词的选项作为疑似答案，再进一步验证。这样可省去阅读不相关选项的时间，提高解题速度。

④ 标志词定位法——注意数字、模态词、否定词等。比如题干有数字，解题时也优先关注有数字的选项。

⑤ 对比法——当题干推理涉及两者比较，且结论重点涉及比较一方，这时考虑比较对象且重点思考隐含比较的另一方往往是有效的。

⑥ 反证法——若A不是答案，将导致矛盾，则A是答案。

⑦ 排除法——排除法是最常用的逻辑解题方法，在实际解题时，尽可能首先使用排除法，先划掉绝对不可能的选项。

3. 思考重点

根据问题陈述可以对题型进行初步分类，结合题干陈述的内容可把考题分为两类：

(1) 题干有结论的考题 "自下而上"推理的逻辑题，包括假设、支持、削弱、评价等题型，题干都有结论；另外还有一些解释、比较、描述等平行推理的题型，题干也有结论。

① 耐心阅读题干（如果必要，标出重点词语），弄清前提和结论（因和果），并在脑子里简化为一句话。即在阅读中迅速提炼出题干的"逻辑主线"，也就是明确题目的推理过程（由什么

推出了什么）。具体就是分析题干的逻辑推理过程是怎样的：
- 题干的结论是什么？要结合作者要表达的方向和理由支持的方向来确认结论。
- 题干的前提是什么？为什么可以得到这个结论？通过什么样的论证得到结论的？要注意题干中有些信息只是背景知识，不是前提。
- 要注意分清主结论和前提、反前提、附加前提，中间结论，特别是推出结论的直接前提。在脑中形成因为（直接前提）所以（结论）推理结构，这是逻辑阅读最关键的一步。

② 用自己的话复述作者推理之后，还得评价这个推理的有效性，也就是在阅读题干的过程中一定要注意寻找推理的隐含假设。

③ 作为一个逻辑题，可以在论据、论证、结论中任何一个点上出题。比如削弱题型可以反对论据，可以反对论证（比如提出其他原因），可以直接反对结论比如假设；就是论据不足，让你提出足够的论据。

④ 题干是解题的出发点，务必注意题干中前提与结论的逻辑关系，思考它们之间的"逻辑漏洞"，而问题往往是指出漏洞（比如削弱性题目），或弥补漏洞（比如加强性题目）。

- 只要是加强前提和结论二者联系的，就是假设、支持。
- 割裂二者联系的就是削弱。
- 如果是问二者之间有无关系的，就是评价。

（2）题干没结论的考题　"自上而下"的逻辑题，主要是推论题，题干一般没结论。另外还有一些解释、比较、描述等平行推理的题型，题干也没有结论。

① 这类题往往很像语文的阅读理解，这时要关注题干陈述信息的关键点。读题要化复杂为简单，理解题干的主题思想、中心意思。

② 叙述的事件之间是否有共同结合点，如果有结合点，试着将其结合起来，看能推出什么。如果没有结合点，就记住信息，再从选项里面找与题干最相干的选项。

二、寻找答案

由于题目分为形式推理、非形式推理两大类，其寻找答案的方法也不尽相同。

针对形式推理的题目，由于答案具有必然性，因此其寻找答案的过程相对明确，首先是确定推理起点（或在题干，或在问题，或在选项），然后由推理起点列出推理链条，最后通过演绎和分析找出答案。

针对非形式推理的题目，由于答案不具有必然性，因此其寻找答案的过程要考虑更仔细一些，大致的步骤如下：

① 预测答案方向（通过对题干的阅读理解后，根据问题要求预测）。
② 整体扫描选项（寻找疑似选项、排除错误选项）。
③ 备选选项比较（对剩余的备选选项进行分析、推敲、权衡）。
④ 确认正确答案。

总之，寻找答案的过程就是根据问题要求，结合题干逻辑主线与备选选项推理出答案。具体说，就是通过快速阅读题干和问题来预测答案方向，再结合错误选项排除；一般来说，通过这两步多数题就能找到答案，如果还存在高质量的干扰项的题，最后再据量剩下的两个选项，仔细比较，确定答案。具体详细步骤介绍如下：

1. 预测答案方向

在读完题目（题干和问题）后，即可预测答案方向，即根据问题类型和题干陈述结合产生答案的大致"长相"，可以带着自己的预测去寻找答案。

① 在你读完题干之后，在看选项之前，针对问题，你就可以想想正确答案应该是什么，你可能在脑子里对答案有了一个预测。当然，预测并不是预测百发百中的正确答案，事实上预测出每道题的具体答案是不现实的，所谓的预测是指结合每道具体题目的条件预测正确答案的

方向。

② 带着预测去寻找答案还有一个十分关键的作用：如果其中有个选项和自己预测的相差不远，自己可以立即十分肯定，那就可以较快地确认答案，这样可以大大减少犹豫不决的时间。

③ 基本上所有类型题目的答案方向都是或多或少可预测的，这样完全可以带着自己的预测去寻找答案。

2. 整体扫描选项

读完题干、问题并同时大致预测答案方向后，建议你整体扫描所有的选项，以进一步通过有选择地精读和思考来选找答案。当然，读选项也能帮你较好地理解文章推理，但这些选项经常用复杂的语言表述而且充满陷阱。

① 在整体扫描选项的过程中，几乎可以同时寻找疑似选项、排除错误选项。

② 若一时不能确定疑似选项，不能确定疑似正确选项，也很难排除错误选项，则也不必强求，马上转入按顺序阅读。此时，对选项的阅读顺序也是有讲究的：对比较绕口的非形式推理题，阅读顺序按选项中语言陈述的长度依次进行，先读最长的，然后读次长的，因为往往是较长选项正确的可能性大。

3. 寻找疑似选项

所谓"疑似选项"，就是疑似正确答案的选项。根据论证类型和问题类型的特征以及平时做题积累的经验，结合题感和选项定位法，通过扫描所有选项的关键词和陈述形式来判定哪个或哪些选项最有可能是正确答案。

① 阅读选项有两种做法：一般做法是直接按着选项陈述的顺序精读；另一种高级做法是依据疑似正确答案的可能性大小来安排精读的次序，这种方法效率显然要高，但在这种意义上挑选答案，对考生的要求较高，因为在确定哪个或哪些选项最有可能是答案的问题上，要求有较强的逻辑思维背景，要有预测答案的能力。其次，这种方法依赖于前一种挑答案的方法，即读到答案就能断定它是最佳的。一般认为，后一种方法更有效率，但对考生的要求也较高。

② 选项中你必须找出一个和你臆测中最相似的那个选项。如果有些问题类型和题干特点结合产生能预测答案的，则直奔答案。若找到疑似选项，思考后觉得正确，可以放弃阅读其他选项，即可确定答案。

③ 多数题目都是或多或少可预测的，经过有效的训练，大部分逻辑题目第一遍即可确定。其实，逻辑是有感觉的，考试的时候有些题目第一眼看到某些选项就觉得顺眼，细看往往果然是。因此，建议多培养逻辑题目的感觉。

4. 排除错误选项

读完题干后你先想一下所论述的是哪些事物，怎么样的关系，在这个基础之上去看选项，就比较有的放矢，也更容易排除那些和这些事物联系无关的或错误的选项了。

① 阅读完题干和问题后，如果不能预测答案方向，或者你对正确答案没有概念，也别泄气。那就找出明显错误的选项，排除它。

② 通过预测答案即使无法一下子找到正确答案，也可以十分迅速地排除错误答案！即如果没有找到与预测相似的选项，那么就排除明显错误的选项，就能提高正确选择的概率。

③ 若选项没有明显的特征可抓，即不能确定疑似选项，则马上转入按顺序阅读，逐个快速浏览选项，边扫描边排除不可能项，用无关项排除，划掉绝对不可能项。

各类题有关无关概念不完全相同，但总体上是和谈论的话题有关就是有关，和讨论的话题或主题无关的就是无关。相关无关的具体判别方法如下：第一，如果选项中没有比较，而选项中的内容题干中有涉及，就有相关关系；第二，如果选项中有比较，而比较的两个对象和比较点题干中都有涉及，就有相关关系；有一条没有，就是无关选项。

无关选项主要有：

- "在论述范围之外"：涉及与题干无关的内容，涉及不同（新）概念并且对新概念没有解释,没有解释题干的现象。

• "在逻辑关系之外":题干的逻辑关系就像几个链条互相连接,如果选项中的内容在逻辑关系以外,一般就不是正确答案。

5. 备选选项比较

尽管在逻辑试题中,每题都有五个选项,但在许多情况下真正需要考生加以比较和选择的只有2~3个选项。另外的选项或者与题意无关,或者与题意相悖,通过将其排除,缩小了选择范围。

① 放慢速度,对剩下的备选选项进行精读并推敲权衡。把选项和题干作为一个整体来破解。解题时可以把选项和题干结合起来看比较好,那种追求不仔细读完题而是一看问题就做题的投机取巧的做法是不可取的。

② 通过仔细分析比较剩下的选项,从中找答案,边看选项,边看题干,边反复掂量,两相比较,找出最优(是否需要列个箭头推出关系?能否画个图表?用假设反证法?陷阱存在吗?)。

③ 要特别小心,有时看起来好像是明显的错误或非常荒唐的选项,然而却有可能是最佳答案。因此,应当在全部选项认真阅读后才作出自己的决断。

6. 确认正确答案

通过上述步骤,绝大多数题目都能找到正确答案,并能获得自己的确认。

当然也存在例外的情况:

① 这题我见过、做过。

——快速阅读题干、问题及选项,选出最优答案。

② 题干读了一遍没懂。

——呼一口气,再读,边读边划。

③ 有两个程度相当的选项。

——其他选项的排除有无差错?这两个选项的不同之处是什么?

④ 没有可选的选项。

——立刻重读问题,是否理解反了问题?选项中是否有一个自己理解反了?

⑤ 万一阅读和考虑三遍后还一头雾水。

——读不懂题目,或者即使读懂了题目但觉得各备选选项还是没法比较,即在备选选项中确认不出最佳的,就结合选项猜测法,凭第一印象选一个答案。

7. 最佳解题状态

逻辑应试的最佳状态就是要简洁明快,具体要做到解题过程的"快、准、狠":

(1)"快"是指迅速根据问题的方向从题干中读取有用的内容;

(2)"准"是指准确找到题干中对于回答问题所至关重要的词句,并且找出关键概念;

(3)"狠"是指明白了问题目的后,根据所找出的话中的关键概念,定位具有这一特点的选项,阅读后如果达到问题的目的则迅速选择,不需顾及其他选项,也就是狠心放弃阅读其他选项。

选择答案需要有雄厚的实力,其次是有胆识,即敢于在遇到自己认为是正确答案的时候放弃后面的选项而做下一题。不能做每一题都精读每个选项,这样做时间可能不够用的,也就是说,一旦遇到最佳答案则不读其余选项。那么,你是否能够判断出它是最佳的呢?这主要取决于对题目的理解是否透彻,你的思路是否准确,归根结底,这取决于你平时训练的功底,也就是"题感"是否足够强,如果这方面能过关,读到最佳答案你就一定有足够的信心确认它就是最佳的。

■是否公开学生的学习成绩,已成为明讯管理学院的一个热点话题。很多学生认为学习成绩是个人隐私,需要得到保护,呼吁学院不要再公开发布学生的学习成绩。学院的管理部门经过慎重的考虑,决定今后所有的学习成绩统一通过电子函件的方式发送,每个学生将只能收到自己的学习成绩。

以下各项为得知学院的这个决定后大家的一些反馈意见，其中哪项最能让学院的管理部门重新思考或修正他们的决定？

A. 学习成绩在奖学金的评定、研究生录取、毕业分配等方面是重要的指标，公开发布学生的学习成绩，能够让学生都来参与和监督这方面的工作。

B. 通过电子函件发送学生的学习成绩，会增加管理部门的工作量，恐怕工作人员还需要一段时间的适应。

C. 部分学生尚不熟悉电子函件的收发，如果弄丢了自己的学习成绩，会给工作带来不必要的麻烦。

D. 公开发布学生的学习成绩，虽然能起到一定的激励作用，但也会损伤一部分同学的自尊心。

E. 电子函件的保密性并不绝对可靠，如果发生泄密，个人隐私的保护也同样会出现问题。

[解题分析] 正确答案：A

首先快速读取题干，准确找到题干的推理脉络，即"由于成绩是隐私，因此学院决定不公开"。

再看问题，"重新思考或修正"决定，标识出这是一个削弱型题目，削弱学院管理部门的政策——以电子函件发送所有的学习成绩，每个学生只能收到自己的学习成绩。即要寻找这个政策的负面效果。

最后找答案，即要找出一个能表达"公开成绩还是有益处的"选项，即A项，该项就能有力地削弱学院的决定，如果你题做多了，就知道这是一种"存在别的因素影响推论"的削弱方式（在本书精讲篇将详细讲述），就能感觉这就是正确答案，因此可以不再看其他选项，即狠心放弃阅读其他选项。

上篇

形式推理

　　形式推理属于必然性的推理,考查考生的演绎思维能力,要求考生根据已知的人物、地点、事件和项目中的关系进行演绎,得出结论。

第三章 词项逻辑

所谓词项，就是表示事物名称和事物性质的名词类语词，在逻辑中，凡是能充当简单命题主项和谓项的词或词组，都称为词项。如果要研究命题内部结构的简单命题的推理，就必须把命题分解为词项。词项逻辑的内容包括概念、定义、直言命题及三段论等。

第一节 澄清概念

形式逻辑是研究思维的形式及其规律的科学。要研究逻辑，首先要从概念出发。概念是思维形式最基本的组成单位，是构成命题、推理的要素。

一、概念分析

概念有两个基本的逻辑特征：内涵和外延。概念的内涵是指概念所反映的事物的特性或本质；概念的外延是指反映在概念中的一个个、一类类的事物。例如："商品"这个概念的内涵是为交换而生产的产品；外延是指古今中外的、各种性质的、各种用途的、在人们之间进行交换的产品。

任何概念都有内涵和外延，概念的内涵规定了概念的外延，概念的外延也影响着概念的内涵。一个概念的内涵越多（即一个概念所反映的事物的特性越多），那么，这个概念的外延就越少（即这个概念所指的事物的数量就越少）；反之，如果一个概念的内涵越少，那么，这个概念的外延就越多。

1. 概念间的逻辑关系

按其性质来说，概念间的关系可以分为相容关系和不相容关系两大类。

（1）概念的相容关系 相容关系是指外延至少有一部分是重合的这样两个概念之间的关系。概念的相容关系有：

① 同一关系，是指外延完全重合的两个概念之间的关系。

例如，"土豆""山药蛋""马铃薯"表达的正是同一个概念。

② 从属关系，是指一个概念的外延包含着另一个概念的全部外延这样两个概念之间的关系。

其中，外延大的概念称为属概念，外延小的概念称为种概念。

比如，"工程技术人员"和"工程师"这两个概念，前者的外延就包含着后者的全部外延。

[逻辑案例] 战国末年的名辩家公孙龙提出了一个"白马非马"的论题。

马者,命形也,白者,命色也,命形非命色也,故曰:白马非马。

分析:汉语的歧义,非即不是,"是"可以认为"等于",也可以认为"属于"。

白马与马是从属关系,既有联系又有区别,既不能等同也不能割裂开来。

公孙龙看到了白马与马这两个概念在内涵和外延上的区别,这是正确的;但他把这种区别绝对化,否认了白马是马的一种,从而导致了逻辑错误。

③ 交叉关系,是指外延有且只有一部分重合的这样两个概念之间的关系。

比如,"企业家"和"MBA"这两个概念的外延就具有交叉关系。

"球迷""影迷"这两个概念的外延也具有交叉关系。

(2) 概念间的不相容关系　不相容关系也称全异关系,是指外延是互相排斥、没有任何部分重合的这样两个概念之间的关系。概念的不相容关系有:

① 矛盾关系,是指这样两个概念之间的关系,即两个概念的外延是互相排斥的,而且这两个概念的外延之和穷尽了它们属概念的全部外延。

比如"男人"和"女人"这两个概念是矛盾关系。

② 反对关系,是指这样两个概念之间的关系,即两个概念的外延是互相排斥的,而且这两个概念的外延之和没有穷尽它们属概念的全部外延。

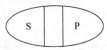

例如:"好人"和"坏人"这两个概念是反对关系。"社会主义国家"和"资本主义国家"这两个概念也是反对关系。

2. 图解法解题指导

涉及概念关系的题目通常用图解法来帮助解题,即根据题意用欧拉图法(即圆圈图形的示意法)表示概念之间的外延关系。根据题干提供的条件作图,大致解题步骤如下:

(1) 判定概念间的关系

① 先判定题目中每两个概念间的外延关系。

② 再判定各个概念彼此之间的外延关系。

(2) 作图方法

① 先用实线画相对固定的概念关系。

② 再用虚线画不固定的概念关系。

③ 在每个圆圈的适当位置上标注。

④ 在此基础上,画出能从整体上反映各个概念彼此之间外延关系的综合图形。

(3) 用图形辅助解题　由于用上述方法作出的示意图并不是唯一确定的,所以,只用作解题时的辅助思考。要注意两个问题:

① 实线是否有重合的可能,即概念间是否可能为同一关系。

② 虚线可能出现的位置。

■陈先生要举办一个亲朋好友的聚会。他出面邀请了他父亲的姐夫,他姐夫的父亲,他哥哥的岳母,他岳母的哥哥。

陈先生最少出面邀请了几个客人?

A. 未邀请客人。

B. 1个客人。

C. 2个客人。

D. 3个客人。

E. 4个客人。

[解题分析] 正确答案：C

陈先生所邀请的客人，从名义上看是4个人（1个女性，3个男性），但三个男性中，父亲的姐夫、姐夫的父亲和岳母的哥哥可以是同一个人，所以，陈先生最少邀请了2人。

■某大学某寝室中住着若干个学生。其中，1个是哈尔滨人，2个是北方人，1个是广东人，2个在法律系，3个是进修生。因此，该寝室中恰好有8人。

以下各项关于该寝室的断定如果是真的，都有可能加强上述论证，除了
A. 题干中的介绍涉及了寝室中所有的人。
B. 广东学生在法律系。
C. 哈尔滨学生在财金系。
D. 进修生都是南方人。
E. 该校法律系不招收进修生。

[解题分析] 正确答案：B

从地域情况看：由于介绍涉及了这寝室中所有的人，"1个是哈尔滨人，2个是北方人"，关键是哈尔滨人肯定是北方人，也就还是2个人。再加上"1个是广东人"，因此，是3个人。

而题干又断定，"该寝室中恰好有8人"，说明按地域来划分的3个人与2个法律系、3个进修生三者是不相容的。那么，如果广东学生在法律系，那么该寝室就变成7个人了，题干结论不成立了。

二、定义判断

定义就是以简短的形式揭示语词、概念、命题的内涵和外延，使人们明确它们的意义及其使用范围的逻辑方法。日常生活中，说话有逻辑性，就要把概念定义清楚。

要想掌握"精确的语言"，首先就要能够掌握语词"精确的定义"。否则公说公有理，婆说婆有理，因为不是基于同一个定义。

1. 定义的方法

（1）定义的一般结构

① 定义的一般结构是：被定义项 X 具有与定义项 Y 相同的意义。

例如，"在规定的年龄内，具有劳动能力，在调查期内无业并以某种方式寻找工作的人员"和"失业者"是相同的意义。这种相同的意义也意味着，定义项和被定义项指的是完全相同的对象。定义就是用更易于理解的概念来替换另一个概念。

② 定义包括三个部分：被定义项、定义项和定义联项。

DS	就是	DP
被定义项	联项	定义项

被定义项就是在定义中被解释和说明的语词、概念或命题。定义项就是用来解释、说明被定义项的语词、概念或命题。定义联项是连接被定义项和定义项的语词，例如"是""就是""是指"和"当且仅当"等。

比如：差别化信贷是指对不同行业、不同群体、不同用途的信贷额度和还贷方式采取差别对待的政策，这是国家对经济进行宏观调控的重要手段。

（2）属加种差定义　属加种差定义是最常见的内涵定义形式。

被定义的概念＝种差＋邻近的属

属和种是生物学上的概念，是生物分类"界、门、纲、目、科、属、种"系列中的最后两位。

通过定义，从而明确这个概念所反映的对象的特点和本质。

比如：哺乳动物就是以分泌乳汁喂养初生后代的脊椎动物。

在上述给"哺乳动物"这个概念下定义时，"脊椎动物"是属概念，"以分泌乳汁喂养初生后代"这一性质就是种差。

2. 定义的规则

由于实质定义（属加种差定义）是最常见的定义形式，下面列出其应满足以下定义规则：

（1）定义必须揭示被定义对象的区别性特征。

例如：水是一种透明的液体。

这一定义显然没有揭示水区别于其他液体的特征，不是一个好的或可以接受的定义。

（2）被定义项的外延和定义项的外延必须是全同关系。

否则，会犯"定义过窄"或"定义过宽"的错误。

定义过窄，是指一个定义把本来属于被定义概念外延的对象排除在该概念的外延之外。

例如：鸟是任何长有羽毛能飞的温血动物。

上述定义就过窄了，因为那将排除不能飞的鸵鸟。

定义过宽，是指一个定义把本来不属于被定义概念外延的对象也包括在该概念的外延之中。

例如：文学作品就是通过塑造形象来表达思想感情或反映社会生活的作品。

根据上述定义，很多艺术也是文学作品，这显然是定义不当。

（3）定义项中不得直接或间接包含被定义项。

违反了这条规则将犯"同语反复"或"循环定义"的逻辑错误。

"同语反复"是直接地包含了被定义项。例如：教条主义者就是教条主义地观察和处理问题的人。

"循环定义"所谓循环，是指在用定义项去刻画、说明被定义项时，定义项本身又需要或依赖于被定义项来说明。有人在一篇文章中给出了两个相关的定义：

甲：什么是逻辑学？

乙：逻辑学是研究思维形式结构的规律的科学。

甲：什么是思维形式结构的规律？

乙：思维形式结构的规律是逻辑规律。

以上这两个相关的定义就是循环定义。

（4）定义项中不得有含混的词语，不能用比喻。

因为比喻没有指出词项的内涵。否则，就会犯"定义含糊不清"或"用比喻下定义"的错误。

例如下面这句话是修辞不是定义：

建筑是凝固的音乐，音乐是流动的建筑。

（5）定义不能用否定。

下面两个定义就不是一个好的定义。

商品不是为自己使用或消费而生产的劳动产品。

健康就是没有不良的自我感觉。

3. 定义判断解题指导

定义判断题考查的是应试者运用标准进行判断的能力。解答这类试题时，应从题目所给的定义本身入手进行分析和判断，不要凭借自己已有的定义概念去衡量，特别是当试题的定义与自己头脑中的定义之间存在差异时，应以题目中的定义为准。然后把选项依次和定义对照，判断选项是否符合定义的规定与要求，然后区分出哪些选项符合、哪些选项不符合题目所给定义即可。

■根据学习在机动形成和发展中所起的作用，人的动机可分为原始动机和习得动机两种。

原始动机是与生俱来的动机,它们是以人的本能需要为基础的,习得动机是指后天获得的各种动机,即经过学习产生和发展起来的各种动机。

根据以上陈述,以下哪项最可能属于原始动机?

A. 宁可食无肉,不可居无竹。
B. 尊敬老人,孝敬父母。
C. 窈窕淑女,君子好逑。
D. 尊师重教,崇文尚武。
E. 不入虎穴,焉得虎子。

[解题分析] 正确答案:C

题干断定:原始动机是与生俱来的动机,它们是以人的本能需要为基础的。

"窈窕淑女,君子好逑"是与生俱来的。其余选项都是后天获得的各种动机。

■在某次思维训练课上,张老师提出"尚左数"这一概念的定义:在连续排列的一组数字中,如果一个数字左边的数字都比其大(或无数字),且其右边的数字都比其小(或无数字),则称这个数字为"尚左数"。

根据张老师的定义,在8、9、7、6、4、5、3、2这列数字中,以下哪项包含了该列数字中所有的尚左数?

A. 4、5、7和9。
B. 2、3、6和7。
C. 3、6、7和8。
D. 5、6、7和8。
E. 2、3、6和8。

[解题分析] 正确答案:B

根据尚左数的定义,在8、9、7、6、4、5、3、2这列数字中,显然可看出:

8不是尚左数,因为其右边的9比其大。
9不是尚左数,因为其左边的8比其小。
7是尚左数,因为其左边的数字都比其大,且其右边的数字都比其小。
6是尚左数,因为其左边的数字都比其大,且其右边的数字都比其小。
4不是尚左数,因为其右边的5比其大。
5不是尚左数,因为其左边的4比其小。
3是尚左数,因为其左边的数字都比其大,且其右边的数字都比其小。
2是尚左数,因为其左边的数字都比其大,且其右边无数字。

【专项训练】

01. 某宿舍住着若干个研究生。其中,一个是大连人,两个是北方人,一个是云南人,两个人这学期只选修了逻辑哲学,三个人这学期选修了古典音乐欣赏。

假设以上的介绍涉及了这寝室中所有的人,那么,这寝室中最少可能是几个人?最多可能是几个人?

A. 最少可能是3人,最多可能是8人。
B. 最少可能是5人,最多可能是8人。
C. 最少可能是5人,最多可能是9人。
D. 最少可能是3人,最多可能是9人。
E. 无法确定。

02. 出席学术讨论会的有3个人是足球爱好者,4个是亚洲人,2个是日本人,5个是商人。

以上叙述涉及了所有晚会参加者,其中日本人不经商。

那么,参加晚会的人数是:

A. 最多 14 人,最少 5 人。
B. 最多 14 人,最少 7 人。
C. 最多 12 人,最少 7 人。
D. 最多 12 人,最少 5 人。
E. 最多 12 人,最少 8 人。

03. 所有持有当代商厦购物优惠卡的顾客,同时持有双安商厦的购物优惠卡。今年国庆,当代商厦和双安商厦同时给持有本商厦的购物优惠卡的顾客的半数赠送了价值 100 元的购物奖券。结果,上述同时持有两个商厦的购物优惠卡的顾客都收到了这样的购物奖券。

如果上述断定是真的,则以下哪项断定也一定为真?

Ⅰ. 所有持有双安商厦的购物优惠卡的顾客,也同时持有当代商厦的购物优惠卡。
Ⅱ. 今年国庆,没有一个持有上述购物优惠卡的顾客分别收到两个商厦的购物奖券。
Ⅲ. 持有双安商厦的购物优惠卡的顾客中,至多有一半收到当代商厦的购物奖券。

A. 只有Ⅰ。
B. 只有Ⅱ。
C. 只有Ⅲ。
D. 只有Ⅰ和Ⅱ。
E. Ⅰ、Ⅱ和Ⅲ。

04. 第二次世界大战时,美英空军对德国展开大轰炸,自身也损失惨重。专家们发现,所有返回的飞机腹部都遍布弹痕,但机翼却完好无损。他们由此推断:机腹非常容易受到炮火攻击,应该改进机腹的防护。后来证实,这些专家推断时受到"幸存者偏差"的影响,因为实际情况是:被击中机翼的飞机都坠落了,而仅被击中机腹的飞机大都返航了。

以下各项陈述都有类似的"幸存者偏差",除了

A. 美女、帅哥在职场竞争中有很大优势,他们容易获得高薪职位。
B. 读大学期间就退学创业容易获得成功,例如比尔·盖茨就是如此。
C. 抽烟或许有利于健康长寿,例如邓小平、黄永玉都是老烟民,但都很长寿。
D. 在样本足够大的随机抽样调查中发现,在中国,受众最多的电视节目是"新闻联播"。
E. 中医的效果就是好,老李吃了这个老中医开的中药,病就好了。

05. 经济学家区别正常品和低档品的唯一方法,就是看消费者对收入变化的反应如何。如果人们的收入增加了,对某种东西的需求反而变小,这样的东西就是低档品。类似地,如果人们的收入减少了,他们对低档品的需求就会变大。

以下哪项陈述与经济学家区别正常品与低档品的描述最相符?

A. 学校里的穷学生经常吃方便面,他们毕业找到工作后就经常下饭馆了。对这些学生来说,方便面就是低档品。
B. 在家庭生活中,随着人们收入的减少,对食盐的需求并没有变大,毫无疑问,食盐是一种低档品。
C. 在一个日趋老龄化的社会,对汽油的需求越来越少,对家庭护理服务的需求越来越大。与汽油相比,家庭护理服务属于低档品。
D. 当人们的收入增加时,家长会给孩子多买几件名牌服装,收入减少时就少买点。名牌服装不是低档品,也不是正常品,而是高档品。
E. 老年人在退休后,收入减少,但是对医疗健康用品的需求加大,因此,对于老年人来说,健康医疗用品属于低档品。

06. 概念 A 和概念 B 之间有交叉关系,当且仅当,(1) 存在对象 x,x 既属于 A 又属于 B;

(2) 存在对象 y，y 属于 A 但是不属于 B；(3) 存在对象 z，z 属于 B 但是不属于 A。

根据上述定义，以下哪项中加点的两个概念之间有交叉关系？

A. 国画按题材分主要有人物画、花鸟画、山水画等；按技法分主要有工笔画和写意画等。

B. 《盗梦空间》除了是最佳影片的有力争夺者外，它在技术类奖项的争夺中也将有所斩获。

C. 洛邑小学 30 岁的食堂总经理为了改善伙食，在食堂放了几个意见本，征求学生们的意见。

D. 在微波炉清洁剂中加入漂白剂，就会释放出氯气。

E. 高校教师包括教授、副教授、讲师和助教等。

07. 如果一个用电单位的日均耗电量超过所在地区 80％用电单位的水平，则称其为该地区的用电超标单位。近三年来，湖州地区的用电超标单位的数量逐年明显增加。

如果以上断定为真，并且湖州地区的非单位用电忽略不计，则以下哪项断定也必定为真？

Ⅰ. 近三年来，湖州地区不超标的用电单位的数量逐年明显增加。

Ⅱ. 近三年来，湖州地区日均耗电量逐年明显增加。

Ⅲ. 今年湖州地区任一用电超标单位的日均耗电量都高于全地区的日均耗电量。

A. 只有Ⅰ。

B. 只有Ⅱ。

C. 只有Ⅲ。

D. 只有Ⅱ和Ⅲ。

E. Ⅰ、Ⅱ和Ⅲ。

【答案解析】

01. 答案：B

从地域情况看：由于介绍涉及了这寝室中所有的人，"一个是大连人，两个是北方人"，关键是大连人与北方人必有重合，也就还是两个人。再加上"一个是云南人"，因此，是 3 个人。

从选课的情况看：虽然"三个人这学期选修了古典音乐欣赏"时没有用"只"字。但事实上，就本题而言，与用了"只"字的答案是一样的，而"只选修了逻辑哲学"的两个人和"选修了古典音乐欣赏"的三个人是绝对不会重合的，也就是 5 个人。

按地域得到的 3 个人和按选课得到的 5 个人，可能完全重合也可能完全不重合，因此，最少可能是 5 人，最多可能是 8 人。

02. 答案：C

由于题干中所说的 2 个日本人都是亚洲人，不可能存在不是亚洲人的日本人，所以，从来源上看，这必定是 4 个人。

当 3 个足球爱好者、5 个商人和这 4 个亚洲人都是全异的关系时，参加晚会的人数为最多，即 12 个人。

由于 2 个日本人不经商，即这 2 个日本人和 5 个商人之间具有排斥性的关系，所以至少得有 7 个人。

03. 答案：C

题干只是断定，所有持有当代商厦购物优惠卡的顾客，同时持有双安商厦的购物优惠卡；从中不能必然推出所有持有双安商厦的购物优惠卡的顾客，也同时持有当代商厦的购物优惠卡。因此，Ⅰ不一定是真。

因为"持有当代卡的顾客"与"持有双安卡的顾客"不一定是同一关系，因此，Ⅱ不一定是真的。

由题干，所有持有当代商厦购物优惠卡的顾客，同时持有双安商厦的购物优惠卡。这说明，持有双安优惠卡的顾客人数不会少于持有当代优惠卡的顾客人数。如果持有双安优惠卡的顾客中，有超过一半的人收到当代的购物奖券，这说明收到当代购物奖券的人数，超过了持有当代优惠卡顾客人数的半数，这和题干的条件矛盾，因此，Ⅲ的断定一定为真。

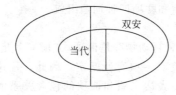

04. 答案：D

从题干可以看出，"幸存者偏差"是只关注到幸存者（即好的一面），而未关注到不好的一面。这是一种逻辑谬误，意思是只能看到经过某种筛选而产生的结果，而忽略了被筛选掉的关键信息。

D项所述内容不属于"幸存者偏差"，因此，D为正确答案。

其余选项都存在"幸存者偏差"，其中，A选项只关注获高薪职位的美女帅哥，而没有注意到在职场竞争中失败的美女帅哥；B选项大学期间退学创业失败的人没有被考虑；C选项没有考虑到吸烟伤害身体甚至死亡的人群。

05. 答案：A

题干断定：低档品就是这样的东西，收入增加了，对某种东西的需求反而变小；收入减少了，需求就会变大。

A项中的方便面，就符合题干的断定，应属于低档品。因此，A为正确答案。

B项中的食盐，收入减少了，需求并没有变大，所以不属于低档品。C项没有涉及收入问题，为无关项。D项中的名牌服装不符合低档品的定义，为无关项。

06. 答案：A

选项A中"人物画"和"工笔画"这两个概念符合题干所定义的交叉关系：(1) 存在画作，既是人物画，又是工笔画；(2) 存在画作，是人物画，但不是工笔画；(3) 存在画作，是工笔画，但不是人物画。

07. 答案：A

由题干，湖州地区用电单位中，超标单位占20%，不超标单位占80%。又近三年来，湖州地区的用电超标单位的数量逐年明显增加，因此，显然可以得出结论：近三年，湖州地区不超标的用电单位的数量逐年明显增加。所以复选项Ⅰ一定为真。

复选项Ⅱ不一定为真。因为由题干，一个单位是否为用电超标单位，不取决于自己的绝对用电量，而取决于和其他单位比较的相对用电量。因此，用电超标单位的数量的增加，并不一定导致实际用电量的增加。

复选项Ⅲ不一定为真。例如，假设该地区共有10个用电单位，其中8个不超标单位分别日均耗电1个单位，2个超标单位中，一个日均耗电2个单位，另一个日均耗电30个单位。这个假设完全符合题干的条件，但日均耗电2个单位的超标单位，其日均耗电量并不高于全地区的日均耗电量 (8+2+30)/10 =4个单位。

第二节 直言推理

命题也叫判断，是对事物情况有所断定的一种思维形式。命题和推理是人类思维中的重要形式，无论日常思维还是科学思维，都要借助于命题和推理，来把握客观事物的本质和规律。

直言命题也叫性质命题，是断定对象具有或不具有某种性质的简单判断。本章所谓直言推理是指直言直接推理，就是根据一个直言命题推出一个新的直言命题的推理。直言命题直接推理分为直言命题对当关系推理、直言命题变形推理和直言命题负命题等值推理。

一、对当关系

直言命题由主项、谓项、量项和联项四种词项组成。

例如，所有蛇都是爬行动物。

如上例中的"蛇"是主项，"爬行动物"是谓项，"所有"是量项，"是"是联项。在这种采取主项谓项形式的命题中，谓项要对主项有所断定，因此，称这种命题为直言命题。从命题形式的角度说，直言命题可以看做是表达主项和谓项的包含关系的。如上例可以看做是断定了蛇的集合包含于爬行动物的集合之中。

1. 直言命题的类型

直言命题从质分，有肯定和否定两种；从量分，有全称、特称和单称三种。直言命题可分为六种基本类型：

类型	逻辑意义	逻辑形式	简称	举例
(1)全称肯定判断	所有S都是P	SAP	"A"判断	所有的金属都是导体
(2)全称否定判断	所有S都不是P	SEP	"E"判断	所有宗教都不是科学
(3)特称肯定判断	有S是P	SIP	"I"判断	有的金属是液态
(4)特称否定判断	有S不是P	SOP	"O"判断	有的战争不是正义战争
(5)单称肯定判断	某个S是P	SaP	"a"判断	张三是教授
(6)单称否定判断	某个S不是P	SeP	"e"判断	李四不是警察

日常语言中的直言判断在表达上是不规范的，在逻辑分析中应先整理成规范形式。例如，"凡人皆有死"，应整理成"所有的人都是要死的"，这是 A 判断；"有人不自私"，应整理成"有的人不是自私的"，是 O 判断。

2. 直言命题的对当关系

从概念的外延间的关系来说，判断主项"S"的外延与谓项"P"的外延之间的关系，共存在五种：全同关系、被包含关系、包含关系、交叉关系和全异关系。把各种性质判断的真假情况归纳起来，可列表如下：

项目	全同关系	被包含关系	包含关系	交叉关系	全异关系
SAP	真	真	假	假	假
SEP	假	假	假	假	真
SIP	真	真	真	真	假
SOP	假	假	真	真	真

根据上表,可以清楚地看出具有同一素材的 A、E、I、O 四种判断之间的真假关系。所谓同一素材的判断,就是指具有相同主项和谓项的判断。这里所说的真假,并不是各种判断内容的真假,而是同一素材的 A、E、I、O 四种判断之间的一种相互制约关系。

对当关系就是具有同一素材的 A、E、I、O 四种判断之间的真假关系。逻辑学把单称命题作为一种特殊的全称命题处理,因为从对主项概念的断定看,全称和单称命题有共同性。根据对当关系,我们可以从一个判断的真假,推断出同一素材的其他判断的真假。

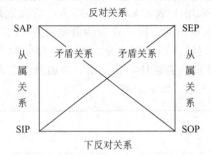

直言命题的对当关系可归纳为以下几种:

(1) 矛盾关系。这是 A 和 O、E 和 I 之间存在的不能同真、不能同假的关系。例如:

已知 A:所有事物都是运动的(真);则 O:有些事物不是运动的(假)。

已知 O:有些干部不是大学毕业生(真);则 A:所有的工商干部都是大学毕业生(假)。

已知 I:有些物体是固体(真);则 E:所有物体都不是固体(假)。

已知 E:我班所有同学都没学过法语(真);则 I:我班有些同学学过法语(假)。

(2) 差等关系(又称从属关系)。这是 A 和 I、E 和 O 之间的关系。如果全称判断真,则特称判断真;如果特称判断假,则全称判断假;如果全称判断假,则特称判断真假不定;如果特称判断真,则全称判断真假不定。例如:

已知 A:我班所有同学都学过法语(真);则 I:我班有些同学学过法语(真)。

已知 A:我班所有同学都学过法语(假);则 I:我班有些同学学过法语(真假不定)。

已知 I:我班有些同学学过法语(假);则 A:我班所有同学都学过法语(假)。

已知 I:我班有些同学学过法语(真);则 A:我班所有同学都学过法语(真假不定)。

类似地,可举例说明 E 和 O 判断之间的差等关系。

已知 E:我班所有同学都没学过法语(真);则 O:我班有些同学没学过法语(真)。

已知 E:我班所有同学都没学过法语(假);则 O:我班有些同学没学过法语(真假不定)。

已知 O:我班有些同学没学过法语(假);则 E:我班所有同学都没学过法语(假)。

已知 O:我班有些同学没学过法语(真);则 E:我班所有同学都没学过法语(真假不定)。

(3) 反对关系。这是 A 和 E 之间不能同真,可以同假的关系。

在 A、E 两个判断中,如果我们知道其中一个是真的,就可推知另一个是假的。例如:

已知 A:所有事物都是运动的(真);则 E:所有事物都不是运动的(假)。

已知 E:所有的科学家都不是思想懒汉(真);则 A:所有的科学家都是思想懒汉(假)。

如果我们知道其中一个是假的,那么另一个真假不定。例如:

已知 A:我班所有同学都学过法语(假);则 E:我班所有同学都没学过法语(真假不定)。

已知 E:我班所有同学都没学过法语(假);则 A:我班所有同学都学过法语(真假不定)。

(4) 下反对关系。这是 I 和 O 之间可以同真但不能同假的关系。

在 I、O 两个判断中,如果我们知道其中一个是假的,那就可以断定另一个是真的。例如:

已知 I:有些民主人士是共产党员(假);则 O:有些民主人士不是共产党员(真)。

已知 O:有些事物不是运动的(假);则 I:有些事物是运动的(真)。

如果我们知道其中一个是真的,那么另一个真假不定。例如:

已知I：我班有些同学学过法语（真）；则O：我班有些同学没学过法语（真假不定）。

已知O：我班有些同学没学过法语（真）；则I：我班有些同学学过法语（真假不定）。

3. 直言命题负命题等值推理

通过对原命题断定情况的否定而作出的命题，就叫做负命题。例如：

并非这个班的学生都学英语。

并非有的金属不是导体。

负命题的逻辑公式是：如果用P表示原命题，那么，负命题即为"并非P"。如果用符号"¬"（读为"非"）表示否定的联结词，则P命题的负命题为¬P。

由于负命题是对原命题断定情况的否定，是对整个原命题的否定。因此，它和原命题之间（即负命题与其支命题之间）的真假关系是矛盾关系，即如原命题真，其负命题必假；如原命题假，其负命题必真。这种真假关系，如下表所示。

P	¬ P
1	0
0	1

直言命题的负命题实质上即为对当关系中的相应矛盾命题。如"A"命题的负命题即为"非A"，它等值于"O"命题；"E"命题的负命题为"非E"，它等值于"I"命题。这样，我们可以把A、E、I、O四种命题的负命题及其等值命题出：

（1）SAP的负命题是SOP；可表示为：¬ SAP↔SOP。

例如：并非"发亮的东西都是金子"；等值于"有的发亮的东西不是金子"。

（2）SOP的负命题是SAP；可表示为：¬ SOP↔SAP。

例如：并非"有的金属不是导体"；等值于"所有的金属都是导体"。

（3）SEP的负命题是SIP；可表示为：¬ SEP↔SIP。

例如：并非"所有金属都不是液态"；等值于"有的金属是液态"。

（4）SIP的负命题是SEP；可表示为：¬ SIP↔SEP。

例如：并非"有的宗教是科学"；等值于"所有宗教都不是科学"。

4. 形式逻辑与日常语言

日常语言有隐含，日常用语中的"有些"，大多指"仅仅有些"，因而当讲"有些是什么"的时候，往往意味着"有些不是什么"。比如日常语言"我班有些同学学过法语"，可能隐含了"我班有些同学没学过法语"这个意思。

而形式逻辑里的"有些"，则是指"至少有些"，"至少有一个"，只表示一类事物中有对象被断定具有或不具有某种性质，而对这类对象的具体数量究竟有多少，则没有做出断定。也许有"一个"，也许有"几个"，也许"所有"。如"有些大学生是人"，这只是说"至少有些大学生是人"，它并不意味着"有些大学生不是人"。从形式逻辑上讲，"我班有些同学学过法语"只知道确实"有些同学学过"，至于"其他同学学过还是没学过"题目没告诉你，你就不知道。

形式逻辑要求我们必须按照其字面意思来理解，而不能考虑其"言外之意"。也就是字面上说到的一定有，没说到的则不一定。而日常语言和非形式逻辑则要考虑日常语言的隐含关系。

5. 解题指导

直言判断及对当关系题型，关键是要从题干给出的内容出发，从中抽象出同属于对当关系的逻辑形式，根据对当关系来分析判断。解题步骤如下：

（1）要把非标准的日常语言转为标准的逻辑语言。

在日常语言中，直言命题的表达形式并不是那么规范的，存在着大量的不规范的、非标准的表达方式。我们在考查直言命题的特征和直言命题间的关系时，需要把不规范的、省略的、非标准的直言命题变换为规范的、标准的直言命题表达形式。

日常用语	标准逻辑语言
人是自私的	所有人都是自私的
有人不自私	有的人不是自私的
玫瑰不都是红色的	有的玫瑰不是红色的
没有人自私	所有人不是自私的
没有无因之果	所有结果是有原因的
不是所有参加测试者都不合格	有些参加测试者是合格的

(2) 在读题中要看清问题,即看清问题的条件和要求。
看问题时要注意两点:
一是,问题条件是"如果上述断定为真",还是"如果上述断定为假"。
二是,注意问题的方向:下列哪项一定为真,一定为假,还是可能为真(真假不确定)。
因此,问题一共有 6 种问法。
(3) 根据题干的真假,由对当关系来确定其他五个判断的真假,然后与选项对照。
另外,若难以进行直接推理,可用归谬法进行假设代入推理。

■所有喜欢数学的学生都喜欢哲学。
如果上述信息正确,则下列哪项一定不正确?
A. 有些学生喜欢哲学但不喜欢数学。
B. 有些学生喜欢数学但是不喜欢哲学。
C. 有些学生既喜欢哲学又喜欢数学。
D. 所有的学生都喜欢数学。
E. 多数学生都喜欢哲学。

[解题分析] 正确答案:B
"所有喜欢数学的学生都喜欢哲学"与"有些学生喜欢数学但是不喜欢哲学"矛盾,因此,B 项为正确答案。

■在中唐公司的中层干部中,王宜获得了由董事会颁发的特别奖。
如果上述断定为真,则以下哪项断定不能确定真假?
Ⅰ. 中唐公司的中层干部都获得了特别奖。
Ⅱ. 中唐公司的中层干部都没有获得特别奖。
Ⅲ. 中唐公司的中层干部中,有人获得了特别奖。
Ⅳ. 中唐公司的中层干部中,有人没获得特别奖。
A. 只有Ⅰ。
B. 只有Ⅲ和Ⅳ。
C. 只有Ⅱ和Ⅲ。
D. 只有Ⅰ和Ⅳ。
E. Ⅰ,Ⅱ和Ⅲ。

[解题分析] 正确答案:D
题干断定:中唐公司的中层干部王宜获得特别奖。
Ⅰ项,中唐公司的中层干部都获得了特别奖。这超出题干断定范围,不能确定真假。
Ⅱ项,中唐公司的中层干部都没有获得特别奖。既然王宜获得了,因此,此项必假。
Ⅲ项,中唐公司的中层干部中,有人获得了特别奖。既然王宜获得了,因此,此项必真。

Ⅳ项，中唐公司的中层干部中，有人没获得特别奖。这超出题干断定范围，不能确定真假。

■某律师事务所共有 12 名工作人员。①有人会使用计算机；②有人不会使用计算机；③所长不会使用计算机。上述三个判断中只有一个是真的。

以下哪项正确表示了该律师事务所会使用计算机的人数？

A. 12 人都会使用。
B. 12 人没人会使用。
C. 仅有一个不会使用。
D. 仅有一人会使用。
E. 不能确定。

[解题分析] 正确答案：A

假设③为真，即"所长不会使用计算机"是真的，那么②"有人不会使用计算机"就肯定为真，与题干的假设"只有一个是真的"矛盾，因此，③肯定应该为假，即：所长会使用计算机。

由此可推出①"有人会使用计算机"为真，因为只有一句是真的，所以②"有人不会使用计算机"就是假的，则可推出"所有员工都会使用计算机"，即 A 项是真的。

二、变形推理

直言命题变形推理是通过改变直言命题的形式而得到一个新的直言命题的推理。直言命题变形推理的解题方法主要有以下三种：

1. 直言命题的周延性

为了更好地把握直言命题（性质命题）的逻辑特点，有必要讲述一下周延性问题。

如果一个概念的外延在命题中被全部作出了断定，那么这个概念就是一个周延的项；反之，则是一个不周延的项。

直言命题中的词项是指直言命题的主项和谓项。

所谓主谓项的周延性问题就是指主项和谓项概念的外延在命题中被断定的情况。

在直言命题中，如果断定了一个词项的全部外延，则称它是周延的，否则就是不周延的。

关于直言命题的周延性问题，应注意以下两点：

（1）只有直言命题的主项和谓项才有周延与否的问题，离开直言命题的一个单独词项，无项所谓周延和有周延。例如，我们可以谈论在直言命题"有些是懦夫"中，词项"懦夫"是否周延；但我们无法谈论独立存在的概念"笔记本电脑""机器人""天气"究竟是周延还是不周延。只有把这个概念置身于与它相关的那个判断的关系，使其在思维中构成一个完整的有内在联系的判断形式，才能从本质上确立是周延或不周延这个问题。

（2）主、谓项的周延性是直言命题的形式决定的，而不是相对于直言命题所断定的对象本身的实际情况而言的。例如：

不论主项 S 具体代表什么，对于全称命题"所有 S 都是（或不是）P"来说，既然其中有"所有的 S……"出现，那么，总是断定了 S 全部的外延，因此 S 在其中是周延的。

对于特称命题"有些 S（或不是）P"来说，其中很明显地只涉及 S 的一部分外延，因此 S 在其中是不周延的。

不论谓项 P 具体代表什么，对于肯定命题"所有（或有些）S 是 P"来说，它只断定了某个数量的 S"是 P"，并没有具体说明究竟是全部的 P 还是一部分 P，根据逻辑上通常采取的"从弱原则"，P 在其中总是不周延的。

对于否定命题"所有（或有些）S 不是 P"来说，该命题断定了某个数量的 S"不是 P"，那么 P 也一定不是这个数量的 S，即把所有 P 都排除在有这些 S 之外，所以 P 是周延的。

第三章　词项逻辑

也就是说，当我们说"S是P"的时候，不需要断定"S是所有的P"，但当我们说"S不是P"的时候，已经断定了"S不是所有的P"。

A、E、I、O四种直言命题主项和谓项的周延情况可概括如下表所示。

命题类型	主项	谓项	举例
SAP	周延	不周延	"所有商品都是有价值的" 主项"商品"是周延的，因为该命题对"商品"的全部外延做出了断定，但谓项"有价值的"是不周延的，因为该命题并没有对"有价值的"的全部外延做出断定
SEP	周延	周延	"所有的事物都不是静止的" 主项"事物"是周延的，并把谓项"静止"的外延全部排除在外，所以，谓项"静止"也是周延的
SIP	不周延	不周延	"有士兵是胆小鬼" 既没有对所有士兵进行断定，也没有对所有胆小鬼进行断定。不能说一个类完全包含于另一个类之中，也不能说完全排除在外。在任何特称肯定命题中，主项、谓项都是不周延的
SOP	不周延	周延	"有的工人不是劳动模范" 主项"工人"的外延，仅仅一部分被肯定是谓项"劳动模范"的外延，所以主项"工人"是不周延的。而谓项的全部外延都不是主项"工人"的部分外延，所以谓项"劳动模范"是周延的

周延情况的记忆方法是：主项看量项，全称单称周延，特称不周延；谓项看联项，肯定不周延，否定周延。

周延问题在处理整个直言命题推理时是非常重要的。演绎推理是一种必然性推理，它的结论是从前提中抽引出来的，因而结论所断定的不能超出前提所断定的。这一点在直言命题推理中的表现，就是要求"在前提中不周延的项在结论中不得周延"，由此可知，在推理中，结论周延的项，前提中该项也必须周延。否则，推理的有效性就得不到保证，会犯各种逻辑错误。

2. 直言命题的变形推理

直言命题的变形推理包括换质法、换位法以及换质位法。

（1）换质法　换质法是改变命题的质（肯定变否定，否定变肯定）的方法，具体是指将一个直言命题由肯定变为否定，或者由否定变为肯定，并且将其谓项变成其矛盾概念，由此得到一个与原直言命题等值的直言命题。于是，换质法的程序和特点是：

① 改变原命题的质，即由肯定联项改变为否定联项，或者由否定联项变为肯定联项。
② 将原命题的谓项改变为它的矛盾概念或负概念。
③ 仍然保持原命题的量项，并且主谓项的位置也保持不变。
④ 所得到的新命题是与原命题等值的命题，其真假完全相同。

直言命题A、E、I、O四种命题都可以按此方法变形。如果原命题是真的，则变形后的命题也是真的。见下表：

原命题	换质命题	举例
SAP	SE￢P	所有的金属是导体，所以，所有的金属不是非导体
SEP	SA￢P	所有行星不是自身发光的，所以，所有行星是非自身发光的
SIP	SO￢P	有的金属是液体，所以，有的金属不是非液体
SOP	SI￢P	有些国家不是社会主义国家，所以，有些国家是非社会主义国家

（2）换位法　换位法是把命题主项与谓项的位置加以更换的方法。具体是将一个直言命题的主项和谓项互换位置，但让它的质保持不变，原为肯定仍为肯定，原为否定仍为否定，并相应地改变量项，由此得到一个新的直言命题。于是，换位法的程序或规则是：

① 调换原命题主谓项的位置,即将原命题的主项变成谓项,谓项变成主项。
② 不改变原命题的质,原为肯定仍为肯定,原为否定仍为否定。
③ 在调换主谓项的位置时,在原命题中不周延的词项在结论中仍不得周延。

如果换位时扩大了原来项的周延性,那就犯了项的外延不当扩大的逻辑错误,而使换位后的命题与原命题不能等值。

关于直言命题 A、E、I、O 四种命题的换位情况,可概括为下表:

原命题	换位命题	举 例
SAP	PIS	所有商品都是劳动产品,所以,有的劳动产品是商品 所有无价证券都是不准买卖的物品,所以,有些不准买卖的物品是无价证券
SEP	PES	科学不是迷信,所以,迷信不是科学 所有大学生不是中学生,所以,所有中学生不是大学生
SIP	PIS	有些花是红色的,所以,有些红色的是花 有的亚洲国家是社会主义国家,所以,有的社会主义国家是亚洲国家
SOP	不能换位	"有些教师不是教授"不能换位

上表中的 SOP(特称否定命题)是不能换位的,因为特称否定命题的主项不周延,谓项周延。例如"有些教师不是教授"这样的否定命题,换位后还应是否定命题,即"所有的教授都不是教师"或"有的教授不是教师",而否定命题的谓项都周延,这样一来,原命题中不周延的项("教师")在换位后的命题中变得周延了。

(3)换质位法 换质位法是把换质法和换位法结合起来连续交互运用的命题变形法。通过换质推理得到的结论还可以进行换位,通过换位推理得到的结论还可以进行换质。换质法和换位法可以结合进行,只要在换质、换位时遵守相应的规则即可。

通过换质位推理,我们可以从一个真的直言命题推出一系列必然真的新直言命题来,从而获得关于某类事物性质的全面、深刻的正确认识。

直言命题 A、E、I、四种命题的换质位情况,有以下有效形式:

SAP→SE¬P→¬PES→¬PA¬S→¬SI¬P→¬SOP。
SAP→PIS→PO¬S。
SEP→SA¬P→¬PIS→¬PO¬S。
SEP→PES→PA¬S→¬SIP→¬SO¬P
SIP→SO¬P(先换质,就不能得到换质位命题)。
SIP→PIS→PO¬S。
SOP→SI¬P→¬PIS→¬PO¬S
SOP→(不能先换位)。

例1:
先把"所有的大学生都是青年"　　　　　　　　　　　SAP
换质为"所有的大学生都不是非青年"　　　　　　　　SE¬P
再换位为"所有的非青年都不是大学生"　　　　　　　¬PES
接着换质为"所有的非青年都是非大学生"　　　　　　¬PA¬S
再换位为"有些非大学生是非青年"　　　　　　　　　¬SI¬P
最后换质为"有些非大学生不是青年"　　　　　　　　¬SOP

例2:
从"不想当元帅的士兵不是好士兵"　　　　　　　　　SEP
先换质,得到"不想当元帅的士兵都是不好的士兵"　　SA¬P

再换位，得到"有些不好的士兵是不想当元帅的士兵"　　¬PIS
再换质，得到"有些不好的士兵不是想当元帅的士兵"　　¬PIS

例3：
从"有些科学家不是受过正规高等教育的"　　SOP
先换质，得到"有些科学家是未受过正规高等教育的"　　SI¬P
再换位，得到"有些未受过正规高等教育的人是科学家"　　¬PIS
再换质，得到"有些未受过正规高等教育的人不是非科学家" ¬PO¬S

3. 直言命题变形推理的解题方法
直言命题变形推理的解题方法主要有以下三种：
一是公式法。用直言命题变形推理的换质法、换位法、换质位法的公式来推导。
二是作图法。用前述概念间的关系来作图，作为辅助推理的手段。
三是语感法。用对日常语言的语感来排除选项，寻找答案。

■ "有些好货不便宜，因此，便宜不都是好货。"
与以下哪项推理作类比说明以上推理不成立？
A. 湖南人不都爱吃辣椒，因此，有些爱吃辣椒的不是湖南人。
B. 有些人不自私，因此，人并不自私。
C. 好的动机不一定有好的效果，因此，好的效果不一定都产生好的动机。
D. 金属都导电，因此，导电的都是金属。
E. 有些南方人不是广东人，因此，广东人不都是南方人。

[解题分析] 正确答案：E
题干"有些好货不便宜，因此，便宜不都是好货"，这一推理实际上是把SOP换位为POS。
E项与题干犯了同样的逻辑错误，明显都是前提真，结论假。

■ 所有免试进入北京大学攻读硕士学位的本科生，都已经获得所在学校的推荐资格。
以下哪项的意思和以上断言完全一样？
A. 没有获得所在学校推荐资格的本科生，不能免试去北京大学攻读硕士学位。
B. 免试去南洋大学攻读硕士学位的本科生，可能没有获得所在学校的推荐资格。
C. 获得了所在学校推荐资格的本科生，并不一定能进入大学攻读硕士学位。
D. 除了北京大学，本科生还可以免试去其他学校攻读硕士学位。
E. 提前毕业的本科生，也有可能进入北京大学攻读硕士学位。

[解题分析] 正确答案：A
直言命题的变形推理：SAP=¬PES
所有免试进入北京大学攻读硕士学位的本科生，都已经获得所在学校的推荐资格。
=没有获得所在学校推荐资格的本科生，不能免试去北京大学攻读硕士学位。
因此，A项为正确答案。

■ 经过反复核查，质检员小李向厂长汇报说："726车间生产的产品都是合格的，所以不合格的产品都不是726车间生产的。"
以下哪项和小李的推理结构最为相似？
A. 所有入场的考生都经过了体温测试，所以没能入场的考生都没有经过体温测试。
B. 所有出厂设备都是合格的，所以检测合格的设备都已出厂。
C. 所有已发表文章都是认真校对过的，所以认真校对过的文章都已发表。
D. 所有真理都是不怕批评的，所以怕批评的都不是真理。
E. 所有不及格的学生都没有好好复习，所以没好好复习的学生都不及格。

[解题分析] 正确答案：D
题干推理结构是：所有S都是P，所以，所有非P都不是非S。
所有选项中，只有D项与题干推理结构相同。

【专项训练】

01. 企鹅是鸟，但企鹅不会飞。
根据这个事实，以下哪项一定为假？
A. 不会飞的鸟一定是企鹅。
B. 鸵鸟是鸟，但鸵鸟不会飞。
C. 不存在不会飞的鸟。
D. 会飞的动物都是鸟。
E. 有人认为企鹅会飞。

02. 设"并非无商不奸"为真，则以下哪项一定为真？
A. 所有的商人都是奸商。
B. 所有商人都不是奸商。
C. 并非有的商人不是奸商。
D. 并非有的商人是奸商。
E. 有的商人不是奸商。

03. 在某班计算机成绩公布之后，甲同学说：咱们班有的同学通过了。乙同学说：有的同学没有通过。丙同学说：张明没有通过。可事实上三位同学中，有两位同学说的都不符合实际。
以下哪项是这个班计算机考试成绩真实情况？
A. 至少有一个同学没有通过考试。
B. 除张明，还有别的同学考试通过。
C. 这个班没有一个同学没有通过考试。
D. 这个班中只有一个同学没有通过考试。
E. 这个班中只有少数同学通过考试。

04. 每周一调频电台的节目部都会评议听众对电台节目发表意见的主动来信。一周，该电台收到了50封赞扬电台新闻和音乐节目的信以及10封批评晚间电影评论节目的信，根据这些信息，节目部主管认为既然有听众不喜欢电影评论节目，那就肯定有人喜欢它，所以，他决定将该节目继续办下去。
以下哪一项指出了节目部主管在做出决定过程中存在的问题？
A. 他没有认识到人们更喜欢写批评的信，而不是表扬的信。
B. 他不能从有些人不喜欢电影评论节目的事实中引申出有人喜欢它。
C. 他没有考虑到所收到的表扬信和批评信在数目上的差异。
D. 他没有考虑到新闻节目和电影评论节目之间的关系。
E. 他没有等到至少收到50封批评电影评论节目的信时再作决定。

05. 这个单位已发现有育龄职工违纪超生。
如果上述断定是真的，则在下述三个断定中：
Ⅰ. 这个单位没有育龄职工不违纪超生。
Ⅱ. 这个单位有的育龄职工没违纪超生。
Ⅲ. 这个单位所有的育龄职工都未违纪超生。
不能确定真假的是：
A. 只有Ⅰ和Ⅱ。
B. Ⅰ、Ⅱ和Ⅲ。

C. 只有Ⅰ和Ⅲ。
D. 只有Ⅱ。
E. 只有Ⅰ。

06. 已知"基本粒子不都可分"真，则据此不能确定真假的命题是？
Ⅰ. 所有的基本粒子都可分。
Ⅱ. 所有的基本粒子都不可分。
Ⅲ. 有的基本粒子可分。
Ⅳ. 有的基本粒子不可分。
A. 仅Ⅰ和Ⅳ。　　B. 仅Ⅱ和Ⅲ。
C. 仅Ⅱ。　　　　D. 仅Ⅲ。
E. 仅Ⅳ。

07. 学者张某说："问题本身并不神秘，因与果不仅是哲学家的事。每个凡夫俗子一生之中都将面临许多问题，但分析问题的方法与技巧却很少有人掌握，无怪乎华尔街的大师们趾高气扬、身价百倍。"
以下哪项如果为真，最能反驳张某的观点？
A. 掌握分析问题的方法与技巧对多数人来说很重要。
B. 凡夫俗之子中很少有掌握分析问题的方法与技巧。
C. 华尔街的分析大师们大都掌握分析问题的方法与技巧。
D. 有些凡夫俗子一生之中将要面临的问题并不多。
E. 有些凡夫俗子可能不需要掌握分析问题的方法与技巧。

08. 违法必究，但几乎看不到违反道德的行为受到惩罚，如果这成为一种常规，那么，民众就会失去道德约束。道德失控对社会稳定的威胁并不亚于法律失控。因此，为了维护社会的稳定，任何违反道德的行为都不能不受惩治。
以下哪项对上述论证的评价最为恰当？
A. 上述论证是成立的。
B. 上述论证有漏洞，它忽略了：有些违法行为并未受到追究。
C. 上述论证有漏洞，它忽略了：有违法必究，推不出缺德必究。
D. 上述论证有漏洞，它夸大了违反道德行为的社会危害性。
E. 上述论证有漏洞，它忽略了：由否定"违反道德的行为都不受惩治"，推不出"违反道德的行为都要受惩治"。

09. 张老师说：这次摸底考试，我们班的学生全都通过了，所以，没有通过的都不是我们班的学生。
以下哪项和以上推理最为相似？
A. 所有摸底考试通过的学生都好好复习了，所以好好复习的学生都通过了。
B. 所有摸底考试没有通过的学生都没有好好复习，所以没有好好复习的学生都没有通过。
C. 所有参加摸底考试的学生都经过了认真准备，所以没有参加摸底考试的学生都没有认真准备。
D. 英雄都是经得起考验的，所以经不起考验的就不是英雄。
E. 有的学生虽然没有好好复习，但是也通过了。

10. 唐三藏一行西天取经，遇到火焰山。八戒说，只拣无火处走便罢。唐三藏道，我只欲往有经处去。沙僧道，有经处有火。沙僧的意思是，凡有经处皆有火。
如果沙僧的话为真，则以下哪一项陈述必然为真？
A. 有些无火处有经。
B. 有些有经处无火。

C. 凡有火处皆有烟。
D. 凡无火处皆无烟。
E. 凡无烟处皆无火。

【答案解析】

01. 答案：C
根据"企鹅是鸟，但企鹅不会飞"，可得出：存在不会飞的鸟。
因此，C 项所述"不存在不会飞的鸟"必定是假的。
A、D 项有可能为真，B、E 项为无关项，不一定为假。

02. 答案：E
"无商不奸"即"所有的商人都是奸商"。
"并非无商不奸"即"并非 SAP"，等值于"SOP"，即答案是"有的商人不是奸商"。

03. 答案：C
题干中两个"有的"，至少有一真，因此甲同学和乙同学中至少有一人的说法为真，因为三位同学有两位说法是假的，因此丙为假，说明张明是通过了。那么，甲的说法就为真，乙的说法为假，可知全部同学都通过了，选项 C 正确。

04. 答案：B
题干论证的前提是：有听众不喜欢电影评论节目。
结论是：有人喜欢它。
根据直言命题的推理关系，从题干前提是推不出题干结论的。
B 项指出了其存在的问题，为正确答案。

05. 答案：A
题干"有育龄职工违纪超生"是个 I 判断。I 判断为真，则根据对当关系知 A、O 判断不能确定真假，E 判断一定为假。
Ⅰ是个 A 判断，不能确定真假。
Ⅱ是个 O 判断，不能确定真假。
Ⅲ是个 E 判断，肯定为假。

06. 答案：B
基本粒子不都可分＝非 A＝O。
（1）所有的基本粒子都可分＝A，假。
（2）所有的基本粒子都不可分＝E，不确定。
（3）有的基本粒子可分＝I，不确定。

07. 答案：D
张某认为，每个凡夫俗子一生之中都将面临许多问题。
D 项，有些凡夫俗子一生之中将要面临的问题并不多，这与张某的观点矛盾，最能起到反驳作用。

08. 答案：E
根据题干前提：违反道德的行为几乎都不受到惩罚，从而引起道德失控，威胁社会稳定。因此，为了维护社会的稳定，应该得出的结论是：不应该"违反道德的行为都不受到惩罚"，也即，有些违反道德的行为应该受到惩罚。
而题干论述的结论为：任何违反道德的行为都不能不受惩治。
可见，题干论证漏洞在于忽略了：由否定"违反道德的行为都不受惩治"，推不出"违反道德的行为都要受惩治"。因此，E 项正确。

09. 答案：D
题干张老师的陈述实际上是直言命题的换质位法：SAP，所以，¬ PES。

诸选项中，只有D项与题干推理最为相似。
10. 答案：D
凡有经处皆有火
＝如果有经，那一定有火
＝如果没火，那一定没经
＝凡无火处皆无经

第三节 三 段 论

广义意义上的三段论，就是有大前提和小前提得出结论的演绎推理。所谓演绎推理，就是真前提必然得真结论（前提真、形式有效，结论必真）。

前提：P，Q；结论：R

演绎推理包括直接推理、选言推理、假言推理等多种推理形式，因为它们都是由三个在结构上完全相似的判断组成的，所以在具体应用中又被分别称为：直言三段论、假言三段论、选言三段论。

狭义的三段论一般指的是直言三段论，直言三段论是直言命题推理的核心理论，它不仅是演绎逻辑理论的重要组成部分，而且是言语交际中广泛使用的一种推理。

一、结构比较

直言三段论是由包含一个共同的项的两个直言命题推出一个新的直言命题的推理。由于直言命题又叫性质命题，故直言三段论又叫性质三段论。

1. 三段论及其结构

一个三段论的结构需要具体分析。

例如：

知识分子都是应该受到尊重的，人民教师是知识分子，所以，人民教师都是应该受到尊重的。

其中：

结论中的主项叫做小项，用"S"表示，如上例中的"人民教师"；

结论中的谓项叫做大项，用"P"表示，如上例中的"应该受到尊重"；

两个前提中共有的项叫做中项，用"M"表示，如上例中的"知识分子"。

在三段论中，含有大项的前提叫大前提，如上例中的"知识分子都是应该受到尊重的"；含有小项的前提叫小前提，如上例中的"人民教师是知识分子"。

三段论推理是根据两个前提所表明的中项M与大项P和小项S之间的关系，通过中项M的媒介作用，从而推导出确定小项S与大项P之间关系的结论。

如果注意这些项所指的对象范围（外延），就会发现它们的大小是按照S＜M＜P的顺序排列的。在这里见到的这种外延的关系，分别称为小项、中项和大项。

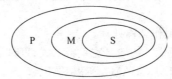

2. 三段论的格与式

由于中项在前提中位置的不同而形成的三段论的各种形式称作三段论的格。如果中项在前提中的位置确定了，那么大项、小项的位置随之也可以确定了。因此，三段论的格也可以定义为由于各个项在前提中位置的不同而形成的各不相同的三段论形式。三段论共有以下四种格：

根据中项在前提中的不同位置,三段论可以分为四格:

第一格	第二格	第三格	第四格
M—P	P—M	M—P	P—M
S—M	S—M	M—S	M—S
S—P	S—P	S—P	S—P

注意:第一格的主谓项前提与结论没有发生变化,第二格的中项都是谓项,第三格的中项都是主项,第四格的主谓项位置都发生颠倒。

三段论的式就是构成三段论前提和结论的直言命题的组合形式。即:由于 A、E、I、O 四种命题在前提和结论中组合的不同而形成的三段论的各种形式称为三段论的式。例如,如果有一个三段论,其大前提为 E 命题,小前提为 A 命题,结论为 O 命题,那么这个三段论的式为 EAO 式。

逻辑学把单称命题作为一种特殊的全称命题处理。因为从对主项概念的断定看,全称和单称命题有共同性,即都具有周延性。在三段论中,单称判断常常作全称处理。

由于三段论的大、小前提及结论均可为 A、E、I、O 命题,并且三段论有四个格,因此三段论的可能式有 4×4×4×4=256 个。经三段论规则的检验,符合三段论规则的有效式只有 24 个,其余为无效式。

3. 写出三段论形式结构的步骤

给出一个三段论,要能准确地分析出它的标准形式结构。

(1) 方法步骤

① 确定 S、P。

先确定结论。根据逻辑联结词或论述重心来确定三句话中哪一句为结论。注意结论不一定是最后一句话,也可以是第一或第二句话。

确定了结论,也就确定了 S、P;结论的主项为 S,谓项为 P。

② 确定 M。

剩下的两句话为大、小前提,其共有的项即为中项 M。

③ 写出形式结构。

最后分别确定大前提、小前提和结论的 A、E、I、O 判断类型,并写出它们的标准形式。

例如,分析下面这个三段论的形式结构:

"凡南方人不是东北人,上海人是南方人,所以,上海人不是东北人。"

上述三段论可以表示如下:

MEP

SAM

SEP

(2) 注意事项

① 大、小前提的顺序不影响三段论结构。

② 如果三段论不是三个概念,其中出现相反的概念,把他们转化为三个概念,化为标准形式。

③ 在三段论中,单称判断近似作全称处理。

比如:所有的克里特岛人都说谎,约翰是克里特岛人,所以,约翰说谎。

上述三段论的推理结构是:MAP,SAM;所以 SAP。

(其中 S 为"约翰",单称近似作全称;M 为"克里特岛人";P 为"说谎")

再如:会走路的动物都有腿,桌子有腿,所以,桌子是会走路的动物。

上述三段论的推理结构是:PAM,SAM;所以 SAP。

(其中 S 为"桌"子;M 为"有腿";P 为"会走路的动物")

4. 三段论推理结构比较题的解题方法

推理结构比较题主要是从形式结构上比较题干和选项之间的相同或不同，即比较几个不同推理在结构上的相同或者不同。解这类题的最终判断标准是写出三段论格式的标准形式结构，但这需要有个熟练过程，把题干和选项都写出这样的形式结构花费时间较多，所以不主张应试的时候用这种方法，我们建议不写形式结构，优先用对应法和排除法，即可解决绝大部分的题。

（1）快速解题方法一：对应法。

① 根据语感，定位疑似答案。

② 写三段论结构或一一对应进行验证。

注意大小前提和结论的先后顺序不影响结构。

（2）快速解题方法二：排除法。

排除法，就是排除明显不一致的选项。

① 先排除不是三段论的选项。

② 根据结论的肯定/否定排除。

③ 根据中项 M 的位置排除。

④ 根据前提的肯定/否定排除。

⑤ 单称近似看做全称，但不等于全称。

■科学不是宗教，宗教都主张信仰，所以主张信仰都不科学。

以下哪项最能说明上述推理不成立？

A. 所有渴望成功的人都必须努力工作，我不渴望成功，所以我不必努力工作。

B. 商品都有使用价值，空气当然有使用价值，所以空气当然是商品。

C. 不刻苦学习的人都成不了技术骨干，小张是刻苦学习的人，所以小张能成为技术骨干。

D. 台湾人不是北京人，北京人都说汉语，所以，说汉语的人都不是台湾人。

E. 犯罪行为都是违法行为，违法行为都应受到社会的谴责，所以应受到社会谴责的行为都是犯罪行为。

[解题分析] 正确答案：D

题干的推理形式是：所有 P 都不是 M，所有 M 都是 S，所以，所有 S 都不是 P。

诸选项中，只有 D 项具有和题干相同的推理形式，同时，D 项的推理明显地前提真而结论假。因此，D 项最能说明题干的推理不成立。

其余选项与题干推理结构不同，不能说明题干推理不成立。

■公司经理：我们招聘人才时最看重的是综合素质和能力，而不是分数。人才招聘中，高分低能者并不鲜见，我们显然不希望招到这样的"人才"，从你的成绩单可以看出，你的学业分数很高，因此我们有点怀疑你的能力和综合素质。

以下哪项和经理得出结论的方式最为类似？

A. 有些歌手是演员，所有的演员都很富有，所以有些歌手可能不是很富有。

B. 猫都爱吃鱼，没有猫患近视，所以吃鱼可以预防近视。

C. 闪光的物体并非都是金子，考古队挖到了闪闪发光的物体，所以考古队挖到的可能不是金子。

D. 人的一生中健康开心最重要，名利都是浮云，张立名利双收，所以很可能张立并不开心。

E. 公司管理者并非都是聪明人，陈然不是公司管理者，所以陈然可能是聪明人。

[解题分析] 正确答案：C

此题为三段论结构比较题。

题干论证结构是：有些 M（高分者）不是 P（高素质者），某 S（你）是 M，所以，某 S 可能不是 P。

选项 C 也是这样的结构：有些 M（闪光物体）不是 P（金子），某 S（挖到的东西）是 M，所以某 S 可能不是 P。

■所有重点大学的学生都是聪明的学生，有些聪明的学生喜欢逃学，小杨不喜欢逃学；所以，小杨不是重点大学的学生。

以下除哪项外，均与上述推理的形式类似？

A. 所有经济学家都懂经济学，有些懂经济学的爱投资企业，你不爱投资企业；所以，你不是经济学家。

B. 所有的鹅都吃青菜，有些吃青菜的也吃鱼，兔子不吃鱼；所以，兔子不是鹅。

C. 所有的人都是爱美的，有些爱美的还研究科学，亚里士多德不是普通人；所以，亚里士多德不讲究科学。

D. 所有被高校录取的学生都是超过分数线的，有些超过录取分数线的是大龄考生，小张不是大龄考生；所以小张没有被高校录取。

E. 所有想当外交官的都需要学外语，有些学外语的重视人际交往，小王不重视人际交往；所以小王不想当外交官。

[解题分析] 正确答案：C

题干是个错误的直言命题的推理，推理形式可表示为"所有 P 都是 M，有些 M 是 N，S 不是 N；所以 S 不是 P"。

各选项中，除 C 项外，均与题干推理形式类似。C 项的推理形式为"所有 P 都是 M，有些 M 是 N，S 不是 M；所以 S 不是 N"。

二、推出结论

直言间接推理就是前提中有两个或两个以上的直言命题，并推出一个新的直言命题的推理。其中直言三段论是由两个直言命题推出一个新的直言命题结论的推理。

1. 直言三段论的推理规则

直言三段论推理的一般规则概括起来共有 7 条，分述如下：

(1) 在一个三段论中，必须有而且只能有三个不同的概念。

三段论中的三个概念，在其分别重复出现的两次中，所指的必须是同一个对象，具有同一的外延。违反这条规则就会犯四概念的错误。所谓四概念的错误就是指在一个三段论中出现了四个不同的概念。四概念的错误又往往是由于作为中项的概念未保持同一而引起的。比如：

我国的大学是分布于全国各地的，清华大学是我国的大学；所以，清华大学是分布于全国各地的。

这个三段论的结论显然是错误的，但其两个前提都是真的。为什么会由两个真的前提推出一个假的结论来了呢？原因就在中项（"我国的大学"）未保持同一，出现了四概念的错误。即"我国的大学"这个语词在两个前提中所表示的概念是不同的。在大前提中它是表示我国的大学总体，表示的是一个集合概念。而在小前提中，它可以分别指我国大学中的某一所大学，表示的不是集合概念，而是一个个体概念。因此，它在两次重复出现时，实际上表示着两个不同的概念。这样，以其作为中项，也就无法将大项和小项必然地联系起来，从而推出正确的结论。

(2) 中项在前提中至少必须周延一次。

如果中项在前提中一次也没有被断定过它的全部外延（即周延），那就意味着在前提中大项与小项都分别只与中项的一部分外延发生联系，这样，就不能通过中项的媒介作用，使大项与小项发生必然的确定的联系，因而也就无法在推理时得出确定的结论。如果违反这条规则，就要犯"中项不周延"的错误，这样的推理就是不合逻辑的。

例如，有这样的一个三段论：

大学生都是青年，小张是青年；所以，……

这一个三段论是无法得出确定结论的。原因在于作为中项的"青年"在前提中一次也没有周延（在两个前提中，都只断定了"大学生""小张"是"青年"的一部分对象），因而"小张"和"大学生"究竟处于何种关系就无法确定，也就无法得出必然的确定结论。

再如：一切金属都是可塑的，塑料是可塑的；所以，塑料是金属。

在这个三段论中，中项的"可塑的"在两个前提中一次也没有周延（在两个前提中，都只断定了"金属""塑料"是"可塑的"的一部分对象），因而"塑料"和"金属"究竟处于何种关系就无法确定，也就无法得出必然的确定结论，所以这个推理是错误的。

（3）大项或小项如果在前提中不周延，那么在结论中也不得周延。

这也就是说，如果大项或小项在前提中不周延，即只断定了它的部分外延（即大项或小项在前提中只使用了它们的一部分外延与中项发生联系），那么，在结论中也只能断定它们的部分外延，而不得断定其全部外延（即周延）。否则，结论所断定的对象范围就超出了前提所断定的对象范围，结论所断定的就不是从前提中所必然推出的，前提的真实就不能保证结论的必然真实，得出的结论就没有必然性，因而也是没有逻辑的。

违反这条规则，要犯以下两种错误：

一是，大项不当周延。

例如：黄马是马，白马不是黄马；所以，白马不是马。

在这个三段论中，大项"马"在大前提中不周延而在结论中周延，犯了"大项不当周延"或"大项不当扩大"的错误。

二是，小项不当周延。

例如：凡薯类都是高产作物，凡薯类都是杂粮；所以，凡杂粮都是高产作物。

在这个三段论推理中，小前提是一个肯定判断，因而小项"杂粮"在小前提中是不周延的。但是，结论是一个全称判断，小项"杂粮"在结论中却是周延的。因此，这个三段论推理的结论不是必然地推导出来的，它犯了"小项不当周延"的逻辑错误。

（4）两个否定前提不能推出结论。

前面已经提到，在三段论中，大项和小项之所以能在结论中形成确定联系，并由前提中必然推出，这是由于在前提中中项发挥了媒介作用的结果，即由于中项在前提中分别与大、小项有着一定的联系，从而通过中项把大、小项在结论中联系起来。但是，如果在前提中两个前提都是否定命题，那就表明，大、小项在前提中都分别与中项互相排斥，在这种情况下，大项与小项通过中项就不能形成确定的关系，因而也就不能通过中项的媒介作用而确定地联系起来，当然也就无法得出必然确定的结论，即不能推出结论了。例如：

中学生不是大学生，这些学生不是中学生，这些学生……

上例不能推出必然性的结论，因为，如果推出"这些学生是大学生"，但也有可能这些学生刚好是小学生呢，小学生显然也不是中学生；如果推出"这些学生不是大学生"，但也有可能这些学生刚好是大学生呢，大学生显然也不是中学生。

再如下例推理犯了同样的错误：

没有种族主义者是公正的，有些种族主义者不是警察，所以，有些警察不是公正的。

（5）前提之一是否定的，结论也应当是否定的；结论是否定的，前提之一必须是否定的。

为什么前提之一是否定的，结论必然是否定的？这是因为，如果前提中有一个是否定命题，另一个则必然是肯定命题（否则，两个否定命题不能得出必然结论），这样，中项在前提中就必然与一个项（大项或小项）是否定关系，与另一个项是肯定关系。这样，大项和小项通过中项联系起来的关系自然也就只能是一种否定关系，因而结论必然是否定的了。例如：

一切有神论者都不是唯物主义者；某人是有神论者；所以，某人不是唯物主义者。

在这个推理中，大前提是否定的，所以，结论也就是否定的了。

为什么结论是否定的，前提之一必定是否定的呢？因为如果结论是否定的，那一定是由于前提中的大、小项有一个和中项结合,而另一个和中项排斥。这样,大项或小项同中项相排斥的那个前提就是否定的,所以结论是否定的则前提之一必定是否定的。例如:

凡有效的经济合同必须采取书面形式,这份经济合同没有采取书面形式,这份经济合同不是有效的。

从另一个方面来说,如果结论是否定的,那就意味着它否定了包含关系。但是,肯定的前提则是反映了包含关系,因此,由两个肯定的前提推不出否定的结论。也就是说,两个肯定前提不能得到否定的结论。例如:

有些动物是哺乳动物;哺乳动物是胎生动物;所以,有些胎生动物不是哺乳动物。

这个例子就违反了这条规则,从两个肯定的前提中得出了否定的结论,因此是不正确的推理。

(6) 两个特称前提不能得出结论。

这是因为,如果两个前提都是特称的,那么前提中周延的项最多只能有一个(即两个前提中可以有一个是否定命题,而这一否定命题的谓项是周延的,其余的项都是不周延的)。而这就不可能满足正确推理的条件。例如:

有的同学是运动员;有的运动员是影星;所以,……

由这两个特称前提,我们无法必然推出确定的结论。因为,在这个推理中的中项("运动员")一次也未能周延。

又如:有的同学不是南方人;有的南方人是商人;所以,……

这里,虽然中项有一次周延了,但仍无法得出必然结论。因为,在这两个前提中有一个是否定命题,按前面的规则,如果推出结论,则只能是否定命题;而如果是否定命题,则大项"商人"在结论中必然周延,但它在前提中是不周延的,所以必然又犯大项扩大的错误。

因此两个特称前提是无法得出必然结论的。

(7) 前提之一是特称的,结论必然是特称的。

为什么前提之一是特称的,结论必然是特称的呢?例如:

所有大学生都是青年;有的职工是大学生;所以,有的职工是青年。

这个例子说明,当前提中有一个判断是特称命题时,其结论必然是特殊命题;否则,如果结论是全称命题就必然会违反三段论的另几条规则(如出现大、小项不当扩大的错误等)。

2. 复合三段论

在日常实际思维中,有时,会将几个三段论连续运用,即进行一连串的推理;这就是复合三段论。

(1) 前进式的复合三段论。

它是以前一个三段论的结论作为后一个三段论的大前提的复合三段论。例如:

一切造福于人类的知识都是有价值的,科学是造福于人类的知识,所以,科学是有价值的;社会科学是科学,所以,社会科学是有价值的;逻辑学是社会科学,所以,逻辑学是有价值的。

在这个推理中,思维的进程是由范围较广的概念逐渐推移到范围较狭的概念,由较一般的知识推进到较特殊的知识。

(2) 后退式的复合三段论。

它是以前一个三段论的结论作为后一个三段论的小前提的复合三段论。例如:

逻辑学是社会科学,社会科学是科学,所以,逻辑学是科学;科学是造福于人类的知识,所以,逻辑学是造福于人类的知识;一切造福于人类的知识都是有价值的,所以,逻辑学是有价值的。

在这个推理中,思维的进程是由范围较狭的概念逐渐推移到范围较广的概念,由较特殊的知识推进到较一般的思维,即其思维推移的顺序正好和前提式相反。

3. 直言三段论推理的解题方法

直言三段论推理的解题方法有两种:

(1) 推理法。即利用直言三段论的推理规则来推出结论。

(2) 图解法。即用第一章所述的图解法来辅助解题，这是最简洁直观的办法，根据题干提供的条件画出集合示意图来帮助解题。但要注意，用画图法来处理，可以用画图来排除错误的选项，但一般不要用画图直接去验证某个选项是否一定正确，这往往是验证不了的，因为图示有时不能表示所有的情况。所以，画图法只是解集合题的有效的辅助手段，而不是全部。

■所有阿拉斯加州原住民都是穿黑衣服的；所有的北婆罗洲土著人都是穿白衣服的；不存在同时穿白衣服又穿黑衣服的人；H是穿白衣服的。

基于这一事实，下列对于H的判断哪个必为真？

A. 是北婆罗洲土著人。
B. 不是阿拉斯加州原住民。
C. 不是北婆罗洲土著人。
D. 是阿拉斯加州原住民。
E. 不可判断。

[解题分析] 正确答案：B

所有阿拉斯加州原住民都穿黑衣服，H是不穿黑衣服，当然可以推出H不是阿拉斯加州原住民。因此，B项必为真。

至于H是不是北婆罗洲土著人，都是有可能的，因此A、C项都可能正确，但不是必然正确，排除。D、E项必然错误。

■所有参加此次运动会的选手都是身体强壮的运动员，所有身体强壮的运动员都是极少生病的，但是有一些身体不适的选手参加了此次运动会。

以下哪个选项不能从上述前提中得出？

A. 有些身体不适的选手是极少生病的。
B. 有些极少生病的选手感到身体不适。
C. 极少生病的选手都参加了此次运动会。
D. 参加此次运动会的选手都是极少生病的。
E. 有些身体强壮的运动员感到身体不适。

[解题分析] 正确答案：C

根据题干条件，进行三段论推理：

所有参加此次运动会的选手都是身体强壮的运动员，身体强壮的运动员都是极少生病的，所以，所有参加此次运动会的选手都是极少生病的。

由此，按直言命题变形推理，只能得到"有的极少生病的运动员参加了运动会"，而不能必然推出"极少生病的选手都参加了此次运动会"。因此，答案选C。

其余选项都能从题干必然推出。

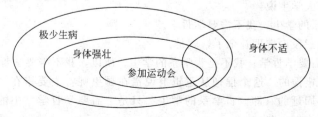

■去年4月,股市出现了强劲反弹,某证券部通过对该部股民持仓品种的调查发现,大多数经验丰富的股民都买了小盘绩优股,而所有年轻的股民都选择了大盘蓝筹股,而所有买了小盘绩优股的股民都没买大盘蓝筹股。

如果上述情况为真,则以下哪项关于该证券部股民的调查结果也必定为真?

Ⅰ.有些年轻的股民是经验丰富的股民。
Ⅱ.有些经验丰富的股民没买大盘蓝筹股。
Ⅲ.年轻的股民都没买小盘绩优股。

A. 只有Ⅱ。
B. 只有Ⅰ和Ⅱ。
C. 只有Ⅱ和Ⅲ。
D. 只有Ⅰ和Ⅲ。
E. Ⅰ、Ⅱ和Ⅲ。

[解题分析] 正确答案:C

"所有年轻的股民都不是经验丰富的股民"并不违背题干的条件。因此,Ⅰ项是不一定为真的。

由题干"大多数经验丰富的股民都买了小盘绩优股,而所有买了小盘绩优股的股民都没买大盘蓝筹股"必然可以推出"大多数经验丰富的股民没买大盘蓝筹股",从中进一步推出Ⅱ项必然为真。

由题干"所有年轻的股民都选择了大盘蓝筹股,而所有买了小盘绩优股的股民都没买大盘蓝筹股"必然可以推出"年轻的股民没买小盘绩优股"。因此,Ⅲ项必然为真。

本题可用画图的方法辅助推理:

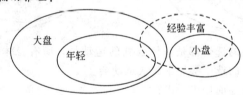

三、补充前提

省略直言三段论是省去一个前提或结论的直言三段论。这里的补充前提型题目指的是省略前提的直言三段论。

1. 省略三段论

省略三段论是省去一个前提或结论的三段论。省略三段论具有明了简洁的特征,所以,它在人们的实际思想中被广泛地应用着。例如,

"东北虎濒临绝种的危机,所以,我们应该保护东北虎。"

这就是一个省略了前提"我们应该保护有绝种危机的动物(物种)"的省略三段论。一般说来,被省去的部分往往带有不言而喻的性质。因此,在这种推理中,虽然推理的某个部分被省去了,但整个推理还是容易为人们所理解的。

由于省略三段论中省去了三段论的某一构成部分,因此,如果运用不当,就容易隐藏各种逻辑错误。比如有个大学生说:

"我又不是哲学系的学生,我不需要学哲学。"

把这个大学生的三段论推理补全了,就是:

"哲学系的学生需要学哲学;我不是哲学系的学生;所以,我不需要学哲学。"

这个结论显然是错误的。这个推理从逻辑上说错在哪里呢?主要错在"需要学哲学"这个大项在大前提中是不周延的(即"哲学系的学生"只是"需要学哲学"中的一部分人,而不是

其全部),而在结论中却周延了(成了否定命题的谓项)。这就是说,它的结论所断定的对象范围超出了前提所断定的对象范围,因而在这一推理中,结论就不是由其前提所能推出的。其前提的真也就不能保证结论的真。这在逻辑上犯了"大项不当扩大"的错误。

省略三段论的类型:

(1) 省略大前提的形式。

当大前提是众所周知的一般原则时,大前提常常被省略。

例如:我们是不相信鬼神的,因为我们是唯物主义者。

这个推理就是省略了众所周知的大前提:"凡唯物主义者都是不相信鬼神的"。现恢复其完整形式为:

凡唯物主义者都是不相信鬼神的;我们是唯物主义者;所以,我们是不相信鬼神的。

(2) 省略小前提的形式。

当小前提所表示的是一个非常明显的事实时,小前提往往被省略。例如:

一切工作都是要尊重客观规律,所以,一切经济工作都是要尊重客观规律。

这个推理省略了表示非常明显事实的小前提:"一切经济工作都是工作"。现恢复其完整形式为:

一切工作都是要尊重客观规律;一切经济工作都是工作;所以,一切经济工作都是要尊重客观规律。

(3) 省略结论的形式。

当结论不说出来反而更有力量或更为婉转时,它就常被省略。

例如:你是知法犯法,而知法犯法都是将被严惩的。

这个推理省略了非常明显的事实的结论:"你是将被严惩的",现恢复其完整形式为:

凡知法犯法都将被严惩的;你是知法犯法;所以,你是将被严惩的。

2. 恢复省略前提的方法

三段论的省略形式会出现下述问题,如被省略的前提实际上是不成立的,或者所使用的推理形式是无效的。在这两种情形下,结论都没有得到强有力的支持。因此,有时需要把省略的三段论补充为完整的三段论,然后看其前提真不真,推理过程是否有效。

恢复省略前提型三段论的步骤是:

(1) 若确定该省略三段论省略的是前提,那找到了结论,就确定了大项和小项。

(2) 进一步确定省略的是大前提还是小前提:当大项没有在省略式中的前提中出现,表明省略的是大前提;当小项在省略式中的前提中没有出现,说明省略的是小前提。

如果省略的是大前提,把结论的谓项(大项)与中项相连接,得到大前提;

如果省略的是小前提,则把结论的主项(小项)与中项相连接,得到小前提。

(3) 最后,把省略的部分补充进去,并作适当的整理,就得到了省略三段论的完整形式。

在做了所这些工作之后,来看被省略的前提是否真实,推理过程是否正确。

3. 解题步骤

在实际解题中,针对省略三段论的补充前提型考题,一般可用如下步骤来解题:

(1) 抓住结论和前提。

按题干的顺序陈述依次对前提和结论做出准确的理解。

(2) 揭示省略前提。

查看已知前提与结论中没有重合的两个项,将其联结起来,揭示出被省略的前提。

(3) 检验推理的有效性。

把省略的前提补充进去,并作适当的整理,将推理恢复成标准形式,根据三段论的演绎推理规则检验上述推理是否有效。验证选项时,相对便捷的办法是借助作图法帮助判断。

■有的外科医生是协和医科大学8年制的博士毕业生,所以,有些协和8年制的博士毕业生有着精湛的医术。

以下哪项必须为真,才能够保证上述结论正确?

A. 有的外科医生具有精湛的医术。
B. 并非所有的外科医生都医术精湛。
C. 所有医术精湛的医生都是协和8年制的博士毕业生。
D. 所有的外科医生都具有精湛的医术。
E. 有的外科医生不是协和的博士。

[解题分析] 正确答案:D

题干是个省略三段论,补充省略前提后构成有效的三段论推理:

题干陈述:有的外科医生是协和医科大学8年制的博士毕业生。

补充D项:所有的外科医生都具有精湛的医术。

推出结论:有些协和8年制的博士毕业生有着精湛的医术。

注意,C项为真,也能使题干结论为真,但本题问的是假设,假设是题干前提到结论的桥梁,而C项与题干前提无关,所以不是题干论证的假设。

其余各项均不能保证题干论证的成立。

■所有物质实体都是可见的,而任何可见的东西都没有神秘感。因此,精神世界不是物质实体。

以下哪项最可能是上述论证所假设的?

A. 精神世界是不可见的。
B. 有神秘感的东西都是不可见的。
C. 可见的东西都是物质实体。
D. 精神世界有时也是可见的。
E. 精神世界具有神秘感。

[解题分析] 正确答案:E

题干是个省略三段论,补充省略前提后构成有效的三段论推理:

题干前提一:所有物质实体都是可见的。

题干前提二:任何可见的东西都没有神秘感。

推出结论:所有物质实体都没有神秘感。

补充E项:精神世界具有神秘感。

得出结论:精神世界不是物质实体。

A项补充进题干论证:所有物质实体都是可见的,而任何可见的东西都没有神秘感,精神世界是不可见的,因此,精神世界不是物质实体。这样,第1、3、4句话构成一个标准的三段论,能够合理推出结论,但是第2句话(任何可见的东西都没有神秘感)的条件就显得多余,因此,不如E项合适。

其余选项补充入题干,均不能使题干论证成立。比如,B项仅重复并加强了题干给出的第二个前提,C项仅重复并加强题干论述的第一个前提。

第三章　词项逻辑

【专项训练】

01. 所有向日葵都是向阳的,这棵植物是向阴的,所以这棵植物不是向日葵。
上述推理的形式结构与以下哪项最为类似?
A. 所有职业短跑运动员都穿钉鞋,小李不是职业短跑运动员,所以小李不穿钉鞋。
B. 所有纳税人都有存款,这位姑娘有存款,所以这位姑娘是纳税人。
C. 所有法警都在法院工作,小王在法院工作,所以小王是法警。
D. 所有铅笔的外壳都是木头做的,这支笔是铝做的,所以这支笔不是铅笔。
E. 所有的偶蹄目动物都是脊椎动物,牛是偶蹄目动物,所以牛是脊椎动物。

02. 姜昆是相声演员,姜昆是曲艺演员,所以,相声演员都是曲艺演员。
以下哪项推理明显说明上述论证不成立?
A. 人都有思想,狗不是人,所以狗没有思想。
B. 商品都有价值,商品都是劳动产品,所以,劳动产品都有价值。
C. 所有技术骨干都刻苦学习,小张不是技术骨干,所以,小张不是刻苦学习的人。
D. 犯罪行为都是违法行为,犯罪行为都应受到社会的谴责,所以,违法行为都应受到社会谴责。
E. 黄金是金属,黄金是货币,所以,金属都是货币。

03. 赵亮是计算机学院大二的学生,他通过了计算机等级测试,所以计算机学院大二的学生都通过了计算机等级测试。
以下哪项与上述论证方法最相近?
A. 小李是大学助教,小李不会开车,所以,有的大学助教不会开车。
B. 中石化没有亏损,中石化是国有大型企业,因此,有些国有大型企业没有亏损。
C. 王明是职业经理人,王明和很多人都学过人力资源课程,所以职业经理人都学过人力资源课程。
D. 大学生是知识分子,小赵是大学生,所以,小赵是知识分子。
E. 金属都是导电的,铜导电,因此铜是金属。

04. 韩国人爱吃酸菜,翠花爱吃酸菜,所以,翠花是韩国人。
以下哪个选项最明确地显示了上述推理的荒谬?
A. 所有的克里特岛人都说谎,约翰是克里特岛人,所以,约翰说谎。
B. 会走路的动物都有腿,桌子有腿,所以,桌子是会走路的动物。
C. 西村爱翠花,翠花爱吃酸菜,所以,西村爱吃酸菜。
D. 所有金子都闪光,所以,有些闪光的东西是金子。
E. 所有的羊都爱吃草,而牛也爱吃草,所以,牛羊都爱吃草。

05. 藏獒是世界上最勇猛的狗,一只壮年的藏獒能与5只狼搏斗。所有的藏獒都对自己的主人忠心耿耿,而所有忠实于自己主人的狗也为人所珍爱。
如果以上陈述为真,以下陈述都必然为真,除了:
A. 有些为人所珍爱的狗不是藏獒。
B. 任何不为人所珍爱的狗不是藏獒。
C. 有些世界上最勇猛的狗为人所珍爱。
D. 有些忠实于自己主人的狗是世界上最勇猛的狗。
E. 所有的藏獒都为人所珍爱。

06. 现有如下假设:
(1) 所有纺织工都是工会成员。
(2) 部分梳毛工是女工。

（3）部分纺织工是女工。
（4）所有工会成员都投了健康保险。
（5）没有一个梳毛工投了健康保险。

下列哪个结论从上述假设中推不出来？

A．所有纺织工都投了健康保险。

B．有些女工投了健康保险。

C．有些女工没有健康保险。

D．工会的部分成员没有投健康保险。

E．有些女工部分是梳毛工。

07．在参加地方行政事务的人当中，有些官员是为公众服务的，有些为公众服务的人是受人尊敬的，有些受人尊敬的人不是官员。

如果以上命题为真，以下哪个选项可能真？

A．没有为公众服务的人是受人尊敬的。

B．没有官员是为公众服务的。

C．没有受人尊敬的人是为公众服务的。

D．所有受人尊敬的人都是为公众服务的。

E．所有受人尊敬的人都是官员。

08．一些麋鹿的骨盆骨与所有猪的骨盆骨具有许多相同的特征。虽然不是所有的麋鹿都有这些特征，但是一些动物学家声称，所有具有这些特征的动物都是麋鹿。

如果以上陈述和动物学家的声明都是真的，以下哪项也一定是真的？

A．麋鹿与猪的相似之处要多于它与其他动物的相似之处。

B．一些麋鹿与猪在其他方面的不同之处要少得多。

C．所有动物，如果它们的骨盆骨具有相同的特征，那么它们的其他骨骼部位一般也会具有相同或相似的特征。

D．所有的猪都是麋鹿。

E．所有的麋鹿都是猪。

09．所有与非典患者接触的人都被隔离了。所有被隔离的人都与小李接触过。

如果以上命题是真的，以下哪个命题也是真的？

A．小李是非典患者。

B．小李不是非典患者。

C．可能有人没有接触过非典患者，但接触过小李。

D．所有非典患者都与小李接触过。

E．所有与小李接触过的人都被隔离了。

10．所有校学生会委员都参加了大学生电影评论协会。张珊、李斯和王武都是校学生会委员，大学生电影评论协会不吸收大学一年级学生参加。

如果上述断定为真，则以下哪项一定为真？

Ⅰ．张珊、李斯和王武都不是大学一年级学生。

Ⅱ．所有校学生会委员都不是大学一年级学生。

Ⅲ．有些大学生电影评论协会的成员不是校学生会委员。

A．只有Ⅰ。

B．只有Ⅱ。

C．只有Ⅲ。

D．只有Ⅰ和Ⅱ。

E．Ⅰ、Ⅱ和Ⅲ。

11. 我想说的都是真话,但真话我未必都说。

如果上述断定为真,则以下各都可能为真,除了

A. 我有时也说假话。

B. 我不是想啥说啥。

C. 有时说某些善意的假话并不违背我的意愿。

D. 我说的都是我想说的话。

E. 我说的都是真话。

12. 近期流感肆虐,一般流感患者可采用抗病毒药物治疗。虽然并不是所有流感患者均需接受达菲等抗病毒药物的治疗,但不少医生仍强烈建议老人、儿童等易出现严重症状的患者用药。

如果以上陈述为真,则以下哪项一定为假?

Ⅰ. 有些流感患者需接受达菲等抗病毒药物的治疗。

Ⅱ. 并非有的流感患者不需接受抗病毒药物的治疗。

Ⅲ. 老人、儿童等易出现严重症状的患者不需要用药。

A. 仅Ⅰ。

B. 仅Ⅱ。

C. 仅Ⅲ。

D. 仅Ⅰ、Ⅱ。

E. 仅Ⅱ、Ⅲ。

13. 所有的男演员都是精力充沛的人,所有精力充沛的人都是性格外向的人,但是仍然有一些害羞的人是男演员。

如果上面的陈述是正确的,下面除了哪一项之外也都是正确的?

A. 有些害羞的人是性格外向的人。

B. 有些害羞的性格外向者不是男演员。

C. 有些精力充沛的男演员是害羞的人。

D. 并非所有性格不外向的人都是男演员。

E. 有些性格外向的人是害羞的人。

14. 有些南京人不爱吃辣椒,所以,有些爱吃甜食的人不爱吃辣椒。

以下哪项能保证上述推理成立?

A. 所有南京人都不爱吃辣椒。

B. 有些南京人爱吃甜食。

C. 所有爱吃甜食的人都爱吃辣椒。

D. 所有的南京人都爱吃甜食。

E. 有些爱吃甜食的人是南京人。

15. 第一机械厂的有些管理人员取得了 MBA 学位。因此,有些工科背景的大学毕业生取得了 MBA 学位。

以下哪项如果为真,则最能保证上述论证的成立?

A. 有些管理人员是工科背景的大学毕业生。

B. 有些取得 MBA 学位的管理人员不是工科背景的大学毕业生。

C. 第一机械厂所有的管理人员都是工科背景的大学毕业生。

D. 第一机械厂的有些管理人员还没有取得 MBA 学位。

E. 第一机械厂所有的工科背景的大学毕业生都是管理人员。

16. 没有数学命题能由观察而被证明为真,因而,任何数学命题的真实性都不得而知。

如果以下列哪项为假设,能使上文结论合逻辑地得出?

A. 只有能被证实为真的命题才能知其为真。

B. 仅凭观察不能用来证明任何命题的真实性。
C. 如果一命题能由观察证明为真，则其真实性是可知的。
D. 只有在某一命题不能由观察证实的情况下，该命题的真实性才不可知。
E. 知道某一命题为真需要通过观察证明其为真。

【答案解析】

01. 答案：D
题干推理形式是：所有P都是M，S不是M；所以，S不是P。
诸选项中只有D项推理形式与此类似。

02. 答案：E
题干论证形式是：某M是S，某M是P；所以，所有S都是P。
只有E项与题干推理完全一致，明显前提真而结论假，这说明该推理形式不正确，因此说明题干的论证不成立。

03. 答案：C
题干的论证形式是：M（赵亮）是S（计算机学院大二的学生），M是P（通过了计算机等级测试），所以，所有S是P。
C项可简化为：王明是职业经理人，王明学过人力资源课程，所以职业经理人都学过人力资源课程。与题干论证方法相似。

04. 答案：B
先整理出题干的三段论推理结构。其中"酸菜"为M，"韩国人"为P，"翠花"为S，则题干的推理结构是：PAM，SAM，所以SAP。（这里把单称看成全称）
这个推理犯了"中项两次不周延"的逻辑错误。
A项的推理结构是：MAP，SAM，所以SAP。
B项的推理结构是：PAM，SAM，所以SAP。
C项不是三段论推理，描述的"爱屋及乌"的推理明显与题干不同，排除。
D项不是三段论推理，是直言命题换位推理，SAP→PIS，没有推理错误，排除。
因此，B项的推理与题干同样是荒谬的。

05. 答案：A
题干断定：所有藏獒都忠实于主人，而所有忠实于主人的狗也为人所珍爱。从中必然可以推出"所有藏獒都是为人所珍爱"，由此又可得出"所有不为人所珍爱的狗不是藏獒"，即B项。
由题干中"藏獒是最勇猛的狗"和新得出的结论"所有藏獒都是为人所珍爱"，由此又可得出"有些世界上最勇猛的狗为人所珍爱"，即C项。
由题干中"藏獒是最勇猛的狗"和"所有藏獒都忠实于主人"，可得出"有些忠实于自己主人的狗是世界上最勇猛的狗"，即D项。
由"所有藏獒都是为人所珍爱"可推出"有些为人所珍爱的狗是藏獒"，但不能必然推出"有些为人所珍爱的狗不是藏獒"。因为存在"所有忠实于主人的狗都是藏獒，同时所有为人所珍爱的狗都是忠实于主人的狗"这种可能性。因此，A项不必然为真，故为正确答案。

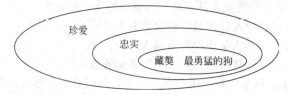

06. 答案：D
根据（4），所有工会成员都投了健康保险。D项与此相互矛盾，因此为正确答案。

其余选项均可以从题干条件推出。

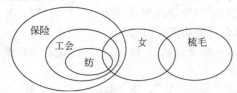

07. 答案：D。

从"有些为公众服务的人是受人尊敬的"得出 A 项必为假。
从"有些官员是为公众服务的"得出 B 项必为假。
从"有些为公众服务的人是受人尊敬的"得出 C 项必为假。
从"有些受人尊敬的人不是官员"得出 E 项必为假。
只有 D 项"所有受人尊敬的人都是为公众服务的"不违背题干条件，是可能真的。

08. 答案：D

本题可用三段论来推理：
所有猪与一些麋鹿的骨盆骨具有许多相同的特征，有此特征的动物就是麋鹿，所以，所有的猪都是麋鹿。
因此，D 项为正确答案。

09. 答案：C

根据题干前提"所有与非典患者接触过的人都被隔离了"和"所有被隔离的人都与小李接触过"进行三段论推理，得出结论"所有与非典患者接触过的人都与小李接触过"。这就可以推出："可能有人没有与非典患者接触过，但与小李接触过"。所以，C 项为正确答案。

题干没有说小李是否被隔离了，因此 A、B 项都排除；
题干没有讨论"非典患者的问题"，D 项排除；E 项也从题干推不出。
由题干条件关系可得到下图：

10. 答案：D

由"所有校学生会委员都参加了大学生电影评论协会"和"大学生电影评论协会不吸收大学一年级学生参加"可以推出"所有校学生会委员都不是大学一年级学生"。因此Ⅱ项为真

再加上"张珊、李斯和王武都是校学生会委员"，可推出"张珊、李斯和王武都不是大学一年级学生"因此，Ⅰ项为真。

至于Ⅲ项"有些大学生电影评论协会的成员不是校学生会委员"有可能假，因为"所有大学生电影评论协会的成员都是校学生会委员"也满足题干条件，即存在"电影评论协会的成员"和"校学生会委员"是同一关系的可能。

11. 答案：C

"我想说的都是真话"表示"只要是我想说的话，都是真话"，并不表示"只要是我说的话，都是真话"，也就是"我有时也可能说假话"，即 A 项可能真。

由于"只要是我想说的话，都是真话"，同时，"真话我未必都说"，从而可知道"我不是想啥说啥"即 B 项为真。

由于"只要是我想说的话，都是真话"，则"假话并不是我想说的"，故 C 项必然是错误的。

D 项说"我说的都是我想说的话"，再加上题干里的第一句话"我想说的话都是真话"，就可以推出来"我说的话都是真话"，"我说的话都是真话"和题干的第二句话"真话我未必都说"并不矛盾，因此 D 项是有可能为真的，所以把它排除掉。

E 项与题干也并不矛盾，是有可能为真的。

也可有画图法解决，"想说的话"被包含于"真话"，"说的话"和"想说的话"关系不确定。

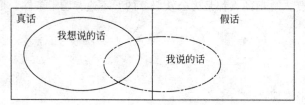

12. 答案：B

题干断定：

第一，并不是所有流感患者均需接受抗病毒药物的治疗。即，有的流感患者不需接受抗病毒药物的治疗。

第二，不少医生建议老人、儿童等易出现严重症状的患者用抗病毒药。

根据第一个断定，可知，有的流感患者不需接受抗病毒药物的治疗。因此，Ⅱ为假。

根据第二个断定，可得Ⅰ为真。

根据第二个断定，只能说明不少医生建议严重患者用药，但不能说明此建议一定有充足理由，也即不能确定出现严重症状的患者是否需要用药，因此，Ⅲ不能确定为假。

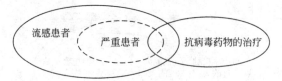

13. 答案：B

由"有一些害羞的人是男演员"推不出"有一些害羞的性格外向者不是男演员"，即 B 项推不出，因此为正确答案。

由"所有的男演员都是精力充沛的人，所有精力充沛的人都是性格外向的人"可推出："所有的男演员都是性格外向的人"，再加上"有一些害羞的人是男演员"，可推出 A 项。

由"有一些害羞的人是男演员"加上"所有的男演员都是精力充沛的人"可推出 C 项。

由"所有的男演员都是性格外向的人"可推出 D 项。

由 A 项"有些害羞的人是性格外向的人"可推出 E 项。

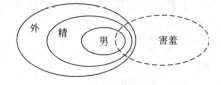

14. 答案：D

题干是个省略三段论，补充省略前提后构成有效的三段论推理：

题干前提:有些南京人不爱吃辣椒。
补充 D 项:所有的南京人都爱吃甜食。
得出结论:有些爱吃甜食的人不爱吃辣椒。
补充其他选项都不能保证上述推理成立。

15. 答案:C
题干是个省略三段论,补充省略前提后构成有效的三段论推理:
题干前提:第一机械厂的有些管理人员取得了 MBA 学位。
补充 C 项:第一机械厂所有的管理人员都是工科背景的大学毕业生。
得出结论:有些工科背景的大学毕业生取得了 MBA 学位。
其余各项均不能保证题干论证的成立。

16. 答案:E
题干是个省略三段论,补充省略前提后构成有效的三段论推理:
题干前提:没有数学命题能由观察而被证明为真。
补充 E 项:知道某一命题为真需要通过观察证明其为真。
题干结论:任何数学命题的真实性都不得而知。
补充其他选项都不能使上文结论合逻辑地得出。

第四章 命题逻辑

命题逻辑是演绎逻辑最核心的组成部分，研究由命题和命题联结词构成的复合命题以及研究命题联结词的逻辑性质和推理规律。命题逻辑涉及对假言、联言、选言、模态、负命题及相关等值推理的综合运用。由于推理形式是命题形式之间的关系，因此，为研究推理的有效性，就要对命题的形式进行分析。

第一节 复合命题

复合命题是包含了其他命题的一种命题，一般说，它是由若干个（至少一个）简单命题通过一定的逻辑联结词组合而成的。构成复合命题的命题称为支命题。

一、联言推理

联言命题由"并且"这类联词联结两个支命题形成的复合命题，是断定事物的若干种情况同时存在的命题。如："文艺创作既要讲思想性，又要讲艺术性"就断定了"文艺创作要讲思想性"和"文艺创作要讲艺术性"这两种情况同时存在。

1. 联言命题的语言表达

在自然语言中，联言命题的语言表达形式是多种多样的，例如：

(1) 并列关系的复合命题。
- 产品加工既要省工，又要省料。
- 鲸鱼是水生动物，并且是哺乳动物。
- 劳动不但创造物质财富，而且创造精神财富。
- 阳光暖暖地照着大地，春风轻轻地吹着柔柳。

(2) 承接关系的复合命题，承接关系涉及时间和空间的顺序。
- 吃完晚饭，小张便上操场了。
- 看了他的示范动作后，我就照着样子做。
- 旧的矛盾解决了，新的矛盾又出现了。

(3) 转折关系的复合命题，转折关系有强调的作用。
- 事情干成了，不过身体也弄坏了。
- 林是著名翻译家，但他不懂外语。
- 虽然天气已晚，但是老师仍在灯下伏案工作。

(4) 递进关系的复合命题，递进关系旨在补充和强调。
- 他会唱歌，而且会跳舞。
- 自然是伟大的，然而人类更加伟大。
- 海底不但景色奇异，而且物产丰富。

在自然语言中,表示对偶、对比、排比关系的句子常常省略掉联结词。例如:
- 价廉物美。
- 红了樱桃,绿了芭蕉。
- 富贵不能淫,贫贱不能移,威武不能屈。

2. 联言命题的形式

从以上各例可以看出,在自然语言中,联言命题的表达形式是多种多样的,我们把"P"并且"Q"看作它的标准表达形式,其中 P、Q 为联言支。并且,在自然语言中,联言命题表达了支命题之间的内容、意义甚至语气上的相互关联。逻辑显然不能处理这些相互关联,它只研究支命题与复合命题在真假方面的相互关系。

如果取"并且"作为联言命题的典型联结词,用"P""Q"等来表示联言支,那么联言命题的形式可表示为:

P 且 Q

现代逻辑则用"∧"(读作"合取")这一符号作为对联言命题联结词的进一步抽象,于是联言命题的公式就是:

P∧Q(读作 P 合取 Q)

由于联言命题同时断定了事物的几种情况,因此,联言命题的真假就取决于联言支的真假。一个联言命题只有当其每个支命题都真时,这个联言命题才是真的;只要其中有一个支命题是假的,整个命题就是假的。

联言命题的逻辑值(即真假值)与其联言支逻辑值的关系可用下表来刻画,其中"1"代表"真","0"代表"假"。

P	Q	P∧Q
1	1	1
1	0	0
0	1	0
0	0	0

联言命题的逻辑含义把握:

(1) 在多个联言支存在的情况下,只要有一个联言支是假的,整个联言命题都将是假的。

(2) 相互矛盾判断组成的联言支必然为假,如"P 且非 P",不论 P 是什么内容,该联言判断必然为假。

3. 合取词与日常语言

联言命题的联结词有:并且;和;然后;不但,而且;虽然,但是;不仅,还;等等。

在现代汉语中用这些联结词所联结而成的联言命题并不完全等同于用"∧"所联结而成的合取式。要注意合取词与各种日常语言中的联言联结词的异同。

(1) 合取词"∧"只保留了各种联言联结词所表示的联言命题与其支命题之间的真假关系,与联言支之间在内容上的联系无关。

"∧"是对联言命题联结词在真值方面的一种逻辑抽象,仅仅保留了"断定事物若干情况存在"这一意义,而舍去了它们可能表示的并列、承接、递进、转折、对比等意义。

因而用"∧"所表示的联言命题的真假与联言支之间在内容上的联系无关。比如"1+1=2,并且雪是白的"在逻辑上可以为真。因为,对于联言命题来说,在真值方面的唯一要求就是看其所有联言支是否为真,虽然二者无意义上的联系。

(2) 合取交换律成立,P∧Q 与 Q∧P 总是取同样的真值。一个合取命题成立与否,与其合取支的顺序无关。

比如，下列两个陈述虽然语意并不一样，但其逻辑真值是一样的。

虽然认罪态度较好，但是犯罪情节严重。

虽然犯罪情节严重，但是认罪态度较好。

（3）日常语言，都是有着意义的关联的。

在日常语言中，联言命题的联言支的次序是十分重要的，千万不可马虎大意。

例如：清代曾国藩在镇压太平天国起义军时，几遭挫折，连连失败。他打算请求皇上增援军队，于是草拟了奏章，讲到战绩时，不得不承认"屡战屡败"。他的师爷看了这个提法后沉思良久，将"战"和"败"两字调换一下位置，这样"屡战屡败"变成"屡败屡战"，从而使这句话的意思起了质的变化。"屡战屡败"表现为无能，"屡败屡战"却表现为英勇。次日，皇上听了曾国藩面奏"臣屡败屡战"一语后，果然龙颜大悦，认为他在失败面前斗志不灭，百折不挠。从此他福星高照，连连受皇上恩泽。

分析：从纯粹逻辑的角度看，联言命题的意义与联言支的顺序是无关的。但在日常语言中，联言支的顺序不同，会使联言命题的意义也不同，上例就是一个很好的说明。

4. 联言推理

联言命题的推理有如下两种形式。

（1）分解式。

这是根据一个联言命题为真而推出其各联言支为真。公式是：

P∧Q
———
P（或 Q）

某同志曾有如下议论：既然大家都认为每个人既有优点又有缺点的看法是正确的，那么我说老王是有缺点的，这又有什么不对呢？

（2）组合式。

这是根据一个联言命题的各个联言支为真而推出该联言命题为真。公式是：

P
Q
R
———
P∧Q∧R

在国家建设时期，不仅工人和农民是国家建设的依靠力量，而且知识分子也是国家建设的依靠力量，所以，工人、农民和知识分子都是国家建设的依靠力量。

■张珊喜欢喝绿茶，也喜欢喝咖啡。他的朋友中没有人既喜欢喝绿茶，又喜欢喝咖啡，但他的所有朋友都喜欢喝红茶。

如果上述断定为真，则以下哪项不可能为真？

A. 张珊喜欢喝红茶。

B. 张珊的所有朋友都喜欢喝咖啡。

C. 张珊的所有朋友喜欢喝的茶在种类上完全一样。

D. 张珊有一个朋友既不喜欢喝绿茶，也不喜欢喝咖啡。

E. 张珊喜欢喝的饮料，他有一个朋友也喜欢喝。

[解题分析] 正确答案：E

题干断定：第一，张珊既喜欢喝绿茶，又喜欢喝咖啡。

第二，他的朋友中没有人既喜欢喝绿茶，又喜欢喝咖啡。

由此可推出，他不存在与他一样既喜欢喝绿茶又喜欢喝咖啡的朋友。也即 E 项不可能真。

■北方人不都爱吃面食，但南方人都不爱吃面食。

如果已知上述第一个断定真，第二个断定假，则以下哪项据此不能确定真假？

Ⅰ. 北方人都爱吃面食，有的南方人也爱吃面食。

Ⅱ. 有的北方人爱吃面食，有的南方人不爱吃面食。

Ⅲ. 北方人都不爱吃面食，南方人都爱吃面食。

A. 只有Ⅰ。

B. 只有Ⅱ。

C. 只有Ⅲ。

D. 只有Ⅱ和Ⅲ。

E. Ⅰ、Ⅱ和Ⅲ。

[解题分析] 正确答案：D

直言命题的对当关系。本题存在两个直言命题的推理。

题干第一个断定"北方人不都爱吃面食"为真，等同于"有的北方人不爱吃面食"，根据直言命题的推理，可知"北方人都爱吃面食"为假，不能确定"有的北方人爱吃面食"与"北方人都不爱吃面食"的真假。

题干第二个断定"南方人都不爱吃面食"为假，可推出"有的南方人爱吃面食"为真，不能确定"有的南方人不爱吃面食"与"南方人都爱吃面食"的真假。

Ⅰ项是一个联言命题，其中"北方人都爱吃面食"假，整个复合命题为假。

Ⅱ项作为一个联言命题，两个联言支命题都真假不定，因此，整个联言命题不能确定真假。

Ⅲ项同理不能确定真假。

二、选言推理

选言命题是断定事物若干种可能情况的命题。选言命题也是由两个以上的支判断所组成的。包含在选言命题里的支命题称为选言支。根据选言支是否相容，选言命题又可相应地区分为相容的选言命题与不相容的选言命题两种。

1. 相容的选言命题及其推理

（1）相容选言命题。

断定事物若干种可能情况中至少有一种情况存在的命题就是相容的选言命题。

比如："艺术作品质量差，也许由于内容不好，也许由于形式不好。"

这句话就表达了相容的选言命题，所断定的事物的若干可能情况是可以并存的。"内容不好"和"形式不好"也可共同导致"艺术作品质量差"这一结果。

再如：教学方式或者是上课，或者是讨论，或者是练习，或者是实验，或者是实习。

我们通常用如下形式来表示相容的选言命题：

P 或者 Q

（2）相容选言命题的形式。

相容选言命题在逻辑上表示为：P∨Q（读作"P析取Q"）。

"∨"等同于电路里的"或门"，也即并联。

由于相容选言命题的各个支所断定的情况是可以并存的，因此，在相容选言判断中，可以不止有一个选言支是真的。但是，只有至少有一个选言支是真的，该选言命题才是真的，否则，就是假的。

相容选言命题的逻辑值与其选言支的逻辑值之间的关系可表示如下：

P	Q	P∨Q
1	1	1
1	0	1
0	1	1
0	0	0

相容选言判断"小张学习成绩不理想或因学习方法不对，或因不努力"，只有在"小张学习方法不对"和"小张不努力"都假的情况下是假的，在其余情况下都是真的。

（3）相容选言推理的规则。

相容选言推理规则是：只要有一个选言支是真的，相容联言判断就是真的。

若肯定一个选言支，则必须肯定包含这个选言支的任一选言命题。例如，从"奥巴马是美国前总统"出发，既可以推出"奥巴马是美国前总统或者卷心菜是蔬菜"，也可以推出"奥巴马是美国前总统或者卷心菜不是蔬菜"。

例如：如果事实上"鲸不是鱼""蝙蝠不是鸟"，那么"鲸不是鱼或蝙蝠是鸟""鲸是鱼或蝙蝠不是鸟""鲸不是鱼或蝙蝠不是鸟"都是真的；只有"鲸是鱼或蝙蝠是鸟"是假的。

（4）相容选言三段论。

它是指有一个相容选言命题作为大前提，一个简单命题作为小前提，并且根据相容选言命题的逻辑特征推出另一个简单命题作为结论的推论方法。相容的选言推理的规则有两条：

① 否定一部分选言支，就要肯定另一部分选言支。

P 或者 Q　　　或　　　P 或者 Q
非 P　　　　　　　　　非 Q
所以，Q　　　　　　　所以，P

相容选言三段论只有一种正确的推论方法，即"否定肯定式"。否定-肯定法是通过否定相容选言命题的其他支命题，进而肯定剩余的支命题的推论方法。

这实际上是我们所用的排除法。其方法是列出各种可能情况构成一选言命题，然后根据所给信息，排除其他可能，最后得出确定的结论。

例如：此刻灯不亮或是因为停电，或是因为电路故障。现已查明，没有停电；所以，灯不亮是由电路故障引起的。

在这个选言三段论中，"此刻灯不亮或是因为停电，或是因为电路故障"是一个相容选言命题。该推理通过否定其中的一个支命题"没有停电"，进而肯定另一个支命题"灯不亮是由电路故障引起的"。

② 肯定一部分选言支，不能否定另一部分选言支。

不正确的选言三段论：P 或 Q；P，所以，非 Q。

比如：犯错误或者是主观原因或者是客观原因，张三犯错误是主观原因；所以，张三犯错误不是客观原因。

上述推理是无效的，因为很可能张三犯错误，两种原因都存在。

2. 不相容的选言命题及其推理

（1）不相容的选言命题。

不相容的选言命题是断定事物若干可能情况中有而且只有一种情况存在的命题。如：

"一个物体要么是固体，要么是液体，要么是气体。"

"不是老虎吃掉武松，就是武松打死老虎。"

上述命题都表达了不相容的选言命题，它们断定的关于事物的几种可能情况是不能并存的。

（2）不相容选言命题的标准形式。

不相容选言命题的标准形式："要么 P，要么 Q，二者必居其一"。

用符号"∨"（读作强析取）来代表其联结词，不相容的选言命题就可表示为公式：P∨Q。

由于不相容的选言命题断定了事物若干可能情况中，有而且只有一种情况存在，这样，一个不相容的选言命题为真，当且仅当恰好有一个选言支为真。当所有的选言支都为假或不止一个选言支为真时，整个不相容的选言命题便为假。其真值表如下：

P	Q	P∨Q
1	1	0
1	0	1
0	1	1
0	0	0

例如：不相容选言判断"一个人的世界观要么是唯物的，要么是唯心的"，在"一个人的世界观既唯物又唯心"和"一个人的世界观既不唯物又不唯心"的情况下是假的，在其余情况下都是真的。

（3）不相容选言命题的表述方式。

在日常语言中，不相容选言命题有很多表述方式：

① 联结词"要么……要么……"

- 物质要么是混合物，要么是纯净物。
- 黑客没有第三条道路可选——要么当黑客，要么当安全专家。

② 联结词"或者……或者……"

- 或为玉碎，或为瓦全。
- 东渡日本，或者坐船，或者坐飞机。

需要注意的是："或者"有时也用来表达了陈述之间不相容的关系，这样使用时一般会增加诸如"二者必居其一"，或者"二者不可兼得"这样的限制。如果这样的限制被省略，则需要依据具体的语境来辨别。

③ 联结词"不是……就是……"（问句变体："是……还是……？"）

- 不是鱼死，就是网破。
- 不自由，毋宁死！

注意：

从逻辑角度看，日常语言联结词存在两个主要的问题：一是不精确；二是负载了许多非逻辑的内容。

区分相容选言命题和不相容选言命题，不能只看联结词，而应重点看它们的真值情况。各个选言支能够同时为真的，是相容选言命题；不能同时为真的，是不相容选言命题。

① 联结词"或者，或者"一般在相容意义上使用，但也可在不相容意义上使用。如："掷硬币或者正面向上或者反面向上"（等同于"掷硬币要么正面向上要么反面向上"）。

我或者在北京，或者在南京。

② "要么，要么"一般在不相容意义上使用，但也可在相容意义上使用，如："明天要么刮风，要么下雨"（等同于"明天或者刮风或者下雨"）。

这就使得当识别一个选言命题究竟是相容还是不相容时，要依靠相关背景知识去辨别各个支命题能否同时成立，这显然超出了逻辑学的范围。

（4）不相容选言三段论。

它是指前提中有一个不相容选言命题作为大前提，一个简单命题作为小前提，并且根据不相容选言命题的逻辑特征推出另一个简单命题作为结论的推论方法。不相容选言推理有两条规则：

① 否定一个选言支以外的选言支，就要肯定未被否定的那个选言支。

否定肯定法是通过否定不相容选言命题的其他支命题，进而肯定剩余的一个支命题的推论方法。例如，被告人要么是故意犯罪，要么是过失犯罪；既然被告人不是故意犯罪，可见，被告人是过失犯罪。

```
要么 P, 要么 Q          或      要么 P, 要么 Q
非 P                             非 Q
—————————                        —————————
所以, Q                          所以, P
```

比如:

要么改革开放, 要么闭关锁国;
我们不能闭关锁国,
—————————————————
所以, 我们只能改革开放。

又如:

要么老虎吃掉武松, 要么武松打死老虎;
老虎没有吃掉武松,
————————————————————
所以, 武松打死老虎。

② 肯定一个选言支, 就要否定其余的选言支。

肯定否定法是通过肯定不相容选言命题的一个支命题, 进而否定剩余的支命题的推论方法。例如: 被告人要么是故意犯罪, 要么是过失犯罪; 既然被告人是故意犯罪, 可见, 被告人不是过失犯罪。

```
要么 P, 要么 Q          或      要么 P, 要么 Q
P                                Q
—————————                        —————————
所以, 非 Q                       所以, 非 P
```

比如:

要么改革开放, 要么闭关锁国;
我们坚持改革开放,
——————————————
所以, 我们不能闭关锁国。

又如:

小张现在要么在北京, 要么在广州;
小张现在是在北京,
————————————————
所以, 小张现在不在广州。

■《文化新报》记者小白周四去某市采访陈教授与王研究员。次日, 其同事小李问小白, "昨天你采访到那两位学者了吗?" 小白说: "不, 没那么顺利。" 小李又问: "那么, 你一位都没采访到?" 小白说: "也不是。"

以下哪项最可能是小白周四采访所发生的情况?

A. 小白采访到了两位学者。
B. 小白采访了李教授, 但没有采访王研究员。
C. 小白根本没有去采访两位学者。
D. 两位采访对象都没有接受采访。
E. 小白采访到了一位, 但没有采访到另一位。

[解题分析] 正确答案: E

对两位学者的采访只有三种情况: 采访到了两位, 只采访到了一位, 一位都没采访到。

小白既否定了采访到了两位学者, 也否定了一位都没采访到。因此, 一定是他只采访到了其中一位学者。E 项为正确答案。

■某山区发生了较大面积的森林病虫害。在讨论农药的使用时, 老许提出: "要么使用甲胺磷等化学农药, 要么使用生物农药。前者过去曾用过, 价钱便宜, 杀虫效果好, 但毒性大; 后者未曾使用过, 效果不确定, 价钱贵。"

从老许的提议中, 不可能推出的结论是以下哪个?

A. 如果使用化学农药，那么就不使用生物农药。
B. 或者使用化学农药，或者使用生物农药，两者必居其一。
C. 如果不使用化学农药，那么就使用生物农药。
D. 化学农药比生物农药好，应该优先考虑使用。
E. 化学农药和生物农药是两类不同的农药，两类农药不要同时使用。

[解题分析] 正确答案：D

根据题干断定，要么使用甲胺磷等化学农药，要么使用生物农药。必然可推出 A、B、C 项。题干断定了这两类农药各有优缺点，D 项意思与此相悖，因此，不能从题干的断定中推出。E 项与题干断定并不矛盾，也很可能成立。

■王涛和周波是理科（1）班同学，他们是无话不说的好朋友。他们发现班里每一个人或者喜欢物理或者喜欢化学。王涛喜欢物理，周波不喜欢化学。

根据以上陈述，以下哪项必为真？

Ⅰ. 周波喜欢物理。
Ⅱ. 王涛不喜欢化学。
Ⅲ. 理科（1）班不喜欢物理的人喜欢化学。
Ⅳ. 理科（1）班一半人喜欢物理，一半人喜欢化学。

A. 仅Ⅰ。
B. 仅Ⅲ。
C. 仅Ⅰ、Ⅱ。
D. 仅Ⅰ、Ⅲ。
E. 仅Ⅱ、Ⅲ、Ⅳ。

[解题分析] 正确答案：D

题干断定：每一个人或者喜欢物理或者喜欢化学。

根据王涛喜欢物理，推不出王涛是否喜欢化学。即Ⅱ不一定真。

根据周波不喜欢化学，可推出周波喜欢物理。即Ⅰ一定真。

同时，根据题干断定也可推出Ⅲ也一定为真，Ⅳ明显推不出。

三、假言推理

假言命题是断定事物情况之间条件关系的命题，所以又称条件命题。假言命题中，表示条件的支命题称为假言命题的前件，表示依赖该条件而成立的命题称为假言命题的后件。假言命题因其所包含的联结词的不同而具有不同的逻辑性质。

1. 充分条件假言命题及其推理

充分条件的假言命题是指前件是后件的充分条件的假言命题。所谓前件是后件的充分条件是指：只要存在前件所断定的事物情况，就一定会出现后件所断定的事物情况，即前件所断定的事物情况的存在，对于后件所断定的事物情况的存在来说是充分的。例如：

"如果明天天气好，那么我就去郊游。"

这就是一个充分条件的假言命题。因为，在这种假言命题中，前件"明天天气好"，就是后件"我去郊游"的充分条件。意思是，只要明天天气好，我就一定去郊游。但是，如果明天天气不好，我去不去郊游呢？在这一命题中则未作断定。

充分条件假言命题联结词的语言标志通常是："如果……那么……""只要……就……""若……必……"等。充分条件假言命题的逻辑公式是：

如果 P，那么 Q

逻辑上则表示为：P→Q（读作"P 蕴涵 Q"）

充分条件假言命题的逻辑值与前后件逻辑值之间的关系可表示如下：

P	Q	P→Q
1	1	1
1	0	0
0	1	1
0	0	1

这就是充分条件假言命题的真值表。它告诉我们，一个充分条件的假言命题，只有当它的前件真，后件假时，该假言命题才是假的。在其他情况下，充分条件假言命题都是真的。弄清这一点，对于我们准确把握一个充分条件假言命题的逻辑性质来说，是非常重要的。

例如，充分条件假言判断"如果严重砍伐森林，那么就会水土流失"，只有在"严重砍伐森林但水土没有流失"的情况下才是假的，在其他情况都是真的。

充分条件假言推理有如下两条规则。

第一，肯定前件就要肯定后件，否定后件就要否定前件。

(1) 肯定前件式：

如果 P，那么 Q

P

所以，Q

例如：

如果谁骄傲自满，谁就会落后；

某人骄傲自满，

所以，某人会落后。

(2) 否定后件式：

如果 P，那么 Q

非 Q

所以，非 P

例如：

如果天下雨，那么运动会延期；

运动会没有延期，

所以，天没有下雨。

第二，否定前件不能否定后件，肯定后件不能肯定前件。

例如："如果小王患肺炎，则他会发烧。小王没患肺炎。所以，他不会发烧"这个推理是充分条件假言推理的否定前件式，是错误的。

再如："如果小王患肺炎，则他会发烧。小王发烧了。所以，他一定患了肺炎。"这个推理是充分条件假言推理的肯定后件式，也是错误的。

2. 必要条件假言命题及其推理

必要条件的假言命题是指前件是后件的必要条件的假言命题。所谓前件是后件的必要条件是指：如果不存在前件所断定的情况，就不会有后件所断定的事物情况，即前件所断定的事物情况的存在，对于后件所断定的事物情况的存在来说是必不可少的。如：

只有由细菌引起的疾病，才能用抗生素治疗。

我不去，除非你去。

不具备一定的专业知识，就不能做好工作。

表达必要条件假言命题的联结词有"只有……才""不……（就）不……""没有……没

有……"等。我们一般把必要条件假言命题表述成如下形式：

只有 P，才 Q

逻辑上则表示为：P←Q（读作"P 反蕴涵 Q"）

根据必要条件假言命题的逻辑特性，我们把它的逻辑值与其前后件逻辑值之间的关系列表于下：

P	Q	P←Q
1	1	1
1	0	1
0	1	0
0	0	1

例如，必要条件假言判断"只有年满18岁，才有选举权"，只有在"未满18岁但已有了选举权"的情况下才是假的，在其他情况都是真的。

一个必要条件的假言命题，只有当它的前件假，后件真时，该假言命题才是假的。在其他情况下，必要条件假言命题都是真的。相应地，必要条件假言推理也有两条规则：

第一，否定前件就要否定后件，肯定后件就要肯定前件。

（1）否定前件式。

只有 P，才 Q

非 P
_____

所以，非 Q

例如：

只有年满十八岁，才有选举权；

某人不到十八岁，
_____

所以，某人没有选举权。

（2）肯定后件式。

只有 P，才 Q

Q
_____

所以，P

例如：

只有勤学苦练，才能成为技术能手；

他想成为技术能手，
_____

所以，他必须勤学苦练。

第二，肯定前件不能肯定后件，否定后件不能否定前件。

例如："只有学习好，才能当三好学生。小王学习好。所以，小王一定能当三好学生。"这个推理是必要条件假言推理的肯定前件式，是错误的。

再如："只有学习好，才能当三好学生。小王没有当选为三好学生。所以，他一定学习不好。"这个推理是必要条件假言推理的否定后件式，也是错误的。

3. 充要条件假言命题及其推理

充要条件的假言命题是指前件是后件的充分且必要条件的假言命题。所谓前件是后件的充要条件是指：只要存在前件所断定的事物情况，就一定会出现后件所断定的事物情况；同时，如果不存在前件所断定的情况，就不会有后件所断定的事物情况。

如："人不犯我，我不犯人；人若犯我，我必犯人。""当且仅当三角形三内角相等，该三角形是等边三角形"等，都是这种充分必要条件的假言命题。

表达充分必要条件假言命题的联结词有:"只要而且只有……,才……""若……则……,且若不……则不……""当且仅当……,则……"等。我们一般将之表示为如下形式:

当且仅当 P,则 Q

逻辑上则表示为　P↔Q(读作"P 等值于 Q")

充分必要条件假言命题的逻辑值与其支命题(前件或后件)逻辑值之间的关系表示如下:

P	Q	P↔Q
1	1	1
1	0	0
0	1	0
0	0	1

可以看出,一个充分必要条件假言命题为真,当且仅当等值符"↔"所联结的支命题(前件与后件)同真同假。这也是这种复合命题被称为"等值式"的原因。

充要条件假言推理有两条规则:

① 肯定前件就要肯定后件,肯定后件也要肯定前件。

② 否定前件就要否定后件,否定后件也要否定前件。

其推理式可概括表示为:

P 当且仅当 Q

P(非 P,Q,非 Q)

所以,Q(非 Q,P,非 P)

例如,当且仅当一个三角形是等边三角形,则它是等角三角形;这个三角形是等边三角形;所以,这个三角形是等角三角形。

再如,当且仅当一个三角形是等边三角形,则它是等角三角形;这个三角形不是等边三角形;所以,这个三角形不是等角三角形。

另外,对充要条件的理解还要注意以下两条:

(1) 唯一条件就是充要条件。

(2) 所有的必要条件合起来是充要条件。

4. 假言命题的理解

假言推理的推出结论题型主要涉及充分条件和必要条件的区分与运用以及命题间的推理关系,下面归纳一下充分条件与必要条件这个知识点,要求能够熟练辨析。

(1) 充分或必要条件的汉语联结词。

① 充分条件的联结词与表达:

如果,则(就);如果,那么;只要,就;假如,就;当…时;要是,那;一,就;只;(要)…必须;(要)…不能不(一定要);每一个(所有);倘若,便;哪怕,也;就算,也;等等。

② 必要条件的联结词与表达(设 p 表示前件,q 表示后件):

"只有 p,才 q""(仅当、必须) p,才 q""没有(不) p,没有(不) q""p 是 q 的重要前提""p 对于 q 来说是必不可少的""q 取决于 p""除非 p,否则不(则不、不、才) q"。

(2) 充分条件与必要条件的理解与区分。

① 充分条件:所谓充分条件就是仅有这条件就足以带来结果,无须考虑别的条件了。即"有它就行"。

② 必要条件:所谓必要条件就是没有这个条件,结论一定不对。即"没它不行"。

(3) 条件关系与因果关系。

充分或必要假言推理是条件的真假制约关系,不等于时间上的先后关系,也不等于因果关系;因果关系是先后关系,但原因是结果的条件关系包括充分条件、必要条件、充要条件、既非充分也非必要条件这四种。

(4) 充分条件和必要条件是相对的。

充分条件与必要条件的关系:如果前件是后件的必要条件,那么后件就是前件的充分条件;如果前件是后件的充分条件,那么后件就是前件的必要条件。

5. 假言直接推理

假言直接推理包括:假言易位推理,假言换质推理,假言易位换质推理。

(1) 假言易位推理。

如果 P,那么 Q。

所以,只有 Q,才 P。

(2) 假言换质推理。

如果 P,那么 Q。

所以,只有非 P,才非 Q。

(3) 假言易位换质推理。

如果 P,那么 Q。

所以,如果非 Q,那么非 P。

假言三段论主要包括充分条件假言推理和必要条件假言推理。

(1) 充分条件假言推理。

肯定前件式:$(P \rightarrow Q) \wedge P \rightarrow Q$

否定后件式:$(P \rightarrow Q) \wedge \neg Q \rightarrow \neg P$

(2) 必要条件假言推理。

否定前件式:$(P \leftarrow Q) \wedge \neg P \rightarrow \neg Q$

肯定后件式:$(P \leftarrow Q) \wedge Q \rightarrow P$

6. 解题步骤

(1) 先写出原命题。

根据题意写出原命题的条件关系式;首先将自然语言形式化,注意元素符号化,收敛思维。

① 有联结词的,根据联结词写出条件关系式;

② 没有联结词的,就根据题意,根据充分和必要条件的理解写出关系式。

(2) 再写出逆否命题。

原命题与逆否命题为等价命题,如果一个命题正确,那么它的逆否命题也一定正确。

$P \rightarrow Q$ 等价于 $\neg P \leftarrow \neg Q$

$P \leftarrow Q$ 等价于 $\neg P \rightarrow \neg Q$

(3) 然后按蕴含方向进行推理。

顺着原命题和逆否命题这两个条件关系式箭头方向推出的结果是正确的,逆着箭头方向则不能推理,即推不出任何结果。

■经理说:"有了自信不一定赢。"董事长回应说:"但是没有自信一定会输。"

以下哪项与董事长的意思最为接近?

A. 不输即赢,不赢即输。

B. 如果自信,则一定会赢。

C. 只有自信,才可能不输。

D. 除非自信,否则不可能输。

E. 只有赢了,才可能更自信。

[解题分析] 正确答案：C

董事长所述"没有自信一定会输"可表达为：

¬自信→输

其等价的逆否命题为：自信←¬输

意思就是：只有自信，才可能不输。

因此，C项为正确答案。

■只有总体素质高的大学生，才能考上公务员。

如果这个断定成立，则以下哪项一定为真？

A. 小王是总体素质高的大学生，所以他考上了公务员。
B. 小王考上了公务员，所以他的总体素质一定不低。
C. 有越来越多的大学生准备考公务员。
D. 总体素质高低，和考上公务员没有关系。
E. 总体素质高的大学生，也可以考研究生。

[解题分析] 正确答案：B

题干条件为：总体素质高的大学生←考上公务员。

这样，既然小王考上了公务员，说明他的总体素质高。因此，B项正确。

■国际足联一直坚称，世界杯冠军队所获得的"大力神"杯是实心的纯金奖杯，某教授经过精密测量和计算认为，世界杯冠军奖杯——实心的"大力神"杯不可能是纯金制成的，否则球员根本不可能将它举过头顶并随意挥舞。

以下哪项与这位教授的意思最为接近？

A. 若"大力神"杯是实心的纯金杯，则球员不可能把它举过头顶并随意挥舞。
B. 只有球员能够将"大力神"杯举过头顶并自由挥舞，它才由纯金制成，并且不是实心的。
C. 只有"大力神"杯是实心的，它才可能是纯金的。
D. 若球员能够将"大力神"杯举过头顶并自由挥舞，则它很可能是空心的纯金杯。
E. 若"大力神"杯是由纯金制成的，则它肯定是空心的。

[解题分析] 正确答案：A

实心的"大力神"杯不可能是纯金制成的，否则球员根本不可能将它举过头顶并随意挥舞。

＝若"大力神"杯是实心的纯金杯，则球员不可能把它举过头顶并随意挥舞。

■中周公司准备在全市范围内展开一次证券投资竞赛。在竞赛报名事宜里规定有"没有证券投资实际经验的人不能参加本次比赛"这一条。张全力曾经在很多大的投资公司中实际从事过证券买卖操作。

那么，关于张全力，以下哪项是根据上文能够推出的结论？

A. 他一定可以参加本次比赛，并获得优异成绩。
B. 他参加比赛的资格将取决于他证券投资经验的丰富程度。
C. 他一定不能参加本次比赛。
D. 他可能具有参加本次比赛的资格。
E. 他参加比赛的资格将取决于他以往证券投资的业绩。

[解题分析] 正确答案：D

题干断定：没有经验者肯定不具备参赛资格。但有经验者是否具备资格呢？可能具备，也可能不具备。张全力是有经验者，只能推出，他可能具有参加本次比赛的资格。因此，D项为正确答案。其余选项均不能推出。

■如果把一杯酒倒入一桶污水中，你得到的是一桶污水；如果把一杯污水倒入一桶酒中，你得到的依然是一桶污水。在任何组织中,都可能存在几个难缠人物。他们存在的目的似乎就是把事情搞糟。如果一个组织不加强内部管理,一个正直能干的人进入某低效的部门就会被吞没。而一个无德无才者就能将一个高效的部门变成一盘散沙。

根据上述信息,可以得出以下哪项?

A. 如果不将一杯污水倒进一桶酒中,你就不会得到一桶污水。
B. 如果一个正直能干的人进入组织,就会使组织变得更为高效。
C. 如果组织中存在几个难缠人物,很快就会把组织变成一盘散沙。
D. 如果一个正直能干的人在低效部门没有被吞没,则该部门加强了内部管理。
E. 如果一个无德无才的人把组织变成一盘散沙,则该组织没有加强内部管理。

[解题分析] 正确答案:D

题干断定:如果一个组织不加强内部管理,一个正直能干的人进入某低效的部门就会被吞没。

其等价的逆否命题是:如果一个正直能干的人在低效部门没有被吞没,则该部门加强了内部管理。因此,D项为正确答案。

四、省略假言

假言推理的省略形式是省略了某个推理步骤的假言推理,这里指的是省去一个前提的假言三段论推理。补充假言三段论省略前提的方法是把省略的前提补充进去,并作适当的整理,将推理恢复成标准形式,根据假言推理的演绎推理规则检验上述推理是否有效。

■哈里先生一定是公司的高级职员,他总是打着领带上班。

以上结论是以下述哪项前提作为依据的?

A. 如果有一位男士晋升为公司高级职员,就会在穿着方面特别注意,领带自然是必不可少的。
B. 除非成为公司高级职员,男士们都不会打领带。
C. 所有公司的高级职员都被要求打领带上班。
D. 公司有规定,男士上班打领带,穿正装。
E. 不打领带的男士,不可能成为公司的高级职员。

[解题分析] 正确答案:B

题干是个省略的假言三段论,补充省略前提后构成一个有效的推理:

题干前提:哈里先生总是打着领带上班。

补充B项:除非成为公司高级职员,男士们都不会打领带。

得出结论:哈里先生一定是公司的高级职员。

其余各项作为前提,均不能推出题干结论。

■足球是一项集体运动,若想不断取得胜利,每个强队都必须有一位核心队员。他总能在关键场次带领全队赢得比赛。友南是某国甲级联赛强队西海队队员。据某记者统计,在上赛季参加的所有比赛中,有友南参赛的场次,西海队胜率高达75.5%,只有16.3%的平局,8.2%的场次输球;而在友南缺阵的情况下,西海队胜率只有58.9%,输球的比率高达23.5%。该记者由此得出结论,友南是上赛季西海队的核心队员。

以下哪项如果为真,最能质疑该记者的结论?

A. 上赛季友南上场且西海队输球的比赛,都是西海队与传统强队对阵的关键场次。
B. 本赛季开始以来,在友南上阵的情况下,西海队胜率暴跌20%。
C. 西海队教练表示:"球队是一个整体,不存在有友南的西海队和没有友南的西海队。"
D. 西海队队长表示:"没有友南我们将失去很多东西,但我们会找到解决办法。"

E. 上赛季友南缺席且西海队输球的比赛，都是小组赛中西海队已经确定出线后的比赛。

[解题分析] 正确答案：A

题干陈述：如果是核心队员，那么总能在关键场次带领全队赢得比赛。

补充A项：友南上场时球队在关键场次输球。

得出结论：友南不是核心队员。

这一结论否定了与记者所述的"友南是上赛季西海队的核心队员"这一结论。

■在一次围棋比赛中，参赛选手陈华不时地挤捏指关节，发出的声音干扰了对手的思考，在比赛封盘间歇时，裁判警告陈华：如果再次在比赛中挤捏指关节并发出声音将判其违规。对此，陈华反驳说，他挤捏指关节是习惯性动作，并不是故意的，因此，不应被判违规。

以下哪项如果成立，最能支持陈华对裁判的反驳？

A. 在此次比赛中，对手不时打开、合拢折扇，发出的声响干扰了陈华的思考。
B. 在围棋比赛中，只有选手的故意行为，才能成为判罚的根据。
C. 在此次比赛中，对手本人并没有对陈华的干扰提出抗议。
D. 陈华一向恃才傲物，该裁判对其早有不满。
E. 如果陈华为人诚实、从不说谎，那么他就不应该被判违规。

[解题分析] 正确答案：B

陈华陈述：他挤捏指关节是习惯性动作，并不是故意的。

补充B项：在围棋比赛中，只有选手的故意行为，才能成为判罚的根据。

得出结论：他不应被判违规。

因此，B项最能支持陈华对裁判的反驳。

【专项训练】

01. 一道有关某企业选举厂长的逻辑推理单选题的四个选择答案分别是：

（1）当选者是甲。

（2）当选者是乙。

（3）当选者是丙。

（4）当选者是甲或乙。

则该题的正确答案应是：

A. （1）。
B. （2）。
C. （3）。
D. （4）。
E. 无法确定。

02. 在讨论一项提案时，会议的主持者说："每一个与会者，要么支持甲提案，要么支持乙提案，决不允许含糊其辞，模棱两可。"

从主持者的话中，不可能推出的结论是：

A. 如果支持甲提案，那么就不支持乙提案。
B. 如果支持乙提案，那么就不支持甲提案。
C. 或者支持甲提案，或者不支持乙提案。
D. 如果不支持甲提案，那么就支持乙提案。
E. 如果不支持乙提案，那么就支持甲提案。

03. 一桩投毒谋杀案，作案者要么是甲，要么是乙，二者必有其一，所用毒药或者是毒鼠强或者是乐果，二者至少其一。

如果上述断定为真，则以下哪项推断一定成立？

Ⅰ．该投毒案不是甲投毒鼠强所为，因此一定是乙投乐果所为。

Ⅱ．在该案侦破中发现甲投了毒鼠强，因此案中的毒药不可能是乐果。

Ⅲ．该投毒案的作案者不是甲，并且所投毒药不是毒鼠强，因此一定是乙投乐果所为。

A. 只有Ⅰ。

B. 只有Ⅱ。

C. 只有Ⅲ。

D. 只有Ⅰ和Ⅲ。

E. Ⅰ、Ⅱ和Ⅲ。

04. 李丽和王佳是好朋友，同在一家公司上班，常常在一起喝下午茶，她们发现常去喝下午茶的人或者喜欢红茶，或者喜欢花茶，或者喜欢绿茶，李丽喜欢绿茶，王佳不喜欢花茶。

根据以上陈述，以下哪项必定为真？

Ⅰ．王佳如果喜欢红茶，就不喜欢绿茶。

Ⅱ．王佳如果不喜欢绿茶，就一定喜欢红茶。

Ⅲ．常去喝下午茶的人如果不喜欢红茶，就一定喜欢绿茶或花茶。

Ⅳ．常去喝下午茶的人如果不喜欢绿茶，就一定喜欢红茶和花茶。

A. 仅Ⅱ和Ⅳ。

B. 仅Ⅱ、Ⅲ和Ⅳ。

C. 仅Ⅲ。

D. 仅Ⅰ。

E. 仅Ⅱ和Ⅲ。

05. 如果你的笔记本计算机是1999年以后制造的，那么它就带有调制解调器。

上述断定可由以下哪个选项得出？

A. 只有1999年以后制造的笔记本计算机才带有调制解调器。

B. 所有1999年以后制造的笔记本计算机都带有调制解调器。

C. 有些1999年以前制造的笔记本计算机也带有调制解调器。

D. 所有1999年以前制造的笔记本计算机都不带有调制解调器。

E. 笔记本的调制解调器技术是在1999年以后才发展起来的。

06. 有关数据显示，2011年全球新增870万结核病患者，同时有140万患者死亡。因为结核病对抗生素有耐药性，所以对结核病的治疗一直都进展缓慢。如果不能在近几年消除结核病，那么还会有数百万人死于结核病。如果要控制这种流行病，就要有安全、廉价的疫苗。目前有12种新疫苗正在测试之中。

根据以上信息，可以得出以下哪项？

A. 2011年结核病患者死亡率已达16.1％。

B. 有了安全、廉价的疫苗，我们就能控制结核病。

C. 如果解决了抗生素的耐药性问题，结核病治疗将会获得突破性进展。

D. 只有在近几年消除结核病，才能避免数百万人死于这种疾病。

E. 新疫苗一旦应用于临床，将有效控制结核病的传播。

07. 对当代学生来说，德育比智育更重要。学校的课程设计如果不注重培养学生的完美人格，那么，即使用高薪聘请著名的专家教授，也不能使学生在面临道德伦理、价值观念挑战的21世纪脱颖而出。

以下各项关于当代学生的断定都符合上述断定的原意，除了

A. 学校的课程设计只有注重培养学生的完美人格，才能使当代学生取得成就。

B. 如果当代学生在21世纪脱颖而出，那一定是对他们注重了完美的人格的教育。

C. 不能设想学生在面临道德伦理、价值观念挑战的 21 世纪脱颖而出，而他的人格却不完善。

D. 除非注重完美的人格培养，否则 21 世纪的学生难以脱颖而出。

E. 即使不能用高薪聘请著名的专家教授，学校的课程设计只要注重培养学生的完美人格，当代的学生就能在 21 世纪脱颖而出。

08. 当在微波炉中加热时，不含食盐的食物，其内部可以达到很高的、足以把所有引起食物中毒的细菌杀死的温度；但是含有食盐的食物的内部则达不到这样高的温度。

假设以下提及的微波炉都性能正常，则上述断定可推出以下所有的结论，除了

A. 食盐可以有效地阻止微波加热食物的内部。

B. 当用微波炉烹调含盐食物时，其原有的杀菌功能大大减弱。

C. 经过微波炉加热的食物如果引起食物中毒，则其中一定含盐。

D. 如果不向就要放进微波炉中加热的食物中加盐，则由此引起食物中毒的危险就会减少。

E. 食用经微波炉充分加热的不含盐食品，肯定不会引起食物中毒。

09. 一段时期以来，网络上所谓政府官员的"神回复"接连出现，引发公众对官员"雷语"现象的关注。据媒体报道，某地方官员问专家"江豚好不好吃"，当得到"不好吃"的答复时，这位官员竟说："不好吃干吗要保护？"

以下各项都是该地方官员的话所隐含的意思，除了

A. 只有江豚好吃，我们才保护它。

B. 如果江豚不好吃，我们就不保护它。

C. 对于动物保护工作来说，首先要考虑的是被保护动物是否好吃。

D. 动物是否需要保护，与它是否好吃无关。

E. 如果江豚需要保护，那么它必须好吃。

10. 早期宇宙中含有最轻的元素：氢和氦。像碳这样比较重的元素只有在恒星的核反应中才能形成并且在恒星爆炸时扩散。最近发现的一个星云中含有几十亿年前形成的碳，当时宇宙的年龄不超过 15 亿年。

以上陈述如果为真，以下哪项必定为真？

A. 最早的恒星中只含有氢。

B. 在宇宙年龄还不到 15 亿年时，有些恒星已经形成了。

C. 这个星云中也含有氢和氦。

D. 这个星云中的碳后来构成了某些恒星中的一部分。

E. 没有星体被确认与星云一样古老。

11. 孔子说：己所不欲，勿施于人。

下面哪一个选项不是上面这句话的逻辑推论？

A. 只有己所欲，才能施于人。

B. 若己所欲，则施于人。

C. 除非己所欲，否则不施于人。

D. 凡施于人的都应该是己所欲的。

E. 如果己所不欲，那么就不要施于人。

12. 要成为一名成功的商业经理需具一定的天赋，商业课程可以帮助人们管理问题，但这种课程仅能帮助那些具有管理天赋的人，这些人应该通过商业课来获得一些方法，如果这些管理问题恰巧发生，他们就可以很好地应用这些方法。

如果上文论述正确，从其出发，以下哪一项也一定正确？

A. 那些在解决管理问题方面受益于商业课程的人也具有管理天赋。

B. 那些在解决管理问题方面已经很有办法的人不可能从商业课程中受益。

C. 大多数成功地解决了管理问题的方法是从商业课程中学到的。
D. 缺乏管理天赋的人与那些具有管理天赋的人相比，更有可能去学习商业课程。
E. 那些没有学过商业课程的人在管理问题发生时无法解决这些问题。

13. 如果欧洲部分国家的财政危机可以平稳渡过，世界经济今年就会走出低谷。
以下哪项最准确地表达了上述断定？
Ⅰ. 如果世界经济今年走出低谷，则西方国家的财政危机可以平稳渡过。
Ⅱ. 如果世界经济今年未走出低谷，则有的西方国家的财政危机没能平稳渡过。
A. 只有Ⅰ。
B. 只有Ⅱ。
C. Ⅰ和Ⅱ。
D. Ⅰ或Ⅱ。
E. Ⅰ和Ⅱ都不对。

14. 2009年年底，我国卫生部的调查结果显示，整体具备健康素质的群众只占6.48%，其中具备慢性疾病预防素养的人只占4.66%。这说明国民对疾病的认识还非常匮乏。只有国民素质得到根本性的提高，李一、张悟本的谬论才不会有那么多人盲从。
由以上陈述可以得出以下哪项结论？
A. 对疾病缺乏认识是国民素质有待根本提高的表现之一。
B. 如果国民素质不能得到根本性的提高，李一等人的谬论还会有许多人盲从。
C. 国民缺乏基本的医学知识是江湖医生屡屡得逞的根本原因。
D. 只有国民提高对疾病的认识，国民的健康才能得到保障。
E. 国民医学知识的缺乏是由某些部门的功能缺位造成的。

15. 许多自称为教师的人实际上并不是教师，因为教书并不是他们主要的收入来源。
上述议论假设了以下哪项断定？
A. 教书的收入不能维持教师的正常生活。
B. 许多被称为教师的人缺乏合格的专业知识和技能。
C. 收入的多少是一项职业受社会重视的尺度。
D. 收入偏低使教师不能敬业乐业。
E. 一个人不能被称为教师，除非教书是其收入的主要来源。其他职业的情况也一样。

16. 王大妈上街买东西，看见有个地方围了一群人。凑过去一看，原来是中国高血压日的宣传。王大妈转身就要走，一位年轻的白衣大夫叫住了她，"大妈，让我帮你测测血压好吗？"王大妈连忙挥手说："我又不胖，算了吧。"
根据以上信息，以下哪项最可能是王大妈的回答所隐含的前提？
A. 只有患高血压病的人才需要测血压，我不用。
B. 只有胖人才可能得高血压病，经常测血压。
C. 虽然测血压是免费的，可给我开药方就要收钱了。
D. 你们这么忙，还是先给身体比较胖的人们测吧。
E. 让我当众测血压，多难为情，不好意思。

17. 想从事秘书工作的学生，都报考中文专业。李芝报考了中文专业，她一定想从事秘书工作。
下述哪项如果为真，则最能支持上述观点？
A. 所有报考中文专业的考生都想从事秘书工作。
B. 有些秘书人员是大学中文专业毕业生。
C. 想从事秘书工作的人有些报考了中文专业。
D. 有不少秘书工作人员都有中文专业学位。

E. 只有中文专业毕业的,才有资格从事秘书工作。

【答案解析】

01. 答案:C

选言命题,只要有一个选言支正确,总体的选言命题就是正确的。

如果(1)正确,那么(4)也是正确的,与只有一个正确矛盾,所以(1)不正确,即甲未当选。

如果(2)是正确的,那么(4)也是正确的,与只有一个正确相矛盾,所以(2)也不能是正确的,即乙没能当选。

甲和乙都不能当选,所以(4)也是错误的。

只能是(3)正确。因此,C项为正确答案。

02. 答案:C

"要么支持甲提案,要么支持乙提案"表示的是:每一个与会者在甲、乙两个提案中,必须支持其中的一个并且只能支持其中的一个,既不能一个也不支持,也不能两个都支持,至于具体支持哪个提案或不支持哪个提案,并没有提出要求。因此,A、B、D、E项都必然能被推出。

选项C"或者支持甲提案,或者不支持乙提案"是一个相容的选言命题,两个支命题"支持甲提案"和"不支持乙提案"中只要有一个支命题为真,则整个选言命题为真。如果两个提案都支持或者两个提案都不支持,C项都可以为真,因此,C项不符合主持人的意见。

03. 答案:C

由题干条件可列表如下:

项目	毒鼠强	乐果	毒鼠强且乐果
甲			
乙			

Ⅰ不成立。不是甲投毒鼠强,也可能是甲投乐果,或者乙投毒鼠强。

Ⅱ不成立。题干断定,所用毒药或者是毒鼠强或者是乐果,二者至少其一。因此,可以同时用这两种毒药。发现了毒鼠强,毒药中也不能排除乐果。

Ⅲ成立。不是甲投毒,那必然是乙;毒药不是毒鼠强,那必然是乐果。也即一定是乙投乐果所为。

04. 答案:E

题干断定:

(1)红茶∨花茶∨绿茶

(2)李丽:绿茶

(3)王佳:¬花茶

现分析各个选项:

Ⅰ.因为王佳不喜欢花茶,所以她喜欢红茶或绿茶,如果她喜欢红茶,推不出她是否喜欢绿茶。所以,该项不必定真。

Ⅱ.因为王佳不喜欢花茶,所以她喜欢红茶或绿茶,如果她不喜欢绿茶,就一定喜欢红茶。所以,该项必定真。

Ⅲ.如果不喜欢红茶,根据条件(1)推出,就一定喜欢绿茶或花茶。所以,该项必定真。

Ⅳ.如果不喜欢绿茶,根据条件(1)只能推出,就一定喜欢红茶或花茶,但推不出就一定喜欢红茶和花茶。所以,该项不必定真。

05. 答案:B

题干断定：对于笔记本计算机来说，1999年以后制造，是它就带有调制解调器的充分条件。

```
有调制解调器
1999年以后制造
```

那么，如果B项成立，即事实上所有1999年以后制造的笔记本计算机都带有调制解调器，那么，题干断定就必然成立。

其余各项显然不能推出题干成立。

06. 答案：D

题干断定：如果不能在近几年消除结核病，那么还会有数百万人死于结核病。

即：¬在近几年消除结核病→会有数百万人死于结核病

等价于：在近几年消除结核病←不会有数百万人死于结核病

意思就是：只有在近几年消除结核病，才能避免数百万人死于这种疾病。

07. 答案：E

题干断定，注重培养学生的完美人格，是他们在21世纪脱颖而出的必要条件。

E项断定前者是后者的充分条件，不符合题干。其余各项均符合题干。

08. 答案：C

由题干可得出结论：经过微波炉充分加热的食物如果引起食物中毒，则其中一定含盐。

C项没有断定"充分加热"这个条件，因而不能从题干推出。事实上，根据题干的条件，完全可能存在这样一种食物，它不含盐，也经过微波炉加热，但由于未充分加热而造成了食物中毒。

其余各项均能从题干推出。

09. 答案：D

官员所述"不好吃干吗要保护？"的意思就是，不好吃就不需要保护。即：

不好吃→不要保护

等价于：好吃←要保护

即：只有好吃才需要保护。

可见，只有选项D不符合该地方官员的话所隐含的意思。

其余选项都符合该官员的意思。

10. 答案：B

题干断定一：只有在恒星的核反应中才能形成碳元素。

题干断定二：一个星云中含有几十亿年前形成的碳，当时宇宙的年龄不超过15亿年。

对一个必要条件的假言推理，肯定后件就要肯定前件，即可以得出结论：那时存在恒星的核反应。因此，B项正确。

A、C、D项的内容题干都没有提及，超出题干断定范围，均应排除。

11. 答案：B

题干推理为：己所不欲→勿施于人

其等价命题：己所欲←施于人

"己所欲"是"施于人"的必要条件，而B项表明了"己所欲"是"施于人"的充分条件，显然不是题干的正确推论，因此B项为正确答案。

A、C项均表表明了"己所欲"是"施于人"的必要条件，都是题干的正确推论，排除。

D项表明了"施于人"是"己所欲"的充分条件，是题干的正确推论，排除。

12. 答案：A

从题干信息可知条件关系为：商业课程可以帮助的人→具有管理天赋的人

即受益于商业课程的人一定具有管理天赋，因此，A项正确。

13. 答案：B

题干论述："欧洲部分国家的财政危机平稳渡过"是"世界经济今年走出低谷"的充分条件。

Ⅰ项断定"走出低谷"是"平稳渡过"的充分条件，这显然不符合题意。

Ⅱ项断定"走出低谷"是"平稳渡过"的必要条件，这显然符合题意。

14. 答案：B

只有国民素质得到根本性的提高，李一、张悟本的谬论才不会有那么多人盲从。

＝如果国民素质不能得到根本性的提高，李一等人的谬论还会有许多人盲从。

15. 答案：E

题干是个省略的假言三段论，补充省略前提后构成一个有效的推理：

题干前提：教书并不是他们主要的收入来源。

补充E项："教书是主要的收入来源"是"教师"的必要条件。

得出结论：许多自称为教师的人实际上并不是教师。

其余各项作为前提，均不能推出题干结论。

16. 答案：B。

王大妈的回答是个省略的假言三段论，补充隐含前提后构成一个有效的推理：

题干前提：我又不胖。

补充B项：只有胖人才可能得高血压病，经常测血压。

得出结论：我不需要测血压。

其余各项作为前提，均不能推出题干。

17. 答案：A。

题干论证结构如下：

前提一：想从事秘书工作→报考中文专业。

前提二：李芝报考了中文专业。

结论：她一定想从事秘书工作。

可见，题干是个肯定后件式的充分条件假言推理，推理是无效的。

要使论证有效，就必须把前提一改为必要条件，修改后的论证结构如下：

选项A：报考中文专业→想从事秘书工作。

前提二：李芝报考了中文专业。

结论：她一定想从事秘书工作。

其余各选项均不能支持题干，比如，E项与题干前提的意思重复，起不到有力的支持作用。

第二节　多重复合

多重复合命题是相对于基本复合命题而言的，前面所述支命题为简单命题的复合命题，称为基本复合命题；支命题包含两个或两个以上命题联结词的复合命题即支命题为复合命题的复合命题，称为多重复合命题。在日常思维中，人们经常使用复合命题的负命题、假言选言命题、假言联言命题等多重复合命题来表达思想。

一、摩根定律

各种复合命题都有其负命题，并还可以得到这些负命题的等值推理。否定一个命题，也就是肯定了一个与被否定命题相矛盾的命题。所以，总是可以从一个负命题推得一个与它等值的新命题，这就是等值推理。

摩根定律概括的就是各类复合命题的负命题公式，分述如下：

1. 联言命题的负命题

"并非：P 并且 Q"等值于"非 P 或者非 Q"。

由于联言命题只要其支命题有一个为假，该命题就是假的，因此，联言命题的负命题是一个相应的选言命题。如："某某人工作既努力又认真"这个联言命题的负命题不是"某某人工作既不努力又不认真"这个联言命题，而是"某某人工作或者不努力，或者不认真"这样一个联言命题。

用公式表示为：

¬(P∧Q)↔¬P∨¬Q

2. 相容选言命题的负命题

"并非：P 或者 Q"等值于"非 P 并且非 Q"。

因为相容选言命题只要其支命题中有一个为真，则整个选言命题就是真的，故相容选言命题的负命题不能是一个相应的选言命题，而必须是一个相应的联言命题。

例如，"这个学生或者是文艺爱好者，或者是体育爱好者"这一选言命题的负命题就不是"这个学生或者不是文艺爱好者，或者不是体育爱好者"，而只能是"这个学生既不是文艺爱好者，又不是体育爱好者"这样一个联言命题。

又如："并非：小张当选或小李当选"等值于"小张和小李都没当选"。

用公式来表示为：

¬(P∨Q)↔¬P∧¬Q

3. 不相容选言命题的负命题

"并非：要么 P，要么 Q"等值于"P 并且 Q，或者，非 P 并且非 Q"。

由于不相容选言命题只有当选言支仅有一个是真的时，整个选言命题才是真的，因此，当选言支同真或同假时，它就是假的。

例如，"并非：要么刮风，要么下雨"等值于"既刮风又下雨，或者，既不刮风又不下雨"。

用公式来表示为：

¬(P∨Q)↔(P∧Q)∨(¬P∧¬Q)

4. 充分条件假言命题的负命题

"并非：如果 P，那么 Q"等值于"P 并且非 Q"。

由于充分条件假言命题只有当其前件真后件假时，它才是假的，因此，一个充分条件假言命题的负命题，只能是一个相应的联言命题。

例如，"如果起风了，就会下雨"，其负命题则为："起风了，并未下雨"。

又如："并非：如果天下雨，那么会议延期"等值于"天下雨但会议不延期"。

用公式来表示为：

¬(P→Q)↔P∧¬Q

5. 必要条件假言命题的负命题

"并非：只有 P，才 Q"等值于"非 P 并且 Q"。

由于必要条件假言命题只有当其前件假而后件真时，它才是假的，因此，一个必要条件假言命题的负命题，也只能是一个相应的联言命题。

例如："只有下雪天气才冷"其负命题则为"没有下雪天气也冷"。

又如："并非：只有是天才，才能创造发明"等值于"不是天才，也能创造发明"。

用公式表示为：

¬(P←Q)↔¬P∧Q

6. 充分必要条件假言命题的负命题

"并非：当且仅当 P，才 Q"等值于"P 并且非 Q，或者，非 P 并且 Q"。

由于充分必要条件假言命题其前件既是后件的充分条件，又是后件的必要条件，因而，对于一个充分必要条件的假言命题来说，其负命题既可以是相应的充分条件假言命题的负命题，也可以是相应的必要条件假言命题的负命题。

例如，"并非当且仅当得了肺炎才会发高烧"，其等值命题是"或者得了肺炎但不发高烧，或者没有得肺炎但却发高烧"。

用公式来表示为：

¬(P↔Q)↔(P∧¬Q)∨(¬P∧Q)

7. 负命题的负命题

"并非非 P"等值于"P"。

就负命题自身作为一种较特殊的复合命题来说，其自身当然也有其相应的负命题。如果用公式来表示即为：

¬(¬P)↔P

注意：

在质疑对方时，往往容易产生"条件误解"的逻辑错误，即把对方表述的充分条件误解为必要条件，或者把对方表述的必要条件误解为充分条件，从而导致无效质疑。

■并非雅典奥运会既成功又节俭。

如果上述判断是真的，那么以下哪项必真？

A. 雅典奥运会成功但不节俭。
B. 雅典奥运会节俭但不成功。
C. 雅典奥运会既不节俭也不成功。
D. 如果雅典奥运会不节俭，那么一定成功了。
E. 如果雅典奥运会成功了，那么一定不节俭。

[解题分析] 正确答案：E

并非既成功又节俭 = 不成功或不节俭。

那么，如果成功了，一定不节俭。E项正确。

其余选项都不一定为真。

■在潮湿的气候中仙人掌很难成活；在寒冷的气候中柑橘很难生长。在某省的大部分地区，仙人掌和柑橘至少有一种不难成活生长。

如果上述断定为真，则以下哪项一定为假？

A. 该省的一半地区，既潮湿又寒冷。
B. 该省的大部分地区炎热。
C. 该省的大部分地区潮湿。
D. 该省的某些地区既不寒冷也不潮湿。
E. 柑橘在该省的所有地区都无法生长。

[解题分析] 正确答案：A

题干断定：

(1) 潮湿的气候→仙人掌很难成活。
(2) 在寒冷的气候中→柑橘很难生长。
(3) 在某省的大部分地区：仙人掌不难成活∨柑橘不难生长。

从而显然可推出：在某省的大部分地区，不潮湿或者不寒冷。

进一步可推出：在该省的少部分地区，既潮湿又寒冷。

因此，不可能"该省的一半地区，既潮湿又寒冷"，即 A 项一定为假。

■某产品出售后发现有严重质量问题，用户提出："要么调换，要么加倍赔款，二者必尽其一。"卖方说:"我们不能同意。"

如果卖方坚持自己的主张,以下哪项断定是卖方在逻辑上必须同意的?

A. 调换但不加倍赔款。

B. 加倍赔款但不调换。

C. 既调换又加倍赔款。

D. 既不调换又不加倍赔款。

E. 如果既不调换又不加倍赔款办不到的话,就必须接受既调换又加倍赔款。

[解题分析] 正确答案:E

"并非:要么P,要么Q"等值于"P并且Q,或者,非P并且非Q"。

因此,卖方的意思就是:既调换又加倍赔款,或者,既不调换又不加倍赔款。

=如果既不调换又不加倍赔款办不到的话,就必须接受既调换又加倍赔款。

■甲说:"只有红了樱桃,才会绿了芭蕉。"

乙说:"我不同意你的看法。"

那么,乙实际上同意下列哪项?

A. 如果芭蕉绿了,那么樱桃红了。

B. 除非芭蕉不绿,否则樱桃红了。

C. 樱桃没红,但芭蕉绿了。

D. 或者樱桃红了,或者芭蕉没绿。

E. 樱桃红了,但芭蕉没绿。

[解题分析] 正确答案:C

并非"P←Q"等值于"非P∧Q"。

■贾女士:在英国,根据长子继承权的法律,男人的第一个妻子生的第一个儿子有首先继承家庭财产的权利。

陈先生:你说得不对。布朗公爵夫人就合法地继承了她父亲的全部财产。

以下哪项对陈先生所作断定的评价最为恰当?

A. 陈先生的断定是对贾女士的反驳,因为他举出了一个反例。

B. 陈先生的断定是对贾女士的反驳,因为他揭示了长子继承权性别歧视的实质。

C. 陈先生的断定不能构成对贾女士的反驳,因为他对布朗夫人继承父产的合法性并未给予论证。

D. 陈先生的断定不能构成对贾女士的反驳,因为任何法律都不可能得到完全的实施。

E. 陈先生的断定不能构成对贾女士的反驳,因为他把贾女士的话误解为只有儿子才有权继承财产。

[解题分析] 正确答案:E

陈先生反驳的是"只有儿子才有权继承财产",而没有反驳"一个儿子有首先继承家庭财产的权利"。因此,E项为正确答案。

二、等价转换

假言命题与选言命题可以互相进行等价的转换,复合命题的等价命题如下:

1. 相容选言命题的等价命题

$P \vee Q = \neg P \rightarrow Q = \neg Q \rightarrow P$

例如:或者股票大涨,或者我将破产=如果股票没有大涨,那么我将破产。

2. 不相容选言命题的等价命题

$P \dot{\vee} Q = \neg P \leftrightarrow Q = P \leftrightarrow \neg Q$

例如：你要么去北京，要么去南京＝当且仅当你不去北京，你才去南京。

3. 充分条件假言命题的等价命题

P→Q ＝¬P∨Q ＝¬Q→¬P

例如：如果我有足够的钱，我就可以买到一切 ＝或者我没有足够的钱，或者我可以买到一切。

4. 必要条件假言命题的等价命题

P←Q ＝P∨¬Q ＝¬P→¬Q

例如：只有该厂工人，才会经常进出该厂＝或者是该厂工人，或者不经常进出该厂。

■这两个《通知》或者属于规章或者属于规范性文件，任何人均无权依据这两个《通知》将本来属于当事人选择公证的事项规定为强制公证的事项。

根据以上信息，可以得出以下哪项？

A. 规章或者规范性文件既不是法律，也不是行政法规。
B. 规章或规范性文件或者不是法律，或者不是行政法规。
C. 这两个《通知》如果一个属于规章，那么另一个属于规范性文件。
D. 这两个《通知》如果都不属于规范性文件，那么就属于规章。
E. 将本来属于当事人选择公证的事项规定为强制公证的事项属于违法行为。

[解题分析] 正确答案：D

对这两个《通知》来说，题干断定：
或者属于规章或者属于规范性文件
＝如果都不属于规范性文件，那么就属于规章
因此，正确答案为D项。
其余选项都不能必然被推出。

■董事长：如果提拔小李，就不提拔小孙。

以下哪项符合董事长的意思？

A. 如果不提拔小孙，就要提拔小李。
B. 不能小李和小孙都不提拔。
C. 不能小李和小孙都提拔。
D. 除非提拔小李，否则不提拔小孙。
E. 只有提拔小孙，才能提拔小李。

[解题分析] 正确答案：C

不能小李和小孙都提拔
＝不提拔小李或者不提拔小孙＝如果提拔小李，就不提拔小孙

■任何国家，只有稳定，才能发展。

以下各项都符合题干的条件，除了

A. 任何国家，如果得到发展，则一定稳定。
B. 任何国家，不可能稳定但不发展。
C. 任何国家，除非稳定，否则不能发展。
D. 任何国家，或者稳定，或者不发展。
E. 任何国家，不可能发展但不稳定。

[解题分析] 正确答案：B

题干断定，稳定是发展的必要条件。
而B项：不可能稳定但不发展

=不稳定或发展
=若稳定则发展
这断定了稳定是发展的充分条件,不符合题干。
其余选项与题干条件等价。

三、假言连锁

假言连锁推理是由两个或两个以上同种条件关系的假言命题为前提,推出一个新的假言命题为结论的推理。这种推理的合理性是建立在条件关系的传递性基础上的。

1. 充分条件假言连锁推理

充分条件假言连锁推理是以充分条件命题为前提的假言连锁推理。

(1) 肯定式。

如果 P,那么 Q

如果 Q,那么 R

所以,如果 P,那么 R

例如:

如果此处是罪犯作案的现场,那么此处就留有罪犯作案的痕迹

如果此处就留有罪犯作案的痕迹,那么就能找到罪犯作案的证据

所以,如果此处是罪犯作案的现场,那么就能找到罪犯作案的证据

(2) 否定式。

如果 P,那么 Q

如果 Q,那么 R

所以,如果非 R,那么非 P

例如:

如果你犯了法,你就会受到法律制裁

如果你受到法律制裁,别人就会看不起你

所以,如果别人看得起你,你就没有犯法

2. 必要条件假言连锁推理

必要条件假言连锁推理是以必要条件命题为前提的假言连锁推理。

(1) 肯定式。

只有 P,才 Q

只有 Q,才 R

所以,只有 P,才 R

例如:

只有有了第二味觉,哺乳动物才能边吃边呼吸

只有边吃边呼吸,哺乳动物才能进行高效率的新陈代谢

所以,哺乳动物只有有了第二味觉,才能进行高效率的新陈代谢

(2) 否定式。

只有 P,才 Q

只有 Q,才 R

所以,如果非 P,那么非 R

例如:

只有树立坚定信心,才能不畏艰难险阻

只有不畏艰难险阻,才能登上科学高峰

所以,如果不树立坚定细心,就不能登上科学高峰

■青少年如果连续看书时间过长，眼睛近视几乎是不可避免的。菁华中学的学生个个努力学习。尽管大家都懂得要保护眼睛，但大多数的学生每天看书时间超过10小时，这不可避免地导致连续看书时间过长。其余的学生每天看书也有8小时。班主任老师表扬的都是每天看书时间超过10小时的学生。

以上的叙述如果为真，最能得出以下哪项结论？
A. 菁华中学的同学中没有一个同学的视力正常，大家都戴近视镜。
B. 每天看书时间不满10小时的学生学习不太用功。
C. 菁华中学的学生比其他学校的同学学习更刻苦。
D. 菁华中学的同学中近视眼的比例大于其他学校。
E. 得到班主任老师表扬的学生中大部分是近视眼。

[解题分析] 正确答案：E

题干断定：第一，青少年连续看书时间过长几乎都会导致眼睛近视。

第二，菁华中学大多数的学生每天看书时间超过10小时，导致连续看书时间过长。

第三，班主任老师表扬的都是每天看书时间超过10小时的学生。

联立以上条件，班主任老师表扬的都是每天看书时间超过10小时的学生；每天看书时间超过10小时，导致连续看书时间过长；连续看书时间过长几乎都会导致眼睛近视；这样可得出：得到班主任老师表扬的学生中大部分是近视眼。因此，E项正确。

选项A结论很强，从题干中无法得出；选项B与题干中所述"个个努力学习"矛盾；选项C、D超出了题干的信息，不得而知。

■血液中的高浓度脂肪蛋白含量的增多，会增加人体阻止吸收过多的胆固醇的能力，从而降低血液中的胆固醇。有些人通过有规律的体育锻炼和减肥，能明显地增加血液中高浓度脂肪蛋白的含量。

以下哪项，作为结论从上述题干中推出最为恰当？
A. 有些人通过有规律的体育锻炼降低了血液中的胆固醇，则这些人一定是胖子。
B. 不经常经进体育锻炼的人，特别是胖子，随着年龄的增大，血液中出现高胆固醇的风险越来越大。
C. 体育锻炼和减肥是降低血液中高胆固醇的最有效的方法。
D. 有些人可以通过有规律的体育锻炼和减肥来降低血液中的胆固醇。
E. 标准体重的人只需要通过有规律的体育锻炼就能降低血液中的胆固醇。

[解题分析] 正确答案：D

题干断定：第一，有些人通过体育锻炼和减肥，能增加血液中的高浓度脂肪蛋白；

第二，血液中的高浓度脂肪蛋白含量的增多，会降低血液中的胆固醇。

由此可以推出，有些人可以通过体育锻炼和减肥来降低血液中的胆固醇。因此，D项作为题干的推论是恰当的。

C项和D项类似，但其所做的断定过强，作为从题干推出的结论不恰当。其余各项均不恰当。

四、二难推理

二难推理是由两个假言前提和一个具有两个选言前提联合作为前提而构成的推理。它也称为假言选言推理。

在辩论中人们经常运用这种推理形式。辩论的一方常常提出具有两种可能的大前提，对方无论肯定或否定其中的哪一种可能，结果都会陷入进退两难的境地。二难推理之所以叫做"二难"推理，也就是由于这个缘故。

1. 二难推理的四种形式

任何形式的二难推理，必须具备前提真实和形式有效，才是正确的，不具备这两个条件的二难推理必是错误的。下述四式都是二难推理的有效的推理形式。

（1）简单构成式。

如果 P，那么 R

如果 Q，那么 R

P 或 Q

所以，R

例如，古希腊雅典有一位青年，他能言善辩，四处奔波，到处发表演说。一天，他父亲忧心忡忡地对他说："孩子，你可得当心！你那么热衷于演说，不会有好结果。说真话吧，富人或显贵会恨死你；说假话吧，贫民们不会拥护你。可是既要演说，你就只能是或者讲真话，或者讲假话，因此，不是遭到富人、显贵的憎恨，就是遭到贫民的反对，总之是有百弊而无一利啊！"

在这里，父亲劝儿子就使用了一个二难推理，形式是：

如果你说真话，那么富人恨你；

如果你说假话，那么穷人恨你。

或者你说真话，或者你说假话；

总之，有人恨你。

（2）简单破坏式。

如果 P，那么 Q

如果 P，那么 R

非 Q 或非 R

所以，非 P

这种形式是在前提中否定两个假言命题的不同后件，结论否定两个假言命题的相同前件。

例如，秦宣太后很喜爱魏丑夫，她患重病将去世时下了这样一道命令：我死后安葬时，一定让魏丑夫为我殉葬。魏丑夫对此深感害怕。大臣庸芮就此事劝太后说：您认为死者有知吗？太后回答说：无知也。庸芮说：假若太后您的神灵明明知道死后无知，为何要让生前所喜爱的人白白地为无知的死人殉葬呢？如果死后有知，先王去世后您很少瞻仰他的寝陵，对您的积怨一定很久了，您为什么却私自让魏丑夫殉葬呢？太后赞同地说：好。于是废除了让魏丑夫殉葬的旨意。

点评：庸芮为了营救魏丑夫，就运用了简单破斥式的二难推理，其推理形式为：

如果太后死后无知而让魏丑夫殉葬，那么会白白葬送生前喜爱的人；

如果太后死后有知而让魏丑夫殉葬，那么会触怒先王。

太后或者不想白白葬送生前喜爱的人，或者不想触怒先王；

总之，太后都不应该让魏丑夫殉葬。

（3）复杂构成式。

如果 P，那么 R

如果 Q，那么 S

P 或 Q

所以，R 或 S

这种形式是在前提中肯定两个不同假言命题的两个不同的前件，结论则肯定两个不同的后件，其结论是选言命题。

例如，据说古希腊哲学家苏格拉底曾劝男人们都要结婚，他的规劝是这样进行的：

如果你娶到一个好老婆，你会获得人生的幸福；

如果你娶到一个坏老婆，你会成为一位哲学家。

你或者娶到好老婆,或者娶到坏老婆;
所以,你或者会获得人生的幸福,或者会成为一位哲学家。

(4) 复杂破坏式。

如果 P,那么 R

如果 Q,那么 S

非 R 或非 S

所以,非 P 或非 Q

这种形式是在前提中否定两个不同假言命题的两个不同的后件,结论则否定两个不同的前件,其结论是选言命题。例如:

如果上帝是全能的,他就能够消除罪恶;

如果上帝是全善的,他就愿意消除罪恶。

上帝或者没能消除罪恶,或者不愿消除罪恶;

所以,上帝或者不是全能的,或者不是全善的。

在这个推理中,两个假言前提有不同的前件和不同的后件,因此否定这个或那个后件,结论便否定这个或那个前件。

2. 二难推理破斥

由于二难推理是一种很有用的推理,是论辩中的一种有力工具,因此人们在实际思维中经常地使用它。但是并非人人都能正确地使用这种推理形式,而且诡辩论者也经常利用二难推理进行诡辩,所以对于不正确的二难推理必须加以驳斥。破斥二难推理的方法主要有以下几种。

(1) 指出其前提的虚假。

即指出错误二难推理的前提不真实,指出对方预设的前提标准不真实。这需要具体知识来完成。

例如,旧西藏的乌拉差役制度中,有的寺庙规定农奴每年都要请喇嘛念冰雹经,祈求免除冰雹灾害。寺庙长老给农奴立下规矩:

如果天不下冰雹,是念经有功,那么要交费酬谢;

如果天下冰雹,是民心不纯,那么要交罚款。

天或不下冰雹,或下冰雹;

所以,农奴或要交酬谢费,或要交罚款。

点评:在上面这个二难推理的复杂构成式中,其前提是虚假的,是喇嘛为剥削农奴而人为捏造出来的。因为天是否下冰雹,跟喇嘛念经无关。

(2) 指出推理形式无效。

即指出其推论违反假言推理或选言推理的逻辑规则。下面是一单位领导就几位下属是否参加一次经贸洽谈会所作的推理:

如果老王不出席,那么老李出席;

如果老张不出席,那么老白出席。

老王出席或老张出席;

所以,老李不出席或老白不出席。

上述推理是二难推理复杂构成式的否定前件式,是无效的。因为二难推理的构成式只有肯定前件式,没有否定前件式。

(3) 指出选言支不穷尽。

即在两个选言支以外,还有第三种选言情况存在,这样便瓦解了小前提的限制。例如,"如果天冷那么人难受,如果天热那么人难受,天气或者冷或者热,总之,人总是难受。"而事实上,天有既不冷也不热的时候。

例如,有教师对学生开展课外活动作出了这样一个二难推理:

如果课外活动搞得过多，那么会影响学生基础课的学习；

如果课外活动搞得过少，那么会影响学生知识面的拓宽。

或者课外活动搞得过多，或者课外活动搞得过少；

所以，或者会影响学生基础课的学习，或者会影响学生知识面的拓宽。

点评：这个选言前提的选言支没有穷尽所有的可能情况，它遗漏了课外活动搞得适中这种可能，而这种可能又是搞课外活动应遵循的一种可能。

（4）构造一个反二难推理。

构造一个反二难推理，是一种常用的反驳方法。所谓构造一个反二难推理，即构造一个与原二难推理的前提相反的二难推理，以便从中推出相反的结论，从而达到破斥的目的。

如本节开始那一例，儿子是这样反驳父亲的："父亲，您老不用担心。如果我说真话，那么贫民们就会赞颂我；如果我说假话，富人显贵们就会赞颂我。虽然我不是说真话，就是说假话，但不是贫民赞颂我，就是富豪显贵们赞颂我，何乐而不为呢？"

从"或者说真话或者说假话"这一前提中，儿子引申出与他父亲截然相反的结论，这就将父亲的非难有力地顶了回去。

构造一个反二难推理去反驳时，要注意两点：一是构造的这种二难推理务必保留原二难推理的假言前提的前件，而推出与原来相反的后件。如若不然，就达不到破斥的目的。二是构造相反的二难推理，虽然能驳斥原二难推理，但其本身不　定就是正确的推理。如前例儿子对父亲，虽然破斥了原二难推理，但他们所构造的二难推理的假言前提与原二难推理的假言前提一样都是假的，即上述二难推理的结论都是不能成立的。但由于揭示了原二难推理中的虚假前提，因此，仍不失为一种有效的反驳方法。

3. 二难推理解题指导

二难推理不是基本的逻辑推理形式，它往往是为了说明结果的两难处境或者是为了强调某一结论所进行的推理。其在逻辑推理的解题中经常用到的是简约式：

P→R

¬P→R

所以，R

即：由 P→R 和 ¬P→R，推出 R。

也可由 P→R 和 ¬P→S，推出 R∨S。

■某国大选在即，国际政治专家陈研究员预测：选举结果或者是甲党控制政府，或者是乙党控制政府。如果甲党赢得对政府的控制权，该国将出现经济问题；如果乙党赢得对政府的控制权，该国将陷入军事危机。

根据陈研究员上述预测，可以得出以下哪项？

A. 该国可能不会出现经济问题也不会陷入军事危机。

B. 如果该国出现经济问题，那么甲党赢得了对政府的控制权。

C. 该国将出现经济问题，或者将陷入军事危机。

D. 如果该国陷入了军事危机，那么乙党赢得了对政府的控制权。

E. 如果该国出现了经济问题并且陷入了军事危机，那么甲党与乙党均赢得了对政府的控制权。

[解题分析] 正确答案：C

题干断定：

（1）甲→经济困难

（2）乙→军事危机

（3）甲∨乙

由以上三式联合可得：经济困难∨军事危机。

■小李考上了清华，或者小孙未考上北大。如果小张考上了北大，则小孙也考上了北大；如果小张未考上北大，则小李考上了清华。

如果上述断定为真，则以下哪项一定为真？

A. 小李考上了清华。
B. 小李未考上清华。
C. 小张考上了北大。
D. 小张未考上北大。
E. 以上断定都不一定为真。

[解题分析] 正确答案：A

题干断定：

(1) 李∨¬孙

(2) 张→孙

(3) ¬张→李

由(1)得：孙→李   (4)

由(2)得：¬孙→¬张   (5)

由(5)(3)得：¬孙→李   (6)

由(4)(6)二难推理得：李必然考上了。

因此，A项为正确答案。

■威尼斯面临的问题具有典型意义。一方面，为了解决市民的就业，增加城市的经济实力，必须保留和发展它的传统工业，这是旅游业所不能替代的经济发展的基础；另一方面，为了保护其独特的生态环境，必须杜绝工业污染，但是，发展工业将不可避免地导致工业污染。

以下哪项能作为结论从上述断定中推出？

A. 威尼斯将不可避免地面临经济发展的停滞或生态环境的破坏。
B. 威尼斯市政府的正确决策应是停止发展工业以保护生态环境。
C. 威尼斯市民的生活质量只依赖于经济和生态环境。
D. 旅游业是威尼斯经济收入的主要来源。
E. 如果有一天威尼斯的生态环境受到了破坏，这一定是它为发展经济所付出的代价。

[解题分析] 正确答案：A

题干断定了以下几个条件关系：

(1) 促进经济→发展工业

(2) 保护生态→杜绝污染

(3) 发展工业→导致污染

因此：由(3)(2)，发展工业→破坏生态。

由(1)，不发展工业→经济停滞。

或者发展传统工业，或者不发展传统工业，对于威尼斯来说，二者必居其一；因此，可推出结论：威尼斯将不可避免地面临经济发展的停滞或生态环境的破坏，这正是A项所断定的。

其余各项均不能从题干推出。

【专项训练】

01. 在高二(1)班的一次联欢活动中，班主任老师说："小明和小亮都没有参加活动"，班长小杰不同意班主任老师的说法。

以下哪项最为准确地表达了小杰的意思？

A. 小明和小亮两人至少来了一个。
B. 小明和小亮两人都来了。
C. 小明和小亮两人都没来。
D. 小明和小亮两人至多来了一个。
E. 是小明和小亮以外的人没有参加联欢活动。

02. 人或许可以分为两类：有那么一点雄心的和没有那一点雄心的。对普通人而言，那一点雄心，是把自己拉出庸常生活的坚定动力；没有那一点雄心的，只能无力甚至无知无觉地，慢慢地被庸常的生活所淹没。在变革时代，那一点雄心或许能导致波澜壮阔的结果。

以下哪项陈述构成对上文观点的反驳？

A. 编草鞋的刘备，从来没有忘记自己是皇叔。就凭这一点，他从两手空空到三分天下有其一。
B. 张雄虽壮志凌云，却才智庸常，一生努力奋斗，但一事无成，还弄得遍体鳞伤。
C. 柳琴既无什么雄心，也无特别才华，仅凭天生丽质，一生有贵人相助，做成了很多事情。
D. 菊花姐姐既不才高八斗，也不貌美如花，但自视甚高，不断折腾，一生也过得风生水起。
E. 老王才智平平，也没什么雄心壮志，安安稳稳过了一辈子，日子倒也舒坦。

03. 对本届奥运会所有奖牌获得者进行了尿样化验，没有发现兴奋剂使用者。

如果以上陈述为假，则以下哪项一定为真？

Ⅰ. 或者有的奖牌获得者没有化检尿样，或者在奖牌获得者中发现了兴奋剂使用者。
Ⅱ. 虽然有的奖牌获得者没有化检尿样，但还是发现了兴奋剂使用者。
Ⅲ. 如果对所有的奖牌获得者进行了尿样化验，则一定发现了兴奋剂使用者。

A. 只有Ⅰ。
B. 只有Ⅱ。
C. 只有Ⅲ。
D. 只有Ⅰ和Ⅲ。
E. 只有Ⅱ和Ⅲ。

04. 对所有产品都进行了检查，并没有发现假冒伪劣产品。

如果上述断定为假，则以下哪项为真？

Ⅰ. 有的产品尚未经检查，但发现了假冒伪劣产品。
Ⅱ. 或者有的产品尚未经过检查，或者发现了假冒伪劣产品。
Ⅲ. 如果对所有产品都进行了检查，则可发现假冒伪劣产品。

A. 只有Ⅰ。
B. 只有Ⅱ。
C. 只有Ⅲ。
D. 只有Ⅰ和Ⅱ。
E. 只有Ⅱ和Ⅲ。

05. 总经理：根据本公司目前的实力，我主张环岛绿地和宏达小区这两项工程至少上马一个，但清河桥改造工程不能上马。

董事长：我不同意。

以下哪项，最为准确地表达了董事长实际同意的意思？

A. 环岛绿地、宏达小区和清河桥改造这三个工程都上马。
B. 环岛绿地、宏达小区和清河桥改造这三个工程都不上马。
C. 环岛绿地和宏达小区两个工程中至多上马一个，但清河桥改造工程要上马。
D. 环岛绿地和宏达小区两个工程至多上马一个，如果这点做不到，那也要保证清河桥改造工程上马。

E. 环岛绿地和宏达小区两个工程都不上马,如果这点做不到,那也要保证清河桥改造工程上马。

06.

Even	odd	天	8	9
第1张	第2张	第3张	第4张	第5张

以上五张卡片,一面是英文单词,另一面是阿拉伯数字或汉字。

主持人断定,如果一面是英文 odd,则另一面是阿拉伯数字。

如果试图推翻主持人的断定,但只允许翻动以上两张卡片,以下选择中正确的是:

A. 翻动第1张和第3张。
B. 翻动第2张和第3张。
C. 翻动第1张和第4张。
D. 翻动第2张和第4张。
E. 翻动第1张和第5张。

07. 如果这匹马儿不吃饱草,那么这匹马儿不能跑。

以上断定如果为真,则除了以下哪项外,其余选项都必然为真?

A. 只要这匹马儿不吃饱草,这匹马儿就不能跑。
B. 只有这匹马儿吃饱草,这匹马儿才能跑。
C. 或者这匹马儿吃饱草,或者这匹马儿不能跑。
D. 既要这匹马儿跑,又要这匹马儿不吃饱草,这是办不到的。
E. 除非这匹马儿跑,否则,这匹马儿没有吃饱草。

08. 在家电产品"三下乡"活动中,某销售公司的产品受到了农村居民的广泛欢迎。该公司总经理在介绍经验时表示:只有用最流行畅销的明星产品面对农村居民,才能获得他们的青睐。

以下哪项如果为真,最能质疑总经理的论述?

A. 某品牌电视由于其较强的防潮能力,尽管不是明星产品,仍然获得了农村居民的青睐。
B. 流行畅销的明星产品由于价格偏高,没有赢得农村居民的青睐。
C. 流行畅销的明星产品只有质量过硬,才能获得农村居民的青睐。
D. 有少数娱乐明星为某些流行畅销的产品作虚假广告。
E. 流行畅销的明星产品最适合城市中的白领使用。

09. 一些人类学家认为,如果不具备应付各种自然环境的能力,人类在史前年代不可能幸存下来,然而相当多的证据表明,阿法种南猿,一种与早期人类有关的史前物种,在各种自然环境中顽强生存的能力并不亚于史前人类,但最终灭绝了。因此,人类学家的上述观点是错误的。

上述推理的漏洞也类似地出现在以下哪项中?

A. 大张认识到赌博是有害的,但就是改不掉。因此,"不认识错误就不能改正错误"这一断定是不成立的。
B. 已经找到了证明造成艾克矿难是操作失误的证据。因此,关于艾克矿难起因于设备老化、年久失修的猜测是不成立的。
C. 大李图便宜,买了双旅游鞋,穿不了几天就坏了。因此,怀疑"便宜无好货"是没有道理的。
D. 既然不怀疑小赵可能考上大学,那就没有理由担心小赵可能考不上大学。
E. 既然怀疑小赵一定能考上大学,那就没有理由怀疑小赵一定考不上大学。

10. 陈先生在鼓励他孩子时说道:"不要害怕暂时的困难和挫折,不经历风雨怎么见彩虹?"他孩子不服气地说:"您说得不对。我经历了那么多风雨,怎么就没见到彩虹呢?"

陈先生孩子的回答最适宜用来反驳以下哪项?

A. 如果想见到彩虹，就必须经历风雨。
B. 只要经历了风雨，就可以见到彩虹。
C. 只有经历风雨，才能见到彩虹。
D. 即使经历了风雨，也可能见不到彩虹。
E. 即使见到了彩虹，也不是因为经历了风雨。

11. 已知某班共有 25 位同学，女生中身高最高者与最矮者相差 10 厘米，男生中身高最高者与最矮者相差 15 厘米。小明认为，根据已知信息，只要再知道男生女生最高者的具体身高，或者再知道男生、女生的平均身高均可确定全班同学中身高最高者与最低者之间的差距。

以下哪项如果为真，最能构成对小明观点的反驳？

A. 根据已知信息，如果不能确定全班同学中身高最高者与最低者之间的差距，则也不能确定男生、女生身高最高者的具体身高。
B. 根据已知信息，即使确定了全班同学中身高最高者与最低者之间的差距，也不能确定男生、女生的平均身高。
C. 根据已知信息，如果不能确定全班同学中身高最高者与最低者之间的差距，则既不能确定男生、女生身高最高者的具体身高，也不能确定男生、女生的平均身高。
D. 根据已知信息，尽管再知道男生女生的平均身高，也不能确定全班同学中身高最高者与最低者之间的差距。
E. 根据已知信息，仅仅再知道男生、女生最高者的具体身高，就能确定全班同学中身高最高者与最低者之间的差距。

12. 只有具备足够的资金投入和技术人才，一个企业的产品才能拥有高科技含量。而这种高科技含量，对于一个产品长期稳定地占领市场是必不可少的。

以下哪种情况如果存在，最能削弱以上断定？

A. 苹果牌电脑拥有高科技含量，并长期稳定地占领着市场。
B. 西子洗衣机没能长期稳定地占领市场，但该产品并不缺乏高科技含量。
C. 长江电视机没能长期稳定地占领市场，因为该产品缺乏高科技含量。
D. 清河空调长期稳定地占领着市场，但该产品的厂家缺乏足够的资金投入。
E. 开开电冰箱没能长期稳定地占领市场，但该产品的厂家有足够的资金投入和技术人才。

13. 正是因为有了第二味觉，哺乳动物才能够边吃边呼吸。很明显，边吃边呼吸对保持哺乳动物高效率的新陈代谢是必要的。

以下哪种哺乳动物的发现，最能削弱以上的断言？

A. 有高效率的新陈代谢和边吃边呼吸的能力的哺乳动物。
B. 有低效率的新陈代谢和边吃边呼吸的能力的哺乳动物。
C. 有低效率的新陈代谢但没有边吃边呼吸的能力的哺乳动物。
D. 有高效率的新陈代谢但没有第二味觉的哺乳动物。
E. 有低效率的新陈代谢和第二味觉的哺乳动物。

14. 随着心脏病成为人类的第一杀手。人体血液中的胆固醇含量越来越引起人们的重视。一个人血液中的胆固醇含量越高，患致命的心脏病的风险也就越大。至少有三个因素会影响人的血液中胆固醇的含量，它们是抽烟、饮酒和运动。

如果上述断定为真，则以下哪项一定为真？

Ⅰ. 某些生活方式的改变，会影响一个人患心脏病的风险。
Ⅱ. 如果一个人的血液中的胆固醇含量不高，那么他患致命的心脏病的风险也不高。
Ⅲ. 血液中的胆固醇高含量是造成当今人类死亡的主要原因。

A. 只有Ⅰ。
B. 只有Ⅱ。

C. 只有Ⅲ。
D. 只有Ⅰ和Ⅲ。
E. Ⅰ、Ⅱ和Ⅲ。

15. 有人说，工作的时候，我们要将重要事务放在主要位置。重要事务是必要条件，关系着一件事情成功与否。重要的事务没做好，一定不成功。但是，细节也是很重要的，细节是成功的充分条件，同样也与一件事情成功与否相关。一个成功的人是能够协调好重要事务与细节的关系的。

由此可以推出：

A. 成功并不代表着所有细节都处理好了。
B. 如果不成功则说明重要事务没有做好。
C. 成功的前提条件是既要做好重要事务，又要处理好细节。
D. 虽然处理好了细节，但没做好重要事务，也不一定成功。
E. 重要事务做好了，说明所有细节都处理好了。

16. 2013年7月16日，美国"棱镜门"事件揭秘者斯诺登正式向俄罗斯提出避难申请。美国一直在追捕斯诺登。如果俄罗斯接受斯诺登的申请，必将导致俄美两国关系恶化。但俄罗斯国内乃至世界各国有很高呼声认为斯诺登是全球民众权利的捍卫者，如果拒绝他的申请，俄罗斯在道义上和国家尊严方面都会受损。

如果以上陈述为真，以下哪项陈述一定为真？

A. 俄罗斯不希望斯诺登事件损害俄美两国关系。
B. 俄罗斯不会将斯诺登交给美国，而可能将他送往第三国。
C. 如果接受斯诺登的避难申请，俄罗斯在道义上或国家尊严方面就不会受损。
D. 如果俄罗斯不想使俄美两国关系恶化，它在道义上和国家尊严方面就会受损。
E. 俄美两国关系将恶化，而且俄罗斯在道义上和国家尊严方面都会受损。

17. 第12届国际逻辑学、方法论和科学哲学大会在西班牙举行，哈克教授、马斯教授和雷格教授中至少有一人参加了这次大会。已知：
（1）报名参加大会的人必须提交一篇英文学术论文，经专家审查通过后才会发出邀请函。
（2）如果哈克教授参加这次大会，那么马斯教授一定参加。
（3）雷格教授向大会提交了一篇德文的学术论文。

根据以上情况，以下哪项一定为真？

A. 哈克教授参加了这次大会。
B. 马斯教授参加了这次大会。
C. 雷格教授参加了这次大会。
D. 哈克教授和马斯教授都参加了这次大会。
E. 马斯教授和雷格教授都参加了这次大会。

【答案解析】

01. 答案：A

小杰的意思是：并非"小明和小亮都没有参加活动"。可表示为：
¬(¬小明∧¬小亮)＝小明∨小亮
即：小明和小亮两人至少来了一个。A项正确。

02. 答案：C

题干断定：没有那一点雄心的，只能被庸常的生活所淹没。
即：没雄心→庸常
其负命题是"没雄心且不庸常"，这正是C项所表达的，有力反驳了文中观点，因此为正确答案。

B项易误选，其意思是"有雄心但庸常"，这不是题干断定的负命题，对文中观点的反驳力度不足。

03. 答案：D

由于 $\neg(P \wedge Q) = \neg P \vee \neg Q = P \to \neg Q$

按照本题问题要求，作如下推理：

并非"所有奖牌获得者进行了尿样化验，没有发现兴奋剂使用者"

＝或者有的奖牌获得者没有化检尿样，或者在奖牌获得者中发现了兴奋剂使用者

＝如果对所有的奖牌获得者进行了尿样化验，则一定发现了兴奋剂使用者

因此，Ⅰ和Ⅲ项正确。答案为D。

04. 答案：E

设P：对所有产品都进行了检查；Q：没有发现假冒伪劣产品。

上述断定为假，即：$\neg(P \wedge Q) = \neg P \vee \neg Q = P \to \neg Q$。

因此，"对所有产品都进行了检查，并没有发现假冒伪劣产品"为假

＝"或者有的产品尚未经过检查，或者发现了假冒伪劣产品"，这就是选项Ⅱ；

＝"如果对所有产品都进行了检查，则可发现假冒伪劣产品"，这就是选项Ⅲ。

选项Ⅰ为：$\neg P \wedge Q$；不必然真。

选项Ⅱ为：$\neg P \vee \neg Q$；必然真。

选项Ⅲ为：$P \to \neg Q$；这等价于"$\neg P \vee \neg Q$"；必然真。

因此，E为正确答案。

05. 答案：E

令P表示"环岛绿地工程上马"；Q表示"宏达小区工程上马"；R表示"清河桥改造工程上马"。

总经理的意见是：$(P \vee Q) \wedge (\neg R)$。

董事长的意见是：$\neg((P \vee Q) \wedge (\neg R))$

$= \neg(P \vee Q) \vee (\neg(\neg R))$

$= (\neg P \wedge \neg Q) \vee R$

$= \neg(\neg P \wedge \neg Q) \to R$

这就是E项所断定的。

06. 答案：B

主持人的断定：如果一面是英文odd→另一面是阿拉伯数字。

其负命题为：一面是英文odd而另一面不是阿拉伯数字。

第1张卡片，英文不是odd，无法满足负命题条件，因此，不能推翻主持人的断定。

第2张，英文是odd，若翻过来是汉字而不是阿拉伯数字，就满足了负命题条件，因此，可以推翻主持人的断定。

第3张，一面是汉字，不是阿拉伯数字，如果翻过来是英文odd，就满足了负命题条件，因此，可以推翻主持人的断定。

第4张和第5张，一面已经是阿拉伯数字，无法满足负命题条件，因此，不能推翻主持人的断定。

07. 答案：E

题干关系式为：$\neg 吃 \to \neg 跑$

等价于：吃 ← 跑

A项：$\neg 吃 \to \neg 跑$，符合题意。

B项：吃 ← 跑，符合题意。

C 项：吃∨¬跑 =¬吃→¬跑，符合题意。
D 项：¬(跑∧¬吃)=吃∨¬跑=¬吃→¬跑，符合题意。

08. 答案：A
总经理断定："明星产品"是"获得青睐"的必要条件。
其负命题是，不是明星产品却获得青睐，A 项即表明了这一意思，最严重地质疑总经理的论述。

09. 答案：A
人类学家认为：史前人类具备应付各种自然环境的能力←幸存下来
作者质疑：阿法种南猿具备应付各种自然环境的能力∧¬幸存下来
可见，作者的质疑对人类学家并没有反驳作用，实际上是作者质疑是下列命题的负命题：
史前人类具备应付各种自然环境的能力→幸存下来
也就是作者把人类学家的陈述"具备应付各种自然环境的能力"是"幸存下来"必要条件误解为充分条件。
同样，A 项"不认识错误就不能改正错误"表明，"认识错误"是"改正错误"的必要条件，而其反驳的例子"大张认识到赌博是有害的，但就是改不掉"，实际上反驳了"认识错误"是"改正错误"的充分条件。

10. 答案：B
陈先生孩子的回答：经历风雨∧没见到彩虹。
这和如下命题互为负命题：经历风雨→见到彩虹。
即陈先生孩子的回答最适宜用来反驳：只要经历了风雨，就可以见到彩虹。

11. 答案：D
根据题意，用 P 表示最高身高，用 Q 表示平均身高；用 R 表示身高差距。
小明观点的条件关系可表示为：P∨Q→R
其负命题是：（P∨Q）∧¬R
即只需说明"满足 P 和 Q 中的一个条件，但并没有 R"就构成对小明观点的反驳。而 D 项的意思为 P∧¬R，就满足了对小明观点的否定，因此，为正确答案。

12. 答案：D
题干断定：足够的资金投入和技术人才是产品高科技含量的必要条件，而高科技含量是长期稳定占领市场的必要条件。
可表示为：资金投入∧技术人才←产品高科技含量←长期稳定占领市场
逆否命题：¬资金投入∨¬技术人才→¬产品高科技含量→¬长期稳定占领市场
因此，没有足够的资金投入则一定也不能占领市场。D 项，没有足够的资金投入也能占领市场，是个反例，严重地削弱了题干，为正确答案。
其余选项不能削弱题干。

13. 答案：D
在题干中"第二味觉"是"边吃边呼吸"的必要条件，而"边吃边呼吸"又是"高效率的新陈代谢"的必要条件，因此，"第二味觉"是"高效率的新陈代谢"的必要条件。即题干推理是：
第二味觉（P）←边吃边呼吸←高效率的新陈代谢（Q）
"P←Q"，那么"非 P 且 Q"是它的负命题，这正是选项 D 所断定的，该项所举的哺乳动物不具备"第二味觉"这一必要条件，又有"高效率的新陈代谢"的特征，是题干中断言的反例，严重地削弱了题干中的断言。
A 符合题干的断言；B 与题干不矛盾，因题干说的"边吃边呼吸"是"高效率的新陈代谢"的必要条件，不一定是充分条件，因此，有 B 中所说的动物存在并不违反题干中的断言；C 所举的例证与题干中第二句的断言相符合；E 不削弱题干的断言，因为按题干"第二味觉"是"高效率的新陈代谢"的必要条件，不一定是充分条件。

14. 答案：A

题干断定：第一，某些生活方式（抽烟、饮酒和运动）会影响胆固醇含量；

第二，胆固醇含量越高，患心脏病的风险也就越大。

从而可以看出，某些生活方式的改变会影响一个人患心脏病的风险，因此，Ⅰ项成立。

Ⅱ项不一定为真，题干只是说胆固醇含量越高，患心脏病的风险也就越大；但其否命题并不成立，即并不可必然得出：如果一个人的血液中的胆固醇含量不高，那么他患致命的心脏病的风险也不高。

Ⅲ项超出了题干断定的范围，不一定为真。

15. 答案：A

题干条件关系可表示为：细节→成功→重要事务

题干所述"细节是成功的充分条件"意思是"处理好细节就能成功"。对于充分条件假言命题而言，根据"肯定后件不能肯定前件"可知，A 项正确。

16. 答案：D

俄罗斯面临两个选择：

接受斯诺登申请→俄美两国关系恶化

拒绝斯诺登申请→道义和国家尊严受损

俄罗斯或者接受或者拒绝，总之，或者俄美两国关系恶化，或者道义和国家尊严受损。

选言命题否定其中一项，就要肯定另外一项。这意味着，如果俄罗斯不想使俄美两国关系恶化，它在道义上和国家尊严方面就会受损。因此选择 D。

17. 答案：B

题干条件关系如下：

（1）参加大会的人→提交一篇英文学术论文。

（2）哈克参加→马斯参加。

（3）雷格提交了一篇德文的学术论文。

由条件（1）、（3）知，雷格教授不能参加。

再加上题干所述，至少有一人参加了大会，说明哈克教授或马斯教授至少有一人参加。即：

（4）哈克不参加→马斯参加。

由（2）、（4）二难推理可得：不管哈克教授是否参加，马斯教授必然参加。B 项正确。

第三节　复合推演

复合推演是指复合命题的混合推理，涉及对假言、联言和选言及负命题推理的综合运用。这类题目包含着逻辑条件关系，首先必须根据题干论述写出条件关系式，再通过逻辑运算和条件理解来确定答案。

一、推出结论

命题逻辑的推出结论题的解题步骤如下：

1. 通过自然语言的符号化写出条件关系式

（1）元素符号化，抽象思维。

（2）汉语阅读理解，收敛思维，写出条件关系式。

注意日常语言联结词，可标志条件关系。没有联结词的，从意义上理解条件关系。

2. 通过条件理解和逻辑运算推出答案

（1）有了条件关系式，就可以写出其等价的逆否命题。

P→Q1∨Q2 的逆否命题为¬Q1∧¬Q2→¬P

P→Q1∧Q2 的逆否命题为¬Q1∨¬Q2→¬P

Q1∨Q2→P 的逆否命题为¬P→¬Q1∧¬Q2

Q1∧Q2→P 的逆否命题为¬P→¬Q1∨¬Q2

（2）题目若只有一个条件关系，往往只要结合原命题与逆否命题的理解即可找出答案。

（3）题目若有多个条件关系，则需要进行一定的逻辑命题演算，往往要串联多个条件关系式，从而推导出答案。

注意：要寻找解题突破口，找推理起点（或在题干，或在问题，或在选项），由起点列出推理链。要善于结合题干条件和选项来推理，从而尽快找到答案。比如：P→Q，R→¬Q，可得出 P→¬R。

（4）熟练运用基本等价式并善于命题转换。

比如，记住前述的命题转换关系：

P∨Q＝¬P→Q

¬P∨¬Q＝P→¬Q

P→Q＝¬P∨Q

■李明、王兵、马云三位股民对股票 A 和股票 B 分别作了如下预测：

李明：只有股票 A 不上涨，股票 B 才不上涨。

王兵：股票 A 和股票 B 至少有一个不上涨。

马云：股票 A 上涨当且仅当股票 B 上涨。

若三人的预测都为真，则以下哪项符合他们的预测？

A. 股票 A 上涨，股票 B 不上涨。

B. 股票 A 不上涨，股票 B 上涨。

C. 股票 A 和股票 B 均上涨。

D. 股票 A 和股票 B 均不上涨。

E. 只有股票 A 上涨，股票 B 才不上涨。

[解题分析] 正确答案：D

李明：¬A←¬B

王兵：¬A∨¬B

马云：A↔B

假设 A 上涨，根据李明的预测可推出 B 上涨，而根据王兵的预测则推出 B 不上涨，存在矛盾，因此，必然是 A 不上涨。再进一步根据马云的预测，可推出 B 不上涨。所以，D 项为正确答案。

■企业要建设科技创新中心，就要推进与高校、科技院所的合作，这样才能激发自主创新的活力。一个企业只有搭建服务科技创新发展的战略平台、科技创新与经济发展对接的平台以及聚集创新人才的平台，才能催生重大科技成果。

根据上述信息，可以得出以下哪项？

A. 如果企业搭建科技创新与经济发展对接的平台，就能激发其自主创新的活力。

B. 如果企业搭建了服务科技创新发展战略的平台，就能催生重大科技成果。

C. 能否推进与高校、科研院所的合作决定企业是否具有自主创新的活力。

D. 如果企业没有搭建聚集创新人才的平台，就无法催生重大科技成果。

E. 如果企业推荐与高校、科研院所的合作，就能激发其自主创新的活力。

[解题分析] 正确答案：D

根据题干论述，列出以下条件关系式：

第四章 命题逻辑

(1) 推进与高校、科技院所的合作←激发自主创新的活力。

(2) 服务科技创新发展的战略平台∧科技创新与经济发展对接的平台∧聚集创新人才的平台←催生重大科技成果

上述条件（2）的逆否命题为：¬服务科技创新发展的战略平台∨¬科技创新与经济发展对接的平台∨¬聚集创新人才的平台→¬催生重大科技成果。从中可以得出：如果企业没有搭建聚集创新人才的平台，就无法催生重大科技成果。因此，D项为正确答案。

其余选项均不妥。其中，A项，从题干条件推不出。B项，不符合条件（2）。C项，不符合条件（1）。E项，不符合条件（1）。

■一个人如果没有崇高的信仰，就不可能守住道德的底线；而一个人只有不断加强理论学习，才能始终保持崇高的信仰。

根据以上信息，可以得出以下哪项？

A. 一个人只有不断加强理论学习，才能守住道德的底线。
B. 一个人如果不能守住道德的底线，就不可能保持崇高的信仰。
C. 一个人只要有崇高的信仰，就能守住道德的底线。
D. 一个人只要不断加强理论学习，就能守住道德底线。
E. 一个人没能守住道德的底线，是因为他首先丧失了崇高的信仰。

[解题分析] 正确答案：A

题干断定：

(1) ¬信仰→¬道德底线
(2) 理论学习←信仰

由此推得：道德底线→信仰→理论学习

即，"理论学习"是"道德底线"的必要条件，因此，A项为正确答案。

¬理论学习→¬信仰→¬道德底线。

■为防御电脑受病毒侵袭，研究人员开发了防御病毒、查杀病毒的程序，前者启动后能使程序运行免受病毒侵袭，后者启动后能迅速查杀电脑中可能存在的病毒。某台电脑上现出甲、乙、丙三种程序。已知：

(1) 甲程序能查杀目前已知所有病毒；
(2) 若乙程序不能防御已知的一号病毒，则丙程序也不能查杀该病毒；
(3) 只有丙程序能防御已知一号病毒，电脑才能查杀目前已知的所有病毒；
(4) 只有启动甲程序，才能启动丙程序。

根据上述信息可以得出以下哪项？

A. 只有启动丙程序，才能防御并查杀一号病毒。
B. 只有启动乙程序，才能防御并查杀一号病毒。
C. 如果启动丙程序，就能防御并查杀一号病毒。
D. 如果启动了乙程序，那么不必启动丙程序也能查杀一号病毒。
E. 如果启动了甲程序，那么不必启动乙程序也能查杀所有病毒。

[解题分析] 正确答案：C

题干断定：

(1) 甲能查杀所有已知病毒
(2) ¬乙防御一号病毒→¬丙查杀一号病毒
(3) 丙防御一号病毒←查杀已知的所有病毒
(4) 启动甲←启动丙

C项，如果启动丙程序，由（4）可推出：启动丙→启动甲；又由（1）可知，能查杀已知的所有病毒，即可以查杀已知的一号病毒；再由（3）知，丙可以防御一号病毒，故得出：能防御并查杀一号病毒。因此，该项为正确答案。

其余选项都不能必然得出。比如 E 项，启动了甲程序，就可以查杀已知的所有病毒，并不意味着能查杀所有病毒，因为未知病毒是否能查杀是不知道的。

二、补充前提

在日常论证中，前提时常被省略，省略的前提就是隐含的假设。要对论证的有效性做出评估，必须揭示出被省略的前提，即隐含的假设。

揭示复合命题演绎推理的隐含假设（省略前提）的主要步骤：

（1）抓住结论和前提。

按题干的顺序陈述依次对前提和结论做出准确的理解，列出条件关系式。

（2）揭示省略前提。

依据合理性原则，凭语感揭示出被省略的前提。

（3）检验推理的有效性。

把省略的前提补充进去，并作适当的整理，将推理恢复成标准形式，根据复合命题的演绎推理规则检验上述推理是否有效。当省略的前提条件为真时，结论就必然会被推出。

■如果老王是大学教师，又写过许多哲学论文，则他一定是哲学系的教师。

这个断定是根据以下哪项做出的？

A. 老王写过许多哲学论文。
B. 哲学系的教员写过许多哲学论文。
C. 大学教师中只有哲学系的教师写过许多哲学论文。
D. 很少有教师写过许多哲学论文。
E. 数学系的教员没有写过哲学论文。

[解题分析] 正确答案：C

题干是个省略的假言三段论，补充省略前提后构成一个有效的推理：

题干前提：老王是大学教师，又写过许多哲学论文。

补充 B 项：大学教师中只有哲学系的教师写过许多哲学论文。

得出结论：他一定是哲学系的教师。

其余各项作为前提，均不能推出题干结论。

■肖群一周工作五天，除非这周内有法定休假日。除了周五在志愿者协会，其余四天肖群都在大平保险公司上班。上周没有法定休假日。因此，上周的周一、周二、周三和周四肖群一定在大平保险公司上班。

以下哪项是上述论证所假设的？

A. 一周内不可能出现两天以上的法定休假日。
B. 大平保险公司实行每周四天工作日制度。
C. 上周的周六和周日肖群没有上班。
D. 肖群在志愿者协会的工作与保险业有关。
E. 肖群是个称职的雇员。

[解题分析] 正确答案：C

前提之一：肖群一周工作五天，除非这周内有法定休假日。

前提之二：上周没有法定休假日。

由此推出：肖群上周工作五天。

前提之三：除了周五在志愿者协会，其余四天肖群都在大平保险公司上班。

从而推出：上周除了周五外，另有四天肖群都在大平保险公司上班。

补充C项：上周的周六和周日肖群没有上班。

得出结论：上周的周一、周二、周三和周四肖群一定在大平保险公司上班。

■一个足球教练这样教导他的队员："足球比赛从来是以结果论英雄。在足球比赛中，你不是赢家就是输家；在球迷的眼里，你要么是勇者，要么是懦弱者。由于所有的赢家在球迷眼里都是勇敢者，所以每个输家在球迷眼里都是懦弱者。"

为使上述足球教练的论证成立，以下哪项是必须假设的？

A. 在球迷们看来，球场上勇敢者必胜。

B. 球迷具有区分勇敢和懦弱的准确判断力。

C. 球迷眼中的勇敢者，不一定是真正的勇敢者。

D. 即使在球场上，输赢也不是区别勇敢这和懦弱者的唯一标准。

E. 在足球比赛中，赢家一定是勇敢者。

[解题分析] 正确答案：A

题干条件为：赢→勇；结论为：¬赢（输）→¬勇（懦）；

所以从题干条件得不出结论，要使题干结论成立，必须假设条件：勇→赢，故选A。

足球教练的结论是"每个输家在球迷眼里都是懦弱者"。根据足球教练的论证所依据的条件，这一结论的成立不依赖于球迷判断力的准确性，也不依赖于赢家或输家事实上是否为勇敢者或懦弱者，因此，其余各项均不是必须假设的。

三、结构比较

复合命题推理的结构比较题指的是推理形式上的相似比较，该类题型主要从形式结构上比较题干和选项之间的相同或不同。

■只有在适当的温度下，鸡蛋才能孵出小鸡来。现在，鸡蛋已经孵出了小鸡，可见温度是适当的。

下述推理结构哪个与上述推理在形式上是相同的？

A. 如果物体间发生摩擦，那么物体就会生热。物体间已经发生了摩擦，所以物体必然要生热。

B. 只有年满十八岁的公民，才有选举权。赵某已有选举权，他一定年满十八岁了。

C. 公民都有劳动的权利。张明是公民，因此，他有劳动的权利。

D. 我国《刑法》规定：致人重伤的处三年以上七年以下有期徒刑。被告已致人重伤，因此，他应处三年以上七年以下的有期徒刑。

E. 只有侵害的对象是公共财物的行为，才构成贪污罪，张某侵害的对象不是公共财物，因此，他的行为不构成贪污罪。

[解题分析] 正确答案：B

题干的推理结构：只有P，才Q；Q，所以P。

选项B和题干具有相同的推理结构，其余选项与题干推理结构均不同。

■只要每个司法环节都能坚守程序正义，切实履行监督制的职能，结案率就会大幅度提高。去年某国结案率比上一年提高了70%，所以，该国去年每个司法环节都能坚守程序正义，切实履行监督制的职能。

以下哪项与上述论证方式最为相似？

A. 李明在校期间品学兼优，但是没有获得奖学金。所以，在校期间品学兼优，不一定可以获得奖学金。

B. 在校期间品学兼优，就可以获得奖学金。李明获得了奖学金，所以在校期间一定品学兼优。

C. 在校期间品学兼优，就可以获得奖学金。李明在校期间不是品学兼优，所以就不可能获得奖学金。

D. 只有在校期间品学兼优，才可以获得奖学金。李明获得了奖学金，所以在校期间一定品学兼优。

E. 在校期间品学兼优，就可以获得奖学金。李明没有获得奖学金，所以在校期间一定不是品学兼优。

[解题分析] 正确答案：B

题干的论证形式为：如果P，则Q；因为Q，所以P。

这是个错误的推理式。B项论证形式与题干相似，为正确答案。

■在印度发现了一群不平常的陨石，它们的构成元素表明，它们只可能来自水星、金星和火星。由于水星靠太阳最近，它的物质只可能被太阳吸引而不可能落到地球上；这些陨石也不可能来自金星，因为金星表面的任何物质都不可能摆脱它和太阳的引力而落到地球上。因此，这些陨石很可能是某次巨大的碰撞后从火星落到地球上的。

上述论证方式和以下哪些最为类似？

A. 这起谋杀或是劫杀，或是仇杀，或是情杀。但作案现场并无财物丢失；死者家属和睦，夫妻恩爱，并无情人。因此，最大的可能是仇杀。

B. 如果张甲是作案者，那必有作案动机和作案时间。张甲确有作案动机，但没有作案时间。因此，张甲不可能是作案者。

C. 此次飞机失事的原因，或是人为破坏，或是设备故障，或是操作失误。被发现的黑匣子显示，事故原因确是设备故障。因此，可以排除人为破坏和操作失误。

D. 所有的自然数或是奇数，或是偶数。有的自然数不是奇数，因此，有的自然数是偶数。

E. 任一三角形或是直角三角形，或是钝角三角形，或是锐角三角形。这个三角形有两个内角之和小于90度。因此，这个三角形是钝角三角形。

[解题分析] 正确答案：A

题干论证形式为：或者P，或者Q，或者R；非P，非Q；所以R。

这实际上是我们所用的排除法。其方法是列出各种可能情况构成一选言命题，然后根据所给信息，运用"否定肯定式"排除其他可能，最后得出确定的结论。

各选项中只有A项与题干论证形式一致。因此，A为正确答案。

其余选项与题干论证形式均不同，比如C项论证形式是：或者P，或者Q，或者R；Q成立；因此，P和R都不成立。

四、评价描述

评价描述题主要是要求识别推理的结构方法以及推理缺陷等，需要用逻辑的语言来描述给出的推理过程或逻辑错误。针对命题逻辑的评价描述主要考查两个方面：一是在假言推理中充分条件和必要条件是否运用正确；二是复合命题推理是否有效，即是否符合复合命题的演绎推理规则。

■有些被公众认为是坏的行为往往有好的效果。只有产生好的效果，一个行为才是好的行为。因此，有些被公众认为是坏的行为其实是好的。

以下哪项最为恰当地概括了上述推理中存在的错误？

A. 不当地假设：如果a是b的必要条件，则a也是b的充分条件。

B. 不当地假设：如果a不是b的必要条件，则a是b的充分条件。

C. 不当地假设：如果 a 是 b 的必要条件，则 a 不是 b 的充分条件。
D. 不当地假设：任何两个断定之间都存在条件关系。
E. 不当地假设：任何两个断定之间都不存在条件关系。

[解题分析] 正确答案：A

题干推理为：有些被公众认为是坏的行为往往有好的效果。因此，有些被公众认为是坏的行为其实是好的（行为）。

在题干的推理中，要从前提得出结论，必须假设：好效果是好行为的充分条件。但题干仅断定：好效果是好行为的必要条件。

因此，题干推理的错误在于不当地假设：如果 a 是 b 的必要条件，则 a 也是 b 的充分条件。

■陈经理今天将乘飞机赶回公司参加上午 10 点的重要会议。秘书小张告诉王经理：如果陈经理乘坐的飞机航班被取消，那么他就不能按时到达会场。但事实上该航班正点运行，因此，小张得出结论：陈经理能按时到达会场。王经理回答小张："你的前提没错，但推理有缺陷；我的结论是：陈经理最终将不能按时到达会场。"

以下哪项对上述断定的评价最恰当？
A. 王经理对小张的评论是正确的，王经理的结论也由此被强化。
B. 虽然王经理的结论根据不足，但他对小张的评论是正确的。
C. 王经理对小张的评论有缺陷，王经理的结论也由此被弱化。
D. 王经理对小张的评论是正确的，但王经理的结论是错误的。
E. 王经理对小张的评论有偏见，并且王经理的结论根据不足。

[解题分析] 正确答案：B

前提一：陈经理的航班被取消→他就不能按时到会场
前提二：该航班正点运行（即航班没被取消）
充分假言的否定前件式，后件不一定成立，即：陈经理是否能按时到达会场是不一定的。

因此，小张得出"陈经理能按时到达会场"的结论这个推理是有缺陷的，同时，王经理得出"陈经理最终将不能按时到达会场"的结论同样是有缺陷的。可见，答案选 B。

D 项是干扰项，不能说王经理的结论一定错误，只能说可能错误，也有可能正确。

【专项训练】

01. 如果郑玲选修法语，那么，吴小东、李明和赵雄也将选修法语。
    如果以上断定为真，以下哪项也一定为真？
    A. 如果李明不选修法语，那么吴小东也不选修法语。
    B. 如果赵雄不选修法语，那么郑玲也不选修法语。
    C. 如果郑玲和吴小东选修法语，那么李明和赵雄不选修法语。
    D. 如果吴小东、李明和赵雄选修法语，那么郑玲也选修法语。
    E. 如果郑玲不选修法语，那么吴小东也不选修法语。

02. 只要诊治准确并且抢救及时，那么这个病人就不会死亡。现在这个病人不幸死亡了。
    如果上述断定是真的，以下哪项也一定是真的？
    A. 对这个病人诊治既不准确，抢救也不及时。
    B. 对这个病人诊治不准确，但抢救及时。
    C. 如果这个病人的诊治是准确的，那么，造成他死亡的原因一定是抢救不及时。
    D. 如果这个病人死亡的原因是诊治不准确，那么，抢救不及时不会是原因。
    E. 如果这个病人死亡的原因是抢救不及时，那么，诊治不准确不会是原因。

03. 一天晚上，某商店被盗。公安机关通过侦查，得出如下判断：(1) 盗窃者或是甲，或是乙；（2）如果甲是盗窃者，那么作案时间就不在零点之前；（3）零点时该商店的灯光灭了，而此时甲已经回家；（4）如果乙的供述不属实，那么作案时间就在零点之前；（5）只有零点时该商店的灯光未灭，乙的供述才属实。

由此可以推出本案的盗窃者是：

A. 甲。
B. 乙。
C. 甲或者乙。
D. 甲和乙。
E. 不确定。

04. 目前俄罗斯在远东地区的耕地使用率不足50％，俄罗斯经济发展部有意向亚太国家长期出租农业用地。该部认为：如果没有外国资本和劳动力注入，俄罗斯靠自己的力量将无法实现远东地区的振兴。但是，如果外国资本和劳动力进入远东地区，该地区有可能被外国移民"异化"。

如果俄罗斯经济发展部的判断是正确的，以下哪一项陈述一定为真？

A. 如果俄罗斯把外国资本和劳动力引进远东地区，该地区将实现振兴。
B. 如果俄罗斯靠自己的力量能实现远东地区的振兴，该地区就不会被外国移民"异化"。
C. 如果俄罗斯在将外国资本和劳动力引进远东地区的同时不断完善各项制度，该地区就不会被外国移民"异化"。
D. 如果不靠自己的力量又要实现远东地区的振兴，俄罗斯将面临该地区可能被外国移民"异化"的问题。
E. 如果有了外国资本和劳动力注入，俄罗斯靠自己的力量就能实现远东地区的振兴。

05. 经济学家：中国外汇储备在过去10年的快速增长是中国经济成功的标志之一。没有外汇储备的增长，就没有中国目前的国际影响力。但是，不进行外汇储备投资，就不会有外汇储备的增长。外汇储备投资面临风险是正常的，只要投资寻求收益，就要承担风险。

以下哪项陈述能从这位经济学家的论述中合逻辑地推出？

A. 中国具有目前的国际影响力，是因为中国承担了投资风险。
B. 只要进行外汇储备投资，中国就能具有国际影响力。
C. 如果不进行外汇储备投资，就不用承担风险。
D. 如果能够承担风险，就会有外汇储备的增长。
E. 中国经济成功的标志就是外汇储备的增长。

06. 食品安全的实现，必须有政府的有效管理。但是，如果没有健全的监督制约机制，是不可能实现政府之间协调配合的。

由此可以推出：

A. 要想健全监督的机制，必须有政府的有效管理。
B. 没有健全的监督制约机制，不可能实现食品安全。
C. 有了政府各部门之间的相互协调配合，就能实现食品安全。
D. 一个不能进行有效管理的政府，即是没有建立起健全的监督制约机制的政府。
E. 只要实现政府的有效管理，就能实现食品安全。

07. 如果小赵去旅游，那么小钱、小孙和小李将一起去。

如果上述断定是真的，那么，以下哪项也是真的？

A. 如果小赵没去旅游，那么小钱、小孙、小李三人中至少有一人没去。
B. 如果小赵没去旅游，那么小钱、小孙、小李三人都没去。
C. 如果小钱、小孙、小李都去旅游，那么小赵也去。
D. 如果小李没去旅游，那么小钱和小孙不会都去。
E. 如果小孙没去旅游，那么小赵和小李不会都去。

08. 关于确定商务谈判代表的人选，甲、乙、丙三位公司老总的意见分别是：

甲：如果不选派李经理，那么不选派王经理。
乙：如果不选派王经理，那么选派李经理。
丙：要么选派李经理，要么选派王经理。
以下诸项中，同时满足甲、乙、丙三人意见的方案是？
　　A. 选李经理，不选王经理。
　　B. 选王经理，不选李经理。
　　C. 两人都选派。
　　D. 两人都不选派。
　　E. 不存在这样的方案。

09. 在某届洲际杯足球大赛中，第一阶段某小组单循环赛共有 4 支队伍参加，每支队伍需要在这一阶段比赛三场。甲国足球队在该小组的前两轮比赛中一平一负。在第三轮比赛之前，甲国队主教练在新闻发布会上表示："只有我们在下一场比赛中取得胜利并且本组的另外一场比赛打成平局，我们才有可能从这个小组出线。"
　　如果甲国队主教练的陈述为真，以下哪项是不可能的？
　　A. 第三轮比赛该小组两场比赛都分出了胜负，甲国队从小组出线。
　　B. 甲国队第三场比赛取得了胜利，但他们未能从小组出线。
　　C. 第三轮比赛该小组另外一场比赛打成了平局，甲国队从小组出线。
　　D. 第三轮比赛甲国队取得了胜利，该小组另一场比赛打成平局，甲国队未能从小组出线。
　　E. 第三轮比赛该小组两场比赛都打成了平局，甲国队未能从小组出线。

10. 生态文明建设事关社会发展方式和人民福祉。只有实行最严格的制度、最严密的法治，才能为生态文明建设提供可靠保障；如果要实行最严格的制度、最严密的法治，就要建立责任追究制度，对那些不顾生态环境盲目决策并造成严重后果者，追究其相应的责任。
　　根据上述信息，可以得出以下哪项？
　　A. 如果对那些不顾生态环境盲目决策并造成严重后果者追究相应责任，就能为生态文明建设提供可靠保障。
　　B. 实行最严格的制度和最严密的法治是生态文明建设的重要目标。
　　C. 如果不建立责任追究制度，就不能为生态文明建设提供可靠保障。
　　D. 只有筑牢生态环境的制度防护墙，才能造福于民。
　　E. 如果要建立责任追究制度，就要实行最严格的制度，最严密的法治。

11. 在语言系统中，精确和模糊是两个相互矛盾的特征，然而，它们却对人们交流的有效性和可靠性起着重要的作用。只有一种语言是完全精确的，它才是完全有效的。如果一种语言是完全精确的，那么其基本音节的每一种可能的组合都将成为一个有独立意义的词。但是，如果人类的听觉器官接收声音信号的功能不完美的话，那么，一种语言基本音节的每一种可能的组合就不可能是一个有独立意义的词。
　　如果以上的论述为真，以下哪一项不可能假？
　　A. 精确导致了语言的有效性，模糊导致了语言的可靠性。
　　B. 无论精确，还是模糊都不可能在一种语言系统中完全实现。
　　C. 如果一种语言是完全模糊的，那么它也不会有效。
　　D. 如果人类的听觉器官接收声音信号的功能不完美的话，那么语言就不可能达到完全地有效。
　　E. 如果人类的听觉器官接收声音信号的功能完美的话，那么这种语言是完全精确的。

12. 如果有谁没有读过此份报告，那么或者是他对报告的主题不感兴趣，或者是他对报告的结论持反对态度。
　　如果上述断定是真的，则以下哪项也一定是真的？

Ⅰ.一个读过此份报告的人，一定既对报告的主题感兴趣，也对报告的结论持赞成态度。

Ⅱ.一个对报告的主题感兴趣，并且对报告的结论持赞成态度的人，一定读过此份报告。

Ⅲ.一个对报告的主题不感兴趣，并且对报告的结论持反对态度的人，一定没有读过此份报告。

A. 只有Ⅰ。

B. 只有Ⅱ。

C. 只有Ⅲ。

D. 只有Ⅰ和Ⅲ。

E. Ⅰ、Ⅱ和Ⅲ。

13. 如果小王考上了博士并且小刘没考上博士，那么温丽一定考不上博士。

如果以上命题为真，再加上什么前提，可以推出"小刘考上博士了"？

A. 小王与温丽一同考上了博士。

B. 小王与小刘都没考上博士。

C. 小王考上了博士而小刘没有考上博士。

D. 小王没考上博士而小刘考上了博士。

E. 小王或温丽没参加考试。

14. 如果甲和乙都没有考试及格的话，那么丙就一定及格了。

上述前提再增加以下哪项，就可以推出"甲考试及格了"的结论？

A. 丙及格了。

B. 丙没有及格。

C. 乙没有及格。

D. 乙和丙都没有及格。

E. 乙和丙都及格了。

15. 一位贫穷的农民喜欢这样教导他的孩子们："在这个世界上，你不是富就是穷，你不是诚实就是不诚实。由于所有贫穷的农民都是诚实的，因此，每个富裕的农民都是不诚实的。"

如果上述论证假设以下哪一项，这位农民的结论才能合逻辑地推导出来？

A. 每个诚实的农民都是贫穷的。

B. 每个诚实的人都是农民。

C. 每个不诚实的人都是富裕的农民。

D. 每个穷人都是诚实的。

E. 每个贫穷的人都是农民。

16. 如果马来西亚航空公司的客机没有发生故障，也没有被恐怖组织劫持，那就一定是被导弹击落了。如果客机被导弹击落，一定会被卫星发现。如果卫星发现客机被导弹击落，一定会向媒体公布。

如果要得到"飞机被恐怖组织劫持了"这一结论，需要补充以下哪项？

A. 客机没有被导弹击落。

B. 没有导弹击落客机的报道，客机也没有发生故障。

C. 客机没有发生故障。

D. 客机发生了故障，没有导弹击落客机。

E. 客机没有发生故障，卫星发现客机被导弹击落。

17. 要选修数理逻辑课，必须已修普通逻辑课，并对数学感兴趣。有些学生虽然对数学感兴趣，但并没修过普通逻辑课，因此，有些对数学感兴趣的学生不能选修数理逻辑课。

以下哪项的逻辑结构与题干的最为类似？

A. 据学校规定，要获得本年度的特设奖学金，必须来自贫困地区，并且成绩优秀。有些本年度特设奖学金的获得者成绩优秀,但并非来自贫困地区,因此,学校评选本年度奖学金的规定并没有得到很好地执行。

B. 一本书要畅销,必须既有可读性,又经过精心的包装。有些畅销书可读性并不大,因此,有些畅销书主要是靠包装。

C. 任何缺乏经常保养的汽车使用了几年之后都需要维修,有些汽车用了很长时间以后还不需要维修,因此,有些汽车经常得到保养。

D. 高级写字楼要值得投资,必须设计新颖,或者能提供大量办公用地。有些新写字楼虽然设计新颖,但不能提供大量的办公用地,因此,有些新写字楼不值得投资。

E. 为初学的骑士训练的马必须强健而且温驯,有些马强健但并不温驯,因此,有些强健的马并不适合于初学的骑手。

18. 许多人不了解自己,也不设法去了解自己。这样的人可能想了解别人,但此种愿望肯定是要落空的,因为连自己都不了解的人不可能了解别人。由此可以得出结论:你要了解别人,首先要了解自己。

以下哪项对上述论证的评价最为恰当?

A. 上述论证所运用的推理是成立的。
B. 上述论证有漏洞,因为它把得出某种结果的必要条件当作充分条件。
C. 上述论证有漏洞,因为它不当地假设:每个人都可以了解自己。
D. 上述论证有漏洞,因为它忽视了这种可能性:了解自己比了解别人更困难。
E. 上述论证有漏洞,因为它基于个别性的事实轻率概括出一般性的结论。

19. 拥有少量受过高等教育人口的国家注定在经济和政治上疲软。然而,拥有大量受过高等教育人口的国家,他们的政府对公共教育有严肃认真的财政承诺。所以,任何一个拥有能做出这种承诺的政府的国家,都会摆脱经济和政治的疲软。

以下哪项论证中的缺陷与上述论证中的最相似?

A. 创作出高质量诗歌的诗人学过传统诗歌,没学过传统诗歌的诗人最有可能创作出创新的诗歌。所以,要创作出创新的诗歌最好不要学传统诗歌。

B. 不懂得教学的人不能理解他所教的学生的个性。因此,懂得教学的人能够理解他所教的学生的个性。

C. 缺乏感情共鸣的人不是公职的优秀候选人,而富有感情共鸣的人则善于操控他人的感情。因此,善于操控他人感情的人是公职的优秀候选人。

D. 如果气候突然变化,食物种类单一的动物将更难生存。但是,食物种类广泛的动物则不会,因为气候突变只会消除某些种类的食物。

E. 如果大量捕杀青蛙,那么害虫就会大量繁殖;如果害虫大量繁殖,那么农作物就会歉收;因此,如果大量捕杀青蛙,那么农作物就会歉收。

20. 政治家:没有人可以否认无家可归是一个问题,然而怎样解决它,好像并没共识。可是,有一件事情很明显:忽视这个问题并不会使这个问题远离我们。当且仅当政府插手,给无家可归者提供住房时,这个问题方会消失。而这样做又会迫使政府增加税收。因此,我们应当增加税收。

下面哪一原则,如果正确,最能支持政治家的论述?

A. 当且仅当解决一个问题需要某一个措施时,才应该采用这个措施。
B. 当且仅当某一措施能充分解决某一个问题时,才能采取该措施。
C. 如果一项措施被要求用来解决某一问题,那么就应当采用这项措施。
D. 如果一项措施能充分解决某一问题,那么就应当采用这项措施。
E. 如果一项措施能充分解决某一问题,该措施必需的任何步骤都应被采用。

21~22题基于以下题干:

某建筑工程招标，有八个建筑公司投标。招标的结果，由评委们投票决定。结果显示：

第一，如果艾达公司所得的选票比北方公司多，同时卡门公司所得的选票比大同公司多，则长江公司中标。

第二，如果北方公司所得的选票比艾达公司多，或者天宇公司所得的选票比高路公司多，那么黄河公司中标。

第三，如果大同公司所得的选票比卡门公司多，那么天宇公司中标。

21. 如果招标的结果，事实上是天宇公司中标，则以下哪项断定一定成立？
A. 艾达公司所得的选票不比北方公司多。
B. 北方公司所得的选票不比艾达公司多。
C. 天宇公司所得的选票比高路公司多。
D. 卡门公司所得的选票不比大同公司多。
E. 天宇公司所得的选票不比高路公司多。

22. 如果事实上长江公司没有中标，并且卡门公司所得的选票比大同公司多，则以下哪项断定一定成立？
A. 天宇公司中标了。
B. 黄河公司中标了。
C. 天宇公司所得的选票比高路公司多。
D. 艾达公司所得的选票不比北方公司多。
E. 北方公司所得的选票不比艾达公司多。

【答案解析】

01. 答案：B

题干的条件关系式为：郑→吴∧李∧赵

其等价的逆否命题为：¬郑←¬吴∨¬李∨¬赵

意思就是，吴小东、李明和赵雄中只要有一个不选修法语，那么郑玲也就不选修法语。

因此，B项必定正确。

02. 答案：C

"只要诊治准确并且抢救及时，那么这个病人就不会死亡"，是一个充分条件假言命题。

"现在这个病人不幸死亡了"，说明这个充分条件假言命题的后件为假。

既然后件为假，那就表明前件的两个条件"诊治准确"和"抢救及时"至少有一个不成立。

当我们知道其中的一个条件成立，那么，就可以推知另一个条件一定不成立。选项C"如果这个病人的诊治是准确的，那么造成他死亡的原因一定是抢救不及时"断定的正是这一点。

03. 答案：B

根据条件（3）和（5）推出，乙的供述不属实。

这样从条件（4）可以得出，作案时间在零点之前。

再由条件（2）推出，甲不是盗窃者。

再结合条件（1）推出，只有乙是盗窃者了。

由此可以得出 B 为正确答案。

04. 答案：D

题干断定：

（1）如果没有外国资本和劳动力注入，俄罗斯靠自己的力量将无法实现远东地区的振兴。

（2）如果外国资本和劳动力进入远东地区，该地区有可能被外国移民"异化"。

那么，由（1）推出，如果不靠自己的力量又要实现远东地区的振兴，就需要外国资本和劳动力注入，再由（2），该地区可能被外国移民"异化"的。因此，D项一定为真。

第四章 命题逻辑

如果非 P，则非 Q。P，不一定 Q。因此，由（1）推不出 A 项。B 项同样从题干推不出。C 选项是新信息的加入，所以不一定为真。

05. 答案：A

题干断定：

（1）没有外汇储备的增长，就没有中国目前的国际影响力。

（2）不进行外汇储备投资，就不会有外汇储备的增长。

（3）只要投资寻求收益，就要承担风险。

中国具有目前的国际影响力，由（1），就有外汇储备的增长；再由（2），就进行了外汇储备投资；又由（3），就承担了风险。因此，A 项正确。

其余选项从题干条件推不出来。

06. 答案：B

题干断定：

（1）食品安全的实现→政府的有效管理。

（2）没有健全的监督制约机制→不可能实现政府之间协调配合的。

如果没有健全的监督制约机制，由（2），政府之间不能实现协调配合，这就意味着政府没有有效管理，再由（1）的逆否命题，推出：不可能实现食品安全。因此，选项 B 为正确答案。

07. 答案：E

题干推理：赵→钱∧孙∧李

等价于逆否命题：非赵←非钱∨非孙∨非李

"如果赵没去"会怎么样，显然得不到任何确定的结果，所以选项 A、B 不必考虑。

钱、孙、李都去，也得不出赵去，因此，C 不对；

李没去，得不到钱和孙是否去，D 不对。

根据逆否命题，可得出，如果后面的"钱、孙和李"三人中有一人不去，则前面的"赵"就没去。既然"赵"就没去，当然"赵和李不会都去"也一定正确（其实我们并不知道李的情况，只是肯定地知道赵不去了，当然就有赵和李不会都去了）。所以应该选 E。

08. 答案：A

题干断定：

甲：¬李→¬王；其等价于逆否命题：王→李

乙：¬王→李

丙：李∨王

由甲和乙推出，必然选李，再由丙知，必然不选王。

因此，A 项为正确答案。

其余选项都不对，其中，选项 B 与甲矛盾，选项 C 与丙矛盾，选项 D 与乙、丙都矛盾。

09. 答案：A

根据甲国队主教练的陈述，列出如下条件关系式：

在下一场比赛中取得胜利∧本组的另外一场比赛打成平局←从这个小组出线

其逆否命题为：

¬在下一场比赛中取得胜利∨¬本组的另外一场比赛打成平局→从这个小组出线

A 项，第三轮比赛该小组两场比赛都分出了胜负，意味着本组的另外一场比赛没有打成平局，甲国队就不可能从小组出线。因此，该项为正确答案。

其余选项均有可能成立。

10. 答案：C

根据题干论述，列出以下条件关系式：

（1）实行最严格的制度、最严密的法治←为生态文明建设提供可靠保障

（2）实行最严格的制度、最严密的法治→建立责任追究制度（对那些不顾生态环境盲目决策并造成严重后果者，追究其相应的责任）

由上述条件，如果不建立责任追究制度，由条件（2）的逆否命题得出，没有实行最严格的制度、最严密的法治；再由条件（1）的逆否命题得出，不能为生态文明建设提供可靠保障。因此，C项为正确答案。

其余选项均从题干条件推不出。其中，E项不符合条件（2）。

11. 答案：D

题干断定：

（1）只有一种语言是完全精确的，它才是完全有效的。

（2）如果一种语言是完全精确的，那么其基本音节的每一种可能的组合都将成为一个有独立意义的词。

（3）如果人类的听觉器官接收声音信号的功能不完美的话，那么，一种语言基本音节的每一种可能的组合就不可能是一个有独立意义的词。

联立（3）（2）推得：如果人类的听觉器官接收声音信号的功能不完美的话，那么，这种语言是不完全精确的。再联立（1）得到：如果人类的听觉器官接收声音信号的功能不完美的话，语言就不可能达到完全地有效。即D项必然为真，即不可能假。

12. 答案：B

设P为"没有读过此份报告"，Q为"对报告的主题不感兴趣"，R为"对报告的结论持反对态度"。

题干推理结构可表示为：如果P，那么Q或者R。

从题干结构不能推出"如果非P，那么非Q并且非R"。因此，Ⅰ不一定是真的。

从题干结构能推出"如果非Q并且非R，那么非P"。因此，Ⅱ一定是真的。

从题干结构不能推出"如果Q并且R，那么P"。因此，Ⅲ不一定是真的。

13. 答案：A

题干条件：王∧¬刘→¬温

其等价的逆否命题为：温→¬王∨刘

即如果温丽一定考上博士，那么，或者小王没有考上博士或者小刘考上博士。

这样，要推出"小刘考上博士"，还需要前提"小王考上博士"。

因此，A项为正确答案。

14. 答案：D

题干的条件关系式是：¬甲∧¬乙→丙

其等值的逆否命题是：甲∨乙←¬丙

意思就是，如果丙不及格，那么甲和乙至少有一个及格。再加上乙没及格，那么，甲就一定及格了。因此，正确答案是D。

15. 答案：A

题干推理关系为：

前提为所有贫穷的农民都是诚实的，即：贫穷→诚实。

结论为每个富裕的农民都是不诚实的，即：¬贫穷→¬诚实。

从题干前提得不出结论，要使题干结论成立，必需假设条件：诚实→贫穷，故A项正确。

其余选项均不是必需的假设。

16. 答案：B

题干断定：

（1）没有发生故障∧没有被恐怖组织劫持→被导弹击落

（2）被导弹击落→卫星发现

(3) 卫星发现→媒体公布（报道）

先后联立式(1)～式(3)，得：

¬报道→¬卫星发现→¬被导弹击落→发生故障∨被恐怖组织劫持

整理出题干条件：¬报道→发生故障∨被恐怖组织劫持

补充 B 项：¬报道∧¬发生故障

推出结论：被恐怖组织劫持

17．答案：E

题干的结构是：如果 P，则（Q 并且 R）；R 并且非 Q；因此，R 并且非 P。

各选项中，E 项的结构和题干的最为类似，前提是"只有强健而且温驯的马才适合初学的骑士"，这和题干中一样；同样，它通过否定一个联言支：有些马并不温驯，来否定前件，进而否定后件：有些强健的马并不适合于初学的骑手。所以逻辑结构完全一致。

选项 A，两个前提与题干一致，但结论是政策是否得到很好的执行，显然逻辑结构不一致；

选项 B，虽然前提是一个必要条件假言判断，但论述都集中在前件上，因此逻辑结构不一样；

选项 C，前提就不是一个必要条件假言推理，因此排除；

选项 D，前件是一个选言判断，显然也可排除。

18．答案：A

题干前提为：连自己都不了解的人不可能了解别人。这意味着，"了解自己"是"了解别人"的必要条件。

题干结论为：你要了解别人，首先要了解自己。这意味着，"了解别人"是"了解自己"的充分条件。这与题干前提是等价的。

19．答案：C

首先，用条件关系式表达题干论证：

前提①：少量→疲软（拥有少量受过高等教育人口的国家注定在经济和政治上疲软）

前提②：大量→承诺（拥有大量受过高等教育人口的国家，他们的政府对公共教育有严肃认真的财政承诺）

结论：承诺→¬疲软（任何一个拥有能做出这种承诺的政府的国家，都会摆脱经济和政治的疲软）

然后，分析题干论证：

由前提①的逆否命题：¬疲软→大量，再由前提②：大量→承诺，可得到：¬疲软→承诺。

而这一必然推出的结论是题干结论的逆命题，可见，题干论证缺陷是结论把条件关系搞反了。

诸选项中，只有 C 项也犯了同样的论证缺陷，其论证过程为：缺乏→¬优秀，¬缺乏→操控；因此，操控→优秀。而事实上，从这两个前提只能逻辑地推出，优秀→操控。

20．答案：C

政治家的结论是：应当增加税收；理由是：解决无家可归问题需要增加税收。

可见，增加税收是解决无家可归的一个必要条件，显然 C 项的陈述与政治家的论证相一致，因此，为正确答案。

其余选项都不能支持政治家的论述。

21．答案：B

题干断定：

(1) 艾达＞北方 ∧ 卡门＞大同 → 长江

(2) 北方＞艾达 ∨ 天宇＞高路 → 黄河

(3) 大同＞卡门 → 天宇

由"天宇公司中标",可推出"黄河公司没中标"。

由(2),"黄河公司没中标",可推出"北方公司所得的选票不比艾达公司多,并且天宇公司所得的选票不比高路公司多"。因此B项成立。

其余各项均不对,其中,A、D不一定成立,C一定不成立。

22. 答案:D

由(1)和"长江公司没中标",可推出"艾达公司所得的选票不比北方公司多,或者卡门公司所得的选票不比大同公司多"。

由"艾达公司所得的选票不比北方公司多,或者卡门公司所得的选票不比大同公司多"和"卡门公司所得的选票比大同公司多",可推出"艾达公司所得的选票不比北方公司多"。因此,D项成立。

第四节 模态逻辑

模态逻辑是逻辑的一个分支,它研究必然、可能及其相关概念的逻辑性质。模态逻辑都包含模态命题。在逻辑中,"必然""可能""不可能"等叫做"模态词",包含模态词的命题叫做"模态命题"。

一、模态推理

模态推理是有关模态命题的推理。模态命题主要是反映事物情况存在或发展的必然性或可能性的命题。

1. 模态命题

在逻辑中,用"◇"表示"可能"模态词,"□"表示"必然"模态词。模态命题有多种形式,对模态命题可以从它所包含的模态词或者两个不同的角度进行分类。其基本形式有四种:

(1)必然肯定模态命题,□P,断定某件事情的发生是必然的。

(2)必然否定模态命题,□¬P,断定某件事情的不发生是必然的。

(3)可能肯定模态命题,◇P,断定某件事情的发生是可能的。

(4)可能否定模态命题,◇¬P,断定某件事情的不发生是可能的。

2. 模态推理

模态推理是由模态命题构成的一种演绎推理,它是根据模态命题的性质及其相互间的逻辑关系进行推演的。在同素材的四种模态命题之间也存在着真假上的相互制约关系。这种关系与四种直言命题间的对当关系相同,故又称模态命题的对当关系。

"必然P""不可能P"(必然非P)、"可能P"和"可能非P"之间的真假关系,类似于直言命题A、E、I、O之间的真假关系,也可用一个对当逻辑方阵来表示:

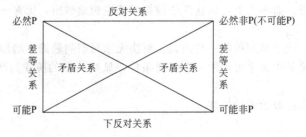

根据四种模态命题之间的逻辑关系(真假关系),便可构成一系列简单的模态命题的直接推理。在逻辑考试中一般只是考查模态命题的矛盾关系,即模态命题的负命题及其等值推理。公式如下:

(1)¬□P ↔ ◇¬P。

并非"必然 P"=可能非 P。
① 并非必然 P，所以，可能非 P。
比如：并非强盗的儿子必然是强盗；所以，强盗的儿子可能不是强盗。
② 可能非 P，所以，并非必然 P。
比如：火星上可能没有生物，所以，并非火星上必然有生物。

(2) ¬□¬P ↔ ◇P。
并非"必然非 P"=可能 P。
① 并非必然非 P，所以，可能 P。
比如：这道题你不一定不会做，所以，这道题你可能会做。
② 可能 P，所以，并非必然非 P。
比如：不学逻辑的人的思维可能经常会出现逻辑错误；所以，并非不学逻辑的人的思维一定不经常会出现逻辑错误。

(3) ¬◇P ↔ □¬P。
并非"可能 P"=必然非 P。
① 并非可能 P，所以，必然非 P。
比如：顾客在购买汽车时不可能一眼就看出汽车的性能，所以，顾客在购买汽车时一定不会一眼就看出汽车的性能。
② 必然非 P，所以，并非可能 P。

(4) ¬◇¬P ↔ □P。
并非"可能非 P"=必然 P。
① 并非可能非 P，所以，必然 P。
比如：并非正义可能不会战胜邪恶，所以，正义必然战胜邪恶。
② 必然 P，所以，并非可能非 P。
比如：军队必然是为政治目的服务的武装组织，所以，并非军队可能不是为政治目的服务。

■一把钥匙能打开天下所有的锁。这样的万能钥匙是不可能存在的。
以下哪项最符合题干的断定？
A. 任何钥匙都必然有它打不开的锁。
B. 至少有一把钥匙必然打不开天下所有的锁。
C. 至少有一把锁天下所有的钥匙都必然打不开。
D. 任何钥匙都可能有它打不开的锁。
E. 至少有一把钥匙可能打不开天下所有的锁。

[解题分析] 正确答案：A
不可能"一把钥匙能打开天下所有的锁"
＝必然非"一把钥匙能打开天下所有的锁"
＝任何钥匙都必然有它打不开的锁

■在新疆恐龙发掘现场，专家预言：可能发现恐龙头骨。
以下哪个命题和专家意思相同？
A. 不可能不发现恐龙头骨。
B. 不一定发现恐龙头骨。
C. 恐龙头骨的发现可能性很小。
D. 不一定不发现恐龙头骨。
E. 在其他地方也可能发现恐龙头骨。

[解题分析] 正确答案：D

模态命题推理题。可能 P ＝并非必然非 P ＝不一定不 P

因此，可能发现恐龙头骨＝不一定不发现恐龙头骨。D 项为正确答案。

■宇宙中，除了地球，不一定有居住着智能生物的星球。

下列哪项与上述论述的含义最为接近？
A. 宇宙中，除了地球，一定没有居住着智能生物的星球。
B. 宇宙中，除了地球，一定有居住着智能生物的星球。
C. 宇宙中，除了地球，可能有居住着智能生物的星球。
D. 宇宙中，除了地球，可能没有居住着智能生物的星球。
E. 宇宙中，除了地球，一定没有居住着非智能生物的星球。

[解题分析] 正确答案：D

不一定有居住着智能生物的星球

＝并非必然"有居住着智能生物的星球"

＝可能没有"有居住着智能生物的星球"

因此，D 项为正确答案。

二、模态复合

模态复合推理包括直言命题的模态推理、复合命题的模态推理以及相应的负命题。

1. 直言命题的模态推理

直言命题的模态推理是直言推理和模态推理的综合；根据直言模态命题间的矛盾关系，可以进行下列推理：

(1) $\neg \Diamond SAP \leftrightarrow \Box SOP$。

例如，并非所有人可能都是大学生＝有的人必然不是大学生。

(2) $\neg \Diamond SEP \leftrightarrow \Box SIP$。

例如，并非所有男人可能都不是好人＝有的男人必然是好人。

(3) $\neg \Diamond SIP \leftrightarrow \Box SEP$。

例如，并非有的宗教可能是科学＝所有宗教必然都不是科学。

(4) $\neg \Diamond SOP \leftrightarrow \Box SAP$。

例如，并非所有的演员必然是明星＝有的演员可能不是明星。

(5) $\neg \Box SAP \leftrightarrow \Diamond SOP$。

例如，并非所有战争必然是正义战争＝有的战争可能不是正义战争。

(6) $\neg \Box SEP \leftrightarrow \Diamond SIP$。

例如，并非教授必然都不是富翁＝有的教授可能是富翁。

(7) $\neg \Box SIP \leftrightarrow \Diamond SEP$。

例如，并非有的同学必然学过法语＝所有同学可能都没学过法语。

(8) $\neg \Box SOP \leftrightarrow \Diamond SAP$。

例如，并非有的同学必然没学过英语＝所有同学可能都学过英语。

2. 复合命题的模态推理

复合命题的模态推理是复合命题推理和模态推理的综合。

(1) 联言命题的模态推理

① $\Box(P \wedge Q) \leftrightarrow (\Box P \wedge \Box Q)$。

鲁迅必然既是文学家又是思想家＝鲁迅必然是文学家，并且鲁迅必然是思想家。

② $\Diamond(P \wedge Q) \rightarrow (\Diamond P \wedge \Diamond Q)$。

反之不成立，因为 $\neg P$ 代替 Q，$(P \wedge \neg P)$ 是矛盾式。

(2)选言命题的模态推理

① ◇(P∨Q)↔(◇P∨◇Q)。

牛顿可能或是物理学家或是逻辑学家=牛顿可能是物理学家,或可能是逻辑学家。

② (□P∨□Q)→□(P∨Q)。

(3)假言命题的模态推理

① ¬◇(P→Q)=□¬(P→Q)=□(P∧¬Q)。

② ¬□(P→Q)=◇¬(P→Q)=◇(P∧¬Q)。

3. 求否定规则

需要掌握如下否定变化口诀:

- 肯定变否定,否定变肯定;
- 可能变必然,必然变可能;
- 所有变有的,有的变所有;
- 并且变或者,或者变并且。

注意事项:

(1) 找否定词,把否定词后面的所有相关信息按以上口诀简单变化就可以了。

比如:并非必然有的选民不投所有候选人的赞成票=可能所有选民投有的候选人的赞成票。

(2) 根据问题来求否定。

比如:"如果上述断定为真,则以下哪项不可能为真?"就是求题干的否定。

"以下哪项与上述断定的含义最为接近?"就是直接对题干进行运算,题干一定包含一个整体的否定。

(3) 根据语气否定变化口诀求否定后,要整理语序,再找答案。

■不可能所有的香港人都会讲普通话。

以下哪项判断含义与上述判断最为接近?

A. 可能所有的香港人都会讲普通话。

B. 可能所有的香港人都不会讲普通话。

C. 必然所有的香港人都不会讲普通话。

D. 必然有的香港人不会讲普通话。

E. 必然有的香港人会讲普通话。

[解题分析] 正确答案:D

不可能所有的香港人都会讲普通话

=必然非"所有的香港人都会讲普通话"

=必然有的香港人不会讲普通话

■一方面确定法律面前人人平等,同时又允许有人触犯法律而不受制裁,这是不可能的。

以下哪项最符合题干的断定?

A. 或者允许有人凌驾于法律之上,或者任何人触犯法律要受到制裁,这是必然的。

B. 任何人触犯法律要受到制裁,这是必然的。

C. 有人凌驾于法律之上,触犯法律而不受制裁,这是可能的。

D. 如果不允许有人触犯法律而可以不受制裁,那么法律面前人人平等是可能的。

E. 一方面允许有人凌驾于法律之上,同时又声称任何人触犯法律要受到制裁,这是可能的。

[解题分析] 正确答案:A

不可能"P且Q"=必然"非P或非Q",因此,A项与题干断定等价。

■有球迷喜欢所有参赛球队。

如果上述断定为真，则以下哪项不可能为真？

A. 所有参赛球队都有球迷喜欢。
B. 有球迷不喜欢所有参赛球队。
C. 所有球迷都不喜欢某个参赛球队。
D. 有球迷不喜欢某个参赛球队。
E. 每个参赛球队都有球迷不喜欢。

[解题分析] 正确答案：C

"有球迷喜欢所有参赛球队"的负命题是"所有球迷都不喜欢有的参赛球队"。

可见，C项与题干为矛盾关系，因此，如果题干为真，C项不可能为真。

【专项训练】

01. 不可能所有的证人都说实话。

如果上述命题是真的，那么，以下哪个命题必然是真的？

A. 所有证人一定都不说实话。
B. 有的证人说实话。
C. 有的证人不说实话。
D. 刑事案件的证人都说实话。
E. 刑事案件的某些证人都不说实话。

02. 甲："我们辅导班不会有人考不上 MBA"。

乙："未必"。

乙的真正意思是什么？

A. 所有人都必然考上 MBA。
B. 所有人都可能考不上 MBA。
C. 有人考不上 MBA。
D. 所有人都可能考上 MBA。
E. 有人可能考不上 MBA。

03. 最近一段时期，有关要发生地震的传言很多。一天傍晚，小明问在院里乘凉的爷爷："爷爷，他们都说明天要地震了。"爷爷说："根据我的观察，明天不必然地震"。小明说，"那您的意思是明天肯定不会地震了。"爷爷说："不对"。小明陷入了迷惑。

以下哪句话与爷爷的意思最为接近？

A. 明天必然不地震。
B. 明天可能地震。
C. 明天可能不地震。
D. 明天不可能地震。
E. 明天不可能不地震。

04. 某公司人力资源管理部人士指出：由于本公司招聘职位有限，在本次招聘考试中不可能所有的应聘者都被录取。

基于以下哪项可以得出该人士的上述结论？

A. 在本次招聘考试中，可能有应聘者被录用。
B. 在本次招聘考试中，必然有应聘者被录用。
C. 在本次招聘考试中，可能有应聘者不被录用。
D. 在本次招聘考试中，必然有应聘者不被录用。
E. 在本次招聘考试中，可能有应聘者被录用，也可能有应聘者不被录用。

05. 不可能宏达公司和亚鹏公司都没有中标。

以下哪项最为准确地表达了上述断定的意思?
A. 宏达公司和亚鹏公司可能都中标。
B. 宏达公司和亚鹏公司至少有一个可能中标。
C. 宏达公司和亚鹏公司必然都中标。
D. 宏达公司和亚鹏公司至少有一个必然中标。
E. 如果宏达公司中标,那么亚鹏公司不可能中标。

06. 不必然任何经济发展都导致生态恶化,但不可能有不阻碍经济发展的生态恶化。
以下哪项最为准确地表达了题干的含义?
A. 任何经济发展都不必然导致生态恶化,但任何生态恶化都必然阻碍经济发展。
B. 有的经济发展可能导致生态恶化,而任何生态恶化都可能阻碍经济发展。
C. 有的经济发展可能不导致生态恶化,但任何生态恶化都可能阻碍经济发展。
D. 有的经济发展可能不导致生态恶化,但任何生态恶化都必然阻碍经济发展。
E. 任何经济发展都可能不导致生态恶化,但有的生态恶化必然阻碍经济发展。

07. 人都不可能不犯错误,不一定所有人都会犯严重错误。
如果上述断定为真,则以下哪项一定为真?
A. 人都可能会犯错误,但有的人可能不犯严重错误。
B. 人都可能会犯错误,但所有的人都可能不犯严重错误。
C. 人都一定会犯错误,但有的人可能不犯严重错误。
D. 人都一定会犯错误,但所有的人都可能不犯严重错误。
E. 人都可能会犯错误,但有的人一定不犯严重错误。

【答案解析】

01. 答案:C
题干推理过程如下:
不可能"所有的证人都说实话"
=必然非"所有的证人都说实话"
=必然"有些证人不说实话"
因此,C项为正确答案。

02. 答案:E
甲:"不会有人考不上"
乙:"未必"=并非必然
并非必然"不会有人考不上"
=可能并非"不会有人考不上"
=可能"有人考不上"

03. 答案:C
根据模态命题对当关系,不必然 P=可能非 P。
因此,C项为正确答案。

04. 答案:D
不可能"所有的应聘者都被录取"
=必然非"所有的应聘者都被录取"
=必然"有的应聘者不被录取"
因此,D项为正确答案。

05. 答案:D
不可能(非 A 且非 B)=必然非(非 A 且非 B)=必然(A 或 B)。

不可能宏达公司和亚鹏公司都没有中标，就意味着：必然宏达公司中标或者亚鹏公司中标，也就是宏达公司和亚鹏公司至少有一个中标，因此，D项正确。

06. 答案：D

不"必然任何经济发展都会导致生态恶化"＝可能有的经济发展不导致生态恶化

不"可能有不阻碍经济发展的生态恶化"＝必然所有的生态恶化都阻碍经济发展

因此，选项 D 为正确答案。

07. 答案：C

不可能＝必然非；因此，人都不可能不犯错误＝人都一定会犯错误。

不一定 A＝可能非 A＝可能 O；因此，不一定所有人都会犯严重错误＝可能有的人不犯严重错误。因此，答案为 C。

第五章 演绎推理

　　演绎推理是指从事物的已知部分推知事物的未知部分的思维方法。从逻辑意义上讲，整个形式推理都属于演绎推理，所谓演绎，是指前提和结论之间的联系是必然的，其结论不超出前提所断定的范围，也就是说，只要前提真实并且推理形式正确，那么，推出的结论就必然真。

　　本部分所指的演绎推理，是指除开词项逻辑、命题逻辑之外的关系推理、数学推理、演绎分析和分析推理等内容，这些题目属于能力型试题，一般无需应用专业的逻辑知识，只需运用日常的逻辑推理和分析能力，主要考查学生能否根据阅读材料进行合乎形式逻辑的推理，从已知资料推论出正确的结论。

第一节　关 系 推 理

　　关系推理是根据前提至少有一个是关系命题，并按其关系的逻辑性质而进行推演的演绎推理。其中，关系命题是断定事物与事物之间关系的命题。

　　关系命题由关系、关系项和量项三个部分组成。关系项是关系命题所陈述的对象。关系项可以是两个，也可以是三个，甚至是三个以上，关系项有几个，就称为几项关系命题。

　　两项关系命题由两个关系项和一个关系组成，其逻辑形式如下：

　　aRb

　　读作"a 与 b 有关系 R"。

　　根据关系命题的关系的逻辑性质，我们可以概括出以下两种关系：对称性关系、传递性关系。

1. 对称性关系

对称性关系（两者之间的关系）包括三种：对称关系、非对称关系和反对称关系。

（1）当事物 a 与事物 b 有关系 R 时，并且 b 与 a 之间一定也有关系 R，则 R 是对称关系。

对称关系为反过来一定有这个关系。如：

当 a 是 b 的亲戚、邻居时，b 也是 a 的亲戚、邻居。用公式表示为：

aRb 真，bRa 也真。

对称性关系的表现，如对立关系、矛盾关系、交叉关系、相等关系、朋友关系、同乡关系等。

（2）当事物 a 和事物 b 有关系 R，且 b 与 a 是否有关系 R 不定，即 b 与 a 既可能有关系 R，也可能没有关系 R 时，关系 R 就是非对称关系。

非对称关系为反过来不一定有这个关系。如：

a 喜欢 b，b 可能喜欢也可能不喜欢 a。用公式表示就是：

aRb 真，则 bRa 真假不定。

非对称性关系的表现，如批评、信任、尊敬、想念、认识、喜欢等。

(3) 当事物 a 与事物 b 有关系 R，且 b 与 a 肯定没有关系 R 时，关系 R 就是反对称关系。非对称关系为反过来一定没有这个关系。如：

甲是乙的父亲，乙一定不是甲的父亲。用公式表示为：

aRb 真，则 bRa 假。

反对称关系的具体表现，如小于、多于、大于、重于、轻于、压迫等。

2. 传递性关系

传递性关系（三者或三者以上的关系）包括三种：传递关系、非传递关系和反传递关系。

(1) 当事物 a 与事物 b 有关系 R，事物 b 与事物 c 有关系 R，且事物 a 与事物 c 也有关系 R 时，关系 R 就是传递关系。如：

a 是 b 的祖先，b 是 c 的祖先，a 一定是 c 的祖先。用公式表示为：

aRb，并且 bRc，则 aRc。

如先于、早于、晚于、相等、平等、大于、小于等都是传递关系。

(2) 当事物 a 与事物 b 有关系 R，事物 b 与事物 c 有关系 R，而事物 a 与事物 c 是否有关系 R 不定时，关系 R 就是非传递关系。如：

a 与 b 相交，b 与 c 相交，a 与 c 可能相交也可能不相交。用公式表示是：

aRb，并且 bRc，aRc 真假不定。

如交叉、认得、喜欢、相邻、尊重等就是非传递关系。

(3) 当事物 a 与事物 b 有关系 R，事物 b 与事物 c 有关系 R，而事物 a 与事物 c 没有关系 R 时，关系 R 就是反传递关系。如：

a 是 b 的爷爷，b 是 c 的爷爷，a 一定不是 c 的爷爷。用公式表示为：

aRb，并且 bRc，则非 aRc。

如父子、高多少、低多少等都是反传递关系。

一、排序推理

排序推理题型一般在题干给出相关元素或元素组合的传递性关系，要求从中推出具体元素之间的确定性排序。解这类题型的主要思路是要把题干所给条件抽象成不等式关系，然后进行不等式推理。

■去年 MBA 入学考试的五门课程中，王海天和李素云只有数学成绩相同，其他科的成绩互有高低，但所有课程的分数都在 60 分以上。在录取时只能比较他们的总成绩了。

下列哪项如果为真，能够使你判断出王海天的总成绩高于李素云？

A. 王海天的最低分是数学，而李素云的最低分是英语。
B. 王海天的最高分比李素云的最高分要高。
C. 王海天的最低分比李素云的最低分高。
D. 王海天的最低分比李素云的两门课分别的成绩高。
E. 王海天的最低分比李素云的平均成绩高。

[解题分析] 正确答案：E

如果 E 项为真，即王海天的最低分比李素云的平均成绩高，显然可以推出，王海天的总成绩比李素云的总成绩高。

其余选项均不妥，其中，A 项不能提供有用的信息，B、C、D 项提供的信息不充分。

■在数学系的联欢活动的知识竞赛中，白虹的成绩比小李好，王颖的成绩比珍珍差，所以白虹的成绩比王颖好。

以下各项作为新的前提分别加入到题干中，除了一项外，都能使题干推理成立。不能使推理成立的是哪一项？

A. 白虹的成绩和珍珍一样。
B. 小李的成绩和珍珍一样。
C. 小李的成绩比珍珍好。
D. 珍珍的成绩比小李好。
E. 王颖的成绩比小李差。

[解题分析] 正确答案：D

题干推理为：白＞李；珍＞王 → 白＞王。

显然，如果A、B、C、E为真，都能使题干推理必然成立。

只有选项D即使为真，题干结论也不一定成立，因此D为正确答案。

■某次认知能力测试，刘强得了118分，蒋明的得分比王丽高，张华和刘强的得分之和大于蒋明和王丽的得分之和，刘强得分比周梅高；此次测试120分以上为优秀，五人之中有两人没有达到优秀。

根据以上信息，以下哪项是上述五人在此次测试中得分由高到低的排列？
A. 张华、王丽、周梅、蒋明、刘强。
B. 张华、蒋明、王丽、刘强、周梅。
C. 张华、蒋明、刘强、王丽、周梅。
D. 蒋明、张华、王丽、刘强、周梅。
E. 蒋明、王丽、张华、刘强、周梅。

[解题分析] 正确答案：B

根据题干断定：

① 蒋＞王。
② 张＋刘＞蒋＋王。
③ 刘＞周。
④ 3优，2不优。
⑤ 刘不优。

从而得出，不优的是刘、周，优的是蒋、王、张。

进一步根据断定②，可推出，张的得分最高。

即得分由高到低的排列是：张、蒋、王、刘、周。

二、关系推演

推演是指推论、推理和演绎，泛指从一个思想推移或过渡到另一个思想的逻辑活动。关系推演题型要求根据题干所给出的不同对象之间的关系，进行有效的推理和分析，从中推出明确的结论。

■某登山旅游小组成员互相帮助，建立了深厚的友谊，后加入的李佳已经获得了其他成员的多次救助，但是她尚未救助过任何人，救助过李佳的人均曾被王玥救助过，赵欣救助过小组的所有成员，王玥救助过的人也曾被陈蕃救助过。

根据以上陈述，可以得出哪项结论？
A. 陈蕃救助过赵欣。
B. 王玥救助过李佳。
C. 王玥救助过陈蕃。
D. 陈蕃救助过李佳。
E. 王玥没有救助过李佳。

[解题分析] 正确答案：A

根据题干条件，赵欣救助过小组的所有成员，可知赵欣救助过李佳。救助过李佳的人均曾被王玥救助过，可知赵欣被王玥救助过。由于王玥救助过的人也曾被陈蕃救助过，可得赵欣被陈蕃救助过。因此，A 项正确。

■张教授的所有初中同学都不是博士；通过张教授而认识其哲学研究所同事的都是博士；张教授的一个初中同学通过张教授认识了王研究员。

以下哪项能作为结论从上述断定中推出？

A. 王研究员是张教授的哲学研究所同事。
B. 王研究员不是张教授的哲学研究所同事。
C. 王研究员是博士。
D. 王研究员不是博士。
E. 王研究员不是张教授的初中同学。

[解题分析] 正确答案：B

题干断定：（1）张教授的所有初中同学都不是博士；
（2）通过张教授而认识其哲学研究所同事的都是博士；
（3）张教授的一个初中同学通过张教授认识了王研究员。

由条件（1）、（2）推出：张教授的所有初中同学通过张教授而认识的人都不是其哲学研究所同事。

再由条件（3）进一步推出：王研究员不是张教授的哲学研究所同事。

■相互尊重是相互理解的基础，相互理解是相互信任的前提；在人与人的相互交往中，自重、自信也是非常重要的，没有一个人尊重不自重的人，没有一个人信任他所不尊重的人。

以上陈述可以推出以下哪项结论？

A. 不自重的人也不被任何人信任。
B. 相互信任才能相互尊重。
C. 不自信的人也不自重。
D. 不自信的人也不被任何人信任。
E. 不自信的人也不受任何人尊重。

[解题分析] 正确答案：A

题干断定：

第一，没有一个人尊重不自重的人。这意味着：不自重的人都不受人尊重。
第二，没有一个人信任他所不尊重的人。这意味着：不受人尊重的人也不被人信任。
由此可推出：不自重的人也不被人信任。因此，A 项正确。

【专项训练】

01. 王芳获得的奖学金比李梁的高。在获知田小野的奖学金比李大明的高后，可知王芳的奖学金也比李大明的高。

以下各项假设均能使上述推断成立，除了：

A. 田小野的奖学金比王芳的高。
B. 李梁的奖学金比李大明的高。
C. 李梁的奖学金比田小野的高。
D. 李梁的奖学金和田小野的一样。
E. 王芳的奖学金和田小野的一样。

02. 某班有三个小组，赵、钱、孙三人分属不同的小组。这次语文考试成绩公布，情况如下：赵和三人中的第3小组那位不一样，孙比三人中第1小组的那位的成绩低，三人中第3小组的那位比钱分数高。

若赵、钱、孙三人按语文成绩由高到低排列，正确的是哪项？
A. 赵、钱、孙。
B. 赵、孙、钱。
C. 钱、赵、孙。
D. 孙、赵、钱。
E. 孙、钱、赵。

03. 在世界总人口中，男女比例相当，但黄种人是大大多于黑种人，在其他肤色的人种中，男性比例大于女性。

如果上述断定为真，则可推出以下哪项是真的？
A. 黄种女性多于黑种男性。
B. 黄种男性多于黑种女性。
C. 黄种女性多于黑种女性。
D. 黄种女性不多于黑种男性。
E. 黄种男性多于黑种男性。

04. 小明、小红、小丽、小强、小梅五人去听音乐会。他们五人在同一排且座位相连，其中只有一个座位最靠近走廊。如果小强想坐在最靠近走廊的座位上，小丽想跟小明紧挨着，小红不想跟小丽紧挨着，小梅想跟小丽紧挨着，但不想跟小强或小明紧挨着。

以下哪项排序符合上述五人的意愿？
A. 小明、小梅、小丽、小红、小强。
B. 小强、小红、小明、小丽、小梅。
C. 小强、小梅、小红、小丽、小强。
D. 小明、小红、小梅、小丽、小强。
E. 小强、小丽、小梅、小明、小红。

05. 学校学习成绩排名前5％的同学要参加竞赛培训，后5％的同学要参加社会实践。小李的学习成绩高于小王的学习成绩，小王的学习成绩低于学校的平均成绩。

下列哪项最不可能发生？
A. 小李和小王都要参加社会实践。
B. 小王和小李都没有参加社会实践。
C. 小李和小王都没有参加竞赛培训。
D. 小李参加竞赛培训。
E. 小王参加竞赛培训，小李没有参加竞赛培训。

06. 赵元的同事都是球迷，赵元在软件园工作的同学都不是球迷，李雅既是赵元的同学又是他同事，王伟是赵元的同学但不在软件园工作，张明是赵元的同学但不是球迷。

根据以上陈述，可以得出以下哪项？
A. 王伟是球迷。
B. 赵元不是球迷。
C. 李雅不在软件园工作。
D. 张明在软件园工作。
E. 赵元在软件园工作。

07. 哺乳类动物侏儒个体的身体相对于非侏儒个体的身体的比例较之侏儒个体的牙齿相对于非侏儒个体的牙齿的比例要小。一个成年侏儒长毛猛犸象的不完整的骨骼遗迹最近被发现，它的牙齿是正常成年长毛猛犸象的3/4。

以上陈述如果为真，最有力地支持了以下哪项陈述？

A. 此侏儒长毛猛犸象的身体不到正常的非侏儒成年长毛猛犸象身体的 3/4。

B. 最近被发现的侏儒长毛猛犸象的牙齿没有一颗是与已经被发现的非侏儒长毛猛犸象的牙齿同样大的。

C. 哺乳类动物的大部分成年侏儒的个体的牙齿是相同种类的非侏儒成年个体牙齿的 3/4。

D. 侏儒长毛猛犸象与非侏儒长毛猛犸象有相同个数的牙齿。

E. 大多数哺乳类动物的侏儒个体的大小通常不超过那个种类的非侏儒个体大小的 3/4。

08. 在 LH 公司，从董事长、总经理、总会计师到每个员工，没有人信任所有的人。董事长信任总经理；总会计师不信任董事长；总经理信任所有信任董事长的人。

如果上述断定为真，则以下哪项不可能为真？

Ⅰ. 总经理不信任董事长。

Ⅱ. 总经理信任总会计师。

Ⅲ. 所有的人都信任董事长。

A. 只有Ⅰ。

B. 只有Ⅱ。

C. 只有Ⅲ。

D. 只有Ⅱ、Ⅲ。

E. Ⅰ、Ⅱ和Ⅲ。

【答案解析】

01. 答案：A

前提：王芳＞李梁；田小野＞李大明。

结论：王芳＞李大明。

A 项不能使上述推理必然成立，为正确答案。

其余选项如果成立，均能使上述推断成立。

02. 答案：B

题干论述可转化为：赵≠③，孙＜①，钱＜③。

根据题意，赵和钱都不在第 3 组，只能孙在第 3 组，可推出：①＞孙＞钱。

因此，成绩由高到低排列的顺序为：赵、孙、钱。

03. 答案：A

根据题干断定，黄种人是大大多于黑种人，可表示为：

黄男＋黄女＞黑男＋黑女　　（1）

又根据题干断定，在世界总人口中男女比例相当，在其他肤色的人种中，男性比例大于女性。这意味着，黄种人和黑种人的女性总数要大于黄种人和黑种人的男性总数，可表示为：

黄女＋黑女＞黄男＋黑男　　（2）

上述两式相加，可得：黄男＋黄女＋黄女＋黑女＞黑男＋黑女＋黄男＋黑男

从而推得：黄女＞黑男。

因此，正确答案为 A。

04. 答案：B

可用排除法。A 违背条件（5）。B 符合条件。C 违背条件（4）。D 违背条件（2）。E 违背条件（5）。因此，正确答案为 B。

05. 答案：E

题干断定：

（1）前 5% 的同学↔参加竞赛培训

(2) 后 5% 的同学 ↔ 参加社会实践
(3) 小李＞小王
(4) 学校平均成绩＞小王

选项 A、B、C、D 都可能符合题干断定。

而 E 项，小王参加竞赛培训，小李没有参加竞赛培训，说明小王属于前 5% 的同学，小李不属于前 5% 的同学，这与 (3) 矛盾，所以，不可能发生。

06. 答案：C

根据题干条件，李雅是赵元的同事，赵元的同事都是球迷，可推出：李雅是球迷；

而赵元在软件园工作的同学都不是球迷；因此，李雅不是赵元在软件园工作的同学；

而李雅是赵元的同学；因此，李雅不在软件园工作。所以，C 项正确。

其余选项都不必然能从题干推出。

07. 答案：A

题干断定：第一，侏儒个体与非侏儒个体身体的比例小于它们牙齿的比例。

第二，侏儒个体与非侏儒个体牙齿的比例是 3/4。

从而可合理地得出结论：侏儒个体与非侏儒个体身体的比例一定小于 3/4。因此，A 项正确。

B 讨论的情况题干没有涉及；C 引入新的比较，题干没有信息支持；D、E 为无关选项，均应排除。

08. 答案：C

Ⅰ项可能为真。总经理信任所有信任董事长的人，但可能不信任董事长本人。

Ⅱ项可能为真。虽然总经理信任所有信任董事长的人，不等于"总经理不信任所有不信任董事长的人"，也即总经理有可能信任某些不信任董事长的人，即使总会计师不信任董事长，总经理也有可能信任总会计师。

Ⅲ项不可能为真。因为由题干，总会计师不信任董事长，因此，不可能所有的人都信任董事长。

第二节　数　学　推　理

数学作为一种演绎系统，本身就是演绎逻辑，数学内容是以逻辑意义相关联的，数学中基本的概念、性质、法则、公式等都是遵循科学的逻辑性构成的。因此，数学推理能力是逻辑思维能力的一个重要表现。逻辑考试中出现的数学推理题包括数学运算、数学思维和数学推演。

一、数学运算

数学运算题虽然只涉及初等数学中的计算、数论分析等，但要在短时间内答题就需要一定的数学运算和数学分析的解题技巧。

■某校以年级为单位，把学生的成绩分为优、良、中、差四等。在一学年中，各门考试分前 10% 的为优；后 30% 为差，其余的为良和中。在上一学年中，高二年级成绩为优的学生多于高一年级成绩为优的学生。

如果上述为真，则以下哪项一定为真？

A. 高二年级成绩为差的学生少于高一年级成绩为差的学生。

B. 高二年级成绩为差的学生多于高一年级成绩为差的学生。
C. 高二年级成绩为优的学生少于高一年级成绩为良的学生。
D. 高二年级成绩为优的学生少于高一年级成绩为中的学生。
E. 高二年级成绩为差的学生多于高一年级成绩为中的学生。

[解题分析] 正确答案：B
设高一学生总人数为 X，高二学生总人数为 Y。则由题干：
$10\%Y>10\%X$，可得：$Y>X$。
因此，$30\%Y>30\%X$，即高二年级成绩为差的学生多于高一年级成绩为差的学生。

■参加某国际学术研讨会的60名学者中，亚裔学者31人，博士33人，非亚裔学者中无博士学位的4人。
根据上述陈述，参加此次国际研讨会的亚裔博士有几人？
A. 1人。
B. 2人。
C. 4人。
D. 7人。
E. 8人。

[解题分析] 正确答案：E
x 为亚裔博士人数，y 为亚裔非博士人数，z 为非亚裔的博士人数。

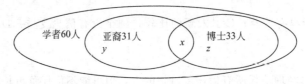

从而列出如下方程：
① $x+y+z+4=60$
② $x+y=31$
③ $x+z=33$
②+③-①，可推出 $x=8$。

二、数学思维

数学思维类题目一般是指并不具体涉及数字计算或用数学关系式运算的题目，但要快速有效地解答这类题目需要进行必要的数学思维来进行推理。

■在过去的五年中，W市的食品价格平均上涨了25％。与此同时，居民购买食品的支出占该市家庭月收入的比例却仅仅上涨了约8％。因此，过去两年间W市家庭的平均收入上涨了。
以下哪项最有可能是上述论证的假设？
A. 在过去五年中，W市的家庭生活水平普遍有所提高。
B. 在过去五年中，W市除了食品外，其他商品平均价格上涨了25％。
C. 在过去五年中，W市居民购买食品数量增加了8％。
D. 在过去五年中，W市每个家庭年购买的食品数量没有变化。
E. 在过去五年中，W市每个家庭年购买的食品数量减少了。

[解题分析] 正确答案：D
题干前提一：食品价格平均上涨了25％。
补充D项：每个家庭购买的食品数量没有变化。

推出结论：每个家庭食品支出平均上涨了25%。

题干前提二：食品支出占家庭月收入的比例仅上涨了约8%。

得出题干结论：家庭的平均收入上涨了。

■某地区过去三年日常生活必需品平均价格增长了30%。在同一时期，购买日常生活必需品的开支占家庭平均月收入的比例并未发生变化。因此，过去三年中家庭平均收入一定也增长了30%。

以下哪项最可能是上述论证所假设的？

A．在过去三年中，平均每个家庭购买的日常生活必需品数量和质量没有变化。
B．在过去三年中，除生活必需品外，其他商品平均价格的增长低于30%。
C．在过去三年中，该地区家庭的数量增加了30%。
D．在过去三年中，家庭用于购买高档消费品的平均开支明显减少。
E．在过去三年中，家庭平均生活水平下降了。

[解题分析] 正确答案：A

题干所隐含的数学关系为：

购买日常生活必需品的开支占家庭平均月收入的比例＝（日常生活必需品平均价格×平均每个家庭购买的日常生活必需品数量）/家庭平均月收入。

因此，要使题干论证成立，A项是必须假设的。否则，如果在过去三年中，平均每个家庭购买的日常生活必需品数量和质量发生了变化；那么，题干论证就不成立了。

三、数学推演

数学推演类题目特指具有一定难度的数学推理题，一般需要列出多个数学方程或需要分析较为复杂的数学关系。

■某省大力发展旅游产业，目前已经形成东湖、西岛、南山三个著名景点，每处景点都有2日游、3日游、4日游三种路线。李明、王刚、张波拟赴上述三地进行9日游，每个人都设计了各自的旅游计划。后来发现，每处景点他们三人都选择了不同的路线：李明赴东湖的计划天数与王刚赴西岛的计划天数相同，李明赴南山的计划是3日游，王刚赴南山的计划是4日游。

根据以上陈述，可以得出以下哪项？

A．张波计划东湖4日游，王刚计划西岛3日游。
B．张波计划东湖3日游，李明计划西岛4日游。
C．李明计划东湖2日游，王刚计划西岛3日游。
D．王刚计划东湖3日游，张波计划西岛4日游。
E．李明计划东湖2日游，王刚计划西岛2日游。

[解题分析] 正确答案：E

三个人每人进行9日游。列表如下：

项目	东湖	西岛	南山	合计
李明	S		3	9
王刚		S	4	9
张波				9

由于每个景点有2、3、4日游三种路线，因此，9日游只有两种可能的组合9＝3+3+3或者9＝2+3+4。

又由于每处景点他们三人都选择了不同的路线，从而进一步得到，李明、王刚在三个景点的路线组合都是 2、3、4（因为如果李明是 3，3，3；则王刚就是 2，3，4；则西岛就都是 3 日游了）。

这样就只能得出唯一的情况：

项目	东湖	西岛	南山	合计
李明	2	4	3	9
王刚	3	2	4	9

因此，E 项正确。

■据统计，去年在某校参加高考的 385 名文、理科考生中，女生 189 人，文科男生 41 人，非应届男生 28 人，应届理科考生 256 人。

由此可见，去年在该校参加高考的考生中：

A. 应届理科男生多于 129 人。
B. 非应届文科男生多于 20 人。
C. 非应届文科男生少于 20 人。
D. 应届理科女生多于 130 人。
E. 应届理科女生少于 130 人。

[解题分析] 正确答案：E

本题涉及三种分类：应届与非应届，文科与理科，男生与女生。按题意列表如下：

项目	应届文科	非应届文科	应届理科	非应届理科	合计
男	P	Q	R	S	196
女			T		189
合计			256		385

由题干条件列出以下方程：

(1) $P+Q=41$。
(2) $Q+S=28$。

所以，$P+Q+Q+S=41+28=69$

即 $P+Q+S=69-Q \leqslant 69$

所以，$T=256-R=256-[196-(P+Q+S)]$
$=256-196+(P+Q+S)=60+(P+Q+S) \leqslant 60+69=129$

因此，应届理科女生少于 130 人。

【专项训练】

01. 某市为了减少交通堵塞，采取如下限行措施：周一至周五的工作日，非商用车按尾号 0、5，1、6，2、7，3、8，4、9 分五组顺序分别限行一天，双休日和法定假日不限行，对违反规定者要罚款。

关于该市民出行的以下描述中，除哪项外，都可能不违反限行规定？

A. 赵一开着一辆尾数为 1 的商用车，每天都在路上跑。
B. 钱二有两辆私家车，尾号都不相同，每天都在开。
C. 张三与邻居共有三辆车，尾号不相同，他们合作每天都有两辆车开。
D. 李四和张三两邻居共有五辆私家车，尾号不相同，他们合作每天都有四辆车可开。
E. 王五与张三邻居共有六辆私家车，尾号都不相同，他们合作每天有五辆车可开。

02. 某公司的销售部有五名工作人员，其中有两名本科专业是市场营销，两名本科专业是计算机，有一名本科专业是物理学。又知道五人中有两名女士，她们的本科专业背景不同。

根据上文所述，以下哪项论断最可能为真？

A. 该销售部有两名男士是来自不同本科专业的。
B. 该销售部的一名女士一定是计算机本科专业毕业的。
C. 该销售部三名男士来自不同的本科专业，女士也来自不同本科专业。
D. 该销售部至多有一名男士是市场营销专业毕业的。
E. 该销售部本科专业为物理学的一定是男士，不是女士。

03. "好写"与"超快"两家公司都为使用他们开发的文字处理软件的顾客提供 24 小时的技术援助热线电话服务。因为顾客只有在使用软件困难时才会拨打热线，而"好写"热线的电话是四倍于"超快"的，因此"好写"的文字处理软件使用起来一定比"超快"的困难。

以下哪项如果为真，最能加强上述论证？

A. 打给"超快"热线的电话平均时长差不多是打给"好写"热线的两倍。
B. "超快"的文字处理软件的顾客数量是"好写"的三倍。
C. "超快"收到的对其文字处理软件的投诉信件数量是"好写"所收到的两倍。
D. 打给两家公司热线的数量都呈逐步增长趋势。
E. "好写"的热线电话号码比"超快"的更易记住。

04. 某市优化投资环境，2010 年累计招商引资 10 亿元。其中外资 5.7 亿元，投资第三产业 4.6 亿元，投资非第三产业 5.4 亿元。

根据以上陈述，可以得出以下哪项结论？

A. 投资第三产业的外资大于投资非第三产业的内资。
B. 投资第三产业的外资小于投资非第三产业的内资。
C. 投资第三产业的外资等于投资非第三产业的内资。
D. 投资第三产业的外资和投资非第三产业的内资是无法比较大小的。
E. 投资第三产业的外资为 4.3 亿元。

05. 在美国备案申报纳税的公司中有 38 家公司纯收入超过 1 亿美元，在所有税收报表上报道的国外来源总的应征税收入中，它们占了 53％。在国外来源总的应征税收入中，有 60％是来自 10 多个国家的 200 份纳税申报。

如上面陈述为真，则下面哪个也一定正确？

A. 净收入超过 1 亿美元的公司赚取的大部分应征税收入都来自国外。
B. 有大量个人收入的人有 47％的应征税收入来自国外。
C. 来自国外的收入相当于上报应征税收入的 53％～60％。
D. 一些净收入超过 1 亿美元的公司报告其收入来自 10 多个国家。
E. 绝大部分收入来自 10 多个国家的公司净收入超过 1 亿美元。

06. 今年上半年，北京凯华出租汽车公司接到的乘客投诉电话数量是北京安达出租汽车公司的 2 倍，这说明安达出租汽车公司比凯华出租汽车公司的管理更规范，服务质量更高。

如果以下陈述为真，哪一项最能支持上述结论？

A. 凯华出租汽车公司的投诉电话号码数不如安达出租汽车公司的多。
B. 凯华出租汽车公司的投诉电话数量比安达出租汽车公司的上升得快。
C. 安达出租汽车公司的在运营车辆是凯华出租汽车公司的 2 倍。
D. 打给凯华出租汽车公司的投诉电话通常比打给安达出租汽车公司的投诉电话时间更长。
E. 北京安达出租汽车公司的投诉电话很少对外界宣传。

07. X 国生产汽车发动机的成本比 Y 国低 10％，即使加上关税和运输费，从 X 国进口汽车发动机仍比在 Y 国生产便宜。

由此我们可以知道：

A. X国的劳动力成本比Y国低10%。
B. 从X国进口汽车发动机的关税低于在Y国生产成本的10%。
C. 由X国运一个汽车发动机的费用高于在Y国造一个汽车发动机的10%。
D. 由X国生产一个汽车发动机的费用是Y国的10%。
E. 从X国进口汽车发动机的运输费用是在Y国生产成本的10%。

08. 许多人通过非法拷贝而不是购买为家中的计算机获取软件。然而，在过去的五年中，由于人们为家用计算机购买软件的平均数量显著增加，因此拥有家用计算机的人非法拷贝软件的平均数量一定比以前少了。

如果以下哪项为真，最能强化上述论证？
A. 家用计算机使用的数量在过去的五年中显著地增加了。
B. 五年前大约有一半用于家用计算机的软件是被非法拷贝而不是购买的。
C. 大多数拥有家用计算机的人使用计算机越频繁，他们拥有计算机的时间就越长。
D. 很少有偏好非法拷贝软件的人由于他们没有熟人拥有这些软件而不能拷贝这些软件。
E. 平均来说，如今拥有家用计算机的人与五年前的基本上拥有相同数量的软件。

09. 热可石油燃烧器在沥青工厂中使用非常有效率。热可石油燃烧器将向克立夫顿沥青工厂出售一台这种燃烧器，价格是过去两年该沥青工厂使用热可石油燃烧器的成本费用与将来两年该沥青工厂使用热可石油燃烧器将产生的成本费用的差额。在安装时，工厂会进行一次预付，两年以后再将其调整为与实际的成本差额相等。

下面哪项如果为真，会对上述计划中的热可石油燃烧器售价造成不利？
A. 另一个制造商把有相似效率的燃烧器引入市场。
B. 克立夫顿沥青工厂对不止一台新燃烧器的需要。
C. 克立夫顿沥青工厂的旧燃烧器的效率非常差。
D. 对沥青的需求下降。
E. 新燃烧器安装后不久，石油价格的持续上涨。

10. 假期收入是指一年中第四季度发生的总销售额，决定了许多零售行业经济上的成功或失败。一家仅销售一种款式相机的零售商卡姆克公司就是一个很好的例子。卡姆克公司的假期收入平均占到其每年总收入的1/3和其年利润的一半。

如果以上的叙述是正确的，依据这些叙述，下面哪种关于卡姆克公司的说法也必定是正确的？
A. 它在第四季度销售每台相机的固定成本高于其他三个季度中的任何一个季度。
B. 它在第一季度和第三季度获得的利润加起来比第四季度获得的利润高。
C. 平均而言，它在第四季度的每台相机零售价格比其他三个季度中任何一个季度都低。
D. 对于一定金额的销售数量而言，它在第四季度平均获得的利润比前三个季度合起来要多。
E. 平均而言，它在第四季度支付给批发商的每台相机价格比其他三个季度中任何一个季度都高。

11. 桌上放着红桃、黑桃和梅花三种牌，共20张：
[1] 桌上至少有一种花色的牌少于6张。
[2] 桌上至少有一种花色的牌多于6张。
[3] 桌上任意两种牌的总数将不超过19张。
上述论述中，正确的是：
A. [1]、[2]。
B. [1]、[3]。
C. [2]、[3]。
D. [1]、[2]和[3]。

E. 上述论述都不正确。

12. 对美国和前苏联的每英亩平均粮食产量进行的一次为期10年的对比分析结果表明，当仅以种植面积比较时，前苏联的平均亩产量是美国的68%。但当对农业总面积（包括种植面积和休耕面积）进行比较时，前苏联的平均亩产量是美国的114%。

根据以上信息，关于美国与前苏联在这10年期间的农业情况，下面哪项最可靠地推断出来？
A. 美国农业总面积中休耕地的比例要大于前苏联。
B. 美国休耕地面积多于耕地面积。
C. 前苏联闲置的可用农业面积要比美国少。
D. 前苏联的耕种面积多于休耕地面积。
E. 前苏联的粮食产量比美国少。

13. 在丈夫或妻子至少有一个是中国人的夫妻中，中国女性比中国男性多2万人。
如果上述断定为真，则以下哪项一定为真？
Ⅰ. 恰有2万中国女性嫁给了外国人。
Ⅱ. 在和中国人结婚的外国人中，男性多于女性。
Ⅲ. 在和中国人结婚的人中，男性多于女性。
A. 只有Ⅰ。
B. 只有Ⅱ。
C. 只有Ⅲ。
D. 只有Ⅱ和Ⅲ。
E. Ⅰ、Ⅱ和Ⅲ。

14. 某综合性大学只有理科与文科，理科学生多于文科学生，女生多于男生。
如果上述断定为真，则以下哪项关于该大学学生的断定也一定为真？
Ⅰ. 文科的女生多于文科的男生。
Ⅱ. 理科的男生多于文科的男生。
Ⅲ. 理科的女生多于文科的男生。
A. 只有Ⅰ和Ⅱ。
B. 只有Ⅲ。
C. 只有Ⅱ和Ⅲ。
D. Ⅰ、Ⅱ和Ⅲ。
E. Ⅰ、Ⅱ和Ⅲ都不一定是真的。

15. 现有甲、乙两所学校，根据上年度的经费实际投入统计，若仅仅比较在校本科生的学生人均投入经费，甲校等于乙校的86%；但若比较所有学生（本科生加上研究生）的人均经费投入，甲校是乙校的118%。各校研究生的人均经费投入均高于本科生。

根据以上信息，最可能得出以下哪项？
A. 上年度，甲校学生总数多于乙校。
B. 上年度，甲校研究生人数少于乙校。
C. 上年度，甲校研究生占该校学生的比例高于乙校。
D. 上年度，甲校研究生人均经费投入高于乙校。
E. 上年度，甲校研究生占该校学生的比例高于乙校，或者甲校研究生人均经费投入高于乙校。

16. 小刘和小红都是张老师的学生，张老师的生日是M月N日，两人都知道张老师的生日是下列10天中的一天，这10天分别为3月4日、3月5日、3月8日、6月4日、6月7日、9月1日、9月5日、12月1日、12月2日、12月8日。张老师把M值告诉了小刘，把N值告诉了小红，然后有如下对话：

小刘说：如果我不知道的话，小红肯定也不知道。
小红说：刚才我不知道，听小刘一说我就知道了。
小刘说：哦，那我知道了。
请根据以上对话推断出张老师的生日是：

A. 3月4日。
B. 3月5日。
C. 3月8日。
D. 9月1日。
E. 9月5日。

【答案解析】

01. 答案：E

E项违反限行规定，六辆车尾号都不同，而10个号码分五组，说明六个号码中至少有两个是一组，即有一天限行了两辆车，所以，有一天最多是四辆车可以开，不可能每天有五辆车可开。

02. 答案：A

根据题意，可推知5名工作人员的性别与专业情况只有下列三种：
（1）2位女士分别为市场营销和计算机，3位男士分别为市场营销、物理学和计算机。
（2）2位女士分别为物理学和计算机，3位男士分别为市场营销、市场营销和计算机。
（3）2位女士分别为市场营销和物理学，3位男士分别为市场营销、计算机和计算机。
从中必然能推出A。其余选项不能必然推出。

03. 答案：B

若B项为真，即拥有"超快"文字处理软件的顾客数比拥有"好写"文字处理软件的顾客数多三倍，那么，如果两种软件同样难用，则"超快"的热线电话应该也比"好写"多三倍左右。现在，"好写"收到的热线电话反而比"超快"收到的热线电话多四倍，可见，"好写"的文字处理软件使用起来一定比"超快"的困难。

04. 答案：A

设投资第三产业的外资为 x 亿元，根据题干条件，可推出下表：

项目	第三产业4.6	非第三产业5.4
外资5.7	x	$5.7-x$
内资4.3	$4.6-x$	$4.3-(4.6-x)=x-0.3$

从而得：投资非第三产业的内资为 $x-0.3$。
因此必然可得：投资第三产业的外资大于投资非第三产业的内资。A项为正确答案。

05. 答案：D

题干可用集合思维来推导。分别用 R_1 表示来自于这38家公司的应征税收入，S 表示来自于外国的总的应征税收入，用 R_2 表示来自于10多个国家的200份纳税报表的应征税收入，那么由于 R_1 占 S 的53%，R_2 占 S 的60%，因此，对 S 来说，R_1 与 R_2 的交集最小为13%（53%＋60%－100%），最大为53%，所以 R_1 与 R_2 一定有交集，这表明，一些净收入超过1亿美元的公司报告其收入来自10多个国家。因此，D项为正确答案。

06. 答案：C

通过比较两家出租车公司接到投诉电话的绝对数来比较二者的管理水平和服务质量，必须建立在二者营运车辆相同规模的情况下。

C项，安达公司的运营车辆是凯华公司的2倍，如果这两家公司管理水平和服务质量等都一样，应该是安达公司接到的投诉电话也应是凯华公司的2倍，而题干陈述，安达公司接到的乘客投诉电话却只有凯华公司的一半，这显然有力地加强了"安达公司比凯华公司的管理更规范，服务质量更高"这一结论的可信度。

其余选项所涉及的电话号码数、投诉电话数量上升快慢及投诉电话时间长短均不会起到支持论述的作用。

07. 答案：B

根据题干可知：

X国成本＝90％Y国成本

X国成本＋关税＋运输费＜Y国成本

代入后得出：关税＋运输费＜10％Y国成本。

由此可知：从X国进口汽车发动机的关税要低于Y国生产成本的10％。

因此，B项为正确答案。

08. 答案：E

题干前提：人们为家用计算机购买软件的平均数量显著增加。

补充E项：现在和过去拥有的家用计算机软件数目相同。

得出结论：非法拷贝数量减少。

上述推理实质上是：如果一个总量不变的集合有两个子集，若其中一个子集增大，则另外一个子集变小。

因此，E项为正确答案。其余选项为无关项。

09. 答案：E

题干断定：热可售价＝过去两年使用原燃烧器的成本－将来两年使用热可燃烧器的成本

那么，如果E项为真，即使用热可石油燃烧器后不久，石油价格持续上涨，那么，将来两年使用热可燃烧器的成本就大幅度上升，因此，对热可石油燃烧器售价造成不利。

其余选项均没有E项有效，比如，A、D项都不与费用直接关。

10. 答案：D

题干结论是：假期收入决定零售业成败。理由是以一公司为例，其假期收入占总收入的1/3和其年利润的一半。

根据题意可推知，该公司第四季度的平均利润率为[(1/2)×年利润]/[(1/3)×年销售收入]＝(3/2)×年利润率，而其他三个季度为[(1/2)×年利润]/[(2/3)×年销售收入]＝(3/4)年利润率，这显然说明，对一定的销售额而言，四季度的平均利润高于其他三个季度的平均利润，所以，D项正确。

其余选项均推不出。题干没给出成本数据，排除A项；第一和第三季度的情况题干没有给出，B项排除；零售价格的变化趋势由题干信息不能推出，C项排除。E项明显不能从题干推出。

11. 答案：C

首先确定[1]不正确，可以举例来说明，假设三种牌的张数分别是6、6、8，就推翻了[1]的论述。

三种牌共20张，则三种牌的平均张数大于6，所以至少有一种牌的张数大于6，即[2]正确。

再看[3]，由于有三种牌共20张，如果其中有两种总数超过了19，也就是至少达到了20

张，那么另外一种牌就不存在了，这是与题意相矛盾的，由此可知[3]的说法正确。

因此，C项正确。

12. 答案：A

题干断定：基于耕种地和休耕地的总面积计算的平均亩产，前苏联比美国多；而仅基于耕种地的面积计算的平均亩产，前苏联比美国少。从中显然可直观地看出来美国比前苏联的休耕地占农业总面积的比例高，即A为正确答案。

可用数学方法证明，设：

美国的总产量为M，种植面积为A，休耕面积为B；

前苏联的总产量为S，种植面积为C，休耕面积为D；

则列出关系式：

① $S/C=68\%M/A$

② $S/(C+D)=114\%M/(A+B)$

推出：$[C/(C+D)]/[A/(A+B)]=114\%/68\%>1$

推出：$B/A>D/C$

推出：$B/(A+B)>D/(C+D)$

即，休耕面积在整个农业面积中占的比例，美国比前苏联大。

13. 答案：D

丈夫或妻子至少有一个是中国人的夫妻有三种情况，列表如下：

丈夫（男性）	中国人 P	中国人 Q	外国人 R
妻子（女性）	中国人 P	外国人 Q	中国人 R

题干可表示为$(P+R)-(P+Q)=2$；即$R-Q=2$。

Ⅰ可表示为$R=2$；这从题干推不出来。

Ⅱ可表示为$R>Q$；这可以从题干必然推出。

Ⅲ可表示为$P+R>P+Q$；这可以从题干必然推出。

14. 答案：B

数学思维题。设理科男生数为X_1，理科女生数为X_2；文科男生数为Y_1，文科女生数为Y_2。则根据题干条件，列式如下：

(1) $X_1+X_2>Y_1+Y_2$

(2) $X_2+Y_2>X_1+Y_1$

两式相加可得：$X_2>Y_1$

意味着：理科的女生多于文科的男生，即Ⅲ项必然正确。

其余Ⅰ和Ⅱ项都推不出。例如，假设全校学生400名，理科学生共300名且都是女性，文科学生共100名都是男性，则题干条件成立，但此时Ⅰ和Ⅱ项都不成立。

因此，答案为B。

15. 答案：E

题干断定：

第一，仅比较本科生的学生人均投入经费，甲校低于乙校；

第二，若比较所有学生（本科生加上研究生）的人均经费投入，甲校高于乙校；

第三，各校研究生的人均经费投入均高于本科生。

再根据以下数学关系：

学生经费总投入＝本科生经费总投入＋研究生经费总投入

＝所有学生的人均经费投入×（本科生人数＋研究生人数）

＝本科生的人均经费投入×本科生人数＋研究生的人均经费投入×研究生人数

也即：所有学生的人均经费投入
＝本科生的人均经费投入×(1－研究生占该校学生的比例)＋研究生的人均经费投入×研究生占该校学生的比例
＝本科生的人均经费投入＋(研究生的人均经费投入－本科生的人均经费投入)×研究生占该校学生的比例

可必然推知：甲校研究生占该校学生的比例高于乙校，或者甲校研究生人均经费投入高于乙校。

16. 答案：D

把日期按月份排列如下：
3月4日；3月5日；3月8日；
6月4日；6月7日；
9月1日；9月5日；
12月1日；12月2日；12月8日。

经仔细观察，该10组日期的月数都有两组以上，日数中只有7和2是唯一的。

小刘说："如果我不知道的话，小红肯定也不知道"，由此可以推断出：月数 $M≠6$，$M≠12$。因为如果 $M=6$，而恰好日数 $N=7$，则小红就知道了老师的生日；同理，如果 $M=12$，而恰好 $N=2$，则小红同样可以知道老师的生日。所以 $M∈(3, 9)$，即这个日子就锁定在3月和9月了。

而"小红说：本来我也不知道，但是现在我知道了"，所以 $N∈(1, 4, 8)$。这样，在3月或9月是1日、4日或8日的日子只有一天，这天只能是9月1日。

第三节　逻　辑　分　析

逻辑分析题型通常是题干给出若干条件，要求以这些条件为前提，逻辑地推出某种确定性的结论。这类题要依靠演绎思维进行分析和推理，正确答案一定是从题干所给条件中必然地推出。

一、演绎推论

推理能力与语言能力既有区别，又有联系，若不具备一定的语言能力，就谈不上推理能力。演绎推论指的是根据题干给出的信息直接推出确定性的结论。这类题目的特点：一是类似于阅读理解，二是一种必然性推理，正确答案一定在题干所给的信息中推出。

■根据某位国际问题专家的调查统计可知：有的国家希望与某些国家结盟，有三个以上的国家不希望与某些国家结盟；至少有两个国家希望与每个国家建交，有的国家不希望与任一国家结盟。

根据上述统计可以得出以下哪项？
A. 至少有一个国家，既有国家希望与之结盟，也有国家不希望与之结盟。
B. 至少有一个国家，既有国家希望与之建交，也有国家不希望与之建交。
C. 每个国家都有一些国家希望与之结盟。
D. 每个国家都有一些国家希望与之建交。
E. 有些国家之间希望建交但是不希望结盟。

[解题分析] 正确答案：D

题干断定：至少有两个国家希望与每个国家建交。
从中可必然推出：每个国家都有一些国家希望与之建交。

■一位房地产信息员通过对某地的调查发现：护城河两岸房屋的租金都比较廉价，廉租房都坐落在凤凰山北麓，东向的房屋都是别墅，非廉租房不可能具有廉价的租金；有些单室套的两限房建在凤凰山南麓,别墅也都建筑在凤凰山南麓。

根据该房地产信息员的调查,以下哪项不可能存在?

A. 东向的护城河两岸的房屋。
B. 凤凰山北麓的两限房。
C. 单室套的廉租房。
D. 护城河两岸的单室套。
E. 南向的廉租房。

[解题分析] 正确答案:A

根据题干断定:护城河两岸房屋的租金都比较廉价,非廉租房不可能具有廉价的租金;可推出:护城河两岸的房屋都是廉租房。

又根据题干断定:东向的房屋都是别墅。

因此,不可能存在"东向的廉租房",也即不可能存在"东向的护城河两岸的房屋",所以,A为正确答案。

其余选项都可能存在。

■思考是人的大脑才具有的机能。计算机所做的事(如深蓝与国际象棋大师对弈)更接近于思考,而不同于动物(指人以外的动物,下同)的任何一种行为。但计算机不具有意志力,而有些动物具有意志力。

如果上述断定为真,则以下哪项一定为真?

Ⅰ. 具备意志力不一定要经过思考。
Ⅱ. 动物的行为中不包括思考。
Ⅲ. 思考不一定要具备意志力。

A. 只有Ⅰ。
B. 只有Ⅱ。
C. 只有Ⅲ。
D. 只有Ⅰ和Ⅱ。
E. Ⅰ、Ⅱ和Ⅲ。

[解题分析] 正确答案:D

题干断定一:思考是人的大脑才具有的机能。说明计算机和动物都不能思考。
题干断定二:计算机不具有意志力,而有些动物具有意志力。

项目	人	计算机	动物
思考	√	×	×
意志力		×	√

有的动物具有意志力,但动物都不能思考,显然Ⅰ也是成立的.

思考是人的大脑才具有的机能,所以动物不能思考,即动物的行为中不包含思考;显然Ⅱ成立。

由题干,由于计算机所做的事只是接近于思考,而不是真正的思考,因此,不能根据计算机不具备意志力,就得出结论:思考不一定要具备意志力,所以,Ⅲ不能由题干推出。

二、演绎分析

演绎分析题的主要解题方法有:一是直接推理法;二是间接推理法,即假设代入法,包括排除法。

■在编号1、2、3、4的4个盒子中装有绿茶、红茶、花茶和白茶四种茶。每只盒子只装一种茶，每种茶只装一个盒子。已知：
(1) 装绿茶和红茶的盒子在1、2、3号范围之内。
(2) 装红茶和花茶的盒子在2、3、4号范围之内。
(3) 装白茶的盒子在1、2、3号范围之内。
根据上述，可以得出以下哪项？
A. 绿茶在3号。
B. 花茶在4号。
C. 白茶在3号。
D. 红茶在2号。
E. 绿茶在1号。

[解题分析] 正确答案：B

根据条件(1)可知，绿茶和红茶都不在4，由条件(2)可知白茶也不在4，从而推出，第4盒中装的只能是花茶，因此，B项为正确答案。

■在某次考试中，有3个关于北京旅游景点的问题，要求考生每题选择某个景点的名称作为唯一答案。其中6位考生关于上述3个问题的答案依次如下：
第一位考生：天坛、天坛、天安门；
第二位考生：天安门、天安门、大坛；
第三位考生：故宫、故宫、天坛；
第四位考生：天坛、天安门、故宫；
第五位考生：天安门、故宫、天安门；
第六位考生：故宫、天安门、故宫。
考试结果表明每位考生都至少答对其中1道题。
根据以上陈述，可知这3个问题的答案依次是：
A. 天坛、故宫、天坛。
B. 故宫、天安门、天安门。
C. 天安门、故宫、天坛。
D. 天坛、天坛、故宫。
E. 故宫、故宫、天坛。

[解题分析] 正确答案：B

可用排除法，依次把选项代入题干进行排除。
把选项A代入，第六位考生就全答错了，与题干不符，排除该项。
把选项B代入，符合题干所述的每位考生都至少答对其中1道题。
把选项C代入，第一位考生就全答错了，与题干不符，排除该项。
把选项D代入，第二位考生就全答错了，与题干不符，排除该项。
把选项E代入，第一位考生就全答错了，与题干不符，排除该项。

三、匹配对应

匹配对应题包括匹配分析、对应分析两种：
(1) 匹配分析题是相对基本的匹配对应类题。匹配对应类题型有三个特征：第一，给出一组对象、两种或者两种以上的情况因素；第二，给出了不同对象之间相关情况因素的判断；第三，问题推出确定的结论，即要求对象与情况因素进行一一匹配或对应。
匹配分析题的主要解题方法是：
一是演绎分析法。注意各类信息，必要时可以在草稿纸上作你设计的符号来表示推论过程，帮助你记住一些重要信息和推出正确结论。

二是图表分析法。把已知条件列在一个图表上，再进一步推理。

（2）对应分析题指相对复杂一些的匹配对应题，解题方法同样是演绎分析和图表分析的结合使用。具体解题步骤如下：

首先，阅读并对题干所给出的条件做出准确的理解。

其次，对题干给出的多种因素间的条件关系进行逻辑分析，寻找其内在关系。

再次，综合各个条件逐步进行分析与推理，直至推出必然性的答案。

■在某公司的招聘会上，公司行政部门、人力资源部和办公室拟各招聘一名工作人员，来自中文系、历史系和哲学系的三名毕业生前来应聘这三个不同的职位。招聘信息显示，历史系毕业生比应聘办公室的年龄大，哲学系毕业生和应聘人力资源部的着装颜色相近，应聘人力资源部的比中文系毕业生年龄小。

根据以上陈述，可以得出以下哪项？

A. 哲学系毕业生比历史系毕业生年龄大。
B. 中文系毕业生比哲学系毕业生年龄大。
C. 历史系毕业生应聘行政部。
D. 中文系毕业生应聘办公室。
E. 应聘办公室的比应聘行政部的年龄大。

［解题分析］ 正确答案：B

题干陈述：哲学系毕业生和应聘人力资源部的着装颜色相近，应聘人力资源部的比中文系毕业生年龄小。这意味着，人力资源部招聘的工作人员不可能是哲学系毕业生，也不可能是中文系毕业生年龄小，那只能是历史系毕业生。

再根据题干条件，历史系毕业生比应聘办公室的年龄大，应聘人力资源部的比中文系毕业生年龄小。列表如下：

$$\frac{(行政)}{中文} > \frac{人力}{历史} > \frac{办公室}{(哲学)}$$

从而可以得出：中文系毕业生比哲学系毕业生年龄大。

■长椅上并排坐着三个留学生。已经知道：
（1）苏丹学生右边的两个人中至少有一个是法国学生。
（2）法国学生左边的两个人中还有一个法国学生。
（3）男生左边的两个人中至少有一个是女生。
（4）女生右边的两个人中有一个也是女生。

那么，对于这三个人，下面哪项判断是确实的？

A. 苏丹女生、法国男生、法国男生。
B. 苏丹男生、法国男生、法国女生。
C. 苏丹女生、法国女生、法国女生。
D. 苏丹男生、法国男生、法国男生。
E. 苏丹女生、法国女生、法国男生。

［解题分析］ 正确答案：E

按照题意，从左到右可列出下表：

项目	1	2	3
国籍	苏丹	法国	法国
性别	女生	女生	男生

■张霞、李丽、陈露、邓强和王硕一起坐火车去旅游,他们正好在同一车厢相对两排的五个座位上,每人各坐一个位置。第一排的座位按顺序分别记作1号和2号。第2排的座位按序号记为3、4、5号。座位1和座位3直接相对,座位2和座位4直接相对,座位5不和上述任何座位直接相对。李丽坐在4号位置;陈露所坐的位置不与李丽相邻,也不与邓强相邻(相邻是指同一排上紧挨着);张霞不坐在与陈露直接相对的位置上。

根据以上信息,张霞所坐位置有多少种可能的选择?

A. 1种。
B. 2种。
C. 3种。
D. 4种。
E. 5种。

[解题分析] 正确答案:D

根据题干条件,李丽坐4号位置,陈露不与李丽相邻,所以只能坐1或2号位。

陈露也不与邓强相邻,所以邓强只能坐3或5号位。

由于张霞不坐在与陈露直接相对的位置上。假设陈露坐1号位,张霞可以坐2或5位。

假设陈露坐2号位,则张霞可坐1、3或5号位。

综合来看,张霞可有1、2、3、5号位共4种可能的位置。

1	2	
3	4李	5

四、真假话题

真假话题型的基本形式是题干给出的若干陈述中,明确了其中真假的数量,要求考生从中推出结论。真假话题型的解答方法主要分成三种:

1. 矛盾突破法

矛盾突破型的真假话题,解题突破口是题干所给出的陈述中找出有互相矛盾的判断,从而必知其一真一假。

(1) 互相矛盾的命题常分为直言命题的矛盾关系、复合命题的矛盾关系两种:

一是直言命题的矛盾关系。根据对当关系,找出一对矛盾关系的直言命题。

二是复合命题的矛盾关系。根据复合命题的负命题,找出一对矛盾关系的复合命题。

(2) 解题步骤:

第一步,确定矛盾。找出一对矛盾关系的命题,从而必知其一真一假。

第二步,绕开矛盾。根据已知条件从而知剩余说法的真假。

第三步,推出答案。

2. 反对突破法

反对突破法和矛盾突破法类似,若确定了题干陈述中有反对关系或下反对关系,就知道了它们不同真或不同假,从而找到了解题突破口。

3. 假设代入法

对一些不能用矛盾突破法或反对突破法的题目,或者一些推理难度较高的真假话题,就可以用假设代入法来进行间接推理,或者分情况进行分析,从而推出结果。

■小东在玩"勇士大战"游戏,进入第二关时,界面出现四个选项。第一个选项是"选择任意选项都需支付游戏币",第二个选项是"选择本项后可以得到额外游戏奖励",第三个选项是"选择本项后游戏不会进行下去",第四个选项是"选择某个选项不需支付游戏币"。

如果四个选项中的陈述只有一句为真,则以下哪项一定为真?

A. 选择任意选项都需支付游戏币。

B. 选择任意选项都无需支付游戏币。
C. 选择任意选项都不能得到额外游戏奖励。
D. 选择第二个选项后可以得到额外游戏奖励。
E. 选择第三个选项后游戏能继续进行下去。

[解题分析] 正确答案：E

首先发现，第一个和第四个选项中的陈述互相矛盾，因此，必然是一真一假。

由于四个选项中的陈述只有一句为真，因此，第二个和第三个选项中的陈述就必然为假。

根据第三个选项"选择本项后游戏不会进行下去"为假，推出：选择第三个选项后游戏能继续进行下去。即 E 项为正确答案。

■甲说乙胖，乙说丙胖，丙和丁都说自己不胖。

如果四个人陈述只有一人错，那么谁一定胖？

A. 仅甲。
B. 仅乙。
C. 仅丙。
D. 仅乙和丙。
E. 仅甲、乙和丙。

[解题分析] 正确答案：B

确定矛盾：乙、丙是说法矛盾，必为一真一假，则说假话的在两者之间。

绕开矛盾：则甲、丁的说法为真。

推出答案：由甲的说法为真，可知乙胖。

由丁的说法为真，可知丁不胖。

乙、丙无法确定谁真谁假，因此，答案只能选 B。

■学校在为失学儿童义捐活动中收到两笔没有署真名的捐款，经过多方查找，可以断定是周、吴、郑、王中的某两位捐的。经询问，周说："不是我捐的"；吴说："是王捐的"；郑说："是吴捐的"；王说："我肯定没有捐"。

最后经过详细调查证实四个人中只有两个人说的是真话。

根据已知条件，请你判断下列哪项可能为真？

A. 是吴和王捐的。
B. 是周和王捐的。
C. 是郑和王捐的。
D. 是郑和吴捐的。
E. 是郑和周捐的。

[解题分析] 正确答案：C

吴和王的断定是互相矛盾的，因此，其中必有一真，且只有一真。又由题干，只有两人说的是真话，因此，周和郑两人中有且只有一个人说真话。

这样可以分为四种情况讨论：

(1) 吴真王假，并且周真郑假。可推出王和郑捐了。

(2) 吴真王假，并且郑真周假。由吴真郑真可以推出，款是王、吴所捐，因为只有两笔捐款，因此，周没有捐；而周讲的话是假话，因此，周捐了。所以周既没捐又捐了，出现矛盾。故这种情况不存在。

(3) 吴假王真，并且周真郑假。王真周真推出王、周都没捐；因为有两笔捐款，所以，吴、郑都捐了；而由郑假推出可推出吴没捐，这样吴既捐了又没捐，出现矛盾，故这种情况不存在。

(4) 吴假王真,并且郑真周假。由郑真可以推出吴捐了,由周假可以推出周捐了。

由此,根据题干的条件,有且只有两种情况可能为真:第一,吴和周捐的款,第二,郑和王捐的款。其余的情况一定为假。

因此,选项A、B、D和E不可能为真;C项可能为真。

五、逻辑推演

逻辑推演是指难度较高的推理题,俗称智力推理,通常是给出一组前提条件,通过比较复杂的推理步骤,得到某个确定的结果。解这类考题时,所用的推理步骤往往较多,常需要运用假设代入法,逐步进行深入地逻辑分析和推理。

其中,典型的逻辑推演题是难度较高的真假话题,题目条件中没有相互矛盾或反对的判断,不能用矛盾突破法来解题,这类题往往要用假设代入法寻找解题突破口。

1. 假设代入的两种方法

(1) 归谬法:假设一个命题为真,推导出逻辑矛盾,那么该命题必定是假的。

(2) 反证法:假设一个命题为假,可推出逻辑矛盾,那么该命题必定是真的。

2. 假设代入的两种方式

包括对题干条件的假设和对选项的假设代入两种方式,一般优先使用对选项的假设代入。

(1) 对题干条件的假设代入

① 假设题干某个条件为真,若推出逻辑矛盾,则该条件为假,从中可推出某个结果。

② 假设题干某个条件为假,若推出逻辑矛盾,则该条件为真,从中可推出某个结果。

(2) 对选项的假设代入

① 假设某个选项为真,若推出逻辑矛盾,则该选项为假,应予以排除。

② 假设某个选项为假,若推出逻辑矛盾,则该选项为真,由逆否命题知,该选项为正确答案。

■在东海大学研究生会举办的一次中国象棋比赛中,来自经济学院、管理学院、哲学学院、数学学院和化学学院的5名研究生(每学院1名)相遇在一起。有关甲、乙、丙、丁、戊5名研究生之间的比赛信息满足以下条件:

(1) 甲仅与2名选手比赛过;
(2) 化学学院的选手和3名选手比赛过;
(3) 乙不是管理学院的,也没有和管理学院的选手对阵过;
(4) 哲学学院的选手和丙比赛过;
(5) 管理学院、哲学学院、数学学院的选手相互都交过手;
(6) 丁仅与1名选手比赛过。

根据以上条件,请问丙来自哪个学院?

A. 管理学院。
B. 化学学院。
C. 数学学院。
D. 哲学学院。
E. 经济学院。

[解题分析] 正确答案:C

丁仅与1名选手比赛过,根据条件(2)化学学院的选手和3名选手比赛过和条件(5)管理学院、哲学学院、数学学院的选手相互都交过手;则丁为经济学院的选手。

乙不是管理学院的,也没有和管理学院的选手对阵过,结合条件(5)管理学院、哲学学院、数学学院的选手相互都交过手,则乙不是管理学院,不是哲学和数学学院,则乙属于化学学院的。

哲学学院的选手和丙比赛过,那丙属于数学或是管理学院的选手。

甲	乙	丙	丁	戊
	化学	数学/管理	经济	

化学学院的选手和3名选手比赛过并且没有跟管理学院交手,则化学学院与哲学、数学和经济学院都交过手。

这说明,数学学院与化学、管理、哲学学院交过手;而且,哲学学院与化学、管理和数学学院交过手,根据条件(1)甲仅与2名选手比赛过,所以甲不属于数学学院,也不属于哲学学院,因此,甲只能是管理学院。

由此推出丙属于数学学院的。

■在某项目招标过程中,赵嘉、钱宜、孙斌、李汀、周武、吴纪6人作为各自公司代表参与投标,有且只有一人中标,关于究竟谁是中标者,招标小组中有3位成员各自谈了自己的看法:

(1)中标者不是赵嘉就是钱宜;
(2)中标者不是孙斌;
(3)周武和吴纪都没有中标。

经过深入调查,发现上述3人中只有一人的看法是正确的。

根据以上信息,以下哪项中的3人都可以确定没有中标?

A. 赵嘉、孙斌、李汀。
B. 赵嘉、钱宜、李汀。
C. 孙斌、周武、吴纪。
D. 赵嘉、周武、吴纪。
E. 钱宜、孙斌、周武。

[解题分析] 正确答案:B

题干条件表达如下:

项目	真	假
(1)	¬赵→钱	¬赵∧¬钱
(2)	¬孙	孙
(3)	¬周∧¬吴	周∨吴

由于上述3人中只有一人的看法是正确的,可分如下三种情况讨论:

情况一:(1)真(2)假(3)假。由(2)假,推出孙中标;由(3)假,推出周或吴中标;这与有且只有一人中标的题设相违背,因此,这种情况不可能成立。

情况二:(1)假(2)真(3)假。由(1)假,推出赵、钱都没中标;由(2)真,推出孙没中标;由(3)假,推出周或吴中标;由于只有一人中标,则李一定没中标。

情况三:(1)假(2)假(3)真。由(1)假,推出赵、钱都没中标;由(2)假,推出孙中标;由(3)真,推出周、吴都没中标;由于只有一人中标,则李一定没中标。

由于情况二和情况三都有可能成立,在这两种情况中,赵、钱、李都不可能中标。因此,B项为正确答案。

项目	投标代表					
	赵	钱	孙	李	周	吴
(1)真(2)假(3)假			✓			
(1)假(2)真(3)假	✗	✗	✗	✗		
(1)假(2)假(3)真	✗	✗	✓	✗	✗	✗

六、分析题组

分析题组是指一个题干包括两个以上小题的分析类题目。分析题组特别强调考查考生整体和全面分析问题的能力。考生在解题过程中,首先需要理解并运用一组问题所给出的所有条件,其次需要密切结合每一个具体小题的具体条件来求解。

■以下两题基于以下题干:

某公司年度审计期间,审计人员发现一张发票,上面有赵义、钱仁礼、孙智、李信4个签名,签名者的身份各不相同,是经办人、复核、出纳或审批领导之中的一个,且每个签名都是本人所签。询问四位相关人员,得到以下答案:

赵义:"审批领导的签名不是钱仁礼"。
钱仁礼:"复核的签名不是李信"。
孙智:"出纳的签名不是赵义"。
李信:"复核的签名不是钱仁礼"。

已知上述每个回答中,如果提到的人是经办人,则该回答为假;如果提到的人不是经办人,则为真。

(1) 根据以上信息,可以得出经办人是:

A. 赵义。
B. 钱仁礼。
C. 孙智。
D. 李信。
E. 无法确定。

[解题分析] 正确答案:C

从题干条件可推出,经办人不是赵。因为假设经办人是赵,根据提到经办人的话为假,那么孙的话为假,即出纳是赵,这与假设不符。

同理可推出,经办人不是钱,也不是李。

因此经办人只能是孙智。

(2) 根据以上信息,该公司的复核与出纳分别是:

A. 李信、赵义。
B. 孙智、赵义。
C. 钱仁礼、李信。
D. 赵义、钱仁礼。
E. 孙智、李信。

[解题分析] 正确答案:D

从上题知经办人是孙,因此上面四句话全为真。从钱与李的话得知,复核不是李也不是钱,那复核一定是赵。因此,正确答案为D。

项目	经办人	复核	出纳	审批领导
赵			×	
钱		×		×
孙	√			
李		×		

■以下两题基于以下题干：

有 A、B、C 三组评委投票决定是否通过一个提案。A 组评委共两人，B 组评委共两人，C 组评委共三人。每个评委都不能弃权，并且同意、反对必选其一，关于他们投票的真实信息如下：

① 如果 A 组两个评委的投票结果相同，并且至少有一个 C 组评委的投票结果也与 A 组所有评委的投票结果相同，那么 B 组两个评委的投票结果也都与 A 组的所有评委的投票结果相同。

② 如果 C 组三个评委的投票结果相同，则 A 组没有评委的投票结果与 C 组投票结果相同。

③ 至少有两个评委投同意票。

④ 至少有两个评委投反对票。

⑤ 至少有一个 A 组评委投反对票。

(1) 如果 B 组两个评委的投票结果不同，则下列哪项可能是真的？

A. A 组评委都投反对票并且恰有两个 C 组评委投同意票。
B. 恰有一个 A 组评委投同意票并且恰有一个 C 组评委投同意票。
C. 恰有一个 A 组评委投同意票并且 C 组所有评委都投同意票。
D. A 组所有评委都投同意票并且恰有一个 C 组评委投同意票。
E. A 组所有评委都投同意票并且恰有两个 C 组评委投同意票。

[解题分析] 正确答案：B

根据题干断定，列出条件如下：

① (A＝2)∧(C≥1)→(B＝2)
② (C＝3)→(A≠C)
③ 同意≥2
④ 反对≥2
⑤ A 组反对≥1

由此，可列表如下：

项目	同意	反对
A＝2		≥1
B＝2		
C＝3		

根据本题条件，B 组两个评委的投票结果不同，意味着一个同意，一个反对，列表为：

项目	同意	反对
A＝2		≥1
B＝2	1	1
C＝3		

下面分别假定各个选项为真,把条件列入表中,若出现矛盾,即排除。根据 A 项条件,列表如下:

项目	同意	反对
A=2	0	2
B=2	1	1
C=3	2	1

这时,与条件①矛盾,排除。

同理,C 项与条件②矛盾,排除。D、E 项不符合条件⑤,排除。

只有 B 项与题干条件不矛盾,可以为真。

(2) 下列哪项一定真?

A. 至少有一个 A 组评委投同意票。
B. 至少有一个 C 组评委投同意票。
C. 至少有一个 C 组评委投反对票。
D. 至少有一个 B 组评委投反对票。
E. 至少有一个 B 组评委投同意票。

[解题分析] 正确答案:B

B 项必然是真,否则,若 C 组评委都投反对票,就违反了条件②。

项目	同意	反对
A=2		≥1
B=2		
C=3	0	3

其余选项不一定为真。

【专项训练】

01. 某超市只卖两类酒:白酒和红酒。有顾客买过所有品种的白酒,也有顾客买过所有品种的红酒。

以下哪项一定是真的?

A. 超市的职工也购买了本超市的酒。
B. 有顾客购买了全部品种的酒。
C. 该超市中所有品种的酒都有顾客购买过。
D. 有的来超市的顾客没有购买酒。
E. 每个来超市的顾客都购买了酒。

02. 某个智能研究所目前只有三种实验机器人 A、B 和 C。A 不能识别颜色,B 不能识别形状,C 既不能识别颜色也不能识别形状。智能研究所的大多数实验室里都要做识别颜色和识别形状的实验。

如果以上陈述为真,以下哪项陈述一定假?

A. 有的实验里三种机器人都有。
B. 半数实验室里只有机器人 A 和 B。
C. 这个智能研究所正在开发新的实验机器人。

D. 有的实验室还做其他实验。
E. 半数实验室里只有机器人 A 和 C。

03. 遍布世界的果蝇只有 1000～2000 种，世界上没有什么地方的果蝇种类比夏威夷群岛上的更丰富，那里群集的果蝇有 500 多个品种。一类名叫窗翼的果蝇在夏威夷群岛就有 106 个不同的品种。目前，生存在夏威夷群岛上的所有果蝇品种都被认为是同一只或两只远古雌蝇的后代。

以下哪一项能从上文中推出？

A. 所有夏威夷的窗翼果蝇都被认为是同一只或两只远古雌果蝇的后代。
B. 窗翼果蝇只有在夏威夷群岛才能被发现。
C. 所有遍布世界的 1000～2000 种果蝇都被认为是同一只或两只雌蝇的后代。
D. 如果有 500 种新的果蝇品种被发现，夏威夷就不再是果蝇品种最丰富的地方了。
E. 大部分的果蝇以腐烂的水果或植物体为食，少部分则只取用真菌、树液或花粉为其食物。

04. 历史上，只有在有市场的人口聚集地才会产生货币制度。公元前四世纪时，美索不达米亚人的城市虽然从事贸易，却没有市场。而在同一时期，所有希腊城市都有市场（公众集会的广场），在希腊市场中既用货币进行交易，也有物与物的交易。

如果上述所有陈述为真，以下哪一项必然真？

A. 公元前四世纪，希腊城市是唯一有货币制度的人口聚集地。
B. 公元前四世纪，希腊和美索不达米亚互有贸易往来。
C. 公元前四世纪以后，美索不达米亚人的城市有了市场和货币制度。
D. 公元前四世纪，美索不达米亚人的城市没有货币制度。
E. 美索不达米亚文明为人类最古老的文化摇篮之一。

05. 馆长：我们的博物馆只展览 20 世纪的作品，这些作品或者是从收藏者那租借的，或者是博物馆长期收藏的。博物馆收藏的每种著作的印刷品都能在博物馆书店买到。书店也销售一些不是博物馆收藏的作品，如《一千零一夜》。

如果馆长的陈述为真，以下哪项陈述一定真？

A. 博物馆书店的每一种印刷品不是从原收藏人那租借的，就是馆内的长期收藏的。
B. 博物馆书店出售的每一种印刷品都是 20 世纪的作品。
C. 博物馆展出的那些不属于从原收藏人那租借的所有作品的印刷品，在博物馆书店都能找到。
D. 《一千零一夜》既是 20 世纪的作品，也是从原收藏人那租借的。
E. 《一千零一夜》以民间文学的朴素身份却能跻身于世界古典名著之列。

06. 李赫、张岚、林宏、何柏、邱辉五位同事，近日他们各自买了一辆不同品牌的小轿车，分别为雪铁龙、奥迪、宝马、奔驰、桑塔纳。这五辆车的颜色分别与五人名字最后一个字谐音的颜色不同。已知李赫买的是蓝色的雪铁龙。

以下哪项排列可能依次对应张岚、林宏、何柏、邱辉所买的车？

A. 灰色的奥迪，白色的宝马，灰色的奔驰，红色的桑塔纳。
B. 黑色的奥迪，红色的宝马，灰色的奔驰，白色的桑塔纳。
C. 红色的奥迪，灰色的宝马，黑色的奔驰，白色的桑塔纳。
D. 白色的奥迪，黑色的宝马，红色的奔驰，灰色的桑塔纳。
E. 黑色的奥迪，灰色的宝马，白色的奔驰，红色的桑塔纳。

07. 小杨、小方和小孙在一起，一位是经理，一位是教师，一位是医生。小孙比医生年龄大，小杨和教师不同岁，教师比小方年龄小。

根据上述资料可以推理出的结论是：

A. 小杨是经理，小方是教师，小孙是医生。
B. 小杨是教师，小方是经理，小孙是医生。

C. 小杨是教师，小方是医生，小孙是经理。
D. 小杨是医生，小方是经理，小孙是教师。
E. 小杨是医生，小方是教师，小孙是经理。

08. 甲、乙和丙，一位是山东人，一位是河南人，一位是湖北人。现在只知道：丙比湖北人年龄大，甲和河南人不同岁，河南人比乙年龄小。

由此可以推知：
A. 甲不是湖北人。
B. 河南人比甲年龄小。
C. 河南人比山东人年龄大。
D. 湖北人年龄最小。
E. 山东人年龄最小。

09. 在一次国际学术会议上，来自四个国家的五位代表被安排坐一张圆桌。为了使他们能够自由交谈，事先了解到情况如下：
（1）甲是中国人，还会说英语。
（2）乙是法国人，还会说日语。
（3）丙是英国人，还会说法语。
（4）丁是日本人，还会说汉语。
（5）戊是法国人，还会说德语。

请问如何安排？
A. 甲丙戊乙丁。
B. 甲丁丙乙戊。
C. 甲乙丙丁戊。
D. 甲丙丁戊乙。
E. 甲丁戊乙丙。

10. 某小区业主委员会的 4 名成员晨桦、建国、向明和嘉媛坐在一张方桌前（每边各坐一人）讨论小区大门旁的绿化方案。4 人的职业各不相同，每个人的职业是高校教师、软件工程师、园艺师或邮递员之中的一种。已知：晨桦是软件工程师，他坐在建国的左手边；向明坐在高校教师的右手边；坐在建国对面的嘉媛不是邮递员。

根据以上信息，可以得出以下哪项？
A. 嘉媛是高校教师，向明是园艺师。
B. 向明是邮递员，嘉媛是园艺师。
C. 建国是邮递员，嘉媛是园艺师。
D. 建国是高校教师，向明是园艺师。
E. 嘉媛是园艺师，向明是高校教师。

11. 某单位有负责网络、文秘以及后勤的三名办公人员：文珊、孔瑞和姚薇，为了培养年轻干部，领导决定她们三人在这三个岗位之间实行轮岗，并将她们原来的工作间 110 室、111 室和 112 室也进行了轮换。结果，原本负责后勤的文珊接替了孔瑞的文秘工作，由 110 室调到了 111 室。

根据以上信息，可以得出以下哪项？
A. 姚薇接替孔瑞的工作。
B. 孔瑞接替文珊的工作。
C. 孔瑞被调到了 110 室。
D. 孔瑞被调到了 112 室。
E. 姚薇被调到了 112 室。

12. 在某个航班的全体乘务员中，飞机驾驶员、副驾驶员和飞行工程师分别是余味、张刚和王飞中的某一位。已知：副驾驶员是个独生子，钱挣得最少；王飞与张刚的姐姐结了婚，钱挣得比驾驶员多。

从以上陈述，可以推出下面哪一个选项为真？

A. 王飞是飞机工程师，张刚是驾驶员。
B. 余味是副驾驶员，王飞是驾驶员。
C. 余味是驾驶员，张刚是飞机工程师。
D. 张刚是驾驶员，余味是飞机工程师。
E. 王飞是驾驶员，张刚是飞机工程师。

13. 某饭局上有四个商人在谈生意，他们分别是上海人、浙江人、广东人和福建人。他们做的生意分别是服装加工、服装批发和服装零售。其中：

(1) 福建人单独做服装批发。
(2) 广东人不做服装加工。
(3) 上海人和另外某人同做一种生意。
(4) 浙江人不和上海人同做一个生意。
(5) 每个人只做一种生意。

以上条件可以推出上海人所做的生意是：

A. 服装加工。
B. 服装批发。
C. 服装零售。
D. 和广东人不做同一生意。
E. 无法确定。

14. 汉斯、亚瑟、古力三个学生来自美国、德国和意大利，其中一个学法律，一个学经济，一个学管理。已知：

① 汉斯不是学法律的，亚瑟不是学管理的；
② 学法律的不是来自德国；
③ 学管理的来自美国；
④ 亚瑟不是来自意大利。

以上条件成立，以下哪项为真？

A. 汉斯学管理，亚瑟学经济，古力学法律。
B. 汉斯学经济，亚瑟学管理，古力学法律。
C. 汉斯学法律，亚瑟学经济，古力学管理。
D. 汉斯学管理，亚瑟学法律，古力学经济。
E. 汉斯学经济，亚瑟学法律，古力学管理。

15. 学校抗洪抢险献爱心捐助小组突然收到一大笔没有署名的捐献，经过多方查找，可以断定是赵、钱、孙、李中的某一个人捐的。经询问，赵说："不是我捐的。"钱说："是李捐的。"孙说："是钱捐的。"李说："我肯定没有捐。"最后经过详细调查证实四个人中只有一个人说的是真话。

根据以上已知条件，请判断下列哪项为真？

A. 赵说的是真话，是孙捐的。
B. 李说的是真话，是赵捐的。
C. 钱说的是真话，是李捐的。
D. 孙说的是真话，是钱捐的。
E. 李说的是假话，是李捐的。

16. 甲、乙、丙、丁四位同学在操场上踢足球，不小心打碎了玻璃窗，有人问他们时，他们这样说。甲说："玻璃是丙也可能是丁打碎的。"乙说："肯定是丁打碎的。"丙说："我没有打碎玻璃。"丁说："我没有干这种事。"他们四位的老师听了后说道："他们中有三位都不会说谎。"

由此我们知道，打碎玻璃的同学是：

A. 甲。　　　B. 乙。
C. 丙。　　　D. 丁。
E. 推不出。

17. 一天，小方、小林做完数学题后发现答案不一样。小方说："如果我的不对，那你的就对了。"小林说："我看你的不对，我的也不对。"旁边的小刚看了看他们两人的答案后说："小林的答案错了。"这时数学老师刚好走过来，听到了他们的谈话，并查看了他们的运算结果后说："刚才你们三个人所说的话中只有一句是真的。"

请问下述说法中哪一个是正确的？

A. 小方说的是真话，小林的答案对了。
B. 小刚说的是真话，小林的答案错了。
C. 小林说对了，小方和小林的答案都不对。
D. 小林说错了，小方的答案是对的。
E. 小刚说对了，小林和小方的答案都不对。

18. 某银行被窃，甲、乙、丙、丁四人作为嫌疑人被拘审。侦破结果表明，罪犯就是其中的某一个人。

甲说："是丙偷的。"
乙说："我没偷。"
丙说："我也没偷。"
丁说："如果乙没有偷，那么就是我偷的。"

现已查明，其中只有一个说假话。
从上述条件可以确定以下哪项成立？

A. 甲偷。　　　B. 乙偷。
C. 丙偷。　　　D. 丁偷。
E. 推不出何人偷。

19. 某血液中心对一批义务献血者进行体检。该批献血者中包括所在区的区长。关于体检的结果，四位体检者有如下猜测：

甲：所有的人都合格了。
乙：区长没合格。
丙：肯定有人没合格。
丁：不会所有的人都不合格。

如果上述猜测中，只有一项失实，则以下哪项是真的？

A. 甲猜错了，区长没合格。
B. 乙猜错了，区长合格。
C. 丙猜错了，但区长合格。
D. 丁猜错了，区长不合格。
E. 甲猜错了，但区长合格。

20. 某地有两个奇怪的村庄，张庄的人在星期一、三、五说谎，李村的人在星期二、四、六说谎。在其他日子他们说实话。一天，外地的王从明来到这里，见到两个人，分别向他们提出关于日期的问题。两个人都说："前天是我说谎的日子。"

如果被问的两个人分别来自张庄和李村，以下哪项判断最可能为真？

A. 这一天是星期五或星期日。
B. 这一天是星期二或星期四。
C. 这一天是星期一或星期三。
D. 这一天是星期四或星期五。
E. 这一天是星期三或星期六。

21. 某金库发生了失窃案。公安机关侦查确定，这是一起典型的内盗案，可以断定金库管理员甲、乙、丙、丁中至少有一人是作案者。办案人员对四人进行了询问，四人的回答如下：

甲："如果乙不是窃贼，我也不是窃贼。"
乙："我不是窃贼，丙是窃贼。"
丙："甲或者乙是窃贼。"
丁："乙或者丙是窃贼。"

后来事实表明，他们四人中只有一人说了真话。

根据以上陈述，以下哪项一定为假？

A. 丙说的是假话。
B. 丙不是窃贼。
C. 乙不是窃贼。
D. 丁说的是真话。
E. 甲说的是真话。

22. 甲、乙、丙三名学生参加一次考试，试题一共 10 道，每道题都是判断题，每题 10 分，判断正确得 10 分，判断错误得零分，满分为 100 分，他们的答题情况如下表所示：

项目	1	2	3	4	5	6	7	8	9	10
甲	×	√	√	√	×	√	×	×	√	×
乙	×	×	√	√	√	×	√	×	×	×
丙	√	×	×	×	√	√	√	×	√	√

考试成绩公布后，三个人都是 70 分，由此可以推出，1~10 题的正确答案是：

A. ×、×、√、√、×、√、√、×、√、×。
B. ×、×、√、√、√、√、√、√、√、×。
C. ×、×、√、√、√、√、√、×、√、×。
D. ×、×、√、√、√、√、√、√、×、×。
E. ×、×、√、√、√、√、√、×、×、√。

23. 以下关于电脑故障的陈述中，只有一个是真的：

Ⅰ. 显卡坏了。
Ⅱ. 如果主板坏了，那么内存也一定出现了故障。
Ⅲ. 主板或显卡坏了。
Ⅳ. 主板坏了。

根据上述条件，可以推出以下哪项？

A. Ⅰ项为真，显卡坏了。
B. Ⅱ项为真。
C. Ⅲ项为真，主板或显卡坏了。
D. Ⅳ项为真，主板坏了。
E. 推不出结果。

24. 甲被指控犯罪，乙是此项起诉的主要证人。关于这个案件，有如下断定：
Ⅰ．基于乙提供的有关证词，就可以宣判甲有罪。
Ⅱ．乙的证词说明他自己实际上也参与了甲的犯罪活动。
Ⅲ．甲被指控的犯罪活动只可能由一个人独立完成。
如果以上断定都是真的，则以下哪项最可能是审判的结果？
A. 甲和乙都被宣判在乙起诉的案件中有罪。
B. 除了在乙已被指控的案件中，甲和乙还被宣判为在其他案件中有罪。
C. 甲被宣判为有罪，而乙被宣判为无罪。
D. 甲被宣判无罪。
E. 甲将提出证据反驳乙。

25. 4个人玩游戏，在每张纸上写上1～9中的一个数字，然后叠起来，每人从中抽取2张，然后报出两数的关系，由此猜出剩下没有人拿的那个数字是多少。已知：
Ⅰ．A说他手里的两数相加为10。
Ⅱ．B说他手里的两数相减为1。
Ⅲ．C说他手里的两数之积为24。
Ⅳ．D说他手里的两数之商为3。
由此他们4人都猜出了剩下没有人拿的那个数字，这个数字是：
A. 5。 B. 6。
C. 7。 D. 8。
E. 9。

26. 某医学院学生小赵、小钱、小孙和小李在附属医院实习的第一天，分别给四位病人作出如下诊断：
病人甲：小赵诊断为疟疾，小钱诊断为流感。
病人乙：小钱诊断为胃炎，小孙诊断为胃溃疡。
病人丙：小孙诊断为痢疾，小李诊断为肠炎。
病人丁：小李诊断为肺结核，小赵诊断为支气管炎。
他们诊断之后，主治医师作了复诊，说："每位病人都有一种诊断是正确的。四位实习生中，有一位诊断全对，一位诊断全错，小孙不是全对的。"
这时候化验结果出来了，病人甲血液中发现了疟原虫，病人丙的大便中发现痢疾杆菌。
请问诊断全对的实习生是：
A. 小赵。 B. 小钱。
C. 小孙。 D. 小李。
E. 无法判断。

27. 某位在医院工作的人员说："医院里医务人员，包括我在内，总共是16名医生和护士。下面讲到的人员情况，无论是否把我计算在内，都不会有任何变化。"在这些医护人员中：
（1）护士多于医生。
（2）男医生多于男护士。
（3）男护士多于女护士。
（4）至少有一位女医生。
请问这位说话的人是什么性别和职务？
A. 男医生。 B. 男护士。
C. 女医生。 D. 女护士。
E. 都不可能。

28、29题基于以下题干：

某皇家园林依中轴线布局，从前到后依次排列着七个庭院。这七个庭院分别以汉字"日""月""金""木""水""火""土"来命名。已知：

(1) "日"字庭院不是最前面的那个庭院；
(2) "火"字庭院和"土"字庭院相邻；
(3) "金""月"两庭院间隔的庭院数与"木""水"两庭院间隔的庭院数相同。

28. 根据上述信息，下列哪个庭院可能是"日"字庭院？

A. 第一个庭院。
B. 第二个庭院。
C. 第四个庭院。
D. 第五个庭院。
E. 第六个庭院。

29. 如果第二个庭院是"土"字庭院，可以得出以下哪项？

A. 第七个庭院是"水"字庭院。
B. 第五个庭院是"木"字庭院。
C. 第四个庭院是"金"字庭院。
D. 第三个庭院是"月"字庭院。
E. 第一个庭院是"火"字庭院。

30、31题基于以下题干：

某高校数学、物理、化学、管理、文秘、法学等6个专业毕业生要就业，现有风云、怡和、宏宇三家公司前来学校招聘，已知每家公司只招聘该校2~3个专业若干毕业生，且需要满足以下条件：

(1) 招聘化学专业的公司也招聘数学专业；
(2) 怡和公司招聘的专业，风云公司也招聘；
(3) 只有一家公司招聘文秘专业，且该公司没有招聘物理专业；
(4) 如果怡和公司招聘管理专业，那么也招聘文秘专业；
(5) 如果宏宇公司没有招聘文秘专业，那么怡和公司招聘文秘专业。

30. 如果只有一家公司招聘物理专业，那么可以得出以下哪项？

A. 风云公司招聘化学专业。
B. 怡和公司招聘管理专业。
C. 宏宇公司招聘数学专业。
D. 风云公司招聘物理专业。
E. 怡和公司招聘物理专业。

31. 如果三家公司都招聘了三个专业若干毕业生，那么可以得出以下哪项？

A. 风云公司招聘化学专业。
B. 怡和公司招聘法学专业。
C. 宏宇公司招聘化学专业。
D. 风云公司招聘数学专业。
E. 怡和公司招聘物理专业。

【答案解析】

01. 答案：C

"有顾客买过所有品种的白酒，也有顾客买过所有品种的红酒。"显然可必然推出"该超市中所有品种的酒都有顾客购买过。"

其余选项并不必然为真。

02. 答案：E

根据题干，既然 A、C 不能识别颜色，因此识别颜色的工作只能由 B 做；既然 B、C 不能识别形状，因此识别形状的工作只能由 A 做。

既然大多数实验室里都要做识别颜色和识别形状的实验，因此，大多数实验室里都要同时有 A 和 B。所以，E 项断定一定为假。

03. 答案：A

题干断定：

生存在夏威夷群岛上的所有果蝇品种都被认为是同一只或两只远古雌蝇的后代。

在夏威夷群岛有窗翼果蝇。

因此，所有夏威夷的窗翼果蝇都被认为是同一只或两只远古雌果蝇的后代。

04. 答案：D

题干断定：第一，美索不达米亚没市场，但有贸易。

第二，希腊有市场，贸易既用货币进行交易，也有物与物的交易。

由于贸易有用货币进行交易和物与物进行交易两种方式，由此可推出：那时的美索不达米亚没有货币。

05. 答案：C

题干陈述，博物馆收藏的每种著作的印刷品都能在博物馆书店买到。因此，C 项必然为真。

其余选项都不必然为真。比如 A 项不必然为真，因为从题干只能必然推出：博物馆展览的每一种印刷品不是从原收藏人那租借的，就是馆内的长期收藏的。

06. 答案：A

题干条件是，这五辆车的颜色分别与五人名字最后一个字谐音的颜色不同。

可用排除法解：B 项中，林宏买红色的宝马。C 项中，何柏买白色的奔驰。D 项中，邱辉买灰色的桑塔纳。E 项中，何柏买白色的奔驰。这些均违反了题干条件，均予以排除。

只有 A 项没有违反题干条件，所以，选 A。

07. 答案：D

根据题干"小杨和教师不同岁，教师比小方年龄小"得知，小杨和小方不是教师，因此，马上得出：小孙是教师。在五个选项中，只有 D 项判断小孙是教师。

小方　＞　小孙　＞　（小杨）
（经理）　　教师　　　医生

08. 答案：D

匹配题。根据甲和河南人不同岁，河南人比乙年龄小，可知：丙是河南人。

然后再根据题干条件列表如下：

乙　　＞　　丙　　＞　（甲）
（山东）　　河南　　　湖北

因此，正确答案为 D。

09. 答案：A

首先要明确解题要点：甲乙丙丁戊 5 个人首尾相接，而且每一个人和相邻的两个人都能通过语言交流。首先，观察每个答案中最后一个人和甲是否能够交流，戊不能和甲交流，因此，B、C 项不成立；乙不能和甲交流，D 项也不成立。剩下的 A 项满足题干条件，所以是正确答案。

10. 答案：B

根据题干条件：晨桦是软件工程师，他坐在建国的左手边；向明坐在高校教师的右手边；坐在建国对面的嘉媛不是邮递员。

画图可知，向明坐在建国的右手边，即建国是高校教师，嘉媛不是邮递员，因此，向明是邮递员，那么，嘉媛是园艺师。故答案为选项 B。

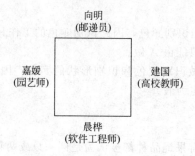

11. 答案：D

从题干条件得知三人要轮岗，即每个人的工作及工作间都要变动，文珊接替了孔瑞的工作，从110搬到111，孔瑞不可能接替文珊的工作，即孔瑞不可能搬到110，否则姚薇就不能轮岗了，因此，孔瑞只能接替姚薇的工作，即孔瑞只能搬到112。

房间	110	111	112
岗位	后勤	文秘	网络
轮岗前	文珊	孔瑞	姚薇
轮岗后	姚薇	文珊	孔瑞

12. 答案：A

根据题干断定，副驾驶员钱挣得最少；王飞钱挣得比驾驶员多。说明王飞不是副驾驶员，也不是驾驶员，因此王飞是飞机工程师。

既然副驾驶员是个独生子，张刚有姐姐，因此，张刚不是副驾驶员，只能是驾驶员。所以，A项正确。

13. 答案：C

题干条件（5）断定："每个人只做一种生意"。

从条件（1）"福建人单独做服装批发"可知，其他的人不可能做服装批发，只可能做服装加工或者做服装零售；从条件（2）"广东人不做服装加工"，结合条件（1），可知（6）"广东人做的是服装零售"。

从条件（3）"上海人和另外某人同做一种生意"和条件（4）"浙江人不和上海人同做一种生意"可知，上海人和广东人做同一种生意；结合（6），可知上海人做的是服装零售生意。

14. 答案：A

根据题干条件，列表逐步进行推理：

由①亚瑟不是学管理的；③学管理的来自美国；所以，亚瑟不是美国人。又由④亚瑟不是来自意大利。因此，亚瑟只能是德国人。

		非德国②		美国③
		法律	经济	管理
	汉斯		×①	
德国④	亚瑟			×①
	古力			

由②学法律的不是来自德国；③学管理的来自美国；所以，学法律的来自意大利。这样可推出，学经济的来自德国，那这人就是亚瑟。

既然亚瑟学经济，那么，汉斯、古力就不学经济，同时，亚瑟也不学法律和管理。

		非德国 ② 意大利 ⑤	德国 ⑤	美国 ③
		法律	经济	管理
	汉斯	× ①	× ⑥	√ ⑦
德国 ④	亚瑟	× ⑥	√ ⑤	× ①
	古力	√ ⑦	× ⑥	√ ⑦

既然汉斯不学法律和经济，那就学管理。
既然汉斯和亚瑟不学法律，那古力就学法律。

15. 答案：B
真假话题。在所说的话中，钱、李矛盾，只有一真，则赵、孙必假。因为赵说"不是我捐的"为假，则推知是赵捐的，因此，B项为正确答案。

16. 答案：D
根据题意，乙与丁的说法矛盾，必然一真一假。
由于他们中有三位都不会说谎，也即四人中只有一人说谎，则说谎话的必然在乙和丁中。
因此，甲和丙的说法为真。
甲为真，则打碎玻璃的可能是丙，也可能是丁。
丙为真，则丙没有打碎玻璃。
则打碎玻璃的只能为丁。因此，D项为正确答案。

17. 答案：A
题干中小方和小林的话是相互矛盾的，因此必有一真，必有一假。
既然老师说三句话中只有一句是真的，那么小刚的话就是假的。
由小刚的话是假的，可知小林的答案没有错。
于是又可知小林的话是假的，那么，小方的话就是真的。
因此，A项为正确答案。

18. 答案：D
甲说"是丙偷的"，而丙说"我也没偷"，显然，这两句话构成了矛盾，即这两句话既不可同真，也不可同假，其中必有一真，必有一假。由题意知，四个人的话中只有一句话是假的，因此，唯一的一句假话必然在这两句话中，而剩下的乙和丁的两句话必然都是真话。乙说"我没有偷"，此话为真，则表明乙不是罪犯；丁说"如果乙没有偷，那么就是我偷的"，此话为真，再加上"乙没有偷"，就可以推出丁是偷窃者。确定了丁是偷窃者，就可以知道甲的话是假话，丙的话是真话。

19. 答案：A
甲的话"所有的人都合格了"与丙的话"肯定有人没合格"是一对矛盾关系，这两句话既不可同真，也不可同假，即其中必有一真，必有一假。
尽管我们目前尚不清楚何者为真，何者为假，但可以肯定的是，四个人中唯一的一句假话一定在这两句话中；那么剩下的乙和丁的话就都是真话。
乙的话是"区长没合格"，既然此话为真，区长当然就没有合格。
再回过来看甲和丙的话，就知道甲的话是假话，而丙的话是真话。

20. 答案：C

根据题干，列表如下（√表示说实话，×表示说谎话）。

项目	星期一	星期二	星期三	星期四	星期五	星期六	星期日
张庄	×	√	×	√	×	√	√
李村	√	×	√	×	√	×	√

若这天是星期一，前天是星期六。在星期六，张庄的人实际是说实话，但在星期一他要说谎，因此，他说："前天我说谎"。相反，在星期六，李村的人实际是说谎话，但在星期一他要说实话，因此，他说"前天我说谎"。因此，星期一满足题干条件。

除了星期一以外，容易判断在星期三到星期六，他们的回答都是"前天我说实话"。若这一天是星期二，张庄的人一定说"前天我说实话"，李村的人一定说"前天我说谎"。若这一天是星期日，张庄的人一定说"前天我说谎"，李村的人一定说"前天我说实话"。因此，星期二到星期日都不符合题干条件。所以，选项A、B、D、E都是错的。

可见，这天只能是星期一。由于选项C是"星期一或星期三"，是个选言命题，只要有一个选言支为真整个选言命题就为真，因此，C项正确。

21. 答案：D

根据题干条件，甲、乙、丙、丁中只有一人说了真话，而且至少有一人是作案者。

首先确定乙不作案，否则，若乙作案，则丙、丁都说真话，与题干条件矛盾！

同样确定丙不作案，否则，若丙作案，则乙、丁都说真话，与题干条件矛盾！

既然乙、丙都不作案，则推出，丁必然说的是假话。

因此，D项所述一定为假。

22. 答案：B

根据题干条件，知在10个判断题中，三名学生都对了7题，错了3题。

把各选项的10个正确答案分别代入题干，发现只有B项满足上述条件，因此为正确答案。

23. 答案：B

因为只有一个是真的，分析如下：

如果Ⅰ真，那么Ⅲ也真，与题意矛盾。所以，Ⅰ项为假，显卡没坏。

如果Ⅳ真，那么Ⅲ也真，与题意矛盾。所以，Ⅳ项为假，主板没坏。

既然主板和显卡都没坏，所以，Ⅲ项也为假。

因此，只能是Ⅱ项为真。

24. 答案：D

如果乙的证词是真实的，则由Ⅰ，可推出甲犯罪；又由Ⅱ，可推出乙参与了甲的犯罪活动。又由Ⅲ，事实上甲被指控的犯罪活动只可能由一个人独立完成，因此，乙的证词必然导致和事实的矛盾，因而不是真实的。

根据题干断定，甲被指控犯罪，乙是此项起诉的主要证人。而主要证人的证词不真实，即证据无效，因此甲被宣判无罪是最可能的审判结果。

25. 答案：C

根据题目条件，可知：C可能拿3，8或4，6。D可能拿2，6或3，9或1，3。

情况（1）：假设C拿3、8，则D只能拿2、6。

剩下的数字要满足条件Ⅰ，A只能拿1，9。

要满足条件Ⅱ，B只能拿4，5。

因此，7不可能有人拿。

情况（2）：假设C拿4、6，则D只能拿3、9或1、3。再进一步假设：

第五章 演绎推理

如果 D 拿 3,9；剩下的数字要满足条件Ⅰ，A 只能拿 2,8。这时剩下的数字不能满足条件Ⅱ。这种可能性不存在。

如果 D 拿 1,3；剩下的数字要满足条件Ⅰ，A 只能拿 2,8。这时剩下的数字同样不能满足条件Ⅱ。这种可能性也不存在。

综上两种情况，只能是情况（1）满足题干条件，7 不可能有人拿。

26. 答案：A
通过列表类解题，步骤如下：
① 首先由题干知，病人甲血液中发现了疟原虫，病人丙的大便中发现痢疾杆菌。
② 因为小孙诊断不全对，则乙没患胃溃疡。
③ 每位病人都有一种诊断是正确的。
既然甲患了疟疾，则甲没患流感；
既然乙没患胃溃疡，则乙患了胃炎；
既然丙患了痢疾，则丙没患肠炎。
④ 因为四位实习生中，有一位诊断全对，一位诊断全错。
而小钱、小孙的诊断都不全对也不全错，小赵已有一种诊断正确，小李已有一种诊断错误；因此，只能是小赵诊断全对，小李诊断全错。

项目	小赵	小钱	小孙	小李
甲	① 疟疾	③ 流感		
乙		③ 胃炎	② 胃溃疡	
丙			① 痢疾	③ 肠炎
丁	④ 支气管炎			① 肺结核

27. 答案：D
第一步要先确定医务人员数量、构成。医院里所有的医务人员列表如下：

项目	医生	护士
男	男医生 P	男护士 Q
女	女医生 R	女护士 S

根据题目条件，有如下关系：
(1) $Q+S>P+R$
(2) $P>Q$
(3) $Q>S$
(4) $R\geqslant 1$

同时，$P+Q+R+S=16$；结合由（1）可推知 $Q+S\geqslant 9$，$P+R\leqslant 7$；
既然 $P+R\leqslant 7$，加上（4），可推知：$P\leqslant 6$；
由（2）、（3）得：$P>Q>S$
若 $P<6$，最大取 5，此时，Q 最大取 4，S 最大取 3，不能满足条件 $Q+S\geqslant 9$。
因此，必然有 $P=6$。由此推知，$Q=5$，$S=4$，$R=1$。

项目	医生	护士
男	男医生 6 人	男护士 5 人
女	女医生 1 人	女护士 4 人

第二步，再考虑把说话的人排除在外的情况：

如果把一名男医生排除在外，则与（2）矛盾；

如果把一名男护士排除在外，则与（3）矛盾；

如果把一名女医生排除在外，则与（4）矛盾；

如果把一名女护士排除，则与任何条件都不矛盾。

因此，说话的人必然是一位女护士。

28. 答案：D

题干条件表达如下：

（1）日≠1；

（2）（火，土）；

（3）（金－月）＝（木－水）。

本题采用排除法。

A项，与条件（1）冲突，排除。

B项，若"日"字庭院在第二个庭院，当条件（2）满足，则条件（3）不能满足，排除。

C项，若"日"字庭院在第四个庭院，当条件（2）满足，则条件（3）不能满足，排除。

D项，若"日"字庭院在第五个庭院，当"火"和"土"处在六、七庭院；则有多种可能性满足条件（3）。因此，为正确答案。

E项，若"日"字庭院在第六个庭院，当条件（2）满足，则条件（3）不能满足，排除。

29. 答案：E

由条件（2）"火"和"土"相邻；由题干如果第二个是"土"，则"火"有两种可能性，处于第一或处于第三。若"火"处于第三，则当满足条件（1）"日"字庭院不是最前面的那个庭院时，则条件（3）不能满足，所以"火"只能处于第一庭院。

30. 答案：D

题干断定的条件关系如下：

（1）化学→数学

（2）怡和→风云

（3）仅一家公司：文秘∧¬物理

（4）怡和管理→怡和文秘

（5）¬宏宇文秘→怡和文秘

假设怡和招聘物理，由（2）知，则风云招聘物理，这与只有一家公司招聘物理矛盾，因此，怡和没招聘物理；

假设怡和招聘文秘，由（2）知，则风云招聘文秘，这与（3）断定的只有一家公司招聘文秘这一条件矛盾，故怡和没招聘文秘；再由（5）得：¬怡和文秘→宏宇文秘；既然宏宇招聘文秘，由（3）知，宏宇没招聘物理。

所以，招聘物理的只能是风云公司。

31. 答案：D

由上题的分析知，怡和没招文秘。

由（4）知，¬怡和文秘→¬怡和管理。因此，怡和没招聘管理。

由（1）知：¬数学→¬化学，因此，如果怡和没招数学，则怡和也没招化学，这样的话，怡和公司有4个专业没招，与招3个专业矛盾，故怡和一定招了数学。

再由（2）知，怡和招了数学，则风云也招了数学。

下篇

非形式推理

  非形式推理属于非演绎的推理、或然性的推理，所谓非演绎的推理是指前提不必然蕴涵结论或者说前提与结论的关系是或然的。主要测试考生的批判性思维能力，属于能力型的试题。非形式推理试题是逻辑测试的主流题型，其重点关注的是如何识别、构造，特别是评价实际思维中各种推理和论证的能力。非形式推理可分为归纳逻辑、论证逻辑和论证推理。其中归纳逻辑、论证逻辑分别涉及归纳和论证的原理和方法，论证推理则具体讲解各类题型的解题思路和方法。

  非形式推理题不能也无须套用逻辑学具体的演绎规则和公式，试题总体上将结合题目内容来进行，注重的是前提和结论之间、题干和选项之间的意义关联和思维关联，主要是凭日常逻辑思维和批判性思维来解题。

第六章 归纳逻辑

归纳逻辑是指对经验科学以及日常思维中非演绎论证类型的推理过程与方法的种种研究。前提必然蕴涵结论的称为演绎的,前提不必然蕴涵结论或者说前提与结论的关系是或然的,我们称为非演绎的。广义的归纳逻辑它研究且非演绎结论的推理过程。

逻辑按推理方向,可分为演绎和广义归纳推理(即非演绎推理)。演绎是必然性推理,归纳是或然性推理。在必然性推理中,逻辑研究的核心是推理的有效性,凡是能从真实前提必然得到真实结论的推理,就是有效的,否则是无效的。在或然性推理中,逻辑研究的核心是推理的合理性,即如何提高结论的可靠程度。

第一节 归纳推理

所谓归纳推理,就是根据一类事物的部分对象具有某种性质,推出这类事物的所有对象都具有这种性质的推理。

要注意的是,完全归纳推理其实不是真正的归纳推理,因为,完全归纳推理在前提中考查的是某类事物的全部对象,因此,其结论所断定的范围并未超出前提所断定的范围。所以其结论是根据前提必然得出的,即其前提与结论的联系是必然的。

一般意义上所谓归纳推理都是指不完全归纳推理,具体是指这样一种归纳推理:根据对某类事物部分对象的考查,发现它们具有某种性质,因而得出结论说该类事物都具有某种性质。

归纳推理的结论所断定的知识范围超出了前提所断定的知识范围,因此,归纳推理的前提与结论之间的联系不是必然性的,而是或然性的。也就是说,其前提真而结论假是可能的,所以,归纳推理乃是一种或然性推理。

归纳推理与演绎推理的主要区别是:

项目	演绎推理	归纳推理
特点	必然性推理	或然性推理
思维运动过程的方向	从一般性的知识的前提推出一个特殊性的知识的结论,即从一般过渡到特殊	从一些特殊性的知识的前提推出一个一般性的知识的结论,即从特殊过渡到一般。这种推理对于扩展知识有重要价值
前提与结论联系的性质	演绎推理的结论不超出前提所断定的范围,其前提和结论之间的联系是必然的,一个演绎推理只要前提真实并且推理形式正确,那么,其结论就必然真实	归纳推理(完全归纳推理除外)的结论所断定的知识范围超出了前提所断定的知识范围,其前提和结论之间的联系不是必然的,而只具有或然性,即其前提真而结论假是有可能的

第六章 归纳逻辑

一、归纳概括

归纳概括是指利用不完全归纳推理,来得出一个虽然并非必然但要相对合理的结论。归纳概括一般分为两种情况。

一是简单枚举,即在经验观察基础上所做出的全称概括。在简单枚举法中,样本属性与描述属性具有同质性的概率较低。

简单枚举法推理的主要根据是:所碰到的某类事物的部分对象都具有某种性质,而没有发现相反的情况。

比如,我们每次都发现天下雨前,蚂蚁搬家,没有发现相反的情况(即蚂蚁搬家,天不下雨),于是作出结论"凡蚂蚁搬家,天要下雨。"每年冬季下了大雪,第二年庄稼就获得丰收,没有发现相反情况(即前一年大雪,第二年不丰收的情况),于是作出结论"瑞雪兆丰年"。这些都是简单枚举归纳推理的具体运用。

为提高枚举归纳推理或统计推理结论的可靠性,要注意考查可能出现的反例。因为在前提中只要发现一个反面事例,结论就会被推翻。

二是科学归纳,即在科学实验或科学分析基础上所做出的全称概括。在科学归纳法中,样本属性与描述属性具有同质性的概率较高。

科学归纳不是对某类事物的部分对象,碰到哪个就考查哪个,而是按照事物本身的性质和研究的需要,选择一类事物中较为典型的个别对象加以考查;通过这种对部分对象的考查而作出某种一般性的结论时,也不只是根据没有碰到例外相反的情况,而是分析和发现所考查过的某类事物的部分对象何以具有某种性质的客观原因和内在必然性。

两种不完全归纳推理的根据是完全不同的,因而它们所得出结论的性质也是不同的。简单枚举归纳推理所依据的仅仅是没有发现相反的情况,而这一点对于作出一个一般性的结论来说是必要的,但并不是充分的。因为,没有碰到相反的情况,并不能排除这个相反情况存在的可能性。而只要有相反情况的存在,无论暂时碰到与否,其一般性结论就必然是错的。科学归纳推理则不同,它所根据的是对事物何以存在某种性质的必然原因进行科学的分析,因而它的结论是比较可靠的。

可见,二者的主要差别是样本属性与描述属性具有同质性的概率不同。比较而言,科学归纳法得出的结论可靠程度要高,但对反例同样没有豁免权。

针对运用归纳推理推出的因果主张,所提出的批判性问题(批判性问题的英文名为 Critical Question,以下统一简称为"CQ")如下:

CQ1. 前提是否真实?
CQ2. 前提和结论是否相关?
CQ3. 结论是什么?结论的范围是否受到适当限制?
CQ4. 有没有发现反例?
CQ5. 所举的例子的数量是否足够大?或样本容量是否足够大?
CQ6. 所举的例子是否多样化?样本的个体之间差异是否足够大?
CQ7. 所举的例子或样本是否具有代表性?观察到的事物和属性有什么关系?

■有一年,哈佛大学毕业生临出校门前,校方对他们做了一个人生目标的调查,结果是27%的人完全没有目标,60%的人目标模糊,10%的人有近期目标,只有3%的人有长远而明确的目标,25年过去了,那3%的人不懈地朝着一个目标坚韧努力,成为社会的精英,而其余的人,成就要差很多,这说明_____

下面接上哪一句话最合适?
A. 应该尽快、尽早地确定自己的人生目标。
B. 人生没有任何意义,但我们应该给它加一个意义。

C. 是否有长远而明确的人生目标，对人生成就的大小有非常重要的影响。
D. 如果有长远而明确的人生目标，就会获得人生的成功。
E. 目标越长远，越容易成功。

[解题分析] 正确答案：C

题干的调查显示：有长远而明确人生目标的人成就比较大。

这显然说明是否有长远明确的人生目标的确对取得成就的大小有重要的影响，C 正确。

3% 有长远目标的人什么时候确定的人生目标题干没有提及，关于是否"越早越好"题干的信息没有反映，A 排除。

B 为明显无关选项，排除。

题干已经提到有明确目标的人还要经过不懈的努力才能成为社会精英，D 将有明确长远的人生目标当作取得成功的充分条件的说法过于绝对，排除。

■人们早已知道，某些生物的活动是按时间的变化（昼夜交替或四季变更）来进行的，具有时间上的周期性节律，如鸡叫三遍天亮，青蛙冬眠春晓，大雁春来秋往，牵牛花破晓开放，等等。人们由此做出概括：凡生物的活动都受生物钟支配，具有时间上的周期性节律。

下述哪段议论的论证手法与上面所使用的方法不同？

A. 麻雀会飞，乌鸦会飞，大雁会飞，天鹅、秃鹫、喜鹊、海鸥等也会飞，所以，所有的鸟都会飞。

B. 我们摩擦冻僵的双手，手便暖和起来；我们敲击石块，石块会发出火光；我们用锤子不断地锤击铁块，铁块也能热到发红；古人还通过钻木取火。所以，任何两个物体的摩擦都能生热。

C. 在我们班上，我不会讲德语，你不会讲德语，红霞不会讲德语，阳光也不会讲德语，所以我们班没有人会讲德语。

D. 外科医生在给病人做手术时可以看 X 射线片，律师在为被告辩护时可以查看辩护书，建筑师在盖房子时可以对照设计图，教师备课可以看各种参考书，为什么独独不允许学生在考试时看教科书及其相关的材料？

E. 张山是湖南人，他爱吃辣椒；李司是湖南人，他也爱吃辣椒；王武是湖南人，更爱吃辣椒。我所碰到的几个湖南人都爱吃辣椒。所以，所有的湖南人都爱吃辣椒。

[解题分析] 正确答案：D

题干论证所使用的方法是简单枚举法，只有选项 D 所使用的是在不同事物之间进行类比，其方法与题干不同，其他各项的论证方法都与题干相同。

■当牧师向奥德塞斯展示一幅关于那些尊敬上帝并都从沉船中逃生的人的图画时，问他现在是否仍不承认上帝的力量，他回答得很好，"是的"，他说，"但是画中那些祈祷后又被淹死的人在哪呢？"这就是所有迷信的方式，在迷信上，人们都倾向于这样的心态，把他们成功的事情都记下来，而忽视并且忘记那些他们失败的事情，即使那些事情更经常发生。

下面哪一点含有作者在文中所指出的推理错误？

A. 我发现 5 月 13 号确实是不吉利的一天，就是在上个星期五，13 号，我被锁在了门外。

B. 尽管伟人拿破仑和亚历山大个子矮，但是亚伯拉罕·林肯和查利斯·得高利个子高。因此，个子矮的人追求当领导是为了克服他们的低人一等的感觉。

C. 在过去 15 年的每个学期中，平均都有 10 名学生在考前放弃了爱丽特的历史课。因此，我们可以期望今年也有 10% 的学生会放弃她的历史课。

D. 没有可依赖的观察者曾经真正看到过雪人，最有力的证据好像是一些可疑的踪迹。因此，我认为这次搜寻雪人是毫无希望的愚蠢之举。

E. 我不能再相信我的幸运衬衫了，我今天穿上它去看比赛，结果我们的队输了。

第六章　归纳逻辑

[解题分析] 正确答案：A

题干推理错误是不完全归纳所得出的，迷信就是记住成功的事情而忘记失败的事情，也就是说迷信就只是看到了事物的一面而没有看到另一面，即根据片面的证据得出了错误的结论。

A项仅仅因为被锁在了门外这一片面的事实，就做出了5月13日是不吉利的错误结论，这同样属于迷信的推理，显然与作者文中描述的推理错误一致，因此为正确答案。

B项犯了证据和结论在逻辑上不具相关性的推理错误；C项用的是归纳论证法；D犯了诉诸无知的谬误。E项易误选，但是应注意的是我们的队今天输了得出幸运衬衫不幸运的结论是正确的，因为幸运衬衫本身就无幸运可言，因此，这不属于迷信，而是破除了迷信。

二、轻率概括

简单枚举归纳法虽然有着自己的独特作用，但是，它的前提和结论之间的逻辑联系具有或然性，所得出的结论不是很可靠的。在运用这种方法时，要防止犯轻率概括（或以偏概全）的逻辑错误。

所谓轻率概括是指在运用简单枚举归纳法时，在没有积累足以进行概括的材料的情况下，只根据少数的、粗略的事实，就草率地推出普遍性的结论，这样的结论往往是不可靠的。这类谬误的实质是严重忽视了与样本属性相反的事例存在，常见的表现形式有特例概括、样本太少、机械概括和以偏概全，其共同特征是以不具有代表性的样本为根据，概括出一类对象的总体都具有某种属性的结论。

■一项时间跨度为半个世纪的专项调查研究得出肯定结论：饮用常规量的咖啡对人的心脏无害。因此，咖啡的饮用者完全可以放心地享用，只要不过量。

以下哪项最为恰当地指出了上述论证的漏洞？

A. 咖啡的常规饮用量可能因人而异。
B. 心脏健康不等同于身体健康。
C. 咖啡饮用者可能在喝咖啡时吃对心脏有害的食物。
D. 喝茶，特别是喝绿茶比喝咖啡有利于心脏的保健。
E. 有的人从不喝咖啡但心脏仍然健康。

[解题分析] 正确答案：B

题干根据对心脏无害推出对身体无害，B项指出，心脏健康不等同于身体健康，即使饮用常规量的咖啡对心脏无害，也不等于对人体健康无害，因此，还不一定能放心地享用。

题干陈述的是，是否可以放心饮用咖啡的问题，而C项没有直接针对题干逻辑主线，为无关项。

■社会成员的幸福感是可以运用现代手段精确量化的。衡量一项社会改革措施是否成功，要看社会成员的幸福感总量是否增加，S市最近推出的福利改革明显增加了公务员的幸福感总量，因此，这项改革措施是成功的。

以下哪项如果为真，最能削弱上述论证？

A. 上述改革措施并没有增加S市所有公务员的幸福感。
B. S市公务员只占全市社会成员很小的比例。
C. 上述改革措施在增加公务员幸福感总量的同时，减少了S市民营企业人员的幸福感总量。
D. 上述改革措施在增加公务员幸福感总量的同时，减少了S市全体社会成员的幸福感总量。
E. 上述改革措施已经引起S市市民的广泛争议。

[解题分析] 正确答案：D

题干结论是：福利改革增加了公务员的幸福感总量，因此，这项改革措施是成功的。

理由是：社会改革措施是否成功的衡量标准要看社会成员的幸福感总量是否增加。

D 项如果为真,则说明上述改革措施减少了全体社会成员的幸福感总量,因此,是不成功的。

A、E 项不能削弱;B、C 项也能起到削弱作用,但削弱力度不如 D 项。

■通过分析物体的原子释放或者吸收的光可以测量物体是在远离地球还是在接近地球,当物体远离地球时,这些光的频率会移向光谱上的红色端(低频),简称"红移",反之,则称"蓝移"。原子释放出的这种独特的光也被组成原子的基本粒子尤其是电子的质量所影响。如果某一原子的质量增加,其释放的光子的能量也会变得更高,因此,释放和吸收频率将会蓝移。相反,如果粒子变得越来越轻,频率将会红移。天文观察发现,大多数星系都有红移现象,而且,星系距离地球越远,红移越大,据此,许多科学家认为宇宙一定在不断膨胀。

以下哪项如果为真,最能反驳上述科学家的观点?

A. 在遥远的宇宙中,也发现了个别蓝移的天体。
B. 地球并非处于宇宙的中心区域。
C. 人们所能观察的星体可能不足真实宇宙的百分之一。
D. 从宇宙中其他天体的视角看,红移也是占绝对优势的现象。
E. 根据现代科学观察,宇宙中粒子的质量没有大的变化。

[解题分析] 正确答案:C

科学家的观点是:宇宙一定在不断膨胀。理由是:天文观察发现,大多数星系都有红移现象,而这一现象表明,物体远离地球。

C 项表明,天文观察的星体的数量在宇宙中所占比例极小,意味着有天文观察而归纳出的观点不可靠,这就有力地反驳了科学家的观点。

选项 A、B 的削弱力度不足,选项 D、E 起到支持作用。

【专项训练】

01. 某公司老板大胖说:"在我认识的人中绝大多数都是买得起住房,所以中国的住房价格实际并不高。"

以下哪项最能反驳上述看法?

A. 大胖买不起第二套。
B. 公司职员小王认识的人中有不少人买不起。
C. 加快经济适用房可使住房价回落。
D. 大胖认识的大多数是国企高管和公司老板。
E. 大胖认识的大多数是男人。

02. 一项调查显示,我国各地都为引进外资提供了非常优惠的条件。不过,外资企业在并购中国企业时要求绝对控股,拒绝接受不良资产,要求拥有并限制使用原中国品牌。例如,我国最大的工程机械制造企业被美国某投资集团收购了 85% 的股权;德国一家公司收购了我国油嘴的龙头企业;我国首家上市的某轴承股份有限公司在与德国一家公司合资两年后,成了德方的独家公司。因此——

以下哪项可以最合乎逻辑地完成上面的论述?

A. 以优惠条件引进外资有可能危害中国的产业。
B. 以优惠条件吸引外资是为了引进先进的技术和管理。
C. 在市场经济条件下资本和股权是流动的。
D. 以优惠条件引进外资是由于我国现在缺少资金。
E. 欧美国家的企业比中国企业更看重股权。

03. 有不少医疗或科研机构号称能够通过基因测试疾病。某官方调查机构向 4 家不同的基因测试公司递送了 5 个人的 DNA 样本。对于同一受检者患前列腺癌的风险，一家公司称他的风险高于平均水平，另一家公司则称他的风险低于平均水平，其他两家公司都说他的风险处于平均水平。其中一家公司告知另外一位装有心脏起搏器的受检者，他患心脏病的概率很低。

如果以上陈述为真，引申出下面哪一个结论最为合理？

A. 4 家公司的检测结论不相吻合，或与真实情况不符。
B. 基因检测技术还很不成熟，不宜过早投入市场运作。
C. 这些公司把不成熟的技术投入市场运作，涉嫌商业欺诈。
D. 检测结果迥异，是因为每家公司所使用的分析方法不同。
E. 不同的基因测试公司技术和管理水平等方面差别很大。

04. 当一个国家出现通货膨胀或经济过热时，政府常常采取收紧银根，提高利率，提高贴现率等紧缩的货币政策进行调控。但是，1990 年日本政府为打压过高的股市和房地产泡沫，持续提高贴现率，最后造成通货紧缩，导致日本经济十几年停滞不前。1995~1996 年，泰国中央银行为抑制资产价格泡沫，不断收缩银根，持续提高利率，抑制了投资和消费，导致了经济大衰退。由此可见____。

以下哪项陈述最适合作为上述论证的结论？

A. 提高银行存款利率可以抑制通货膨胀。
B. 紧缩的货币政策有可能导致经济滑坡。
C. 经济的发展是有周期的。
D. 使用货币政策可以控制经济的发展。
E. 政府应尽量避免采用紧缩的货币政策进行调控。

05. 许多 14 世纪中期的欧洲作家都对游戏很感兴趣，但没有一位这一时期的作家提及扑克，在任何 14 世纪限制游戏的法令中也没有提及扑克，尽管它们提及了骰子、象棋和其他游戏。所以与某些看法相反，扑克在 14 世纪的欧洲很可能并不流行。

以下哪一项中的推论方式与上述论证中的最相似？

A. 今天的报纸和晚上的电视新闻都没有提及相传昨夜港口发生的大火，所以昨夜可能没有这场大火。
B. 今晚的电视新闻报道，在昨晚的大火中游船只受了轻伤，而报纸却说，它被全毁了。由于电视新闻基于更新的消息，因此船可能没有被毁。
C. 报纸的印刷厂就在港口边，今早的这一期报纸来得很迟，港口的大火很可能影响到它周围的地区。
D. 报纸并未明确地说港口在大火后重新开放，但在它列出的抵港船只时刻表中提到了在大火后有新船抵达，所以，港口可能不会关闭太久。
E. 报纸新闻一般比电视新闻更可靠，报纸报道昨夜港口的大火造成的损失不大，所以损失可能真的不大。

06. 临床试验显示，对偶尔食用一定量的牛肉干的人而言，大多数品牌牛肉干的添加剂并不会导致动脉硬化。因此，人们可以放心食用牛肉干而无需担心对健康的影响。

以下哪项如果为真，最能削弱上述论证？

A. 食用大量牛肉干不利于动脉健康。
B. 动脉健康不等于身体健康。
C. 肉类都含有对人体有害的物质。
D. 喜欢吃牛肉干的人往往也喜欢食用其他对动脉健康有损害的食品。
E. 题干所述临床试验大都是由医学院的实习生在医师指导下完成的。

07. 莫大伟到吉安公司上班的第一天，就被公司职工自由散漫的表现所震惊，莫大伟由此得出结论：吉安公司是一个管理失效的公司，吉安公司的员工都缺乏工作积极性和责任心。

以下哪项为真，最能削弱上述结论？
A. 当领导不在时，公司的员工会表现出自由散漫。
B. 吉安公司的员工超过2万，遍布该省十多个城市。
C. 莫大伟大学刚毕业就到吉安公司，对校门外的生活不适应。
D. 吉安公司的员工和领导的表现完全不一样。
E. 莫大伟上班这一天刚好是节假日后的第一个工作日。

08. 招魂术是欺骗性的，它号称人们能够通过叫做巫师的特殊才能的人与死去的灵魂相沟通。远在19世纪70年代，爱德华教授揭露出著名巫师亨瑞传说中的"灵魂写作"实际上是在灵魂开始写到石板上之前，已经在石上存在。这个例子显示出招魂术这个学说是没有价值的。

以下哪项能有效地反对上面所得结论？
A. 没有证据证明死去的灵魂不存在。
B. 这个结论依赖于一个历史上的报道，这些过去事件的报道没有详述所有的细节。
C. 引用的证据是预先假定所要证实的。
D. 一个欺骗性的例子不能表明整个学说是错误的。
E. 报道的正确性取决于反招魂术者的诚实，因为他们可能有偏见。

09. 当两个团体相互承诺利益互惠时，它们之间便存在一种契约关系，不管是表达出来，还是没有表达出来。因此，艺术家在接受公共基金的支持时，就在他（或她）自己与公众之间至少建立了某种未被表达出来的契约关系，公众有正当理由希望从艺术家的作品中获得益处。

以下哪项最准确地描述了上述推理中的错误？
A. 试图证明一条行为规范，理由是它使有关的全部党派都有益处。
B. 在只知道某种情形与定义部分一致时就得出这个定义完全适用于这种情形的结论。
C. 只是抽象地谈论必须逐个判断的包含偶然性的事件。
D. 把个体的智力或情感活动的类型与代表集体特征的智力或情感状况混为一谈。
E. 把需要靠政治手段来解决的问题只看作是不同意见之争。

【答案解析】

01. 答案：D
如果D项为真，即大胖认识的大多数是国企高管和公司老板，说明大胖认识的人在社会购买力上不具有代表性，显然削弱了大胖的看法。

02. 答案：A
题干论述给出了归纳推理的几个事实，显然在于暗示：以优惠条件引进外资后可能的危害；因此，A项最合乎逻辑地完成上面的论述，为正确答案。
B项所述的引资目的，C项所述的资本和股权流动，D项所述的引资原因，都偏离了题干主题，均为无关项。

03. 答案：B
根据同样的样本，4家不同的基因测试公司得出的测试结果差异极大，从中可合理地引申和概括出：基因检测技术还很不成熟。因此，B项为正确答案。
其余选项作为结论都不合适。比如，A项只是重复了题干信息，不是引申和概括出的结论。C项是过度推论，超出了题干范围。D项对题干谈到的现象提供了题干中没有涉及的解释，超出题干证据的范围。

04. 答案：B
题干陈述了日本和泰国通过持续提高贴现率，收缩银根，持续提高利率等紧缩的货币政策导致了经济衰退的例子，从中可合理地概括出结论：紧缩的货币政策有可能导致经济滑坡。因此，B项为正确答案。

其余选项不合适，A 项是说这种政策的积极方面；C 项与题干的陈述不连续；D 项是一个过于宽泛的断言。

05. 答案：A
题干所运用的论证方式是归纳枚举法，归纳枚举法重在枚举同类的事例，所枚举的例证之间具有一致性。A 项的论证方式同样是归纳枚举法，与题干类似，因此为正确答案。
选项 B、D、E 虽然也都枚举了事例，但事例之间存在明显差别，甚至相互冲突。

06. 答案：B
题干论述：牛肉干不会导致动脉硬化，因此，可放心食用牛肉干而无需担心对健康的影响。
B 项指出，动脉健康不等同于身体健康，即使食用牛肉干不会导致动脉硬化，也不等于不会影响人体健康，因此，还不一定能放心食用。
A 项也能削弱，但即使食用大量牛肉干不利于动脉健康，但如果食用适量，不影响结论"可以放心食用牛肉干而无需担心对健康的影响"的成立。所以，A 的削弱力度不足。B 项针对前提到结论的论证关系，而 A 项仅针对结论，不如 B 项恰当。

07. 答案：B
题干结论是：吉安公司是一个管理失效的公司，其员工都缺乏工作积极性和责任心。
理由是：莫大伟到吉安公司上班的第一天，发现该公司职工自由散漫。
B 项，吉安公司的员工超过 2 万，遍布该省十多个城市，这意味着莫大伟仅就他见到的员工不能轻率概括出整个吉安公司的员工的状况，有力地削弱了题干结论。
E 项为干扰项，因为题目并没说明节假日后的第一个工作日一般不容易进入上班状态，即使节假日后的第一个工作日的工作状态不佳，也不至于自由散漫。其余选项为无关项。

08. 答案：D
题干论述：因为这个灵魂写作例子是具有欺骗性的，所以招魂说是没有价值的。
从个例得到一个普遍的结论这样的归纳推理是不一定可靠的。D 项有效地反对了题干的结论。
其余选项起不到反对作用或削弱力度不足，比如，A 项并不能说明死去的灵魂存在；B 项仅仅是说论据不够好，但即使并不知道所有细节，论据也可以有意义。

09. 答案：B
题干结论是：公众有正当理由希望从艺术家的作品中获得益处。其理由包含两条：
第一句话：当两个团体相互承诺利益互惠时，它们之间便存在一种契约关系。
第二句话：艺术家在接受公共基金的支持时，他与公众之间建立了契约关系。
可见，第二句话作为第一句话的推论是不恰当的，因为艺术家在接受公共基金的支持只是得到单方面的利益，并没有承诺相互的利益互惠。因此，题干论证是在只知道某种情形与定义部分一致时就得出这个定义完全适用于这种情形的结论，实际上也是一种"轻率概括"的错误，B 项指出了这个逻辑错误。

第二节 统 计 推 理

统计推理也叫统计推断，是从总体中抽取部分样本，通过对抽取部分所得到的带有随机性的数据进行合理的分析，进而对总体作出合理的判断，它是伴随着一定概率的推测。
统计推理属于不完全归纳推理，其结论所断定的范围超出了前提所断定的范围，前提与结论之间的联系不是必然的，因而，它的结论是或然的，其推理的可靠性需要进行必要的评估。评估统计推理的批判性问题有：
CQ1. 明确结论问题：结论是什么？
CQ2. 数据意义问题：统计数据有何含义？

CQ3. 数据可信度问题：统计数据从何而来？
CQ4. 样本代表性问题：样本是否能真正代表总体？
CQ5. 反案例问题：有无不具有原样本属性的其他样本？
CQ6. 数据应用问题：统计数据应用是否合理？

一、统计概括

统计概括指的是针对统计推理而概括出结论。由于统计推理是从样本过渡到总体的推理，即由样本具有某种属性的单位频率或百分比推出总体具有某种属性的概率或可能性的推理，因此，在进行统计推理和概括时，要尽量做到抽样要科学、数据应用要合理、概括出的结论要恰当。

以偏概全是属于统计中的轻率概括，是根据部分具有的属性概括了整体的属性而导致的谬误，是由于忽视样本属性的异质性，或者根据有偏颇的样本所做出的概括。如果题干的推理出现了这种逻辑错误，削弱该统计论证的主要方式就是拿出理由，指出样本是特殊的，不具有代表性。

■据调查，滨州市有24%的家庭拥有电脑，但拥有电脑的家庭中的12%每周编写程序2小时以上，23%的在1～2小时之间，其余的每周都不到1小时。可见，滨州市大部分购买电脑的家庭并没有充分利用他们的家庭电脑。

以下哪种说法如果为真，则最能构成对上述结论的疑问？

A. 过多的使用电脑会对眼睛产生危害，对孕妇身体也有影响。
B. 许多人购买电脑是为了娱乐或其他用途，而不是编程序。
C. 在调查中，会有相当比例的被调查对象夸大他们的电脑知识。
D. 使用电脑需要不断地学习与动手实践，有一个循序渐进的过程。
E. 家庭电脑的普及和充分利用肯定需要一个过程，不可操之过急。

[解题分析] 正确答案：B

题干根据拥有电脑的家庭编写程序的比例低，推出结论、大部分购买电脑的家庭并没有充分利用他们的家庭电脑。

如果B项为真，即事实上许多人购买电脑的目的不是为了编程序，而是用于其他目的，那么就不能以用于编程的时间的多少，来衡量一台电脑是否得到充分利用。

其余各项均不能削弱题干。

■认为大学的附属医院比社区医院或私立医院要好，是一种误解。事实上，大学的附属医院抢救病人的成功率比其他医院要小。这说明大学的附属医院的医疗护理水平比其他医院要低。

以下哪项，如果为真，最能驳斥上述论证？

A. 很多医生既在大学工作又在私立医院工作。
B. 大学，特别是医科大学的附属医院拥有其他医院所缺少的精密设备。
C. 大学附属医院的主要任务是科学研究，而不是治疗和护理病人。
D. 去大学附属医院就诊的病人的病情，通常比去私立医院或社区医院的病人的病情重。
E. 抢救病人的成功率只是评价医院的标准之一，而不是唯一的标准。

[解题分析] 正确答案：D

本题推理是由一个统计事实"大学的附属医院抢救病人的成功率比其他医院要小"，而得出一个解释性结论"大学的附属医院的医疗护理水平比其他医院要低"。

这个结论是建立在将两个具有不同内容的数字进行不恰当比较的基础上的。要削弱这则论证，就要指出样本（质）不同。D项断定，去大学附属医院就诊的病人的病情，通常比去私立医院或社区医院的病人的病情重，因此，显然不能根据大学的附属医院抢救病人的成功率比其他

第六章　归纳逻辑

医院要小，就得出大学的附属医院的医疗护理水平比其他医院要低的结论。这就有力地驳斥了题干的论证。

A、B、C和E项或为无关项，或都对题干削弱程度较低。

■为了调查当前人们的识字水平，其实验者列举了20个词语，请30位文化人士识读，这批人的文化程度都在大专以上。识读结果显示，多数人只读对3~5个词语，极少数人读对15个以上，甚至有人全部读错。其中，"蹒跚"的辨识率最高，30人中有19人读对；"呱呱坠地"所有人都读错。20个词语的整体误读率接近80%。该实验者由此得出，当前人们的识字水平并没有提高，甚至有所下降。

以下哪项如果为真，最能对该实验者的结论构成质疑？
A. 实验者选取的20个词语不具有代表性。
B. 实验者选取的30位识读者均没有博士学位。
C. 实验者选取的20个词语在网络流行语言中不常用。
D. "呱呱坠地"这个词的读音有些大学老师也经常读错。
E. 实验者选取的30位识读者中约有50%人学习成绩不佳。

[解题分析]　正确答案：A

题干根据，30位文化人士对20个词语识读结果不佳的实验，得出结论：当前人们的识字水平没有提高甚至下降。

这一实验的问题在于，这20个词语是否具有代表性，如果这20个词语是易读错的词语，题干结论就不可靠。A选项指出了这一点，对实验结论构成了质疑。

二、数据应用

统计数据主要是指统计工作活动过程中所取得的反映经济和社会现象的数字资料。统计数据包括平均数、百分比、相对数量与绝对数量、概率及其他样本数据。

在考查统计论证或运用统计数据推出结论时，应注意以下几个问题：

一是，说话人或作者从何种途径知道这些统计数据的？

二是，说话人或作者是如何使用统计数据的？说话人或作者运用统计数据是如何得出结论的？

三是，说话人或作者运用统计数据得出的结论是否恰当？有没有对统计数据做出引申，引申的适当程度如何？

数据应用就是对数据进行分析、处理，从中获取有价值的信息。在应用统计数据的过程中，如果忽视统计数据的平均意义、相对性、交叉性、相关性和可比性等将会导致数据误用谬误。一旦在所使用的统计数据方面产生谬误，就会动摇论证的基础。

1. 平均数

平均数谬误是误用平均数，即将平均数的性质机械地分配给总体中的个体，从而基于平均数假象而引申出一般性结论的谬误。"平均数"有三种不同含义：算术平均数、众数和中位数。其中，算术平均数的谬误是最常见的平均数谬误，是指不恰当地使用算术平均数，以算术平均数的假象为根据引申出一般结论的错误论证。算术平均数的特点是拉长补短，以大补小，以最终求得的结果代表对象总体的某种一般水平。算术平均数掩盖了实际上的不平均，通过算术平均数设计的数字陷阱主要是利用了算术平均数的这一特点。

2. 数据相对性

数据的相对性主要指的是百分比、基数与绝对量三者的相对关系。使用百分比的优点是，可以使人们了解某一类对象在全体对象中所占的比例，统计结果简单明了，一目了然。使用百分比的缺点是，无法反映一种非常重要的信息，即得出百分比所依据的绝对数字。百分比高不意味着绝对量大，还要看基数。忽视三者的相对变化而导致对数据的滥用，在论证中也是常见的现象。

（1）百分比陷阱　百分比只是一个相对数字，它不能反映对象的绝对总量。如果在统计推理中遇到百分比，我们务必要问问自己，是否需要知道这些相对数字所依据的绝对总量。

批判性思维问题：

CQ1. 该百分比所依据的基础数据是什么？

CQ2. 百分比所表示的绝对总量是多大？

使用百分比的陷阱有：

百分比只是一个相对数字，它不能反映对象的绝对总量。如果在统计推理中遇到百分比，我们务必要问问自己，是否需要知道这些相对数字所依据的绝对总量。

① 使用小的分母（小的基数）加大百分比，可使人们相信夸大了的事实。

② 使用大的分母（基数）缩小百分比，可以使人相信某种现象并不重要或不值得重视，没有必要大惊小怪。

③ 在不该使用百分比的情况下使用百分比，对不同的百分数进行错误的比较，从而误导对方。

（2）绝对数陷阱　绝对数难以反映对象的相对变化，一般来讲，绝对数与相对比例相结合才能有效地说明问题，而仅仅用绝对数与相对比例往往容易误导受众。

3. 数据交叉性

数据的交叉性也是常见的数字陷阱，运用统计推理时，需要注意的是统计数据所描述的不同对象的概念外延是否具有重合的可能性，即数据中是否有相容的计算值。

4. 数据相关性

数据相关性是指应用统计数据推出结论时，数据必须与结论相关。

当我们依靠统计数据来解释或者确认一种因果关系时，必须考虑前提所选取的样本属性与结论所描述的总体属性是否相关。如果把不相关的统计数据误认为密切相关而做出错误的统计论证，就会产生数据与结论不相关的谬误。

典型的数据与结论不相关的谬误是对概率的误解。概率，又称或然率、机会率或机率。表示随机事件发生可能性大小的量，是事件本身所固有的不随人的主观意愿而改变的一种属性。如果一件事情发生的概率是 $1/n$，不是指 n 次事件里必有一次发生该事件，而是指此事件发生的频率接近于 $1/n$ 这个数值。

（1）条件概率谬误　条件概率是指事件 A 在另外一个事件 B 已经发生条件下的发生概率。条件概率表示为 $P(A|B)$，读作"在 B 条件下 A 的概率"。

条件概率的谬论是假设 $P(A|B)$ 大致等于 $P(B|A)$。

（2）赌徒谬误　赌徒谬误往往是根据一个事件在最近的过去不如期望的那样经常出现，推断最近的将来它出现的概率将会增加的统计推理谬误。

5. 数据可比性

数据的可比性是数据能够起到证据作用的必要条件。比较要有供比较的对象，也要有比较的共同基础。在统计推理或统计论证中，如果忽略总体性质的差异对两个统计数据进行比较，并试图在此基础上确认某一结论，这就犯了数据不可比的错误。具体表现在：

① 两个样本有实质性差别。

② 统计对象和样本有实质差别。

③ 洞察概念的不同解释对得出结论的关键影响。

数据不可比的谬误主要是指不设定比较的根据或基础。比如不设定供比较的对象，表面上在进行比较实际上根本没有比较。比如削弱统计论证常用的方式是通过指出比较的根据或基础不正确，来说明某一组数据不能说明问题或两组数据不可比。

6. 独立数据

独立数据是脱离比较基础的数据,具体是没有设定供比较的对象,没有设定比较的根据或基础,这在论证中的证据效力是不能令人信服的。

例如:媒体报道,严查酒后驾车以来,全国已经查处 2000 多起酒后驾车。一个数据让人深思,在这被查出的 2000 多名酒后驾车者中,60%拥有高学历。这说明高学历者更容易酒后驾车。

分析:该论证所列的统计数据就是独立数据,对于证明高学历者更容易酒后驾车来说是悬而未决的。若使所列的数据成为有说服力的证据,就必须与相关的数据进行比较。如果有车者的高学历者居多,上述结论就不能成立。

■受多元文化和价值观的冲击,甲国居民的离婚率明显上升。最近一项调查表明,甲国的平均婚姻存续时间为 8 年。张先生为此感慨,现在像钻石婚、金婚、白头偕老这样的美丽故事已经很难得,人们淳朴的爱情婚姻观一去不复返了。

以下哪项如果为真,最可能表明张先生的理解不确切?

A. 现在有不少闪婚一族,他们经常在很短的时间里结婚又离婚。
B. 婚姻存续时间长并不意味着婚姻的质量高。
C. 过去的婚姻主要由父母包办,现在主要是自由恋爱。
D. 尽管婚姻存续时间短,但年轻人谈恋爱的时间比以前增加很多。
E. 婚姻是爱情的坟墓,美丽感人的故事更多体现在恋爱中。

[解题分析] 正确答案:A

张先生得出"人们淳朴的爱情婚姻观一去不复返了"的观点是基于对"平均婚姻存续时间为 8 年"这一统计数据的理解。

而这一理解可能是不确切的,如果 A 项为真,说明闪婚现象导致了平均婚姻存续时间降低,但这并不说明家庭从总体上不稳定。比如,少部分家庭是闪婚,但在短时间内不断地结了离,离了结,结了又离,离了再结,这样就大大降低了总体上平均婚姻存续时间,但不能说大部分家庭不稳定。

其余选项均不得要领,比如 B 项,最多只能说明张先生的感慨不确切,但不能说明他对统计数据理解的不确切。

■统计表明,飞机事故大多发生在国内航班中,所以国际航班比国内航班更安全。

以下哪项最能反驳上述论证?

A. 国际航班和国内航班使用的飞机种类基本一样。
B. 国际航班和国内航班的安全检查使用同样的标准。
C. 国内航班远远多于国际航班。
D. 国内航班飞机事故的绝对数量也是非常少的。
E. 国际航班也会有飞机事故发生。

[解题分析] 正确答案:C

要比较国际航班与国内航班的安全性,不能用事故绝对数来比较,而要比较事故率。

若 C 项为真,即国内航班远远多于国际航班,那么国内航班的事故率可能会低于国际航班的事故率,也即国内航班可能比国际航班更安全,这就有力地反驳了题干的论证。

■广告:世界上最好的咖啡豆产自哥伦比亚。在咖啡的配方中,哥伦比亚咖啡豆的含量越多,则配制的咖啡越好。克力莫公司购买的哥伦比亚咖啡豆最多,因此,有理由相信,如果你购买了一罐克力莫公司的咖啡,那么,你就买了世界上配制最好的咖啡。

以下哪项,如果为真,最能削弱上述广告中的论证?

A. 克力莫公司配置及包装咖啡所使用的设备和其他别的咖啡制造商的不一样。

B. 不是所有克力莫公司的竞争者，在他们销售的咖啡中，都使用哥伦比亚咖啡豆。
C. 克力莫公司销售的咖啡比任何别的公司销售的咖啡多得多。
D. 克力莫咖啡的价格是现在配置的咖啡中最高的。
E. 大部分没有配置过的咖啡比最好配置的咖啡好。

[解题分析] 正确答案：C

题干根据克力莫公司购买的优质咖啡豆最多，得出结论：克力莫公司的咖啡最好。

要削弱这个论证，就是要说明存在别的因素影响推理。克力莫公司购买的哥伦比亚咖啡豆最多，只是其咖啡豆原料总量多。如果"克力莫公司销售的咖啡比任何别的公司销售的咖啡多得多"，表明其咖啡产量与咖啡豆原料总量之比，比别的公司要大，也就是说哥伦比亚咖啡豆单位含量要低。那么，就不见得克力莫公司的咖啡就好。这就有力地削弱了题干的论证，因此，C项为正确答案。

其余选项均为无关项。

■ 根据最近一项调查显示，近年来在市外企高收入（指合法收入为年薪 12 万元以上）人群中，外国归来的人（简称"海归派"）数占 60%，这充分说明国内大学毕业的人（简称"本土派"）在该市外企中获得高工资极为困难。

以下哪项如果为真，最能加强上述结论？

A. 在该市外资企业中，"本土派"人数占 40%。
B. 在该市外资企业中，"本土派"人数超过 50%。
C. 在该市就业人群中，"海归派"仅为"本土派"的 10%。
D. 在该市就业人群中，"海归派"与"本土派"的人数比例约为 6∶4。
E. 在该市就业人群中，"海归派"与"本土派"的人数比例约为 4∶6。

[解题分析] 正确答案：B

要得出"'本土派'在该市外企中获得高工资是否困难"的结论，必须比较外企高收入人群中"本土派"的比例与外企总人群中"本土派"的比例。

若 B 项为真，即在该市外资企业中，"本土派"人数超过 50%，而根据题意，外企高收入人群中"本土派"只有 40%，这说明外企高收入人群中"本土派"比例明显低于外企总人群中"本土派"比例，这就有力地支持了"'本土派'在该市外企中获得高工资极为困难"这一结论。

其余选项不能支持题干结论，比如，选项 A 的比例一样，削弱了题干结论。其他选项的范围不对，不应该是该市就业人群中，而只是该市外资企业中。

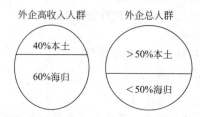

【专项训练】

01. 目前的大学生普遍缺乏中国传统文化的学习和积累。根据国家教委有关部门及部分高等院校最近做的一次调查表明，大学生中喜欢和比较喜欢京剧艺术的只占到被调查人数的 14%。

下列陈述中的哪一个最能削弱上述观点？

A. 大学生缺少对京剧艺术欣赏方面的指导，不懂得怎样去欣赏。
B. 喜欢京剧艺术与学习中国传统文化不是一回事，不要以偏概全。
C. 14% 的比例正说明培养大学生对传统文化的学习大有潜力可挖。

D. 有一些大学生既喜欢京剧，又对中国传统文化的其他方面有兴趣。
E. 调查的比例太小，恐怕不能反映当代大学生的真实情况。

02. 一个人从饮食中摄入的胆固醇和脂肪越多，他的血清胆固醇指标就越高。存在着一个界限，在这个界限内，二者成正比。超过了这个界限，即使摄入的胆固醇和脂肪急剧增加，血清胆固醇指标也只会缓慢地有所提高。这个界限，对于各个人种是一样的，中国人大约是欧洲人人均胆固醇和脂肪摄入量的1/4。

上述判定最能支持以下哪项结论？

A. 中国人的人均胆固醇和脂肪摄入量是欧洲人的1/2，但中国人的人均血清胆固醇指标不一定等于欧洲人的1/2。
B. 上述界限可以通过减少胆固醇和脂肪摄入量得到降低。
C. 3/4的欧洲人的血清胆固醇含量超出正常指标。
D. 如果把胆固醇和脂肪摄入量控制在上述界限内，就能确保血清胆固醇指标的正常。
E. 血清胆固醇的含量只受饮食的影响，不受其他因素，例如运动、吸烟等生活方式的影响。

03. 对于一部分妇女来说，生孩子的费用可能是一个无法预料的沉重负担。平均的生育费用一般是3200美元，如果伴有并发症，就要多花数千美元。每年处在主要生育年龄即18～24岁之间的妇女在该国的生育人口中约占40%，其中没有为生育费用支付健康保险的人多于25%。

如果以上陈述为真，以下哪项也必然真？

A. 每年该国约有75%的生育妇女有生育费用的健康保险。
B. 每年该国约有60%的生育妇女的年龄小于18岁或大于24岁。
C. 健康保险为每次生育平均支付3200美元的75%。
D. 在该国没有生育费用健康保险的生育妇女中，约有75%的人年龄小于18岁或大于24岁。
E. 在该国处在主要生育年龄的妇女中，近75%的妇女在生育时没有并发症。

04. 政府每年都公布对某海域鳕鱼储量的估计数值，这个数值是综合两个独立的调查数据得出的：一个是研究考察船每年一次的抽样捕捞量；另一个是以上一年商用渔船单位捕捞量（在一公里长的范围撒网停留1小时所捕捞的鳕鱼量）的平均吨位数。在过去的几十年中，这两项调查所得到的数据是非常近似的。而在最近10年中，基于商用渔船单位捕捞量的调查数据明显上升，而基于研究考察船抽样捕捞量的调查数据却明显下降。

以下哪项如果为真，最有助于解释两项调查数据差异的不断扩大？

A. 商用渔船通常超额捕鱼，并且少报数量。
B. 现在每年动用的研究考察船要多于10年前的。
C. 过去的10年中，技术的进步使商用渔船能准确地发现大鱼群的位置。
D. 研究考察船只用30天的时间采集鳕鱼样本，而渔船则全年捕捞。
E. 由于以前过度捕鱼，现在渔船很难捕到法律允许的最大捕捞量。

05. 政治家："那些声称去年全年消费物价涨幅低于3%的经济学家是错误的。显然，他们最近根本没去任何地方买过东西。汽油价格在去年一年中涨10%，我乘车的费用涨了12%，报纸涨了15%，清洁剂涨了15%，面包涨了50%。"

政治家的上述论证最容易受到批评，因为

A. 它指责经济学家的品德，而不是针对他们的论证进行反驳。
B. 它使用了一个不具有代表性的小样本作为证据。
C. 它试图通过诉诸感情的方式来达到说服的目的。
D. 它错误地表明，所提到的那些经济学家不是消费价格领域的专家。
E. 它认为那些经济学家没去任何地方买过东西，说法太过绝对。

06. 北京某报以"15%的爸爸替别人养孩子"为题，发布了北京某司法物证鉴定中心的统计数据：在一年时间内北京进行亲子鉴定的近600人中，有15%的检测结果排除了亲子关系。

下面哪一项没有质疑该统计推断的可靠性？

A. 该文标题应加限定：在进行亲子鉴定的人中，15％的爸爸替别人养孩子。

B. 当进行亲子鉴定时，就已经对其亲子关系有所怀疑。

C. 现代科学技术真的能准确地鉴定亲子关系吗？

D. 进行亲子鉴定的费用太高了。

E. 15％中有没有一部分是妈妈替别人养孩子？

07. 一家石油公司进行了一项石油溢出对环境影响的调查，并得出一个结论：接触过石油溢出的水鸟有95％的存活率。这项调查是基于一个检查，被送到石油溢出地附近兽医诊所看病的水鸟，调查发现20只受石油溢出影响的水鸟中只有一只水鸟死了。

下面哪一个，如果正确，最反对上面关于水鸟存活率的调查结论？

A. 许多受影响但是存活的水鸟受到了严重的伤害。

B. 那些受影响而死亡的水鸟比一般的同类鸟要大。

C. 大部分受影响的水鸟都接触过水面上漂浮的石油。

D. 在重新接触石油后，很少量受影响水鸟被重新送到诊所。

E. 只有那些看起来有很大存活率的水鸟才被带到兽医诊所。

08. 地方政府在拍卖土地时，有一个基本的价格，叫做"土地基价"；拍卖所得超出土地基价的金额与土地基价之比，叫做"溢价率"。溢价率的高低标志着土地市场和楼市的热度。B市有一块地，今年第一次上市过程中，因溢价率将创新高而被临时叫停。第二次上市最终以低于第一次上市的溢价率成交，但成交的总金额却超出了第一次可能达到的数额。

如果以下陈述为真，哪一项最好地解释了上述看似不一致的现象？

A. B市的这块地在第二次上市时，政府上调了它的土地基价。

B. 今年B市实行了全国最严格的房地产调控政策。

C. 目前拍卖土地所得是地方政府重要的财政来源。

D. B市的这块地在第二次上市时，开发商的竞争程度远比第一次激烈。

E. 地方政府在土地拍卖中获取的暴利是惊人的。

09. 就业安全和健康委员会（OSHA）是为保护工人在工作中免受事故和不安全条件之苦而建立的。然而实际上在存在就业安全和健康委员会的情况下，与工作有关的事故数目在上升。这说明了该机构没有作用。

下面哪一个，如果正确，最严重地削弱上面的观点？

A. 一批工作，在立法最初建立就业安全和健康委员会时，被排除在就业安全和健康委员会权限之外，目前仍然在就业安全和健康委员会权限之外。

B. 就业安全和健康委员会被授予监督更大量的工作活动。

C. 在就业安全和健康委员会监督的职业中，整个作业工人数目增长了，然而与工作有关的死亡和受伤人数对劳动力人数的比例下降了。

D. 由就业安全和健康委员会提出的规则遇到了来自选举官员和大众传媒的政治批评。

E. 与工作有关的事故数目的增加主要发生在某一类工作中，然而在其他类别的工作中，与工作有关的事故的数目几乎保持不变。

10. 在对100个没有使用过毒品的人进行吸毒检验时，平均只有5人的检验结果为阳性。相反，对100个吸过毒的人进行检验的结果有99人为阳性。所以，如果对随便挑选的人进行此项检验，绝大多数结果呈阳性的人都是用过毒品的人。

上述论证中的推理是错误的，因为这则论证：

A. 试图从纯粹属于事实方面的前提推出一个价值性判断。

B. 没有考虑到使用毒品的人在总人口中所占的比例。

C. 忽略了有些吸毒者的检验结果不是阳性这一事实。

D. 拥护在毫无根据地怀疑当事人吸毒的情况下对当事人进行吸毒检验。
E. 没有把阳性这个关键概念界定清楚。

11. 美国的枪支暴力惨案再度引发了枪支管控的讨论。反对枪支管控者称，20 世纪 80 年代美国枪支暴力案飙升，1986 年有些州通过法律手段实施严格的枪支管控，但实施严格枪支管控的这些州的平均暴力犯罪率却是其他州平均暴力犯罪率的 1.5 倍。可见，严格的枪支管控无助于减少暴力犯罪。

如果以下陈述为真，哪一项最强地削弱了以上论证？
A. 自 1986 年以来，美国拥有枪支家庭的比例显著下降。
B. 自 1986 年以来，实施严格枪支管控的这些州的年度暴力犯罪数持续下降。
C. 在那些实施严格枪支管控法律的州，很少有人触犯该项法律。
D. 犯罪学家对比了各种调查结果，并未发现私人拥有枪支的数量与枪支暴力犯罪有明显的相关性。
E. 实施严格的枪支管控使获得枪支比过去困难很多。

12. 1929 年 10 月跟随美国股市暴跌后的"自杀潮"只是一种传说罢了。对 1929 年死亡统计资料的细致研究表明，当年 10 月和 11 月自杀的人数相对较低，较之自杀人数更低的其他月份只有三个月。在夏季股市兴盛的月份中，自杀的人数反而较高。

如果以下哪项为真，对上文的结论会构成最严重的威胁？
A. 在任何历史时期，自杀率都是由心理、人际、社会等多方面因素造成的。
B. 在 20 世纪 20～30 年代，10 月和 11 月的自杀率总是高于其他月份的。
C. 1929 年 10 月和 11 月的自杀率远高出其前后数年相同月份的平均自杀率。
D. 在股市暴跌的前后数年间，年初时的自杀率一般低于年底时的自杀率。
E. 在股市暴跌的前后数年间，每年的自杀率起伏很大。

13. 一种检测假币的仪器在检测到假币时会灯亮，制造商称该仪器将真币误认为是假币的可能性只有 0.1‰。因此，该仪器在 1000 次亮起红灯时有 999 次会发现假币。

上述论证的推理是错误的，因为：
A. 忽略了在假币出现时红灯不亮的可能性。
B. 基于一个可能有偏差的事例概括出一个普遍的结论。
C. 忽略了仪器在检测假币时操作人员可能发生的人为错误。
D. 在讨论百分比时偷换了数据概念。
E. 没有说明该仪器是否对所有的假币都同样敏感。

14. 一个美国议员提出，必须对本州不断上升的监狱费用采取措施。他的理由是，现在一个关在单人牢房的犯人所需的费用，平均每天高达 132 美元，即使在世界上开销最昂贵的城市里，也不难在最好的饭店找到每晚租金低于 125 美元的房间。

以下哪项如果为真，能构成对上述美国议员的观点及其论证的恰当驳斥？
Ⅰ. 据州司法部公布数字，一个关在单人牢房的犯人所需的费用，平均每天 125 美元。
Ⅱ. 在世界上开销最昂贵的城市里，很难在最好的饭店里找到每晚租金低于 125 美元的房间。
Ⅲ. 监狱用于犯人的费用和饭店用于客人的费用，几乎用于完全不同的开支项目。
A. 只有Ⅰ。
B. 只有Ⅱ。
C. 只有Ⅲ。
D. 只有Ⅰ和Ⅱ。
E. Ⅰ、Ⅱ和Ⅲ。

15. 在产品检验中，误检包括两种情况：一是把不合格产品定为合格；二是把合格产品定为不合格。有甲乙两个产品检验系统，它们依据的是不同的原理，但共同之处在于：第一，它们都能检测出所有送检的不合格产品；第二，都仍有恰好3％的误检率；第三，不存在一个产品，会被两个系统都误检。现在把这两个系统合并为一个系统，使得被该系统测定为不合格的产品，包括且只包括两个系统分别工作时都测定的不合格产品。可以得出结论：这样的产品检验系统的误检率为0。

以下哪项最为恰当地评价了上述推理？

A. 上述推理是必然性的，即如果前提真，则结论一定真。

B. 上述推理很强，但不是必然性的，即如果前提真，则为结论提供了很强的证据，但附加的信息仍可能削弱该论证。

C. 上述推理很弱，前提尽管与结论相关，但最多只为结论提供了不充分的根据。

D. 上述推理的前提中包含矛盾。

E. 该推理不能成立，因为它把某事件发生的必要条件的根据，当作充分条件的根据。

16. 通常认为左撇子比右撇子更容易出事故。这是一种误解。事实上，大多数家务事故，大到火灾、烫伤，小到切破手指，都出自右撇子。

以上哪项最为恰当地概括了上述论证中的漏洞？

A. 对两类没有实质性区别的对象作实质性的区分。

B. 在两类不具有可比性的对象之间进行类比。

C. 未考虑家务事故在整个操作事故中所占的比例。

D. 未考虑左撇子在所有人中所占的比例。

E. 忽视了这种可能性：一些家务事故是由多个人造成的。

17. 据世界卫生组织1995年的调查报告显示，70％的肺癌患者有吸烟史，其中有80％的人吸烟的历史多于10年。这说明吸烟会增加人们患肺癌的危险。

以下哪项最能支持上述论断？

A. 1950～1970年期间男性吸烟者人数增加较快，女性吸烟者也有增加。

B. 虽然各国对吸烟有害进行大力宣传，但自50年代以来，吸烟者所占的比例还是呈明显的逐年上升的趋势。到90年代，成人吸烟者达到成人数的50％。

C. 没有吸烟史或戒烟时间超过5年的人数在1995年超过了人口总数的40％。

D. 1995年未成年吸烟者的人数也在增加，成为一个令人挠头的社会问题。

E. 医学科研工作者已经用动物实验发现了尼古丁的致癌作用，并从事开发预防药物的研究。

18. 近年，在对某大都市青少年犯罪情况的调查中，发现失足青少年中，24％都是离异家庭的子女。因此，离婚率的提高是造成青少年犯罪的重要原因。

假设每个离异家庭都有子女，则以下哪项如果是真的，最能对上述结论提出严重质疑？

A. 十多年前该大都市的离婚率已接近1/4，且连年居高不下。

B. 该大都市近年的离婚率较之前有所下降。

C. 离异家庭的子女中走上犯罪道路的毕竟是少数。

D. 正常的离异比不正常地维系已经破裂的家庭要有利于社会的稳定。

E. 青少年犯罪中性犯罪占很大的比例。

19. 一些人对某法官在针对妇女的性别歧视的案件中的客观性表示质疑。但是记录显示，这种案件中有60％的情况下该法官做出了有利于妇女的判决。这项记录证明在针对妇女的性别歧视的案件中，该法官并没有歧视妇女。

上述论述是有缺陷的，因为它忽略了一种可能性，即：

A. 由该法官审理的大量案件是由对妇女的性别歧视的指控引起的。

B. 许多法官发现在对妇女性别歧视的案件中很难做到客观公正。

C. 在不牵涉性别歧视的案件中该法官对女被告或原告有偏见。

D. 送到该法官的法庭的针对妇女的性别歧视案件多数是从一个低级法院上诉来的。
E. 有证据显示该法官关于针对妇女的性别歧视案件中，妇女应该赢得超过 60%的案件。

20、21 题基于以下题干：

某校的一项抽样调查显示：该校经常泡网吧的学生中家庭经济条件优越的占 80%；学习成绩下降的也占 80%，因此家庭条件优越是学生泡网吧的重要原因，泡网吧是学习成绩下降的重要原因。

20. 以下哪项为真，最能削弱上述论证？
A. 该校位于高档住宅且学生 9 成以上家庭条件优越。
B. 经过清理整顿，该校周围网吧符合规范。
C. 有的家庭条件优越的学生并不泡网吧。
D. 家庭条件优越的家长并不赞成学生泡网吧。
E. 被抽样调查的学生占全校学生的 30%。

21. 以下哪项为真，最能加强上述论证？
A. 该校是市重点学校，学生的成绩高于普通学校。
B. 该校狠抓教学质量，上学期半数以上学生的成绩都有明显提高。
C. 被抽样调查的学生多数能如实填写问卷。
D. 该校经常做这种形式的问卷调查。
E. 该项调查的结果已报，受到了教育局的重视。

【答案解析】

01. 答案：B
题干观点是：大学生普遍缺乏中国传统文化的学习和积累。
理由是：大学生中喜欢和比较喜欢京剧艺术的只占到被调查人数的 14%。
B 项指出了"京剧艺术"与"中国传统文化"的区别，说明不能以不喜欢京剧之"偏"概对中国传统文化的态度之"全"，有力地削弱了题干观点。
其余选项均不妥，其中，A 项是无关项。C 项说"大有潜力可挖"，实际上承认大多数大学生缺乏中国文化的修养，支持了题干观点。D 项显然不能削弱题干的观点。E 项对调查方法提出质疑，怀疑样本数目太小，从某种意义上来说是削弱题干的观点。但根据统计学的知识可知，对总体（全国大学生）抽样做出判断的准确程度主要是看抽样是否有代表性，而不是看样本占总体的比例是否足够大（当总体很大时，此比例往往很小），因此，从统计学的观点，该项也不足以对题干提出有力的质疑。

02. 答案：A
如果一个人摄入的胆固醇及脂肪和他的血清胆固醇指标无条件成正比，那么，如果中国人的人均胆固醇和脂肪摄入量是欧洲人的 1/2，则其人均血清胆固醇指标也等于欧洲人的 1/2。但题干断定，以欧洲人人均胆固醇和脂肪摄入量的 1/4 为界限，在该界限内，上述二者成正比；超过这个界限，则不成正比。因此，可以得出结论：中国人的人均胆固醇和脂肪摄入量是欧洲人的 1/2，但中国人的人均血清胆固醇指标不一定等于欧洲人的 1/2，即 A 项成立。

03. 答案：B
题干陈述：18～24 岁之间的生育妇女约占 40%，而在这 40%中，没有为生育费用支付健康保险的人多于 25%。
既然 18～24 岁之间的生育妇女约占 40%，当然剩下 60%的生育妇女是年龄小于 18 岁或大于 24 岁了，因此，B 项正确。
生育妇女中的 40%的 75%有健康保险，而不是全体生育妇女，A 项错误。C 项的观点题干没有数据支持。D 项混淆了统计数据。E 项的观点题干没有提供信息支持。

04. 答案：C

题干需要解释的是，基于商用渔船单位捕捞量的调查数据明显上升，而基于研究考察船抽样捕捞量的调查数据却明显下降。

选项 C 表明，技术的进步使商用渔船能准确地发现大鱼群的位置，从而有效地解释了基于商用渔船单位捕捞量的调查数据明显上升。

05. 答案：B

政治家所举的例子即样本都是其本人消费到的，这在所有消费品中所占的比例过小，仅就这几样商品价格的上涨幅度不足以对全部消费品的情况做出说明，因此也就无法证明经济学家的观点是错的。因此，B 项正确。

A、C、D 选项均不是其受到批评的原因。

06. 答案：D

题干统计推理是：根据一年内进行亲子鉴定的近 600 人中有 15% 的检测结果排除了亲子关系，而得出一个普遍性的结论：15% 的爸爸替别人养孩子。

这个推理显然是不充分的，结论是值得怀疑的。

该统计推理只能说明：在进行亲子鉴定的人中，15% 的爸爸替别人养孩子。因为，社会上绝大多数家庭并没有进行亲子鉴定，由于本推理抽样不科学，整体比例无从得知。可见，A 项质疑该统计推断的可靠性（A 项对统计结论进行了对象上的限定，否则会犯以偏概全的逻辑错误）。

B 项以另有他因的方式，说明了进行亲子鉴定的这 600 人本来就对其亲子关系有所怀疑，所以测出的结果应该是高于社会上的政策情况，也就是样本不具有代表性，因此统计推理的结论不可靠。

C 项怀疑了进行亲子鉴定的技术是否可靠，因此，同样质疑了该统计推断的可靠性。

D 项所说的费用高，则与统计推断的可靠性无关，故不能质疑该统计推断的可靠性。

07. 答案：E

题干根据，被送到兽医诊所看病的 20 只受石油溢出影响的水鸟只死了一只，得出结论：接触过石油溢出的水鸟有 95% 的存活率。

E 项指出，只有那些看起来有很大存活率的水鸟才被带到兽医诊所，这表明了这 20 只受石油溢出影响的水鸟具有特殊性，也即样本没有代表性，因此，有力地反对了关于水鸟存活率的调查结论。

08. 答案：A

题干所述不一致的现象是，那块地第一、二次上市相比，第二次的溢价率低于第一次，但是成交金额却高于第一次。

由题，溢价率是一个相对数，为溢价和土地基价的比。若 A 项为真，表明是第二次上市时土地基价提高了，这就有力地解释了题干的不一致现象。

09. 答案：C

题干根据在存在就业安全和健康委员会的情况下，事故数目在上升，得出结论，该机构没有作用。

C 项表明，第一，尽管事故绝对数增多了，但工人增加了，这意味着有可能事故的相对比例降低了；第二，事故的死伤比例变小了。这两点有力地说明该机构还是起到了作用，从而严重地削弱了题干的观点。

10. 答案：B

如果使用毒品的人在总人口中所占的比例极小，那么随便挑选的人进行此项检验，可能里面根本就没有吸过毒的人，但有可能有一些人检验结果为阳性，这样题干结论就不成立了。

B 项指出了题干论证中的推理错误。

11. 答案：B

题干结论为严格的枪支管控无助于减少暴力犯罪；理由是，实施枪支管控的州的犯罪率比其他州高。

上述理由是靠不住的，因为，枪支管控的效果不应该是与其他城市的比较，而应该是比较枪支管控前后同一城市的暴力犯罪率。B项表明，实施严格枪支管控的这些州的年度暴力犯罪数持续下降，则说明严格的枪支管控有助于减少暴力犯罪。

A项与题干论证无关；C项似乎能削弱题干结论，但削弱程度显然不如B项；D项是支持题干结论的。

12. 答案：C

要比较1929年10月股市暴跌后的自杀现象是否增多，不能用当年10月和11月自杀的人数与当年其他月份来比，而应该与其他年份相同月份的平均自杀率来比较。

可见，C项对上文的结论会构成了最严重的威胁。

13. 答案：D

题干在讨论百分比时实际偷换了数据概念，该仪器将真币误认为是假币的可能性只有0.1%，是指"在检测1000次真币时红灯会亮一次"，而不是"在1000次亮起红灯时有999次会发现假币"。

14. 答案：C

题干中议员的观点及其论证的实质性缺陷，在于把两个具有不同内容的数字进行不恰当的比较。Ⅲ指出题干中的两个数字具有不同的内容，这就点出了题干的症结，从而构成了对题干的恰当驳斥。

Ⅰ和Ⅱ实际上确认了这样的比较是成立的，问题只在于如何使进行比较的数字更为精确，这显然不得要领。因此，Ⅰ和Ⅱ并不能构成对题干的恰当驳斥。

15. 答案：A

由题干，对于甲乙两个系统中的任一系统：

第一，测定为合格的产品实际上都是合格产品；

第二，合格产品中有3%测定为不合格，属误检；

第三，甲系统误检为不合格的产品，若经乙系统检验，则被测定为合格（同样，乙系统误检为不合格的产品，若经甲系统检验，则被测定为合格）。

因此，任意一批产品中，真正不合格的产品一定是分别经过甲乙两个系统的检验并都测定为不合格的产品。也就是说，甲乙两个系统所合并成的系统的误检率为0。

16. 答案：D

题干只比较了右撇子出事故的人数比左撇子出事故的人数多，就确认左撇子不比右撇子更容易出事故，这个比较显然是不对的。

怎样来比较左撇子与右撇子哪个更容易出事故呢？关键是要比较，左撇子的事故率和右撇子的事故率。

左撇子的事故率＝左撇子出事故的人数/左撇子的总人数

右撇子的事故率＝右撇子出事故的人数/右撇子的总人数

只有考虑左撇子在所有人中所占的比例，才能确定左撇子和右撇子的总人数比，进而才能确定左撇子和右撇子哪个更容易出事故。

如果左撇子在所有人中所占的比例明显低于右撇子，那么就不能根据大多数家务事故都出自右撇子，就否定左撇子比右撇子更容易出事故。可见，D项概括了上述论证中的漏洞。

17. 答案：B

根据题干1995年的调查报告可知，有10年吸烟史的肺癌患者占肺癌患者总数的56%（70%×80%）。如果B项为真，说明到90年代，有10年吸烟史的成人吸烟者少于成人数的

50%。明显小于 56%，说明吸烟会增加人们患肺癌的危险。

注意本题需要比较的是"肺癌患者中有吸烟史的比例"和"普通人群中有吸烟史的比例"这两个数据。选项 C 是干扰项，但不能说明问题，该项能说明的是在 1995 年时不吸烟的人数和有吸烟史并已戒烟的人数之和超过了 40%，这只能说明有吸烟史并仍在吸烟的人数少于 60%。由于有吸烟史的人包括"有吸烟史并仍在吸烟的人"和"有吸烟史并已戒烟的人"两部分，因此，该项不能说明有吸烟史的人数是多少，也许少于 70%，也许多于 70%，故没法和"70%的肺癌患者有吸烟史"进行比较，所以，该项对题干论证起不到作用。

其余选项均不妥。其中，A 项只说吸烟者人数增加快，没有讲占成人总数的比例，难以成为有力的论据。D 项只是揭示了一个令人挠头的社会问题，但与题干的结论无关，而且应该注意到吸烟者比例越高，越不能支持题干的论点。E 项没有建立在题干统计推断的基础上，不能有效地支持题干。

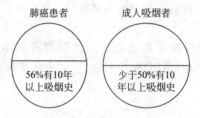

18. 答案：A

题干根据失足青少年的 24% 都是离异家庭的子女，得出结论，离婚率的提高是造成青少年犯罪的重要原因。

只有当离异家庭在所有家庭中所占的比例小于 24% 时，上述结论才可能成立；当离异家庭在所有家庭中所占的比例等于或大于 24% 时，那么，青少年犯罪与离异家庭的因果关系就不能成立。

选项 A 表明在该城市离异家庭在所有家庭中所占的比例大约也是 24%，并且十多年前就是如此，即现在的青少年也都是那时出生的。这就有力地削弱了题干的结论，因此为正确答案。

其他选项皆构不成对题干结论的质疑。

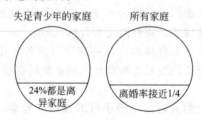

19. 答案：E

题干的论证是：在性别歧视案件中做出有利于妇女的判决占这类案件的 60%，这证明做出这些判决的法官不存在对妇女的歧视行为。

要使上述论证成立，显然需要假设在公正的情况下，女性的此类案件的诉讼中获胜的概率不会超过 60%。E 项否定了这一假设，表明如果不是因为性别歧视，在这些案件中，女性本应该在超过 60% 以上的此类案件的诉讼中获胜。而题干表明在这些案件中女性只有 60% 胜诉。这说明该法官在妇女应该赢的案件里却没有做出有利于妇女的判决，也就是该法官还是歧视妇女。揭示了题干论证的缺陷，因此，E 是正确答案。

其余选项均与该论述无关。其中，B 项不合适，因为论述只涉及一个特定的法官。C 项不合适，因为只涉及一些特定类型的案件。选项 A 和 D 也不合适，因为这些案件的来源与论述讨论的问题无关。

20. 答案：A

题干的一个结论是：家庭条件优越是学生泡网吧的重要原因。

理由是：该校经常泡网吧的学生中家庭经济条件优越的占 80%。

而 A 项断定，该校学生 90% 以上家庭条件优越，这样就严重地削弱了题干论证。

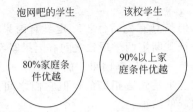

E 项实际上指的是样本占总体的比例，实际上统计推理的有效性主要看样本是否具有代表性，由于抽样调查结果的可靠性主要不取决于抽样的比例，因此，E 项实际上对题干起不到作用。

21. 答案：B

题干的一个结论是：泡网吧是学习成绩下降的重要原因。

这一结论的根据是：该校经常泡网吧的学生中，学习成绩下降的占 80%。

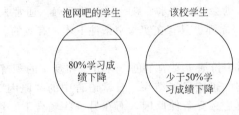

B 项断定，该校狠抓教学质量，上学期半数以上学生的成绩都有明显提高，这显然有助于说明泡网吧是学习成绩下降的重要原因了，加强了上述论证。

第三节　因果推理

因果联系是指原因和结果之间的联系。如果一个现象的出现必然引起另一个现象的出现，那么，这两个现象之间就有着因果联系。引起另一现象出现的现象叫原因，被引起的现象叫结果。

例如，加热和物体体积膨胀是两个互相联系的现象，只要加热就会引起物体体积的膨胀。在这里，加热是物体体积膨胀的原因，而物体体积膨胀则是加热的结果。

一、因果分析

因果联系是世界万物之间普遍联系的一个方面，科学研究的一个重要任务就是要把握事物之间的因果联系，以便掌握事物发生、发展的规律。

1. 因果特点

因果关系的主要特点有：

一是普遍必然性。指任何现象都有其因，也有其果，且同因（是指所有的原因）必同果，但同果却不一定同因；因果联系是完全确定的。在同样的条件下，同样的原因必然产生同样的结果。例如，在通常的大气压力的条件下，把纯水加热至 100℃，它就必然会产生汽化的结果。

二是共存性。指原因和结果总是共同变化的，原因和结果之间在时空上总是相互接近的。

由于原因和结果具有共存性，在很多情况下，二者同时存在，我们并不知道何者是先发生的，此时就容易发生"倒因为果"的错误，误把结果当成原因。古代希伯来人发现，健康人身上有虱子，有病发烧的人身上没有虱子，于是认为虱子能使人健康。其实真正的原因是一个人发烧时，虱子会觉得不舒服，于是逃离人体。

三是先后性。即所谓的先因后果，原因和结果在时间上是先后相继的，原因总在结果之前，而结果总是在原因之后。因此，我们在探求因果联系时，只能从先行的情况中去找原因，从后行的情况中去找结果。

因果关系往往具有先后性，但是具有先后性不一定具有因果关系。如果只是根据时间上前后相继的两个现象之间的表面特征就断定两个现象之间有因果联系的结论，那么，这就犯了"以时间先后为因果"的错误，这属于一种"轻断因果"的错误。

例如，白昼和黑夜，在时间上虽是先后相继的，但它们之间并不具有因果联系，它们都是由于地球自转和绕太阳旋转所引起的结果。

四是复杂多样性。指因果联系是多种多样的，固然有"一因一果"，但更多的时候是"多因一果"，有时出现"一因多果"，还有时出现"多因多果"。人们在探求因果联系时，特别应当注意复杂现象的构成原因或结果。

现实生活中发生的每一个因果关系都是具体的，都是特定的原因引起了特定的结果。也许只有在实验室条件下（在实验室中可以严格限定条件），原因和结果的关系才是确定不变的：相同的原因必然引起相同的结果，不同的原因引起不同的结果，就像人们在白开水中加入砂糖则必然使白开水变甜，而加入食盐则会使白开水变咸一样清楚明确。通常人们认为，"同果必然有同因"，"异果必然有异因"，这一原理也只有在实验室条件下才是有效的。

2. 原因类型

因果联系在我们的现实生活中扮演重要的角色。对历史和现实的理解需要追溯它们的原因，对未来的预见要求我们把握现实的可能发展结果。日常语言中的"原因"是有歧义的。有时它指的是充分条件原因，有时指的是必要条件原因，而在另一些场合下，可能指的是充分且必要条件原因，也可能是既非充分也非必要原因。

（1）**充分条件原因**　所谓充分条件就是仅有这条件就足以带来结果，无需考虑别的条件了。X 是 Y 的充分条件是指：如果 X 出现，Y 一定出现。

充分条件原因是对于给定的结果而言能够独自产生这一结果的一个事实或条件。我们把在所有情况下都能导致其结果产生的原因称为实质性原因；充分原因属于实质性原因。

例如，"一个人患肺炎，他就发烧"。当肺炎出现时，发烧也出现；肺炎不出现时，发烧可能出现（感冒发烧），也可能不出现（没有任何病症）；我们从来不会遇到一个患肺炎而不发烧的人。因此，患肺炎就是发烧的充分条件。

（2）**必要条件原因**　所谓必要条件就是没有这个条件，结果一定不会产生。X 是 Y 的必要条件是指：如果 X 不出现，Y 一定不出现。

必要原因是这样一个事实，对于给定的结果而言，必然有这一个事实存在，或者说没有这一事实这个结果则不可能产生。

例如，"只有存在氧气，物质才能燃烧"。当氧气出现时，燃烧可能出现，也可能不出现（温度不够）；氧气不出现时，燃烧必定不出现；我们从来不会遇到没有氧气而燃烧的情况。因此，有氧气就是燃烧的必要条件。

（3）**充分且必要条件原因**　充要原因就是指这样一个事实，对于给定结果的发生来说，这一事实既是充分条件，也是必要条件。例如，脑死亡既是死亡的必要条件，也是死亡的充分条件。

（4）**既非充分也非必要条件原因**　既非充分也非必要原因。把在总体中倾向于产生某一结果的原因称为统计性原因，或称随机性原因。这些原因往往既非结果的充分条件，也非必要条件。

吸烟易于致癌。

我们不能说每一个吸烟的人都将会得癌症，它表达的是：就很大的一个样本总体来说，吸烟有致癌的倾向性，或者说吸烟的人比不吸烟的人更容易得癌。

现实生活中的因果关系是非常复杂的，我们讲的因果关系一般是实验室情况，排除了其他背景因素的干扰。

现实生活中原因可能是充分条件，也可能是必要条件，也可能是既非充分也非必要条件。

因果论证是对因果关系的运用或确定，推理的前提或结论涉及对因果关系的认识。在因果论证中，如果将某一结果产生的一个必要原因当作导致这一结果产生的充分原因，或者将某一结果产生的必要原因或充分原因当作导致这一结果产生的唯一原因，就犯了"混淆原因"的谬误。

3. 因果传递

三个以上因果关系中，可能存在因果的链条，因果链条可能包含实质性的因果传递关系。实质性因果链条的形成关键在于这种因果关系能传递并直到最后仍然使因果关系得以保持。

（1）因果链条可能包含实质性的因果传递关系。

因果关系一方面具有相对性，即一个现象对于某现象来说是结果，但对于另一现象来说又是原因。例如，房屋倒塌是地震的结果，又是导致人员伤亡的原因。因果关系的相对性，使事物之间可以形成一个没有起点和终点的因果链条。

实质性因果链条的形成关键在于这种因果关系能传递并直到最后仍然使因果关系得以保持。

（2）因果链条也可能不包含实质性的因果传递关系。

因果关系并不是一定能传递的，即 A 是 B 的原因，并且 B 是 C 的原因，却不能得出 A 是 C 的原因。即结果的原因的原因，不一定是结果的原因。

比如你的朋友的朋友，不一定是你的朋友。

（3）远因的谬误。

为了解释当前的某个事件，有时需要诉诸在时间上很遥远的某个事件，列举的远因很有可能是造成目前状况的主要原因。但是诉诸远因往往可能产生谬误，因为它忽略了这种可能性，即有其他重要的因素进入了由各种原因构成的长链之中。

诉诸远因容易犯"滑坡论证"或"滑坡谬误"。滑坡谬误是利用一个看似内在密切相关的推理链条，一步步推理下去，从而在论证链条两端关系较远或毫无关系的两个命题之间建立直接因果联系的谬误。事实上，这个链条往往是不确定的，缺乏足够理由的。显然，这种论证，随着论证一步步推进，其确证性却一步步下降，最后，前提和结论的联系往往变得十分微弱，甚至毫无关系。

例如：

因缺一个铁钉，失了一只马掌。

因缺一只马掌，失了一匹战马。

因缺一匹战马，失了一名骑手。

因缺一名骑手，失了一支军队。

因缺一支军队，失了一次胜利。

因缺一次胜利，失了一个王国。

这一切都是因为缺了一个铁钉。

点评：事实并非如此，一个王国不只是因为少一个铁钉，很可能是因为缺少许多其他更重要的东西，而使王国遭到灭亡。比如，缺少装好铁掌的备用马匹，缺少能随机应变、跑到邻近驿战的通信员、缺少能征善战的军队等。"因缺一个铁钉"而没有传递过来消息，这不一定是王国灭亡的唯一因素或者最重要的因素。

4. 间接因果

逻辑试题中有一类考查的是间接原因或间接因果关系，这类题在结论里面往往带有某个因果关系的否定，实际上是犯了"错否因果"的谬误。这类谬误具体是指对表面上不相干或关系不紧密的两个现象,就断定其不存在因果关系而事实上存在因果关系的谬误。下面列出几种常见的"错否因果"谬误。

(1) A是B的原因,所以A就不是C的原因。

而事实是:B导致了C,从而A→B→C形成因果链条,所以,A是C的间接原因。

(2) A是C的原因,所以B就不是C的原因。

而事实是:B导致了A,从而B→A→C形成因果链条,所以,B是C的间接原因。

(3) A和B貌似不相关,所以,A不是B的原因。

而事实是:A导致了C,而C导致了B。从而A→C→B形成因果链条,所以,A是B的间接原因。

■在青崖山区,商品通过无线广播电台进行密集的广告宣传将会迅速获得最大程度的知名度。

上述断定最可能推出以下哪项结论?

A. 在青崖山区,无线广播电台是商品打开市场的最重要的途径。

B. 在青崖山区,高知名度的商品将拥有众多消费者。

C. 在青崖山区,无线广播电台的广告宣传可以使商品的信息传到每户人家。

D. 在青崖山区,某一商品为了迅速获得最大程度的知名度,除了通过无线广播电台进行密集的广告宣传外,不需要利用其他宣传工具做广告。

E. 在青崖山区,某一商品的知名度与其性能和质量的关系很大。

[解题分析] 正确答案:D

题干的意思是"商品通过无线广播电台进行密集的广告宣传"是"迅速获得最大程度的知名度"的充分原因,也即,只要无线广告宣传就足够了,不需要其他,就可获得知名度。因此,D项正确。

假设D项不成立,题干断定就不成立。因为如果在青崖山区,某一商品为了迅速获得最大程度的知名度,除了通过无线广播电台进行密集的广告宣传外,还需要利用其他宣传工具做广告;那么,就不能断定,商品通过无线广播电台进行密集的广告宣传将会迅速获得最大程度的知名度。即D项正确。

A项"商品打开市场"是个新概念,一个商品获得最大的知名度,不等于就能打开市场,因此A项不成立;B、C、E项超出题干断定范围,均排除。

■在美国,近年来在电视卫星的发射和操作中事故不断,这使得不少保险公司不得不面临巨额赔偿,这不可避免地导致了电视卫星的保险金的猛涨,使得发射和操作电视卫星的费用变得更为昂贵。为了应付昂贵的成本,必须进一步开发电视卫星更多的尖端功能来提高电视卫星的售价。

以下哪项,如果为真,和题干的断定一起,最能支持这样一个结论,即电视卫星的成本将继续上涨?

A. 承担电视卫星保险业风险的只有为数不多的几家大公司,这使得保险金必定很高。

B. 美国电视卫星业面临的问题,在西方发达国家带有普遍性。

C. 电视卫星目前具备的功能已能满足需要,用户并没有对此提出新的要求。

D. 卫星的故障大都发生在进入轨道以后,对这类故障的分析及排除变得十分困难。

E. 电视卫星具备的尖端功能越多,越容易出问题。

[解题分析] 正确答案:E

题干论述:电视卫星事故多,导致其保险金的猛涨,使其成本增加,因此,必须进一步开发电视卫星更多的尖端功能来提高其售价。

如果E项为真,则电视卫星具备的尖端功能越多,越容易出问题,因而又将导致保险金的新一轮上涨，使得电视卫星的成本继续上涨。

即因果链条为：卫星事故→保险索赔增加→保险费提高→卫星更昂贵→开发更多的尖端功能来提高电视卫星的售价→卫星事故

问题要求是支持电视卫星成本将继续增加这个结论。由上面的链接可知把上述最后一个事件和第一个事件形成了闭合循环，达到了问题的要求。

其余各项不足以说明电视卫星的成本将继续上涨。

■北大西洋海域的鳕鱼数量锐减，但几乎同时海豹的数量却明显增加。有人说是海豹导致了鳕鱼的减少。这种说法难以成立，因为海豹很少以鳕鱼为食。

以下哪项如果为真，最能削弱上述论证？

A. 海水污染对鳕鱼造成的伤害比对海豹造成的伤害严重。
B. 尽管鳕鱼数量锐减，海豹数量明显增加，但在北大西洋海域，海豹的数量仍少于鳕鱼。
C. 在海豹的数量增加以前，北大西洋海域的鳕鱼数量就已经减少了。
D. 海豹生活在鳕鱼无法生存的冰冷海域。
E. 鳕鱼只吃毛鳞鱼，而毛鳞鱼也是海豹的主要食物。

[解题分析] 正确答案：E

题干论证：因为海豹很少以鳕鱼为食，所以，不可能是海豹数量的大量增加导致了鳕鱼数量的显著下降。

E项如果为真，鳕鱼和海豹的主要食物都是毛鳞鱼；这就说明了海豹数量的大量增加会导致毛鳞鱼数量的显著下降，从而使鳕鱼的食物短缺，影响了鳕鱼的生存，这就有力地削弱上面的论证。

因果链条：海豹数量增加→毛鳞鱼数量下降→鳕鱼数量下降。

A、B为明显无关选项。C暗示鳕鱼减少不是海豹的影响，支持题干。D意味着海豹生活的地方没有鳕鱼，那么海豹的数量当然不影响鳕鱼，有支持题干论述的意思。

■近10年来，移居清河界森林周边地区生活的居民越来越多。环保组织的调查统计表明，清河界森林中的百灵鸟的数量近10年来呈明显下降的趋势。但是恐怕不能把这归咎于森林周边地区居民的增多，因为森林的面积并没有因为周边居民人口的增多而减少。

以下哪项如果为真，最能削弱题干的论证？

A. 警方每年都接到报案，来自全国各地的不法分子无视禁令，深入清河界森林捕猎。
B. 清河界森林的面积虽没减少，但主要由于几个大木材集团公司的滥砍滥伐，森林中树木的数量锐减。
C. 清河界森林周边居民丢弃的生活垃圾吸引了越来越多的乌鸦，这是一种专门觅食百灵鸟卵的鸟类。
D. 清河界森林周边的居民大都从事农业，只有少数经营商业。
E. 清河界森林中除百灵鸟的数量近10年来呈明显下降的趋势外，其余的野生动物生长态势良好。

[解题分析] 正确答案：C

题干断定：百灵鸟的数量下降不能归咎于居民的增多。

如果C项的断定为真，则说明清河界森林周边居民的增多，造成了丢弃的生活垃圾的增多；丢弃垃圾的增多，造成了森林中乌鸦的增多；森林中乌鸦的增多，造成了对百灵鸟繁衍的破坏，因而造成了清河界森林中百灵鸟数量的减少。因此，虽然森林的面积没有减少，但清河界周边居民的增多，确实是百灵鸟减少的一个原因。这就有力地削弱了题干的论证。

因果链条：居民增多→生活垃圾增多→乌鸦增多→百灵鸟卵减少→百灵鸟的数量下降。

其余各项均不能削弱题干的论证。

二、因果推导

因果推导涉及对因果关系的认识，包括从因到果、从果到因以及从相关到因果的推理。

1. 从因到果

从因到果的推理是指：预见一个事件将出现，因为其原因已经出现。

比如，如果水温达到了100℃，那么水会沸腾；这壶水的温度即将达到100℃；所以，这壶水即将沸腾。

从因到果的论证型式如下：

一般情况下，因为事件A（因）发生，所以产生事件B（果）。

事件A已经发生了；

所以，事件B将要发生。

评估从因到果的批判性问题：

CQ1. 说明原因问题：先行事件在某一情况下确实发生了吗？

CQ2. 因果联系问题：前提中反映某因果联系的命题是否为真？

CQ3. 干扰因素问题：存在干预或抵消在此情形中产生那个结果的其他因素吗？

2. 从果到因

从果到因也叫溯因推理，就是从已知事实结果出发，根据一般的规律性知识，推测出事件发生的原因的推理方法。

溯因推理是有客观根据的，这就是客观现实中一果多因现象的存在。例如，"花凋谢"这一现象的出现，可以是由于花缺水引起，可以是由于施肥过量而引起，也可以是由水太多引起，也可以是由于病虫害所引起等。既然一果可以是多因所产生或引起，那么当已确知一个结果时，要找出它的原因，就可以有很多个。至于是哪一个，在未进一步证实之前，只能进行分析、猜测、试错和选择等思维操作。

溯因推理的特点是从已知的结果出发，寻找其原因，从已知的推断出发，追溯其理由。它不是一种必然性推理。必然性推理是从A并且如果A那么B出发，推出B的。这即是说，必然性推理是从原因推出结果。由此可见，溯因推理的方向同必然性推理的方面正好相反。此外，必然性推理前提真则结论必真，而溯因推理前提真，结论只是或然真，因此，它属于或然性推理。

从果到因的论证型式：

一般情况下，因为事件A（因）发生，所以产生事件B（果）。

在某一具体情况下，B发生了；

所以，在某一具体情况下A可能发生了。

评估从果到因的批判性问题：

CQ1. 说明结果问题：结果在某一情况下确实发生了吗？

CQ2. 因果联系问题：前提中反映某因果联系的命题是否为真？

CQ3. 其他原因问题：是否排除了其他原因的可能性？

3. 从相关到因果

提出因果主张的推理前提是要确立因果关系的证据，一般来说，有两种类型的相互关联可以作确立实质性因果主张的初步证据：时间关联和统计关联。

（1）时间关联，指的是在时间上的联系。对于特定的事件X和Y：当X发生在Y之前，我们说X早于Y；当X与Y一起发生时，我们说X与Y是共时的；如果X与Y总是恒常伴随，我们说X与Y是相互伴随的。时间关联通常用来确立实质性因果主张。

（2）统计关联，指的是总体中的两个事实或者特征在统计上的相互关联。就总体而言，如果某一特征的有或者无，与另一个特征出现的频率的高或者低相互关联，我们就说这两个特征之间有统计关联。例如,肝病发病率和喝酒之间的关系,如果喝酒的人比不喝酒的人肝病发病率高,那么喝酒和患肝病之间就有统计上的相互关联。

从相关到因果的推理就是根据两个事件之间存在一定的相关性,进而推断出它们之间存在着因果关系。

■喜欢甜味的习性曾经对人类有益,因为它使人在健康食品和非健康食品之间选择前者。例如,成熟的水果是甜的,不成熟的水果则不甜,喜欢甜味的习性促使人类选择成熟的水果。但是,现在的食糖的经过精制的。因此,喜欢甜味不再是一种对人有益的习性,因为精制食糖不是健康食品。

以下哪项如果为真,最能加强上述论证?

A. 绝大多数人都喜欢甜味。
B. 许多食物虽然生吃有害健康,但经过烹饪则可成为极有营养的健康食品。
C. 有些喜欢甜味的人,在一道甜点心和一盘成熟的水果之间,更可能选择后者。
D. 喜欢甜味的人,在含食糖的食品和有甜味的自然食品(例如成熟的水果)之间,更可能选择前者。
E. 史前人类只有依赖味觉才能区分健康食品。

[解题分析] 正确答案:D

题干的因果论证是,因为有甜味的精制食糖不是健康食品,所以,喜欢甜味不再是对人有益的习性。

显然这一因果联系的证据不足以证明因果关系的存在,当把 D 项补充上去,则说明人们会在含食糖的食品和健康食品间先选择含食糖的食品,即选择了不健康的食品,这样就有力地支持了题干的因果关系。

其余各项均不能加强题干,其中 C 项削弱了题干。

■H 国赤道雨林的面积每年以惊人的比例减少,引起了全球的关注。但是,卫星照片的数据显示,去年 H 国雨林面积的缩小比例明显低于往年。去年,H 国政府支出数百万美元用以制止滥砍滥伐和防止森林火灾。H 国政府宣称,上述卫星照片的数据说明,本国政府保护赤道雨林的努力取得了显著成效。

以下哪项如果为真,最能削弱 H 国政府的上述结论?

A. 去年 H 国用以保护赤道雨林的财政投入明显低于往年。
B. 与 H 国毗邻的 G 国的赤道雨林的面积并未缩小。
C. 去年 H 国的旱季出现了异乎寻常的大面积持续降雨。
D. H 国用于雨林保护的费用只占年度财政支出的很小比例。
E. 森林面积的萎缩是全球性的环保问题。

[解题分析] 正确答案:C

去年 H 国雨林面积的缩小比例明显低于往年。对这一结果的原因,H 国政府的解释是本国政府保护赤道雨林的努力取得了显著成效。

而 C 项指出,去年 H 国的旱季出现了异乎寻常的大面积持续降雨,这就有利于雨林的生长,是雨林面积的缩小比例降低的另一个解释,有效地削弱了 H 国政府的结论。

■新近一项研究发现,海水颜色能够让飓风改变方向,也就是说,如果海水变色,飓风的移动路径也会变向。这也就意味着科学家可以根据海水的"脸色"判断哪些地区将被飓风袭击,哪些地区会幸免于难。值得关注的是,全球气候变暖可能已经让海水变色。

以下哪项最可能是科学家作出判断所依赖的前提?

A. 海水温度变化会导致海水改变颜色。

B. 海水颜色与飓风移动路径之间存在某种相对确定的联系。
C. 海水温度升高会导致生成的飓风数量增加。
D. 海水温度变化与海水颜色变化之间的联系尚不明朗。
E. 全球气候变暖是最近几年飓风频发的重要原因之一。

[解题分析] 正确答案：B

题干陈述：科学家可以根据海水的颜色来判断飓风移动路径。

显然，科学家作出判断所依赖的前提是：海水颜色与飓风移动路径之间存在某种相对确定的联系。

三、因果推断

因果推断指的是从相关到因果的推理，就是根据两个事件之间存在一定的相关性，进而推断出它们之间存在着因果关系。

1. 从相关到因果的论证

（1）从相关到因果的论证型式。

相关性前提：A 和 B 之间存在正相关。

结论：A 引起 B。

（2）评估从相关到因果的批判性问题。

CQ1. 相关性存在问题：在 A 和 B 之间真的存在实质性的相关性吗？

CQ2. 相关性证据问题：存在 A 和 B 之间正相关的大量实例吗？

CQ3. 因果方向问题：是否存在证据可以表明 A 是 B 的原因，而不是 B 是 A 的原因？

CQ4. 独立第三因素问题：A 和 B 之间的相关性有没有可能是由第三个因素造成的？

CQ5. 因果间接性问题：是否存在证据能够表明 A 和 B 之间的因果关系是间接的干涉变量（A 和 B 之间的因果关系是其他原因起中介作用产生的）引起的？

CQ6. 相关性范围问题：假如 A 和 B 之间的相关性在特定的范围之外不成立，那么，能否清楚地指明该限制范围？

2. 从相关到因果的解释

（1）因果推定。

从相关到因果的解释 1：A 与 B 时间相关或者统计相关，是因为 A 导致 B。或者，A 与 B 时间相关或者统计相关，是因为 A 与 B 互为因果。

因果推定指的是，根据两类对象的相关性，从而确定其因果关系。

（2）强置因果。

从相关到因果的解释 2：A 与 B 时间相关或者统计相关，其实是纯属偶然的巧合，并不存在实质上的因果关系。

强置因果也叫嫁接因果、无关因果、虚假因果、相关误为因果等，是指仅根据具有表面相关但没有实质性相关的现象之间，轻率地断定其具有因果联系的谬误。

"强置因果"的谬误大致可以分为三类：

① 轻断因果。轻断因果，也叫巧合谬误、后此谬误、事后归因、以时间先后为因果等，是指以时间关联为因果关系，把先后关系误认为因果关系的谬误。

② 错断因果。错断因果，也叫错为因果，是指仅以表面具有的统计关联便断定两个现象之间存在因果关系的谬误。其谬误根源在于两类事件就某些统计数字上看好像是密切相关的，其实两者之间并不存在真正的因果关系。

③ 强加因果。强加因果是指把根本不是某些事物产生的原因当成这些事物产生的原因所犯的错误，具体是指把毫无因果关系的现象生拉硬拽在一起所产生的谬误。其谬误根源在于有些现象看起来似乎是发生作用的原因，但事实并非如此，在它们的背后，才有产生它们的真正

原因。

（3）倒置因果。

从相关到因果的解释3：A与B时间相关或者统计相关，不是因为A导致B，而是因为B导致A。

对一个因果关系来说，原因就是原因，结果就是结果，既不可倒"因"为"果"，也不可倒"果"为"因"。在因果解释中，如果错把原因当结果，或者错把结果当原因，就犯了"倒置因果"或"因果倒置"的错误。

如果题干根据某两类因素A和B紧密相关的事实，得出"A是导致B的原因"这样的结论，那么削弱这一论证的一种有效方式是，寻找一个选项来说明：A不是导致B的原因，B才是导致A的原因。

（4）复合结果。

从相关到因果的解释4：A与B时间相关或者统计相关，因为C导致了A和B。

复合结果也叫共同原因谬误，是指根据现象A与现象B存在时间相关或者统计相关，就误认为现象A和现象B具有因果关系，而事实是有一个共同原因导致了现象A和现象B两个结果同时出现。

（5）复合原因。

从相关到因果的解释5：A与B时间相关或者统计相关，因为A与C相结合导致了B，即A是导致B的部分原因。或者，因为B与C导致了A，也就是说明B是导致A的部分原因。

从相关到因果的解释6：A与B时间相关或者统计相关，其实A只是B的次要原因，C才导致B是的主要原因。

在这两种情况下贸然断定A是B的原因，就犯了"复合原因"（包括"单因谬误"和"遗漏主因"）的谬误。

复合原因谬误是指当一个特定的结果是由多种原因引起的时候，论证者只选择其中的一个或一部分作为对该结果产生原因的解释。其中，单因谬误产生于论证过程中只认定某个结果是由某一个单一原因引起，即将导致结果产生的多种因素简单地归结为其中的某一个因素。

复合原因谬误主要包括以下两类。

① 单因谬误。典型的复合原因谬误是单因谬误。现实中，产生一个现象的重要、直接原因可能是多种，但人们往往采取只取出其中一个，把它当作唯一的因素，别的都不算的态度。这种态度是那种把什么都归到一个原因上的错误的一种。事实上，原因很可能是多方面，也许它们都起着重要的作用。

② 遗漏主因。遗漏主因也叫做次要原因或无足轻重谬误，是指举出无足轻重的次要原因进行论证，而遗漏了真正的主因。

主要原因指的是导致结果最关键的原因。某种现象往往是由多种原因引起的，这时就必须分析和抓住其中的主要原因，揭示出引起结果的最本质的、最核心的因素。如果误把次要原因当成主要原因，就会导致遗漏主因的谬误。

■有医学研究显示，行为痴呆症患者大脑组织中往往含有过量的铝。同时有化学研究表明，一种硅化合物可以吸收铝。陈医生据此认为，可以用这种硅化合物治疗行为痴呆症。

以下哪项是陈医生最可能依赖的假设？

A. 行为痴呆症患者大脑组织的含铝量通常过高，但具体数量不会变化。
B. 该硅化合物在吸收铝的过程中不会产生副作用。
C. 用来吸收铝的硅化合物的具体数量与行为痴呆症患者的年龄有关。
D. 过量的铝是导致行为痴呆症的原因，患者脑组织中的铝不是痴呆症引起的结果。
E. 行为痴呆症患者脑组织中的铝含量与病情的严重程度有关。

MBA、MPA、MPAcc、MEM逻辑推理——高效思维训练与应试指导

[解题分析] 正确答案：D

为使题干的论证有说服力，D项是必须假设的，否则，如果这些过量的铝是行为痴呆症的结果，而不是病因，那么，即使吸收了铝元素也不能治疗病症，题干推理就不成立，因此，D为正确答案。

其余选项均不妥，其中，B为干扰项，并不是题干推理成立所必须假设的。

■服用深海鱼油胶囊能降低胆固醇。一项对6403名深海鱼油胶囊定期服用者的调查显示，他们患心脏病的风险降低了三分之一。这项结果完全符合另一个研究结论：心脏病患者的胆固醇通常高于正常标准。因此上述调查说明，降低胆固醇减少了患心脏病的风险。

以下哪项最为恰当地指出了上述论证的漏洞？

A. 没有考虑到这种情况：深海鱼油胶囊减少了服用者患心脏病的风险，但不是降低胆固醇的结果。

B. 忽视了这种可能性：深海鱼油胶囊有副作用。

C. 由"心脏病患者的胆固醇通常高于正常标准"，可以直接得出"降低胆固醇能减少患心脏病的风险"。因此，以上调查结论作为论据是没有意义的。

D. 上述调查的结论有关降低胆固醇对心脏病的影响，但应该揭示的是深海鱼油胶囊对胆固醇的作用。

E. 没有考虑普通人群服用深海鱼油胶囊的百分比。

[解题分析] 正确答案：A

题干结论：降低胆固醇减少了患心脏病的风险。

理由：一是，服用深海鱼油胶囊能降低胆固醇；二是，服用深海鱼油胶囊降低了患心脏病的风险。

这一论证忽视了：并存或相继出现的两个现象，可能有因果联系，但不一定有因果联系。选项A指出了上述论证的漏洞，即深海鱼油胶囊减少了服用者患心脏病的风险，但不是降低胆固醇的结果。也就是说深海鱼油胶囊可能含一种物质，减少了患心脏病的风险，而不是降低胆固醇才导致减少患心脏病的风险的，这就是一种另有他因的削弱。

因为一个结论可以依据不同的论证得出，不能因为其中一个论证成立，就断定其余的论证没有意义；因此，C项不恰当。其余选项也均不恰当。

■某研究人员报告说：与心跳速度每分钟低于58次的人相比，心跳速度每分钟超过78次者心脏病发作或者发生其他心血管问题的概率高出39%，死于这类疾病的风险高出77%，其整体死亡率高出65%。研究人员指出，长期心跳过快导致了心血管疾病。

以下哪项如果为真，最能对该研究人员的观点提出质疑？

A. 相对老年人，年轻人生命力旺盛，心跳较快。

B. 在老年人中，长期心跳过快的超过39%。

C. 各种心血管疾病影响身体的血液循环机能，导致心跳过速。

D. 野外奔跑的兔子心跳很快，但是很少发现他们患心血管疾病。

E. 在老年人中，长期心跳过快的不到39%。

[解题分析] 正确答案：C

研究人员的观点：长期心跳过快导致了心血管疾病。

C项认为，心血管疾病导致了心跳过快，这以因果倒置的说法有力地削弱了研究人员的观点。

■据一项对几个大城市的统计显示，餐饮业的发展和瘦身健身业的发展呈密切正相关。从1985年到1990年，餐饮业的网点增加了18%，同期在健身房正式注册参加瘦身健身的人数增加

了 17.5%；从 1990 年到 1995 年，餐饮业的网点增加了 25%，同期参加瘦身健身的人数增加了 25.6%；从 1995 年到 2000 年，餐饮业的网点增加了 20%，同期参加瘦身健身的人数也正好增加了 20%。

如果上述统计真实无误，则以下哪项对上述统计事实的解释最可能成立？

A. 餐饮业的发展，扩大了肥胖人群体，从而刺激了瘦身健身业的发展。
B. 瘦身健身运动，刺激了参加者的食欲，从而刺激了餐饮业的发展。
C. 在上述几个大城市中，最近 15 年来，主要从事低收入重体力工作的外来人口的逐年上升，刺激了各消费行业的发展。
D. 在上述几个大城市中，最近 15 年来，城市人口的收入的逐年提高，刺激了包括餐饮业和健身业在内的各消费行业的发展。
E. 高收入阶层中，相当一批人既是餐桌上的常客，又是健身房内的常客。

[解题分析] 正确答案：D

题干统计事实是：餐饮业和瘦身健身业存在的正相关性。

两者之间有统计相关，可能存在因果关系，也可能不存在因果关系。本题作为解释题，应该用常识进行合理地解释。选项 D 说明，城市人口收入的逐年提高，是造成餐饮业和健身业以接近的增长百分比同步发展的原因。这是各选项中对题干的统计事实最合理的解释。因此，D 为正确答案。

其余选项解释程度不足。其中：

选项 A 和 B 也能说明，餐饮业和瘦身健身业的发展互相促进，似乎也能解释题干，但是不大容易说明，二者的增长百分比何以如此接近。

选项 C 说明，外来人口的上升刺激了各消费行业的发展，这对题干是一种解释，但解释的力度不大。因为外来人口主要从事低收入重体力工作，因此有理由认为，他们对餐饮业特别是瘦身健身业发展的刺激，是非常有限的。

选项 E 没有说比例为什么增加了，容易排除。

四、思维模式

因果关系是指，某一现象或事件 A 发生，引起另一现象或事件 B 发生，A 就是 B 的原因。

如果我们把先发生的（原因、论据、理由）记作 A，后发生（结果、主张）的记作 B，则推理模式主要有两类：

1. AB 模式

前提 A 是论据或原因；结论 B 是论点或结果。

这类因果论证结构是前因后果。

即是从因到果的论证：题干描述某种现象或做法，并说明这种现象或做法可以获得某一结果。

隐含假设：这个原因或做法能够得到这个结果。

答案方向：
(1) A—B 之间是否有联系。
(2) 方法是否可行。
(3) 除 A 之外是否有别的因素的影响 B。
(4) 直接针对 B。

■一种对偏头痛有明显疗效的新药正在推广。不过服用这种药可能加剧心脏病。但是只要心脏病患者在服用该药物时严格遵从医嘱，它的有害副作用完全可以避免。因此，关于这种药物副作用的担心是不必要的。

上述论证基干以下哪项假设？

A. 药物有害副作用的产生都是因为患者在服用时没有严格遵从医嘱。
B. 有心脏病的偏头痛患者在服用上述新药时不会违背医嘱。
C. 大多数服用上述新药的偏头痛患者都有心脏病。
D. 上述新药有多种副作用，但其中最严重的是会加剧心脏病。
E. 上述新药将替代目前其他治疗偏头痛的药物。

[解题分析] 正确答案：B

题干结论：不必担心药物的副作用。理由是：服药时严格遵从医嘱就完全可以避免副作用。

为使题干论证成立，显然必须假设 B 项，否则，如果有心脏病的偏头痛患者在服用上述新药时会违背医嘱，那么就应该担心药物的副作用了。

A 项是干扰项，其意思就是题干理由的重复，但由于假设是理由和结论的桥梁，故不是假设。

■科学家们发现一种曾在美洲普遍栽培的经济作物比目前的主食作物（如大米和小麦）含有更高的蛋白质成分。科学家们宣称，推广这种作物，对那些人口稠密、人均热量和蛋白质摄入量均不足的国家是很有利的。

下列哪项，如果为真，最能对科学家的宣称产生质疑？

A. 这种作物的亩产量大大低于目前主食作物的亩产量。
B. 许多重要的食物，如西红柿，都原产于美洲。
C. 小麦蛋白质含量比大米高。
D. 这种作物的热量含量高于目前主食物的含量。
E. 只有 20 种不同的作物提供了地球上主要的食物供应。

[解题分析] 正确答案：A

科学家观点：因为某种谷物营养价值高，所以能够解决营养缺乏的国家的粮食问题。

A 指出即使该谷物营养价值高，但是也会因为产量特别低而不能解决营养缺乏之国家的问题，质疑了科学家的观点，为正确答案。

B、C、E 都是明显无关选项，排除；D 的说法成立会加强科学家的论述，排除。

2. BA 模式

前提 B 是论点或结果，结论 A 是论据或原因。

这类试题是因果解释结构，前果后因。

即是从果到因的推理，往往由一个调查、记录、数据、研究、实验或现象等而得出一个解释性的结论。

论据是包括结果在内的现象 B，论点则是说明其中的因果关系；B 的原因是 A。

隐含假设：隐含假设多为 A 是唯一的原因或除了解释性的结论以外没有别的因素可以解释 B。

答案方向：

把这个事实当作 B，把这个原因解释当作 A。

（1）原因和结果是否有本质联系？（B—A 之间，假设是否成立）

（2）这个原因和结果之间的关系怎样？

支持：就是这原因导致结果，具体还可以表现为没有这个原因就没有这个结果。

反对：原因和结果无关，具体表现为有这个原因没有这个结果或者没有这个原因有这个结果。

（3）有没有别的原因来对上面的事实、现象、研究发现做出解释（A 之外的其他原因）？

支持：没有别的原因解释上面的事实或现象。

第六章　归纳逻辑

反对：存在别的原因解释上面的事实或现象。

■游隼的数目在20世纪50年代迅速下降，并且在20世纪70年代达到空前的最低点。这种下降被科学家归因于乡村地区广泛使用的杀虫药DDT。

下列哪一个，假如正确，最支持科学家的主张？
A. DDT在重工业地区通常不使用。
B. 在1972年后DDT被禁止使用的时间里，游隼的数目已经稳定增加。
C. 游隼，不像其他的捕食性鸟类，放弃落出巢的鸟蛋，即使这些鸟蛋并没有损坏。
D. 欧椋鸟、家居麻雀等游隼所捕食的鸟类，在它们的栖息地未被DDT影响。
E. 其他的捕食性鸟类，像鱼鹰、秃鹰和棕色塘鹅，在发现游隼的相同区域被发现。

[解题分析]　正确答案：B

本题由"游隼数量快速下降"这一事实，得出一个解释性的结论"DDT是原因"。

B项说明，DDT被禁用以后，游隼数量稳步增加，相当于"没有DDT，就没有游隼数量的下降"，这有利于说明使用DDT和游隼数量快速下降的因果关系，没有这个原因就没有这个结果，这就有效地支持了题干结论，为正确答案。

■在有奥斯阕人（有人认为其是人类的祖先）遗骨的洞穴中发现了很多动物遗骨。从各种骨头出现的频率看，许多动物是死在别处后，只有身体的某些部分被带回了洞穴中。所以，能带回这么多猎物，奥斯阕人一定是很英勇的猎人。

下面哪个，如果正确，最严重地削弱了上文结论？
A. 奥斯阕人有时在洞穴之间搬来搬去以寻找庇护，他们一生不只呆在一个洞穴中。
B. 在洞穴中发现的奥斯阕人的遗骨是成年男女和少年人的。
C. 在发现聚集了动物遗骨的洞穴中没有用火的证据。
D. 包括奥斯阕人遗骨在内的所有骨头上的印迹都有那个时代的一种大型猫科动物的牙印。
E. 洞穴中的遗骨不包括与奥斯阕人同时期的一种大象类动物的骨头。

[解题分析]　正确答案：D

题干从一个发现"洞穴中有奥斯阕人的骨骼，也有许多别的动物的骨骼"，而得出一个解释性的结论："奥斯阕人把别的动物带回洞穴当肉吃"。

如果D项为真，则意味着，奥斯阕人完全有可能是被当时庞大的猫科动物带回洞穴当肉吃了，这样就从另一个角度严重削弱了题干结论，因此为正确答案。其余均为无关项。

【专项训练】

01. 一项对过去20年中由于麻醉造成的医疗死亡事故的详细考察表明：安全方面最显著的改进来自于麻醉师的良好训练。在此期间，绝大多数手术室里没有装配监控患者的氧气和二氧化碳水平的设备。所以，在手术室增加使用这种监控设备将不会显著降低由于麻醉造成的死亡事故。

上述论证的缺陷是：
A. 证明一个因素导致一个确定结果的论据对于证明第二个因素将不会导致那一结果是不充分的。
B. 用来支持某个结论的理由事先假定了那个结论的真实性。
C. 用证明一个确定因素在某一个确定结果产生时不在场的证据不能证明由于那个因素不在场而导致了那一结果。
D. 用来支持结论的证据与所提供的其他信息前后矛盾。
E. 用来表明一个事件引起第二个事件的理由更强地支持了这样的主张，即这两个事件都是第三个事件的独立结果。

02. 构成生命的基础——蛋白质的主要成分是氨基酸分子。它是一种有机分子，尽管人们还没有在宇宙太空中直接观测到氨基酸分子，但是科学家在实验室里用氢、水、氧、甲烷及甲醛等有机物，模拟太空的自然条件，已成功合成几种氨基酸。而合成氨基酸所用的原材料，在星际分子中大量存在。不难想象，宇宙空间也一定存在氨基酸的分子，只要有适当的环境，它们就有可能转变为蛋白质，进一步发展成为有机生命。据此推测，地球以外的其他星球也存在生命体，甚至可能是具有高等智慧的生命体。

以下哪项如果为真，最能反驳上述推测？

A. 从蛋白质发展成为有机生命的过程和从有机分子转变为蛋白质的过程存在巨大的差异。
B. 高等智慧不仅是一个物质进化的产物，更是一个不断社会化的产物。
C. 在自然环境中，由已经存在的星际分子合成氨基酸分子是一个小概率事件。
D. 有些星际分子是在地球环境中找不到的，而且至今在实验室中也无法得到。
E. 人们曾经认为火星上存在生命体，但是最近的火星探测基本上否定了这个猜测。

03. 由风险资本家融资的初创公司比通过其他渠道融资的公司的失败率要低。所以，与诸如企业家个人素质、战略规划质量或公司管理结构等因素相比，融资渠道对于初创公司的成功更为重要。

以下哪项如果为真，最能削弱上述论证？

A. 风险资本家在决定是否为初创公司提供资金时，把该公司的企业家个人素质、战略规划质量和管理结构等作为主要的考虑因素。
B. 作为取得成功的要素，初创公司的企业家个人素质比它的战略规划更为重要。
C. 初创公司的倒闭率近年逐步下降。
D. 一般来讲，初创公司的管理结构不如发展中的公司完整。
E. 风险资本家对初创公司的财务背景比其他融资渠道更为敏感。

04. 大气污染物会造成高酸性的酸雨。然而酸雨本身并不能显著影响其落入水体的酸性，它能够通过增加森林地表上腐蚀物质的量来大幅度增加邻近湖水的酸性。因此最近森湖中的水的酸性增加，必定表明附近的降水变得更酸了。

下列哪一项，如果正确，最能反驳以上论述？

A. 即使没有大量酸雨的地区，位于植被类似与森湖附近植被地区的大多数湖水的酸性高于其他湖中水的酸性。
B. 最近森湖附近地区的空气质量的测试已经揭示了空气中污染物量的略微增加。
C. 在森湖周围的森林中最近开始的大规模砍伐，增加了森林地表上的腐蚀物数量。
D. 在科学家中，关于大气中的污染物确切地怎样导致酸雨有一些争议。
E. 森林植被上的腐烂物质是决定森林生长的一个重要因素。

05. 一家化工厂，生产一种可以让诸如水獭这样小的哺乳动物不能生育的杀虫剂。工厂开始运作以后，一种在附近小河中生存的水獭不能生育的发病率迅速增加。因此，这家工厂在生产杀虫剂时一定污染了河水。

以下哪项陈述中所包含的推理错误与上文中的最相似？

A. 低钙饮食可以导致家禽产蛋量下降。一个农场里的鸡在春天被放出去觅食后，它们的产蛋量明显减少了。所以，它们找到和摄入的食物的含钙量一定很低。
B. 导致破伤风的细菌在马的消化道内生存，破伤风是一种传染性很强的疾病。所以，马一定比其他大多数动物更容易染上破伤风。
C. 营养不良的动物很容易感染疾病，在大城市动物园里的动物没有营养不良。所以，它们肯定不容易染病。
D. 猿的特征是有可反转的拇指并且没有尾巴，最近，一种未知动物的化石残余被发现，由于这种动物有可反转的拇指，因此，它一定是猿。

E. 玩网络游戏会导致学生的学习成绩下降，这所学校的学生的学习成绩普遍比较稳定，因此肯定没有学生玩网络游戏。

06. 研究发现，市面上 X 牌香烟的 Y 成分可以抑制 EB 病毒。实验证实，EB 病毒是很强的致鼻咽癌的病原体，可以导致正常的鼻咽部细胞转化为癌细胞。因此，经常吸 X 牌香烟的人将减少患鼻咽癌的风险。

以下哪项如果为真，最能削弱上述论证？

A. 不同条件下的实验，可以得出类似的结论。
B. 已经患鼻咽癌的患者吸 X 牌香烟后并未发现病情好转。
C. Y 成分可以抑制 EB 病毒，也可以对人的免疫系统产生负面作用。
D. 经常吸 X 牌香烟会加强 Y 成分对 EB 病毒的抑制作用。
E. Y 成分的作用可以被 X 牌香烟的 Z 成分中和。

07. 某教育专家认为："男孩危机"是指男孩调皮捣蛋、胆小怕事、学习成绩不如女孩好等现象。近些年，这种现象已经成为儿童教育专家关注的一个重要问题。这位专家在列出一系列统计数据后，提出了"今日男孩为什么从小学、中学到大学全面落后于同年龄段的女孩"的疑问，这无疑加剧了无数男生家长的焦虑。该专家通过分析指出，恰恰是家庭和学校不适当的教育方法导致了"男孩危机"现象。

以下哪项如果为真，最能对该专家的观点提出质疑？

A. 家庭对独生子女的过度呵护，在很大程度上限制了男孩发散思维的拓展和冒险性格的养成。
B. 现在的男孩比以前的男孩在女孩面前更喜欢表现出"绅士"的一面。
C. 男孩在发展潜能方面要优于女孩，大学毕业后他们更容易在事业上有所成就。
D. 在家庭、学校教育中，女性充当了主要角色。
E. 现代社会游戏泛滥，男孩天性比女孩更喜欢游戏，这耗去了他们大量的精力。

08. 一项关于婚姻的调查显示，那些起居时间明显不同的夫妻之间，虽然每天相处的时间相对要少，但每月爆发激烈争吵的次数，比起那些起居时间基本相同的夫妻明显要多。因此，为了维护良好的夫妻关系，夫妻之间应当注意尽量保持基本相同的起居规律。

以下哪项如果为真，最能削弱上述论证？

A. 夫妻间不发生激烈争吵不一定关系就好。
B. 夫妻闹矛盾时，一方往往用不同起居的方式表示不满。
C. 个人的起居时间一般随季节变化。
D. 起居时间的明显变化会影响人的情绪和健康。
E. 起居时间的不同很少是夫妻间争吵的直接原因。

09. 辩论吸烟问题时，正方认为：吸烟有利于减肥，因为戒烟后人们往往比戒烟前体重增加。反方驳斥道：吸烟不能导致减肥，因为吸烟的人常常在情绪紧张时试图通过吸烟缓解，但不可能从根本上解除紧张情绪，而紧张情绪导致身体消瘦。戒烟后人们可以通过其他更有效的方法解除紧张的情绪。

反方应用了以下哪项辩论策略？

A. 引用可以质疑正方证据精确性的论据。
B. 给出另一事实对正方的因果联系做出新的解释。
C. 依赖科学知识反驳易于使人混淆的谬论。
D. 揭示正方的论据与结论是因果倒置。
E. 常识并不都是正确的，要学会透过现象看本质。

10. 在缪费尔市，8 月中每一天电的消耗量与这一天湿度的最大值成正比。既然今年 8 月的平均湿度峰值比去年 8 月的高 3 个百分点，那么就可推出缪费尔市今年 8 月的耗电量一定比去年

8月的多。

下面哪一个论述的推理模式与上面的论述最相似？

A. 在美学院25个班级中，任何一个班艺术用品的数量都与这个班的学生个数成正比。既然学院的这些班级去年比前年总共多招了20%的学生，那么去年学院的班级使用的艺术用品的数量就比前年的多。

B. 美学院在任何一个学期所开的绘画课的数量，都与该学院这个学期招收的学生的数量成正比。但是学院每年开的雕塑课的数量都是一样的。因此，通常学院开的绘画课的数量比雕塑课的多。

C. 美学院每年招收的新生数量都与它前一年所做广告的数量成正比。因此，如果学院想增加它的学生人数，它就必须增加在广告上的开支。

D. 学生在美学院所交的学费与招收他的班级的数目成正比，既然美学院学生的人数在增加，那么就可推出学院收的学费的数额比过去的大。

E. 美学院每学期雇用的讲师数目与该学期所开的课程以及学院所招生的人数成正比。因此，学院在任何一个学期所开的课程数都与该学期的招生人数成正比。

11. 相比那些不参加潜水运动的人，经常参加潜水运动的人一般都健康一些。可见，潜水运动能锻炼身体，增进身体健康。

以下哪项最有力地对上述论证提出了质疑？

A. 无论什么人参加潜水运动都是为了锻炼身体，增进健康。

B. 锻炼身体、增进健康有许多方式，例如，参加长跑、球类活动、游泳等都能锻炼身体，增进健康。

C. 潜水是一项十分危险的运动，每年都有一些人在潜水运动中受伤，甚至有些人的伤势还很严重。

D. 改善健康状况不是一件简单的事，需要从多方面着手进行，而且还需要一个漫长的过程。

E. 身体健康状况不好的人大多都不会参加具有一定危险性的潜水运动。

12. 当大学生被问到他们童年时代的经历时，那些记得其父母所经常经历的病痛的人，正是那些成年后也经常经历同样的病痛如头痛的人。这个证据证明，一个人在儿童时代对成人病痛的观察会使这个人在成年后更易于得这种病痛。

如果以下哪项为真，最严重地削弱了上述论证？

A. 那些记得自己小时候经常处于病痛中的学生不比其他大多数学生更易于经历病痛。

B. 经常处于病痛状态的父母在孩子长大后仍然经常经历同样多的病痛。

C. 大学生比其他较年长成年人经历的常见病痛如头痛更少一些。

D. 成年人能清晰记得儿童时期生病时周围的情形，却很少能想起当时自身病痛的感受。

E. 一个人成年后对童年的回忆通常集中在那些能够反映其成年经历的事情上。

13. 大约在12000年前，气候变暖时，人类开始陆续来到北美洲各地。在同一时期，大型哺乳动物，如乳齿象、猛犸和剑齿虎等，却从它们曾经广泛分布的北美洲土地上灭绝了。所以，与人类曾与自然界其他生物和平相处的神话相反，早在12000年前，人类的活动便导致了这些动物的灭绝。

上述论证最容易受到以下哪项陈述的质疑？

A. 所提出的证据同样适用于两种可选择的假说：气候的变化导致大型哺乳动物灭绝，同样的原因使得人类来到北美洲各地。

B. 乳齿象、猛犸和剑齿虎等大型哺乳动物的灭绝，对于早期北美的原始人来说，具有非同寻常的意义。

C. 人类来到北美洲可能还会导致乳齿象、猛犸和剑齿虎之外的其他动物灭绝。

D. 该论证未经反思地把人类排除在自然界之外。

E. 因为乳齿象、猛犸和剑齿虎等大型动物会威胁到人类的生存，所以人们想方设法猎取它们。

【答案解析】

01. 答案：A

"麻醉师的良好训练能降低麻醉造成的死亡事故"这一事实不能成为否定"监控设备也能降低麻醉造成的死亡事故"的充足理由，A项指出了这一缺陷。

02. 答案：A

题干推测：地球以外的其他星球存在生命体。

理由：一是，在星际分子中大量存在合成氨基酸所用的原材料。

二是，生命的演化过程是：第一阶段，这些原材料可合成有机分子氨基酸；第二阶段，在适当环境下，有机分子转变为蛋白质；第三阶段，蛋白质发展成为有机生命。

A项所述，说明第三阶段与第二阶段存在巨大差异，题干只是论述了前两个阶段的可能性，而没有论述第三个阶段，所以，该项就有力地削弱了题干的推测。

其余选项不能有效地削弱，比如C项只是说明第一个阶段是个小概率事件，但并不能说明其不可能演化。

03. 答案：A

题干根据，与其他渠道融资相比，由风险资本家融资的初创公司成功的可能性高，得出结论：融资渠道比企业家个人素质等其他因素更重要。

A项指出企业家个人素质等是影响风险资本家的关键因素，有力地削弱了题干结论，为正确答案。

因果链条：企业家个人素质→融资渠道→初创公司的成功

B项引入一个新的比较，与融资渠道没有直接联系，排除；C项明显无关选项，排除；D项讨论初创公司的结构，与题干论证无关，排除；E项指出风险资本家对初创公司的财务背景更为敏感，题干没有涉及财务背景，排除。

04. 答案：C

题干论述：酸雨是通过增加森林地表上腐蚀物质来大幅度增加邻近湖水的酸性。因此，最近森湖酸性增加，表明附近的降水变得更酸了。

选项C表明，在森湖周围的森林中最近开始的大规模砍伐，增加了森林地表上的腐蚀物数量。这就从另一个角度削弱了题干结论。

05. 答案：A

题干推理是有缺陷的，这个附近小河中的水獭不能生育的原因不一定是生产该杀虫剂的工厂污染造成的，有可能是其他原因。其推理错误在于，根据有因必有果，推导出有此果必有此因。推理结构是：

P可以导致Q；(该杀虫剂可以让水獭不能生育)

有Q；(生产该杀虫剂的工厂运作后，在附近小河中的水獭不能生育的发病率迅速增加)

所以，一定有P。(工厂在生产杀虫剂时一定污染了河水)

选项A与题干的推理错误类似。其余选项不类似，比如：C项，P可以导致Q，无P，因此，无Q；选项D，猿有两个特征，现在某动物有其中一个特征，因此，一定是猿。

06. 答案：E

题干根据研究发现，X牌香烟的Y成分可以抑制致鼻咽癌的EB病毒，得出结论，经常吸X牌香烟的人将减少患鼻咽癌的风险。

如果"Y成分的作用可以被X牌香烟的Z成分中和"，这样，Y成分就不能抑制EB病毒了，那么，"经常吸X牌香烟的人将减少患鼻咽癌的风险"的结论就不成立了。因此，E项有力地削弱了题干论证。

B项不能削弱题干。因为题干只断定Y成分有利于阻止正常的鼻咽部细胞转化为癌细胞，并没有断定Y成分有利于抑制或消除已经形成的癌细胞。

C项还是说明Y成分是有用的，前半句有支持作用；后半句说对免疫系统有负面作用，有削弱作用，但影响哪方面的免疫作用没说，因此，削弱力度不大。

07. 答案：E

专家的观点是：男孩全面落后于同年龄段的女孩这一"男孩危机"现象的根源在于家庭和学校不适当的教育方法。

E项表明，现代社会游戏泛滥，男孩天性比女孩更喜欢游戏，这耗去了他们大量的精力，这与家庭和学校的教育方法无关，从另有他因的角度，削弱了专家的观点。

A项对题干有所支持，B、C、D项与题干不相干。

08. 答案：B

题干根据"起居时间不同"与"夫妻不和"这两个现象存在统计相关，得出结论：起居时间影响夫妻关系。

B项恰恰指出了：并非起居时间影响夫妻关系，而是夫妻关系影响起居时间。这就有力地削弱了题干的论证。

09. 答案：B

题干正方认为吸烟是原因，减肥是结果。

反方认为紧张是原因，消瘦是结果。紧张导致吸烟，紧张同时导致消瘦。这就对正方的因果联系做出了新的解释。

10. 答案：A

题干推理方法是：根据两类事物的统计相关推出两类事物存在因果关系。

A项也是类似的推理模式，因此为正确答案。

B项做了一个毫无根据的假设，把不变量当作最小量。

C项易误选，新生数量与广告数量存在统计相关，那么和题干类似的推理结论应该是：想增加新生数量就必须增加广告数量，而不是想增加学生人数就必须增加广告开支。

D项把班级的个数与学生人数混为一谈。

E项的推理模式明显与题干论述不符。

11. 答案：E

题干论证是：参加潜水的人比不参加的人更健康，所以，潜水有益于健康。

E项指出健康不佳的人大多不潜水，意味着健康的人才从事潜水，而不是潜水增进健康。这就有力地削弱了题干，所以为正确答案。

A项赞同题干中的观点；B项没有对论证提出质疑；C、D项对论证提出了不同意见，但质疑力度不足。

12. 答案：E

题干结论：儿童时代经常看到父母病痛的人，会使这个人在成年后更易于得这种病痛。

E项表明，而是因为成年后生病才记起儿童时代父母的病痛，而并不是因为记得父母的病痛使得成年后才更易于得这种病痛，这就有力地削弱了题干论证，所以为正确答案。

其余选项均为无关项，比如，A项，儿童自己生病与题干论证无关；B项讨论父母在孩子长大后的病痛，跟题干论证无关。

13. 答案：A

题干根据"人类活动"和"动物灭绝"两个事件的时间相关性，得出"人类的活动"是"动物灭绝"的原因。

这个论证是有缺陷的，有可能是第三个因素引起两个事件，产生了它们之间的相关，但在它们二者之间并没有任何直接的因果联系。A项就说明了这一点，为正确答案。

第四节 归纳方法

探求现象间的因果联系是一个复杂的思维和认识过程。但大致上可以概括为这样两个基本步骤。首先，确定可能的原因（或结果）。任何现象都有许许多多的先行状态或后继状况，人们必须根据已有的科学知识作出初步判定：究竟哪些现象是与被研究现象有关的，可能是被研究现象的原因（或结果）。其次，从可能的原因（或结果）中探求出真正的原因（或结果）。其方法主要是对被研究现象出现（或不出现）的各种场合进行比较，把那些不可能成为被研究现象原因（或结果）的那些现象排除出去，从而探求出真正的原因（或结果）来。

英国哲学家穆勒（也译作"弥尔"）归纳了求同法、求异法、求同求异法、共变法和剩余法等探求因果关系的基本方法，称为"穆勒方法"或"穆勒五法"，也叫做排除归纳法，它们的原则可以简单归纳为：相同结果必然有相同原因；不同结果必然有不同原因；变化的结果必然有变化的原因；剩余的结果应当有剩余的原因。这些方法是近代科学归纳法的重要成就，是探求因果联系的常用方法。在五种方法中，本章只介绍与逻辑考试相关的求同法、求异法、共变法这三种。

一、求同法

求同法又称契合法，是指被研究现象发生变化的若干场合中，如果只有一个情况是在这些场合中共有的，那么这个唯一的共同情况就是被研究现象的原因（结果）。

例如，人们发现用不同材料做的、具有不同形状的摆，只要摆的长度相同，它们摆动时的振动周期就相同，于是，推断摆长是摆振动周期相同的原因。

1. 求同法的推理

求同法是这样一种方法，当我们发现某一现象出现在几种不同的场合，而在这些场合里，只有一个条件是相同的（其他条件均不相同），这样，我们就可以推断说，这个相同条件就是各个场合出现的那个共同现象的原因。可以用这样一个公式来表示它：

场合	先行情况	被研究现象
（1）	A、B、C	a
（2）	A、D、E	a
（3）	A、F、G	a
…	…	…

所以，A是a的原因（或结果）。

比如，我们常常发现一些同志身体很好，很结实。原因是什么呢？他们的情况各不相同，有的是教师，有的是学生，有的是工人；有的原来体质较好，有的原来体质较差；他们的工作条件、生活条件、学习条件也各不相同……但发现他们有一个共同的情况，他们都持之以恒地锻炼身体。由此，我们可以作出结论，持之以恒地锻炼身体是他们身体好的原因，至少是身体好的部分原因。这里就有着求同法的应用。

2. 求同法的特点

求同法的特点是"从异中求同"。它主要是一种观察的方法，通过排除现象间不同的因素、寻找共同的因素来确定现象间的因果联系。这种方法虽然比简单枚举归纳法前进了一大步，但是，归纳强度还是比较低，所得的结论的可靠性还不高，也就是说求同法结论是或然的。

也就是说，应用求同法所得到的认识（即找出的原因）并不都是正确的。因为在各种不同场合里存在的共同条件可能不止一个，而作为真正原因的某一共同条件可能正好被忽视了。因此，通过求同法所得到的认识，应当通过实践或用其他方法去进一步检验。

但是，求同法为我们提供了找到现象原因的线索。所以，它作为一种发现现象因果联系的方法，在科学研究和日常生活中经常被人们应用着。

3. 批判性准则

针对运用求同法推出的因果主张，所提出的批判性问题如下：

CQ1. 考察的场合是否足够多？是否有反例存在？

CQ2. 不同场合中所具有的相同因素是不是唯一的？在所比较的两种现象之间是否存在其他相同的因素？

CQ3. 表面相同是否有实质不同？表面不同是否实质相同？

CQ4. 相同点是导致某一现象产生的部分原因，还是全部的或唯一的原因？

4. 解题指导

（1）求同强化　强化求同论证的方法大致有三种：

① 增加论据。即增加一个事实论据，提供另一个有因有果的论据。

② 唯一因素。即从正面指出相同的因素对导致某个现象的出现是唯一的或关键的。

③ 没有他因。即从反面指出在所比较的两种现象之间不存在其他相同的因素，或指出没有反例的存在。

（2）求同弱化　弱化求同论证的方法大致有三种：

① 反面论据。提出一个反例的事实论据，提出反例，来弱化一个论证；或者提出一个削弱论证的理论论据。

② 并非唯一。从正面指出在被讨论的现象出现的不同场合中某个相同的因素并不是唯一的。

③ 另有他因。从反面指出在所比较的两种现象之间存在其他相同的因素。

（3）求同描述　求同法是这样一种方法：当我们发现某一现象出现在几种不同的场合，而在这些场合里，只有一个条件是相同的（其他条件均不相同），这样，我们就可以推断说，这个相同条件就是各个场合出现的那个共同现象的原因。

■售货员：显像管是任何一台电视机的核心元件，长虹牌电视和康佳牌电视使用相同质量的显像管。由于长虹牌电视的价格较低，因此，当你购买长虹而不是康佳时，便用较低的价钱买到了图像质量相同的电视。

如果以下哪项假设被证明为真，能使售货员的结论在其论证中适当地推出？

A. 康佳牌电视比长虹牌电视所做的广告更加广泛。

B. 电视的图像质量只由显像管的质量来决定。

C. 售货员销售长虹牌电视赚的钱少于销售康佳牌电视赚的钱。

D. 长虹牌电视每天要比康佳牌电视销售的多。

E. 长虹牌电视与康佳牌电视是在同一个工厂组装的。

[解题分析]　正确答案：B

售货员观点：因为两种电视的显像管一样，所以图像质量一样。

这是一则用求同法做出的论证，即比较两个对象所具有的相同点（核心元件显像管），并以此相同点为原因推出其产生的结果（图像质量的效果）也相同。若得出该论证的结论，就必须假设显像管是影响图像质量的全部原因（唯一的原因）。因此，B项是必须假设的，否则，如果电视的图像质量不只由显像管的质量来决定，那么售货员的说法就不成立了。

其余选项均为无关项。

■光线的照射有助于缓解冬季抑郁症。研究人员曾对9名患者进行研究，他们均因冬季白天变短而患上了冬季抑郁症。研究人员让患者在清早和傍晚各受3小时伴有花香的强光照射。一周之内，7名患者完全摆脱了抑郁，另外两人也出现了显著的好转。由于光照会诱使身体误以为夏季已经来临，这样便治好了冬季抑郁症。

以下哪项如果为真，最能削弱上述论证的结论？

A. 研究人员在强光照射时有意使用花香伴随，对于改善患上冬季抑郁症的患者的适应性有不小的作用。

B. 9名患者中最先痊愈的3位均为女性，而对男性的治疗效果较为迟缓。

C. 该实验均在北半球的温带气候中，无法区分南北半球的实验差异，但也无法预先排除。

D. 强光照射对于皮肤的损害已经得到专门研究的证实，其中夏季比起冬季的危害性更大。

E. 每天6小时的非工作状态，改变了患者原来的生活环境，改善了他们的心态，这是对抑郁症患者的一种主要影响。

[解题分析] 正确答案：E

本题开头"光线的照射，有助于缓解冬季抑郁症"就是观点（结论），后面是对其的论证。研究人员得出这个结论的方法就是求同法。即其他条件都不同，只有光照相同。

E项对题干的实验，进行了另一种解释，如果这种解释成立，也就是说，如果事实上使患者痊愈或好转的原因，是每天6小时的非工作状态，改善了他们的心态（这种心态正是导致抑郁的主因），那么，就可得出结论，光线照射的增加和冬季抑郁症缓解这两者之间的联系只是一种表面的非实质性的联系。这就有力地削弱了题干的结论。

A项对题干的实验也进行了另一种解释，也能起到削弱作用，但只是说"有不小的作用"而E项说的是"主要影响"。因此，E项的削弱力度大。

选项B、C、D与该结论不相干，均不能削弱题干。

二、求异法

求异法（差异法）是这样一种方法：如果某一现象在一种场合下出现，而在另一场合下不出现，但在这两种场合里，其他条件都相同，只有一个条件不同（在某现象出现的场合里有这个条件，而在某现象不出现的那一场合里则没有这个条件），那么，这唯一不同的条件，就是某现象产生的原因。

1. 求异法的推理

求异法可用下述公式来表示：

场合　先行情况　被研究现象
(1)　A、B、C　　a
(2)　-、B、C　　-

所以，A是a的原因（或结果）。

甲同学以前：每天坚持长跑、20岁、山东人、………、身体健康
甲同学现在：　　-　　　　20岁、山东人、………、　-

（或者还是这个甲同学，后来不长跑了，身体就不那么健康了）

所以，每天坚持长跑是身体健康的原因。

2. 求异法的特点

特征：同中求异（只有一个因素不同，其余相同）。

求异法大多是以实验观察为依据的。由于它能够经过人们自觉的安排，既考虑到被研究对象出现的场合，更注意到被研究对象不出现的场合。因此，它的结论比求同法的结论更为可靠。正是因为求异法所得结论的可靠程度高，因此，人们经常使用这种逻辑方法来探寻现象间的因果联系。

3. 批判性准则

针对运用求异法推出的因果主张，所提出的批判性问题如下：

CQ1. 有没有考察别的场合？是否有反例存在？

CQ2. 不同场合中所具有的差异因素是不是唯一的？在所比较的两种现象之间是否存在其他

差异的因素？

CQ3. 背景是否一样？即其他条件是否都相同？

CQ4. 两个不同场合中所具有的差异因素是部分原因，还是全部原因？

CQ5. 是否还有隐藏着的其他原因？表面相同是否有实质不同？表面不同是否实质相同？

4. 解题指导

（1）求异强化　求异论证的强化方法大致有五种。

① 求异论证的强化方法第一种：关键差异。

从导致不同结果的原因方面指出差异因素是唯一、关键的或必不可少的。即先行情况和被研究现象之间具有实质性的因果联系。

② 求异论证的强化方法第二种：正面证据。

通过一个对比观察或对比实验，提供一个符合求异法的对比事实作为正面证据。

③ 求异论证的强化方法第三种：无因无果。

通过一个对比观察或对比实验，提供对比方的无因无果的事实作为正面证据。

④ 求异论证的强化方法第四种：背景相同。

正面指出除这个差异因素之外，其他背景因素（先行条件）都是相同的。

⑤ 求异论证的强化方法第五种：没有他因。

从导致不同结果的原因方面指出不存在其他方面的差异。

（2）求异弱化　求异论证的弱化方法大致也有五种：

① 求异论证的弱化方法第一种：并非关键。

从导致不同结果的原因方面指出差异因素不是唯一、关键的或必不可少的。

② 求异论证的弱化方法第二种：反面证据。

通过一个对比观察或对比实验，提供一个违背求异法的对比事实作为反面证据。

③ 求异论证的弱化方法第三种：提供反例——无因有果、有因无果。

通过一个对比观察或对比实验，提供对比方的因果不一致的事实作为反面证据。

④ 求异论证的弱化方法第四种：背景不同。

正面指出除这个差异因素之外，其他背景因素（先行条件）是不同的。

⑤ 求异论证的弱化方法第五种：另有他因。

从导致不同结果的原因方面指出存在其他方面的差异。

（3）弱化变形　题干论述：差异因素（先行情况）发生正反两方面的变化，比较的现象（结果）没变化，从而得出结论，差异因素对结果无影响。

怎么削弱？可指出虽然表面相同，但实际上存在其他不同因素。即使比较的现象（结果）实际上是有变化的（有其他因素造成或有其他方面的变化），就有利于说明差异因素与比较的现象（结果）具有因果关系。

（4）求异评价　求异法就是要考察正反两个场合。对某个事物的评价，首先要有个评价的基准，也就是可比较的标准。常用的方法是做对比实验进行对比评价。

（5）求异推论　求异推论题指的是：题干是个求异论证，要求推出结论。得出的结论应该是：差异因素是导致某种现象产生的原因。

（6）求异解释　题干论述，一方面，差异因素（先行情况）发生正反两方面的变化，比较的现象（结果）也变化，按理应该有因果关系，但另一方面，又说明它们没有因果关系。为什么？

那就要从另外角度，比如另有他因或背景因素不一样，来解释它们的分歧。

（7）求异描述　求异法的特点是同中求异。题干是个求异法做出的论证，要求用逻辑的语言描述这一推理方法。

■研究人员安排了一次实验，将 100 名受试者分为两组：喝一小杯红酒的实验组和不喝酒的对照组。随后,让两组受试者计算某段视频中篮球队员相互传球的次数。结果发现,对照组的受试者都计算准确,而实验组中只有18%的人计算准确。经测试实验组受试者的血液中酒精浓度只有酒驾法定值的一半。由此专家指出,这项研究结果或许应该让立法者重新界定酒驾法定值。

以下哪项如果为真,最能支持上述专家的观点?
A. 酒驾法定值设置过低,可能会把许多未饮酒者界定为酒驾。
B. 即使血液中酒精浓度只有酒驾法定值的一半,也会影响视力和反应速度。
C. 只要血液中究竟浓度不超过酒驾法定值,就可以驾车上路。
D. 即使酒驾法定值设置较高,也不会将少量饮酒的驾车者排除在酒驾范围之外。
E. 饮酒过量不仅损害身体健康,而且影响驾车安全。

[解题分析] 正确答案:B
题干通过对照实验发现,喝一小杯红酒的人虽然血液中酒精浓度只有酒驾法定值的一半,但比不喝酒的人判断力要明显低;从而得出结论,应该重新界定酒驾法定值。

B项表明,就算酒精含量是现在测定酒驾酒精值的一半,也会影响视力和反应速度。这就有力地支持了题干结论,因此,B为正确答案。

■体内不产生P450物质的人与产生P450物质的人比较,前者患帕金森病(一种影响脑部的疾病)的可能性三倍于后者。因为P450物质可保护脑部组织不受有毒化学物质的侵害。因此,有毒化学物质可能导致帕金森病。

下列哪项,如果为真,将最有力地支持以上论证?
A. 除了保护脑部不受有毒化学物质的侵害,P450对脑部无其他作用。
B. 体内不能产生P450物质的人,也缺乏产生某些其他物质的能力。
C. 一些帕金森病病人有自然产生P450的能力。
D. 当用多己胺——一种脑部自然产生的化学物质治疗帕金森病病人时,病人的症状减轻。
E. 很快就有可能合成P450,用以治疗体内不能产生这种物质的病人。

[解题分析] 正确答案:A
题干结论:有毒化学物质可能导致帕金森病。
理由:(1) P450可以保护脑部组织不受有毒化学物质的侵害。
(2) 体内产生P450物质的人比较不容易患帕金森病。

场合	先行情况	观察到的现象
无P450	受有毒化学物质的侵害	有帕金森病
有P450	不受有毒化学物质的侵害	无帕金森病

结论:有毒化学物质可能导致帕金森病

假设:这两类人其他背景因素一样,比如都不受导致帕金森病的病菌的影响

本题涉及求异法的运用。题干依据差异点(P450)具有的某种作用进一步推断有毒化学物质的侵害是导致帕金森病的原因,这仍然取决于差异点(P450的作用)是否是唯一的。

选项A是题干论证所必需的假设。否则,如果除了保护脑部不受有毒化学物质的侵害之外,P450对大脑"还"有其他作用,比如P450能抵抗某种病菌,而该种病菌能导致帕金森病,那么,就不是有毒化学物质可能导致帕金森病了。因此,A是题干推理的假设,为正确答案。

其余选项均不妥,其中,B、D、E都是明显无关项;C为削弱项。

■当企业处于蓬勃上升时期时,往往紧张而忙碌,没有时间和精力去设计和修建"琼楼玉宇",当企业所有的重要工作都已经完成后,其时间和精力就开始集中在修建办公大楼上。所

以，如果一个企业的办公大楼设计得越完美，装饰得越豪华，则该企业离解体的时间就越近，当某个企业的大楼设计和建造趋向完美之际，它的存在就逐渐失去意义。这就是所谓的"办公大楼"法则。

以下哪项如果为真，最能质疑上述观点？

A. 一个企业如果将时间和精力都耗在修建办公大楼上，则对其他重要工作就投入不足了。
B. 某企业办公大楼修得美轮美奂，入住后该企业的事业蒸蒸日上。
C. 建造豪华的办公大楼，往往会增加运营成本，损害其利益。
D. 企业的办公大楼越破旧，该企业就越来越有活力和生机。
E. 建造豪华办公大楼并不需要投入太多时间和精力。

[解题分析] 正确答案：B

题干所谓的"办公大楼"法则是指：通过办公大楼与企业发展阶段的相关性，得出结论，办公大楼修得越豪华，该企业离解体的时间就越近。

B项表明，某企业虽然建造了豪华大楼，但是企业的事业还是蒸蒸日上，是个反例，这就有力地质疑了题干观点，因此为正确答案。

其余选项不妥。A、C、D项均对题干观点有支持作用。E项对题干论述的前提也有所削弱，但对题干观点的削弱力度不足。

■一般认为，出生地间隔较远的夫妻所生子女的智商较高。有资料显示，夫妻均是本地人，其所生子女的平均智商为102.45；夫妻是省内异地的，其所生子女的平均智商为106.17；而隔省婚配的，其所生子女的智商则高达109.35。因此，异地通婚可提高下一代智商水平。

以下哪项如果为真，最能削弱上述结论？

A. 统计孩子平均智商的样本数量不够多。
B. 不难发现，一些天才儿童的父母均是本地人。
C. 不难发现，一些低智商儿童父母的出生地间隔较远。
D. 能够异地通婚者是智商比较高的，他们自身的高智商促成了异地通婚。
E. 一些情况下，夫妻双方出生地间隔很远，但他们的基因可能接近。

[解题分析] 正确答案：D

题干结论是：异地通婚可提高下一代的智商。

若要削弱其结论，只需要提供证据说明"出生地间隔较远的夫妻所生子女的智商较高有其他原因"即可，如果D项为真，即异地通婚者本身智商高，这显然有利于说明，异地通婚的夫妻下一代智商高的原因是异地通婚者本身就智商高，而并非异地通婚本身能提高智商，这就有力地削弱了题干的结论。

本题干扰项是A项，说明样本数量不够，对题干的论据有一定程度的削弱作用，但只存在可能的削弱作用，因为一旦题干的统计增加采样并得出相似的数据，A项"样本数量不够多"便不成立，因此，这类削弱一般力度不足。有效的削弱应该是样本不具有代表性，D项指出了这一点，削弱力度更大。

■有90个病人，都患难治病T，服用过同样的常规药物。这些病人被分为人数相等的两组，第一组服用于治疗T的试验药物W素，第二组服用不含W素的安慰剂。10年后的统计显示，两组都有44人死亡。因此，这种药物是无效的。

以下哪项为真，最能削弱上述论证？

A. 在上述死亡病人中，第二组的平均死亡年份比第一组早两年。
B. 在上述死亡病人中，第二组的平均寿命比第一组小两岁。
C. 在上述活着病人中，第二组的比第一组病情更严重。
D. 在上述活着病人中，第二组的比第一组的更年长。

第六章 归纳逻辑

E. 在上述活着病人中，第二组的比第一组的更年轻。

[解题分析] 正确答案：A

本题是使用求异法做出的论证，先行情况中的差异因素是"是否服用试验药物 W 素"，比较的现象是"寿命"，由于 10 年后每一组都有 44 位病人去世，从中得出结论：这种药物是无效的。

如果 A 项为真，则事实上，在上述死亡病人中，不服用试验药物 W 素的那一组的平均死亡年份比第一组早两年，则就有利于说明差异因素（服用试验药物 W 素）是导致某种现象（寿命增加）产生的原因，这样，就说明服用于治疗 T 的试验药物 W 素是有效的，有力地削弱上述论证，为正确答案。

根据题意，每组只有 1 人活着，因此比较活着的人就没有什么意义了，所以 C、D、E 项均不予考虑。

对两组病人的考察，只能从患病并进行治疗开始，与平均寿命关系不大，B 不选。

■许多孕妇都出现了维生素缺乏的症状，但这通常不是由于孕妇的饮食中缺乏维生素，而是由于腹内婴儿的生长使她们比其他人对维生素有更高的需求。

为了评价上述结论的确切程度，以下哪项操作最为重要？

A. 对某个缺乏维生素的孕妇的日常饮食进行检测，确定其中维生素的含量。
B. 对某个不缺乏维生素的孕妇的日常饮食进行检测，确定其中维生素的含量。
C. 对孕妇的科学食谱进行研究，以确定有利于孕妇摄入足量维生素的最佳食谱。
D. 对日常饮食中维生素足量的一个孕妇和一个非孕妇进行检测，并分别确定她们是否缺乏维生素。
E. 对日常饮食中维生素不足量的一个孕妇和另一个非孕妇进行检测，并分别确定她们是否缺乏维生素。

[解题分析] 正确答案：D

如果 D 项操作的结果是：非孕妇不缺乏维生素而孕妇缺乏维生素，则腹内婴儿就可被认为是孕妇维生素缺乏的原因；反之，如果非孕妇也缺乏维生素，则不能认为腹内婴儿是孕妇维生素缺乏的原因，可能是所有妇女都缺乏维生素了。因此，D 项操作对于评价题干的结论具有重要性。

A 项无意义，因为题干已说到孕妇的饮食中通常不缺乏维生素。其余各项对评价题干的结论都不具重要性。

三、共变法

共变法是指：在其他条件不变的情况下，如果一个现象发生变化，另一个现象就随之发生变化，那么，前一现象就是后一现象的原因或部分原因。

1. 共变法的推理

共变法可用下述公式来表示：

场合	先行情况	被研究现象
（1）	A1、B、C、D	a1
（2）	A2、B、C、D	a2
（3）	A3、B、C、D	a3
……	……	……

所以，A 是 a 的原因。

共变法在科学研究和日常生活实践中都有很大作用。它不仅可以用来确定因果联系，也可以用来作为反驳事物间具有因果联系的根据。只要我们能够证明假定原因的变化并不引起作为预想结果的变化，我们也就可以因此而否认它们之间可能存在的因果联系。另外，共变法的作用还表现在：几乎所有测量仪器（比如温度计）的构造，都是以互有因果联系的现象间的共变关系为基础的，从而也就可以使我们能根据一种现象的量来判断另一种现象的量。

2. 共变法的特点

共变法的特点是"同中求变"。

求同法是异中求同，求异法是同中求异。共变法的共变现象达到极限，就是求异法，所以说求异法是共变法的极端场合。

求同法、求异法都是从先行情况与被研究现象的出现与不出现来判明因果联系的。而共变法却是从先行情况与被研究现象的数量或程度的变化来判明因果联系的。在运用共变法时，先行情况与被研究现象在被考察的几个场合始终存在，只是两者在量上发生一定的变化，根据这种变化，不但能找出原因，还能初步确定原因与结果之间的数量关系，因而共变法的结论具有较大可靠性。

3. 批判性准则

针对运用共变法推出的因果主张，所提出的批判性问题如下：

CQ1. 考察的场合是否足够多？是否有反例存在？

CQ2. 被研究现象发生共变的情况是否是唯一的？是否还存在其他共变因素？

CQ3. 在考察两个现象之间的共变关系时，背景是否一样？即其他条件是否保持不变？

CQ4. 两种现象的共变是否具有相关性？是否有因果关系？

CQ5. 共变情况在什么样的限制范围？

CQ6. 两种因果共变的现象是正的共变，还是逆的共变？

4. 解题指导

（1）共变强化　　强化一个用共变法做出的论证的方法如下：

① 指出发生共变的两个现象之间有实质性的相关。即从导致共变结果的原因方面指出共变因素是唯一、关键的或必不可少的。也即先行情况和被研究现象之间具有实质性的因果联系。

② 提供符合题干共变关系的原则（理论根据），或者提供新的共变证据（事实例证：有因有果）。

③ 正面指出除这两个共变现象之外，其他背景因素都是相同的。或者从反面指出不存在其他共变因素（没有他因）。

（2）共变弱化　　弱化一个用共变法做出的论证的方法如下：

① 指出发生共变的两个现象之间没有实质性的相关；即从导致共变结果的原因方面指出共变因素不是唯一、关键的或必不可少的。

② 提供不符合题干共变关系的原则（理论根据），或者提供存在共变现象不成立的反例（有因无果、无因有果）。

③ 正面指出除这两个共变现象之外，其他背景因素不同。或者从反面指出存在其他共变因素（另有他因）。

（3）共变推论　　由共变现象得出合理的结论：共变的先行因素是被研究现象出现的原因。

（4）共变解释　　解释一个用共变法做出的论证的方法如下：

① 不管是正向还是反向共变关系，往往是现象之间存在某种实质性的关联。

② 增加新的论据，来说明其共变现象。

（5）共变比较　　共变法的相似比较：这类题目就是在选项中寻找与题干相似的共变关系。

■人们普遍认为适量的体育运动能够有效降低中风，但科学家还注意到有些化学物质也有降低中风风险的效用。番茄红素是一种让番茄、辣椒、西瓜和番木瓜等蔬果呈现红色的化学物质。研究人员选取1000余名年龄在46～55岁之间的人，进行了长达12年的跟踪调查，发现其中番茄红素水平最高的四分之一的人中有11人中风，番茄红素水平最低的四分之一的人中有25人中风。他们由此得出结论：番茄红素能减低中风的发生率。

以下哪项如果为真，能对上述研究结论提出质疑？
A. 番茄红素水平较低的中风者中有三分之一的人病情较轻。
B. 吸烟、高血压和糖尿病等会诱发中风。
C. 如果调查 56~65 岁之间的人，情况也许不同。
D. 番茄红素水平高的人约有四分之一喜爱进行适量的体育运动。
E. 被跟踪的另一半人中 50 人中风。

[解题分析] 正确答案：E

题干结论得出的依据是，番茄红素水平最高的四分之一的人比番茄红素水平最低的四分之一的人的中风发生率低。

如果选项 E 为真，意味着番茄红素水平中等的一半人的中风率和番茄红素水平最低的四分之一的人的中风发生率一样高，这说明番茄红素不一定减低中风的发生率，因此，对题干结论最能削弱。

A、C 项不能削弱题干。

B 项以可能另有他因的方式对题干有所削弱，但没有表明吸烟、高血压和糖尿病在 1000 余名试验人员中的分布情况，所以削弱力度不足。

D 项也以另有他因的方式削弱了题干，但只表明番茄红素水平高的人约有四分之一喜爱进行适量的体育运动，意味着番茄红素水平高的人中有四分之三不喜爱进行适量的体育运动，所以削弱力度不足。

■某公司一项对员工工作效率的调查测试显示，办公室中白领人员的平均工作效率和室内气温有直接关系。夏季，当气温高于 30℃时，无法达到完成最低工作指标的平均效率；而在此温度线之下，气温越低，平均效率越高，只要不低于 22℃；冬季，当气温低于 5℃时，无法达到完成最低工作指标的平均效率；而在此温度线之上，气温越高，平均效率越高，只要不高于 15℃。另外，调查测试显示，车间中蓝领工人的平均工作效率和车间中的气温没有直接关系，只要气温不低于 5℃，不高于 30℃。

从上述断定，推出以下哪项结论最为恰当？
A. 在车间所安装的空调设备是一种浪费。
B. 在车间中，如果气温低度于 5℃，则气温越低，工作效率越低。
C. 在春秋两季，办公室白领人员的工作效率最高时的室内气温在 15~22℃之间。
D. 在夏季，办公室白领人员在室内气温 32℃时的平均工作效率，低于在气温 30℃时。
E. 在冬季，当室内气温 15℃时，办公室白领人员的平均工作效率最高。

[解题分析] 正确答案：E

由题干，在冬季，当气温低于 5℃时，无法达到完成最低工作指标的平均效率；而在此温度线之上，气温越高，平均效率越高，只要不高于 15℃，因此，可得出结论：在冬季，当室内气温 15℃时，办公室白领人员的平均工作效率最高。因此，E 选项正确。

其余各项都不能从题干的条件中恰当地得出。

A 选项，空调可避免 5℃以下和和 30℃以上影响工作效率，不是浪费。

B 选项，5℃以下，温度与效率的明确关系题干未描述。

C 选项，春秋两季温度与工作效率关系题干未描述。

D 选项，30℃以上效率低，温度与效率关系题干未描述。

■世界卫生组织在全球范围内进行了一项有关献血对健康影响的跟踪调查。调查对象分为三组。第一组对象中均有两次以上的献血记录，其中最多的达数十次；第二组中的对象均仅有一次献血记录；第三组对象均从未献过血。调查结果显示，被调查对象中癌症和心脏病的发病率，第一组分别为 0.3%和 0.5%，第二组分别为 0.7%和 0.9%，第三组分别为 1.2%和 2.7%。

一些专家依此得出结论,献血有利于减少患癌症和心脏病的风险。这两种病已经不仅在发达国家也在发展中国家成为威胁中老人生命的主要杀手。因此,献血利己利人,一举两得。

以下哪项如果为真,将削弱以上结论?

Ⅰ.60岁以上的调查对象,在第一组中占60%,在第二组中占70%,在第三组中占80%。

Ⅱ.献血者在献血前要经过严格的体检,一般具有较好的体质。

Ⅲ.调查对象的人数,第一组为1700人,第二组为3000人,第三组为7000人。

A. 只有Ⅰ。
B. 只有Ⅱ。
C. 只有Ⅲ。
D. 只有Ⅰ和Ⅱ。
E. Ⅰ、Ⅱ和Ⅲ。

[解题分析] 正确答案:D

题干结论是:献血利己利人。

理由是:调查发现,献血与健康有共变关系,献血次数越多,癌症和心脏病的发病率越低。

Ⅰ能削弱题干的结论。说明背景不同,因为在三个组中,60岁以上的被调查对象,呈10%递增,由题干断定,癌症和心脏病是威胁中老人生命的主要杀手,因此,有理由认为,三个组的癌症和心脏病发病率的递增,与其中中老年人比例的递增有关,而并非说明献血有利于减少患癌症和心脏病的风险。

Ⅱ能削弱题干的结论。因为如果献血者一般有较好的体质,则献血记录较高的调查对象,一般患癌症和心脏病的可能性就较小,因此,并非献血减少了他们患癌症和心脏病的风险。

Ⅲ不能削弱题干。因为题干中进行比较的数据是百分比,被比较各组的绝对人数的一定差别,不影响这种比较的说服力。

【专项训练】

01. 售货员对顾客说:压缩机是电冰箱的核心部件,企鹅牌电冰箱采用与北极熊牌电冰箱同样高质量的压缩机,由于企鹅牌冰箱的价格比北极熊牌冰箱的价格要低得多,因此,当你买企鹅牌冰箱而不是北极熊牌冰箱时,你花的钱少却能得到同样的制冷效果。

下面哪一项如果被证实,是能合理地推出售货员的结论的假设?

A. 北极熊牌冰箱的广告比企鹅牌冰箱的广告多。
B. 售货员卖出一台企鹅牌冰箱所得的收入比卖出一台北极熊牌冰箱上得到的收入少。
C. 电冰箱的制冷效果仅仅是由它的压缩机的质量决定的。
D. 冰箱每年的销量比北极熊牌冰箱每年的销量大。
E. 北极熊牌冰箱比企鹅冰箱的平均利润大得多。

02. 具有大型天窗的独一无二的赛发特百货商场的经验表明,商店内射入的阳光可增加销售额。赛发特的大天窗可使商店的一半地方都有阳光射入,这样可以降低人工照明需要,商店的另一半地方只有人工照明。从该店两年前开张开始,天窗一边的各部门的销售量要远高于其他各部门的销售量。

下列哪一项,如果正确,最能支持上面论述?

A. 在某些阴天里,商场中天窗下面的部分需要更多的人工灯光来照明。
B. 在商场夜间开放的时间里,位于商场中天窗下面部分的各部门的销售额不比其他部门高。
C. 许多顾客在一次购物过程中,在商场两边的部门都购买商品。
D. 除了天窗,商场两部分的建筑之间还有一些明显的差别。
E. 位于商场天窗下面部分的各部门,在赛发特的其他一些连锁店中也是销售额最高的部门。

03. 在一项阿司匹林对心血管健康影响的研究中,发现定期服用阿司匹林的参与者比其他参与者得心脏病的可能性小。研究者得到结论：服用阿司匹林显著减小得心脏病的可能性。

研究者在得到他们的结论时做了下列哪一个假设？

A. 诸如家庭健康史和饮食这样的因素可能影响阿司匹林在减少心脏病的机会中所扮演的角色。

B. 只有那些已经不会得心脏病的参与者才可能从日常服用阿司匹林中获益。

C. 日常不服用阿司匹林但有健康的习惯并且吃健康食品的人比其他人得心脏病的可能性小。

D. 日常服用阿司匹林的参与者并不比其他参与者在服阿司匹林之前身体更好。

E. 服用阿司匹林仅仅可能对心脏和循环系统有益。

04. 人们知道鸟类能感觉到地球磁场，并利用它们导航。最近某国科学家发现，鸟类其实是利用右眼"查看"地球磁场的。为检验该理论，当鸟类开始迁徙的时候，该国科学家把若干知更鸟放进一个漏斗形状的庞大的笼子里，并给其中部分知更鸟的一只眼睛戴上一种可屏蔽地球磁场的特殊金属眼罩。笼壁上涂着标记性物质，鸟要通过笼子口才能飞出去。如果鸟碰到笼壁，就会粘上标记性物质，以此判断鸟能否找到方向。

以下哪项如果为真，最能支持研究人员的上述发现？

A. 戴眼罩的鸟，不论是戴在左眼还是右眼，都顺利从笼中飞了出去；没戴眼罩的鸟朝哪个方向飞的都有。

B. 没戴眼罩的鸟和左眼戴眼罩的鸟顺利从笼中飞了出去，右眼戴眼罩的鸟朝哪个方向飞的都有。

C. 没戴眼罩的鸟和右眼戴眼罩的鸟顺利从笼中飞了出去，左眼戴眼罩的鸟朝哪个方向飞的都有。

D. 没戴眼罩的鸟顺利从笼中飞了出去；戴眼罩的鸟，不论是戴在左眼还是右眼，朝哪个方向飞的都有。

E. 没戴眼罩的鸟和左眼戴眼罩的鸟朝哪个方向飞的都有，右眼戴眼罩的鸟顺利从笼中飞了出去。

05. 在一项研究中，51名中学生志愿者被分成测试组和对照组，进行同样的数学能力培训。在为期5天的培训中，研究人员使用一种称为经颅随机噪声刺激的技术对25名测试组成员脑部被认为与运算能力有关的区域进行轻微的电击。此后的测试结果表明，测试组成员的数学运算能力明显高于对照组成员。而令他们惊讶的是，这一能力提高的效果至少可以持续半年时间。研究人员由此认为，脑部微电击可提高大脑运算能力。

以下哪项如果为真，最能支持上述研究人员的观点？

A. 这种非侵入式的刺激手段成本低廉，且不会给人体带来任何痛苦。

B. 对脑部轻微电击后，大脑神经元间的血液流动明显增强，但多次刺激后又恢复常态。

C. 在实验之前，两个组学生的数学成绩相差无几。

D. 脑部微电击的受试者更加在意自己的行为，测试时注意力更集中。

E. 测试组和对照组的成员数量基本相等。

06. 最近的一次调查发现，那些一天喝两杯以上咖啡并且久坐的中年人比其他久坐的中年人更有可能血中胆固醇含量高，胆固醇是增加心脏病危险的主要因素。胆固醇能够从食物和饮料中到达血液，但是在咖啡中不含有胆固醇。因此，对久坐的中年人，喝咖啡增加发生心脏病的危险。

下列哪一个如果正确的话，最严重地削弱研究中的结论？

A. 生活中久坐的习惯增加血液中的胆固醇。

B. 咖啡含咖啡因，而咖啡因能促使心率增加。

C. 被调查的人喝咖啡时不加牛奶和乳酪，这两样东西含胆固醇。

D. 在两组中，人们都可能体重过重，而过重的体重是增加心脏疾病危险的因素。

E. 一天喝两杯以上咖啡的人同时吃较多的高胆固醇的食物。

07. 近年来，全球的青蛙数量有所下降，而同时地球接受的紫外线辐射有所增加。因为青蛙的遗传物质在受到紫外线辐射时会受到影响，且青蛙的卵通常为凝胶状而没有外壳或皮毛的保护，所以可以认为，青蛙数量的下降至少部分是由于紫外线辐射的上升导致的。

下列哪一项如果正确，最能支持以上论述？

A. 即使在紫外线没有显著上升的地方，青蛙的产卵数量仍然显著下降。
B. 在青蛙数量下降最少的地方，作为青蛙猎物的昆虫的数量显著下降。
C. 数量显著下降的青蛙种群中害杀虫剂的浓度要高于数量没有下降的青蛙种群。
D. 在很多地方，海龟会和青蛙共享栖息地，虽然海龟的卵有外壳保护，海龟的数量仍然有所下降。
E. 有些青蛙种群会选择将它们的卵藏在石头或沙子下，而这些种群的数量下降要明显少于不这样做的青蛙种群。

08、09题基于以下题干：

小儿神经性皮炎一直被认为是由母乳过敏引起的。但是，如果我们让患儿停止进食母乳而改用牛乳，他们的神经性皮炎并不能因此而消失。因此，显然存在别的某种原因引起小儿神经性皮炎。

08. 下列哪项，如果是真的，最能削弱上面的论证？

A. 牛乳有时也会引起过敏。
B. 小儿神经性皮炎属顽症，一旦发生，很难在短期内治愈。
C. 小儿神经性皮炎的患者大多有家族史。
D. 人乳比牛乳更易于被婴儿吸收。
E. 小儿神经性皮炎大多发生在有过敏体质的婴儿中。

09. 下列哪项，如果是真的，最能支持题干的结论？

A. 医学已经证明，母乳是婴儿最理想的食料。
B. 医学尚不能揭示母乳过敏诱发小儿神经性皮炎的病理机制。
C. 已发现有小儿神经性皮炎的患儿从未进食过母乳。
D. 已发现有母乳过敏导致婴儿突发性窒息的病例。
E. 小儿神经性皮炎的患儿并没有表现出对母乳的拒斥。

10. 偏头痛一直被认为是由食物过敏引起的。但是，如果我们让患者停止食用那些已经证明会不断引起过敏性偏头痛的食物，他们的偏头痛并没有停止，因此，显然存在别的某种原因引起偏头痛。

下列哪项如果是真的，最能削弱上面的结论？

A. 许多普通食物只在食用几天后才诱发偏头痛，因此，不容易观察患者的过敏反应和他们食用的食物之间的关系。
B. 许多不患偏头痛者同样有食物过敏反应。
C. 许多患者说诱发偏头病的那些食物往往是他们最喜欢吃的食物。
D. 很少有食物过敏会引起像偏头痛那样严重的症状。
E. 许多偏头痛患者同时患有神经官能症，表现为易不安，多疑，无端自感不适等。

11. 一群在实验室里研究老鼠体内的钙新陈代谢的科学家发现去除老鼠的甲状旁腺可以导致老鼠血液中的钙的水平比正常水平低得多，这个发现使科学家们假设甲状旁腺的功能是调节血液中的钙的水平。当钙的水平降到正常范围之下，它就升高钙的水平。在进一步的实验中，科学家们不但去除了老鼠的甲状旁腺，而且去除了它们的肾上腺，他们出人意料地发现老鼠血液内钙的水平的下降比单是去除甲状旁腺时慢得多。

下面哪一项，如果正确，能与科学家的假设相一致地解释那个出人意料的发现？

A. 肾上腺的作用是降低血液中的钙的水平。
B. 肾上腺与甲状旁腺在调节血液内的钙的水平时的作用是一样的。
C. 甲状旁腺的缺乏能促使肾上腺增加血液中的钙水平。
D. 如果只是把老鼠的肾上腺，而没有把其他的腺移去，这只老鼠的血液内的钙的水平将会维持不变。
E. 甲状旁腺的仅有功能是调节血液中的钙的水平。

12. 一大群行为亢进的，且日常饮食中包含大量添加剂的食物的儿童被研究者观测用以评价他们是否存在行为问题，起初有接近60％的儿童有行为问题。然后让这些儿童吃几个星期的含较少添加剂的食物，接下来再对他们进行观测，发现仅有30％的儿童有行为问题。基于这些数据，我们可以推出食物添加剂有助于引起行为亢进的儿童行为问题。
上面引用的证据不能证明上面的结论，因为：
A. 没有证据显示行为问题的减少与食物添加剂摄入量的减小成比例。
B. 因为仅对那些改变食物含较少添加剂食物的儿童进行了研究，所以我们无法知道若不改变饮食会出现什么样的变化。
C. 因为被研究的群体的大小没有精确地给出，所以改变饮食后，我们无法确定究竟有多少个儿童有行为问题。
D. 没有出示有些儿童的行为不受添加剂影响的证据。
E. 文中的证据与有些儿童在食用含较少添加剂的饮食后比他们起初表现出更加频繁的行为问题的声明相一致。

13. 在过去的世纪里，北美改变了其主要的能源，先是从木头到煤，然后是从煤到石油和天然气。在每次转变时，新的、占主流的燃料与以往相比都是含碳越来越少，含氢越来越多。合乎逻辑的结论是：在未来，主要的能源将是纯粹的氢。
以下哪项表述了支持上述论证的潜在的一般原则？
A. 假如从一个系统的某一状态向该系统的另一状态的转变能够接连不断地发生，那么，其最终的状态将会出现。
B. 假如两种能够满足人们需要的属性同属于一个有用的物体，那么，该物体的最佳形态就是使这两种属性平分秋色。
C. 假如一个过程的第二阶段比其第一阶段完成得较快，那么，该过程的第三阶段将比第二阶段完成得更快。
D. 假如一个事物变化的每一步都包含一种属性的削弱和另一种属性的增长，那么，当该变化结束时，第一种属性就会消失，而只剩下第二种属性。
E. 假如对于某种目的来说，第一个物体比第二个物体更适用，那么，对于该种目的来说，最佳的物体将会包括第一个物体的全部属性而不包括第二个物体的任何属性。

14. ×公司的生产效率受到损害的原因是雇员们对电话的滥用。在管理者决定每两个雇员共用一部电话而不许每个人使用一部电话后，生产效率便明显提高了，而且没有引起雇员们的不满。但是，当公司为了提高生产效率而提出把电话全都撤掉时，便遭到了雇员协会的强烈抗议。
以下哪项中的论证方式与上文×公司的最相似？
A. 在二楼上班的人每天都在锻炼，但他们的体重一点都没减轻。
B. 某所学校规模过于庞大，以至于其现有的全部教员也不能满足学生的需要。
C. 狗的喂养者发现，当他减少狗的进食量时，狗却变得更加健壮。为了最大限度地使他的狗变得健壮，他将取消狗的所有食物。
D. 在提高本地区内的通话费用后，电话公司决定再将话费提高两倍，并同时预期通话量保持稳定。
E. 当你谈论某些事情时，常常是差之毫厘，谬以千里，但有些时候，人们不得不夸大其辞。

【答案解析】

01．答案：C

售货员观点：因为两种冰箱的压缩机一样，所以制冷效果一样。

这是一则用求同法做出的论证，即比较两个对象所具有的相同点（压缩机），并以此相同点为原因推出其产生的结果（制冷效果）也相同。要得出该论证的结论，就必须假设压缩机是影响制冷效果的全部原因（唯一的原因）。

C 项把"冰箱的制冷效果"与"压缩机的质量"联系了起来，是题干推理必须假设的，否则，如果冰箱的制冷效果"不"仅仅由压缩机的质量来决定，那么售货员的说法就不成立。

A 项中的广告多，B 项中的收入，D 项中的销量，这些均为明显无关选项，排除。

02．答案：B

题干根据赛发特百货商场中有阳光射入的地方比只有人工照明的地方销售量要高的事实，得出结论：商店内射入的阳光可增加销售额。

B 项说明在商场夜间开放时，天窗下面的各部门无阳光射入，那么其销售额并不比其他部门高，没有这个原因就没有这个结果，由此强化了商店内射入的阳光和销售额之间的因果关系，这就有效地支持了题干结论，从而有力地支持了结论，所以为正确答案。

E 项易误选，也能起到支持作用，但只能说明天窗下商店的销售量高的原因是因为天窗这个因素，但是不是阳光还不好说（也许是空气更新鲜呢），因此，支持力度不足。

其余选项不能支持题干论述，比如，A 项说明在阴天时候天窗下面部分的采光方式，与题干论证无关；C 项对题干论证有所削弱；D 项说明商厦的建筑形式与风格，与题干论证无关。

03．答案：D

题干根据服用阿司匹林的人比不服用的人得心血管疾病的可能性小，得到解释性的结论：服用阿司匹林减小患心脏病的可能性。

要使其论证具有说服力，其必须假设除了服用阿司匹林之外没有别的因素影响推论。D 项说明在服食之前，参与者的健康并不比其他人的健康更好，排除了由于本身身体好而少得心血管疾病的可能性，所以是正确选项。

其他四个选项均起不到假设作用。

04．答案：B

研究人员发现，鸟类是利用右眼"查看"地球磁场从而进行导航的。

B 项表明，右眼没戴眼罩的鸟能有效导航，而右眼戴眼罩的鸟不能导航。这作为一个证据，有力地支持了研究人员的发现。

05．答案：C

题干结论：脑部微电击可提高大脑运算能力。论据：微电击后测试组成员的数学运算能力明显高于对照组成员。

这是用求异法得出的因果联系，所基于的对照试验必须保证除微电击这一差异因素外，两个组学生在试验前的其他背景条件是相同的。可见，C 项是题干论证的假设，有力地支持了研究人员的观点，否则，如果在实验之前，测试组成员的数学运算能力就明显高于对照组成员，那么题干结论就不成立了。

其他选项不能有效地支持题干观点，比如 D 为削弱项，其余为无关项。

06．答案：E

题干调查发现喝咖啡的人比不喝咖啡的人胆固醇含量高。由于胆固醇是增加心脏病病危险的主要因素，由此得出结论：喝咖啡增加发生心脏病的危险。

E 项说明，喝咖啡的人同时吃了高胆固醇的食物，这意味着喝咖啡的人胆固醇含量高不一定是喝咖啡造成的，这就有力地削弱了题干结论。

第六章 归纳逻辑

07. 答案：E

题干论述，青蛙蛋没有保护，青蛙数量的下降可能是由于紫外线照射增加导致。

E项表明，把蛋保护在沙土下的青蛙物种比不保护的青蛙数量下降得少，这意味着保护起来是有效的，有助于说明紫外线照射是青蛙数量下降的原因，因此为正确答案。

其余选项均不妥。其中，A项，是个无因有果的削弱；B项，昆虫物种下降与题干无关；C项，涉及无关概念杀虫剂；D项，乌龟蛋有坚硬外壳但乌龟数量也下降，这削弱了题干论证。

08. 答案：B

题干推理成立的假设是"小儿神经性皮炎在在短期内就能治愈"。而选项B否定了这个假设。

09. 答案：C

选项C是个无因有果的反例，显然能反对母乳是神经性皮炎的原因，也就是能支持题干"存在别的某种原因引起小儿神经性皮炎"的结论的。

10. 答案：A

题干论证：有过敏食物就有偏头痛，没有过敏食物也有偏头痛，所以过敏食物不是偏头痛的原因。

A项表明，食物与偏头痛之间有滞后性，即隐含着说明即使停止吃过敏食物，前期的过敏食物仍然会带来偏头痛，而实际上现在的正常食物并没有引起偏头痛，意味着过敏食物仍然可能是偏头痛的原因。这就以另有他因的方式削弱了题干结论。

11. 答案：A

根据题干所陈述的实验情况，可列表如下：

项目	做法	老鼠血液中的钙的水平
正常情况	保留甲状旁腺,保留肾上腺	正常
实验一	去除甲状旁腺,保留肾上腺	快速降低
实验二	去除甲状旁腺,去除肾上腺	慢速降低

根据正常情况和实验一对比，可以推测，甲状旁腺的功能是能升高血液中的钙，也即科学家们假设甲状旁腺的功能是调节血液中的钙的水平。

根据实验一和实验二对比，可以推测，肾上腺的功能是能降低血液中的钙，选项A就表明了这一点，因此为正确答案。

其余选项都不能起到解释作用，比如，E项的"仅有功能"绝对化了，超出题干断定范围。

12. 答案：B

题干根据日常饮食中包含大量添加剂的儿童的行为问题比例高，改为吃几个星期的含较少添加剂的食物后行为问题比例大大降低，得出结论：食物添加剂导致了儿童行为问题。

这是用求异法得出的结论，其隐含的假设是，除了添加剂含量降低之外，要保证其他条件不变。而题干论证的问题在于，当用发展的眼光来看待儿童的行为问题时，若不改变饮食，那些儿童的行为问题是否也会自动下降，B项指出了这一点，因此为正确答案。

其余选项都不是这个证据应该解决的问题，比如，E项引入了新的比较。

13. 答案：D

题干观点：能源的演变呈现含氢比例越来越高而含碳量越来越低的趋势，因此推出以后将使用纯氢作能源。

若支持这一论证，需要附加一个能作为其推论基础的一般原则，D项所描述的就是这样的原则：假如一个事物变化的每一步都包含一种属性的削弱（碳减少）和另一种属性的增长（氢增加），那么，当该变化结束时，第一种属性（碳）就会消失，而只剩下第二种属性（纯氢）。

其余选项均不妥。A项描述的一个系统的某一状态向该系统的另一状态的转变与题干不符，题干描述的转变是阶段性的而且不是带有方向性直接向可知的最终状态转变的。B项明显与题干观点矛盾，碳和氢都能做燃料，然而结局不是平分秋色。C项为明显无关选项，题干没有涉及转变速度问题。E项，题干描述的进程没有指出什么是最佳的物体，未来的能源未必是最好的能源。

14. 答案：C

题干论述：管理者决定减少电话后，生产效率提高，而且没有引起雇员们的不满。但当提出把电话全都撤掉时，便遭到了雇员的强烈抗议。

可见，其逻辑原则是：在一定限度内，原因与结果之间会发生同向共变，超过这个限度就会发生异向共变，也即物极必反。选项C的论证方式与题干类似，因此为正确答案。

第七章 论证逻辑

论证逻辑着眼于逻辑与批判性思维的技能与方法,解决日常论证或论辩的逻辑问题。论证逻辑的主要内容有:表述论证的语言,逻辑规律,论证谬误以及论证的分析等。

第一节 论证语言

如果把推理的逻辑视为狭义的逻辑,则语言表达的逻辑就是广义的逻辑。逻辑的研究对象就是思维,而在实际思维中,思维的过程同时也是使用语言的过程。所以在研究逻辑思维时一刻也不能离开语言。在语言表达中往往存在逻辑问题,在需要确定一句话或一段话的真实含义时,有必要进行一定的语言分析。

一、语意预设

预设通常指交际过程中双方共同接受的东西。预设是指包含在命题中并使之成立的"隐含判断",是某一个判断、某一个推理、某一个论证有意义的前提。人与人之间比较容易沟通主要在于具有共同的"预设",讨论问题、交流思想、沟通情况必须要有共同的论域、共同的语境、共同的预设。

例如:足球训练课上,小戴来晚了,教练问他:"你怎么又迟到了?"

教练提问的预设就是,过去上足球训练课时小戴也迟到过。

又如:老张又戒烟了。

这句话的预设有:

(1) 老张曾经抽烟。

(2) 老张过去戒过烟的次数可能不止一次。

(3) 老张过去的戒烟都没有成功。

(4) 老张这次戒烟很难成功。

■老王说:"经过整改,我们工地再也没有出现违规操作的现象。"

老王的话必须预设以下哪一项?

A. 没有整改的工地一定有违规操作的现象。

B. 老王所在的工地整改前有违规操作的现象。

C. 老王所在的工地整改后没有违规操作的现象。

D. 老王知道他所在的工地整改后没有违规操作的现象。

E. 其他工地整改后还有规违规操作的现象。

[解题分析] 正确答案:B

选项B是老王论述所必须预设的,否则,如果老王所在的工地整改前没有违规操作的现象,老王就不可能说"经过整改,我们工地再也没有出现违规操作的现象"这样的话。

■有人向某衬衫厂老板提出一项建议：在机器上换上大型号的缝纫线团，这样就可不必经常停机换线团，有利于降低劳动力成本。

这一建议预设了以下哪项？

A. 大型号缝纫线团不如小型号的结实。
B. 该衬衫厂实行的是计时工资制，不是计件工资制。
C. 缝纫机器不必定期停机保养检修。
D. 操作工人在工作期间不允许离开机器。
E. 加快生产速度有利于提高该厂生产的衬衫的质量。

[解题分析] 正确答案：B

有人建议，在机器上换上大型号的缝纫线团，这样就可以不必经常停机换线团，有利于降低劳动力成本。显然，这项建议是想通过节约劳动时间（不必经常停机换线团）来降低劳动力成本，这也就是说，劳动力的成本是以劳动的时间来计算的，那么，该衬衫厂一定实行的是计时工资制，而不是计件工资制，这正是选项B所表示的。

■人类经历了上百万年的自然进化，产生了直觉、多层次、抽象等独特智能。尽管现代计算机已经具备了一定的学习能力，但这种能力还需要人类的指导，完全的自我学习能力还有待进一步发展。因此，计算机要达到甚至超过人类的智能水平是不可能的。

以下哪项最可能是上述论证的预设？

A. 计算机很难真正懂得人类的语言，更不可能理解人类的感情。
B. 理解人类复杂的社会关系需要自我学习能力。
C. 计算机如果具备完全的自我学习能力，就能形成知觉、多层次抽象等智能。
D. 计算机可以形成自然进化能力。
E. 直觉、多层次抽象等这些人类的独特智能无法通过学习获得。

[解题分析] 正确答案：E

题干论证必须预设E项，否则，如果计算机通过学习可以学会直觉、多层次抽象等独特智能，那么计算机就有可能达到或者超过人类的智能水平。

二、言语理解

日常推理和论证中，前提和结论之间总是存在着某种共同的意义内容，使得我们可以由前提推出结论。形式逻辑通常不理会推理内容的相关性，但以非形式逻辑和批判性思维为基础的逻辑考试却要顾及前提和结论之间的这种内容相关性，并为此设计了言语理解的考题。这种题型主要是测试考生的汉语阅读理解能力，其次才是逻辑分析、判断和推理的能力。

解答言语理解题的基本思路：一是要阅读仔细，通过对选项和题干的内容逐一对照，从中迅速发现找到答案的线索；二是充分运用自己平时积累起来的语感，细心品味其推理的语义，力求准确理解、分析和推断题干给出的日常语言表达的句子或内容的复杂含义和深层意义。

■张珊：不同于"刀""枪""箭""戟"，"之""乎""者""也"这些字无确定所指。
李思：我同意。因为"之""乎""者""也"这些字无意义，因此，应当在现代汉语中废止。

以下哪项最可能是李思认为张珊的断定所蕴涵的意思？

A. 除非一个字无意义，否则一定有确定所指。
B. 如果一个字有确定所指，则它一定有意义。
C. 如果一个字无确定所指，则应当在现代汉语中废止。
D. 只有无确定所指的字，才应当在现代汉语中废止。
E. 大多数的字都有确定所指。

[解题分析] 正确答案：A

李思同意张珊认为"之""乎""者""也"这些字无确定所指的观点，认为"之""乎""者""也"这些字无意义。

可见，李思认为张珊的断定所蕴涵的意思是：如果一个字无确定所指，那么，它一定无意义。也即等价于，除非一个字无意义，否则一定有确定所指。因此，A 项正确。

■ 三分之二的陪审员认为证人在被告作案时间、作案地点或作案动机上提供伪证。
以下哪项能作为结论从上述断定中推出？
A. 三分之二的陪审员认为证人在被告作案时间上提供伪证。
B. 三分之二的陪审员认为证人在被告作案地点上提供伪证。
C. 三分之二的陪审员认为证人在被告作案动机上提供伪证。
D. 在被告作案时间、作案地点或作案动机这三个问题中，至少有一个问题，三分之二的陪审员认为证人在这个问题上提供伪证。
E. 以上各项均不能从题干的断定推出。

[解题分析] 正确答案：E

题干断定：认为证人提供伪证的陪审员数占陪审员总数的三分之二。

注意：这里的伪证指的是只要在被告作案时间、作案地点或作案动机这三个问题上至少有一个问题上提供伪证。

A、B、C、D 项均不能从题干推出。

举例，考虑以下情况：（"√"表示"认为提供伪证"；"×"表示"不认为提供伪证"）

项目	1号陪审员	2号陪审员	3号陪审员
作案时间	√	×	×
作案地点	×	√	×
作案动机	×	√	×

上述情况显然符合题干，但作案时间、作案地点或作案动机这三个问题中，每一个问题都只有 1/3 的陪审员认为证人在这个问题上提供伪证。可见 D 项不成立。

因此答案应选 E。

■ "男女"和"阴阳"似乎指的是同一种区分标准，但实际上，"男人和女人"区分人的性别特征，"阴柔和阳刚"区分人的行为特征。按照"男女"的性别特征，正常人分为两个不重叠的部分；按照"阴阳"的行为特征，正常人分为两个重叠部分。

以下各项都符合题干的含义，除了
A. 人的性别特征不能决定人的行为特征。
B. 女人的行为，不一定是有阴柔的特征。
C. 男人的行为，不一定是有阳刚的特征。
D. 同一个人的行为，可以既有阴柔又有阳刚的特征。
E. 一个人的同一个行为，可以既有阴柔又有阳刚的特征。

[解题分析] 正确答案：E

题干断定：第一，"男女"是性别特征，按照此特征，正常人分为两个不重叠的部分；
第二，"阴阳"是行为特征，按照此特征，正常人分为两个重叠部分。

从题干看出：用"阴柔和阳刚"区分人的行为特征，意思就是，任何一种行为，如果阴柔就不阳刚，如果阳刚就不阴柔；因此，一个人的同一个行为可能既有阴柔又有阳刚的特征，这不符合题干的含义，因此，E 项是正确选项。

人的性别特征和人的行为特征不是一回事,因此,A项符合题干含义。

既然性别特征和行为特征是两回事,那就完全有可能存在阳刚而不阴柔的女人和阴柔而不阳刚的男人,因此,B、C项也符合题干含义。

既然按照"阴阳"的行为特征正常人分为两个重叠部分,因此,同一个人的行为,可以既有阴柔又有阳刚的特征。因此,D项符合题干的含义。

三、对话辩论

辩论就是围绕某个问题,对话双方相互质证,阐明自己主张的合理性,其目标是说服第三团体(比如听众或法官)。辩论具有明显的竞争性甚至对抗性。在许多情形下,辩论可能没有输赢。即使如此,辩论也有澄清各自立场的功效。

1. 争议焦点

争议指的是在同一个问题上所存在的相互矛盾或相互反对的主张。争议的焦点既可以是观点,也可以是理由。发生在主要问题上的争议称为观点之争,发生在主要根据上的争议称为理由之争。提出恰当的问题是解决争议双方各自的主张相互纠缠的有效方法。

2. 对话辨析

对话辨析题型是针对两个人的对话和辩论进行分析,是假设、支持、削弱、解释、推论等各类题型的综合运用。解题关键在于:

一要抓住对话双方意思的差异;同时注意对话或论辩双方的语气,从而明确问题的方向。

二要注意重点读第一个人最后一句话和第二个人最后一句话,如果是甲驳斥乙,就应该重点读乙的最后一句话。

■是否应当废除死刑,在一些国家中一直存在争议。下面是相关的一段对话:

史密斯:一个健全的社会应当允许甚至提倡对罪大恶极者执行死刑。公开执行死刑通过其震慑作用显然可以减少恶性犯罪,这是社会自我保护的必要机制。

苏珊:您忽视了讨论这个议题的一个前提,这就是一个国家或者社会是否有权利剥夺一个人的生命。如果事实上这样的权利不存在,那么,讨论执行死刑是否可以减少恶性犯罪这样的问题是没有意义的。

如果事实上执行死刑可以减少恶性犯罪,则以下哪项最为恰当地评价了这一事实对两人所持观点影响?

A. 两人的观点都得到加强。
B. 两人的观点都未受到影响。
C. 史密斯的观点得到加强,苏珊的观点未受影响。
D. 史密斯的观点未受影响,苏珊的观点得到加强。
E. 史密斯的观点得到加强,苏珊的观点受到削弱。

[解题分析] 正确答案:C。

史密斯的观点是:执行死刑可取,因为它能减少恶性犯罪。

苏珊的观点是:执行死刑是否可取,首先不取决于它是否能减少恶性犯罪,而是取决于一个国家或者社会是否有权利剥夺一个人的生命。

因此,执行死刑可以减少恶性犯罪的事实,使史密斯的观点得到加强,而苏珊的观点未受影响。

■赵明与王洪都是某高校辩论协会成员,在为今年华语辩论赛招募新队员问题上,两人发生了争执。

赵明:我们一定要选拔喜爱辩论的人,因为一个人只有喜爱辩论,才能投入精力和时间研究辩论并参加辩论赛。

王洪：我们招募的不是辩论爱好者，而是能打硬仗的辩手，无论是谁，只要能在辩论赛中发挥应有的作用，他就是我们理想的人选。

以下哪项最可能是两人争论的焦点？

A. 招募的目标是从现实出发还是从理想出发。
B. 招募的目的是研究辩论规律还是培养实战能力。
C. 招募的目的是为了培养新人还是赢得比赛。
D. 招募的标准是对辩论的爱好还是辩论的能力。
E. 招募的目的是为了集体荣誉还是满足个人爱好。

[解题分析] 正确答案：D

根据题干论述，赵明认为，招募的新队员应该是喜爱辩论的，而王洪则认为，招募的新队员应该是能打硬仗的，也就是有能力的，可见，两人争论的焦点是招募的标准是对辩论的爱好还是辩论的能力，所以，D项是正确答案。

其余选项均不妥，其中，A项，两人都没谈论现实或理想；B项，两人都没涉及研究或培养的问题；C项，两人显然都认同招募新人是要去赢得比赛，这不是争论的焦点；E项，两人显然都不认同招募的目的是满足个人爱好。

■陈先生：未经许可侵入别人的电脑，就好像开偷来的汽车撞伤了人，这些都是犯罪行为。但后者性质更严重，因为它既侵占了有形财产，又造成了人身伤害；而前者只是在虚拟世界中捣乱。

林女士：我不同意，例如，非法侵入医院的电脑，有可能扰乱医疗数据，甚至危及病人的生命。因此，非法侵入电脑同样会造成人身伤害。

以下哪项最为准确地概括了两人争论的焦点？

A. 非法侵入别人的电脑和开偷来的汽车是否同样会危及人的生命？
B. 非法侵入别人的电脑和开偷来的汽车伤人是否都构成犯罪？
C. 非法侵入别人的电脑和开偷来的汽车伤人是否是同样性质的犯罪？
D. 非法侵入别人电脑的犯罪性质是否和开偷来的汽车伤人一样严重？
E. 是否只有侵占有形财产才构成犯罪？

[解题分析] 正确答案：D

非法侵入电脑和开偷来的汽车撞伤人是否一样严重？

陈先生的观点是前者不如后者严重；林女士的观点是两者同样严重。

因此，本题争论的焦点是这两种犯罪的性质是否一样严重，所以，D项正确。

对A项的问题两人有不同的明确观点，但A项概括两人争论的焦点不如D项准确。对B项的问题两人持相同的观点。对C项和E项的问题无法确定两人的观点。

【专项训练】

01. 富士康管理层说："富士康要改变原先的'校园式'管理，使职工的心理更为健康。"

以下哪项是富士康管理层说话必须预设的？

A. 富士康管理层实现他们的诺言。
B. 富士康的职工有严重的心理问题。
C. 富士康的职工的心理问题主要来自"校园式"管理。
D. 富士康过去采用的是"校园式"管理模式。
E. 富士康管理层希望解决职工的心理问题。

02. 在产品竞争激烈时，许多企业大做广告。一家电视台在同一个广告时段内，曾同时播放了四种白酒的广告。渲染过分的广告适得其反。大多数消费者在选购产品时，更重视自己的判断，而不轻信广告宣传。

上述陈述隐含着下列哪项前提？

A. 真正的名牌产品不做广告。
B. 广告越多，商品的销售量越大。
C. 许多广告言过其实，缺乏真实性。
D. 消费者都是鉴别商品的内行里手。
E. 企业都把做广告当作例行公事。

03. 评论家：官方以炮仗伤人、引起火灾为理由禁止春节在城里放花炮，而不是想方设法做趋利避害的引导，这里面暗含着自觉或不自觉的文化歧视。吸烟每年致病或引起火灾者，比放花炮而导致的损伤者多得多，为何不禁？禁放花炮不仅暗含着文化歧视，而且将春节的最后一点节日气氛清除殆尽。

以下哪项陈述是这位评论家的结论所依赖的假设？

A. 诸如吃饺子、送压岁钱等传统节日内容在城里的春节是依然兴盛不衰。
B. 诸如《理想国》《黑客帝国》中的纯理性人群不需要过有浪漫气氛的节日。
C. 诸如端午、中秋、重阳等中国传统节日现在不是官方法定的节日。
D. 诸如贴春联、祭祖、迎送财神等烘托节日气氛的习俗在城里的春节中已经消失。
E. 诸如香烟等危害人类健康的消费品难以禁止。

04. 某省政法委综合治理办公室副主任的妻子陈某在省委大院门口被 6 名便衣警察殴打 16 分钟，造成脑震荡，几十处软组织挫伤，左脚功能障碍，植物神经紊乱。相关公安局领导说"打错了"，表示道歉。

下面各项都是该公安局领导说的话所隐含的意思，除了

A. 公安干警负有打击犯罪之责，打人是难免的。
B. 如果那些公安干警打的是一般上访群众，就没什么错。
C. 公安干警不能打领导干部家属，特别是省委大院领导的家属。
D. 即使是罪犯，他也只应受到法律的制裁，而不应受到污辱和殴打。
E. 公安干警是可以打那些"没打错的人"的。

05. 虽然有许多没有大学学历的人也能成为世界著名的企业家，比如微软公司的创始人之一比尔·盖茨就没有正式得到大学毕业文凭，但大多数优秀的管理人才还是接受过大学教育特别是 MBA 教育。虽然得到 MBA 学位并不意味着成功，但还是可以说 MBA 教育是培养现代企业管理人才的摇篮。

以下论断除了哪项外，都可能是以上题干的文中之义？

A. 有些人在大学里是学习哲学的，搞起经营管理来却不比学 MBA 的差。
B. 对于有些天才人物，不经历 MBA 教育阶段也可以学到 MBA 教育传授的知识和才能。
C. 由于 MBA 教育离实际的管理还有一定距离，得到 MBA 学位的人还需要在实践中不断积累管理经验。
D. 得到 MBA 学位的学生毕业后，大多数人成为优秀的管理人才，有些人成为世界知名企业高级主管。
E. 一些得到 MBA 学位的人并不一定能管理好企业，把企业搞到破产地步的也不少见。

06. 比较文字学者张教授认为，在不同的民族语言中，字形与字义的关系有不同的表现，他提出，汉字是象形文字，其中大部分是形声字，这些字的字形与字义相互关联，而英语是拼音文字，其字形与字义往往关联不大，需要某种抽象的理解。

以下哪项如果为真，最不符合张教授的观点？

A. 汉语中的"日""月"是象形字，从字形可以看出其所指的对象；而英语中的 sun 与 moon 则感觉不到这种形义结合。

B. 汉语中的"日"与"木"结合，可以组成"東""杲""杳"等不同的字，并可以猜测其语义，而英语中则不存在与此类似的 sun 与 wood 的结合。

C. 英语中，也有与汉语类似的象形文字，如 eye 是人的眼睛的象形，两个 e 代表眼睛，y 代表中间的鼻子，bed 是床的象形，b 和 d 代表床的两端。

D. 英语中的 sunlight 与汉语中的"阳光"相对应，而英语的 sun 与 light 和汉语中的"阳"与"光"相对应。

E. 汉语中的"星期三"与英语中的 Wednesday 和德语中的 Mitwoch 意思相同。

07. 如果能有效地利用互联网，能快速方便地查询世界各地的信息，对科学研究、商业往来乃至寻医求药都带来很大的好处。然而，如果上网成瘾，也有许多弊端，还可能带来严重的危害。尤其是青少年，上网成瘾可能荒废学业、影响工作。为了解决这一问题，某个网点上登载了"互联网瘾"自我测试办法。

以下各项提问，除了哪项，都与"互联网瘾"的表现形式有关？

A. 你是否有时上网到深夜并为连接某个网站时间过长而着急？

B. 你是否曾一再试图限制、减少或停止上网而不果？

C. 你试图减少或停止上网时，是否会感到烦躁、压抑或容易动怒？

D. 你是否曾因上网而危及一段重要关系或一份工作机会？

E. 你是否曾向家人、治疗师或其他人谎称你并未沉迷互联网？

08. 某单位要在 100 名报名者中挑选 20 名献血者进行体检。最不可能被挑选上的是 1993 年以来已经献过血，或是 1995 年以来在献血体检中不合格的人。

如果上述断定是真的，则以下哪项所言及的报名者最有可能被选上？

A. 小张 1995 年献过血，他的血型是 O 型，医用价值最高。

B. 小王是区献血标兵，近年来每年献血，这次她坚决要求献血。

C. 小刘 1996 年报名献血，因"澳抗"阳性体检不合格，这次出具了"澳抗"转阴的证明，并坚决要求献血。

D. 大陈最近一次献血时间是在 1992 年，他因公伤截肢，血管中流动着义务献血者的血。他说，我比任何人都有理由献血。

E. 老孙 1993 年因体检不合格未能献血，1995 年体检合格献血。

09. 某大学哲学系的几个学生在谈论文学作品时说起了荷花。甲说："每年碧园池塘的荷花开放几天后，就该期终考试了。"乙接着说："那就是说每次期终考试前不久碧园池塘的荷花已经开过了？"丙说："我明明看到在期终考试后池塘里有含苞欲放的荷花嘛！"丁接着丙的话茬说："在期终考试前后的一个月中，我每天从碧园池塘边走过，可从未见到开放的荷花呵！"

虽然以上四人都没有说假话，但各自的说法好像存在很大的分歧。以下哪项最能解释其中的原因？

A. 甲说的荷花开放并非指所有荷花，只要某年期终考试前夕有一枝荷花开放就行了。

B. 正如丙说的一样，有些年份在期终考试后池塘里有含苞欲放的荷花，这是自然界里的特殊现象，不要大惊小怪。

C. 自去年以来，碧园池塘里的水受到污染，荷花不再开了。所以丁也就不会看到荷花开放了。看来环境治理工作有待加强。

D. 通常说来，哲学系的学生爱咬文嚼字。可他们今天讨论问题时对一些基本概念还没有弄清楚，比如部分与全体的关系以及对时间范围的界定等。

E. 虽然大多数期终考试的时间变化不大，有些时候也会变。比如，去年三年级的学生要去实习，期终考试就提前了半个月。

10. 盛世兴收藏，随着物质生活的改善，人们精神要求更加丰富，神州大地兴起了收藏热，然而，由于过多地掺入了功利色彩，热得多少有些浮躁，热得缺少点文化的灵魂。最近，北京举办了几次"鉴宝"活动,请专家为民间收藏者鉴别藏品,扶"宝"而来者甚众,真正淘到真品的,寥寥无几;一些人耗资数万,数十万,却看走眼了,得到的却是赝品。

从这段文字可以推出:

A. 收藏需要具备专业知识。

B. 收藏需要加以正确引导。

C. 收藏市场亟需一批专业"鉴宝"人才。

D. "鉴宝"活动有利于干净化收藏市场。

E. 民间收藏家有一份难言的苦衷。

11. 董事长:虽然在 H 和 J 两国扩大投资确实有某种得到高额回报的前景,但是我们必须正视这两个国家政治上不稳定的现实。因此,我认为,本董事会不应批准目前在该两国扩大投资的议案,除非能提供对此更有说服力的论证。

董事长的上述议论最符合以下哪项原则?

A. 不能向政治上不稳定的国家投资。

B. 政治上的稳定性是向某个国家投资的首要考虑。

C. 向政治上不稳定的国家投资并非不可考虑。

D. 高额回报不是扩大投资的首要考虑。

E. 向政治上不稳定的国家投资是一项应当提倡的能得到高额回报的风险投资。

12. 某大公司的会计部经理要求总经理批准一项改革计划。

会计部经理:我打算把本公司会计核算所使用的良友财务软件更换为智达财务软件。

总经理:良友软件不是一直用得很好吗,为什么要换?

会计部经理:主要是想降低员工成本。我拿到了一个会计公会的统计,在新雇员的财会软件培训成本上,智达软件要比良友低 28%。

总经理:我认为你这个理由并不够充分,你们完全可以聘请原本就会使用良友财务软件的雇员嘛。

以下哪项如果为真,最能削弱总经理的反驳?

A. 现在公司的所有雇员都曾经被要求参加良友财务软件的培训。

B. 当一个雇员掌握了财务会计软件的使用技能后,他们就开始不断地更换雇主。

C. 有会计软件使用经验的雇员通常比没有太多经验的雇员要求更高的工资。

D. 该公司雇员的平均工作效率比其竞争对手的雇员要低。

E. 智达财务软件的升级换代费用可能会比良友财务软件升级的费用高。

13. 小朱与小王在讨论有关用手习惯的问题。

小朱:在当今 85~90 岁的人中,你很难找到左撇子。

小王:在 70 年前,小孩用左手吃饭和写字就要挨打,所以被迫改用右手。

小王对小朱的回答能够加强下面哪个论断?

A. 天生的右撇子有生存优势,所以长寿。

B. 用手习惯是遗传优势与社会压力的共同产物。

C. 逼迫一个人改变用手习惯是可以办到的,也是无害的。

D. 在过去的不同时代人们对用左手还是用右手存在着不同的社会态度。

E. 小时候养成的良好习惯可以受用终身,而小时候的不良习惯也会影响终身。

14. 甲:从举办奥运会的巨额耗费来看,观看各场奥运比赛的票额应该要高得多,是奥运会主办者的广告收入降低了每份票券的单价。因此,奥运会的现场观众从奥运会拉的广告中获得了经济利益。

乙:你的说法不能成立。谁来支付那些看来导致奥运会票券降价的广告费用?到头来还不是消费者,包括作为奥运会现场观众的消费者?因为厂家通过提高商品的价格把广告费用摊到了消费者的身上。

以下哪项，如果为真，则能够有力地削弱乙对甲的反驳？

A. 奥运会的票价一般要远高于普通体育比赛的票价。
B. 在各种广告形式中，电视广告的效果要优于其他形式的广告。
C. 近年来，利用世界性体育比赛做广告的厂家越来越多，广告费用也越来越高。
D. 奥运会的举办带有越来越浓的商业色彩，引起了普遍的不满。
E. 总体上说，各厂家的广告支出是一个常量，有选择地采取广播、电视、报纸、杂志、广告牌、邮递印刷品等各种形式。

15. X：霍桑承认自己可以影响高层政府官员，并承认他把这种影响力出售给了环保组织。这种不道德的行为是没有正当理由的。

Y：我不认为他的行为是不道德的。获得霍桑服务的组织是为了防止水污染的，霍桑在为这个组织谋利的同时，也在为公众谋利。

X与Y的分歧在于：

A. 道德行为的含义是否随时间的变化而变化。
B. 霍桑行为的后果是否能证明他的行为在道德上是正当的。
C. 别人是否可以将道德判断的标准强加给霍桑。
D. 无论从公众的角度还是从个人的角度说，道德规范是否都是一致的。
E. 对行为能不能进行正确的道德判断，是人们对相应的行为形成正确的倾向性态度的关键。

16. 甲：如果医院都是私人企业，都要靠利润才能维持的话，那么，主要用于教学和科研的医科大学附属医院就要关门了，因为办这样的医院的费用是极高的。

乙：我不同意你的看法。医科大学附属医院所提供的医学上挑战性课题吸引了大批最优秀的医师，这使得这样的医院能够有效地处理许多疑难病症。

以下哪项如果是真的，能最有力地支持乙对甲的驳斥性意见？

A. 在医科大学附属医院工作的医师要求较高的工资。
B. 疑难病症的诊治要收取高价。
C. 现在的医科大学附属医院每年都得到国家的财政补贴。
D. 医科大学附属医院的病人死亡率要高于普通医院。
E. 现在的医师都趋向于高度专业化，"万金油"式的医师尽管很需要，但越来越难找。

17. 甲：对医生的医学专业训练是安排他们在医院中做住院医师。这期间他们的工作时间太长了，最高达到连续工作36小时，这种劳累会削弱他们做出最佳医疗判断的能力，尤其是在将要换班的最后那段时间。

乙：几千年来的医疗实践都遵循着同样的常规训练方式，实践证明他们在接受训练期间一般都能做出较好的医疗判断。为什么经久以来一直采用的常规训练到现在要改变呢？

以下哪项如果为真，是甲对乙的论证最有效的还击？

A. 在过去的几十年里，高级专科住院实习医师的基本职责并没有改变。
B. 现代医疗补偿办法使患者住院的时间缩短了，平均而言，住院患者的病情要比以往重得多。
C. 重要的是：急诊患者接受持续护理的时间超过了规定的期限。
D. 住院医师的工作量需要根据他们各自接受的医学专业训练的特殊性来决定。
E. 医师的训练应当包括观察和识别表明住院病人在至少36小时内病情好转或恶化的迹象。

【答案解析】

01. 答案：C
富士康管理层所说的话显然必须预设富士康的职工的心理问题主要来自"校园式"管理。

02. 答案：C

题干断定：大多数消费者在选购产品时，更重视自己的判断，而不轻信广告宣传。

其隐含的前提显然是：许多广告言过其实，缺乏真实性。因此，C 项为正确答案。

03. 答案：D

评论家的观点是，禁止春节在城里放花炮不仅是文化歧视，而且将春节的最后一点节日气氛清除殆尽。

也就是说，春节中放花炮是城里最后一个烘托节日气氛的习俗了，也即诸如贴春联、祭祖、迎送财神等烘托节日气氛的其他习俗在城里的春节中已经消失。

04. 答案：D

题干陈述：针对某干部家属在省委大院门口被便衣警察殴打致重伤，相关公安局领导说"打错了"。

可见"打错了"所隐含的意思是：打人本身没错，只是把被打的人弄错了。显然 A、B、C 项都是公安局领导说的话所隐含的意思。而 D 项否定了公安干警打人这件事本身的合法性，这显然不是该领导所隐含的意思，所以为正确答案。

05. 答案：D

题干中讲"大多数优秀的管理人才接受过 MBA 教育"并不意味着"得到 MBA 学位的学生，大多数成为优秀的管理人才"。因此，D 项不符合文义。

其余选项都符合题干意思。A 项与题干意思吻合，即有的人即使没有正式学习过管理专业，也可以成为成功的企业家。B 项，比尔·盖茨的"知识和才能"是从实践中"学到"的。C 项符合文义，因为题干已经说明了"得到 MBA 学位并不意味着成功"。E 项符合文义，"得到 MBA 学位并不意味着成功"的意思包含"可能失败"。

06. 答案：C

张教授的观点是：汉字大部分是形声字，字形与字义相互关联，而英语是拼音文字，其字形与字义往往关联不大。

C 项所述，英语中也有与汉语类似的象形文字，这显然不符合张教授的观点。

07. 答案：A

A 项的提问涉及的只是"有时"上网时的表现，与上网成瘾无关。其余各项均涉及上网成瘾或其对工作的影响。

08. 答案：D

题干断定：最不可能被挑选上的是两类人，一类是 1993 年以来已经献过血的人，另一类是 1995 年以来在献血体检中不合格的人。

选项 A、B、E 都是"1993 年以来已经献过血"的人，选项 C 是"1995 年以来在献血体检中不合格的人"，所以都不能选。只有 D 项的大陈不属于这两类人，最有可能被选上。

09. 答案：D

本题关键是要弄清两个问题：第一，部分与全体的关系，是部分荷花还是所有荷花。在题干中，甲指的是部分荷花，而乙、丙把甲说的荷花误解为所有荷花。

第二，时间范围的界定，期终考试是在暑假前还是在寒假前。在题干中，甲、乙、丙说的是暑假前的期终考试，而丁谈的是寒假前的期终考试。

因此，D 项最能解释其四人的分歧。

其余选项均起不到解释作用。选项 A、B 不妥，如果 A、B 对，若期终考试是同一时间，则丁说的就不是事实，与题干矛盾。C 项不妥，如果 C 对，则丙的叙述失实。E 项，期终考试的时间小的调整，不能解释甲、乙、丙三人在考试前后看到荷花和丁在考试前后没看到荷花的"矛盾"。

10. 答案：B

题干论述主题是：收藏热热得多少有些浮躁。

题干例证是：最近，北京举办了几次"鉴宝"活动，真正淘到真品的寥寥无几；一些人耗资巨大，得到的却是赝品。

结合题干论述主题和例证，可以推论：收藏需要加以正确引导。因此，B项为正确答案。

A、C项把题干内容仅仅限于"如何淘到真品"，D项显然不符合题意，均应排除。

11. 答案：C

根据题意，董事长并没有排除这种可能性，即如果能提供更有说服力的论证，批准在该两国扩大投资的议案还是可以考虑的，也就是说，向政治上不稳定的国家投资并非不可考虑，因此，C项成立。

因为C项成立，所以A项不成立。

根据董事长的议论，有理由认为，取得回报，特别是高额回报，才是投资的首要考虑。对于投资者来说，对方的政治稳定之所以要考虑，是因为这直接影响到己方的投资回报。所以，B和D项不成立。

E项显然不成立。

12. 答案：C

如果C项的断定为真，则聘请原本就会使用良友财务软件的雇员，虽然不会如同会计部经理担心的那样会增加新雇员的财会软件培训成本，但是会增加公司的员工工资成本。这就有力地削弱了总经理的反驳。其余各项均不能削弱总经理的反驳。

13. 答案：B

从小王的话中可以得出两点：一是，70年前小孩中有左撇子，这是遗传造成的；二是，这些左撇子被迫习惯改用右手，是挨打等外在的压力造成的。这就说明，用手习惯是遗传优势与社会压力的共同产物。因此，小王的话加强了B项的断定。

小王的话说明逼迫一个人改变用手习惯是可以办到的，但没有说明这种改变是无害的。因此C项不成立。其余选项均不成立。

14. 答案：E

甲认为：广告收入降低了票价。因此，奥运会的观众从广告中获得了利益。

乙反驳：广告费还是由包括作为奥运现场观众的消费者来承担的。

由E项，由于厂家的广告支出是一个常量，因此商品价格中包含的广告成本也是一个常量，这种因广告费用而增加的商品价格均等地分摊到每个顾客身上。可见，奥运会的现场观众从奥运会的广告收入中确实得到了经济利益（票价的降低）。而即使没有奥运会，他们仍然要支付商品的价格中所包含的广告费用。

15. 答案：B

X认为霍桑的行为是不道德的，因为他为环保组织谋利。

Y不认为他的行为是不道德的。因为他为环保组织谋利的同时，其结果也在为公众谋利。

因此，X与Y的分歧在于：霍桑行为的后果是否能证明他的行为在道德上是正当的。

16. 答案：B

题干中的甲认为办医科大学附属医院的费用是极高的，如果要靠利润维持就办不下去了。而乙认为即使费用很高，这样的医院还是可以办下去的。那么，维持这种医院的高额费用从何而来呢？乙没有直接回答这个问题，而是说医科大学附属医院聚集了大批最优秀的医师，使得这样的医院能够有效地处理许多疑难病症。

显然，要使得乙的观点能够成立，必不可少的条件就是疑难病症的诊治要收取高价，唯有如此，医科大学附属医院才可以获得继续办下去的高额费用。因此，B项为正确答案。

其余选项不妥，其中，A项要是成立，医科大学附属医院就更难办下去了。C项尽管有助于这种医院的继续兴办，但与乙的话却没有关系。D、E项与题意无关。

17. 答案：B

题干论述：甲认为应该降低医疗实践的工作时间，而乙认为长期以来证明正确的传统不应该改变。

B项指出，现在住院患者的病情要比以往重得多，即现实情况与传统情况相比有了很大变化，因此乙坚持传统做法的观点是不对的，削弱了乙的论述，因此为正确答案。

其余选项不妥，其中，A项有强化乙的论述的意思。C、D、E都是明显无关选项。

第二节 逻 辑 规 律

逻辑基本规律是正确思维的根本假定，也是理性地交流的必要条件。主要的逻辑基本规律有：同一律、矛盾律和排中律。

一、同一律

同一律的要求是在同一思维过程中，对同一对象的同一方面的思想必须保持自身的确定性。

同一律的内容：任何一个思想与其自身是等同的。

同一律的公式：A＝A（A是A）或 A→A（如果A，那么A）

同一律要求任何一个概念都有其确定的内涵和外延，是这个概念就是这个概念，而不是别的概念。任一命题都有其确定的命题内容，是这个命题就是这个命题，而不是别的命题。

违反同一律要求的逻辑错误主要有两种：混淆或偷换概念、转移或偷换论题。

1. 偷换概念

偷换概念或混淆概念是指在论证中把不同的概念当作同一概念来使用的逻辑错误，实际上改变了概念的修饰语、适用范围、所指对象等具体内涵。严格意义上讲，偷换概念是论证者或说话者故意这么做，而混淆概念是论证者或说话者并没有意识到这一点而无意中犯了此种谬误。这里，为简便起见，统一称为偷换概念的谬误。当偷换了一个重要概念，句子甚至观点的意思就会大不一样。

2. 转移论题

转移论题或偷换论题是指在论证过程中违反同一律的要求，偏离正题而转向另一问题，从而转移人们对要害问题的注意力。

■东方日出，西方日落，社会是发展的，生物是进化的，都反映了不以人的意志为转移的客观规律。小王对此不以为然。他说，有的规律是可以改造的。人能改造一切，当然也能改造某些客观规律。比如价值规律不是乖乖地为精明的经营者服务了吗？人不是把肆虐的洪水制住而变害为利了吗？

试问，以下哪项最为确切地提示了小王上述议论中的错误？

A. 他过高地估计了人的力量。
B. 他认为"人能改造一切"是武断的。
C. 他混淆了"运用"与"改造"这两个概念。
D. 洪水并没有都被彻底制服。
E. 价值规律若被改造就不叫价值规律了。

[解题分析] 正确答案：C

小王认为肆虐的洪水被人们制住而变害为利是改造规律的体现，其实这是人类运用规律的体现。精明的经营者也只是掌握了价值规律然后为我所用，怎么可能改造价值规律呢？可见，小王认为规律可以改造的看法是错误的，事实上规律只是可以运用的，因此，选C。

■小李将自家护栏边的绿地毁坏，种上了黄瓜。小区物业管理人员发现后，提醒小李：护栏边的绿地是公共绿地,属于小区的所有人。物业为此下发了整改通知书,要求小李限期恢复绿地。小李对此辩称:"我难道不是小区的人吗？护栏边的绿地既然属于小区的所有人,当然也属于我。因此,我有权在自己的土地上种黄瓜。"

以下哪项论证,和小李的错误最为相似？

A. 所有人都要对他的错误行为负责,小梁没有对他的这次行为负责,所以小梁的这次行为没有错误。

B. 所有参展的兰花在这次博览会上被订购一空,李阳花大价钱买了一盆花。由此可见,李阳买的必定是兰花。

C. 没有人能够一天读完大仲马的所有作品,没有人能够一天读完《三个火枪手》,因此,《三个火枪手》是大仲马的作品之一。

D. 所有莫尔碧骑士组成的军队在当时的欧洲是不可战胜的,翼雅王是莫尔碧骑士之一,所以翼雅王在当时的欧洲是不可战胜的。

E. 任何一个人都不可能掌握当今世界的所有知识,地心说不是当今世界的知识,因此,有些人可以掌握地心说。

[解题分析] 正确答案:D

小李的论证是:"绿地既然属于小区的所有人,我是小区的人,因此,我有权在自己的土地上种黄瓜。"其错误在于,貌似一个三段论推理,但犯了"四概念"的逻辑错误,大前提中的"人"是集合概念和小前提中的"人"是个体概念。

D项也犯了同样的错误:根据所有莫尔碧骑士组成的军队这一集合体不可战胜,不当地推出翼雅王这一个体也不可战胜。

■商业伦理调查员:XYZ钱币交易所一直误导它的客户说,它的一些钱币是很稀有的。实际上那些钱币是比较常见而且很容易得到的。

XYZ钱币交易所:这太可笑了。XYZ钱币交易所是世界上最大的几个钱币交易所之一。我们销售钱币是经过一家国际认证的公司鉴定的,而且有钱币经销的执照。

XYZ钱币交易所的回答显得很没有说服力,因为它

以下哪项为上文的后继最为恰当？

A. 故意夸大了商业伦理调查员的论述,使其显得不可信。

B. 指责商业伦理调查员有偏见,但不能提供足够的证据来证实他的指责。

C. 没能证实其他钱币交易所也不能鉴定他们所卖的钱币。

D. 列出了XYZ钱币交易所的优势,但没有对商业伦理调查员的问题做出回答。

E. 没有对"非常稀少"这一意思含混的词做出解释。

[解题分析] 正确答案:D

题干中商业伦理调查员指责XYZ钱币交易所误导客户的根据是,它所称的很稀有的货币,实际上是比较常见的。XYZ钱币交易所的回答属于转移论题,回避了商业伦理调查员的问题,只是陈述了该交易所的一些优势,这显然使得它的回答没有说服力。D项指出了这一点,作为题干的后继是恰当的。其余各项均不恰当。

至于选项E是不妥的,"非常稀少"在题干中意思是明确的,并不含混。

二、矛盾律

矛盾律又称不矛盾律。矛盾律的要求是对于同一对象不能同时作出两个互相矛盾的断定,即不能既肯定它是什么,同时又否定它是什么。换句话说,矛盾律要求在同一思维过程中,思想必须前后一贯。

矛盾律的内容:在同一思维过程中,两个互相矛盾或反对的思想不能同时是真的。

矛盾律的公式：¬（A∧¬A）（A并且非A是假的；即A不是非A）

1. 自相矛盾

违反矛盾律要求常见的逻辑错误是"自相矛盾"。从命题方面看，如果对于两个互相矛盾或互相反对的命题同时给予肯定，或者说，如果对同一对象同时作出两个互相矛盾或互相反对的断定，那么就必然会产生逻辑矛盾。若论证中所使用的论据包含有逻辑矛盾，其可信度等于零，那么这一论证也就不能令人信服了。

2. 归谬法

归谬法是这样的论证方法：当我们要论证一个命题是假的时，先假定这个命题是真的，然后从它推出荒谬的结论来，从而证明原命题的假。归谬法的逻辑根据是矛盾律。

■湖队是不可能进入决赛的。如果湖队进入决赛，那么太阳就从西边出来了。

以下哪项与上述论证方式最相似？

A. 今天天气不冷。如果冷，湖面怎么结冰了？
B. 语言是不能创造财富的。若语言能够创造财富，则夸夸其谈的人就是世界上最富有的了。
C. 草木之生也柔脆，其死也枯槁。故坚强者也死之徒，柔弱者生之徒。
D. 天上是不会掉馅饼的。如果你不相信这一点，那上当受骗是迟早的事。
E. 古典音乐不流行。如果流行，那就说明大众的音乐欣赏水平大大提高了。

[解题分析] 正确答案：B

B项与题干论证方式均是根据一个命题蕴涵显然假的命题，推出该命题假，都属于归谬法。

A项说不通，如果改为："今天天气冷。如果不冷，湖面怎么结冰了？"这才是归谬法。

■孙先生的所有朋友都声称，他们知道某人每天抽烟至少两盒，而且持续了40年，但身体一直不错，不过可以确信的是，孙先生并不知道这样的人，在他的朋友中也有像孙先生这样不知情的。

根据以上信息，最可能得出以下哪项？

A. 抽烟的多少和身体健康与否无直接关系。
B. 朋友之间的交流可能会夸张，但没有人想故意说谎。
C. 孙先生的每位朋友知道的烟民一定不是同一个人。
D. 孙先生的朋友中有人没有说真话。
E. 孙先生的大多数朋友没有说真话。

[解题分析] 正确答案：D

题干断定：第一，孙先生的所有朋友都声称知道某人；第二，孙先生有的朋友事实上不知道此人。

由于"所有朋友都知道某人"与"有的朋友不知道此人"是自相矛盾的，而第二个断定是事实，第一个断定是声称，因此，可推知：孙先生的朋友中有人没有说真话。

三、排中律

排中律的要求是对于两个互相矛盾的判断，必须明确地肯定其中之一是真的，不能对两者同时都加以否定。

排中律的内容：在同一思维过程中，两个互相矛盾的思想不能同时是假的。

排中律的公式：A∨¬A（A或者非A）

1. 两不可

"两不可"是一种常见的违反排中律要求的逻辑错误，就是对于两个互相矛盾的命题，有人既不承认前者是真的，又不承认后者是真的。

2. 反证法

反证法是间接论证的主要方法，其逻辑根据是排中律。它是通过证明与原论题相矛盾的命题为假，来确定原论题真的论证方法。通俗地说，反证法是通过证明"非此不行"来论证"应该如此"的论证方法。运用反证法大致有三个步骤：

首先，假设与原论题相矛盾的反论题为真；

其次，从中推出相互矛盾的两个结论；

最后，根据排中律，即两个相互矛盾的命题不能都假，其中必有一真，由反论题假推出原论题真。

■这次新机种试飞只是一次例行试验，既不能算成功，也不能算不成功。

以下哪项对于题干的评价最为恰当？

A. 题干的陈述没有漏洞。

B. 题干的陈述有漏洞，这一漏洞也出现在后面的陈述中：这次关于物价问题的社会调查结果，既不能说完全反映了民意，也不能说一点也没有反映民意。

C. 题干的陈述有漏洞，这一漏洞也出现在后面的陈述中：这次考前辅导，既不能说完全成功，也不能说彻底失败。

D. 题干的陈述有漏洞，这一漏洞也出现在后面的陈述中：人有特异功能，既不是被事实证明的科学结论，也不是纯属欺诈的伪科学结论。

E. 题干的陈述有漏洞，这一漏洞也出现在后面的陈述中：在即将举行的大学生辩论赛中，我不认为我校代表队一定能进入前四名，我也不认为我校代表队可能进不了前四名。

[解题分析] 正确答案：E

题干的逻辑错误是：对试验成功和试验不成功这两个互相矛盾的命题同时否定。这一错误也出现在E项中，该项对"一定能进入前四名"和"可能进不了前四名"这两个互相矛盾的命题同时否定。可见，选项E和题干论证都违反了排中律，均犯了"两不可"的逻辑错误。

其余选项均不恰当。例如D项不恰当，"特异功能是被事实证明的科学结论""特异功能是纯属欺诈的伪科学结论"互相反对，但不互相矛盾，同时否定没有逻辑错误。

■储存在专用电脑中的某财团的商业核心机密被盗窃。该财团的三名高级雇员甲、乙、丙三人被拘审。经审讯，查明了以下事实：

第一，机密是在电脑密码被破译后窃取的；破译电脑密码必须受过专门训练。

第二，如果甲作案，那么丙一定参与。

第三，乙没有受过破译电脑密码的专门训练。

第四，作案者就是这三人中的一人或一伙。

从上述条件，可推出以下哪项结论？

A. 作案者中有甲。

B. 作案者中有乙。

C. 作案者中有丙。

D. 作案者中有甲和丙。

E. 甲、乙和丙都是作案者。

[解题分析] 正确答案：C

根据题干论述，假设丙没作案，由条件二知，甲没作案，那么，作案的只能是乙。

由条件三，乙没有受过破译电脑密码的专门训练，再由条件一，推出乙不可能单独作案。

这样，三人中无人作案，与题干条件四矛盾。

因此，假设不成立，作案者中一定有丙。C为正确答案。

【专项训练】

01. 许多怀孕妇女经常遭受维生素缺乏，但是这通常不是由于他们饮食中的维生素缺乏，而是由于她们比其他人有更高的维生素需求量。

对上文论述中最好的评价是什么？

A. 没有能够指出维生素缺乏的孕妇百分比。

B. 没有给出足够的关于为什么孕妇会比其他人有更高的维生素需求量。

C. 文中出现的两次"维生素缺乏"所参照的对象不同。

D. 没有提供其他高维生素需求量的人群维生素缺乏的发生率。

E. 以模糊的方式使用"高需求量"。

02. 20 世纪 80 年代被认为是一个被自私的个人主义破坏了社会凝聚力的时代。但是，这一时代特征在任何时代都有。在整个人类历史发展过程中，所有人类行为的动机都是自私的，从人类行为更深的层次看，即使是最无私的行为，也是对人类自身的自私的关心。

以下哪项表明了上述论证中的缺陷？

A. 关于在人类历史中一直有自私存在的断言与论证实际上没有关系。

B. 没有统计数据表明人类的自私行为多于人类的无私行为。

C. 论证假设自私是当前时代唯一仅有的。

D. 论证只提到人类，而没有考虑到其他物种的行为。

E. 论证依赖于在两种不同的意义上使用"自私"这个概念。

03. 李栋善于辩论，也喜欢诡辩。有一次他论证到："郑强知道数字 87654321，陈梅家的电话号码正好是 87654321，所以郑强知道陈梅家的电话号码。"

以下哪项与李栋论证种所犯的错误最为类似？

A. 中国人是勤劳勇敢的，李岚是中国人，所以李岚是勤劳勇敢的。

B. 金砖是由原子组成的，原子不是肉眼可见的，所以金砖不是肉眼可见的。

C. 黄兵相信晨星在早晨出现，而晨星其实就是暮星，所以黄兵相信暮星在早晨出现。

D. 张冉知道如果 1∶0 的比分保持到终场，他们的队伍就出线，现在张冉听到了比赛结束的哨声，所以张冉知道他们的队伍出线了。

E. 所有蚂蚁是动物，所以所有大蚂蚁是大动物。

04. 这所大学的学生学习了很多课程，小马是这所大学的一名学生，所以她学习了很多的课程。

以下哪项论证展示的推理错误与上述论证中的最相似？

A. 这所学校里的学生学习数学这门功课，小马是这所学校的一名学生，所以他也学习数学这门课程。

B. 这本法律期刊的编辑们写了许多法律方面的文章，老李是其中的一名编辑，所以他也写过许多法律方面的文章。

C. 这所大学的大多数学生学习成绩很好，小贞是这所大学的一名学生，所以她的学习成绩很好。

D. 所有的旧汽车需要经常换零件，这部汽车是新的，所以不需要经常换零件。

E. 独立的大脑细胞是不能够进行思考的，所以整个大脑也不能够进行思考。

05. 有五名日本侵华时期被抓到日本的原中国劳工起诉日本一家公司，要求赔偿损失。2007 年日本最高法院在终审判决中声称，根据《中日联合声明》，中国人的个人索赔权已被放弃，因此驳回中国劳工的起诉请求。查 1972 年签署的《中日联合声明》是这样写的："中华人民共和国政府宣布：为了中日人民的友好，放弃对日本国的战争赔偿要求。"

以下哪一项与日本最高法院的论证方法相同？

A. 王英会说英语，王英是中国人，所以，中国人会说英语。
B. 我校运动会是全校的运动会，奥运会是全世界的运动会；我校学生都必须参加校运会开幕式，所以，全世界的人都必须参加奥运会的开幕式。
C. 中国奥委会是国际奥委会的成员，Y先生是中国奥委会的委员，所以，Y先生是国际奥委会的委员。
D. 教育部规定，高校不得从事股票投资，所以，北京大学的张教授不能购买股票。
E. 北方人过年都吃饺子，小李是南方人，所以，小李过年不吃饺子。

06. 具有高效发动机的天蝎座节油型汽车的价格高于普通的天蝎座汽车。以目前的油价计算，购买这种节油型车的人需要开6万公里才能补足购买普通型汽车的差价。因此，如果油价下跌，在达到盈亏平衡之前就可以少走一些路。
以下哪一项论证中的推论错误与上文中的最相似？
A. 真实的年储蓄利率是由年储蓄利率减去年通货膨胀率而成的，所以，如果通货膨胀率下降，在真实储蓄利率不变的情况下，储蓄利率也要降低相同的比例。
B. 对食品零售店来说，与A牌冰箱相比，P牌冰箱能为高价的冰冻食品提供一个恒定温度，尽管P牌冰箱的耗电量较大，但出售高价食品却能获得更多的利润。因此，如果电价下降，卖较少量的高价食品就可证明选择P牌冰箱是正确的。
C. 用R牌沥青比用价钱较低牌号的沥青能使修路工人用更短的时间修完1公里损坏的公路。尽管R牌的价格较高，但减少施工人员所省下的钱是可以补足沥青价格差异的，所以，在平均工资低的地方，选择R牌沥青更有优势。
D. 改良过的北方苹果树结果更早，存活期更长。原来的苹果树虽然结果较大，但需要较大的种植间距，所以，新种植的苹果树应全部是改良种。
E. 股票分红每年根据上市公司的盈利状况而有不同。债券则年年获得相同的利息，因此，由于债券利率在经济危机时并不下降，喜欢稳定收入的投资者应选债券。

07. 大唐股份有限公司由甲、乙、丙、丁四个子公司组成。每个子公司承担的上缴利润份额与每年该子公司员工占公司总员工数的比例相等。例如，如果某年甲公司员工占总员工的比例是20%，则当年总公司计划总利润的20%须由甲公司承担上缴。但是去年该公司的财务报告却显示，甲公司在员工数量增加的同时向总公司上缴利润的比例却下降了。
如果上述财务报告为真，则以下哪项一定为真？
A. 在四个子公司中，甲公司的员工数量最少。
B. 甲公司员工增长的比例比前一年小。
C. 乙、丙、丁公司员工增长的比例都超过了甲公司员工增长的比例。
D. 甲公司员工增长的比例至少比其他三个子公司的一个小。
E. 在四个子公司中，甲公司的员工增长数是最小的。

08. 科学家有时被描述成做出如下假设的人，即基于某些事情的假设直到被证明为真（符合实际）之前，这一假设并不是真实的。现在，假设提出了食品添加剂是否安全的问题，在这个问题上，既不知道它是安全的，也不知道它是不安全的。基于这一特征，科学家会假设添加剂不是安全的，因为它没有被证明是安全的；但是，他们同样会假设添加剂是安全的，因为它没有被证明不是安全的。然而，没有科学家就一种给定的物质假设它既是安全的又是不安全的而不相互矛盾。所以，这个有关科学家的特征描述显然是错误的。
以下哪一项描述了上述论证所使用的推理技巧？
A. 通过表明一个一般的陈述是蓄意被表达出来用以产生误导，来论证这个一般的陈述为假。
B. 通过表明接受一个陈述为真会导致令人难以置信的结果，来论证这个陈述为假。
C. 通过表明一个陈述与第二个已确定为真的陈述直接矛盾，来论证这个陈述为假。

D. 通过表明一个一般的陈述相对于其所概括的特殊事例而言可真可假（真假各半），来论证这个一般的陈述没有提供任何信息。

E. 通过表明一个陈述支持了不能独立检验的结论，来论证这个陈述没有提供任何信息。

【答案解析】

01. 答案：C

题干中两次出现"维生素缺乏"概念不同，因为其参照对象不同。

第一次说，许多怀孕妇女经常遭受维生素缺乏，指的是怀孕妇女与正常人比，参考对象是正常人。常人也许需要100克/天，怀孕妇女也许需要150克/天。

第二次说，这通常不是由于他们饮食中的维生素缺乏，指的是她们吃的食品中的维生素缺乏，饮食代表某些食物和饮料。因此参照对象是正常食品。正常食品中也许100克包含10克维生素，但是她们吃的食品中，也许100克只包含5克维生素。

因此，C项为正确答案。

02. 答案：E

"自私"的含义是多重的。题干中"自私的个人主义"中的"自私"，大致是指个体面临自己利益与对方冲突时，会不计对方损失，以满足自己利益为主。而"人类行为的动机都是自私的"的"自私"，大致是指自私相对无私而言，是基于个人利益需求做出的行为及反应。这两个意义并不是等同的。因此，E项表明了上述论证中的缺陷。

03. 答案：C

题干的错误在于"知道"这一含义在两句话中的意思不一样，混淆了这一概念。

选项C犯了类似的错误，混淆了"相信"这一概念。

04. 答案：B

题干推理看似一个三段论推理，但犯了"四概念"的逻辑错误，大前提中的"学生"是集合概念和小前提中的"学生"是个体概念，不是同一个概念。这所大学的学生学习了很多课程是指这所大学的学生们学习了很多课程，并不是每个学生学了很多课程。

选项B也是如此，大前提中的"编辑"和小前提中的"编辑"也不是同一个概念，也是犯了"四词项"的逻辑错误。所以，应该选B。

A的大前提是"这所学校里的学生学习数学这门功课"有歧义，不能确定是"都学习数学"，还是"有学习数学的"。如果是"都学习数学"的，那么这是一个正确的推理，如果是"有学习数学的"题干推理就不正确了，因此，A项与题干错误并不类似。

C、D的错误都在于由一部分样本的特征推出了未必相关的另一部分样本的特征，排除。

E的错误在于以偏概全，排除。

05. 答案：D

日本最高法院的论证偷换了论题，《中日联合声明》写的"中华人民共和国政府宣布放弃对日本国的战争赔偿要求"，这与"中国人的个人索赔权已被放弃"是两个不同命题，中国政府放弃对日本索赔并不意味着放弃中国人个人的战争索赔权。

D项同样犯了同样的逻辑错误，"高校不得从事股票投资"与"北京大学的张教授不能购买股票"是两个不同的命题，教育部规定高校不得从事股票投资，并不意味着北京大学的张教授不能购买股票。

A项犯了直言三段论的中项不周延的错误。B项是个错误的类比论证。C项也是个错误的论证。

06. 答案：C

题干论证属于自相矛盾。油价下跌，节油省下来的钱就少了，要弥补购车的差价，则要多走路而不是少走路。

第七章　论证逻辑

C项也犯了同样的错误。R牌沥青价格高，但修相同的公路所需的工人少。所以，应该是在平均工资高的地方，选择R牌沥青更有优势。

其余选项是正确的或者合理的推论。

07. 答案：D

由于每个子公司承担的上缴利润份额是由该子公司员工占公司总员工数的比例决定的，如果甲公司员工增长的比例比其他三个子公司都大，那么，甲公司向总公司上缴利润的比例就不可能下降。所以，D项一定为真。

而C项则不一定为真，因为如果乙、丙、丁中有一个公司员工增长比例足够大，则即使其他两个公司员工的增长比例小于甲公司，题干的断定仍然可以成立。

08. 答案：B

题干论证用的是归谬法，先假设对科学家的特征描述是正确的，然后由它导出一个矛盾：就一种给定的物质既能假设它是安全的，又能假设它是不安全的。由于这一结果难以置信，因此对科学家的特征描述一定是错误的。B项正确地描述了这一推理技巧。

第三节　论　证　谬　误

从论证角度来看，谬误通常被定义为逻辑上有缺陷的但可能误导人们认为它是逻辑上正确的论证。论证有三个基本要素：主张（论点/结论）、理由（前提/论据）和支持（论证方式）。基于论证三个基本要素的角度，相应地我们可把谬误分为主张谬误、理由谬误和支持谬误三大类。

一、主张谬误

对主张的批判性思考，需要检查论证是否存在以下谬误。

（1）语词谬误：包括语词歧义、语词含混、偷换概念（混淆概念）、歪曲词意。

其中，语词歧义来源于语词和词组的多义特性，大多数词汇都有多于一个的字面意义，但在多数情况下，通过注意语境和利用我们良好的感觉，我们不难将这些意义分辨开来。但是，当人们有意无意地混淆一个词或短语的几个意义时，就是在歧义地使用这个词或短语。

（2）语句谬误：包括语句歧义、语句含混、断章取义（偷换句义）、强调不当。

其中，语句歧义是指论证中运用句子的歧义来实现某种论证目的的谬误。同一个语句在同一语境中有两种及以上的语义，当一个句子在一种方式中出现的时候，可以用不同意义来理解。

（3）论题谬误：包括转移论题（偷换论题）、熏鲱谬误、稻草人谬误、回避论题、错失主旨、两不可（模棱两可）等。

■西蒙：我们仍然不知道机器是否能够思考，计算机能够执行非常复杂的任务，但是缺少人类智力的灵活特征。

罗伯特：我们不需要更复杂的计算机来知道机器是否能够思考，我们人类是机器，我们思考。

罗伯特对西蒙的反应是基于对哪一个词语的重新理解？

A. 计算机。　　　　B. 知道。

C. 机器。　　　　　D. 复杂。

E. 思考。

[解题分析] 正确答案：C

西蒙的结论：机器不思考，通过计算机执行复杂操作，但是缺乏人类的灵活性，把机器指代为计算机。而罗伯特的结论：机器思考，人类就是机器，把机器指代为人类。

可见，"机器"一词在两人的对话中有不同的理解。所以，C项为正确答案。

■B市的商会近日开会讨论美化本地区高速公路的方案，其中包括重新设置动力管线、增加地面景观和移走户外广告牌。会议上，户外广告公司的代表S先生说："户外广告牌是我们的商业基础，如果把它们移走，我们的生存能力将会受到严重的损害。"另一位本地商人J说："我不同意这种看法，我们的商业基础是有吸引力的社区环境，要来我市购物的人在来我市的路上不愿意看到那些令人反感的户外广告牌，这些广告牌正在损害我们的生存能力。"

J的议论表明他误解了S先生所使用的哪一个词？

A. 广告牌。　　B. 基础。　　C. 我们。　　D. 能力。　　E. 损害。

[解题分析] 正确答案：C

S先生所说的"户外广告牌是我们的商业基础"中的"我们"指的是其所在的户外广告公司。

J所说的"这些广告牌正在损害我们的生存能力"中的"我们"指的是本地商人。

■我们的词汇是无意义的并且无法与其反义词区分开来，举一个例子可以证明这一点。人们认为，他们知道"秃头"与"有头发"之间的区别。假设一个21岁的普通人头上有N根头发。我们说这个人不是秃头而是有头发的。但是少一根头发当然不会有什么分别，有N－1根头发的人会被说成有头发。假设我们继续，每次减少一根头发，结果将是相同的。但是有一根头发的人和没有头发的人的区别是什么呢？我们把他们都称为秃头。我们没有能区分"秃头"和"有头发"的地方。

下面的哪个陈述最能反驳上面的结论？

A. "秃头"一词可以翻译为其他语言。

B. 一个词可以有不止一个意思。

C. 像"猫"这样的词可以被用于在某些方面不同的几种动物上面。

D. 词汇可以缺乏准确却不至于无意义。

E. 人们不用词汇就无法清楚地进行思考。

[解题分析] 正确答案：D

题干结论是，我们的词汇是无意义的并且无法与其反义词区分开来。

D项，词汇可以缺乏准确但不至于无意义，这与此结论意思相反，即最能反驳这一结论。因此，D项为正确答案。A、B、C、E对推理不能起到任何作用。

二、理由谬误

对理由的批判性思考，需要检查论证是否存在以下谬误。

(1) 相干谬误：包括诉诸无知、诉诸情感、诉诸怜悯、诉诸偏见（确认性偏见、一厢情愿、懒散归纳、诉诸信心、诉诸武断、诉诸传统、诉诸起源）、诉诸强力（诉诸势力、诉诸武力、诉诸暴力、诉诸威力）、诉诸恐惧、诉诸众人（诉诸大众、从众谬误、流行意见）、以人为据（因人纳言、因人废言）、人身攻击（人格人身攻击、处境人身攻击、井中投毒、反唇相讥）、诉诸权威等。其中：

① 诉诸无知也叫根据不知，犯的是这样的逻辑错误，它以某一命题的未被证明或不能被证明为据，而断言这一命题为真或假。诉诸无知的论证模式是：没有证明S为真；所以，S是假的。或者，没有证明S为假；所以，S是真的。诉诸无知的论证谬误，其实质是推卸证明责任，其结论是缺乏论证性的。

② 诉诸众人的谬误在于援引众人的意见、见解、信念或常识进行论证，即为了赢得对结论的认同而诉诸大众热情或公众情感进行论证，即试图说服受众采取某一行动或接受某一说法，只因为（据说）大家都这样。

③ 以人为据也叫诉诸人身，其谬误是指以立论者或反驳者的人格或处境为根据，而不是以

立论者或反驳者所提出的观点和理由为根据而进行辩护或反驳。这种谬误可分为因人纳言、因人废言等。

④ 诉诸权威的谬误，严格地说是"诉诸不当权威"，是这样一种谬误：在论证中滥用权威者的证言作为论据，以此论证某论题的思维错误。

(2) 论据谬误：包括论据矛盾（自相矛盾、论据相左、前提不一致）、理由虚假（虚假原因、虚假理由、虚假前提）等。其中：非黑即白的谬误就是在两个极端之间不恰当地二者择一，其所犯的论证谬误，实际上就是忽视了第三种情况的存在，机械地进行非此即彼的选择。这类论证只考虑了两个极端的情况，没有考虑可能存在的中间情况，这就像在黑与白之间本来有很多中间色，却非要人们或者选择黑或者选择白。论证中否定一个观点，从而就认可另一个相反的观点，就是非黑即白。其实，这两个极端的观点都有可能是错误的。

(3) 预设谬误：包括预期理由、复合问题（复杂问语、误导性问题）、非黑即白（黑白二分、虚假两分、假二择一、非此即彼）等。

(4) 乞题谬误：乞求论题（丐题、窃取论题），包括同语反复、循环论证等。其中：

循环论证的谬误是论据间接重复论题。在论证中，必须用论题以外的其他命题作为支持论题的根据，论据的真实性必须独立于论题。

循环论证的形式一：有 A 是因为有 B，有 B 是因为有 A。

即论据的真实性直接地依赖于论题，就会产生循环论证的错误。

循环论证的形式二：有 A 是因为有 B，有 B 是因为有 C，有 C 是因为有 A。

即论证者要证明 A，这要用到 B，证明 B 要用到 C，而证明 C 又要用到 A。在兜了一个圈子之后，又回到最初的出发点。循环论证等于没有证明。当然，诡辩者使用循环论证的时候，会绕一个大圈子，使得看起来并无破绽。

■在一次聚会上，10 个吃了水果色拉的人中，有 5 个很快出现了明显的不适。吃剩的色拉立刻被送去检验。检验的结果不能肯定其中存在超标的有害细菌。因此，食用水果色拉不是造成食用者不适的原因。

如果上述检验结果是可信的，则以下哪项对上述论证的评价最为恰当？

A. 题干的论证是成立的。

B. 题干的论证有漏洞，因为它把事件的原因当作该事件的结果。

C. 题干的论证有漏洞，因为它没有考虑到这种可能性：那些吃了水果色拉后没有很快出现不适的人，过不久也出现了不适。

D. 题干的论证有漏洞，因为它没有充分利用一个有力的论据：为什么有的水果色拉食用者没有出现不适？

E. 题干的论证有漏洞，因为它把缺少证据证明某种情况存在，当作有充分证据证明某种情况不存在。

[解题分析] 正确答案：E

题干的结论是：食用水果色拉不是造成食用者不适的原因，其根据是检验的结果不能肯定送检的色拉中存在超标的有害细菌。不能肯定送检物中存在超标的有害细菌，不等于否定送检物中存在超标的有害细菌。而只有否定送检物中存在超标的有害细菌，才能得出结论：食用水果色拉不是造成食用者不适的原因。

这实际上是个诉诸无知的谬误，因此，题干论证的漏洞是：把缺少证据证明某种情况存在，当作有充分证据证明某种情况不存在。因此，E 项正确。

其余各项均不恰当。比如 B 项是因果倒置，题干并没有这样做。

■学生：IQ 和 EQ 哪个更重要？您能否给我指点一下？

学长：你去书店问问工作人员，关于 IQ、EQ 的书哪类销得快，哪类就更重要。

以下哪项与上述题干中的问答方式最为相似？

A. 员工：我们正制订一个度假方案，你说是在本市好，还是去外地好？
经理：现在年终了，各公司都在安排出去旅游，你去问问其他公司的同行，他们计划去哪里，我们就不去哪里，不凑热闹。

B. 平平：母亲节那天我准备给妈妈送一样礼物，你说是送花好还是巧克力好？
佳佳：你在母亲节前一天去花店看一下，看看买花的人多不多就行了嘛。

C. 顾客：我准备买一件毛衣，你看颜色是鲜艳一点好，还是素一点好？
店员：这个需要结合自己的性格与穿衣习惯，各人可以有自己的选择与喜好。

D. 游客：我们前面有两条山路，走哪一条更好？
导游：你仔细看看，哪一条山路上车马的痕迹深，我们就走哪一条。

E. 学生：我正准备期末复习，是做教材上的练习重要还是理解教材内容更重要？
老师：你去问问高年级得分高的同学，他们是否经常背书做练习。

[解题分析] 正确答案：D

题干的推理方法是，根据受关注的程度，比较两个对象的等级。
这实际上是个诉诸众人的谬误，D项的推理方法与题干最为类似，因此为正确答案。
其余选项均不妥，其中，B项没有比较花和巧克力的关注程度。

■ 主持人：有网友称你为国学巫师，也有网友称你为国学大师。你认为哪个名称更适合你？
上述提问中的不当也存在于以各项中，除了

A. 你要社会主义的低速度，还是要资本主义的高速度？
B. 你主张为了发展可以牺牲环境，还是主张宁可不发展也不能破坏环境？
C. 你认为人都自私，还是认为人都不自私？
D. 你认为"911"恐怖袭击必然发生，还是认为有可能避免？
E. 你认为中国队必然夺冠，还是认为不可能夺冠？

[解题分析] 正确答案：D

题干中"国学巫师"与"国学大师"是反对关系而非矛盾关系，因此，题干的提问不当在于：要求在两个并不互相矛盾的断定中作确定选择。
这实际上是个非黑即白的谬误。
A项的"社会主义的低速度"与"资本主义的高速度"；B项的"为了发展牺牲环境"与"宁可不发展也不破坏环境"；C项的"人都自私"与"人都不自私"；E项的"必然夺冠"与"不可能夺冠"均为反对关系而非矛盾关系，因此，与题干的提问犯了同样的错误。
只有D项"必然发生"与"可能避免"（即"可能不发生"）为矛盾关系，不存在"选言支不穷尽"的错误。因此，D为正确答案。

■ 许多人不仅不理解别人，也不理解自己，尽管他们可能曾经试图理解别人，但这样的努力注定会失败，因为不理解自己的人是不可能理解别人的。可见，那些缺乏自我理解的人是不会理解别人的。

以下哪项最能说明上述论证的缺陷？

A. 使用了"自我理解"概念，但并未给出定义。
B. 没有考虑"有些人不愿意理解自己"这样的可能性。
C. 没有正确把握理解别人和理解自己之间的关系。
D. 结论仅仅是对其论证前提的简单重复。
E. 间接指责人们不能换位思考，不能相互理解。

[解题分析] 正确答案：D

第七章　论证逻辑

题干论证的结论是：那些缺乏自我理解的人是不会理解别人的。

理由是：不理解自己的人是不可能理解别人的。

这实际上是个同语反复的谬误，可见其论证缺陷在于，结论仅仅是对其论证前提的简单重复。

三、支持谬误

对支持的批判性思考，需要检查论证是否存在以下谬误。

（1）演绎谬误：包括词项逻辑、命题逻辑等推理中的谬误。

（2）概括谬误：包括特例概括、轻率概括等。

（3）统计谬误：包括以偏概全、数字陷阱、数据误用等。

（4）因果谬误：包括强加因果、因果倒置、混淆原因、复合原因、复合结果、错否因果、滑坡谬误等。

（5）类比谬误：包括类比不当、类推不当等。

（6）合情谬误：包括举证不全、以全贬偏、分解谬误、合成谬误等。其中：

① 合成谬误也叫合举、构成谬误，是指在论证中，以部分（个体）、元素所具有的某种属性不恰当地推出其整体或集合体也具有这种属性的结论所产生的谬误。

② 分解谬误也叫分举谬误、分割谬误，指的是以总体符合某条件推断总体的所有部分均符合某条件，即以整体或集合体所具有的某种属性推出其部分（个体）或元素也具有这种属性的结论所产生的谬误。

■舞蹈学院的张教授批评本市芭蕾舞团最近的演出没能充分表现古典芭蕾舞的特色。他的同事林教授认为这一批评是个人偏见，作为芭蕾舞技巧专家林教授考察过芭蕾舞团的表演者，结论是每一位表演者都拥有足够的技巧和才能来表现古典芭蕾舞的特色。

以下哪项最为恰当地概括了林教授反驳中的漏洞？

A. 他对张教授的评论风格进行攻击而不是对其观点加以批驳。

B. 他无视张教授的批评意见是与实际情况相符的。

C. 他仅从维护自己的权威地位的角度加以反驳。

D. 他依据一个特殊的事例轻率概括出一个普遍结论。

E. 他不当地假设，如果一个团体每个成员具有某种特征，那么这个团体总能体现这种特征。

[解题分析] 正确答案：E

林教授认为："本市芭蕾舞团最近的演出没能充分表现古典芭蕾舞的特色"的看法不对。

理由是：每一位表演者都拥有足够的技巧和才能来表现古典芭蕾舞的特色。

这实际上是个合成谬误，其论证的漏洞在于，每一位表演者都拥有足够的技巧和才能来表现古典芭蕾舞的特色，而整个芭蕾舞团却不一定能充分表现古典芭蕾舞的特色。

因此，选项 E 最为恰当地概括了林教授反驳中的漏洞，实际上林教授的论证犯了合举的谬误。

■公达律师事务所以为刑事案件的被告进行有效辩护而著称，成功率达 90% 以上，老余是一位以专门为离婚案件的当事人成功辩护而著称的律师。因此，老余不可能是公达律师事务所的成员。

以下哪项最为确切地指出了上述论证的漏洞？

A. 公达律师事务所具有的特征，其成员不一定具有。

B. 没有确切指出老余为离婚案件的当事人辩护的成功率。

C. 没有确切指出老余为刑事案件的当事人辩护的成功率。

D. 没有提供公达律师事务所统计数据的来源。

E. 老余具有的特征，其所在工作单位不一定具有。

[解题分析] 正确答案：A

公达律师事务所以刑事案件的有效辩护而著称，老余不是以刑事案件的有效辩护而著称的律师（是以离婚案件成功辩护而著称）。因此，老余不可能是公达律师事务所的成员。

这实际上是个分解谬误，其论证的漏洞在于，整体所具有的特征其个体不一定都具有，即 A 项为真。

E 项为干扰项，不如 A 项确切。

【专项训练】

01. 许多科学家相信，在宇宙中存在居住着高级生命的星球。他们认为，在宇宙的演化中，大约有十万分之一的概率会形成像地球这样的具备生命产生条件的星球。可是，仅凭概率并不能证明这样的星球真的存在，因为有一定概率出现的事件未必一定发生。实际上，人类从未发现有关外星人存在的任何证据。可见，关于外星人和居住着高级生命的星球存在的看法，不过是某些科学家为满足其好奇心而编造的虚假的科学神话。

以下哪项中的论证方法与上述论证中的最相似？

A. 许多人认为，吸烟有害，所以应该禁止吸烟。可是，"有害"不能成为禁止吸烟的理由，就如同呼吸被污染的空气有害，但不能因此而禁止人们呼吸一样。

B. 许多唯物论者不相信美人鱼的存在，却拿不出美人鱼不存在的证据来。可见，美人鱼还是存在的。

C. 许多心理学家认为，人类以外的其他具有快速眼动睡眠的哺乳动物也会通过做梦来恢复记忆功能。这一看法是荒谬的。一方面，关于其他具有快速眼动睡眠的哺乳动物有记忆这一点尚未得到证明；另一方面，人们对这类动物也做梦这一点更是一无所知。

D. 许多星相学家认为，人出生的星座决定人生的命运。他们经常为别人预测吉凶祸福，却大都不能应验。所以，他们从不根据出生的星座来预测自己的命运。

E. 许多哲学家认为，哲学是关于智慧的学问，智慧能给人带来财富。可是，古往今来的大多数哲学家都穷困潦倒。所以，有智慧的人不一定都是富翁。

02. 居民苏女士在菜市场看到某摊位出售的鹌鹑蛋色泽新鲜、形态圆润，且价格便宜，于是买了一箱。回家后发现有些鹌鹑蛋打不破，甚至丢到地上也摔不坏，再细闻已经打破的鹌鹑蛋，有一股刺鼻的消毒液味道。她投诉至菜市场管理部门，结果一位工作人员声称鹌鹑蛋目前还没有国家质量标准，无法判定它有质量问题，所以他坚持这箱鹌鹑蛋没有质量问题。

以下哪项与该工作人员作出结论的方式是最为相似？

A. 不能证明宇宙是没有边际的，所以宇宙是有边际的。

B. "驴友论坛"还没有论坛规范，所以管理人员没有权力删除帖子。

C. 小偷在逃跑途中跳入 2 米深的河中，事主认为自己没有责任，因此不予施救。

D. 并非外星人不存在，所以外星人存在。

E. 慈善晚会上的假唱行为不属于商业管理范围，因此相关部门无法对此进行处罚。

03. 所谓的环境保护论者争辩说，提议中的戈登湖发展计划将会干扰鸟的迁徙模式，然而同样的这些人近年来对议会提出的几乎每一个发展建议都提出环境上的反对这一事实表明，他们对鸟类迁徙模式所表达的关注只不过是他们反对发展、阻碍进步的一个借口。因此，应该不用进一步考虑而应忽略他们的宣称。

上面题干使用了下面哪一个可疑的论证技术？

A. 把不能够得出它的结论的某一论述作为那个结论所表达的观点是错误的宣称的基础。

第七章 论证逻辑

B. 基于提出论述的那些人的动机的宣称而反驳一个论点的结论。
C. 使用一些例外案例作为一宣称总体上是正确的基础。
D. 误用了该论述要去驳斥的立场的那些支持性证据。
E. 假设作为一个整体正确是整体里面每一个成员都正确的必要条件。

04. 一著名的前四分卫可能在分析足球队的相对强弱方面非常在行。然而，一电视广告商提出的该四分卫在女连裤袜或爆玉米花方面也很在行的建议就不得不引起观众的怀疑。当一个受欢迎的经常扮演医生的男演员出现在一个支持某一个不含咖啡因的咖啡品牌的广告中时会产生同样的反应。因为他在电视表演方面有相当多的经验，所以他在那方面的观点就值得重视，但是观众有各种权利来怀疑他在咖啡广告中的权威性。

下面哪一项是上面题干的推理必不可少的前提？
A. 权威作为合理证据的力量与权威在那个有争议的领域的专业化程度紧密相联。
B. 在评价权威的能力时，实际经验比学术上接受的训练更重要。
C. 许多商业电视广告中仅有的一种证据就是诉诸权威。
D. 许多观众不能充分地评价电视广告中的权威性的呼吁。
E. 电视观众会莫名其妙地从心理上把名人在某一专业领域的可信度转移到另一个他们做广告的产品领域。

05. 吉瑞最近完成的一间大学图书馆的设计，它的每个部分都是抄袭其他图书馆的设计。该设计包括了许多古希腊式、伊斯兰式、莫卧尔式和罗马式的结构，由于没有一个部分的设计是原创的，因此，整个图书馆的设计也不能被认为是原创的。

以下哪项指出了上述论证中的推理错误？
A. 假设每个部分所具有的特性，作为各部分总和的整体也具有。
B. 仅凭一类事物中部分对象的性质便不合逻辑地概括出适用于这类事物全体的结论。
C. 认为一个未知的现象肯定也具有所有已知现象的特征。
D. 假定单个选择是合理的，合起来就不是合理的。
E. 以审美观念为基础得出了一个事实性的判断。

06. 某大学的哲学学院和管理学院今年招聘新教师，招聘结束后受到了女权主义代表的批评，因为他们在12名女性应聘者中录用了6名，但12名男性应聘者中却录用了7名。该大学对此解释说，今年招聘新教师的两个学院中，女性应聘者的录用率都高于男性的录用率。具体的情况是：哲学学院在8名女性应聘者中录用了3名，而在3名男性应聘者中录用了1名；管理学院在4名女性应聘者中录用了3名，而在9名男性应聘者中录用了6名。

以下哪项最有助于解释女权主义代表和大学之间的分歧？
A. 各个局部都具有的性质在整体上未必具有。
B. 人们往往从整体角度考虑问题，不管局部。
C. 有些数学规则不能解释社会现象。
D. 现代社会提倡男女平等，但实际执行中还是有一定难度。
E. 整体并不是局部的简单相加。

07. 卫生部的报告表明，这些年来医疗保健费的确是增加了。可见，我们每个人享受到的医疗条件大大改善了。

以下哪项对上述结论提出最严重的质疑？
A. 医疗保健费的绝大部分用在了对高危病人的高技术强化护理上。
B. 在不增加费用的情况下，我们的卫生条件也可能提高。
C. 国家给卫生部的拨款中有70%用于基础设施的建设。
D. 老年慢性病的护理费用是非常庞大的。
E. 每个公民都有享受国家提供的卫生保健的权利。

08. M小学的T班学生所收集的铝罐总量超过了该校其他的各个班。因而，M小学收集了最多铝罐的学生一定在T班里。

以下哪个选项中的逻辑错误与上文中的最相似？

A. K班的学生植树的数量超过了L和J班的总和。因而，K班的学生所植的树要多于J班的学生。

B. M小学的学生有一多半参加了乐队，一多半参加了唱诗班。因而，M小学的学生不是在乐队，就是在唱诗班。

C. R班通过卖糖果条比H班卖彩券募集到更多的钱。因而，R班所售出的糖果条的数量要大于H班所卖出的彩券的数量。

D. R班所卖出的学校博览会门票的总数比其他任何一个班都多。因而，该校卖出门票最多的学生一定在R班上。

E. V班所组装的鸟舍比其他任何一个班都多，由于V班的学生比其他任何班的人数都少，因此，V班的学生平均组装的鸟舍比任何其他班的学生都多。

【答案解析】

01. 答案：C

选项C与题干一样是"诉诸无知"式论证。选项B虽然也是犯了"诉诸无知"式谬误，但其结论是肯定的，而题干中的结论是否定的，故选项C与题干的论证更接近。

02. 答案：A

工作人员声称：鹌鹑蛋没有国家质量标准，无法判定它有质量问题，所以这箱鹌鹑蛋没有质量问题。

这实际上是个诉诸无知的谬误，即把缺少证据证明某种情况不存在，作为充分证据证明某种情况存在，A项犯了同样的错误。

B项是干扰项，若要与题干相似，必须改为："驴友论坛"还没有论坛规范，无法判断帖子的质量问题，所以，这里面的帖子没有问题，而不能推出管理人员没有权力删除帖子。

03. 答案：B

题干里根据"环境保护论者总是提出反对意见"，就得出结论"他们的宣称应该被忽略"。显然，其推理错误在于基于论述者的动机而反驳一个结论，因此，B项为正确答案。

04. 答案：A

题干列举两个关于足球队员及男演员的例子，从中可以看出，权威人士只有在他们自身的专业领域内发表见解时才能得到听众的认同，

由此可知，A项是题干的论证所依赖的前提。其余选项都是无关选项。

05. 答案：A

题干论证犯了"合成的谬误"的错误，A项指出这一推理错误，为正确答案。

其余选项均不妥，比如，选项B指的是"轻率概括"。

06. 答案：A

根据题干所述，数据列表如下：

项目	哲学学院录取比例	管理学院录取比例	合计录取比例
女	3/8	3/4	6/12
男	1/3	6/9	7/12

女权主义代表从整体上看，女性应聘者的录用率（6/12）低于男性的录用率（7/12），这意

味着招聘新教师没体现男女权力平等;

校方从具体院系来看,哲学学院女性应聘者的录用率(3/8)高于男性的录用率(1/3),哲学学院女性应聘者的录用率(3/4)也高于男性的录用率(6/9),这意味着女性权力得到了体现。

二者从不同的角度来看,即整体与部分有区别,且各有各的理。这说明,部分具有的性质而整体未必有。这实际上是个合成谬误,因此,A项正确。

07. 答案:A

题干论证犯了分解的谬误,总体的医疗保健费增加了,不等于每个人享受到的医疗条件大大改善了。

A项,医疗保健费的绝大部分用在了对高危病人的高技术强化护理上。这表明,增加的医疗保健费并没有真正用于改善医疗条件,这就严重地削弱了题干结论。

08. 答案:D

题干属于典型的分解的谬误。具体是指,如果整体或集合具有某种性质,则它的每一部分或元素也具有此种性质。

D项也犯了同样的逻辑错误。

第四节 合情论证

合情推理和论证在现实生活中普遍存在,是指从不完善的前提得出有用、暂时可接受的结论的推理。合情论证包括类比论证、实践论证以及根据信息源的论证等多种类型,前面已有所论述,这里主要介绍类比论证和实践论证。

一、类比论证

类比论证是根据两个或两类对象在某些属性上相同,推断出它们在另外的属性上(这一属性已为类比的一个对象所具有,而在另一个类比的对象那里尚未发现)也相同的一种推理。

1. 类体论证的型式

案例 A 有属性 a、b、c、d。

案例 B 有属性 a、b、c。

所以,案例 B 有属性 d。

例如,据科学史上的记载,光波概念的提出者——荷兰物理学家、数学家赫尔斯坦·惠更斯曾将光和声这两类现象进行比较,发现它们具有一系列相同的性质:如直线传播、有反射和干扰等。又已知声是由一种周期运动所引起的、呈波动的状态,由此,惠更斯作出推理,光也可能有呈波动状态的属性,从而提出了光波这一科学概念。惠更斯在这里运用的推理就是类比推理。

2. 类比推理的特点

类比推理的客观根据是什么呢?在客观现实里,事物的各个属性并不是孤立的,而是相互联系和相互制约的。因此,如果两个事物在一系列属性上相同或相似,那么,它们在另一些属性上也可能相同或相似。客观事物属性之间的这种相互联系和相互制约的关系就是类比推理的客观根据。由于类比推理有其客观基础,因此,人们就可以应用类比推理去认识客观事物。

类比推理有两个基本特点:

其一,从思维进程来看,类比推理主要是由个别到个别的推理,它的前提和结论一般都是对个别对象的断定。

其二,类比推理的结论是或然的,结论所断定的范围超出了前提的断定范围,因此,当前提真时,结论未必真。

由于运用类比推理所得到的认识，有时可能是不正确的，我们就应当进一步去验证它，不能将它当作完全正确的认识来加以运用。其次，我们还要特别注意，不能将两个或两类本质不同的事物，按其表面的相似来机械地加以比较而得出某种结论，否则就要犯机械类比的错误。这是一种假类比，也称"谬比"。在类比论证中，如果把对象间的偶然相似作为根据，或者在实质上不同的两类对象之间进行类比，就会产生这种谬误。

例如，基督教神学家们就曾用机械类比来"证明"上帝的存在。在他们看来，宇宙是由许多部分构成的一个和谐的整体，正如同钟表是由许多部分构成的和谐整体一样，而钟表有一个创造者，所以，宇宙也有一个创造者——上帝。这就是把两类根本性质不同的对象，按其表面相似之处，机械地加以类比。这种类比显然是错误的、不合逻辑的。

由此可见，类比推理的结论只具有或然性，即可能真，也可能假。类比推理尽管其前提是真实的，也不能保证结论的真实性。这是因为，A 和 B 毕竟是两个对象，它们尽管在一系列属性上是相同的，但仍存在着差异性，这种差异性有时就表现为 A 对象具有某属性，而 B 对象不具有某属性。如何提高类比推理的结论的可靠性呢？

第一，前提中确认的相同属性愈多，那么结论的可靠程度也就愈大；

第二，前提中确认的相同属性愈是本质的，相同属性与要推出的属性之间愈是相关的，那么结论的可靠程度也就愈大。

3. 批判性准则

针对运用类比推理得出的因果主张，所提出的批判性问题：

CQ1. 相似性问题：A 和 B 真的相似吗？

CQ2. 相关性问题：相似属性 a、b、c 与推出属性 d 是否具有相关性？

CQ3. 不相似问题：A 和 B 之间是否存在某些重要的差异？

CQ4. 反案例问题：是否存在另一案例 C 也相似于 A，但是其中的 d 是不存在的？

CQ5. 可类推问题：是否忽视了时间因素对样本属性的影响？

4. 解题指导

类比推理题型就是以类比的方式得出结论或者反驳他人论点的推理。一般说来，可以类比的事物都具有某些共性，要么形式，要么内容。

典型的类比论证是，某情况在一个特定情形下存在，因为它在一个相似的情形下存在。正确选项要么提到案例 A 或者案例 B，要么给出与这两个案例平行的等价案例 C。同时提到案例 A 和案例 B 的选项，成为正确答案的可能性最大。

（1）类比强化　强化一个用类比论证的方法：

① 指出两类对象具有可类比性。包括：两类对象真的相似；相似属性与推出属性具有相关性；类比的两类对象有实质性的相关；类比的两类对象没有实质性的不同。

② 提供新的论据支持类比的结论。包括：提供符合题干类比关系的原则（理论根据）；提供不存在与类推属性相关的反例（事实证据）。

（2）类比弱化　弱化一个用类比论证的方法：

① 指出两类对象不可比。包括：两类对象不完全相似；相似属性与推出属性不具有相关性；类比的两类对象没有实质性的相关；类比的两类对象存在实质性的区别。

② 提供新的论据削弱类比的结论。包括：提供不符合题干类比关系的原则（理论根据）；提供存在与类推属性相关的反例（事实证据）。

（3）类比推论 题干给出的信息涉及不同对象的类比，要求通过类比推理来推出一个合理的结论。

（4）类比比较 题干所给出的是一个类比推理或论证，要求从选项中找出相似的类比推理或论证。

（5）类比描述 类比论证就是以类比的方式得出结论或者反驳他人论点的论证，可以类比的事物都具有某些共性，要么形式，要么内容。

类比描述题主要考查我们在体会题干类比论证之后是否具备以下能力：

一是，识别类比论证以及识别类比论证的要素，揭示不同对象之间的类比；

二是，识别题干类比推理的结构与方法；

三是，识别题干类比推理缺陷以及识别类比不当或弱类比的谬误。

■地球所在的太阳系的八大行星中，存在生命的就占了八分之一。按照这个比例，考虑到宇宙中存在数量巨大的行星，因此，宇宙中有生命的天体的数量一定是极其巨大的。

以上论证的漏洞在于，不加证明就预先假设：

A. 一个天体如果与地球类似，就一定存在生命。

B. 一个星系，如果与太阳系类似，就一定恰有八个行星。

C. 太阳系的行星与宇宙中的许多行星类似。

D. 类似于地球上的生命可以在条件迥异的其他行星上生存。

E. 地球是最适合生命存在的行星。

[解题分析] 正确答案：C

要使题干论证成立，显然必须假设：太阳系的行星与宇宙中的许多行星类似。而这一假设本身存在疑问，不加证明作为论据是本论证的漏洞。

■今年上半年，即从 1 月到 6 月间，全国大约有 300 万台录像机售出。这个数字仅是去年全部录像机销售量的 35%。由此可知，今年的录像机销售量一定会比去年少。

以下哪项如果为真，最能削弱以上的结论？

A. 去年的录像机销售量比前年要少。

B. 大多数对录像机感兴趣的家庭都已至少备有一台。

C. 录像机的销售价格今年比去年便宜。

D. 去年销售的录像机中有 6 成左右是在 1 月售出的。

E. 一般说来，录像机的全年销售量 70% 以上是在年末两个月中完成的。

[解题分析] 正确答案：E

题干论证，由今年上半年只占去年全年销售量的 35%，来类推出今年的销量一定会比去年少。

E 项表明用上半年不能外推到全年，如果录像机的全年销售量 70% 以上是在年末两个月中完成的，那么虽然今年上半年的销量仅是去年全年的 35%，但全年的销量却极可能超过去年。这就严重地削弱了题干的结论。

C 项对题干的结论有所削弱，但力度显然不如 E 项。其余各项都不能削弱题干。

■赞扬一个历史学家对于具体历史事件阐述的准确性，就如同是在赞扬一个建筑师在完成一项宏伟建筑物时使用了合格的水泥、钢筋和砖瓦，而不是赞扬一个建筑材料供应商提供了合格的水泥、钢筋和砖瓦。

以下哪项最为恰当地概括了题干所要表达的意思？

A. 合格的建筑材料对于完成一项宏伟的建筑是不可缺少的。

B. 准确地把握具体的历史事件，对于科学地阐述历史发展的规律是不可缺少的。

C. 建筑材料供应商和建筑师不同，他的任务仅是提供合格的建筑材料。
D. 就如同一个建筑师一样，一个历史学家的成就，不可能脱离其他领域的研究成果。
E. 一个历史学家必须准确地阐述具体的历史事件，但这并不是他的主要任务。

[解题分析] 正确答案：E

建筑师和建筑材料供应商的区别在于：对于建筑材料供应商来说，如果他提供的建筑材料是合格的，他的任务就完成了；对于建筑师来说，使用合格的建筑材料，只是他完成任务的必要条件，而不意味着他已完成了任务。

题干把具体历史事件的准确阐述，比作使用了合格的建筑材料；把作了此种准确阐述的历史学家，比作建筑师，而不是比作完成了任务的建筑材料供应商，这意在说明，准确地阐述具体的历史事件，对于历史学家的工作来说是必不可缺的，但这并不是他的主要任务（也许他的主要任务是发现历史规律）。这正是 E 项所断定的。

其余各项对题干的概括均不如 E 项恰当。

■ 农科院最近研制了一种高效杀虫剂，通过飞机喷撒，能够大面积地杀死农田中的害虫。这种杀虫剂的特殊配方虽然能保护鸟类免受其害，却无法保护有益昆虫。因此，这种杀虫剂在杀死害虫的同时，也杀死了农田中的各种益虫。

以下哪项产品的特点，和题干中的杀虫剂最为类似？

A. 一种新型战斗机，它所装有的特殊电子仪器使得飞行员能对视野之外的目标发起有效攻击。这种电子仪器能区分客机和战斗机，但不能同样准确地区分不同的战斗机。因此，当它在对视野之外的目标发起有效攻击时，有可能误击友机。
B. 一种带有特殊回音强立体声效果的组合音响，它能使其主人在欣赏它的时候倍感兴奋和刺激，但往往同时使左邻右舍不得安宁。
C. 一部经典的中国文学名著，它真实地再现了中国封建社会中晚期的历史，但是，不同立场的读者从中得出不同的见解和结论。
D. 一种新投入市场的感冒药，它能迅速消除患者的感冒症状，但也会使服药者在一段时间中昏昏欲睡。
E. 一种新推出的电脑杀毒软件，它能随时监视并杀除入侵病毒，并在必要时会自动提醒使用者升级，但是，它同时降低了电脑的运作速度。

[解题分析] 正确答案：A

题干中的杀虫剂的特点是能区分鸟类和昆虫，但不能区分昆虫中的益虫与害虫，因此，在杀死害虫时虽然高效，但同时也杀死了益虫。

A 项中的战斗机的特点是能区分客机和战斗机，但不能区分战斗机中的敌机与友机，因此，攻击敌机虽然有效，但也可能误击友机。这和题干中杀虫剂的特点类似。

其余各项产品都不具有类似于题干中杀虫剂的上述特点。

■ 拥挤的居住条件所导致的市民健康状况明显下降，是清城面临的重大问题。因为清城和广州两个城市的面积和人口相当，所以，清城所面临上述问题必定会在广州出现。

以下哪项最为恰当地指出了上述论证的漏洞？

A. 不当地预设：拥挤的居住条件是导致市民健康状况下降的唯一原因。
B. 未能准确区分人口数量和人口密度两个概念。
C. 未能准确区分一个城市的面积和它的人口这两个不同的概念。
D. 未能恰当地选择第三个比较对象以增强结论的说服力。
E. 忽略了相同的人口密度可以有不同的居住条件。

[解题分析] 正确答案：E

题干由清城和广州的面积和人口相当（即人口密度相当），来类推出这两个城市的居住条件也相当。从而得出结论：清城所面临的拥挤的居住条件所导致的市民健康状况明显下降的问题必定会在广州出现。

E 项指出了这个推理是类比不当，即忽略了相同的人口密度可以有不同的居住条件。

注意：削弱结论与削弱论证是有区别的，题目是要求削弱论证，就是要断开由前提到结论的论证链条。而 A 项只是削弱了结论。

二、实践论证

实践论证是指主体指向目标的行动的论证。常见的实践论证是方案论证，即为达到一个目的或目标而提出一个拟采取的行动方案（包括方法、建议、计划等），是一种从目标到实现该目标所需要的行动的论证。

1. 实践论证的型式

目标前提：有一个目标 G。

方案前提：主体 a 拟采取行动方案 A，作为实现 G 的手段。

结论：因此，主体 a 应该执行行动 A。

2. 实践论证的批判性问题

CQ1. 有效性问题：方案能否达成目标？

CQ2. 操作性问题：方案可以操作吗？

CQ3. 副作用问题：操作该方案是否会带来副作用？

CQ4. 选择手段问题：还有其他实现目标的方案吗？

CQ5. 最佳选项问题：是否有更好的其他解决方案？

CQ6. 冲突目标问题：是否有与目标冲突的其他目标？

3. 解题指导

（1）强化方案　强化一个方案论证的办法可分为两种：

① 方案可行。

一是，该方案（方法、建议或是计划）可以达到目的或目标。

二是，该方案（方法、建议或是计划）可以操作。

② 方案可取。

一是，该方案（方法、建议或是计划）没有副作用，或者即使有副作用，但优点大于缺点。

二是，没有比该方案（方法、建议或是计划）更好的其他解决方法。

（2）弱化方案　弱化一个方案论证的办法可分为两种：

① 方案不可行。

一是，该方案（方法、建议或是计划）不能达到目的或目标，即使那样做也解决不了问题。

二是，该方案（方法、建议或是计划）本身不完善、不能执行或无法操作。

② 方案不可取。

一是，该方案（方法、建议或是计划）有副作用，并且其所带来的负面效应往往大于正面效应。

二是，有比该方案（方法、建议或是计划）更好的其他解决方法。

■美国扁桃仁于 20 世纪 70 年代出口到我国，当时被误译为"美国大杏仁"。这种误译导致大多数消费者根本不知道扁桃仁、杏仁是两种完全不同的产品。对此，我国林业专家一再努力澄清，但学界的声音很难传达到相关企业和民众中，因此，必须制定林果的统一标准，这样才能还相关产品以本来面目。

以下哪项是上述论证的假设？

A. 美国扁桃仁和中国大杏仁的外形很相似。

B. 我国相关企业和普通大众并不认可我国林果专家的意见。
C. 进口商品名称的误译会扰乱我国企业正常对外贸易。
D. 长期以来，我国没有林果的统一标准。
E. 美国"大杏仁"在中国市场上销量超过中国杏仁。

[解题分析] 正确答案：D

题干论述：由于扁桃仁和大杏仁被误用，为还相关产品以本来面目，因此，必须制定林果的统一行业标准。

D项是上述论证的假设，表明这一措施是有必要的，否则，如果我国已经有了林果的统一行业标准，那么就不必制定这一标准了。

其余选项均不是题干论证所需的假设。

■长期以来，手机产生的电磁辐射是否威胁人体健康一直是极具争议的话题。一项达10年的研究显示，每天使用移动电话通话30分钟以上的人患神经胶质癌的风险比从未使用者要高出40%，由于某专家建议，在取得进一步证据之前，人们应该采取更加安全的措施，如尽量使用固定电话通话或使用短信进行沟通。

以下哪项如果是真，最能表明该专家的建议不切实际？
A. 大多数手机产生电磁辐射强度符合国家规定标准。
B. 现有在人类生活空间中的电磁辐射强度已经超过手机通话产生的电磁辐射强度。
C. 经过较长一段时间，人们的体质逐渐适应强电磁辐射的环境。
D. 在上述实验期间，有些每天使用移动电话通话超过40分钟，但他们很健康。
E. 即使以手机短信进行沟通，发送和接收信息瞬间也会产生较强的电磁辐射。

[解题分析] 正确答案：B

题干根据研究所显示的使用移动电话与患神经胶质癌存在统计相关，从而推断两者因果相关，由此认为，手机的电磁辐射可能威胁人体健康。这是题干中专家建议尽量少用手机通话的依据。

B项表明，即使不使用移动电话通话，人也会受到超过手机所产生辐射强度的电磁辐射，因此，上述两个现象很可能仅仅是统计相关，并不存在因果关系，这就有力地削弱了专家建议的依据。

其余选项对专家的建议也有所削弱，但力度不足。

■目前，北京市规定在公共场所禁止吸烟。京华大学国际工商学院将自己的教学楼整个划定为禁烟区。结果发现有不少人在教学楼的厕所中偷偷吸烟，这一情况使得法规和校纪受到侵犯。有管理人员建议说，应当把教学楼的厕所定为吸烟区，这样，将使得烟民们有一个抽烟的地方而又不会使人们违反规定。

下列哪项如果为真，最能削弱上述建议的可行性？
A. 新的规定会把厕所的卫生和环境搞得非常糟糕，对不吸烟的人是不公平的。
B. 抽烟的人会使厕所变成一个"烟囱"，而且不利于烟民们戒烟。
C. 当新规定实施后，那些烟民中的有些人又会逐渐在教学楼内厕所以外其他的禁烟区吸烟。
D. 在厕所吸烟多了，在其他戒烟区发现违法者的可能性就小多了。
E. 这个新规定对于解决因为吸烟造成的学生宿舍的失火问题不起作用。

[解题分析] 正确答案：C

为解决违反规定偷偷吸烟的问题，有人建议：把教学楼的厕所定为吸烟区。

若E项为真，即有些烟民完全有可能会逐渐在教学楼内厕所以外其他的禁烟区吸烟，这样上述建议就不可行了。

■北方航空公司实行对教师机票六五折优惠,这实际上是吸引乘客的一种经营策略,该航空公司并没有实际让利,因为当某天某航班的满员率超过90%时,就停售当天优惠价机票,而即使在高峰期,航班的满员率也很少超过90%的。有座位空着,何不以优惠价促销它呢。

以下哪项如果是真的,将最有力地削弱上述论证?

A. 绝大多数教师乘客并不是因为票价优惠才选择北方航空公司的航班的。
B. 该航空公司实行施优惠价的7月份的营业额比未实行优惠价的2月份增加了30%。
C. 实施教师优惠票价是表示对教师职业的一种尊重,不应从功利角度对此进行评价。
D. 该航空公司在实施教师优惠价的同时,实施季节性调价。
E. 该航空公司各航班全年的平均满员率是50%。

[解题分析] 正确答案:A

题干论证是:为有效利用空位,航空公司实行对教师机票优惠以吸引教师乘客。

因为"绝大多数教师乘客并不是因为票价优惠才选择北方航空公司的航班的",那么北方航空公司实行对教师机票六五折优惠,实际上起不到吸引这部分乘客的作用,反而降低了公司的收入。因此,A项严重削弱了题干论证。

选项C、D是无关的评论,选项B、E强化了题干的论证。

【专项训练】

01. 世界粮食年产量略微超过粮食需求量,可以提供世界人口所需要最低限度的食物。那种预计粮食产量不足必将导致世界粮食饥荒的言论全是危言耸听。与其说饥荒是由于粮食产量引起的,毋宁说是由于分配不公造成的。

以下哪种情形是上面论述的作者所设想的?

A. 将来世界粮食需求量比现在的粮食需求量要小。
B. 一个好的分配制度也难以防止世界粮食饥荒的出现。
C. 世界粮食产量将持续增加,可以满足粮食需求。
D. 现存的粮食供应分配制度没有必要改进。
E. 世界粮食供不应求是大势所趋。

02. 没有一个植物学家的寿命长到足以研究一棵长白山红松的完整生命过程。但是,通过观察处于不同生长阶段的许多棵树,植物学家就能拼凑出一棵树的生长过程。这一原则完全适用于目前天文学对星团发展过程的研究。这些由几十万个恒星聚集在一起的星团,大都有100亿年以上的历史。

以上哪项最可能是上文所做的假设?

A. 在科学研究中,适用于某个领域的研究方法,原则上都适用于其他领域,即使这些领域的对象完全不同。
B. 天文学的发展已具备对恒星聚集体的不同发展阶段进行研究的条件。
C. 在科学研究中,完整地研究某一个体的发展过程是没有价值的,有时也是不可能的。
D. 目前有尚未被天文学家发现的星团。
E. 对星团的发展过程的研究,是目前天文学研究中的紧迫课题。

03. 头部受伤是摩托车事故中最严重的伤,在使用纳税人的钱医治这类受伤者时,不带头盔出事故的车手平均所花的医疗费用是戴头盔者的两倍。司法部门已经通过立法规定摩托车骑手必须佩戴头盔,以减少车祸和出事故时头部损伤的程度,从而节省纳税人的钱。所以,为了进一步减少类似的费用,其他地区司法部门也应通过要求摩托车骑手必须佩戴头盔的立法。同样的原因,司法部门也应当要求骑马的骑手佩戴头盔,因为骑马在事故中比骑摩托车更易于导致头部损伤。

作者关于骑马的骑手应戴头盔的结论依赖于以下哪项假设?

A. 花在因骑马所产生的事故而导致的头部损伤上的医疗费用是税收支出的一部分。
B. 在骑马发生的事故中导致严重脑损伤的比例较高是由于马和摩托车的大小不一样。
C. 用于治疗头部损伤的医疗费用高于治疗其他类型的损伤的费用。
D. 如果受害者佩戴头盔,可以避免大多数在骑马或骑摩托车发生事故时所造成的死亡。
E. 在决定是否应当通过一项要求骑马或骑摩托车的骑手戴头盔的立法时,司法部门考虑的首要问题应是公民的安全。

04. 在举办奥运会之前的几年里,奥运主办国要进行大量的基础设施建设和投资,从而带动经济增长。奥运会当年,居民消费和旅游明显上升,也会拉动经济增长。但这些因素在奥运会后消失,使得主办国的经济衰退。韩国、西班牙、希腊等国家在奥运会后都出现经济下滑现象。因此,2008年奥运会后中国也会出现经济衰退。

如果以下陈述为真,除哪项陈述外,都能对上述论证的结论提出质疑?
A. 奥运会对中国经济增长的推动作用为0.2‰~0.4‰。
B. 1984年洛杉矶奥运会和1996年亚特兰大奥运会都没有造成美国经济下滑。
C. 中国城市化进程处于加速阶段,城镇建设在今后几十年内将有力地推动中国经济发展。
D. 为奥运会兴建的体育场馆在奥运会后将成为普通市民健身和娱乐的场所。
E. 韩国、西班牙、希腊等国家在奥运会后都采取了不恰当的经济政策。

05. 某中学发现有学生课余利用扑克玩带有赌博性质的游戏,因此规定学生不得带扑克进入学校。不过即使是硬币,也可以用作赌具,但禁止学生带硬币进入学校是不可思议的,因此,禁止学生带扑克进学校是荒谬的。

以下哪项如果为真,最能削弱上述论证?
A. 禁止带扑克进学校不能阻止学生在校外赌博。
B. 硬币作为赌具远不如扑克方便。
C. 很难查明学生是否带扑克进学校。
D. 赌博不但败坏校风,而且影响学习成绩。
E. 有的学生玩扑克不涉及赌博。

06. 我国著名的地质学家李四光,在对东北的地质结构进行了长期、深入的调查研究后发现,松辽平原的地质结构与中亚细亚极其相似。他推断,既然中亚细亚蕴藏大量的石油,那么松辽平原很可能也蕴藏着大量的石油。后来,大庆油田的开发证明了李四光的推断是正确的。

以下哪项与李四光的推理方式最为相似?
A. 他山之石,可以攻玉。
B. 邻居买彩票中了大奖,小张受此启发,也去买了体育彩票,结果没有中奖。
C. 某乡镇领导在考察了荷兰等国的花卉市场后认为要大力发展规模经济,回来后组织全乡镇种大葱,结果导致大葱严重滞销。
D. 每到炎热的夏季,许多商店腾出一大块地方卖羊毛衫、长袖衬衣、冬靴等冬令商品,进行反季节销售,结果都很有市场。小王受此启发,决定在冬季种植西瓜。
E. 乌兹别克地区盛产长绒棉。新疆塔里木河流域和乌兹别克地区在日照情况、霜期长短、气温高低、降雨量等方面均相似,科研人员受此启发,将长绒棉移植到塔里木河流域,果然获得了成功。

07. 一般人总会这样认为,既然人工智能这门新兴学科是以模拟人的思维为目标,那么,就应该深入地研究人思维的生理机制和心理机制。其实,这种看法很可能误导这门新兴学科。如果说,飞机发明的最早灵感是来自于鸟的飞行原理的话,那么,现代飞机从发明、设计、制造到不断改进,没有哪一项是基于对鸟的研究之上的。

上述议论,最可能把人工智能的研究比作以下哪项?

A. 对鸟的飞行原理的研究。
B. 对鸟的飞行的模拟。
C. 对人思维的生理机制和心理机制的研究。
D. 飞机的设计制造。
E. 飞机的不断改进。

08. 政府应该实施一条法案来禁止在通勤火车上销售和饮用酒精饮料。最近，政府运用它的法律权力，通过了一条禁止在通勤火车上抽烟，来保护上下班人的健康的法律。当喝醉了的乘客下了车，钻进他们的汽车后开车时，公众面临的危险与火车上不抽烟的乘客被迫呼吸香烟的烟尘所面临的危险至少是一样大。

在证明在通勤火车上喝含有酒精的饮料应该被禁止时作者依赖于：
A. 喝含有酒精的饮料有害个人健康的事实。
B. 人们需要保护以免受他们行为对自己造成伤害的原则。
C. 对抽烟和喝酒精饮料作了一个充满感情的指责性描述。
D. 读者对通勤者所遭遇的问题的同情。
E. 在抽烟的影响与喝含有酒精的饮料的影响两者之间作了一个比较。

09. 某学会召开的国家性学术会议，每次都收到近千篇的会议论文。为了保证大会交流论文的质量，学术会议组委会决定，每次只从会议论文中挑选出 10% 的论文作为会议交流论文。

学术会议组委会的决定最可能基于以下哪项假设？
A. 每次提交的会议论文中总有一定比例的论文质量是有保证的。
B. 今后每次收到的会议论文数量将不会有大的变化。
C. 90% 的会议论文达不到大会交流论文的质量。
D. 学术会议组委会能够对论文质量作出准确判断。
E. 学会有足够的经费保证这样的学术会议能继续举办下去。

10. 尽管世界市场上部分可以获得的象牙来自于非法捕杀的野象，但是有些象牙的来源是合法的，比如说大象的自然死亡。所以当那些在批发市场上购买象牙的人只买合法象牙的时候，世界上所剩很少的野象群就不会受到危害了。

上面的论述所依赖的假设是：
A. 目前世界上，合法象牙的批发源较之非法象牙少。
B. 目前世界上，合法象牙的批发源较之非法象牙多。
C. 试图只买合法象牙的批发商确实能够区分合法象牙和非法象牙。
D. 通常象牙产品批发商没有意识到象牙供应减少的原因。
E. 今后对合法象牙制品的需要将持续增加。

11. 这些年来，国产胶卷在国内市场的占有率逐渐减少，经研究发现：外国胶卷的广告比国内胶卷的广告更能吸引消费者的关注。因此，国产胶卷制造商计划通过改进广告改变商品形象，以增加市场占有率。

以下哪项，如果为真，将最不利于国产胶卷制造商上述计划的成功？
A. 准备购买胶卷的人比不准备购买的人对胶卷广告会更加重视。
B. 消费者一般对那些他们已比较喜爱的产品的广告特别关注，而对不喜爱的产品，不管广告如何变化，也不会特别关注。
C. 国产胶卷花费在广告上的费用与外国胶卷广告费用一样。
D. 尽管外国胶卷销售额增加，每年国产胶卷销售额同样增加。
E. 某些外国胶卷广告是由国内广告公司制作的。

12. 1991 年 6 月 15 日，菲律宾吕宋岛上的皮纳图博火山突然大爆发，2000 万吨二氧化硫气体冲入平流层，形成的霾像毯子一样盖在地球上空，把部分要照射到地球的阳光反射回太空。

几年之后,气象学家发现这层霾使得当时地球表面的温度累计下降了0.5℃,而皮纳图博火山爆发前的一个世纪,因人类活动而造成的温室效应已经使地球表面温度升高了1℃。某位持"人工气候改造论"的科学家据此认为,可以用火箭弹等方式将二氧化硫充入大气层,阻挡部分阳光,达到给地球表面降温的目的。

以下哪项如果为真,最能对该科学家提议的有效性构成质疑?
A. 如果利用火箭弹将二氧化硫充入大气层,会导致航空乘客呼吸不适。
B. 如果在大气层上空放置反光物,就可以避免地球表面受到强烈阳光的照射。
C. 可以把大气中的碳提取出来存储到地下,减少大气层中的碳含量。
D. 不论任何方式,"人工气候改造"都将破坏地球的大气层结构。
E. 火山喷发形成的降温效应只是暂时的,经过一段时间温度将再次回升。

13. 张教授指出,生物燃料是指利用生物资源生产的燃料乙醇或生物柴油,它们可以替代由石油制取的汽油和柴油,是可再生能源开发利用的重要方向。受世界石油资源短缺、环保和全球气候变化的影响,20世纪70年代以来,许多国家日益重视生物燃料的发展,并取得显著成效。所以,应该大力开发和利用生物燃料。

以下哪项最可能是张教授论证的预设?
A. 发展生物燃料可有效降低人类对石油等化石燃料的消耗。
B. 发展生物燃料会减少粮食供应,而当今世界有数以百万计的人食不果腹。
C. 生物柴油和燃料乙醇是现代社会能源供给体系的适当补充。
D. 生物燃料在生产与运输的过程中需要消耗大量的水、电和石油等。
E. 目前我国生物燃料的开发和利用已经取得很大成绩。

14. 蕨丛是一种有毒的野草,正在北半球传播并毁坏牧场,一个潜在的并不昂贵的自我维护的措施是引进这种植物的天敌;因此,一些科学家建议通过释放一种南半球土生土长的吃蕨丛的蛾子到北半球蕨丛蔓延的地区,可以控制蕨丛。

如果科学家控制蕨丛的建议被采纳,下面哪个是其成功的必要条件?
A. 北半球的蕨丛生长的土壤、气候条件大致和南半球蕨丛生长的地区相似。
B. 释放出来的蛾子将以杂草而不是北半球土生土长的蕨丛为食。
C. 蕨丛肆虐的草原上的牲畜将产生对蕨丛引发疾病的免疫力。
D. 有足够量的蛾子生存下来减少蕨丛,延缓其生长。
E. 传统的诸如烧、割或药物喷洒这类方法不见得比现在方法节省人力和资金。

15. 计算机的操作系统软件日益标准化。但当一大公司处于多重连接系统的每一台计算机都使用同一种操作系统软件时,一个进入一台计算机的计算机破坏者,就会自动地访问所有的计算机。使用一种叫做"病毒"的程序,破坏者可以破坏掉所有计算机中的许多数据,如果这样的公司在它的操作系统软件中做一些微小的变化,实际上就可消除在同一时间无经授权就可访问所有计算机的现象。并且,在操作系统软件上所做的改变并不会使公司的计算机的兼容性受损。因此实施这样的改变对公司来说是可取的。

下面哪一点,如果正确的话,能支持文中的结论?
A. 计算机操作系统软件的标准化已使不同公司之间的计算机的兼容性增加。
B. 改正由于计算机病毒程序入侵而造成的破坏的费用要比预防它昂贵得多。
C. 对一个公司来说,维持不兼容的计算机操作系统的代价不高。
D. 有其他类型的不依赖于计算机相互连接的破坏性计算机程序。
E. 并不是所有的公司都需要在他们内部的计算机之间共享数据。

16. 遇到高温时,房屋建筑材料会发出独特的声音。声音感应报警器能够精确探测这些声音,提供一个房屋起火的早期警报,使居住者能在被烟雾困住之前逃离。由于烟熏是房屋火灾人员伤亡最通常的致命因素,因此安装声音感应报警器将会有效地降低房屋火灾的人

第七章　论证逻辑

员伤亡。

下列哪一个假设如果正确，最能反驳上面的论述？

A. 声音感应报警器广泛使用的话，其高昂成本将下降。

B. 在完全燃烧时，许多房屋建筑材料发出的声音在几百米外也可听见。

C. 许多火灾开始于室内的沙发坐垫或床垫，产生大量烟雾却不发出声音。

D. 在一些较大的房屋中，需要多个声音感应报警以达到足够的保护。

E. 在普遍使用后，烟雾探测器拯救了许多生命。

17. 某些酶分子通过使环绕肺气管的肌肉细胞收缩来抵御有毒气体对肺部的损害。这使肺部部分封闭起来。当这些酶分子被不必要地激活时，人会对某些无害的事物像花粉或家庭粉尘作出反应，就出现了哮喘病。有一项计划是开发一种药物通过吸收并消除由上文所说的酶分子发现的信息来防止哮喘病的发生。

以下哪一项，如果是正确的，将指出这项计划的最严重的缺陷？

A. 研究人员仍不知身体是如何产生这种引发哮喘病的酶分子的。

B. 研究人员仍不知道什么使一个人的酶分子比其他人的更易激活。

C. 很多年内无法获得这样的药物，因为开发生产这种药物都需要很长的时间。

D. 这样的药物无法区分由花粉和家庭粉尘引发的信息与有毒气体引发的信息。

E. 这样的药物只能是预防性的，一旦得上哮喘，它无法减轻哮喘的程度。

【答案解析】

01. 答案：C

题干根据世界粮食年产量略微超过粮食求量，得出结论：将来不会导致饥荒，如果有的话，也是由分配问题而不是由产量问题引起的。

本题从现在类推将来，因此必须假设，现在在发生的事情在将来也能够发生，也就是说将来世界食物的产量也会满足或超过人们的需要。因此，C项是正确答案。

其余选项均不妥，其中，A项是个新的比较，易被误选，将来世界对粮食的需求量比目前的小，但是如果食物产量降低了更多，那么将来的粮食产量将不能满足需要，必定会发生饥荒，因此不正确。B和D项与题干中观点相悖，因为题干强调了分配制度的重要性。E项重申了结论，不可能作为一个假设。

02. 答案：B

题干论述，人活不了红松整个生命周期那么长的时间，但可观察处于不同生长阶段的许多棵红松来研究其整个生命周期。这同样可用来研究恒星聚集在一起的星团的发展过程。

为使题干的议论成立，B项是必须假设的，否则，如果事实上天文学的发展并不具备对恒星聚集体的不同发展阶段进行研究的条件，那么，就不可能基于对星团不同发展阶段的研究，对其总体的发展过程进行有效研究，题干的论述就难以成立。

其余各项不是必须假设的。例如，题干假设，植物学的研究方法可用于天文学研究，但题干的议论不必假设：适用于某个领域的研究方法，原则上都适用于其他领域。A项的断定过强了，不是题干的议论必须假设的。

03. 答案：A

题干论述：为了节省纳税人的钱，应该让骑马者也像摩托骑手那样佩戴头盔，以减少事故中头部受伤而导致的医疗费用。

选项A是题干论证必须的假设，否则，如果花在因骑马所产生的事故而导致的头部损伤上的医疗费用不是税收支出的一部分，意味着即使骑马者带了头盔，医疗费用减少了，也不能省纳税人的钱，削弱了题干，因此A为正确答案。

其余选项均为无关项，比如：B项，事故原因与题干推理无关；C项，引入了无关比较。

277

04. 答案：D

题干断定：韩国、西班牙、希腊等国在奥运会后都出现经济下滑现象；因此，2008 年奥运会后中国也会出现经济衰退。

A 项表明，奥运会对中国经济增长的推动作用非常小，因此，奥运会后不会对中国经济造成很大的影响。

B 项是题干论述的一个反例，通过类比说明，奥运会后中国经济不至于出现下滑。

C 项表明城市化进程将推动中国经济发展，即中国经济有另外强劲的拉动因素。

因此，A、B、C 三项都能削弱题干关于奥运会后中国会出现经济衰退的结论。

D 项所述，场馆用于市民健身和娱乐，该项没有说到与中国经济的关联，因此，不能削弱题干，为正确答案。

05. 答案：B

题干论证实际上把硬币类比为扑克，都可用作赌具，但既然不禁止学生带硬币进入学校，那也没必要禁止学生带扑克进入学校。

题干的论证方法是类比。类比的对象的相关属性必须不存在实质性的差异，否则类比的结论就不可靠。题干的类比对象是扑克和硬币，相关属性是用作赌具。B 项指出，硬币作为赌具远不如扑克方便，意味着把这两个类比对象的相关属性存在实质性的差异，这样就显然有力地削弱了题干论证。

其余选项都游离了题干论证，均为无关项。

06. 答案：E

一个类比推理的结论要可靠，进行类比的对象必须具有某种相关的共同属性。选项 E 与题干的推理都体现了这一点，是合理的类比推理。

A 项不是类比，B、C、D 项也运用了类比，但不是合理的类比，推出的结论不可靠。

07. 答案：D

题干所作的类比分析是：飞机的发明、设计制造和改进并非基于对鸟的研究，因此，人工智能的研究也不应基于对人思维的生理和心理机制的研究。显然，这里，把对人思维的生理和心理机制的研究，比作对鸟的研究；把人工智能的研究，比作飞机的发明、设计制造和改进。

D 项和 E 项都和题干的上述类比相关，由于先有设计制造才谈得上改进，显然 D 项比 E 项作为题干中人工智能研究的类比对象更为恰当。

08. 答案：E

题干首先提出论点，在通勤火车上销售和饮用酒精饮料的行为应当被法律禁止，接着举了一个法律上已禁止在通勤火车上抽烟的例子，然后说明两者对公众造成的危害或带来的危险具有相似性，由此得出结论，当一种行为（抽烟）被禁时，另一种行为（销售和饮用酒精饮料）也应当被禁止。因此题干是通过抽烟对他人的影响与喝酒精饮料对他人的影响的比较来证明它的论点的，所以，E 项是正确答案。

其余选项都不能从题意中得出。

09. 答案：A

学术会议组委会的决定所基于的假设是 A 项，否则，如果每次提交的会议论文中论文质量都没有保证，那么，就不能保证大会交流论文的质量。

其余选项均不是假设。比如：D 项，能够对论文质量作出准确判断的不一定是学术会议组委会，完全可以外请评委来判断。

10. 答案：C

题干结论：世界上的野生象群就不会受到危害了。

理由：购买象牙的人只买合法象牙。

C项说明了理由是可行的，是题干论证所必须的假设，否则，如果试图只买合法象牙的批发商不能够确实地区分合法象牙和非法象牙，意味着批发商就不能避免购买非法象牙，那么，世界上的野生象群就仍可能会受到危害。

11. 答案：B

如果B项为真，那么，国产胶卷作为消费者已经不喜爱的产品，不管广告怎么变化，都不会引起消费者的关注，那么国产胶卷制造商通过改进广告改变商品形象，以达到增加市场占有率的目的就落空了。

12. 答案：E

根据火山喷发形成的降温效应，某科学家提议，用火箭弹将二氧化硫充入大气层以阻挡部分阳光，从而给地球降温。E项所述表明，上述科学家提议的方式所能产生的降温效应至多只是暂时的，意味着这一提议不可行。

其余选项都起不到削弱作用或削弱力度较弱，比如，D项只能有助于说明，上述科学家提议的方式在产生降温效应可能对地球产生其他负面影响，但无助于说明此方式不能产生有效的降温。

13. 答案：A

题干陈述，因为石油资源短缺，所以，应该大力开发和利用生物燃料。

其明显的假设是，发展生物燃料可有效降低人类对石油等化石燃料的消耗。因此，A项为正确答案。

14. 答案：D

题干是为达到控制蕨丛的目的而提出一个建议：把南半球土生土长的吃蕨丛的蛾子释放到北半球。

D项是成功实现这一建议的必要条件，否则，如果没有足够量的蛾子能生存下来，题干提出的建议就难以成功。

15. 答案：B

题干论述：如果公司在它的操作系统软件中做一些微小的变化，就可消除在同一时间未经授权就可访问所有计算机的现象。

要使公司这一预防措施可行，不但要求该措施在技术上可行，而且要求该措施在经济上可行。选项B所描述的内容正是这个公司在操作系统软件上做出改变的经济可行性的前提条件，因此为正确答案。

其余选项都与题干结论无关。

16. 答案：C

题干论述：声音感应器能够精确探测到火灾时房屋建筑材料发出的独特声音，因此，用声音感应报警器将会有效地降低房屋火灾的人员伤亡。

这一论证必须假设火灾一开始大多能发出声音，C项表明，许多火灾开始产生大量烟雾却不发出声音，这就否定了这一假设，有力地反对了题干的论述，因此，为正确答案。

其余选项均起不到有效的反驳作用。

17. 答案：D

题干论述的计划是，要开发的药物是通过抑制肺部的酶分子的自然行为来预防哮喘。

D项表明，这样的药物无法区分由花粉和家庭粉尘引发的信息与有毒气体引发的信息。这就指出这种抑制不仅会在该分子行为是多余时发生，也会在它是必要时发生，也就是在真正碰到有毒气体也起不到保护作用，这将是这种药物的严重缺陷。

其余选项均起不到削弱作用，其中，选项A和B提到缺乏关于酶分子是如何产生的或如何激活的知识，但没有提到它们在肺部是如何起作用的。选项C描述了开发药物会花多长时间，但没有排除成功的可能性。选项E仅指出该药物不能做些没有打算让它做的事。

第八章
论证推理

所谓论证，是指用一个或一些已知、真实的判断去证明另一判断的真实性，或揭示另一判断虚假性的思想过程。所谓论证推理，就是由 n 个句子组成的语段，其中有一个核心的句子叫结论，其余支持这个核心句的句子叫前提。论证推理是一个从前提到结论的过程，强调的是前提和结论的逻辑关系。推理并不关注前提和结论的本身是否正确，而是关注前提和结论之间的逻辑关系。

论证推理试题设计所依据的理论是"批判性思维"，其思维重点关注的，是如何识别、构造特别是评价实际思维中各种推理和论证的能力；论证推理题主要考查确定论点、评价论点、规范或者评价一个行动计划等三个方面的推理能力——大多数的问题基于一个单独的推理或是一系列语句。但有时候，也会有两三个问题基于一个推理或是一系列语句的情况。

论证推理试题的特点主要包括三个方面：一是考查重点明确，逻辑考试考查的重点是在对知识的综合运用以及解决实际问题的能力；二是出题方式相对固定，具体表现在题目内容虽然很灵活，但题型相对固定；三是考查细致化，要求对解题技巧和方法准确把握。由于解题技巧和感觉只有在反复练习中才会真正掌握并巩固，因此，要拿高分，秘诀就是类型化方法。

所谓类型化方法，指的就是以最佳的试题类型分类为基础，根据不同的试题类型所具有的主要特征而提炼出来的处理不同类问题的具体方法。为此，本书针对逻辑题型，深入分析探究，用"举题型讲方法"的格式，按考题的表现形式或解题方法划分为不同的题型和解题套路，并做详细剖析说明，通过举例讲解，透彻分析每一种套路的特点和解题方法。

对逻辑题型的分类可以从两个维度进行，一是从问题类型的维度进行分类，主要有假设、支持、削弱、评价、推论和解释等题型；二是从论证方式的维度进行分类。

论证推理题目一般比较综合，虽然可以根据题目的特征和一般解题思路进行分类，但是有的题目是可以从多角度分析的，从不同的角度可以看作不同的题型。因此，这里的题型分类只具有相对意义，是帮助考生形成解题的题感，考生在自行解题时不要拘泥题型的细分，不要生搬硬套。

本章的内容是全面介绍解题套路，而不是技巧，区别在于：套路讲的是方向，是往哪方面思考的问题；而技巧将的是具体怎么解决的问题，解题技巧不能作为解题的思考出发点。套路具有一般的规律性，而技巧则要具体问题具体分析，不能为技巧而技巧。

论证的本质是事件或事件之间的关系，从解题角度上看，论证的本质就是句子与句子的关系。假设就是必要的支持；支持就是增加结论的可信度；削弱就是降低结论的可信度，支持的取非就是削弱；评价就是支持与削弱的综合；解释是对题干结论的支持。同一个题目可以按照不同的问题考多次。不同的问法在逻辑原理上没有根本的区别，所以题型不是关键，题干的论证关系才是本质。

特别要指出的是，本章用"分类思维"的方式讲解每一类题型及其各种解题思路是一种分解动作，目的是为了训练大家的解题感觉，如果感觉已形成并已熟练掌握了，那么在正式解题时就应一气呵成，而不用拘泥于具体是哪种思路了。其实逻辑题的推理过程最重要，要从繁复的叙述中看清事物间的推理关系，推理过程清楚了，什么题型都好说，很多题型是相通的。切忌解题的时候拿到一道题想想到底哪个技巧能用上，这绝对不对，有的题目是很难讲技巧的，逻辑推理每道题目就是一个独立的挑战，要具体问题具体分析。

逻辑推理考试作为一种能力考试，就是相对独立于各种专业知识，关键是要强化日常逻辑思维能力，其中一个最有效的办法就是多做相关的练习题。逻辑过关的指标就是，你做完一套题后能知道自己得了多少分，选一道题有充分的理由认为自己选对了，说明你有了"题感"了。我们确信，拥有"题感"是逻辑考试高分突破的真正秘诀。

由于本章用归类思维概括了各类论证推理题的解题思路和解题规律，有助于考生全面了解考试题型以及相关的解题方法和技巧，如果考生能认真研读本部分所列的真题，并能在熟练掌握的基础上融会贯通、举一反三、触类旁通，那么，在遇到同类问题时，一定有助于尽快理清思路，快速准确解题。

第一节　假　　设

假设题的题干给出前提和结论，然后问你假设是什么。或者，需要补充什么样的前提，才能使题干中的推理成为逻辑上有效的推理。典型的问法有"上文的说法基于以下哪一个假设？""上面的逻辑前提是哪个？""再加上什么条件能够得出结论？"等。

由于假设是一个论证的潜在的前提，是前提到结论推理的桥梁，因此，相当多的论证题都是围绕假设来作为出题点的。假设、支持、削弱、评价这四种题型在整个逻辑推理题中占了相当大的比重，而支持、削弱与评价这三种题型的答案方向多是针对题干推理的隐含假设，再加上推论题型的推理题有时就是隐含假设，所以假设在整个论证推理中占有基础性的地位和作用。

1. 假设的含义

假设就是隐含前提。对于一命题而言，假设的真或假是其能否成立的前提条件。如果假设假，则命题不成立，而且也毫无意义。

假设的定义：假设是使推理成立的一个必要条件。

具体而言，若A是B的一个必要条件，那么非A→非B；若一个推理在没有某一条件时，这个推理就不成立，那么这个条件就是题干推理的一个假设。

2. 揭示假设的步骤

基于共同前提之上的讨论或辩论才有意义。实际上，在人们提出的命题或观点中，总是包含着一系列的前提假设。在展开讨论之前，需要澄清这些假设，需要就前提取得共识。否则，讨论是无意义的。此题型考查学生的假设辨认能力，考查学生能否理解和辨认一个命题或观点中所包含的前提假设。

（1）提炼出理由与结论。站在为作者着想的角度考虑，怎样才能使论证中已表述的前提成为支持其结论的强有力的理由？

（2）补充隐含前提。假定已表述的前提为真，紧扣结论，查看要使其结论成立，至少还需要得到什么样的隐含前提的支持，这样的隐含前提就是该论证的假设。在做这种补充时，常常存在多种不同的选择，这时应该遵循宽容原则（即"慈善原则"），要站在论证者的立场上尽量寻找有利于论证者、有利于论证成立的假设。

（3）检验重构的论证。补充隐含前提后，这个论证即可被重新构建出来，再来对论证者的推理进行评价，看被省略的前提是否真实，论证过程是否正确，是否符合原意。

3. 假设的类型

假设分为充分型和必要型。

（1）充分型的做题思路是加进法，即三段论思维。充分类因为题干结论是必须能从证据推出（加上假设），所以方法较简单，将选项加到题干的推理中，如果结论必成立，则为答案。

比如：所有美德都值得称赞，诚信是一种美德。所以，诚信是值得称赞的。

因此，如果说："所有美德都值得称赞。所以，诚信是值得称赞的。"

这个推理的假设就是"诚信是一种美德。"

（2）必要型的假设做题思路是取非法。即将选项取非，如果题干的结论必不成立，则为答案，如果还有成立的可能性，则不是正确答案。

4. 寻找假设的方法

（1）加进法。第一，加进去不能支持的不是假设；第二，能直接得到结论的是充分性假设；第三，能支持但不能必然得到的，可能是不是假设的支持，也可能是必要性假设。

（2）加非法。对第三种情况再用否定代入，否定后严重削弱题干论证的是假设，否定后题干仍有可能成立的就不是假设。

5. 假设的检验

那么，如何来排除不是假设的选项呢？我们可以用"否定代入法"来验证。

何谓"否定代入法"？就是把你认为有可能正确的选项首先进行否定，再把这个经过否定的选项代入到题干之中去，如果代入以后严重削弱了题干或题干推理不成立，那么，这个选项就是我们所要寻找的假设性选项；如果代入以后没有严重削弱题干或题干推理仍然可以成立，那么，这个选项就不是我们所要寻找的假设性选项。

6. 解题指导

假设是论证推理的中心环节。首先，应理解假设的基本定义，即：使推理成立的一个必要条件。也就是上面推理成立所必需的东西。但许多考生往往认为如果有了这个假设上面的推理一定成立。这在大多数情况下是不对的，因为假设仅仅为"使推理成立的一个必要条件"，还可能需要其他条件的共同作用，上面的推理才能成立。

所以，找到了推理的一个假设，并不能够肯定该推理必然成立。我们只有找到了推理成立的所有必要条件，才能够得出一个确定性的结论，推理才能够成立。不过，在考试时，我们只需要找到一个使推理成立的必要条件，尽管不能保证推理一定正确，但由于答案不需要充分性，因此就做对了"假设"的题目。

假设题的逻辑关系是最严密的，吃透假设题就比较容易体会逻辑的推理过程，从而可以对别的题型举一反三，所以它是逻辑考题中最重要的一种题型。由于答案给出方式相对比较固定，假设题的解题技巧也很明确。

解题步骤如下：

（1）读题，找出前提和结论，把握逻辑主线。

（2）寻找疑似答案。

① 根据核心词、否定词、能够/可以等标志词来定位选项。

② 若无明显标志词，则凭语感或三段论思维寻找推理缺口，找出疑似答案。

（3）排除那些并没有填补推理缺口的选项。

排除无关项以及带有绝对化词的断定过强的选项。

（4）若题目冗长绕口，则猜答案。读选项顺序，先是最长项，再是次长项。

（5）加非验证。假设题的最有效方法就是对选项取非验证。通过否定代入判断上面推理是否成立，若加入否定词后上面推理必不成立，则必为假设，若仍可能成立，则立即排除。

通常方法是用有关无关排除后剩下难分的选项才用此方法，很多情况下通过有关无关排除便只剩下一个。

注意：

- 有些选项可以加强原来的结论但未必是假设；
- 取非后的选项要能够彻底否定原来论断，否则就不是假设。

一、充分假设

充分假设就是前面讲的充分型假设,做题思路是加进法,即将待选的选项加入题干论证,若该选项与题干前提结合起来,能使题干结论必然被推出,则该选项就为正确答案。

■人类学家发现早在旧石器时代,人类就有了死后复生的信念。在发掘出的那个时代的古墓中,死者的身边有衣服、饰物和武器等陪葬物,这是最早的关于人类具有死后复生信念的证据。

以下哪项,是上述议论所假定的?

A. 死者身边的陪葬物是死者生前所使用过的。
B. 死后复生是大多数宗教信仰的核心信念。
C. 宗教信仰是大多数古代文明社会的特征。
D. 放置陪葬物是后人表示对死者的怀念与崇敬。
E. 陪葬物是为了死者在复生后使用而准备的。

[解题分析] 正确答案:E
题干前提:旧石器时代的古墓中有陪葬物。
补充E项:陪葬物是为了死者在复生后使用而准备的。
推出结论:旧石器时代的人类就有了死后复生的信念。
其余各项均不是必须假设的。

■恐龙专家:一些古生物学家声称鸟类是一群叫做多罗米奥索斯的恐龙的后裔。他们求助于化石记录,结果发现,与鸟类和大多数恐龙相比,多罗米奥索斯具有的特征与鸟类更为相似。但是,他们的论述存在致命的缺点,已经发现的最早的鸟类的化石比最古老的已知的多罗米奥索斯的化石早几千万年。因此,古生物学家的声称是错误的。

专家的论述依赖于下面哪条假设?

A. 具有相似的特征并不是不同种类的生物在进化上相联系的标志。
B. 多罗米奥索斯和鸟类可能会有共同的祖先。
C. 已知的化石揭示了鸟类和多罗米奥索斯起源的相对日期。
D. 多罗米奥索斯化石和早期鸟类化石的知识是完整的。
E. 多罗米奥索斯和鸟类在许多重要方面都不一样。

[解题分析] 正确答案:C
题干前提:发现的最早的鸟类的化石比最古老的已知多罗米奥索斯恐龙的化石早几千万年。
省略前提:已知化石揭示了鸟类和多罗米奥索斯恐龙起源的相对日期。
推出结论:鸟类比多罗米奥索斯恐龙的起源要早。
从而得出题干结论:鸟类是一群叫做多罗米奥索斯恐龙的后裔这一观点是错误的。
C项表达了这一省略前提,因此为题干论述所基于的假设。
其余选项均不是假设。

■相关调查资料表明,目前在中国的部分农村贫困地区,放弃参加高考的人数在逐年上升。如果社会上对大学生过高的期望值能够调整,这种现象就不会出现了。

以下哪项陈述是以上观点的假设?

A. 农村贫困地区的考生难以承受大学的学费和生活费用。
B. 来自社会的对大学生过高的期望值对于弃考行为的发生具有重要影响。
C. 弃考行为之所以发生有着复杂的原因。
D. 当考生感觉到压力过大时也会选择弃考。

E. 应该对所有地区的弃考学生进行进一步的调查。

[解题分析] 正确答案：B

前提条件：如果社会上对大学生过高的期望值能够调整。

补充B项：来自社会的对大学生过高的期望值对于弃考行为的发生具有重要影响。

题干结论：部分农村贫困地区弃考的人数逐年上升的现象就不会出现了。

其余选项均为无关项。

二、推理可行

推理可行的假设是一种必要型假设，也是数量最多的假设题型。若能使一个论证可行或有意义，那么这样的假定就是题干推理成立的必要条件。因为若推理根本就不可行或没有实际意义，那么题干论证必然不成立，所以这个假定是假设。

在解答假设题时，首先凭语感来寻找可能为假设的选项，然后通过对选项加入否定的方法来判断题干推理是否成立。若加入否定，题干推理必不成立，则其必为假设；若加入否定后，题干推理仍可成立，则绝对不是假设。

注意：假设一定是支持，但支持不一定是假设。因此，命题者加大假设题难度无一例外地是在加大阅读的前提下设计出一个支持选项，而这时的易混淆支持选项必然不是题干论证成立的必要条件，所以可用加入否定的方法去掉这个易误选的支持答案。

■由工业垃圾掩埋带来的污染问题在中等发达的国家中最为突出，而在发达国家与不发达国家中反而不突出。不发达国家是因为没有多少工业垃圾可以处理。发达国家或者是因为有效地减少了工业垃圾，或者是因为有效地处理了工业垃圾。H国是中等发达国家，因此，它目前面临的由工业垃圾掩埋带来的污染在五年后会有实质性的改变。

以下哪项最可能是上述论证所假设的？

A. H国不会在五年后倒退回不发达状态。
B. H国将在五年内成为发达国家。
C. H国五年内保持其发展水平不变。
D. H国将在五年内有效地处理工业垃圾。
E. H国将在五年内有效地减少工业垃圾。

[解题分析] 正确答案：B

题干陈述：污染问题在中等发达的国家中最为突出，而在发达国家与不发达国家中不突出。H国是中等发达国家，因此，它目前面临的污染在五年后会有实质性的改变。

要使上述论证成立，必须假设以下两者之一：第一，H国在五年后倒退回不发达状态；第二，H国在五年内成为发达国家。A项是前者的否定。B项即后者。

■香蕉叶斑病是一种严重影响香蕉树生长的传染病，它的危害范围遍及全球。这种疾病可由一种专门的杀菌剂有效控制，但喷洒这种杀菌剂会对周边人群的健康造成危害。因此，在人口集中的地区对小块香蕉林喷洒这种杀菌剂是不妥当的。幸亏规模香蕉种植园大都远离人口集中的地区，可以安全地使用这种杀菌剂。因此，全世界的香蕉产量，大部分不会受到香蕉叶斑病的影响。

以下哪项可能是上述论证所假设的？

A. 人类最终可以培育出抗叶病的香蕉品种。
B. 全世界生产的香蕉，大部分产自规模香蕉园。
C. 和在小块香蕉林中相比，香蕉叶斑病在规模香蕉种植园中传播得较慢。
D. 香蕉叶斑病是全球范围内唯一危害香蕉生长的传染病。
E. 香蕉叶斑病不危害植物。

[解题分析] 正确答案：B

为使题干论证成立，B项是必须假设的，否则，如果全世界生产的香蕉并非大部分产自规模香蕉园，那么，虽然规模香蕉种植园可以安全地使用这种杀菌剂，也推不出"全世界的香蕉产量大部分不会受到香蕉叶斑病的影响"这个结论。

其余选项是不需要假设的。比如D项，即使不是唯一的传染病，但只要是严重危害香蕉生长的传染病，也不影响题干论证成立。

■通常的高山反应是由高海拔地区空气中缺氧造成的，当缺氧条件改变时，症状可以很快消失。急性脑血管梗阻也具有脑缺氧的病征，如不及时恰当处理会危及生命。由于急性脑血管梗阻的症状和普通高山反应相似，因此，在高海拔地区，急性脑血管梗阻这种病特别危险。

以下哪项最可能是上述论证所假设的？
A. 普通高山反应和急性脑血管梗阻的医疗处理是不同的。
B. 高山反应不会诱发急性脑血管梗阻。
C. 急性脑血管梗阻如及时恰当处理不会危及生命。
D. 高海拔地区缺少抢救和医治急性脑血管梗阻的条件。
E. 高海拔地区的缺氧可能会影响医生的工作，降低其诊断的准确性。

[解题分析] 正确答案：A

题干论证：急性脑血管梗阻与高山反应都是具有脑缺氧的相似病征，前者如不及时恰当处理会危及生命。因此，在高海拔地区，急性脑血管梗阻特别危险。

为使题干论证成立，A项是必须假设的，否则，如果"普通高山反应和脑血管梗阻的治疗方法相同"那么即使二者混淆而造成误诊，也不会产生危险。

高山反应能不能引发脑血管梗阻都不会得出高山上得脑血管梗阻更加危险，B排除；C重复了题干论述，没有新的信息；不管有没有抢救和医治的条件，也不管诊断的准确性如何，只要"不及时恰当处理"都很危险，结果都是一样的，D、E均为无关选项。

三、无因无果

无因无果的假设是推理可行的必要性假设的一种特例，这类假设往往与求异法有关。

假设的目的是说明A就是B的原因。由于假设是推理成立的必要条件，若我们能得出"无A则无B"，那么我们就可以得出A是B成立的必要条件，也就是A是B结果发生必不可少的原因。所以达到了假设的作用。

■尽管计算机可以帮助人们进行沟通，计算机游戏却妨碍了青少年沟通能力的发展。他们把课余时间都花费在玩游戏上，而不是与人交流上。所以说，把课余时间花费在玩游戏上的青少年比其他孩子有较少的沟通能力。

以下哪项是上述议论最可能假设的？
A. 一些被动的活动，如看电视和听音乐，并不会阻碍孩子们的交流能力的发展。
B. 大多数孩子在玩电子游戏之外还有其他事情可做。
C. 在课余时间不玩电子游戏的孩子至少有一些时候是在与人交流。
D. 传统的教育体制对增强孩子们与人交流的能力没有帮助。
E. 由玩电子游戏带来的思维能力的增强对孩子们的智力开发并没有实质性的益处。

[解题分析] 正确答案：C

题干的断定：把课余时间花费在玩游戏上的青少年不与人交流，所以，把课余时间花费在玩游戏上的青少年比其他孩子有较少的沟通能力。

C项是题干的议论必须假设的，否则，如果事实上在课余时间不玩电子游戏的孩子在任何时候都不与人交流，那么，就不能根据青少年在课余时间玩游戏而不是与人交流，就得出结论：

把课余时间花费在玩游戏上的青少年比其他孩子缺少沟通能力。

其余各项均不是需要假设的。

■以前有几项研究表明，食用巧克力会增加食用者患心脏病的可能性。而一项最新的、更为可靠的研究得出的结论为：食用巧克力与心脏病发病率无关。估计这项研究成果公布之后，巧克力的消费量将会大大增加。

上述推论基于以下哪项假设？
A. 大量食用巧克力的人中，并不是有很高的比例患心脏病。
B. 尽管有些人知道食用巧克力会增加患心脏病的可能性，却照样大吃特吃。
C. 人们从来也不相信进食巧克力会更容易患心脏病的说法。
D. 现在许多人吃巧克力是因为他们没听过巧克力会导致心脏病的说法。
E. 现在许多人不吃巧克力完全是因为他们相信巧克力会诱发心脏病。

[解题分析] 正确答案：E

题干论述：食用巧克力与心脏病发病率无关的研究成果公布后，巧克力的消费量将会大大增加。

题干的因果为：巧克力与心脏病发病率无关，则吃巧克力。

E项为无因无果：巧克力与心脏病发病率有关，则不吃巧克力。

可见，E项是题干的推论必须假设的，否则，如果许多人不吃巧克力并不是因为他们相信巧克力会诱发心脏病（比如他们觉得巧克力不好吃），那么，即使他们知道了食用巧克力与心脏病无关，也不会因此转而购买巧克力。这就使题干的推理无法成立。

其余各项不是题干推理必须假设的。

四、没有他因

逻辑推理有很大一部分是由一个研究、调查、发现等诸如此类的事实中推导出结论，此类型推理成立的必要条件为：没有其他可能来说明这些研究、调查发现的事实了，这就是"没有他因"的考题。当题干推理是要达到的一个目的而提出一个方法或建议，推理成立所做的隐含假设也多为"没有他因"。

■类人猿和其后的史前人类所使用的工具很相似。最近在东部非洲考古所发现的古代工具，就属于史前人类和类人猿都使用过的类型。但是，发现这些工具的地方是热带大草原，热带大草原有史前人类居住过，而类人猿只生活在森林中。因此，这些被发现的古代工具是史前人类而不是类人猿使用过的。

为使上述论证有说服力，以下哪些项是必须假设的？
A. 即使在相当长的环境生态变化过程中，森林也不会演变成为草原。
B. 史前人类从未在森林中生活过。
C. 史前人类比类人猿更能熟练地使用工具。
D. 史前要类在迁移时并不携带工具。
E. 类人猿只能使用工具，并不能制造工具。

[解题分析] 正确答案：A

A项是题干推理所必须的假设，否则，如果在相当长的环境生态变化过程中森林会演变成为草原的话，那么，虽然上述古代工具是热带大草原上发现的，这些工具还是有可能是类人猿使用过的。

■莱布尼茨是17世纪伟大的哲学家。他先于牛顿发表了他的微积分研究成果。但是当时牛顿公布了他的私人笔记，说明他至少在莱布尼茨发表其成果的10年前就已经运用了微积分的原理。牛顿还说,在莱布尼茨发表其成果的不久前,他在给莱布尼茨的信中谈起过自己关于微积分的思想。但是事后的研究说明,牛顿的这封信中,有关微积分的几行字几乎没有涉及这一理论的任何重要之处。因此,可以得出结论,莱布尼茨和牛顿各自独立地发现了微积分。

以下哪项是上述论证必须假设的?
A. 莱布尼茨在数学方面的才能不亚于牛顿。
B. 莱布尼茨是个诚实的人。
C. 没有第三个人不迟于莱布尼茨和牛顿独立地发现了微积分。
D. 莱布尼茨在发表微积分研究成果前从没有把其中的关键性内容告诉任何人。
E. 莱布尼茨和牛顿都没有从第三渠道获得关于微积分的关键性细节。

[解题分析] 正确答案:E

题干论证:因为莱布尼茨和牛顿事先都不知道对方的研究成果,所以,他们是各自独立地发现了微积分。

为使题干论证成立,E项是必须假设的,否则,如果莱布尼茨和牛顿中有人从第三渠道获得关于微积分的关键性细节,那么即使他们两人之间没有过实质性的沟通,也得不出"他们是各自独立地发现了微积分"这一结论。

A、B、C均为无关项。即使莱布尼茨在发表微积分研究成果前"曾经"把其中的关键性内容告诉过别人,但是并不意味着牛顿能够获得莱布尼茨的成果,因此D项也不是题干论证的假设。

■急性视网膜坏死综合征是由疱疹病毒引起的眼部炎症综合征。急性视网膜坏死综合征患者大多临床表现反复出现,相关的症状体征时有时无,药物治疗效果不佳。这说明,此病是无法治愈的。

上述论证假设反复出现急性视网膜坏死综合征症状体征的患者
A. 没有重新感染过疱疹病毒。
B. 没有采取防止疱疹病毒感染的措施。
C. 对疱疹病毒的药物治疗特别抗药。
D. 可能患有其他相关疾病。
E. 先天体质较差。

[解题分析] 正确答案:A

题干由"由疱疹病毒引起的急性视网膜坏死综合征患者大多临床表现反复出现"推出结论"此病无法治愈"。

A项是题干论证所必须假设的,否则,如果反复出现急性视网膜坏死综合征症状体征的患者,"重新"感染过疱疹病毒,那么,意味着反复出现症状很有可能并非没有治愈,而是治愈之后又重复感染了。

B意味着可能治愈后重新感染了,说明还是可以治愈的,削弱题干论述;无论是否特别抗药都不能改变治疗效果不佳的事实,C排除;D、E为明显无关选项,排除。

五、假设辨析

假设的辨析就是假设的筛选,包括假设的删除、选取和验证。当题目出现高质量的假设干扰项时,我们要学会假设的识别,找到最恰当的假设。

1. 假设的删除

(1) 一要排除无关选项。超出题干论证、与题干论证无关的不是假设。

(2) 二要排除语意重复性选项。假设是题干论证的非重复性条件;因此,要排除重复题干理由,或者是题干理由的同语反复的选项。

(3) 三要排除一般性的支持选项。支持性的选项未必是假设；因此，要排除虽然可加强题干结论但仅仅使题干前提具体化的选项。

2. 假设的选取

(1) 假如有若干满足论证重构规则的隐含前提，则应补充使论证成立的强度高的隐含前提，优选能使得论证必然成立的选项。

(2) 当有多个满足论证重构规则的隐含前提都能使得论证必然成立时，则应补以最弱的隐含前提。

(3) 若题干结论带"可能"等类似限定词的话，则补充的隐含前提要减弱，假设不应该出现"必然"而应同样带有"可能"等类似的限定词。

3. 假设的验证

取非后的选项要能够彻底否定题干，这样的选项才是假设，否则就不是假设。

■研究显示，大多数有创造性的工程师，都有在纸上乱涂乱画，并记下一些看来稀奇古怪想法的习惯。他们的大多数最有价值的设计，都直接与这种习惯有关。而现在的许多工程师都用电脑工作，在纸上乱涂乱画不再是一种普遍的习惯。一些专家担心，这会影响工程师的创造性思维，建议在用于工程设计的计算机程序中匹配模拟的便条纸，能让使用者在上面涂鸦。

以下哪项最可能是上述建议所假设的？

A. 在纸上乱涂乱画，只可能产生工程设计方面的灵感。
B. 计算机程序中匹配的模拟便条纸，只能用于乱涂乱画，或记录看来稀奇古怪的想法。
C. 所有用计算机工作的工程师都不会备有纸笔以随时记下有意思的想法。
D. 工程师在纸上乱涂乱画所记下的看来稀奇古怪的想法，大多数都有应用价值。
E. 乱涂乱画所产生的灵感，并不一定通过在纸上的操作获得。

[解题分析] 正确答案：E

E项是题干推理所必须假设的，否则，如果乱涂乱画所产生的灵感一定要通过在纸上的操作获得，那么，在计算机程序中匹配模拟的便条纸上面涂鸦也产生不了灵感，也就是说在用于工程设计的计算机程序中匹配模拟的便条纸这个建议就没有意义了。

C是干扰项，断定过强了，可用否定代入法来验证，如果有的用计算机工作的工程师会备有纸笔以随时记下有意思的想法，那么也不会使得上述建议没意义，因为至少还会有一些用计算机工作的工程师没有备纸笔，因此，上述建议还是有必要的。

■1995年，年龄在25～30岁之间的已婚青年夫妇，与父母或岳父母生活在一起的人占该年龄段人口的比例是15%，而2002年，这一比例升至46%。因此，在2002年，这一年龄段的已婚青年夫妇更难以承担独立生活。

上文的结论基于下列哪项假设？

A. 这一年龄段中不能自立的青年夫妇更愿意和同龄人生活在一起，而不是和双方父母。
B. 这一年龄段的青年夫妇只要能够独立生活，就不会选择与双方父母亲共同生活。
C. 这一年龄段中的有些青年夫妇虽然在调查时和父母或岳父母生活在一起，但在此之前是独立生活的。
D. 从1995年到2002年，适合青年夫妇购买和租住的住房数目是逐年减少的。
E. 这一年龄段中与父母或岳父母生活在一起的青年夫妇绝大多数不分担生活费用。

[解题分析] 正确答案：B

题干论述：根据跟父母共同生活的比例上升，推出年轻夫妇变得更加难以独立生活。

为使题干论证成立，B项是必须假设的，否则，如果这一年龄段的青年夫妇"即使"能够独立生活，"也"会选择与双方父母亲共同生活，这就不利于说明"这一年龄段的已婚青年夫妇更难以承担独立生活。"

A项削弱题干。之前怎样与调查时关系不大，C项排除。D项说明青年夫妇可能不是因为不能独立，而仅仅因为买不到房子才跟父母生活在一起的，削弱题干。

E项能支持题干，但不是假设。因为即使与父母或岳父母生活在一起的青年夫妇绝大多数分担生活费用，也不能说明他们就能够独立生活（比如他们独立生活需要一个月1000元，与父母住即使分担500元生活费，也不能说明他们有独立生活能力）。因此，E不是必须假设的，排除。

■张华是甲班学生，对围棋感兴趣。该班学生或者对国际象棋感兴趣，或者对军棋感兴趣；如果对围棋感兴趣，则对军棋不感兴趣。因此张华对中国象棋感兴趣。

以下哪项最可能是上述论证的假设？

A. 如果对国际象棋感兴趣，则对中国象棋感兴趣。
B. 甲班对国际象棋感兴趣的学生都对中国象棋感兴趣。
C. 围棋和中国象棋比军棋更具挑战性。
D. 甲班同学感兴趣的棋类只限于围棋、国际象棋、军棋和中国象棋。
E. 甲班所有学生都对中国象棋感兴趣。

[解题分析] 正确答案：B

题干断定：

(1) 张华是甲班学生，对围棋感兴趣。
(2) 该班学生或者对国际象棋感兴趣，或者对军棋感兴趣。
(3) 如果对围棋感兴趣，则对军棋不感兴趣。

由条件（1）（3）知，(4) 张华对军棋不感兴趣。

由条件（2）（4）知，张华对国际象棋感兴趣。

而题干的结论是"张华对中国象棋感兴趣"。

这样我们可以把题干推理简化为：因为张华是甲班学生而且对国际象棋感兴趣，所以，张华对中国象棋感兴趣。

我们发现A、B、E项代入题干，都能使题干论证成立。但相比较而言，A、E项断定过强，即断定范围过于宽泛；而B项针对题干论证的推理链条，因此，是题干论证最可能的假设。

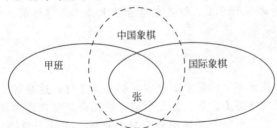

六、不能假设

不能假设型考题的解题方法是把题干论证的必要条件的选项排除掉，剩下的选项就是正确答案。正确答案可能为无关项，也可能为不是假设的支持项。

■在南非的祖鲁兰，每17个小时就有一头犀牛被偷猎。"飞翔的犀牛"行动从乌姆福洛奇保护区精心挑选了114头白犀牛和10头黑犀牛，将它们空运到南非一个秘密的地区，犀牛保护者希望犀牛能在这里自然地繁殖和生长，以避免因偷猎而导致犀牛灭绝的厄运。

以下哪一项陈述不是"飞翔的犀牛"行动的假设？

A. 对犀牛新家的保密措施严密，使偷猎分子不知道那里有犀牛。
B. 给犀牛人为选择的新家适合白犀牛和黑犀牛的繁殖和生长。
C. 住在犀牛新家附近的居民不会有人为昂贵的犀牛角而偷猎。

D. 60年前为避免黑犀牛灭绝而进行的一次保护转移行动获得成功。
E. 在新家的犀牛不会遇到意外而灭绝。

[解题分析] 正确答案：D

"飞翔的犀牛"行动的目的是，避免因偷猎而导致犀牛灭绝的厄运。其做法是，从保护区精心挑选白犀牛和黑犀牛，空运到南非一个秘密的地区，希望其能在这里自然地繁殖和生长。

D项是无关项，显然是该行动不需要假设的。

其余选项均是这一行动潜在的假设，否则，如果假设这些选项不成立，该行动就达不到目的。

■李进：这学期没有女生获得"银士达"奖学金。

王芳：这就是说这学期没人获得"银士达"奖学金。

李进：不，事实上有几个男生这学期获得了"银士达"奖学金。

王芳的回答可能假设了以下所有的断定，除了：

A. "银士达"奖学金只发给女生。
B. 只有女生能申请"银士达"奖学金。
C. 所有的女生"银士达"奖学金申请者要比男生申请者更为够格。
D. 这学期"银士达"奖学金的申请者中，女生多于男生。
E. 男生和女生将获得相等数额的"银士达"奖学金名额。

[解题分析] 正确答案：D

题干中王芳的回答意味着，没有女生获得"银士达"奖学金，那就没有人获得"银士达"奖学金。即女生获得"银士达"奖学金是有人获得"银士达"奖学金的必要条件。

选项A、B都表明，女生获得"银士达"奖学金是有人获得"银士达"奖学金的必要条件，都可以作为王芳回答的假设。

选项C意味着，既然所有女生"银士达"奖学金申请者要比男生申请者更为够格，如果女生都没有获得，当然也就可以说没有人获得了。这可以作为王芳回答的假设。

选项E意味着，既然男生和女生将获得相等数额的"银士达"奖学金名额，而女生无人获得，当然男生也无人获得了。这可以作为王芳回答的假设。

选项D说女生的申请者多于男生，但是申请者多未必就是够格的。所以，该项不能作为王芳回答的假设。

七、假设复选

假设复选题指的是要找出多个使题干推理成立的必要条件，这是各类假设方向的综合运用。复选题型的特征是，题干选项是Ⅰ、Ⅱ、Ⅲ几个结论的综合，复选题本质上就是多选题，因此，要做对复选题需要对Ⅰ、Ⅱ、Ⅲ每个选项都有充分的把握，实际上复选题是加大考试难度的一种重要方式。

■林工程师不但专业功底扎实，而且非常有企业管理能力。他上任宏达电机厂厂长的三年来，该厂上缴的产值利润连年上升，这在当前国有企业普遍不景气的情况下是非常不易的。

上述议论一定假设了以下哪项前提？

Ⅰ. 该厂上缴的产值利润连年上升很大程度上要归结于林工程师的努力。
Ⅱ. 宏达电机厂是国有企业。
Ⅲ. 产值利润的上缴情况是衡量厂长管理能力的一个重要尺度。
Ⅳ. 林工程师企业管理上的成功得益于他扎实的专业功底。

A. Ⅰ、Ⅱ、Ⅲ和Ⅳ。
B. 仅Ⅰ、Ⅱ和Ⅲ。
C. 仅Ⅰ和Ⅱ。

D. 仅Ⅱ和Ⅲ。
E. 仅Ⅱ、Ⅲ和Ⅳ。

[解题分析] 正确答案：B

题干结论是：林工程师非常有企业管理能力。

理由是：他上任宏达电机厂厂长的三年来，该厂上缴的产值利润连年上升，这在当前国有企业普遍不景气的情况下是非常不易的。

显然，Ⅰ、Ⅱ和Ⅲ项对题干议论都是必不可少的，否则，缺少这任何一项，题干议论都不能保证成立。

至于林工程师企业管理上的成功是否得益于他扎实的专业功底，从题干看不出来。

■在近现代科技的发展中，技术革新从发明、应用到推广的循环过程不断加快。世界经济的繁荣是建立在导致新产业诞生的连续不断的技术革新之上的。因此，产业界需要增加科研投入以促使经济进一步持续发展。

上述论证基于以下哪项假设？

Ⅰ. 科研成果能够产生一系列新技术、新发明。
Ⅱ. 电信、生物制药、环保是目前技术革新循环最快的产业，将会在未来几年中产生大量的新技术、新发明。
Ⅲ. 目前产业界投入科研的资金量还不足以确保一系列新技术、新发明的产生。

A. 仅Ⅰ。
B. 仅Ⅲ。
C. 仅Ⅰ和Ⅱ。
D. 仅Ⅰ和Ⅲ。
E. Ⅰ、Ⅱ和Ⅲ。

[解题分析] 正确答案：D

题干断定，技术革新是经济持续发展的必要条件，并由此得出结论：产业界需要增加科研投入以促使经济进一步持续发展。

Ⅰ是需要假设的，否则，如果科研成果不能够产生一系列新技术、新发明，那就没必要增加科研投入。

Ⅱ是不需要假设的，与题干推理无关。

Ⅲ是需要假设的，否则，如果目前产业界投入科研的资金量足以确保一系列新技术、新发明的产生，那也就没必要增加科研投入。

【专项训练】

01. 长期以来，人们认为地球是已知唯一能支持生命存在的星球，不过这一情况开始出现改观。科学家近期指出，在其他恒星周围，可能还存在着更加宜居的行星。他们尝试用崭新的方法开展地外生命搜索，即搜寻放射性元素钍和铀。行星内部含有这些元素越多，其内部温度就会越高，这在一定程度上有助于行星的板块运动，而板块运动有助于维系行星表面的水体，因此板块运动可被视为行星存在宜居环境的标志之一。

以下哪项最可能是科学家的假设？

A. 行星如能维系水体，就可能存在生命。
B. 行星板块运动都是由放射性元素钍和铀驱动的。
C. 行星内部温度越高，越有助于它的板块运动。
D. 没有水的行星也可能存在生命。
E. 虽然尚未证实，但地外生命一定存在。

02. 超市中销售的苹果常常留有一定的油脂痕迹，表面显得油光滑亮。牛师傅认为，这是残留在苹果上的农药所致，水果在收摘之前都喷洒了农药，因此，消费者在超市购买水果后，一定要清洗干净方能食用。

以下哪项最可能是牛师傅看法所依赖的假设？
  A. 除了苹果，其他许多水果运至超市时也留有一定的油脂痕迹。
  B. 超市里销售的水果并未得到彻底清洗。
  C. 只有那些在水果上能留下油脂痕迹的农药才可能被清洗掉。
  D. 许多消费者并不在意超市销售的水果是否清洗过。
  E. 在水果收摘之前喷洒的农药大多数会在水果上留下油脂痕迹。

03. 在当前的音像市场上，正版的激光唱盘和影视盘销售不佳，而盗版的激光唱盘和影视盘却屡禁不绝，销售异常火爆。有的分析人员认为这主要是因为在价格上盗版盘更有优势，所以在市场上更有活力。

以下哪项是这位分析人员在分析中隐含的假定？
  A. 正版的激光唱盘和影视盘往往内容呆板，不适应市场的需要。
  B. 与价格的差别相比，正版与盗版盘在质量方面的差别不大。
  C. 盗版的激光唱盘和影视盘比正版的盘进货渠道畅通。
  D. 正版的激光唱盘和影视盘不如盗版的盘销售网络完善。
  E. 加强对知识产权的保护和对盗版行为的打击使得盗版盘的价格上涨。

04. 面试是招聘的一个不可以取代的环节，因为通过面试，可以了解应聘者的个性。那些个性不合适的应聘者将被淘汰。

以下哪项是上述论证最可能假设的？
  A. 应聘者的个性很难通过招聘的其他环节展示。
  B. 个性是确定录用应聘者的最主要因素。
  C. 只有经验丰富的招聘者才能通过面试准确把握应聘者的个性。
  D. 在招聘环节中，面试比其他环节更重要。
  E. 面试的唯一目的是为了了解应聘者的个性。

05. 小郭和小万在讨论这次学校"艺翔助学金"发放的一些情况。
小郭：这次没有女生获得"艺翔助学金"的资助。
小万：那就是说这次全校的"艺翔助学金"的名额都空缺了。
小郭：不，事实上这次咱们学校有几位男生获得了"艺翔助学金"。

以下各项断定如果为真，都能使小万的推断成立，除了
  A. "艺翔助学金"的申请者中，大部分的女生比大部分的男生更够条件。
  B. 只有女生才有资格申请"艺翔助学金"。
  C. "艺翔助学金"的申请者中，所有的女生都比男生更够条件。
  D. 按规定，男生和女生必须获得相等数量的"艺翔助学金"名额。
  E. "艺翔助学金"只发给女生。

06. 培养能适应新时代要求的学生的关键因素不是灌输知识，而是培养能力。因此，提高我国的中小学教育质量的关键措施是尽快地把目前的应试教育改变为素质教育。

以下哪项都可能是上述论证所假设的，除了：
  A. 提高我国的中小学教育质量的主要目标是培养能适应新时代要求的学生。
  B. 目前我国的中小学教育中的应试教育不利于培养学生的能力。
  C. 素质教育的着重点不是灌输知识。
  D. 较多地掌握了知识的学生不一定有较强的能力。
  E. 有较强能力的学生一定能掌握较多的知识。

07. 在十多年前进入国营航空公司就职的飞行员中，那些后来转入民营航空公司的人现在通常年薪会超过百万元，而仍然留在国营航空公司的飞行员年薪一般不超过 60 万元。这些数据表明，国营航空公司飞行员的薪酬过低了。

以下哪项陈述是上述结论需要的假设？

A. 绝大多数转入民营航空公司的飞行员认为国营航空公司的薪酬太低。

B. 那些转入民营航空公司的飞行员总体上级别更高、工作能力更强。

C. 如果那些仍然留在国营航空公司的飞行员也选择去了民营航空公司，那他们的年薪也会超过一百万元。

D. 民营航空公司的飞行员和国营航空公司的飞行员每年的飞行里程大致相同。

E. 飞行员的薪酬不仅同飞行级别有关，还同机型、航线有关。

08. 圈养动物是比野生动物更有意思的研究对象。因此，研究人员从研究圈养动物中能够比从研究野生动物中学到更多的东西。

上面的论证依赖于下面哪一个假设？

A. 研究人员从他们不感兴趣的研究对象那里学到的东西较少。

B. 研究对象越有意思，从研究该对象那里学到的东西通常就越多。

C. 能够从研究对象那里学到的东西越多，从事该研究通常就越有意思。

D. 研究人员通常偏向于研究有意思的对象，而不是无意思的对象。

E. 研究人员通常偏向于研究无意思的对象，而不是有意思的对象。

09. 汽车排出的废气是滨河区一个严重的污染问题，在滨河区的桥上收取通行费将会减少汽车行驶的英里数。尽管如此，仍无法降低总的污染水平，因为在收费亭排起了长队，而汽车停着不走时会比其在行驶状态下放出更多的废气。

上面的论述依赖于下面哪一个假设？

A. 缴费排队产生的多余废气相当于或超过因减少汽车行驶里程数而减少的汽车尾气。

B. 平均来讲，汽车在滨河区停着不走的时间比处于其他行驶状态时间长。

C. 在桥上增加的汽车尾气不会严重影响大气污染，因为在滨河区很少有司机经常驾车过桥。

D. 减少汽车废气排放不是降低空气污染的最有效办法。

E. 在滨河区的桥上排队缴"通行费"所带来的不便，使大多数人改变行车路线，而不是改变行驶的里程数。

10. 一份最近的报告确定，尽管只有 3% 的在马里兰州的高速公路上驾驶的司机为其汽车装备了雷达探查器，因超速而被开罚单的汽车上却有 33% 以上装备了雷达探查器。显然，在车上装备了雷达探查器的司机比没有这么做的司机更有可能经常超速。

以上得出的结论依据下面哪个假设？

A. 在车上装备了雷达探查器的司机比没有这么做的司机因超速而被开罚半日的可能性更小。

B. 因超速而被开罚单的司机比超速而未被开罚单的司机更可能经常超速。

C. 因超速而被开罚单的汽车数量大于装备了雷达探查器的汽车数量。

D. 在该报告涉及的时期内，许多因超速而被开罚单的汽车不止一次被开罚单了。

E. 在马里兰州的高速公路上驾驶的司机比在这份报告没有涉及的其他州的高速公路上驾驶的司机更经常地超速。

11. 没有计算机能够做人类大脑所能做的一切事情，因为有些问题不能通过运行任何机械程序来解决。而计算机只能通过运行机械程序去解决问题。

以下哪项陈述是以上论述所依赖的假设？

A. 至少有一个问题，它能够通过运行机械程序来解决，却不能被任何人的大脑所解决。

B. 至少有一个问题，它不能通过运行任何机械程序来解决，却能够被至少一个人的大脑所解决。

C. 至少有一个问题，它能够通过运行任何机械程序来解决，却不能被任何人的大脑所解决。

D. 每一个问题，若能通过运行至少一套机械程序来解决，就能被每个人的大脑所解决。

E. 每一个问题，若能通过运行机械程序来解决，计算机就能够做人类大脑所能做的一切事情。

12. 现在的医生在检查身体时经常用实验检测的方法来做辅助的检查，以便能获得准确的诊断。保险公司却规定不负担某些实验检测的费用，并因此而降低了它对病人所提供的医疗保险的质量。

以下哪项是上文结论赖以成立的假设？

A. 体检与实验检测并用比单独体检能对许多疾病做出更准确的诊断。

B. 许多医生反对保险公司这种为了省钱而限制使用实验检测的规定。

C. 许多可能从这种实验检测中受益的患者没有任何健康保险可以依靠。

D. 有经验的医生仅凭单独的体检就能对某些疾病做出准确地诊断。

E. 对于健康人而言，有些项目或器官必须依据年龄和性别的不同实行定期检查。

13. 在大的住宅区，饲养宠物是被禁止的，一个宠物爱好者组织试图改变这个规定，结果却失败了。因为住宅区规则变更程序规定：只有获得10%的住户签字的提议，才能提交全体住户投票表决。结果这些宠物爱好者的提议被大多数居民投票否决了。

以下哪一项是上文论述所依赖的假设？

A. 宠物爱好者成功地得到了10%的住户的签字。

B. 宠物爱好者只得到了少于10%的住户的签字。

C. 90%的住户不同意改变禁止饲养宠物的规定。

D. 有10%的住户的支持可以保证提议被采纳。

E. 宠物爱好者得到了90%的住户的签字。

14. 调查显示：一组特定的对孩子的双亲行为总是指示为接受，另一组总是指示为拒绝；心理学家由此认为，母亲的行为可被作为表示双亲的态度。

上面心理学家的结论依赖于哪一个假设？

A. 大多数母亲的行为被理解为或者表示接受或者表示拒绝。

B. 指示接受或拒绝的母亲行为同样被父亲展示。

C. 父亲对孩子的行为与母亲对孩子的行为研究得一样仔细。

D. 接受和拒绝是辨识所有双亲行为的最简单方法。

E. 双亲的态度通过双亲有意识一致的行为能够得到最好的表达。

15. 许多冷藏食品的腐坏是由于这些食品处在搁板后面，人们看不见它。那么，为什么不使用能旋转的圆形搁板呢？因为搁板上的东西可能从搁板边上掉到后面的角落去，因而这样的搁板具有同样的缺陷。

在反对引入旋转搁板的论证中，下面哪项是被预先假定的？

A. 无法制造出其内部空间呈圆柱形的冰箱。

B. 无法制造出前面有窗户、不用开门就能看见内部情况的冰箱。

C. 靠改变外形的任何方法都无法解决冷藏食品腐坏的问题。

D. 冰箱已经设计得足够完美，任何设计上的改变都不可避免地会有缺陷。

E. 旋转搁板被设计成只有打开冰箱门的时候它才旋转。

16. 如果医学研究者放弃他们那种在将自己的重大发现发表之前先等待漫长的同仁复查结果的习惯，新的医学发现就能更早地为公众健康服务。因为将新的医学发现向公众解禁会使其使用者受益，而同仁复查的过程却总是漫长的。

以下哪一项是上述论证所依赖的一个假设？

A. 在他们自己的研究到了关键阶段时，大多数医学研究者不愿做同仁复查组的成员。
B. 有些医学期刊的复查人员本身并不是研究人员。
C. 尽管新的医学信息不是在同仁复查的期刊上发表的，人们也会采用这些信息。
D. 同仁复查的过程可以加速到能明显改善公众健康的程度。
E. 首次发表在同仁复查的期刊上的新的医学信息并不总是受到公众的重视。

17. 龙口开发区消防站向市政府申请购置一辆新的云梯消防车，这种云梯消防车是扑灭高层建筑火灾的重要设施。市政府否决了这项申请，理由是：龙口开发区现只有五幢高层建筑，消防站现有的云梯消防车足够了。

以下哪项是市政府的决定所必须假设的？
A. 龙口开发区至少近期内不会有新的高层建筑封顶投入使用。
B. 市政府的财政面临困难无力购置云梯消防车。
C. 消防站的云梯消防车中，至少有一辆近期内不会退役。
D. 龙口开发区的高层建筑内的防火设施都符合标准。
E. 这种云梯消防车对于扑灭高层建筑的火灾并不是不可缺少的。

18. 如果不设法提高低收入者的收入，社会就不稳定；假如不让民营经济者得到回报，经济就上不去。面对收入与分配的两难境地，倡导"效率优先，兼顾公平"是正确的，如果听信"公平优先，兼顾效率"的主张，我国的经济就会回到"既无效率，又无公平"的年代。

以下哪项陈述是上述论证所依赖的假设？
A. 当前社会的最大问题是收入与分配的两难问题。
B. 在收入与分配的两难境地之间，还有第三条平衡的道路可走。
C. "效率与公平并重"优于"效率优先，兼顾公平"和"公平优先，兼顾效率"。
D. 倡导"效率优先，兼顾公平"不会使经济回到"既无效率，又无公平"的年代。
E. "效率"和"公平"不能同等重要，必须一先一后。

19. 立法者：我们不应当在政府所创造的就业项目上浪费纳税人更多的钱。在这个项目开始实施后，该国的失业率实际上是上升了，所以，显然该项目是失败的。

以下哪项陈述是立法者的论证所依赖的假设？
A. 创造就业项目的财政预算每年都有明显的增加。
B. 如果创造就业的项目不存在的话，失业率不会比现在升得更高。
C. 现在的失业率高于创造就业项目开始前的任何一个时期。
D. 如果创造就业项目能更有效地运行，它可能会更好地达到其目的。
E. 其他的政府项目在减少失业方面不比创造就业项目更有效。

20. 在过去两年中，有 5 架 F717 飞机坠毁。针对 F717 存在设计问题的说法，该飞机制造商反驳说：调查表明，每一次事故都是由于飞行员操作失误造成的。

飞机制造商的上述反驳基于以下哪一项假设？
A. 在 F717 飞机的设计中，不存在任何会导致飞行员操作失误的设计缺陷。
B. 调查人员能够分辨出，飞机坠毁是由于设计方面的错误，还是由于制造方面的缺陷。
C. 有关 F717 飞机设计有问题的说法并没有明确指出任何具体的设计错误。
D. 过去两年间，商业飞行的空难事故并不都是由飞行员操作失误造成的。
E. 飞行员操作失误比其他原因更容易导致飞机坠毁。

21. 小女孩喜欢洋娃娃，小男孩更爱玩具汽车，这是天生本能反应还是后天环境影响下的选择？在一项实验中，研究人员观察了 3～8 个月大的婴儿对玩具的喜好，发现女婴盯着粉色洋娃娃看的时间明显长于玩具卡车，而男婴关注蓝色卡车的时间更多。因此，研究者认为婴儿对玩具的不同偏好或许是有性别基因决定的。

上述结论隐含的假设是什么？

A. 婴儿对新鲜事物关注的时间较长。
B. 婴儿对玩具的喜好不受玩具颜色的影响。
C. 玩具卡车和洋娃娃摆放位置的不同会对婴儿的注意力产生影响。
D. 大多数婴儿更容易注意到和自己衣服色调相同或者相近的玩具。
E. 成人通常把固定思维模式强加给孩子,从而导致男女孩对玩具的喜好差异。

22. 一盎司不同的人工增甜剂的混合物和一盎司单一的人工增甜剂的增甜强度是一样的。当用来使食物变甜时,混合物极大地降低了消费者摄入过量的单一增甜剂的可能性。因此,应该使用混合的而不是单一的人工增甜剂,因为混合物明显的是更健康的而且有同样的增甜效果。

上述论证依赖以下哪项假设?
A. 当混合物中的不同人工增甜剂一起被消化时,不会产生交叉作用以至于对健康有害。
B. 不同的人工增甜剂一起用于食物时,不会比单独使用其中的一种给食物带来更好的味道。
C. 任何一种人工增甜剂所给定的日摄入量都是一个保守数字,即使超过这一数字也不会有危险。
D. 在饮食中用人工增甜剂代替食糖的消费者通常会记录他们每日对不同增甜剂的摄入量。
E. 过量摄入任何一种单一的人工增甜剂对健康造成的危害不能通过以后摄入量的减少来消除。

23. 普林兰的人口普查数据表明,当地 30 多岁未婚男性的人数是 30 多岁未婚女性人数的 10 倍,这些男性都想结婚,但是很显然,除非他们中的多数与不是普林兰本地的妇女结婚,否则他们中的大多数还是会独身。

上述论证依赖以下哪项假设?
A. 女性比男性更易于离开普林兰。
B. 30 多岁的女性比同龄的男性更倾向于独身。
C. 普林兰的许多未婚的男子不大可能娶比他们大几岁的妇女为妻。
D. 普林兰的离婚率很高。
E. 普林兰绝大多数未婚的男子不愿意与外地女子结婚。

24. 众所周知,西医利用现代科学技术手段可以解决很多中医无法解决的病症,而中医依靠对人体经络和气血的特殊理解也治愈了很多令西医束手无策的难题,据此,针对某些复杂疾病,很多人认为中西医结合的治疗方法是有必要的。

上述这些人在诊断时作的假设是:
A. 针对这些疾病的中医和西医的治疗方法可以相互结合,扬长避短。
B. 这些疾病单独用中医疗法或者单独用西医疗法并不能有效治疗。
C. 针对这些疾病,医疗界已经掌握了中西医疗法结合的方法。
D. 针对这些疾病,医学界已经尝试了中西医结合的疗法取得了良好的效果。
E. 很多著名的医院都已开始使用中西医结合的治疗方法用于治疗重大疾病。

25. 光明中学的教育质量比培黎中学要强,因为就在校各年级的考试平均成绩而言,前者要高于后者。

上述论证假设了以下哪项?
Ⅰ. 光明中学的师资力量比培黎中学要强。
Ⅱ. 学生的平均考试成绩是测定教育质量的主要依据。
Ⅲ. 两个学校对学生的考试要求和评分标准是一样的。
A. 仅Ⅰ。
B. 仅Ⅱ。
C. 仅Ⅲ。
D. 仅Ⅱ、Ⅲ。

第八章　论证推理

E. Ⅰ、Ⅱ和Ⅲ。

26. 一般而言，科学家总是把创新性研究当作自己的目标，并且只把同样具有此种目标的人作为自己的同行。因此，如果有的科学家因为向大众普及科学知识而赢得赞誉，虽然大多数科学家会认同这种赞誉，但不会把这样的科学家作为自己的同行。

为使上述论证成立，以下哪项是必须假设的？
Ⅰ. 创新性科学研究比普及科学知识更重要。
Ⅱ. 大多数科学家以为普及科学知识不需要创新性研究。
Ⅲ. 大多数科学家认为，从事普及科学知识不可能同时进行创新性研究。

A. 只有Ⅰ。
B. 只有Ⅱ。
C. 只有Ⅲ。
D. 只有Ⅱ和Ⅲ。
E. Ⅰ、Ⅱ和Ⅲ。

27. 为期三周的美国纺织工人的罢工终于以工人的妥协而告结束。在罢工结束时劳资双方签订的为期一年的合同中，工人们并没有得到比三周前更多的利益。但工人们在罢工中形成了在极端困难的情况下保持内部团结的能力，这一事实将在一年合同期满后所要进行的下一轮劳资谈判中，产生有利于劳方的实质性影响。

以下哪项是上述断定所假设的？
Ⅰ. 在上述罢工中所形成的工人内部的团结至少能持续一年。
Ⅱ. 在下一轮谈判中，资方将会考虑在罢工中所显示的工人内部的团结。
Ⅲ. 在现行合同期满后，工人们将举行新的罢工以迫使资方让步。

A. 只有Ⅰ。
B. 只有Ⅱ。
C. 只有Ⅰ和Ⅱ。
D. 只有Ⅱ和Ⅲ。
E. Ⅰ、Ⅱ和Ⅲ。

【答案解析】

01. 答案：A
题干前提：板块运动有助于维系行星表面的水体。
补充 A 项：行星如能维系水体，就可能存在生命。
题干结论：板块运动可被视为行星存在宜居环境的标志之一。

02. 答案：B
牛师傅认为，超市中苹果的油脂痕迹是残留的农药所致，因此，消费者在超市购买水果后，一定要清洗干净方能食用。
这一论述显然需要假设 B 项，否则，如果超市里销售的水果得到了彻底清洗，那么，牛师傅的结论就不成立了。
其余选项均不是假设，其中 A、C、D 为无关项；E 项有干扰作用，属于支持项，但不是假设。

03. 答案：B
盗版盘价格上有优势，所以就畅销，这中间暗含着一个假设，就是盗版盘与正版盘的质量差别不大。否则，如果盗版比正版的质量要差很多，那么，即使盗版便宜，也不见得好销。

04. 答案：A
题干断定：面试可了解个性的，因此，面试不可取代。

A 项是题干论证必须假设的，否则，应聘者的个性可以通过招聘的其他环节展示的话，面试在招聘中就是可以取代的环节了。

05. 答案：A

小万以小郭"这次没有女生获得艺翔助学金的资助"为前提，得出"这次全校的艺翔助学金的名额都空缺了"的结论。

如果选项 B、C、D、E 作为假设成立，那么小万的结论是必定正确的。比如 D 项，男生女生都必须获得相等数量的助学金名额，既然没有女生获得助学金，那么，也就没有男生获得助学金，因此，可得出"这次全校的艺翔助学金的名额都空缺了"的结论。

而选项 A，艺翔助学金的申请者中，大部分的女生比大部分的男生更够条件，那完全有可能有些男生比所有女生都够条件，这样，小万的结论就得不到了。因此，A 为正确答案。

06. 答案：E

选项 A、B、C、D 都是题干推理所必需的假设，否则，题干论证就不成立了。

选项 E 把能力和知识统一了起来，但这可不是题干的意思。

07. 答案：C

题干前提：国营航空公司的飞行员后来转入民营航空公司的人现在通常年薪会超过百万元，仍然留在国营航空公司的飞行员年薪一般不超过 60 万元。

补充 C 项：如果那些仍然留在国营航空公司的飞行员也选择去了民营航空公司，那他们的年薪也会超过 100 万元。

得出结论：国营航空公司飞行员的薪酬过低了。

因此，C 项是题干论证的假设。D 项易误选，若该项不成立，比如民营航空公司的飞行员比国营航空公司的飞行员每年的飞行里程要少，反而支持了题干结论，所以不是假设。

08. 答案：B

题干断定：圈养动物是比野生动物更有意思的研究对象。

补充 B 项：研究对象越有意思，从研究该对象那里学到的东西通常就越多。

得出结论：研究人员从研究圈养动物中能够比从研究野生动物中学到更多的东西。

这是个逻辑上有效的推理。因此，B 项是题干论证所依赖的假设，为正确答案。

09. 答案：A

题干前提：在滨河区的桥上收取通行费既会减少汽车行驶的英里数，也会让汽车排起长队。

省略前提：缴费排队产生的多余废气相当于或超过因减少行驶里程数而减少的汽车尾气。

题干结论：仍无法降低总的污染水平。

A 项表达了省略前提，因此为正确答案。

10. 答案：B

根据题干两个统计数据，可合理地得出：装雷达探查器的司机更容易超速被罚。这样题干完整的论证如下：

题干理由：装雷达探查器的司机比没有这么做的司机更容易超速被罚。

补充 B 项：超速被罚的司机比超速而未被罚的司机更可能经常超速。

得出结论：装雷达探查器的司机比没有这么做的司机更有可能经常超速。

可见，B 项是题干论证所依赖的假设，因此为正确答案。

11. 答案：B

题干得出结论的理由是，有些问题不能通过运行任何机械程序来解决，而计算机只能通过运行机械程序去解决问题。这个理由可概括为：有些问题不能通过运行计算机来解决。

这样题干的论证是：因为有些问题不能通过运行计算机来解决，所以，没有计算机能够做人类大脑所能做的一切事情。

这一论证必须假设 B 项，否则，如果不能通过计算机来解决却能够被大脑所解决的问题不存在，那么题干的论证就不成立了。

12. 答案：A

选项 A 是题干结论成立所依赖的假设，否则，如果体检与实验检测并用并不比单独体检能对许多疾病做出更准确的诊断，那么就不必要用实验检测的方法来做辅助的检查了，这样，题干论证就不成立了。

13. 答案：A

题干陈述：第一，只有获得 10% 的住户签字的提议，才能提交全体住户投票表决。第二，这些宠物爱好者的提议被大多数居民投票否决了。

这显然隐含着这一假定：宠物爱好者的提议获得了 10% 的住户签字，即 A 项成立。

14. 答案：B

题干根据调查发现，一组双亲行为（即父母共同的行为）总是指示为接受，另一组为拒绝。得出结论，母亲的行为可被作为表示双亲的态度。

B 项是题干论述必需的假设。否则，如果指示接受或拒绝的母亲行为并没有被父亲展示，母亲的行为就不能被作为表示双亲的态度。

15. 答案：A

题干论述：因为圆形隔板有空隙，所以圆形隔板不能避免食品掉落。

A 项是题干论证必须的假设，否则，如果可以制造出使其内部呈圆柱形的冰箱，那么圆形隔板跟冰箱之间的空隙就可以消除了，即旋转的圆形搁板上的东西就不会掉到邻近角落去，那么题干的论证就不成立了。

其余选项均不是假设。B 项，外面有窗户与打开冰箱门的效果相同，不能解决问题。C 项，笼统地说改变外形，而题干讨论的是圆形隔板这一特定情况。D 为明显无关项；E 项易误选，但它只表明旋转搁板设计为旋转所需的必要条件。

16. 答案：C

题干论述：如果不用等待同仁的复查结果，那么医学发现就能更早地为公众健康服务。

C 项是题干论证的假设，否则，如果新的医学信息不是在同仁复查的期刊上发表的，人们就不会采用这些信息，意味着只有经过同仁复查的医学发现才能被采用，反对了题干论述，因此 C 为正确答案。

其余选项均不是假设。A、B、E 为明显无关选项。D 项若不成立，即同仁复查的过程不能加速到能明显改善公众健康的程度，支持题干论述，所以不是假设。

17. 答案：C

市政府的观点：现有的云梯消防车足够了，因此不需要再购置新的。

为使市政府的决定成立，选项 C 是必须假设的，否则，如果事实上消防站所有云梯消防车在近期内都退役，则市政的观点就不成立了。

其余选项均不是假设。比如，A 项，因为市政府的理由是，消防站现有的云梯消防车足够管现有的五幢高层建筑，而不是说只够管现有的五幢高层建筑，即使否定该项，即开发区近期会有新的高层建筑，那也不见得现有的消防车不够。D 项，因为市政府关于现有云梯消防车足够的理由，完全可能把龙口开发区设的某些高层建筑内的防火设施不符合标准作为一个火灾隐患因素考虑在内。

18. 答案：D

题干结论是，倡导"效率优先，兼顾公平"是正确的。

理由是：如果听信"公平优先，兼顾效率"的主张，我国的经济就会回到"既无效率，又无公平"的年代。

D 项是题干论证必需的假设，否则，如果倡导"效率优先，兼顾公平"会使经济回到"既无效率，又无公平"的年代，那么，题干结论就不成立了。

题干已经说明了倡导"效率优先，兼顾公平"是正确的，因此"效率与公平并重""还有第三条平衡的道路可走"的说法就不成立了。因此B、C不正确。

A重复了题干中的观点，但不是题干推理的假设。

19. 答案：B

题干论述：项目实施后失业率上升了，所以，该项目是失败的。

B项表明，如果项目不存在，失业率不会上升，是个无因无果的假设。否则，如果项目不存在，失业率比现在升得更高，意味着项目还是起到了作用的，就不能说这个项目是失败的，削弱了立法者的论证。

其余选项均为无关项。

20. 答案：A

为使飞机制造商反驳成立，选项A是必须假设的，否则，如果在飞机设计中存在会导致飞行员操作失误的设计缺陷，那么，就不能认为每一次飞机坠毁事故都是由于飞行员操作失误造成的。

其余选项都不是飞机制造商的上述反驳所基于的假设。

21. 答案：B

题干结论是，婴儿对玩具的不同偏好或许是由性别基因决定的。其依据的理由是，在一项实验中，女婴盯着粉色洋娃娃看的时间明显长于玩具卡车，而男婴关注蓝色卡车的时间更多。

此论证必须的假设是选项B，婴儿对玩具的喜好不受玩具颜色的影响；否则，如果女婴关注的是粉色，男性关注的是蓝色，那么，婴儿对玩具的不同偏好或许是由颜色决定的，题干结论就不成立了。

22. 答案：A

题干论证：因为人工增甜剂的混合物更符合健康且有同样的增甜效果，所以应该使用混合的而不是单一的人工增甜剂。

A项是题干论证必需的假设，否则，如果当混合物中的不同人工增甜剂一起被消化时，会产生交叉作用以至于对健康有害，那么，题干结论就不成立了。

其余选项均不是假设，其中，B项支持题干论述，但题干论证与其他味道无关。C、D为明显无关选项。E项是支持项，但其否定代入后并不能推翻题干结论，因此起不到假设作用。

23. 答案：C

题干根据普林兰的30多岁未婚男性的人数是本地同龄未婚女性人数的10倍，得出结论：如果30多岁未婚男子的多数不与外地妇女结婚，他们中的大多数就要独身。

很显然题干论证要成立，必须假设：30多岁的男性只会娶本地30多岁的女性，也就是说30多岁男性不会和本地20多岁的女性或40多岁以上的女性结婚。否则，如果普林兰的多数未婚的男子会娶比他们大几岁的本地妇女为妻，意味着即使同龄女子数量不足，当地男人也可不必与外地女子结婚而找到伴侣，这样就严重削弱了题干论证，因此，C项是题干论证所必需的假设。

E项易误选，题干结论是个充分条件假言命题，该项只是强调了该充分条件假言命题的前件，这并不能表明结论的成立与否，假设必须是论证理由与结论之间的一个桥梁，该项起不到对题干理由和结论之间的连接作用。

A、B作为新的论据，支持了题干论证。离婚率很高不代表复婚率很低，D为无关选项。

24. 答案：B

题干根据西医可以治愈一些中医无法治疗的疾病，中医可以治疗一些西医无法治疗的疾病，得出结论：某些疾病采用中西医结合的治疗方法是必要的。

B项是该推理成立说必需的假设，否则，如果这些疾病单独用中医或西医就能治，就没有必要采用中西医结合的方法。

其余选项不妥，比如，A项是干扰项，似乎也有假设意义，但不如B项必要。

25. 答案：D

题干论证是由考试平均成绩高而得出教育质量强的结论。

Ⅰ不是题干论证所必假设的，因为光明中学的教育质量比培黎中学要强，可能是师资方面的原因，也可能是管理方面的原因，也可能是生源方面的原因，等等。

Ⅱ是题干论证所必须假设的，因为题干所以得出光明中学的教育质量比培黎中学要强，就是因为光明中学学生的平均考试成绩高于培黎中学学生的平均考试成绩，显然，学生的平均考试成绩是测定教育质量的主要依据。

Ⅲ是题干论证所必须假设的，如果光明中学和培黎中学两个中学对学生的考试要求和评分标准不一样，那么，以学生考试平均成绩的高低就不能作为评判两个学校的教育质量的标准。

26. 答案：D

题干断定：第一，科学家只把同样具有创新性研究目标的人作为自己的同行。

第二，大多数科学家虽然会认同普及科学知识而赢得的赞誉，但不会把这样的科学家作为自己的同行。

为使题干的论证成立，Ⅱ项和Ⅲ项是必须假设的，否则，如果在大多数科学家看来，普及科学知识同样需要或者可以同时进行创新性研究，那么他们就没有理由不把从事科普的科学家看做自己的同行。

题干的论证涉及的是科学家的观点。有理由认为，题干的论证需要假设：大多数科学家认为，创新性科学研究比普及科学知识更重要。但我们不能知道，大多数科学家的观点一定成立。即题干不需要假设：（事实上）创新性科学研究比普及科学知识更重要。因此，Ⅰ项不是必须假设的。

27. 答案：C

题干断定：工人们在罢工中形成的保持内部团结的能力，将在一年合同期满后所要进行的下一轮劳资谈判中，产生有利于劳方的实质性影响。

Ⅰ是题干的断定需要假设的。否则，如果工人在罢工中形成的内部团结，不能至少持续一年，那么，就不能在一年后产生有利于劳方的实质性影响。

Ⅱ也是题干的断定需要假设的。否则，如果工人的内部团结不能迫使资方在谈判中正视这一事实，那么，工人的内部团结就难以在劳资谈判中产生有利于劳方的实质性影响。

Ⅲ不是题干的断定需要假设的。题干假设的是，现行合同期满后，将要进行下一轮劳资谈判，但并没有假设，工人们将举行新的罢工。

第二节 支　　持

支持也叫加强，支持型考题的特点是在题干中给出一个推理或论证，要求用某一选项去补充其前提或论据，使推理或论证成立的可能性增大。

1. 支持的含义

支持型考题的特点是在段落中给出一个推理或论证，但或者由于前提的条件不够充分，不足以推出其结论；或者由于论证的论据不够全面，不足以得出其结论，因此需用某一选项去补充其前提或论据，使推理或论证成立的可能性增大。但由于"答案不需充分性"的原则，因此只要某一选项放在题干推理的论据（前提）或结论之间，对题干推理成立或结论正确有支持作用，使题干推理成立、结论正确的可能性增大，那么这个选项就是支持性选项。所以支持的答案既可以是题干推理成立或结论正确的一个充分条件，也可以是一个必要条件（这时等同于假设，因为假设答案必将可以支持推理），可以是非充分条件，也可以是非必要条件。

考生要善于辨识支持在问题中的特点，体会下列两种问题的差别：

（1）下列哪一个，假如正确，最支持上文的观点？

(2) 下面哪个推论最被上文所支持？

上面第一个问题是典型支持类的问法，而第二个问题其实是一种推论题，不要与支持类型混淆。

2. 支持与假设

支持并不等同于假设，但假设本身一定是支持。

假设是支持的子集。因为假设连接前提和结论，所以可以通过肯定假设来支持一个推理。如果支持题型的某个备选选项是题干推理成立的必要条件，那么该选项就是正确答案。由于假设是题干推理的必要条件，找到了题干推理的一个假设，那么其推理成立的可能性就必然增大，这个假设对题干推理起到了支持作用，所以假设必然是支持，因此这类支持题型相当于寻找题干推理成立的一个假设。

支持不一定都是假设。支持的答案既可以是题干推理成立或结论正确的一个充分条件（这时等同于充分性假设），也可以是一个必要条件（这时等同于必要性假设），也可以是既非充分又非必要条件。若该答案是加强题干结论但又是题干论证成立的既非充分又非必要条件，那么，此时的支持就不是假设。

3. 支持的类型

因为支持题的选项不像假设的范围那么窄，如果对答案没有把握，还是花些时间迅速浏览一下其他选项，看看有没有遗漏可能性或者错选，取非法对支持题一样有效。支持题有以下几种主要类型：

假设类支持：将题干的推理中的缺口填补，消除题干的推理缺陷。

因果型结论：即题干给出两件事，然后得出结论说是一件事（因）导致另一件事（果）。支持该结论的方法包括：①没有其他原因或可能导致该结果。②结合因果：或有因有果或无果无因。③因果没有倒置。④显示因果关系的资料是准确的。

题干是类比：支持方式为两者本质相同。

题干是调查：有效性不受怀疑（被调查的有代表性等）。

题干前提和结论关系不密切：正确选项直接支持结论。

4. 支持的方式

支持的方式一般可分为两大类：

(1) **假设支持** 虽然支持题和假设题的问法并不相同，但很多支持题可以与假设一样，用同样的步骤和方法解题，因此，假设题的解题思路也是支持题的解题思路。假设支持包括：

① 充分支持。填补题干论证的推理缺口，等同于充分性假设。

② 必要支持。即该选项是题干论证成立的必要条件，等同于必要性假设。包括推理可行、没有他因。

(2) **论据支持** 论据支持也叫合理支持，即通过增加论据的方法来支持结论，具体包括：

① 理据支持。即补充一个原则或原理，使题干论证成立的可能性增大。也包括直接重复结论（再次加强、明确态度）等。

② 证据支持。即增加一个事例和证据，使题干论证成立的可能性增大（包括有因有果、无因无果以及表明因果关系的资料是准确的）。

例证法是对一个论证进行强化和弱化的常用方法，强化和弱化的方式如下：

题干		根据相关前提，得出结论，A 是 B 的原因		
选项	正例强化 （因果一致）	有因有果	有 A	有 B
		无因无果	无 A	无 B
	反例弱化 （因果一致）	有因无果	有 A	无 B
		无因有果	无 A	无 B

第八章 论证推理

一、充分支持

充分支持就是指补充省略前提的支持题,等同于充分假设。解题思路是加进法,即将待选的选项加入题干论证,若该选项与题干前提结合起来,能使题干结论必然被推出,则该选项就为正确答案。

■有些人若有一次厌食,则会对这次膳食中有特殊味道的食物持续产生强烈厌恶,不管这种食物是否会对身体有利。这种现象可以解释为什么小孩更易于对某些食物产生强烈的厌食。

以下哪项如果为真,最能加强上述解释?

A. 小孩的膳食搭配中含有特殊味道的食物比成年人多。
B. 对未尝过的食物,成年人比小孩更容易产生抗拒心理。
C. 小孩的嗅觉和味觉比成年人敏锐。
D. 和成年人相比,小孩较为缺乏食物与健康的相关知识。
E. 如果讨厌某种食物,小孩厌食的持续时间比成年人更长。

[解题分析] 正确答案:C

题干前提:有些人会对这次膳食中有特殊味道的食物持续产生强烈厌恶。

补充C项:小孩的嗅觉和味觉比成年人敏锐。

得出结论:小孩更易于对某些食物产生厌食。

可见,C项有力地加强上述解释。其余选项均不妥,比如,A项不符合常理,而且即使属实,也不能用来解释小孩更易于对某些食物产生厌食,因为这需要对同一种食物,来比较小孩与成人容易厌食的程度。即使小孩和成年人一样具有食物与健康的知识,难道小孩就不容易厌食了吗?所以,D也不对。

■经A省的防疫部门检测,在该省境内接受检疫的长尾猴中,有1%感染上了狂犬病。但是只有与人及其宠物有接触的长尾猴才接受检疫。防疫部门的专家因此推测,该省长尾猴中感染有狂犬病的比例,将大大小于1%。

以下哪项如果为真,将最有力地支持专家的推测?

A. 在A省境内,与人及其宠物有接触的长尾猴,只占长尾猴总数的不到10%。
B. 在A省,感染有狂犬病的宠物,约占宠物总数的0.1%。
C. 在与A省毗邻的B省境内,至今没有关于长尾猴感染狂犬病的疫情报告。
D. 与和人的接触相比,健康的长尾猴更愿意与人的宠物接触。
E. 与健康的长尾猴相比,感染有狂犬病的长尾猴更愿意与人及其宠物接触。

[解题分析] 正确答案:E

这是由样本(与人接触的长尾猴的患病率)推出总体(该省所有长尾猴的患病率)的统计推理,而本题样本并不具有代表性。推理过程如下:

前提之一:只有与人接触的长尾猴才接受检疫。

补充E项:染病的长尾猴比健康的长尾猴更愿意与人及其宠物接触。

推出结论:接受检疫的长尾猴中感染狂犬病的比例,要高于未接受检疫的长尾猴。

前提之二:该省接受检疫的长尾猴中,有1%感染上了狂犬病。

得出专家的推测:该省长尾猴患病率大大小于1%。

其余各项均不能支持专家的推测,比如,A项实际上指的是样本占总体的比例,实际上统计推理的有效性主要看样本是否具有代表性,由于抽样调查结果的可靠性主要不取决于抽样的比例,因此,A项实际上对题干起不到作用。

■最新研究发现,恐龙腿骨化石都有一定的弯曲度,这意味着恐龙其实并没有人们想象的那么重，以前根据其腿骨为圆柱形的假定计算动物体重时，会使得计算结果比实际体重高出1.42倍。科学家由此认为，过去那种计算方式高估了恐龙腿部所能承受的最大身体重量。

以下哪项如果为真，最能支持上述科学家的观点？
A. 恐龙腿骨所能承受的重量比之前人们所认为的要大。
B. 恐龙身体越重，其腿部骨骼也越粗壮。
C. 圆柱形腿骨能承受的重量比弯曲的腿骨大。
D. 恐龙腿部的肌肉对于支撑其体重作用不大。
E. 与陆地上的恐龙相比，翼龙的腿骨更接近圆柱形。

[解题分析] 正确答案：C

题干前提一：最新研究发现，恐龙腿骨化石都有一定的弯曲度。
题干前提二：以前根据其腿骨为圆柱形的假定计算动物体重，计算结果比实际体重高。
选项C：圆柱形腿骨能承受的重量比弯曲的腿骨大。
得出结论：过去那种计算方式高估了恐龙腿部所能承受的最大身体重量。

二、推理可行

推理可行指的是必要支持，也即正确答案是使题干论证成立的一个必要性假设。由于假设是题干推理的必要条件，找到了题干推理的一个假设，就使得题干论证可行或有意义，那么题干结论成立的可能性就必然增大，这个假设就对题干推理起到了有力的支持作用。因此，推理可行的支持题相当于寻找题干推理成立的一个必要性假设。

■近几年来，一种从国外传入的白蝇严重危害着我国南方农作物生长。昆虫学家认为，这种白蝇是甜薯白蝇的一个变种，为了控制这种白蝇的繁殖，他们一直在寻找并人工繁殖甜薯白蝇的寄生虫。但最新的基因研究成功表明，这种白蝇不是甜薯白蝇的变种，而是与之不同的一种蝇种，称作银叶白蝇。因此，如果这项最新的基因研究成果可信的话，那么，近年来昆虫学家寻找白蝇寄生虫的努力是白费了。

以下哪项，最能支持上述结论？
A. 上述最新的基因研究成果是可信的。
B. 甜薯白蝇的寄生虫对农作物没有任何危害。
C. 农作物害虫的寄生虫都可以用来有效控制这种害虫的繁殖。
D. 甜薯白蝇的寄生虫无法在银叶白蝇中寄生。
E. 某种生物的寄生虫只能在这种生物及其变种中才能寄生。

[解题分析] 正确答案：E

为使题干论证成立，必须假设：某种生物的寄生虫只能在这种生物及其变种中才能寄生。否则，如果某种生物的寄生虫不是这种生物及其变种中也能寄生，题干就就不能根据白蝇不是甜薯白蝇的变种而得出结论：近年来昆虫学家寻找白蝇寄生虫的努力是白费了。而假设是很好的支持，因此E为正确答案。

D项易误选，是上述假设的一个直接结论，不是该假设本身。

■玫瑰城需要100万美元来修理所有的道路。在一年内完成这样的修理之后，估计玫瑰城每年将因此避免支付大约300万美元的赔偿金，这笔赔偿金历年来一直作为给因道路长年失修而损坏的汽车的合理费。

以下哪项如果为真，最能支持题干的估计？
A. 与玫瑰城邻近的其他城市，同样也要为它们年久失修的道路赔偿车辆修理费。
B. 该地的道路修理好之后，在近几年内不会因道路原因对行驶车辆造成损坏。
C. 为了修路，该地要征税。

D. 恶劣天气以道路造成的损害在不同年份之间差别很大。
E. 道路的损坏主要是由卡车造成的，但是其车主同样为劣质路面造成的车辆损坏进行索赔。

[解题分析] 正确答案：B
题干断定：玫瑰城的道路修好后，估计将因此避免支付因道路失修而损坏汽车的赔偿金。
B项是题干论证必须的假设，否则，道路修理好之后，在近几年内仍会因道路原因对行驶车辆造成损坏，那么也不能避免支付因道路失修而损坏汽车的赔偿金。所以，该项能有力地支持题干的估计。

■美国联邦所得税是累进税，收入越高，纳税率越高。美国有的州还在自己管辖的范围内，在绝大部分出售商品的价格上附加7％左右的销售税。如果销售税也被视为所得税的一种形式的话，那么，这种税收是违背累进原则的：收入越低，纳税率越高。
以下哪项，如果为真，最能加强题干的议论？
A. 人们花在购物上的钱基本上是一样的。
B. 近年来，美国的收入差别显著扩大。
C. 低收入者有能力支付销售税，因为他们缴纳的联邦所得税相对较低。
D. 销售税的实施，并没有减少商品的销售总量，但售出商品的比例有所变动。
E. 美国的大多数州并没有征收销售税。

[解题分析] 正确答案：A
题干论述：累进税是收入越高，纳税率越高。销售税是在出售商品的价格上附加7％左右的税。因此，销售税是违背累进原则的：收入越低，纳税率越高。
题干的议论要能成立，必须基于一个假设，即人们花在购物上的钱基本上是一样的。否则，如果收入越低，花在购物上的钱越少，那么，收入越低，所交的销售税就越少。这样，收入越低，纳税率就不一定越高，这就说明了销售税就不一定违背累进税的原则。因此，A项作为题干的假设有力地加强了题干的议论。
其余各项均不能加强题干。

三、没有他因

"没有他因"的支持是属于必要性假设支持的一种。如果支持题型的题干是有一个调查、研究、数据或实验等得出一个解释性的结论，或者为达到的一个目的而提出一个方法或建议时，那么"没有别的因素影响论证"就是支持其结论或论证的一种有效方式。

■对常兴市23家老人院的一项评估显示，爱慈老人院在疾病治疗水平方面受到的评价相当低，而在其他不少方面评价不错，虽然各老人院的规模大致相当，但爱慈老人院医生与住院老人的比例在常兴市的老人院中几乎是最小的。因此，医生数量不足是造成爱慈老人院在疾病治疗水平方面评价偏低的原因。
以下哪项如果为真，最能加强上述论证？
A. 和祥老人院也在常兴市，对其疾病治疗水平的评价比爱慈老人院还要低。
B. 爱慈老人院的医务护理人员比常兴市其他老人院都要多。
C. 爱慈老人院的医生发表的相关学术文章很少。
D. 爱慈老人院位于常兴市的市郊。
E. 爱慈老人院某些医生的医术一般。

[解题分析] 正确答案：B
题干结论是：医生数量不足是造成爱慈老人院在疾病治疗水平方面评价偏低的原因。
B项是个没有他因的支持，指出：爱慈老人院的医务护理人员比常兴市其他老人院都要多；

这样就排除了爱慈老人院在疾病治疗水平低的原因不是护理人员少，这样就加强了"疾病治疗方面的水平低的原因是因为医生的缺少"这个结论。

■在法庭的被告中，被指控偷盗、抢劫的定罪率，要远高于被指控贪污、受贿的定罪率。其重要原因是后者能聘请收费昂贵的私人律师，而前者主要由法庭指定的律师辩护。
以下哪项如果为真，最能支持题干的叙述？
A. 被指控偷盗、抢劫的被告，远多于被指控贪污、受贿的被告。
B. 一个合格的私人律师，与法庭指定的律师一样，既忠实于法律，又努力维护委托人的合法权益。
C. 被指控偷盗、抢劫的被告中罪犯的比例，不高于被指控贪污、受贿的被告。
D. 一些被指控偷盗、抢劫的被告，有能力聘请私人律师。
E. 司法腐败导致对有权势的罪犯的庇护，而贪污、受贿等职务犯罪的构成要件是当事人有职权。

[解题分析] 正确答案：C
题干断定：贪污受贿罪的定罪率较低的原因是因为贪污受贿罪的被告能请到好的律师。
被告不等于罪犯。要使题干的分析成立，有一个条件必须满足，即被指控偷盗、抢劫的被告中罪犯的比例，不高于被指控贪污、受贿的被告。否则，如果事实上被指控偷盗、抢劫的被告中罪犯的比例，高于甚至远高于被指控贪污、受贿的被告，那么，被指控偷盗、抢劫的被告的定罪率，自然要远高于被指控贪污、受贿的被告的定罪率，没有理由认为这种结果与所聘请的律师有实质性的联系。因此，如果C项为真，能有力地支持题干。
其余各项均不能有效地支持题干。题干讨论的是"定罪率"，是一个相对的比值，A讨论绝对数量比，为明显无关选项；即使律师的某些情况相同，但是还可能有能力、影响力等其他方面的区别造成案件的审判结果的变化，B项支持力度不足。D项能削弱题干。
E项是干扰项，也能起到支持作用，但它只是支持题干的"受贿罪的定罪率较低"这个事实，不能支持"受贿罪的定罪率较低的原因是受贿罪的被告能请到好的律师"，也就是没有针对从前提到结论的推理过程，因此，没有C项好（本题是支持论证，也就是支持从前提到结论的过程，假设是前提与结论的桥梁，因此，肯定假设的支持力度较大）。

四、增加论据

增加论据也叫论据支持、合理支持，即通过增加一个正面论据来使结论成立的可能性增大。

1. 论据的类型

论据是支持论点的证据、根据、依据。论据一般分为道理论据（简称为理据）和事实论据（可视为某种证据）两类。

2. 论据支持的类型

（1）理据支持。理据支持就是增加原则，或补充一个原理或道理，从而与题干前提结合起来，使题干论证成立的可能性增大。

（2）证据支持。证据支持就是补充正面的事实论据从而支持题干论证。正面的事实支持论点，反面的事实削弱论点。其中，前面所述的"有因有果"或"无因无果"等例子都是正面的事实论据。

事实（资料）是论证的出发点。陈述自己的观点，首先要真实，要符合事实，要凭证据说话。此题型考查学生在论证中选择事实资料的能力，考查学生能否选择最有力的、关联度最高的事实来支持论点。

3. 论据支持的方式

如果题干逻辑主线为，由前提A得到结论B。增加论据A′作为支持方式有三种：

(1) 新论据 A′加强了前提 A，从而间接支持了结论 B。
(2) 新论据 A′和前提 A 结合起来，强化了结论 B。这种情况出现最多。
(3) 题干没有前提 A 直接断定结论 B 这种情况，新论据 A′直接支持了结论 B。

■一种转基因的新品种水果有良好的口感和更丰富的营养，考虑到人们对转基因副作用的担忧，要采取一定措施来推广这种新品种水果。
以下哪项最有利于推广这种新品种水果？
A. 加大宣传新品种水果广告的力度。
B. 给出科学证据，证明这种新品种水果对人体可能的危害并不比同类水果大。
C. 采取"薄利多销"的低销售策略。
D. 已经在市场销售的其他转基因的水果并没有给人直接的危害。
E. 提高这种新品种水果的种植量。

[解题分析] 正确答案：D

如果事实上已经在市场销售的其他转基因的水果并没有给人直接的危害，那么，人们对转基因副作用的担忧就没有太大必要了，这就显然有利于推广这种转基因的新品种水果。因此，D 项为正确答案。

B 项为真，就意味着转基因还是有危害的，不利于这种新品种水果的推广。其余选项即使为真，也都不能有利于这种新品种水果的推广。

■在三星堆的考古发掘中发现了大量的青铜面具，同时代的埃及文明中也存在类似的青铜面具。专家推测：三星堆所体现的古蜀国文明来源于埃及文明或至少与埃及文明有过密切的接触。
以下哪项最能加强以上推测？
A. 古蜀国可能与埃及文明有过交流。
B. 古蜀国除了和中原文明有过交流，也与其他文明有过交流。
C. 三星堆发现的青铜面具属于古蜀国文明。
D. 在可能与古蜀国有交流的文明中，只有埃及文明有类似的青铜面具。
E. 中原文明没有类似的青铜面具。

[解题分析] 正确答案：D

如果 D 项为真，即事实上在可能与古蜀国有交流的文明中，只有埃及文明有类似的青铜面具。那么，根据在三星堆的考古发掘中发现了大量的青铜面具，同时代的埃及文明中也存在类似的青铜面具，就可以合理地得出结论：三星堆所体现的古蜀国文明来源于埃及文明或至少与埃及文明有过密切的接触。

其余选项均不能起到有效的支持作用。

■根据大陆漂移假说，现在许多分离的陆地在史前时是一块巨大的陆地的一部分。由于地壳运动，这块陆地开始分裂。由这个理论可以猜想南美洲的东海岸原来跟非洲的西海岸是连在一起的。
以下哪个发现最能支持上述猜想？
A. 在南美洲东海岸和非洲西海岸都有一个规模很大的类型相同的古岩石带。
B. 今天很多生活在巴西的人与生活在非洲西部的人很相像。
C. 南美洲和非洲西部的气候很相似。
D. 生活在南美洲的古老部落所使用的语言与非洲西部一些部落使用的语言很相似。
E. 在非洲西部和南美洲发现了几种同样的植物。

[解题分析] 正确答案：A

在论证中提出有一定说服力的证据将有效地支持其结论，A 项指出在南美洲东海岸和非洲西海岸都有一个规模很大的类型相同的古岩石带，可以有力地支持"南美洲的东海岸原来跟非洲的西海岸是连在一起的"这一猜想。因此，A 为正确答案。

五、有因有果

题干根据相关前提，得出结论，A 是 B 的原因。有因有果是一种增加论据的强化方式，即提出一个"有 A 有 B"的事例来支持题干论证。

■当一个人处于压力下的时候，他更可能得病。
下列说法中最能支持上述结论的是：
A. 研究显示，处于医院或诊所中是一个有压力的环境。
B. 许多企业反映职员在感到工作压力增大时，缺勤明显减少。
C. 在放假期间，大学医院的就诊人数显著增加。
D. 在考试期间，大学医院的就诊人数显著增加。
E. 农村比城市生活压力小，但农民比市民患病率要高。

[解题分析] 正确答案：D
题干因果关系是压力大容易生病。D 项表明，在考试期间，学生的压力会明显增加，也很容易得病，为有因有果的支持，因此为正确答案。

其余选项都不符合题干的陈述。题干所述的意思是人有压力更易得病，而不是哪些是有压力的环境，因而 A 项可排除。B、C 项所述反对题干的结论，在考试期间，学生的压力会明显增加，因此，也很容易得病。

■研究发现，昆虫是通过它们身体上的气孔系统来"呼吸"的。气孔连着气管，而且由上往下又附着更多层的越来越小的气孔，由此把氧气送到全身。在目前大气的氧气含量水平下，气孔系统的总长度已经达到极限；若总长度超过这个极限，供氧的能力就会不足。因此，可以判断，氧气含量的多少可以决定昆虫的形体大小。

以下哪项如果为真，最能支持上述论证？
A. 对海洋中的无脊椎动物的研究也发现，在更冷和氧气含量更高的水中，那里的生物的体积也更大。
B. 石炭纪时期地球大气层中氧气的浓度高达 35%，比现在的 21% 要高很多，那时地球上生活着许多巨型昆虫，蜻蜓翼展接近 1 米。
C. 小蝗虫在低含氧量环境中尤其是氧气浓度低于 15% 的环境中就无法生存，而成年蝗虫则可以在 2% 的氧气含量环境下生存下来。
D. 在氧气含量高、气压也高的环境下，接受试验的果蝇生活到第五代，身体尺寸增长了 20%。
E. 在同一座山上，生活在山脚下的动物总体上比生活在山顶的同种动物要大。

[解题分析] 正确答案：B
题干结论：氧气含量的多少可以决定昆虫的形体大小。
B 项，氧气含量高时昆虫大，这一证据有力地支持了题干论证。
选项 A、D、E 也能支持题干，但 A 项涉及氧含量和气温，D、E 两项涉及氧含量和气压，支持力度不如仅涉及氧含量的 B 项。C 为无关项。

六、无因无果

题干根据相关前提，得出结论，A 是 B 的原因。无因无果是一种增加论据的强化方式，即提供一个"无 A 无 B"的理据或证据来支持题干论证。

这类论证往往与求异法有关，即通过一个对比观察或对比实验，提供一个因果一致的对比事实，即"无A无B"的事例作为正面证据。

■从"阿克琉斯基猴"身上，研究者发现了许多类人猿的特征。比如，它脚后跟的一块骨头短而宽。此外，"阿克琉斯基猴"的眼眶较小，科学家据此推测它与早期类人猿的祖先一样，是在白天活动的。

以下哪项如果为真，最能支持上述科学家的推测？
A. 短而宽的后脚骨使得这种灵长类动物善于在树丛中跳跃捕食。
B. 动物的视力与眼眶大小不存在严格的比例关系。
C. 最早的类人猿与其他灵长类动物分开的时间，至少在5500万年以前。
D. 以夜间活动为主的动物，一般眼眶较大。
E. 对"阿克琉斯基猴"的基因测序表明，它和类人猿是近亲。

[解题分析] 正确答案：D
科学家依据"阿克琉斯基猴"的眼眶较小，推测它是在白天活动的。
D项陈述，眼眶较大的动物以夜间活动为主。这就作为一个论据支持了科学家的推测。

■自闭症会影响社会交往、言交流和兴趣爱好等方面的行为。研究人员发现，实验鼠体内神经连接蛋白的蛋白质如果合成过多，会导致自闭症。由此他们认为，自闭症与神经连接蛋白质合成量具有重要关联。

以下哪项如果为真，最能支持上述观点？
A. 生活在群体之中的实验鼠较之独处的实验鼠患自闭症的比例要小。
B. 雄性实验鼠患自闭症的比例是雌性实验鼠的5倍。
C. 抑制神经连接蛋白的蛋白质合成可缓解实验鼠的自闭症状。
D. 如果将实验鼠控制蛋白合成的关键基因去除，其体内的神经连接蛋白就会增加。
E. 神经连接蛋白正常的老年实验鼠患自闭症的比例很低。

[解题分析] 正确答案：C
题干根据，实验鼠体内神经连接蛋白的蛋白质合成过多会导致自闭症，推出结论，自闭症与神经连接蛋白合成量具有重要关联。
C项，抑制神经连接蛋白的蛋白质合成可缓解实验鼠的自闭症状，这就以无因无果的证据，有力地支持了题干的观点。

七、最能支持

在支持型题目中，有的题具有两个或两个以上的支持性选项，这时就需要比较支持的程度，正确答案应是支持程度最大的选项。

下面提供一些评价支持程度的一般方法：
（1）结论强于理由——支持结论的力度大于支持原因或论据。
（2）内部强于外部——针对逻辑主线的支持强于非逻辑主线的支持。
（3）必然强于或然——必然的支持力度大于或然的支持。
（4）明确强于模糊——含有确定性数字的支持大于模糊概念的支持。
（5）量大强于量小——量大的支持力度大于量小的支持。
（6）直接强于间接——直接支持的力度大于间接支持。
（7）整体强于部分——综合因素的支持力度要大于单一因素的支持力度。
（8）逻辑强于非逻辑——逻辑支持（形式化支持）的力度大于非逻辑支持。
（9）质强于量——针对样本质的支持力度大于对样本量的支持。

■科学研究中使用的形式语言和日常生活中的自然语言有很大的不同，形式语言看起来像天书，远离大众，只有一些专业人士才能理解和运用。但其实这是一种误解，自然语言和形式语言的关系就像肉眼与显微镜的关系，肉眼的视域广阔，可以从整体上把握事物的信息；显微镜可以帮助人们看到事物的细节和精微之处，尽管用它看到的范围小。所以形式语言和自然语言都是人们交流和理解信息的重要工具，把它们结合起来使用，具有强大的力量。

以下哪项如果为真，最能支持上述结论？

A. 通过显微镜看到的内容可能成为暂时的"风暴"，说明形式语言可以丰富自然语言的表达，我们应重视形式语言。

B. 正如显微镜下显示的信息最终还是要通过肉眼观察一样，形式语言表达的内容最终也要通过自然语言来实现，说明自然语言更基础。

C. 科学理论如果仅用形式语言表达，很难被普通民众理解；同样，如果仅用自然语言表达，有可能变得冗长且很难表达准确。

D. 科学的发展很大程度上改善了普通民众的日常生活，但人们并没有意识到科学表达的基础——形式语言的重要性。

E. 采用哪种语言其实不重要，关键在于是否表达了真正想表达的思想内容。

[解题分析] 正确答案：C

题干结论是，形式语言和自然语言都是人们交流和理解信息的重要工具，应把它们结合起来使用。

C项表明了如果仅用形式语言或仅用自然语言都不可行，表明形式语言与自然语言两者不可偏废，有力地支持了要把它们结合起来使用的结论。

A、B项分别只从单个方面表明了形式语言与自然语言的重要性，支持力度不如C项。其余选项为无关项。

■实验发现，孕妇适当补充维生素D可降低新生儿感染呼吸道合胞病毒的风险。科研人员检测了156名新生儿脐带血中维生素D的含量，其中54%的新生儿被诊断为维生素D缺乏，这当中有12%的孩子在出生后一年内感染了呼吸道合胞病毒，这一比例远高于维生素D正常的孩子。

以下哪项如果为真，最能对科研人员的上述发现提供支持？

A. 维生素D具有多种防病健体功能，其中包括提高免疫系统功能、促进新生儿呼吸系统发育、预防新生儿呼吸道病毒感染等。

B. 科研人员实验时所选的新生儿在其他方面跟一般新生儿的相似性没有得到明确验证。

C. 孕妇适当补充维生素D可降低新生儿感染流感病毒的风险，特别是在妊娠后期补充维生素D，预防效果会更好。

D. 上述实验中，46%补充维生素D的孕妇所生的新生儿有一些在出生一年内感染呼吸道合胞病毒。

E. 上述实验中，54%的新生儿维生素D缺乏是由于他们的母亲在妊娠期间没有补充足够的维生素D造成的。

[解题分析] 正确答案：E

题干认为，孕妇适当补充维生素D可降低新生儿感染呼吸道合胞病毒的风险。

理由是，维生素D缺乏的新生儿中，在出生后一年内感染了呼吸道合胞病毒比例远高于维生素D正常的孩子。

E项所述：这些维生素D缺乏的新生儿是由于他们的母亲在妊娠期间没有补充足够的维生素D造成的，这就显然直接支持了科研人员的发现。

A、C项支持力度不足不如E项。B、D项起到削弱作用。

■葡萄酒中含有白藜芦醇和类黄酮等对心脏有益的抗氧化剂。一项新研究表明白藜芦醇能防止骨质疏松和肌肉萎缩。由此，有关研究人员推断，那些长时间在国际空间站或宇宙飞船上的宇航员或许可以补充一下白藜芦醇。

以下哪项如果为真，最能支持上述研究的推断？

A. 研究人员发现由于残疾或者其他因素而很少活动的人会比经常活动的人更容易出现骨质疏松和肌肉萎缩等症状，如果能喝点葡萄酒，则可以获益。

B. 研究人员模拟失重状态，对老鼠进行试验，一个对照组未接受任何特殊处理，另一组则每天服用白藜芦醇。结果对照的老鼠骨头和肌肉的密度都降低了，而服用白藜芦醇的一组则没有出现这些症状。

C. 研究人员发现由于残疾或者其他因素而很少活动的人，如果每天服用一定量的白藜芦醇，则可以改善骨质疏松和肌肉萎缩等症状。

D. 研究人员发现，葡萄酒能对抗失重所造成的负面影响。

E. 某医学博士认为，白藜芦醇或许不能代替锻炼，但它能减缓人体某些机能的退化。

[解题分析] 正确答案：B

题干根据一项研究表明的白藜芦醇能防止骨质疏松和肌肉萎缩，推断：长时间在国际空间站或宇宙飞船上的宇航员或许可以补充一下白藜芦醇。

长时间在国际空间站或宇宙飞船上的宇航员的独特性是处于失重状态，B项的实验对象处于模拟失重状态，并进行了对照试验，这一实验得出的结论显然有力地支持题干结论。所以，B为正确答案。

C项只能支持题干的前提，即"一项新研究表明白藜芦醇能防止骨质疏松和肌肉萎缩"，但没有提供新的信息来支持题干中有关研究人员推断的结论，因此，支持程度不足。

八、不能支持

不能支持型考题的解题方法是将能与题干一致的选项（能支持题干的选项）排除掉，最后剩下的选项不管是与题干相矛盾、不一致还是不相干的都是不能支持的。也即：不能支持题型的正确答案必为削弱或无关项。

■某研究人员在2004年对一些12～16岁的学生进行了智商测试，测试得分为77～135分，4年之后再次测试，这些学生的智商得分为87～143分。仪器扫描显示，那些得分提高了的学生，其脑部比此前呈现更多的灰质（灰质是一种神经组织，是中枢神经的重要组成部分）。这一测试表明，个体的智商变化确实存在，那些早期在学校表现不突出的学生仍有可能成为佼佼者。

以下除哪项外，都能支持上述实验结论？

A. 随着年龄的增长，青少年脑部区域的灰质通常也会增加。

B. 学生的非言语智力表现与他们的大脑结构的变化明显相关。

C. 言语智商的提高伴随着大脑左半球运动皮层灰质的增多。

D. 有些天才少年长大后智力并不出众。

E. 部分学生早期在学校表现不突出与其智商有关。

[解题分析] 正确答案：E

题干根据实验测试得出的结论有两个要点：一是个体的智商变化确实存在，二是个体的智商变化与脑部的灰质结构变化有关。

本题要选择不支持题干实验结论的选项，分别考查各个选项：

A项支持题干结论。个体随着年龄增长，一般智商也随之增长，因此，随着年龄增长，灰质通常也会增加。

B项支持题干，某项智力表现与大脑结构变化相关，符合题干结论。

C项支持题干，智商的提高伴随着灰质的增多，符合题干结论。

D项支持题干，有些天才少年长大后智力并不出众，这符合个体智商变化确实存在的结论。

E项，部分学生早期在学校表现不突出与其智商有关，这能说明个体的智商变化确实存在，也不能说明个体的智商变化与其脑部结构变化相关，因此，对题干结论起不到支持作用。

■抚仙湖虫是泥盆纪澄江动物群中特有的一种，属于真节肢动物中比较原始的类型，成虫体长10厘米，有31个体节，外骨骼分为头、胸、腹三部分，它的背、腹分节不一致。泥盆纪直虾是现代昆虫的祖先，抚仙湖虫化石与直虾类化石类似，这间接表明了抚仙湖虫是昆虫的远祖。研究者还发现，抚仙湖虫的消化道充满泥沙，这表明它是食泥动物。

以下除哪项外，均能支持上述论证？

A. 昆虫的远祖也有不食泥的生物。
B. 泥盆纪直虾的外骨骼分为头、胸、腹三部分。
C. 凡是与泥盆纪直虾类似的生物都是昆虫的远祖。
D. 昆虫是由真节肢动物中比较原始的生物进化而来的。
E. 抚仙湖虫消化道中的泥沙不是在化石形成过程中由外界渗透进去的。

[解题分析] 正确答案：A

题干结论：抚仙湖虫是昆虫的远祖。

论据一：抚仙湖虫化石与直虾类化石类似，而泥盆纪直虾是现代昆虫的祖先。

论据二：抚仙湖虫的消化道充满泥沙，这表明它是食泥动物（隐含前提：昆虫的祖先是食泥动物）。

A项否定了论据二的隐含前提，削弱了题干论证，为正确答案。

其余选项都能支持题干论证。由于抚仙湖虫是外骨骼分为头、胸、腹三部分，因此，B项支持了论据一：抚仙湖虫化石与直虾类化石类似。C项是题干论据一到结论所必须假设的，支持了题干论证。根据题干论述，抚仙湖虫是真节肢动物中比较原始的类型，补充D项，有助于推出题干结论。E项是题干论据二的一个假设，支持了这一论述。

■S市环保监测中心的统计分析表明，2009年空气质量为优的天数达到了150天，比2008年多出22天；二氧化硫、一氧化碳、二氧化氮、可吸入颗粒物四项污染物浓度平均值，与2008年相比分别下降了约21.3%、25.6%、26.2%、15.4%。S市环保负责人指出，这得益于近年来本市政府持续采取的控制大气污染的相关措施。

以下除哪项外，均能支持上述S市环保负责人的看法？

A. S市广泛开展环保宣传，加强了市民的生态理念和环保意识。
B. S市启动了内部控制污染方案：凡是排放不达标的燃煤锅炉停止运行。
C. S市执行了机动车排放国Ⅳ标准，单车排放比国Ⅲ标准降低了49%。
D. S市市长办公室最近研究了焚烧秸秆的问题，并着手制定相关条例。
E. S市制定了"绿色企业"标准，继续加快污染重、能耗高企业的退出。

[解题分析] 正确答案：D

针对空气质量转优的统计数据，S市环保负责人的看法是，这得益于近年来本市政府持续采取的控制大气污染的相关措施。

D项，S市市长办公室最近研究了焚烧秸秆的问题，并着手制定相关条例。这属于正在研究但尚未实施的项目，显然不能支持上述看法。

其余选项都起到加强作用。A项，通过开展环保宣传，加强了市民的环保意识。B项，排放不达标的燃煤锅炉停止运行。C项，执行了机动车排放国Ⅳ标准，单车排放降低了。E项，加快污染重、能耗高企业的退出。这些都从不同角度支持了S市环保负责人的看法。

九、支持复选

支持复选是支持题型的多选题，这类题的选项可从多个角度对题干论证进行支持，是各类支持方向的综合运用，需要对每个选项都要有正确的把握。

■目前食品包装袋上没有把纤维素的含量和其他营养成分一起列出。因此，作为保护民众健康的一项措施，国家应该规定食品包装袋上明确列出纤维素的含量。

以下哪项，如果是真的，能作为论据支持上述论证？

Ⅰ．大多数消费者购买食品时能注意包装袋上关于营养成分的说明。

Ⅱ．高纤维食品对于预防心脏病、直肠癌和糖尿病有重要作用。

Ⅲ．很多消费者都具有高纤维食品营养价值的常识。

A．仅Ⅰ。

B．仅Ⅱ。

C．仅Ⅲ。

D．仅Ⅰ和Ⅱ。

E．Ⅰ、Ⅱ和Ⅲ。

[解题分析] 正确答案：E

列出来的三部分内容从不同的方面作为论据支持了题干的论证：

Ⅰ．大多数消费者购买食品时能注意包装袋上关于营养成分的说明，这样在包装袋上列出纤维素的含量才有意义。

Ⅱ．高纤维食品对于预防心脏病、直肠癌和糖尿病有重要作用，为了保护民众健康我们也才需要明确列出纤维素的含量。

Ⅲ．很多消费者具有高纤维食品营养价值的常识，他们才会去关心列出的纤维素含量。

■某市教育系统评出了10所优秀中学，名单按它们在近三年中毕业生高考录取率的高低排序。专家指出不能把该名单排列的顺序作为评价这些学校教育水平的一个标准。

以下哪项如果是真的，能作为论据支持专家的结论？

Ⅰ．排列前5名的学校所得到的教育经费平均是后5名的8倍。

Ⅱ．名列第2的金山中学的高考录取率是75%，其中录取全国重点院校的占10%；名列第6的银湖中学的高考录取率是48%，但其中录取全国重点院校的占35%。

Ⅲ．名列前3名的学校位于学院区，学生的个人素质和家庭条件普遍比其他学校要好。

A．Ⅰ、Ⅱ和Ⅲ。

B．仅Ⅰ和Ⅱ。

C．仅Ⅰ和Ⅲ。

D．仅Ⅱ和Ⅲ。

E．Ⅰ、Ⅱ和Ⅲ都不能。

[解题分析] 正确答案：D

专家的观点是，不能用高考录取率排名作为评价学校教育水平的一个标准。

Ⅰ项，高考录取率排名高的学校教育经费充足，教育经费充足可用来改善软硬件水平，有利于提高教育水平。这就说明他们高考录取率排名与教育水平还是相关的，不能支持专家的观点。

Ⅱ项说明了高考录取率与重点院校录取率不成正比，单用高考录取率来评价"中学教育水平"未必恰当。

Ⅲ项说明了并非学校的教育水平高，而是生源素质好，所以高考录取率高。这也说明单用高考录取率来评价"中学教育水平"可能有很大疏漏。

【专项训练】

01. 历史并非清白之手编制的网,使人堕落和道德沦丧的一切原因中,权力是最永恒、最活跃的。因此,应该设计出一些制度,限制和防范权力的滥用。

下面哪个假设能够给予上述推理最强的支持?

A. 应该设法避免使人堕落和道德沦丧。

B. 权力常常使人堕落和道德沦丧。

C. 没有权力的人就没有机会在道德上堕落。

D. 一些堕落和道德沦丧的人通常拥有很大的权力。

E. 无权力的人往往道德高。

02. 全国政协常委、著名社会学家、法律专家钟万春教授认为:我们应当制定全国性的政策,用立法的方式规定父母每日与未成年子女共处的时间下限。这样的法律能够减少子女平日的压力。因此,这样的法律也就能够使家庭幸福。

以下各项如果为真,哪项最能够加强上述的推论?

A. 父母有责任抚养好自己的孩子,这是社会对每一个公民的起码要求。

B. 大部分的孩子平常都能够与父母经常地在一起。

C. 这项政策的目标是降低孩子们在平日生活中的压力。

D. 未成年孩子较高的压力水平是成长过程以及长大后家庭幸福很大的障碍。

E. 父母现在对孩子多一分关心,就会减少日后父母很多的操心。

03. 有专家指出,我国城市规划缺少必要的气象论证,城市的高楼建得高耸而密集,阻碍了城市的通风循环。有关资料显示,近几年国内许多城市的平均风速已下降10%。风速下降,意味着大气扩散能力减弱,导致大气污染物滞留时间延长,易形成雾霾天气和热岛效应。为此,有专家提出建立"城市风道"的设想,即在城市里制造几条通畅的通风走廊,让风在城市中更加自由地进出,促进城市空气的更新循环。

以下哪项如果为真,最能支持上述建立"城市风道"的设想?

A. 城市风道形成的"穿街风",对建筑物的安全影响不大。

B. 风从八方来,"城市风道"的设想过于主观和随意。

C. 有风道但没有风,就会让城市风道成为无用的摆设。

D. 有些城市已拥有建立"城市风道"的天然基础。

E. 城市风道不仅有利于"驱霾",还有利于散热。

04. 某研究中心通过实验对健康男性和女性听觉的空间定位能力进行了研究。起初,每次只发出一种声音,要求被试者说出声源的准确位置,男性和女性都非常轻松地完成了任务;后来多种声音同时发出,要求被试者只关注一种声音并对声源进行定位,与男性相比女性完成这项任务要困难得多,有时她们甚至认为声音是从声源相反方向传来的。研究人员由此得出:在嘈杂环境中准确找出声音来源的能力,男性要胜过女性。

以下哪项如果为真,最能支持研究者的结论?

A. 在实验使用的嘈杂环境中,有些声音是女性熟悉的声音。

B. 在实验使用的嘈杂环境中,有些声音是男性不熟悉的声音。

C. 在安静的环境中,女性注意力更易集中。

D. 在嘈杂的环境中,男性注意力更易集中。

E. 在安静的环境中,人的注意力容易分散;在嘈杂的环境中,人的注意力容易集中。

05. 考古学家发现,那件仰韶文化晚期的土坯砖边缘整齐,并且没有切割痕迹,由此他们推测,这件土坯砖应当是使用木质模具压制成型的;而其他5件由土坯砖经过烧制而成的烧结砖,经检测其当时的烧制温度为850~900℃。由此考古学家进一步推测,当时的砖是先使用模具将黏土做成土坯，再经过高温烧制而成的。

以下哪项如果为真，最能支持上述考古学家的推测？
A. 仰韶文化晚期的年代约为公元前 3500～公元前 3000 年。
B. 出土的 5 件烧结砖距今已有 5000 年，确实属于仰韶文化晚期的物品。
C. 仰韶文化晚期，人们已经掌握了高温冶炼技术。
D. 没有采用模具而成型的土坯砖，其边缘或者不整齐，或者有切割痕迹。
E. 早在西周时期，中原地区的人们就可以烧制铺地砖和空心砖。

06. 中世纪阿拉伯人有许多古希腊文手稿。当需要的时候，他们就把它们译成阿拉伯语。中世纪阿拉伯哲学家对亚里士多德的《诗论》非常感兴趣，这种兴趣很明显不被阿拉伯诗人所分享，因为一个对《诗论》感兴趣的诗人一定想读荷马的诗，亚里士多德本人就经常引用荷马的诗。但是，荷马的诗一直到当代才被译成阿拉伯语。

如果以下陈述为真，哪一项最强地支持上面的论证？
A. 有一些中世纪阿拉伯翻译家拥有古希腊文的荷马诗手稿。
B. 亚里士多德的《诗论》经常被现代阿拉伯诗人引用和评论。
C. 亚里士多德的《诗论》的大部分内容与戏剧有关，中世纪阿拉伯人也写戏剧作品，并表演这些作品。
D. 中世纪阿拉伯的系列故事，如《阿拉伯人之夜》，与荷马史诗的某些部分很相似。
E. 除了翻译希腊文之外，中世纪的阿拉伯翻译家还把许多原版为印第安语和波斯语的著作译成了阿拉伯语。

07. 如果把被两个相邻城市（瑞得佛和格林钨）分享的公共图书馆从现在位于瑞得佛市中心的一所过分拥挤的建筑物搬迁到格林钨市中心的一个更大的可利用的建筑物内，那么这个图书馆将在更多的图书馆读者的步行范围之内。这是因为格林钨市中心的居住人口要比瑞得佛市中心的多得多，并且只有当图书馆的位置离他们的家较近时，一般人们才会步行去图书馆。

下面哪一项，如果正确，最能加强上述论证？
A. 公共图书馆在移往现在的位置——瑞得佛市中心之前位于格林钨和瑞得佛之间。
B. 格林钨市中心覆盖的区域面积与瑞得佛市中心覆盖的区域面积几乎是一样的。
C. 格林钨市的那个可利用的建筑物比瑞得佛市的另一个可利用的建筑物小。
D. 公共图书馆的许多读者既不住在格林钨，也不住在瑞得佛。
E. 现在人们步行去图书馆所走的距离比普遍认为的步行距离远。

08. 科学家假设，一种特殊的脂肪，即"P-脂肪"，是视力发育形成过程中所必需的。科学家观察到，用含 P-脂肪低的配方奶喂养的婴儿比母乳喂养的婴儿视力要差，而母乳中 P-脂肪的含量高，于是他们提出了上述假说。此外还发现，早产 5～6 周的婴儿比足月出生的婴儿视力要差。

如果以下哪一项陈述为真，最能支持上述科学家的假设？
A. 胎儿只是在妊娠期的最后 4 周里加大了从母体中获取的 P-脂肪的量。
B. 日常饮食中缺乏 P-脂肪的成年人比日常饮食中 P 脂肪含量高的成年人视力要差。
C. 胎儿的视力是在妊娠期的最后 3 个月中发育形成的。
D. 母亲的视力差并不会导致婴儿的视力差。
E. 父母视力好的婴儿即使用含 P-脂肪低的配方奶喂养，长大后他们的视力仍然好。

09. 一则公益广告建议，喝酒的人应该等到能够安全开车时再开车。然而，一次医院调查发现，喝完酒后立即被询问的人低估了他们恢复开车能力所需的时间。这个结果表明，许多在开车前喝酒的人在遵从广告的建议方面有困难。

如果以下陈述为真，哪一项最强地支持以上论述？
A. 如果有些人在喝酒之后必须回家，他们会忍住不喝酒。

B. 许多打算喝酒的人会事先安排一个不喝酒的人开车送他们回家。
C. 在医院中的被调查者也被问到恢复那些对安全驾驶影响不大的能力所需时间的长短。
D. 与在医院外的被调查者相比,在医院中的被调查者对自己能力的估计要保守一些。
E. 由于喝完酒后意识不够清醒,因此他们对时间概念有些模糊。

10. 在不同语言中,数字的发音和写法都不一样。一些科学家认为,代表不同文化背景的语言,会对人们大脑处理数学信息的方式产生影响。

以下哪项如果为真,最能支持上述结论?

A. 相比欧洲,亚洲地区的人们在进行数量大小比较时,大脑中个别区域的活跃程度有所不同
B. 在同一国家,不同方言区的人们进行数学运算时,大脑语言区的神经传递路线并不十分一致。
C. 研究发现,以英语为母语的人进行心算时主要依赖大脑的语言区,而以中文为母语的人主要动用了大脑的视觉信息识别区。
D. 研究发现,不同专业背景的人们在计算数学题时会选择不同的思考方法,但都会不同程度地依赖大脑的语言区。
E. 研究发现,不同文化背景的人在面对相同的事情时总是会表现出不同的处理方式。

11. 今天的心理学家认为儿童时代是人生一个单独的驿站,并且只能以它自身的方式去理解,他们想知道为什么这么长时间以来西方国家荒谬地把儿童看作是小的、未充分社会化的成年人。然而,大多数的心理学家把那些70~90岁的老年人看作是好像刚开始出现白发和有额外的闲暇时间的35岁的人。但是老年人与儿童一样与年轻的成年人和中年人大相径庭,这一事实已被现代社会与经济生活体制所证实。因此,确实应该承认对老年人独特的心理进行认真的研究是必不可少的。

下面哪一原理如果正确的话,最能强有力地支持上述论断?

A. 当现行心理学实践与人们的传统态度相抵触时,那些传统的态度应该改变,以使它们能与现行的心理学实践相一致。
B. 当两组人以这种方式相互联系,即第二组中的任一成员都必须曾是第一组的成员,那么第一组人不应该被简单地认为是第二组成员的脱离分子。
C. 当某一特定领域的大多数从业者用同一种方法来解决某一特定问题时,这种一致性就是所有类似的问题都应当以那种方法来解决的很好的见证。
D. 当一个社会的经济生活以这种方式来组织,即两个明显不同时代的生活相互之间被认为是根本不同的,那么每个时代的生活都应以它自己独特的心理学方式来理解。
E. 当心理学家认为用单一的心理学来研究两组年龄差距较大的人是不够的时,他们就应着手揭示两个不同年龄组成员之间的差异要比同一年龄组的不同成员之间的大。

12. 广告商经常因为无耻地操纵利用公众的兴趣和愿望而遭到谴责。不过,有证据表明,有些广告商的行为是受道德驱使的,就如同受金钱的驱使一样。一家杂志准备将自己的形象从家庭型改为性和暴力型的,以迎合另一个不同的读者群。有些广告商就撤回了他们的广告,这肯定是因为他们在道义上不支持该杂志的色情内容所致。

如果以下哪项为真,最能强化上述论证?

A. 这些广告商们将他们的广告转移到其他的家庭型杂志上。
B. 有些广告商把他们的广告从家庭型刊物转到了这家被改版后的出版物上。
C. 这些广告商们预计,如果他们继续在这家改版后的出版物上做广告,其产品的销售额会上升;如果他们撤回广告,其销售额就会下降。
D. 通常看家庭型刊物的人不大可能去购买性和暴力型的杂志。
E. 通常看家庭型刊物的人喜欢看色情内容的杂志。

第八章 论证推理

13. 雄性的园丁鸟能构筑精心装饰的鸟巢，或称为凉棚。基于他们对于本地同种园丁鸟不同群落构筑凉棚的结构和装饰风格不同这一事实的判断，研究者们得出结论，园丁鸟构筑鸟巢的风格是一个后天习得的，而不是基因遗传的特征。

以下哪一项，如果是正确的，将最有力地加强研究者们得出的结论？

A. 经过最广泛研究的本地园丁鸟群落的凉棚构筑风格中，共同的特征多于它们之间的区别。

B. 年幼的雄性园丁鸟不会构筑凉棚，在能以本地凉棚风格构筑凉棚之间很明显地花了好几年时间观看比它们年纪大的鸟构筑凉棚。

C. 一种园丁鸟的凉棚缺少大多数其他种类园丁鸟构筑凉棚的塔形和装饰特征。

D. 只在新圭亚那和澳大利亚发现有园丁鸟，而在那里本地鸟类显然很少互相接触。

E. 公众周知，一些鸣禽的鸣唱的方法是后天习得的，而不是基因遗传的。

14. 在一个养狗场，所有的成年动物都服用了一种新药，这种药物的目的是降低狗类被感染上某种一般性传染病的风险。在用药的几天后，这群狗中的大多数幼狗都体温上升。由于体温上升是这种药的一个副作用，因此该养狗场的场主得出假设，认为幼狗们的体温上升是由于这种药通过幼狗母亲的乳汁进入了幼狗体内。

下列哪一项，如果正确，对养狗场场主的假设提供了最有力的支持？

A. 有些幼狗直接服用了这种新药，却没有引起体温上升的副作用。

B. 狗的饲养员们完全接受了这种新药，认为它可以安全有效地阻止某种一般性狗类传染病的流行。

C. 养狗场中有四条幼狗是由奶瓶喂养的，它们都没有发生体温上升的现象。

D. 体温上升是养狗场对狗使用的该新药之外的另一些药物的副作用。

E. 像该养狗场大多数幼狗所产生的这种体温上升现象基本不会对幼狗的健康产生长期影响。

15. 传统观点认为，导致温室效应的甲烷多半来自于湿地和反刍动物的消化道，殊不知能够吸收二氧化碳的绿色植物也会释放甲烷。科学家发现的惊人结果是：全球绿色植物每年释放的甲烷量为0.6亿~2.4亿吨，占全球甲烷总排放量的10%~40%，其中2/3左右来自于植被丰富的热带地区。

以下各项陈述，除哪项陈述外，都可以支持科学家的观点？

A. 如果不考虑绿色植物，排除其他所有因素后，全球仍有大量甲烷的来源无法解释。

B. 德国科学家通过卫星观测到热带雨林上空出现的甲烷云层，这一现象无法用已知的全球甲烷来源加以解释。

C. 美国化学家分析取自委内瑞拉稀树草原的空气样本并得出结论：该地区植被释放的甲烷量为0.3亿~0.6亿吨。

D. 有科学家强调，近期的甲烷含量增加，全球气候变暖与森林无关，植被是无辜的。

E. 实验发现，当一块空地上栽满绿色植物时，这块空地的甲烷排放量增加。

16. 巨额财产来源不明罪在客观上有利于保护贪污受贿者。一旦巨额财产被装入"来源不明"的筐中，其来源就不必一一查明，这对于那些贪污受贿者是多大的宽容啊！并且，该罪名给予司法人员以过大的"自由裁量权"和"勾兑空间"。因此，应将巨额财产来源不明以贪污受贿罪论处。

以下哪项陈述不支持上述论证？

A. 贪官知道，一旦其贪污受贿财产被认定为"来源不明"，就可以减轻惩罚；中国现有侦察手段落后，坦白者有可能招致比死不认账更严重的处罚。

B. 试问有谁不知道自己家里的财产是从哪里来的？巨额财产来源不明罪有利于"从轻从快"地打击贪官，但不利于社会正义。

C. "无罪推定""沉默权"等都是现代法治的基本观念，如果没有证据证明被告人有罪，他就应该被认定为无罪。

D. 新加坡、文莱、印度的法律都规定，公务员财产来源不明应以贪污受贿罪论处。

E. 巨额财产来源不明的情况经查实，大多数都是官员贪污受贿得来。

17. 对许多关心家庭和办公取暖费用的美国人来说，木材已成为煤、石油、天然气的燃料的替代性来源了。然而，木材最多只能提供给我们将来能源需求中有限的一部分。

下面哪一个，不支持上文最后一句话所作的论断？

A. 对于供应量有限的木材有许多竞争性的用途，供应者把更多的优先权给了建筑木材业和造纸业而不是个人消费者。

B. 木头在燃烧时要发出浓烟，因此木材在人口稠密城市的广泛使用将会破坏联邦政府反污染的方针。

C. 在运输中燃烧汽油要比燃烧木头更经济之前，关于木材被运多远的限制相对较小。

D. 大多数住公寓的人没有足够的地方来贮藏供热需用的木材。

E. 大多数使用能源的商业用户都位于木材供应的范围之内，而 2/3 的美国家庭不在市区内。

18. 如今，电子学习机已全面进入儿童的生活。电子学习机将文字与图像、声音结合起来，既生动形象，又富有趣味性，使儿童独立阅读成为可能。但是，一些儿童教育专家却对此发出警告：电子学习机可能不利于儿童成长。他们认为，父母应该抽时间陪孩子一起阅读纸质图书。陪孩子一起阅读纸质图书，并不是简单地让孩子读书识字，而是在交流中促进其心灵的成长。

以下哪项如果为真，最能支持上述专家的观点？

A. 电子学习机最大的问题是让父母从孩子的阅读行为中走开，减少父母与孩子的日常交流。

B. 接触电子产品越早，就越容易上瘾，长期使用电子学习机会形成"电子瘾"。

C. 在使用电子学习机时，孩子往往更关注其使用功能而非学习内容。

D. 纸质图书有利于保护儿童视力，有利于父母引导儿童形成良好的阅读习惯。

E. 现代生活中年轻父母工作压力较大，很少有时间能与孩子一起阅读。

19. 某西方国家高等院校的学费急剧上涨，其增长率几乎达到通货膨胀率的两倍。1980~1995 年中等家庭的收入只提高了 82%，而公立大学的学费的涨幅比家庭收入的涨幅几乎大了 3 倍，私立院校的学费在家庭收入中所占的比例几乎是 1980 年的 2 倍。高等教育的费用已经令中产阶级家庭苦恼不堪。

以下除哪项外都为上文的观点进一步提供论据？

A. 尽管 1980~1996 年间消费价格指数缓慢增长了 79%，公立四年制大学的学费上涨了 256%。

B. 私立学校的学费上涨比公立学校慢，从 1980 年到 1996 年上涨了 219%。

C. 如果学费继续保持过去的增长速度，1996 年新做父母的人将来他们的子女上私立大学每年的学费和食宿费总额将多达 9 万美元。

D. 政府对公立学校每个学生的补贴在学校收入中的比例从 1978 年的 66% 下降到 1993 年的 51%，而同一时期，学费在学校收入中所占比例从 16% 上升到 24%。

E. 高教市场已开始显露竞争迹象。几家私立学校和公立学校已通过缩短攻读学位时间的办法来间接地降低学习费用。

20. 即使计算机犯罪被发现并且被告发，仍然存在着逮捕罪犯和进一步证明罪犯有罪的问题。

以下哪能支持上述断言？

Ⅰ. 对计算机欺诈案件的起诉的准备工作要比一般欺诈案花费更多时间，而检察官的工作成绩是以出色完成案件的数量来衡量的。

Ⅱ. 在大多数警察局，警官的职位总是隔两三年就相互轮换，而这些时间对于成为一个精通计算机犯罪的调查人来说太短了。

Ⅲ. 社区警察部门优先处理的不是大量的计算机犯罪,而是对人们的威胁更大的常见的街头犯罪。

Ⅳ. 计算机罪犯很少被送到监狱里服刑,因为暴力犯和毒品犯已把监狱弄得拥挤不堪。

A. 只有Ⅰ和Ⅱ。
B. 只有Ⅱ和Ⅲ。
C. 只有Ⅰ、Ⅱ和Ⅲ。
D. 只有Ⅱ、Ⅲ和Ⅳ。
E. Ⅰ、Ⅱ、Ⅲ和Ⅳ。

【答案解析】

01. 答案:A

题干陈述:权力是使人堕落和道德沦丧的最永恒、最活跃的原因。

补充A项:应该设法避免使人堕落和道德沦丧。

得出结论:应该设法限制和防范权力的滥用。

选项B、D只用不同的说法重复了题干的内容,而选项A提供了推出题干结论所缺少的一个前提,因此,A为正确答案。

02. 答案:D

题干陈述:这样的法律能够减少子女平日的压力。

补充D项:未成年孩子较高的压力水平是成长过程以及长大后家庭幸福很大的障碍。

得出结论:这样的法律有利于排除家庭幸福的障碍,即这样的法律也就能够使家庭幸福。

E项可看成是题干推论的后继,至多对题干有所加强,但加强力度不如D项。其余项不能加强题干。

03. 答案:E

题干论述,建立"城市风道"的目的是促进城市空气的更新循环,以改变当前由于城市高耸密集的高楼而阻碍城市通风循环从而易形成雾霾天气和热岛效应的现状。

E项所述,城市风道确实有利于"驱霾",也有利于散热。这直接有力地支持了题干设想,E为正确答案。

其余选项不妥,其中A、D项也有支持作用,但力度较弱;B、C项起明显的削弱作用。

04. 答案:D

研究者的结论是:在嘈杂环境中准确找出声音来源的能力,男性要胜过女性。

D项,在嘈杂的环境中,男性注意力更易集中。这显然作为一个证据有力地支持了题干结论。

E项起不到支持作用,其余选项都为无关项。

05. 答案:D

考古学家推测,这件土坯砖应当是使用木质模具压制成型的,其理由是,那件仰韶文化晚期的土坯砖边缘整齐,并且没有切割痕迹。

D项,没有采用模具而成型的土坯砖,其边缘或者不整齐,或者有切割痕迹。这以无因无果的方式,有力地支持了考古学家的推测。

其余选项不妥,其中,A为无关项;B、C、E项的支持力度不足。

06. 答案:A

题干结论:对《诗论》的兴趣没有被中世纪的阿拉伯诗人所分享。

理由有二:一是,在中世纪对《诗论》感兴趣的诗人一定想读荷马的诗;二是,荷马的诗一直到当代才被译成阿拉伯语。

补充省略前提后的推理过程如下：

题干前提：荷马的诗一直到当代才被译成阿拉伯语。

补充 A 项：中世纪的翻译家拥有古希腊文的荷马诗手稿。

得出推论：荷马的诗不被中世纪的阿拉伯诗人所分享。

题干理由：在中世纪一个对《诗论》感兴趣的诗人一定想读荷马的诗。

得出结论：对《诗论》的兴趣没有被中世纪的阿拉伯诗人所分享。

选项 B、D 为明显的无关选项，比如，B 项是现代的情况，对中世纪时的情况不起作用；选项 C 说明中世纪阿拉伯人也写戏剧作品，并表演这些作品，对题干结论有所削弱。

07. 答案：B

前提之一：格林钨市中心的居住人口要比瑞得佛市中心的多得多。

补充 B 项：格林钨市中心覆盖的区域面积与瑞得佛市中心覆盖的区域面积几乎是一样的。

推出结论：格林钨市中心比瑞得佛市中心的人口密度大。

前提之二：只有当图书馆的位置离他们的家较近时，一般人们才会步行去图书馆。

得出结论：公共图书馆从瑞得佛市中心搬迁到格林钨市中心，那么这个图书馆将在更多的图书馆读者的步行范围之内。

其余选项均为无关项。

08. 答案：A

科学家的假设：P-脂肪是视力发育形成过程中所必需的。

其根据一：用含 P-脂肪低的配方奶喂养的婴儿比母乳喂养的婴儿视力要差，而母乳中 P-脂肪的含量高。

其根据二：早产 5~6 周的婴儿比足月出生的婴儿视力要差。

A 项，胎儿只是在妊娠期的最后 4 周里加大了从母体中获取的 P-脂肪的量，这就和根据二结合起来支持了科学家的假设。

其余选项均起不到有效的支持作用。比如，B 项，成年人不涉及视力发育形成过程，为无关项；C 项，起不到有效的支持作用；D 项，支持力度也不明显。

09. 答案：D

题干论述：因为饮酒后的人会低估恢复时间，酒后开车者难以遵守公益广告的安全建议。

D 项表明实际情况比医院的调查更差，实际饮酒的人会比医院中的那些研究对象更加低估自己的恢复时间，因此他们在遵从广告建议方面更困难，有力地支持了题干论证。

A、B 都说明喝酒的人采用其他方式遵守了公益广告的建议，削弱题干；C 是无关项。

10. 答案：C

题干结论是：代表不同文化背景的语言，会对人们大脑处理数学信息的方式产生影响。

C 项说明，使用代表不同文化背景的语言的人们，其处理数学信息时动用大脑功能区方面存在不同，这作为一个新的论据，有效支持了题干结论。

其余选项均不妥，比如，A 项没有体现出"大脑处理数学信息的方式"，B、D 两项没有体现出"使用代表不同文化背景的语言"，均排除。

11. 答案：D

心理学家的见解是：儿童和老年人是两个与众不同的群体，对他们的心理只能以各自独特的方式去研究。

D 项表明，每个时代的生活都应以它自己独特的心理学方式来理解，这一原理对题干的论证构成了最强有力的支持。其余选项均不能支持题干。

12. 答案：C

针对一家杂志准备将家庭型改为性和暴力型，有些广告商就撤回了他们的广告。如果这些广告商预计继续在这家改版后的出版物上做广告，其产品的销售额会上升；如果他们撤回广告，其销售额就会下降。这显然有力地支持结论:这是因为他们在道义上不支持该杂志的色情内容所致。

13. 答案:B

研究者的结论是,园丁鸟构筑鸟巢的风格是一个后天习得的,而不是基因遗传的特征。

B 项表明,年幼的雄性园丁鸟通过观看年长的鸟的技术,慢慢地掌握了构筑凉棚的方式,这表明这种技巧是他们必须学习才能得来的,而不是完全基因遗传得来的,这就有力地加强了研究者的结论。

其余选项均起不到支持作用。其中,选项 A,构筑方式的相似超过差异;选项 C,园丁鸟种类之间的差异;选项 D,本地鸟群很少接触,这些都与题干结论无关。选项 E 确认了鸟类学习技巧的可能性,但并不能证明构筑凉棚的方式是习得的。

14. 答案:C

场主的假设是,幼狗们的体温上升是由于这种药通过幼狗母亲的乳汁进入了幼狗体内。

C 项表明,当狗用奶瓶喂养时没有体温上升,即幼狗母亲的乳汁没进入幼狗体内,幼狗们的体温就不上升,这作为一个证据有力地支持了场主的假设。

其余选项均不妥。其中,A 项,直接服用新药的情况下,幼狗体温没上升,削弱了题干;B 项,饲养员的看法与上述假说无关;D 项,涉及体温与另一种药的关系,说明是另一种药造成了体温上升,起削弱作用;E 项为无关选项。

15. 答案:D

科学家的观点:全球绿色植物每年释放的甲烷量为 0.6 亿~2.4 亿吨,占全球甲烷总排放量的 10%~40%,其中 2/3 左右来自于植被丰富的热带地区。

A、B、C 项所述的事实都从不同角度支持了这一观点。

只有 D 项表明,近期的甲烷含量增加与森林植被无关,反对了题干科学家的观点,D 为正确答案。

16. 答案:C

题干论述:巨额财产来源不明罪在客观上有利于保护贪污受贿者。因此,应将巨额财产来源不明以贪污受贿罪论处。

C 项表明,如果不能证明那些财产是贪污受贿所得,那就不能以贪污受贿罪论。这显然反对了题干论证,C 为正确答案。

A 项,贪污受贿财产被认定为"来源不明",就可以减轻惩罚;B 项,巨额财产来源不明罪不利于社会正义;D 项,有些国家规定公务员财产来源不明应以贪污受贿罪论处。这些选项都支持了题干论证。

17. 答案:E

题干最后一句话表明:木材不可能成为主要的能源。

E 项,多数消耗能源的商业用户位于木材的供应范围之内,而且 2/3 的美国家庭位于大都市之外,说明多数人得到木材很可能是比较方便的,表明木材有可能成为其能源的一个主要来源,对题干结论有一定的削弱作用,至少起不到支持作用。因此 E 为正确答案。

其余选项均起支持作用。其中,A 表明个人消费者在有限的木材供应中能得到的份额相当少;B 木材燃烧产生的浓烟限制了木材的使用范围;C 说明当燃烧石油比燃烧木材更经济时,木材被使用的范围将受限;D 说明贮藏木材需要的较大空间限制了木材在居民中的广泛使用。这些都从不同角度支持了文中最后一句话的观点。

18. 答案:A

儿童教育专家的观点是,电子学习机可能不利于儿童成长。理由是,父母陪孩子一起阅读纸质图书,能在交流中促进其心灵的成长。

A 项表明,电子学习机会减少父母与孩子的日常交流,这作为一个论据,显然有力地支持了专家观点。

其余选项不妥,其中,B、C、D 项没有针对专家的论证,支持力度不足;E 为无关项。

19. 答案:E

题干观点是:高等教育的费用不断上涨,已到了人们难以承受的地步。

从 E 项中可以得出学习费用在降低的结论,与题干的观点"高等教育的费用已经令中产阶级家庭苦恼不堪"不符,不为题干的观点进一步提供论据。

其余选项都能为题干观点进一步提供论据。A 项指出公立大学的学费上涨大大超过消费价格指数的增长率。B 项指出私立学校的学费上涨率也大大超过家庭收入的增长率。C 项用学费和食宿费总额的庞大数字增强题干的论点。D 项列举了学校经费来源的数字,说明学生家庭的教育开支在大幅度增加。

20. 答案:C

Ⅰ、Ⅱ、Ⅲ均从不同角度支持了题干的断言:计算机犯罪即使被告发仍存在着逮捕罪犯和进一步证明罪犯有罪的问题。

Ⅳ与逮捕罪犯和进一步证明罪犯有罪无关。

第三节 削 弱

削弱题型是逻辑考试的重点题型,典型的削弱题的问法有:"以下哪项,如果正确,最严重地削弱了上文论点?""以下哪项,如果正确,将提供出反对上述论述的最强有力的证据?""以下哪项,如果正确,对上述结论产生最严重质疑?"

削弱就是弱化题干论证,这类考题要求被测试者去识别能够使结论更不可能的陈述。

1. 削弱的含义

只要将某选项放入题干的前提与结论之间,使结论成立的可能性降低,那么,这个选项就是削弱性选项。

2. 削弱与支持

削弱题型的解题思路与支持题型的解题思路大致一样,只不过是其答案对题干推理的作用刚好相反。

3. 削弱方式

削弱题型的解题关键是首先应对题干部分的论证进行尽可能的简化,抓住中间最主要的推理关系,明确题干的推理关系,即什么是前提,什么是结论;首先要搞清题干中的结论是什么;如果是反对什么观点,特别要注意的是问题问的是反对的是谁的观点,什么观点。然后寻找一种弱化的方式,使其既可以是肯定选项中与题干的结论不相容的选项,也可以从选项中找到一个使题干的论证不能成立的条件。寻找削弱的基本方向是针对前提、结论还是论证本身。

削弱的三大方式是削弱论题(推理的结论)、削弱论据(推理的前提)和削弱论证方式(推理形式)。

(1) 第一类结构:因果论证型。前提(原因)→结论(结果)。

① 断桥:措施达不到目的、原因得不到结果、条件得不出结论。

② 他因:受其他因素限制,措施未必达目的、原因未必得结果、条件未必得结论。

(2) 第二类结构:因果解释型。前提(结果)→结论(原因)。

① 是其他原因或可能导致该结果;

② 割断因果:有因无果或无因有果;

③ 因果颠倒了;

④ 显示因果关系的资料不准确。

(3) 特殊类结构：如下几种特殊类型。
题干是类比：削弱方式为两者本质不同。
题干是调查：有效性受怀疑（被调查的没代表性等）。
条件型结论：举反例。

4. 解题步骤

第一，寻找结论，推理的重点在结论上。
第二，找出题干得出结论的理由。
第三，分析题干中的论证形式。
第四，预测答案：用结论的具体性去区分有关无关，对于特殊类，先预测出答案。
第五，验证答案。

5. 解题思路

（1）否定假设：削弱题干前提和结论间的关系，即削弱论证方式。削弱和假设关系很密切，因为假设答案取非就是削弱答案。

（2）反对理由：削弱题干前提，反驳或质疑论据。

（3）另有他因：存在别的因素影响论证，从而削弱题干结论。

（4）反面论据：增加一个新的论据从而削弱题干结论。

总之，削弱就是找出一个论证的漏洞，即找出割裂题干论证的证据和结论之间关系的选项。比如指出哪些前提是错误的，或者隐含的假设不成立，或者论证的前提为何不足以支持其结论。只要选项加入到题干的原前提中去以后，会减低证据支持度，减低结论的可靠性，这样的选项就是削弱题的正确答案。

一、否定假设

否定假设就是指出论证不可行或没有意义，这就达到了推翻结论的目的。因为假设是题干论证成立的必要条件，如果否定了潜在的假设，就能动摇论证的依据，从而说明题干推理是不可行的，也就很好地削弱了题干的论证。

■在某报上有一段广告文字非常精彩，但广告在内容上却有许多虚假之处。因此，消费者一定不会相信这个广告。

以下哪项最能削弱以上结论？

A. 消费者不一定会发现其中有虚假之处。
B. 消费者可能不会发现其中有虚假之处。
C. 消费者不可能会发现其中有虚假之处。
D. 消费者一定会发现其中有虚假之处。
E. 消费者不一定不会发现其中有虚假之处。

[解题分析] 正确答案：C

题干论证隐含假设是，消费者能够发现广告中有虚假之处。如果消费者不可能发现有虚假之处，而其中有一段广告文字又非常精彩，于是，消费者就有可能相信这个广告。因此，C项正确。

■不仅人上了年纪会难以集中注意力，就连蜘蛛也有类似的情况。年轻蜘蛛结的网整齐均匀，角度完美；年老蜘蛛结的网可能出现缺口，形状怪异。蜘蛛越老，结的网就越没有章法。科学家由此认为，随着时间的流逝，这种动物的大脑也会像人脑一样退化。

以下哪项如果为真，最能质疑科学家的上述论证？

A. 优美的蛛网更容易受到异性蜘蛛的青睐。
B. 年老蜘蛛的大脑较之年轻蜘蛛，其脑容量明显偏小。

C. 运动器官的老化会导致年老蜘蛛结网能力下降。
D. 蜘蛛结网只是一种本能的行为,并不受大脑控制。
E. 形状怪异的蛛网较之整齐均匀的蛛网,其功能没有大的差别。

[解题分析] 正确答案:D

题干根据老蜘蛛结网没有年轻蜘蛛结得好,得出结论:老蜘蛛大脑退化。

该论证必须假设:蜘蛛结网受大脑控制。

选项 D 否定了这一假设,有力地质疑了科学家的上述论证。

A、E 是无关项。B 项支持题干。C 项也能削弱,但与 D 项比较起来力度较弱,因为运动器官的老化和大脑退化之间可能有关系。

■某科研机构对市民所反映的一种奇异现象进行研究,该现象无法用已有的科学理论进行解释。助理研究员小王由此断言,该现象是错觉。

以下哪项如果为真,最可能使小王的断言不成立?

A. 所有错觉都不能用已有的科学理论进行解释。
B. 有些错觉不能用已有的科学理论进行解释。
C. 已有的科学理论尚不能完全解释错觉是如何形成的。
D. 错觉都可以用已有的科学理论进行解释。
E. 有些错觉可以用已有的科学理论进行解释。

[解题分析] 正确答案:D

小王根据此该奇异现象无法用已有的科学理论进行解释,进而断言,该现象是错觉。

其隐含的假设是,无法用已有的科学理论进行解释的现象都是错觉。

D 项所述,错觉都可以用已有的科学理论进行解释,否定了小王的假设,最可能使小王的断言不成立。

二、反对理由

反对理由就是否定或削弱理由,其基本特点是针对前提进行直接反对而达到推翻结论的效果,具体包括反对论据(证据)、反对原因等。

(1) 反对论据,即指出论证的论据是虚假的,或者站不住脚的,那么,该论证的结论便失去了依据。

(2) 反对原因,即指出题干论证的原因是不可靠的。解题特点是抓住原因,寻找原因中的关键词,一般是其主语或强调的对象,根据关键词来迅速定位选项。

■2003 年 8 月 13 日,宜良县九乡张口洞古人类遗址内出土了一枚长度为 3 厘米的"11 万年前的人牙化石",此发掘一公布立即引起了媒体和专家的广泛关注。不少参与发掘的专家认为,这枚人牙化石的出现,说明张口洞早在 11 万年前就已有人类活动了,它将改写之前由呈贡县龙潭山古人类遗址所界定的昆明地区人类只有 3 万年活动历史的结论。

以下哪项如果为真,最能质疑上述专家的观点?

A. 学术本来就是有争议的,每个人都有发表自己看法的权利。
B. 有专家对该化石的牙体长轴、牙冠形态、冠唇面和舌面的突度及珐琅质等进行了分析,认为此化石并非人类门牙化石,而是一枚鹿牙化石。
C. 这枚牙齿化石是在距今 11 万年的钙板层之下 20 厘米处的红色砂土层发掘到的。
D. 有专家用铀系法对张口洞各个层的钙板进行年代测定,证明发现该牙齿化石的洞穴最早堆积物形成于 30 万年前。
E. 该化石的发掘者曾主持完成景洪妈咪囡遗址、大中甸遗址、宜良九乡张口洞遗址的发掘。

第八章 论证推理

[解题分析] 正确答案：B

专家得出"张口洞早在 11 万年前就已有人类活动了"这一观点的依据是这枚牙齿化石的发现。

若 B 项为真，即此化石并非人类门牙化石，而是一枚鹿牙化石，这就推翻了专家论证的论据，从而严重质疑了专家的观点。

■某市消费者权益保护条例明确规定，消费者对其所购买商品可以"7 天内无理由退货"。但这项规定出台后并未得到顺利执行，众多消费者在 7 天内"无理由"退货时，常常遭遇商家的阻挠，他们以商品已作特价处理、商品已经开封或使用等理由拒绝退货。

以下哪项如果为真，最能质疑商家阻挠的理由？

A. 开封验货后，如果商品规格、质量等问题来自消费者本人，他们应为此承担责任。
B. 那些作特价处理的商品，本来质量就没有保证。
C. 如果不开封验货，就不能知道商品是否存在质量问题。
D. 政府总偏向消费者，这对于商家来说是不公平的。
E. 商品一旦开封或使用了，即使不存在问题，消费者也可以选择退货。

[解题分析] 正确答案：E

商家拒绝退货的理由是，商品已做特价处理、商品已经开封或使用等。

要削弱商家的理由，即要说明他们拒绝退货的理由不成立，E 项表明了这一点，因此为正确答案。

■人们经常使用微波炉给食品加热。有人认为，微波炉加热时食物的分子结构发生了改变，产生了人体不能识别的分子。这些奇怪的新分子是人体不能接受的，有些还具有毒性，甚至可能致癌。因此，经常吃微波食品的人或动物，体内会发生严重的生理变化，从而造成严重的健康问题。

以下哪项最能质疑上述观点？

A. 微波加热不会比其他烹调方式导致更多的营养流失。
B. 我国微波炉生产标准与国际标准、欧盟标准一致。
C. 发达国家使用微波炉也很普遍。
D. 微波只是加热食物中的水分子，食品并未发生化学变化。
E. 自 1947 年发明微波炉以来，还没有因微波炉食品导致癌变的报告。

[解题分析] 正确答案：D

题干得出吃微波食品会造成严重的健康问题的依据是，微波炉加热时食物产生了人体不能接受的新分子。

若 D 项为真，即微波只是加热食物中的水分子，食品并未发生化学变化。这就有力地削弱了题干论证的依据，从而严重质疑了题干的观点。

三、另有他因

另有他因的削弱方式是相反论据的一种特例，就是指出还存在有别的因素影响推理。具体说如果题干是以一个事实、研究、发现或一系列数据为前提推出一个解释上述事实或数据的结论，要削弱这个结论，就可以通过指出由其他可能来解释题干事实，即存在别的因素影响推论。

■在期货市场上，粮食可以在收获前就"出售"。如果预测歉收，粮价就上涨，如果预测丰收，粮价就下跌。目前粮食作物正面临严重干旱，今晨气象学家预测，一场足以解除旱情的大面积降雨将在傍晚开始。因此，近期期货市场上的粮价会大幅度下跌。

以下哪项如果为真，最能削弱上述论证？

A. 气象学家气候预测的准确性并不稳定。
B. 气象学家同时提醒做好防涝准备，防备这场大面积降雨延续过长。
C. 农业学家预测，一种严重的虫害将在本季粮食作物的成熟期出现。
D. 和期货市场上的某些商品相比，粮食价格的波动幅度较小。
E. 干旱不是对粮食作物生长的最严重威胁。

[解题分析] 正确答案：C

本题的推理为：降雨导致粮食收成好，进一步会导致粮食价格下降。

C项指出存在一种严重的虫害，所以收成会受到影响，削弱了上面的论断。

■据统计，西式快餐业在我国主要大城市中的年利润，近年来稳定在2亿元左右。扣除物价浮动因素，估计这个数字在未来数年中不会因为新的西式快餐网点的增加而有大的改变。因此，随着美国快餐之父艾德熊的大踏步迈进中国市场，一向生意火爆的麦当劳的利润肯定会有所下降。

以下哪项如果为真，最能动摇上述论证？

A. 中国消费者对艾德熊的熟悉和接受要有一个过程。
B. 艾德熊的消费价格一般稍高于麦当劳。
C. 随着艾德熊进入中国市场，中国消费者用于肯德基的消费将有明显下降。
D. 艾德熊在中国的经营规模，在近年不会超过麦当劳的四分之一。
E. 麦当劳一直注意改进服务，开拓品牌，使之在保持传统的基础上更适合中国消费者的口味。

[解题分析] 正确答案：C

题干论述：由于西式快餐在我国总的年利润已稳定不变。因此，随着艾德熊进入中国市场，麦当劳的利润肯定会下降。

如果C项为真，则完全可能中国消费者原来用于肯德基的消费，转而用于艾德熊，这样，麦当劳的利润就不会下降，这就有力地动摇了题干的论证。

其余各项如果为真，均难以动摇题干的论证。比如A项，消费者对艾德熊的接受有个过程；D项，即使艾德熊不会超过麦当劳的四分之一，但只要抢占了麦当劳的市场，就会使麦当劳的利润有所下降。E项，麦当劳一直在改进以适应消费者，这些最多只能说明麦当劳利润下降幅度不至于太大，难以说明这种利润不会下降。

■虽然菠菜中含有丰富的钙，但同时含有大量的浆草酸，浆草酸会有力地阻止人体对于钙的吸收。因此，一个人要想摄入足够的钙，就必须用其他含钙丰富的食物来取代菠菜，至少和菠菜一起食用。

以下哪项如果为真，最能削弱题干的论证？

A. 大米中不含有钙，但含有中和浆草酸并改变其性能的碱性物质。
B. 奶制品中的钙含量要远高于菠菜。许多经常食用菠菜的人也同时食用奶制品。
C. 在烹饪的过程中，菠菜中受到破坏的浆草酸要略多于钙。
D. 在人的日常饮食中，除了菠菜以外，事实上大量的蔬菜都含有钙。
E. 菠菜中除了钙以外，还含有其他丰富的营养素，另外，其中的浆草酸只阻止人体对于钙的吸收，并不阻止其他营养素的吸收。

[解题分析] 正确答案：A

题干结论：必须吃其他含钙丰富的食物（取代菠菜或和菠菜一起食用）。

理由：虽然菠菜中含有丰富的钙，但含有大量能阻止人体吸收钙的浆草酸。

如果A项的断定为真，则说明在大米和菠菜一起食用时，既摄入了足够的钙，又没有用其他含钙丰富的食物来取代菠菜,或和菠菜一起食用。这就有力地削弱了题干的论证。

C项对题干有所削弱,但力度很小。因为即使菠菜在烹饪中受到破坏的浆草酸要略多于钙,如果原来浆草酸要远远多于钙,那么,菠菜里面剩下的钙还是不能被吸收。

其余各项均不能削弱题干。

四、反面论据

反面论据的削弱方式是指,增加一个新的削弱题干论证的论据来弱化结论。这样的论据包括起弱化作用的理据、证据,以及事实反例。

■一般认为,剑乳齿象是从北美洲迁入南美洲的。剑乳齿象的显著特征是具有笔直的长剑形门齿。颚骨较短,臼齿的齿冠隆起。齿板数目为7~8个,并呈乳状凸起。剑乳齿象因此得名。剑乳齿象的牙齿结构比较复杂,这表明它能吃草。在南美洲的许多地方都有证据显示史前人类捕捉过剑乳齿象。由此可以推断,剑乳齿象的灭绝可能与人类的过度捕杀有密切关系。

以下哪项如果为真,最能反驳上述论证?

A. 史前动物之间经常发生大规模相互捕杀的现象。
B. 剑乳齿象在遇到人类攻击时缺乏自我保护能力。
C. 剑乳齿象也存在由南美洲进入北美洲的回迁现象。
D. 由于人类活动范围的扩大,大型食草动物难以生存。
E. 幼年剑乳齿象的牙齿结构比较简单,自我生存能力弱。

[解题分析] 正确答案:A

题干结论是,剑乳齿象灭绝的可能原因是人类的过度捕杀。

A项表明,史前动物之间经常发生大规模相互捕杀的现象。意味着剑乳齿象灭绝的原因可能是其他动物的捕杀造成的。这就提出来一个新的论据,有力地反驳了题干论证。

B项加强题干解释。C为无关项。D项有助于说明人类的活动与剑乳齿象的灭绝有关,由于没涉及人的活动中的捕杀,因此,不能有效地削弱题干。至于E项表明,幼象生存能力弱,但很多幼小动物生存能力都弱,都需要父母照顾长大,故削弱力度不足。

■足协官员:"与广大球迷一样,我们也迫切希望惩办那些收受贿赂的黑哨。但打击黑哨要靠真凭实据,不能靠猜测,否则很可能出现冤假错案。所以,有的人在没有证据的情况下,仅根据某些现象猜测某些裁判是黑哨还是很不应该的。"

以下哪项如果为真,会有力地削弱足协官员的论证?

A. 被猜测为黑哨的裁判通常在足球场上表现了某种不公正。
B. 被猜测为黑哨的裁判有可能真的是黑哨。
C. 被猜测为黑哨的裁判不一定真的是黑哨。
D. 受贿案件一般侦破过程是:先根据现象进行猜测,再根据猜测查找证据。
E. 裁判被球迷指责为黑哨后,即使没有受贿,也应该首先检查自己是否公正。

[解题分析] 正确答案:D

如果D项为真,则即使在没有证据的情况下,仅根据某些现象猜测某些裁判是黑哨也是非常需要的;这样就有力地削弱了足协官员的论证。

■骨质疏松会降低骨骼密度,导致骨骼脆弱,从而容易骨折。目前治疗骨质疏松的方法如使用雌激素和降血钙素,会阻止骨质的进一步流失,但并不会增加骨骼密度。氟化物可以增加骨骼密度。因此,骨质疏松症患者使用氟化物能够帮助他们强化骨质,降低骨折风险。

以下哪项如果正确,最能削弱以上论述?

A. 大多数患有骨质疏松症的人都没有意识到氟化物可以增加骨骼密度。

B. 在很多地方氟化物都被添加在水中以促进牙齿健康。
C. 患骨质疏松和其他骨骼受损疾病的风险会因为运动以及充足的钙摄入而降低。
D. 雌激素和降血钙素对很多人会产生严重的副作用,而使用氟化物则不会有这种问题。
E. 通过使用氟化物增加密度之后的骨骼比起正常的骨骼组织更脆更易受损。

[解题分析] 正确答案:E

题干依据氟化物会增加骨骼密度,就推出使用氟化物能帮助强化骨质、降低骨折风险。

E项表明,使用氟化物后骨骼比正常的骨骼组织更脆更易受损,这就直接削弱了题干的观点。

五、有因无果

题干根据相关前提,得出结论,A是B的原因。有因无果是提供反面论据的一种弱化方式,即提出一个"有A无B"的反例事实来削弱题干论证。

■一个部落或种族在历史的发展中灭绝了,但它的文字会留传下来。"亚里洛"就是这样一种文字。考古学家是在内陆发现这种文字的。经研究,"亚里洛"中没有表示"海"的文字,但有表示"冬天""雪"和"狼"等的文字。因此,专家们推测,使用"亚里洛"文字的部落或种族在历史上生活在远离海洋的寒冷地带。

以下哪项如果为真,最能削弱上述专家的推测?

A. 蒙古语中有表示"海"的文字,尽管古代蒙古人从没见过海。
B. "亚里洛"中有表示"鱼"的文字。
C. "亚里洛"中有表示"热"的文字。
D. "亚里洛"中没有表示"山"的文字。
E. "亚里洛"中没有表示"云"的文字。

[解题分析] 正确答案:E

题干根据,"亚里洛"文字中没有"海",从而推测,使用该文字的部落远离海洋。

如果E项为真,则说明不能根据"亚里洛"中没有表示"海"的文字就推测,使用"亚里洛"文字的部落或种族在历史上生活在远离海洋的地带。因为"亚里洛"中没有表示"云"的文字,但使用"亚里洛"文字的部落或种族生活的地带不可能没有云。这就有力地削弱了专家的推测。

A项如果为真,也起一定的削弱作用,但是有可能表示"海"的文字,只出现于近现代蒙古语中,因此削弱力度不如E。鱼还可以生活在河、湖中,未必在海里,B排除;到处都可能有热或者山,C、D排除。

■美国的一个动物保护组织试图改变蝙蝠在人们心目中一直存在的恐怖形象。这个组织认为,蝙蝠之所以让人觉得可怕和遭到捕杀,仅仅是因为这些羞怯的动物在夜间表现得特别的活跃。

以下哪项如果为真,将对上述动物保护组织的观点构成最严重的质疑?

A. 蝙蝠之所以能在夜间特别活跃,是由于它们具有在夜间感知各种射线和声波的特殊能力。
B. 蝙蝠是夜间飞行昆虫的主要捕食者,在些夜间飞行的昆虫中,有很多是危害人类健康的。
C. 蝙蝠在中国及其他许多国家同样被认为是一种恐怖的飞禽。
D. 美国人熟知的浣熊和中国人熟知的食蚁雀,都是些在夜间特别活跃的羞怯动物,但在众人的印象中一般并没有恐怖的印象。
E. 许多视觉艺术品,特别是动画片丑化了蝙蝠的形象。

第八章 论证推理

[解题分析] 正确答案：D

题干中动物保护组织的观点是：蝙蝠之所以让人觉得可怕和遭到捕杀，是因为这些羞怯的动物在夜间表现得特别的活跃。

D项如果为真，则对上述观点提出了一个有力的反例：浣熊和食蚁雀，都是在夜间特别活跃的羞怯动物，但在人们的印象中一般并没有恐怖的印象，因而是题干的观点的有力质疑。

六、无因有果

题干根据相关前提，得出结论，A是B的原因。无因有果是提供反面论据的一种弱化方式，即提出一个"无A有B"的反例事实来削弱题干论证。

■在我国北方严寒冬季的夜晚，车辆前挡风玻璃会因低温而结冰霜。第二天对车辆发动预热后，玻璃上的冰霜会很快融化。何宁对此不解，李军解释道：因为车辆仅有的除霜孔位于前挡风玻璃，而车辆预热后除霜孔完全开启，因此，是开启除霜孔使车辆玻璃冰霜融化。

以下哪项如果为真，最能质疑李军对车辆玻璃冰霜迅速融化的解释？

A. 车辆一侧玻璃窗没有出现冰霜现象。
B. 尽管车尾玻璃窗没有除霜孔，其玻璃上的冰霜融化速度与前挡风玻璃没有差别。
C. 当吹在车辆玻璃上的空气气温增加，其冰霜的融化速度也会增加。
D. 车辆前挡风玻璃除霜孔排出的暖气流排出后可能很快冷却。
E. 即使启用车内空调暖风功能，除霜孔的功用也不能被取代。

[解题分析] 正确答案：B

李军的解释是：开启除霜孔导致车辆玻璃冰霜迅速融化。

而B项是：车尾玻璃窗没有除霜孔，后窗的冰同前挡风玻璃上的冰融化得一样快。

因此，B项无因有果地削弱了该解释，是正确答案。

■东进咨询公司的广告词如下："东进咨询团体的实力出众，可以使新创办的公司开业成功！请看我们的这六位客户：他们每个公司在开业的两年内都获得了可观的利润。不要再犹豫了，马上联系东进咨询公司，我们可以给你们提供金点子，保证开业成功！"

以下哪项如果为真，最能质疑上述广告词？

A. 东进咨询公司的客户开业后也有失败的记录。
B. 除了东进咨询公司，上述六个公司还向其他咨询公司进行了咨询。
C. 东进咨询公司的工作人员并非都是博士或拥有MBA学位。
D. 即使没有东进咨询公司的帮助，上述六个公司开业也会获得成功。
E. 上述六个公司都是家具行业，东进咨询公司对其他行业的咨询效果一般。

[解题分析] 正确答案：D

题干结论：东进咨询公司能保证新创办的公司开业成功！

理由：东进咨询公司的六位客户在开业的两年内都获得了可观的利润。

如果D项为真，上述六个公司的开业成功，与对东进公司的咨询没有实质性的因果联系。

A项对结论有所削弱，但力度不足，比如失败率很低成功率很高，这样就很难削弱其广告词。

B项是干扰项，是个另有他因的或然性削弱。C项不能削弱，D项直接针对题干论证进行了削弱，E项削弱力度很小。综合比较，D项的削弱力度最大。

七、最能削弱

在逻辑考试中，不仅要测试我们对各种削弱方式的理解程度，同时还经常测试我们评价削弱的力度的能力。解答最能削弱题干，首先应将选项与题干一致的选项排除掉，同时寻找与题干相矛盾或不一致的选项，从中进一步比较削弱的程度。特别要注意的是最能削弱型考题，很多情况下，备选选项中有两个或两个以上能削弱题干推理的选项，因此，在确定答案时必须比较其支持削弱的程度。

下面提供一些评价削弱力度的一般方法：
(1) 结论强于理由——削弱结论的力度大于削弱前提（论据、原因）。
(2) 内部强于外部——内部削弱的力度大于外部削弱。
(3) 必然强于或然——必然性削弱力度大于或然性削弱。
(4) 明确强于模糊——含有确定性数字的削弱大于模糊概念的削弱。
(5) 量大强于量小——量大的削弱力度大于量小的削弱。
(6) 直接强于间接——直接削弱的力度大于间接削弱。
(7) 整体强于部分——针对整体的削弱力度要大于针对部分的削弱。
(8) 逻辑强于非逻辑——逻辑削弱的力度大于非逻辑削弱。
(9) 质强于量——针对样本质的削弱力度大于对样本量的削弱。

■ 随着光纤网络带来的网速大幅度提高，高速下载电影、在线看大片等都不再是困扰我们的问题。即使在社会生产力发展水平较低的国家，人们也可以通过网络随时随地获得最快的信息、最贴心的服务和最佳体验。有专家据此认为：光纤网络将大幅提高人们的生活质量。

以下哪项如果为真，最能质疑该专家的观点？
A. 网络上所获得的贴心服务和美妙体验有时是虚幻的。
B. 即使没有光纤网络，同样可以创造高品质的生活。
C. 随着高速网络的普及，相关上网费用也随着增加。
D. 人们生活质量的提高仅决定于社会生产力的发展水平。
E. 快捷的网络服务可能使人们将大量时间消耗在娱乐上。

[解题分析] 正确答案：D

若选项 D 为真，人们生活质量的提高仅决定于社会生产力的发展水平，意味着光纤网络无法提高人们的生活质量，因此对专家的观点最能削弱。

选项 A 涉及"有时"，因此削弱力度较弱。选项 B 无法削弱专家观点。选项 C 和 E 与题干无关。

■ 我国科研人员经过对动物和临床的多次试验，发现中药山茱萸具有抗移植免疫排斥反应和治疗自身免疫疾病的作用，是新的高效低毒免疫抑制剂。某医学杂志首次发表了关于这一成果的论文。多少有些遗憾的是，从杂志收到该论文到它的发表，间隔了 6 周。如果这一论文能尽早发表的话，这 6 周内许多这类患者可以避免患病。

以下哪项如果为真，最能削弱上述论证？
A. 上述医学杂志在发表此论文前，未送有关专家审查。
B. 只有口服山茱萸超过 2 个月，药物才具有免疫抑制作用。
C. 山茱萸具有抗移植免疫排斥反应和治疗自身免疫性疾病的作用仍有待进一步证实。
D. 上述杂志不是国内最权威的医学杂志。
E. 口服山茱萸可能会引起消化系统不适。

[解题分析] 正确答案：B

如果 B 项断定为真，则由于山茱萸的疗效在服用 2 个月后才能见效，因此，即使揭示山茱萸疗效的论文如果能提前 6 周发表，即使这类患者读到论文后立即服药，在这 6 周内也难以避免患病。这就严重地削弱了题干的论证。

C 和 D 项对题干有所削弱，但力度不如 B 项。"有待进一步证实"是个或然性的说法。

A、E 都是明显无关选项。

■田先生认为,绝大部分笔记本电脑运行速度慢的原因不是CPU性能太差,也不是内存容量太小,而是硬盘速度太慢,给老旧的笔记本电脑换装固态硬盘可以大幅提升使用者的游戏体验。

以下哪项如果为真,最能质疑田先生的观点?

A. 一些笔记本电脑使用者的使用习惯不好,使得许多运行程序占据大量内存,导致电脑运行速度缓慢。

B. 销售固态硬盘的利润远高于销售传统的笔记本电脑硬盘。

C. 固态硬盘很贵,给老旧笔记本换装硬盘费用不低。

D. 使用者的游戏体验很大程度上取决于笔记本电脑的显卡,而老旧笔记本电脑显卡较差。

E. 少部分老旧笔记本电脑的CPU性能很差,内存也小。

[解题分析] 正确答案:D

田先生的观点是,给老旧的笔记本电脑换装固态硬盘可以大幅提升使用者的游戏体验。

其理由是,笔记本电脑运行速度慢的原因不是CPU性能太差,也不是内存容量太小,而是硬盘速度太慢。

D项表明,游戏体验主要取决于显卡,这以另有他因的方式有力地质疑了田先生的观点。

其余选项不妥,其中,A、E项也有质疑作用,但"一些""少部分"的表述使得其削弱力度不足;B、C为无关项。

八、削弱变形

削弱变形题指的是由于题干结论和提问方式的变化,使得有的题目貌似支持实际上是削弱,有的题目貌似削弱实际上是支持。

第一,若题干是否定性的结论,一定要注意提问方式:

(1) 支持否定性结论实际上就是削弱肯定性结论。

(2) 削弱否定性结论实际上就是支持肯定性结论。

(3) 不能支持否定性结论实际上就是支持肯定性结论(或无关项)。

(4) 不能削弱否定性结论实际上就是削弱肯定性结论(或无关项)。

第二,注意提问方式的灵活多变。由于提问方式的变化,而导致削弱或支持的指向发生变化。

支持和削弱是密切相关的,两者的解题思路基本一致,只不过其答案对题干推理的作用刚好相反。加上解题时运用排除法等,支持题型也可转化为削弱题型来考虑,削弱题型也可转化为支持题型来考虑。要明确的是,不论支持还是削弱,题干的选项都必须首先与题干相关,紧扣题干,与题干不相干的选项都不能加强题干,也不能削弱题干。因此,不管是哪一类的支持或削弱方式,支持或削弱都最终对推理或结论起作用,所以关键是要针对结论来寻找满足问题要求的选项。

■调查表明,最近几年来,成年人中患肺结核的病例逐年减少。但是,以此还不能得出肺结核发病率逐年下降的结论。

以下哪项如果为真则最能加强上述推论?

A. 上述调查的重点是在城市,农村中肺结核的发病情况缺乏准确的统计。

B. 肺结核早就不是不治之症。

C. 和心血管病、肿瘤等比较,近年来对肺结核的防治缺乏足够的重视。

D. 防治肺结核病的医疗条件近年来有较大的改善。

E. 近年来未成年的人中的肺结核病例明显地增多。

[解题分析] 正确答案:E

题干中讲不能从成年人中患肺结核的病例逐年减少得出肺结核发病率逐年下降的结论,为什么?最直接的可能性是成年人只是肺结核发病者的一部分,那么,另一部分是什么呢?未成年人。选项 E 将肺结核发病率分为两类:成年人和非成年人。那么,成年人病例的减少加上未成年人病例的明显增多,当然不能得出肺结核发病率逐年下降的结论。

选项 A、B、C、D 都有不同程度对题干推论的削弱。

■户籍改革的要点是放宽对外来人口的限制,G 市在对待户籍改革上面临两难。一方面,市政府懂得吸引外来人口对城市化进程的意义;另一方面,又担心人口激增的压力。在决策班子里形成了"开放"和"保守"两派意见。

以下各项如果为真,都只能支持上述某一派的意见,除了
A. 城市与农村户口分离的户籍制度,不适应目前社会主义市场经济的需要。
B. G 市存在严重的交通堵塞、环境污染等问题,其城市人口的合理容量有限。
C. G 市近几年的犯罪案件增加,案犯中来自农村的打工人员比例增高。
D. 近年来,G 市的许多工程的建设者多数是来自农村的农民工,其子女的就学成为市教育部门面临的难题。
E. 由于计划生育政策和生育观的改变,近年来 G 市的幼儿园、小学乃至中学的班级数量递减。

[解题分析] 正确答案:D

D 项断定,近年来,G 市的许多工程的建设者多数是来自农村的农民工,这一断定支持了"开放";D 项又断定,民工子女的就学成为市教育部门面临的难题,这一断定支持了"保守"。其余选项都只支持某一派的意见。比如,A 项是支持开放意见的。

■一个已经公认的结论是,北美洲人的祖先来自亚洲。至于亚洲人是如何到达北美的,科学家们一直假设,亚洲人是跨越在 14000 年以前还联结着北美和亚洲、后来沉入海底的陆地进入北美的,在艰难的迁徙途中,他们靠捕猎沿途陆地上的动物为食。最近的新发现导致了一个新的假设,亚洲人是驾船沿着上述陆地的南部海岸,沿途以鱼和海洋生物为食而进入北美的。

以下哪项如果为真,最能使人有理由在两个假设中更相信后者?
A. 当北美和亚洲还连在一起的时候,亚洲人主要以捕猎陆地上的动物为生。
B. 上述连结北美和亚洲的陆地气候极为寒冷,植物品种和数量都极为稀少,无法维持动物的生存。
C. 存在于 8000 年以前的亚洲和北美文化,显示出极大的类似性。
D. 在欧洲,靠海洋生物为人的食物来源的海洋文化,最早发端于 10000 年以前。
E. 在亚洲南部,靠海洋生物为人的食物来源的海洋文化,最早发端于 14000 年以前。

[解题分析] 正确答案:B

题干第一个假设断定,迁徙者是以沿途的动物为食,如果 B 项的断定为真,可知这样的动物当时难以存在,则题干中的第一个假设就难以成立。

A 项是支持第一个假设的理由。E 项能支持第二个假设,但力度不大。其余各项与问题无关。

九、不能削弱

不能削弱型考题的解题方法是先将能反对题干结论的选项排除掉,最后剩下的选项不管是与题干不相干还是支持题干的都是不能削弱的。也即:不能削弱题型的正确答案必为支持项或无关项。

■探望病人通常会送上一束鲜花,但某国曾有报道说,医院花瓶养花的水可能含有很多细

菌,鲜花会在夜间与病人争夺氧气,还可能影响病房里电子设备的工作。这引起了人们对鲜花的恐慌,该国一些医院甚至禁止病房内摆放鲜花。尽管后来证实鲜花并未导致更多的病人受感染,并且权威部门也澄清,未见任何感染病例与病房里的植物有关,但这并未减轻医院对鲜花的反感。

以下除哪项外,都能减轻医院对鲜花的担心?
A. 鲜花并不比病人身边的餐具、饮料和食物带有更多可能危害病人健康的细菌。
B. 在病房里放置鲜花让病人感到心情愉悦、精神舒畅,有助于病人康复。
C. 给鲜花换水、修剪需要一定的人工,如果花瓶倒了还会导致危险发生。
D. 已有研究证明,鲜花对病房空气的影响微乎其微,可以忽略不计。
E. 探望病人所送的鲜花大都花束小、需水量少、花粉少,不会影响电子设备的工作。

[解题分析] 正确答案:C

医院对鲜花的担心源自这一报道:医院花瓶养花的水可能含有很多细菌,鲜花会在夜间与病人争夺氧气,还可能影响病房里电子设备的工作。

选项 A、B、D、E 都从不同角度减轻了医院的担心。只有 C 项,某种意义上增加了医院对鲜花的担心,因此为正确答案。

■现在越来越多的人拥有了自己的轿车,但他们明显地缺乏汽车保养的基本知识。这些人会按照维修保养手册或 4S 店售后服务人员的提示做定期保养。可是,某位有经验的司机会告诉你,每行驶 5000 公里做一次定期检查,只能检查出汽车可能存在问题的一小部分,这样的检查是没有意义的,是浪费时间和金钱。

以下哪项不能削弱该司机的结论?
A. 每行驶 5000 公里做一次定期检查是保障车主安全所需要的。
B. 每行驶 5000 公里做一次定期检查能发现引擎的某些主要故障。
C. 在定期检查中所做的常规维护是保证汽车正常运行所必需的。
D. 赵先生的新车未作定期检查行驶到 5100 公里时出了问题。
E. 某公司新购的一批汽车未作定期检查,均安全行驶了 7000 公里以上。

[解题分析] 正确答案:E

司机结论是,每行驶 5000 公里做一次定期检查是没有意义的;理由是,检查只能查出汽车可能存在问题的一小部分。

E 项的事实是,一批汽车未作定期检查均安全行驶了 7000 公里以上,支持了每行驶 5000 公里做一次定期检查是没有意义的这一结论。

其余选项都削弱了题干论证 A 项,定期检查是保障车主安全所需要的;B 项,定期检查能发现引擎的某些主要故障;C 项,在定期检查中所做的常规维护是必需的;D 项,举例说明了不检查就会出问题。这些都说明了定期检查是有意义的。

■S 市持有驾驶证的人员数量较五年前增加了数十万,但交通死亡事故却较五年前有明显的减少。由此可以得出结论:目前 S 市驾驶员的驾驶技术熟练程度较五年前有明显的提高。

以下各项如果为真,最能削弱上述论证,除了:
A. 交通事故的主要原因是驾驶员违反交通规则。
B. 目前 S 市的交通管理力度较五年前有明显加强。
C. S 市加强对驾校的管理,提高了对新驾驶员的培训标准。
D. 由于油价上涨,许多车主改乘公交车或地铁上下班。
E. S 市目前的道路状况及安全设施较五年前有明显改善。

[解题分析] 正确答案:C

题干根据"持有驾驶证的人数增加了而交通死亡事故明显减少了"得出结论：驾驶员的驾驶技术提高了。

C项，S市加强对驾校的管理，提高了对新驾驶员的培训标准。这意味着驾驶员的驾驶技术通过强制措施得到了提高，支持了题干论证，C为正确答案。

其余选项均说明交通死亡事故明显减少很可能是驾驶员更遵守了交通规则，交通管理力度较五年前有明显加强，车主开车少了，或者道路状况及安全设施较五年前有明显改善等原因造成的，而不是驾驶员提高了驾驶技术。因此，都以另有他因的方式削弱了题干论证。

十、削弱复选

削弱复选是削弱题型的多选题，这类题的选项可从多个角度对题干论证进行削弱，是各类削弱方向的综合运用，需要对每个选项都有正确的把握。

■在某次课程教学改革的研讨会上，负责工程类教学的程老师说，在工程设计中，用于解决数学问题的计算机程序越来越多了，这样就不必要求工程技术类大学生对基础数学有深刻的理解。因此，在未来的教学体系中，基础数学课程可以用其他重要的工程类课程替代。

以下哪项如果为真，能削弱程老师的上述论证？

Ⅰ．工程类基础课程中已经包含了相关的基础数学内容。
Ⅱ．在工程设计中，设计计算机程序需要对基础数学有全面的理解。
Ⅲ．基础数学课程的一个重要目标是培养学生的思维能力，这种能力对工程设计来说很关键。

A. 只有Ⅱ。
B. 只有Ⅰ和Ⅱ。
C. 只有Ⅰ和Ⅲ。
D. 只有Ⅱ和Ⅲ。
E. Ⅰ、Ⅱ和Ⅲ。

[解题分析] 正确答案：D

程老师的结论是，不必要求工程技术类大学生对基础数学有深刻的理解，基础数学课程可以用其他重要的工程类课程替代；理由是，在工程设计中，用于解决数学问题的计算机程序越来越多了。

Ⅰ项，工程类基础课程中已经包含了相关的基础数学内容。支持了题干结论。

Ⅱ项，设计计算机程序需要对基础数学有全面的理解。Ⅲ项，基础数学课程能培养学生的思维能力，这种能力对工程设计来说很关键。这些都从另外的角度说明了工程技术类大学生还是要学基础数学课程，有力地削弱了题干。

■马医生发现，在进行手术前喝高浓度加蜂蜜的热参茶可以使他手术时主刀更稳，同时更短，效果更好。因此，他认为，要么是参，要么是蜂蜜，含有的某些化学成分能帮助他更快更好地进行手术。

以下哪项如果为真，能削弱马医生的上述结论？

Ⅰ．马医生在喝含高浓度加蜂蜜的热柠檬茶后的手术效果同喝高浓度加蜂蜜的热参茶一样好。
Ⅱ．马医生在喝白开水之后的手术效果与喝高浓度加蜂蜜的热参茶一样好。
Ⅲ．洪医生主刀的手术效果比马医生好，而前者没有术前喝高浓度的蜂蜜热参茶的习惯。

A. 只有Ⅰ。
B. 只有Ⅱ。
C. 只有Ⅲ。

D. 只有Ⅰ和Ⅱ。
E. Ⅰ、Ⅱ和Ⅲ。

[解题分析] 正确答案：B

马医生的结论是：要么是参，要么是蜂蜜，含有的某些化学成分能帮助他更快更好地进行手术。

Ⅰ实际上有利于说明，蜂蜜有效果。

Ⅱ项表明，没有参和蜂蜜，能有同样好的手术效果，这就有力地削弱了马医生的结论。无因有果的削弱。

Ⅲ是个无关项，没有针对结论，起不到削弱作用。因为马医生的结论只是针对自己，并非同时针对别人。

【专项训练】

01. 在本届全国足球联赛的多轮比赛中，参赛的青年足球队先后有6个前锋，7个后卫，5个中卫，2个守门员。比赛规则规定：在一场比赛中同一个球员不允许改变位置身份，当然也不允许有一个以上的位置身份，同时，在任一场比赛中，任一球员必须比赛到终场，除非受伤。由此可得出结论：联赛中青年足球队上场的共有球员20名。

以下哪项为真，最能削弱以上结论？

A. 比赛中若有球员受伤，可由其他球员替补。
B. 在本届全国足球联赛中，青年足球队中有些球员在各场球赛中都没有上场。
C. 青年足球队中有些队员同时是国家队队员。
D. 青年足球队队的某个球员可能在不同的比赛中处于不同的位置。
E. 根据比赛规则，只允许11个球员上场。

02. 研究人员发现，人类存在3种核苷酸基因类型：AA型、AG型以及GG型。一个人有36％的概率是AA型，有48％的概率是AG型，有16％的概率是GG型。在1200名参与实验的老年人中，拥有AA型和AG型基因类型的人都在上午11时之前去世，而拥有GG型基因类型的人几乎都在下午6时左右去世。研究人员据此认为：GG型基因类型的人会比其他人平均晚死7小时。

以下哪项如果为真，最能质疑上述研究人员的观点？

A. 平均寿命的计算依据应是实验对象的生命存续长度，而不是实验对象的死亡时间。
B. 当死亡临近的时候，人体会还原到一种更加自然的生理节律感应阶段。
C. 有些人是因为疾病或者意外事故等其他因素而死亡的。
D. 对死亡的时间比较，比一天中的哪一时刻更重要的是哪一年、哪一天。
E. 拥有GG型基因类型的实验对象容易患上心血管疾病。

03. 被疟原虫寄生的红细胞在人体内的存在时间不会超过120天。因为疟原虫不可能从一个它所寄生衰亡的红细胞进入一个新生的红细胞，因此，如果一个疟疾患者在进入了一个绝对不会再被疟蚊叮咬的地方120天后仍然周期性高烧不退，那么，这种高烧不会是由疟原虫引起的。

以下哪项，如果为真，最能削弱上述结论？

A. 由疟原虫引起的高烧和由感冒病毒引起的高烧有时不容易区别。
B. 携带疟原虫的疟蚊和普通的蚊子很难区别。
C. 引起周期性高烧的疟原虫有时会进入人的脾脏细胞，这种细胞在人体内的存在时间要长于红细胞。
D. 除了周期性的高烧只有到疟疾治愈后才会消失外，疟疾的其他某些症状会随着药物治疗而缓解乃至消失，但在120天内仍会再次出现。

E. 疟原虫只有在疟蚊体内和人的细胞内才能生存与繁殖。

04. S城的人非常喜欢喝酒，经常出现酗酒闹事，影响了S城的治安环境。为了改善城市的治安环境，市政府决定：减少S城烈酒生产的产量。

以下哪项最能对市政府的决定进行质疑？

A. 影响了S城治安环境的不仅仅是酗酒闹事。
B. 有些喝低度酒的人也酗酒闹事。
C. S城市场上的烈酒大多数来自其他城市。
D. S城的经济收入主要来源于烈酒生产。
E. 喜欢喝酒是S城的人的传统习惯。

05. 人体在晚上分泌的镇痛荷尔蒙比白天多，因此，在晚上进行手术的外科病人需要较少的麻醉剂。既然较大量的麻醉剂对病人的风险更大，那么，如果经常在晚上做手术，手术的风险也就可以降低了。

下列哪项，如果为真，最能反驳上述结论？

A. 医院晚上能源的费用比白天低。
B. 多数的新生儿在半夜和早上七点之间出生。
C. 晚上的急症病人比白天多，包括那些急需外科手术的病人。
D. 护士和医疗技师晚上每小时薪金比白天高。
E. 手的灵巧性和脑的警觉性晚上比白天低，即使对习惯晚上工作的人也如此。

06. 近年来，越来越多的机器人被用于在战场上执行侦察、运输，甚至将来冲锋陷阵的都不再是人，而是形形色色的机器人。人类战争正在经历自核武器诞生以来最深刻的革命。有专家据此分析指出，机器人战争技术的出现可以使人类远离危险，更安全、更有效地实现战争目标。

以下哪项最能质疑上述专家的观点？

A. 现代人类掌控机器人，但未来机器人可能会掌控人类。
B. 因不同国家军事科技实力的差距，机器人战争技术只会让部分国家远离危险。
C. 机器人战争技术有助于摆脱以往大规模杀戮的血腥模式，从而让现代战争变得更为人道。
D. 掌握机器人战争技术的国家为数不多，将来战争的发生更为频繁也更为血腥。
E. 全球化时代的机器人战争技术要消耗更多资源，破坏生态环境。

07. 某市推出一项月度社会公益活动，市民报名踊跃。由于活动规模有限，主办方决定通过摇号抽签方式选择参与者，第一个月中签率为1∶20；随后连创新低，到下半年的十月份已达1∶70，大多数市民屡摇不中，但从今年7月到10月，"李祥"这个名字连续四个月中签，不少市民据此认为有人作弊，并对主办方提出质疑。

以下哪项如果为真，最能消除市民的质疑？

A. 已经中签的申请者中，叫"张磊"的有7人。
B. 曾有一段时间，家长给孩子取名不同避免重名。
C. 在报名市民中，名叫"李祥"的近300人。
D. 摇号抽签全过程是在有关部门监督下进行的。
E. 在摇号系统中，每一位申请人都被随机赋予了一个不重复的编码。

08. 一种虾常游弋于高温的深海间歇泉附近，在那里生长有它爱吃的细菌类生物。由于间歇泉发射一种暗淡的光线。因此，科学家们认为这种虾背部的感光器官是用来寻找间歇泉，从而找到食物的。

下列哪项对科学家的结论提出质疑？

A. 实验表明，这种虾的感光器官对间歇泉发出的光并不敏感。
B. 间歇泉光线十分暗淡，人类肉眼难以觉察。
C. 间歇泉的高温足以杀死它附近的细菌。

D. 大多数其他品种的虾的眼睛都位于眼柄的末端。
E. 其他虾身上的感热器官同样能起到发现间歇泉的作用。

09. 某公司去年初开始实施一项"办公用品节俭计划",每位员工每月只能免费领用限量的纸笔等各类办公用品。年末统计时发现,公司用于各类办公用品的支出较上年度下降了30%。在未实施该计划的过去5年间,公司年平均消耗办公用品10万元。公司总经理由此得出:该计划去年已经为公司节约了不少经费。

以下哪项如果为真,最能构成对总经理推论的质疑?

A. "办公用品节俭计划"是控制支出的重要手段,但说该计划为公司"一年内节约不少经费",没有严谨的数据分析。
B. 另一家与该公司规模及其他基本情况均类似的公司,未实施类似的节俭计划,在过去的5年间办公用品人均消耗额越来越低。
C. 去年,该公司在员工困难补助、交通津贴等方面开支增加了3万元。
D. 在过去的5年间,该公司大力推广无纸化办公,并且取得很大成效。
E. 另一家与该公司规模及其基本情况均类似的公司,未实施类似的节俭计划,但是在过去的5年间办公用品消耗额年均也为10万元。

10. 我国多数软件开发工作者的"版权意识"十分淡漠,不懂得通过版权来保护自己的合法权益。最近对500多位软件开发者的调查表明,在制订开发计划时也同时制订了版权申请计划的仅占20%。

以下哪项如果为真,最能削弱上述结论?

A. 制订了版权申请计划并不代表有很强的"版权意识",是否有"版权意识"要看实践。
B. 有许多软件开发者事先没有制订版权申请计划,但在软件完成后申请了版权。
C. 有些软件开发者不知道应该到什么地方去申请版权。有些版权受理机构服务态度也不怎么样。
D. 版权意识的培养需要有一个好的法制环境。人们既要保护自己的版权,也要尊重他人的版权。
E. 在被调查的500名软件开发者以外还有上万名计算机软件开发者,他们的"版权意识"如何,有待进一步调查。

11. 我国共有50000多公里的铁路,承担着53%的客运量和70%的货运量。铁路运力紧张的矛盾十分突出。改造既有铁路线路,提高列车的运行速度,就成了现实的选择。

如果下列哪项为真,则上述的论证就要大大削弱?

A. 国家已经计划并且正逐步兴建大量的新铁路。
B. 我国铁路线路及车辆的维修和更新刻不容缓。
C. 随着经济的发展,铁路货运量还将增加。
D. 随着航空事业和高速公路的发展,铁路客运量会下降。
E. 正在试行时速达140~160公里的快速列车,比一般列车快50%。

12. 经过许多科学技术人员的攻关,目前DVD这种最新型的播放器的成本已经大大下降,单台的售价已经基本上与即将被淘汰的上一代播放设备TCD持平。有的市场分析人员认为,即将会出现一次DVD的"热销狂潮"。而对于这种预测,明讯管理学院的周教授表示不能同意,认为热销之说过于乐观。

以下哪项不能支持周教授的观点?

A. 目前市场中录制在DVD播放所使用的激光盘的电影节目尚不多见。
B. TCD的技术虽然已经不很先进,但是十年以来已经占领了很大一部分市场,恐怕不会很快退出竞争。
C. DVD在美国的销量已经连续两年紧追彩电和冰箱,成为美国电器市场销售榜的第三名。

D. 供 DVD 播放所使用的激光盘片的制作工艺非常特殊，经技术鉴定表明基本很难盗版。

E. 比 DVD 要更先进的播放器 SVD 的研制工作已经结束，据晚报报道，大约半年时间就能够推出普遍中国百姓能够买得起的 SVD 产品。

13. 澳大利亚是个地广人稀的国家，不仅劳动力价格昂贵，而且很难雇到工人，许多牧场主均为此发愁。有个叫德尔的牧场主采用了一种办法，他用电网把自己的牧场圈起来，既安全可靠，又不需要多少牧牛工人。但是反对者认为这样会造成大量的电力浪费，对牧场主来说增加了开支，对国家的资源也不够节约。

以下哪项，如果为真，能够削弱批评者对德尔的指责？

A. 电网在通电 10 天后就不再耗电，牛群因为有了惩罚性的经验，不会再靠近和触碰电网。

B. 节省人力资源对于国家来说也是一笔很大的财富。

C. 使用电网对于牛群来说是暴力式的放牧，不符合保护动物的基本理念。

D. 德尔的这种做法，既可以防止牛走失，也可以防范居心不良的人偷牛。

E. 德尔的这种做法思路新颖，可以考虑用在别的领域以节省宝贵的人力资源。

14. 开车路上，一个人不仅需要有良好的守法意识，也需要有特有的"理性计算"；在拥堵的车流中，只要有"加塞"的，你开的车就一定要让着它；你开着车在路上正常直行，有车不打方向灯在你近旁突然横过来要撞上你，原来它想要变道，这时你也得让着它。

以下除哪项外，均能质疑上述"理性计算"的观点？

A. 有理的让着没有理的，只会助长歪风邪气，有悖于社会的法律和道德。

B. "理性计算"其实就是胆小怕事，总觉得凡事能躲则躲，但有的事很难躲过。

C. 一味退让就会给行车带来极大的危险，不但可能伤及自己，而且有可能伤及无辜。

D. 即使碰上也不可怕，碰上之后如果立即报警，警方一般会有公正的裁决。

E. 如果不让，就会碰上，碰上之后，即使自己有理，也会有许多麻烦。

15. 某报评论：H 市的空气质量本来应该已经得到改善。五年来，市政府在环境保护方面花了气力，包括耗资 600 多亿元将一些污染最严重的工厂迁走，但是，H 市仍难摆脱空气污染的困扰，因为解决空气污染问题面临着许多不利条件，其中，一个是机动车辆的增加，另一个是全球石油价格的上升。

以下各项如果为真，都能削弱上述论断，除了

A. 近年来 H 市加强了对废气的排放的限制，加大了对污染治理费征收的力度。

B. 近年来 H 市启用了大量电车和使用燃气的公交车，地铁的运行路线也有明显增加。

C. 由于石油涨价，许多计划购买豪华车的人转为购买低耗油的小型车。

D. 由于石油涨价，在国际市场上一些价位偏低的劣质含硫石油进入 H 市。

E. 由于汽油涨价和公车改革，拥有汽车的人缩减了驾车旅游的计划。

16. 石船市的某些中学办起了"校中校"，引起人们的议论，褒贬不一。"校中校"指的是在公办学校另设的、高价接收自费择校生的学校。择校生包括学习优秀生、特长生，也包括没有特长还要择校的"特需生"。其中"特需生"每年要交纳 3000 元左右的学费。学费的数量大大超过公费生交的学杂费。别看费用高，择校生的考试还是火爆得很，有的家长缠着校长，宁可花两三万元，也要把孩子送进来。

以下分析除哪项外，都对此"校中校"基本持否定的态度？

A. 现在国家对教育投入不足，应该加大投入，不要光想从家长那里收钱。

B. 在现在的经济条件下，下岗职工那么多，有几家能付得起那么高的学费？

C. 现在是市场经济，对特殊生的特殊需求应该采取各种措施满足。

D. "有钱的孩子上好学校，没钱的孩子上差学校"，这公平吗？

E. "校中校"私不私，公不公，用公家的设施，收私立的学费，那还不是稳赚？

17. 某调查显示：82％的小学生每天都会上网，84％的每天都会使用 QQ，78％的每天都会

使用QQ空间，65%的每天都会使用微博。据此有人认为，小学生已从媒介被动的受众转变为积极的参与者与传播者。

如果以下各项为真，最能削弱上述论证的是：
A. 小学生的QQ好友或微博关注对象大多属于同学。
B. 大多数小学生每天上网时间被控制在半小时以内。
C. 大多数家庭的电脑中都安装了学生上网监控软件。
D. 大多数小学生使用QQ空间和微博只是浏览信息。
E. 小学生越来越多地受到网络负面因素的影响。

18. 一块石头被石匠修整后，曝露于自然环境中时，一层泥土和其他的矿物便逐渐地开始在刚修整过的石头的表面聚集。这层泥土和矿物被称作岩石覆盖层。在安迪斯纪念碑的一块石头的覆盖层下面，发现了被埋藏1000多年的有机物质。因为那些有机物质肯定是在石头被修理后不久就生长到它上面的，也就是说，那个纪念碑是在1492年欧洲人到达美洲之前很早建造的。

下面哪一点，如果正确，能最严重地削弱上述论述？
A. 岩石覆盖层自身就含有有机物质。
B. 在安迪斯，1492年前后重新使用古人修理过的石头的现象非常普遍。
C. 安迪斯纪念碑与在西亚古代遗址发现的纪念碑极为相似。
D. 最早的关于安迪斯纪念碑的书面资料始于1778年。
E. 贮存在干燥和封闭地方的修理过的石头表现，倘若能形成岩石覆盖层的话，形成的速度也会非常得慢。

19. 梦是由产生于记忆的一些不连贯的映像组成的，而记忆中又附加了许多肤浅的或模糊的故事。但是，梦并没有心理学意义；因为梦的产生仅仅是化学作用的结果，这种化学作用是指当大脑对一天的经历进行分类、比较和储存时，唤起大脑对视觉形象回忆的化学作用。

下面哪一个，如果正确，最易于使上面的论述遭受批评？
A. 如果梦具有心理学意义，则会更加连贯。
B. 若不叫醒做梦者，就无法交流所做的梦。
C. 将经历分类和附加故事于记忆之中都是具有心理学意义的事件。
D. 大脑如果不进行化学作用，就无法起作用。
E. 如果做梦对保持充足睡眠是必要的，那么做梦一定具有生物基础。

20. 市政府的震后恢复重建的招标政策是标的最低的投标人可以中标。有人认为，如果执行这项政策，一些中标者会偷工减料，造成工程质量低下。这不仅会导致追加建设资金的后果，而且会危及民众生命安全。如果我们要杜绝"豆腐渣工程"，就必须改变这种错误的政策。

如果以下哪项陈述为真，能最有力地削弱上述论证？
A. 重建损毁的建筑的需求可以为该市居民提供许多就业机会。
B. 该市的建筑合同很少具体规定建筑材料的质量和雇工要求。
C. 该政策还包括：只有那些其标书满足严格质量标准，并且达到一定资质的建筑公司才能投标。
D. 如果建筑设计有缺陷，即使用最好的建筑材料和一流的工程质量建成的建筑也有危险。
E. "豆腐渣工程"可以使怀有贪念的投标人从中获利。

21. 事实上能为工业所使用的铜不应该认为被铜矿的量所限制。通过核物理的方法，从一种化学元素变换到另一种化学元素是现实的。因此，像铜这样的自然资源的量即使在大体上也是无法计算的，因为铜能够由其他金属制造。

下面哪一个，如果正确，最反对上面的论述？
A. 虽然额外的铜矿被发现是有可能的，但是从地质上的考虑指示：他们总计不能超过50年的供给。

B. 从其他金属生产出工业上用的铜，所耗用的能量和材料是无比昂贵的。
C. 在许多用途上能够替代铜的合成材料已经发现了。
D. 在可预见的将来，开采位于月球或其他星球上的任何矿产都是不现实的。
E. 在现有铜矿中估计铜数量的方法已经变得非常先进，并被证明是十分正确的。

22. 中国自周朝开始便实行同姓不婚的礼制。《曲礼》说："同姓为宗，有合族之义，故系之以姓……虽百世，婚姻不得通，周道然也。"《国语》说："娶妻避其同姓。"又说："同姓不婚，恶不殖也。"由此看来，我国古人早就懂得现代遗传学中优生优育的原理，否则就不会意识到近亲结婚的危害性。

如果以下哪项陈述为真，最能削弱作者对"同姓不婚"的解释？

A. 异族通婚的礼制为国与国的政治联姻奠定了礼法性的基础。
B. 我国古人基于同姓婚姻导致乱伦和生育不良的经验而制定同姓不婚的礼制。
C. 秦国和晋国相互通婚称为秦晋之好，秦晋之好是同姓不婚的楷模。
D. 同姓不婚的礼制鼓励异族通婚，异族通婚促进了各族之间的融合。
E. 同姓结婚者的后代不旺，原因是死亡率高。

23. 美国电动汽车 Tesla 使用的电池是由近 7000 块松下 18650 型电池通过串联、并联结合在一起的大电池包。Tesla 电池动力系统的安全性一直受到汽车界的质疑。一位电池专家说，18650 型电池在美国的起火概率是百万分之零点二，那么，7000 块小电池组成的电池包的起火概率就是百分之零点一四，以 Tesla 目前的销量看，这将导致它几乎每个月发生一次电池起火事故。

如果以下陈述为真，哪一项最有力地削弱了专家的判断？

A. 18650 型电池具有能量密度大、稳定、一致性好的特点。
B. 全球每年生产数十亿块 18650 型电池，其安全级别不断提高。
C. Tesla 有非常先进的电池管理系统，会自动断开工作异常的电池单元的输出。
D. 18650 型电池可循环充电次数多，因此大大延长了电池的使用寿命。
E. 18650 型电池容易出现过热的症状，存在一定的起火风险。

24. 脊髓中受到损害的神经依靠自身不能自然地再生，即使在神经生长刺激剂的激发下也无法再生。最近发现，其原因是脊髓中存在着抑制神经生长的物质。现在已经开发出降低这种物质的活性的抗体。显然，在可以预见的未来，神经修复将是一项普通的医疗技术。

如果以下哪项陈述为真，将会对上述预测的准确性提出最严重的质疑？

A. 某种神经生长刺激剂与这种抑制神经生长的物质具有相似的化学结构。
B. 研究人员只使用神经生长刺激剂，已经能够做到激发不在脊髓内的神经生长。
C. 阻止受损的神经再生只是这种抑制神经生长的物质在人体中主要功能的一个副作用。
D. 要在持续很长的一段时间内降低抑制神经生长物质的活性，必须有抗体的稳定供应。
E. 大脑中的神经在不能自然再生方面与脊髓中的神经相似。

25. 铝合金在军用装备上广泛地取代了钢，因为它能提供同样的防护而重量更轻。但是一辆铝合金装甲车的制造成本是钢装甲车的两倍。因此，从财政的角度看，用具有同样防护性能的铝合金装甲车来代替钢装甲车的做法是不可取的。

以上哪项为真，则能够对上述结论提出最大的质疑？

A. 铝合金装甲车投入使用后的运行成本是同样性能的钢装甲车的三分之一。
B. 引进铝合金装甲车后，军队必须保留维修人员并购买新的工具和零件。
C. 钢装甲车的维修成本在军队目前所使用的各种装甲车中是最低的。
D. 预计铝合金材料的价格将保持稳定，而钢材的价格有可能下降。
E. 铝合金装甲车比钢装甲车更容易被敌人摧毁。

26. 一种对治疗多种感染都非常有效的药物现在只能从艾伯拉的树皮中提取，这是一种在野生环境中非常稀少的树。制造 1 千克这样的药物需要耗用 5000 棵树的树皮,所以,持续生产这种药物不可避免地会导致艾伯拉的灭绝。

如果以下哪项为真,最严重地削弱了上述论证?

A. 用艾伯拉的树皮制造的药物由中央当局发给医生。
B. 用艾伯拉的树皮制造的药物,其生产费用昂贵。
C. 许多医药制品都使用了艾伯拉的树叶。
D. 艾伯拉可以通过剪接插条繁育并在人工培养下成长。
E. 艾伯拉通常生长在人迹罕至的地方。

27. 某城市的街道到处丢弃着垃圾,人们看到:该城市的居民,不管是富人还是穷人,经常把糖纸、报纸和空苏打水罐丢弃到已经肮脏的街道上。这种行为是该城市居民不努力使城市清洁的明显证据。

下列哪一个,假如正确,最反对上面的论述?

A. 一些年前引进的全市范围内垃圾重新循环项目的市民参与量在去年显著下降了。
B. 尽管存在持续性的失业,但该市的人口近年来急剧上升。
C. 该市的选民已经在持续的压倒性的投票中反对为改善城市卫生服务的税收增加。
D. 该城市街道上的许多垃圾被发现在满溢的城市的垃圾罐边。
E. 该市每天收集的垃圾的量在过去 10 年保持相同。

28. 传统看法认为,《周易》八卦和六十四卦卦名的由来或是取象说,或是取义说,不存在其他的解释。取象说认为八卦以某种物象的名来命名,比如乾卦之象为天,乾即古时的天字,故取名为乾;取义说认为卦象代表事物之理,取其义理作为一卦之名,比如坤卦之象纯阴,阴主柔顺,故此卦名为坤,坤即柔顺之义。

以下哪一项陈述为真,最严重地动摇了卦名由来的传统看法?

A. 乾坤两卦之所以居六十四卦之首,这是因为乾卦代表天,坤卦代表地,天地相交,万物才得以生。
B. 卦名不能单靠取象说来解释,也不能单靠取义说来解释,只有将二者结合起来,才能给出所有卦名的解释。
C. 卦名的由来虽然有诸多不用的解释,但万变不离其宗,或者归属于取象说,或者归属于取义说。
D. 卦名出自卦辞记述的所占之事,坤卦占问的是失马之事,当初筮得≡ ≡象,认为牝马驯良可以找到,便取名为坤。
E. 虽然卦名的由来到底是取象说还是取义说有争议,但其他解释并不存在。

29. 一个外地品牌为进入本地市场进行了广告宣传的调查。结果显示,在用电视广告宣传时,当地每 100 人有 15 人知晓该品牌;而后选用报纸广告,每 100 人有 26 人表示对其有印象。据此,为提高该品牌的知晓率,该公司决定将全部广告资金投入报纸广告。

以下如果为真,最能削弱该公司决定的是:

A. 电视是当地人获取信息的最主要途径。
B. 报纸广告容易给观众留下"产品过于廉价"的负面印象。
C. 若不采用报纸广告而继续采用电视广告宣传,相同时间后,每百人有 45 人知晓该品牌。
D. 通过电视知晓该品牌的人中,八成有购买意愿,而通过报纸广告知晓者,仅有两成有此意愿。
E. 报纸广告以文字和图画为主要视觉刺激,不像其他广告媒介,如电视广告等受到时间的限制。

30. 一种新的、更具攻击性的导致 19 世纪爱尔兰马铃薯饥荒的真菌最近已经出现。然而,因为这种新形式的真菌能够被新近使用的杀真菌药杀死,这种真菌不会使目前依赖马铃薯生存的国家发生广泛的食物短缺。

下列哪一个,假如正确,最能使上面的论述陷入疑问?

A. 尽管马铃薯是世界上许多地方的重要作物,大多数国家的人仍主要依赖小麦或大米为生。

B. 在这种新型真菌已经散布到的国家,马铃薯农场主付不起在杀真菌剂上增加的花费。

C. 当被感染的马铃薯种子无意地从一个主要的马铃薯出口国出口时,这种新型的真菌将开始散布。

D. 大多数国家的农场主在他们的作物上使用许多杀虫剂和杀死新型真菌的杀真菌剂。

E. 大多数政府有用于减少诸如严重的食品短缺和洪水等大规模灾难的专门基金。

31. 虽然人事激励对公司很重要,但是一项研究结果表明,人事部门并不如此重要,因为人事部门不参加战略决策会议,而且雇佣高级经理都由CEO决定,人事部门很多时候只起支持和辅助的作用。

以下哪项陈述如果为真,对上述论证的削弱最强?

A. 虽然人事部没有雇佣高级经理的决定权,却有雇佣中层管理者的决策权。

B. 人事部门设计的报酬体系虽然不能创造财富,却能为公司留住有才能的人。

C. 人事激励的对象也包括人事部的经理,尽管人事部门的绩效难以测量。

D. 可口可乐公司的人事总部是公司的决策团队之一,掌控人事方面的决定权。

E. 人事部门要起到支持作用,必须成为高层主管的咨询顾问。

32. 近来西方舆论界存在一种观点,认为中国经济高速发展,除污染了地球环境外,还成就了国际上石油等能源价格的暴涨。

以下最能反驳西方舆论界的观点的是:

A. 石油输出国组织的石油产量近年来不断下降。

B. 去年中国经济依然高速发展,但是国际上石油等能源价格比往年低。

C. 西方发达国家的生产生活方式造成了国际上石油等能源价格的暴涨。

D. 汽车业的高速发展以及汽车的普及造成了国际上石油等能源价格的暴涨。

E. 随着中国经济的高速发展,污染问题越来越引起人们的关注。

33. 《乐记》和《系辞》中都有"天尊地卑""方以类聚,物以群分"等文句,由于《系辞》的文段写得比较自然,一气呵成,而《乐记》则显得勉强生硬,分散拖沓,因此,一定是《乐记》沿袭或引用了《系辞》的文句。

以下哪项陈述如果为真,能最有力地削弱上述论证的结论?

A. 经典著作的形成通常都经历了一个由不成熟到成熟的漫长过程。

B. 《乐记》和《系辞》都是儒家的经典著作,成书年代尚未确定。

C. "天尊地卑"在比《系辞》更古老的《尚书》中被当作习语使用过。

D. 《系辞》以礼为重来讲天地之别,《乐记》以乐为重来讲天地之和。

E. 《乐记》作者不如《系辞》作者有文采。

34. 新疆北鲵是一种濒危珍稀动物,1840年由沙俄探险家首次发现,此后一百多年不见踪影,1989年在新疆温泉县重新被发现。但资料显示,自1989年以后的15年间,新疆北鲵的数量减少了一半。有专家认为,新疆北鲵的栖息地原是当地的牧场,每年夏季在草原上随处走动的牛羊会将其大量踩死,因而造成其数量锐减。

以下哪项为真,将对上述专家的观点提出最大质疑?

A. 1997年"温泉新疆北鲵自然保护区"建立,当地牧民保护新疆北鲵的意识日益提高。

B. 近年来雨水减少,地下水位下降,新疆北鲵赖以栖息的水源环境受到影响。

C. 新疆北鲵是一种怕光的动物,白天大多躲在小溪的石头下,也避开了牛羊的踩踏。

D. 新疆北鲵的栖息地位于山间,一般游人根本无法进入。

E. 当地放养的牛羊数量一直处于递减状态。

35. 最近对北海班轮乘客的一项调查表明，在旅行前服用晕船药的旅客比没有服用的旅客有更多的人表现出了晕船的症状。显然，与药品公司的临床实验结果报告相反，不服用晕船药会更好。

如果以下哪项为真，最强地削弱了上文的结论？
A. 在风浪极大的情况下，大多数乘客都会表现出晕船的症状。
B. 没有服用晕船药的乘客和服用了晕船药的乘客以相同的比例加入了调查。
C. 那些服用晕船药的乘客如果不服药，他们晕船的症状会更严重。
D. 花钱买晕船药的乘客比没有花钱买药的乘客更不愿意承认自己有晕船的症状。
E. 晕船是因为船体的摇晃和脑部收集错误信息所致。

36. 办公设备零售业的许多小企业已经破产，这一巨变被归因于办公设备超级商店的到来，这些商店的高销售规模保证了低价格。但是，这种分析是有缺陷的，因为即使在今天，超级商店也只控制了零售市场中很小的份额。

下面哪个，如果正确，会最大限度地削弱认为这种分析具有缺陷的论证？
A. 大多数较大的办公设备可通过合同直接从制造商那里购买，从而并不参与零售市场。
B. 超级商店对它们的低价格进行的大规模广告已经促使整个办公用品零售市场的价格降低了。
C. 最近刚刚开张的一些超级商店自己已经破产了。
D. 大多数办公设备超级商店由大型零售连锁集团拥有，这些连锁集团也拥有销售其他种类商品的商店。
E. 计算机在大多数办公室里的重要性的不断提升已经改变了办公设备零售商必须贮存的货物类型。

37. 一段时间以来，国产软饮料在国内市场的占有率逐渐降低。研究发现，外国公司的产品广告比国内的广告更吸引人。因此，权威人士认为，国产软饮料的生产商需要加大广告投入，以扩大市场。有人对权威人士的这一意见提出质疑，其理由是，大多数进口软饮料的广告，都同样是由我国的广告公司制作，并由国内的媒体传播的。

以下哪项如果为真，将严重削弱上述对权威人士的质疑？
A. 对于任意一家具有制作能力的广告公司，其制作的广告的效果，和在该项广告上的资金投入呈严格正相关。
B. 一个产品最终是否能有效占领市场，关键在于产品质量而非广告。
C. 尽管国产软饮料在国内市场的占有率逐渐降低，但其销售量却逐年上升。
D. 随着中国加入世界贸易组织，国产软饮料在国内市场面临的挑战将更为严峻。
E. 一般地说，国产软饮料的口感，不如进口著名品牌的软饮料。

38. 脐带血指胎儿娩出、脐带结扎并离断后残留在胎盘和脐带中的血液，其中含有的造血干细胞对白血病、重症再生障碍性贫血、部分恶性肿瘤等疾病有显著疗效，是人生中错过就不再有的宝贵的自救资源。父母为新生儿保存脐带血，可以为孩子一生的健康提供保障。

如果以下陈述为真，除哪一项外，都能削弱上面论述的结论？
A. 目前中国因患血液病需要做干细胞移植的概率极小，而保存脐带血的费用昂贵。
B. 现在脐带血与外周血、骨髓一起成为造血干细胞的三大来源。
C. 目前在临床上脐带血并不是治疗许多恶性疾病的最有效手段，而是辅助治疗手段。
D. 脐带血的保存量通常为50毫升，这样少的数量对大多数成年人的治疗几乎没有效果。
E. 脐带血的有效保存时间有限，现有技术保存三年就会失效。

39. 缺少睡眠已经成为影响公共安全的一大隐患。交通部的调查显示，有37%的人说他们曾在方向盘后面打盹或睡着了，因疲劳驾驶而导致的交通事故大约是酒后驾车所导致的交通事故的1.5倍。因此，我们今天需要做的不是加重对酒后驾车的惩罚力度，而是制定与驾驶者睡眠相关的法律。

如果以下陈述为真，哪一项对上述论证的削弱程度最小？

A. 目前，世界上没有任何一个国家制定了与驾驶者睡眠相关的法律。
B. 目前，人们还没有找到能够判定疲劳驾驶的科学标准和法定标准。
C. 酒后驾车导致的死亡人数与疲劳驾驶导致的死亡人数几乎持平。
D. 加重对酒后驾车的惩罚与制定关于驾驶者睡眠的法律同等重要。
E. 由于疲劳与睡眠时间之间的关系因人而异，驾驶者睡眠相关的标准难以量化。

40. 大学作为教育事业，属于非经济行业，其产出难以用货币指示、实物指标测定，故大学排名不像企业排名那样容易。大学排名还必须以成熟的市场经济体制、稳定的制度为前提，必须有公认的公证排名机构等。在我国，大学排名的前提条件远不具备，公认的大学排名机构还未产生。因此，我国目前不宜进行大学排名。

以下哪一项不构成对上述论证的反驳？

A. 大学排名对学校声誉与考生报考有很大影响。
B. 大学排名与成熟的市场经济制度之间没有那么紧密的关系。
C. 企业排名也不容易，并且也不尽准确，仅供参考价值。
D. 公认的排名机构只能从排名实践中产生。
E. 非经济行业也有排名准确的一些参考案例。

41. 格林佛市政府管理的公共汽车的车由本市的税收补贴，但是那些低车费的受益者中的许多人都是来自格林佛之外的到市区去上班的人。有些本市的议员争论说市政府的税收应该主要用来让那些交税的人受益。因此公共汽车的票价应该上升，直至足够支付这项服务的成本为止。

下面每一项，如果正确，除了哪一项之外都能削弱本市议员提出的论述？

A. 如果本市的公共交通费用比较昂贵，那么许多位于本市的对该市的纳税人有益的商业就会迁到这个城市的外面。
B. 较高的交通费用给上下班者提供了经济上的刺激，促使他们开车去上班，这将会加速格林佛的空气污染，并且还会增加本市街道的维护费用。
C. 增加的交通费用对本市的那些因收入较低而被免税的居民不利，并且本市所有的议员都认为这些居民应该能利用市政府管理的服务项目。
D. 许多本市的选民都是低交通费用的受益者，他们强烈地反对增加本地的税收。
E. 所有在格林佛工作，并且工资收入在国家规定的最低限以上的人都给市政府上缴5%的工资税。

42. 一位海关检查员认为，他在特殊工作经历中培养了一种特殊的技能，即能够准确地判定一个人是否在欺骗他。他的根据是，在海关通道执行公务时，短短的几句对话就能使他确定对方是否可疑；而在他认为可疑的人身上，无一例外地都查出了违禁物品。

以下哪项如果为真，能削弱上述海关检查员的论证？

Ⅰ. 在他认为不可疑而未经检查的入关人员中，有人无意地携带了违禁物品。
Ⅱ. 在他认为不可疑而未经检查的入关人员中，有人有意地携带了违禁物品。
Ⅲ. 在他认为可疑并查出违禁物品的入关人员中，有人是无意地携带了违禁物品。

A. 只有Ⅰ。
B. 只有Ⅱ。
C. 只有Ⅲ。
D. 只有Ⅱ和Ⅲ。
E. Ⅰ、Ⅱ和Ⅲ。

第八章 论证推理

【答案解析】

01. 答案：D

题干中根据某足球队多次比赛中先后出场的各位置上队员的人数总和，推断此球队的队员人数，得出该球队有 20 名球员的结论。

要使题干推理成立，则必须假设某个球员在所有的比赛中处于相同的位置，否则，如果某个球员曾在不同的比赛中先后充当两个位置的角色，总人数就会多计算一个。因此，D 能削弱题干。

A 讲的队员替补，如果还是用曾上场的固定位置的角色替换，仍然能得出"共有 20 名球员"的结论。B 不对，因为题干中说的是"上场的共有球员 20 名"，并未包括不上场的队员。C 与本题没有关系；E 不对，因为联赛中有多轮比赛。即使每场比赛严格限制 11 人上场，在多轮比赛中仍可能有 20 名队员上场。

02. 答案：A

题干只比较了不同基因类型的人去世的时辰，就得出结论：GG 型基因类型的人会比其他人平均晚死 7 小时。

这一论证必须假设：这三种基因类型的人的平均寿命天数是一样的，只不过时辰不一样。而这一假设显然是难以成立的，A 项指出了这一点，有力地质疑了上述研究人员的观点。

03. 答案：C

如果 C 项为真，则能说明：如果一个疟疾患者在进入了一个绝对不会再被疟蚊叮咬的地方 120 天后仍然周期性高烧不退，那么，这种高烧仍然可能是由进入人的脾脏细胞的疟原虫引起的，这就有力地削弱了题干的结论。

其余各项均不能削弱题干。

04. 答案：C

C 项如果成立，意味着，即使减少 S 城烈酒生产的产量，也不能解决酗酒，从而不能改善城市的治安环境。可见，C 项反对了市政府的决定。

05. 答案：E

题干结论是，晚上做手术风险低。理由是，晚上手术的病人需要的麻醉剂少，而较大量的麻醉剂对病人有更大风险。

题干主要是从麻醉剂这一方面考虑而得出的，如果反驳它，很可能是提出额外的材料，说明在别的方面有增加在晚上手术的风险的可能。选项 E 提出了晚上手的灵巧性和脑的警觉性都比白天低，说明晚上手术风险大，有力地反驳了题干的结论。

选项 A、B、C 和 D 讨论的是费用、人数以及报酬等与手术风险无关问题，谈不上削弱题干结论。

06. 答案：D

专家观点：机器人战争技术的出现可以使人类远离危险，更安全、更有效地实现战争目标。

D 项，掌握机器人战争技术的国家为数不多，将来战争的发生更为频繁也更为血腥。这直接削弱了专家观点。

其余选项不妥，A 项似乎有削弱作用，但没有直接针对专家观点。B 项有一定支持作用；C 项起到强支持作用；E 为无关项。

07. 答案：C

题干陈述，市民提出有人作弊的质疑的根据是："李祥"这个名字连续四个月中签。

C 项表明，李祥连续四个月抽中是因为叫这个名字的人特别多，并不是同一个人，这就有力地削弱了市民的质疑，因此 C 为正确答案。

其余各项均不能消除市民的质疑。

08. 答案：A

科学家断定：这种虾背部的感光器官是用来寻找间歇泉，从而找到食物的。

如果感光器官对间歇泉发出的光并不敏感，那么此感光器官是用来寻找间歇泉的说法就值得怀疑了。因此，A项为正确答案。

其余选项均为无关项。比如B项，人无法感觉不意味着虾也无法感觉；E项，其他虾的感热器官也有此功能并不能对题干中所讲的虾的感光器官有此功能构成质疑。

09. 答案：B

总经理根据本公司实施计划支出下降的事实，得出结论：该计划去年已经为公司节约了不少经费。

B项表明，另一家类似的公司，未实施计划但支出也下降，意味着支出下降的原因未必是实施计划所导致，有力地削弱了总经理的推论。

10. 答案：B

版权意识不仅包括制订版权申请计划还包括软件完成后申请版权等方面。选项B，许多软件开发者在软件完成后申请了版权，仍然是有版权意识，这显然削弱了题干关于"我国多数软件开发工作者的版权意识十分淡漠"的结论。因此，B为正确答案。

其余选项均不妥。其中，选项A对"制订了版权申请计划"的软件开发者也提出了质疑，怀疑他们是否真有"版权意识"，会增强题干的结论。选项C对题干论点有削弱的意思，但强度远不如B，请注意"有许多"和"有些"的区别。选项D讲的是理想环境，与题干讲的是现实状况无关。选项E讲需要再调查，但对题干的论点削弱力度不大，因为现在的调查已经是个大样本。另外，进一步的调查，也可能得出进一步加强题干论点的结论。

11. 答案：A

题干结论是：应改造既有铁路线路，提高列车的运行速度。理由是：铁路运力紧张。

A项表明，正兴建大量的新铁路，意味着铁路运输问题会逐步缓解，因此，题干中关于"改造既有铁路"和"提高列车的运行速度"，就不显得那么必要，即削弱了题干的论证。

其余选项均不妥，其中，B、C、E项基本符合题干的观点。D是干扰项，对题干有所削弱，对铁路运力的矛盾提出质疑，说明矛盾会缓解，但该项只是说铁路"客运量"会下降，而题干中的论述说明铁路承担的货运量的比例大大超过承担的客运量的比例，只将客运的矛盾缓解并未对题干的论证"大大"地削弱，因此，该项削弱力度不足。

12. 答案：C

周教授的观点是："即将出现一次DVD热销狂潮"之说不成立。

本题的问题可转化为：下列哪项能够有力地支持"即将出现一次DVD热销狂潮"之说？

C项明显地支持"即将出现一次DVD热销"，A、B、E都质疑了"即将出现一次DVD热销狂潮"，D项起不到支持作用。

13. 答案：A

批评者对德尔的指责是：用电网把牧场圈起来的做法会造成大量的电力浪费。

如果A项的断定为真，则题干中反对者所指责的电力浪费，即使存在，也至多只会持续10天，这就有力地削弱了题干中对德尔的指责。

其余各项均不能削弱题干中的指责。

14. 答案：E

题干所述"理性计算"的观点是：在路上开车如果遇到加塞或变道的车，就要让着它。

选项A、B、C、D分别从不同角度说明不能一味避让，均质疑了上述观点。

只有E项表明，如果不让就会增添麻烦，意思就是要避让，与题干观点相同，显然起不到质疑作用。

15. 答案：D

题干的论点是:"H市仍难摆脱空气污染的困扰"。

D项如果为真,有利于说明全球石油价格的上升,导致了劣质含硫石油的进入,将使污染加重,支持了题干论断。

A、B、C、E都说明可以摆脱空气污染的困扰,起到了削弱作用。

16. 答案:C

在各选项中,只有C项是对"校中校"持赞同态度,对特殊生的特殊需求应该采取各种措施满足,说明"校中校"应该办。

其余选项均持否定态度。比如:A项,不要光想从家长那里收钱;B项,绝大多数家庭付不起高学费;D项,根据有没有钱来决定孩子上什么学校这有失公平;E项,"校中校"用公家的设施收私立的学费,有失公平竞争。因此,这些选项均排除。

17. 答案:D

题干结论是:小学生已从媒介被动的受众转变为积极的参与者与传播者。

其依据的理由是某调查显示:大多数小学生每天都上网,使用QQ空间和微博。

其隐含假设是:大多数小学生是网络信息的参与者与传播者。

选项D表明,他们只是浏览信息,因此,不是参与和传播,从而有力地削弱了结论。

其余选项均为无关项。

18. 答案:B

题干根据安迪斯纪念碑石头是1000多年前修整的,得出结论:那个纪念碑是在1492年欧洲人到达美洲之前很早建造的。

这一结论成立所依赖的前提假设显然是:用于建造安迪斯纪念碑的石头是在修建纪念碑时修整出来的。B项表明,1492年前后重新使用古人修理过的石头的现象在安迪斯非常普遍。这意味着用于建造安迪斯纪念碑的石头不一定是在修建纪念碑时修整的,这就削弱了题干论述的前提假设,从而严重地削弱了题干论述。因此B为正确答案。

A、C、D和E均为无关选项。

19. 答案:C

题干论述:梦仅是化学作用的结果,因此,梦没有心理学意义。

其隐含假设显然是这种化学作用没有心理学意义。由于产生梦的化学作用是指当大脑对一天的经历进行分类、比较和储存时,唤起大脑对视觉形象回忆的化学作用。那么,如果C项为真,即将经历分类和附加故事于记忆之中都是具有心理学意义的事件,这就表明了该化学作用本身就具有心理学意义,否定了题干论证的假设,这就有力地削弱了题干论述。

20. 答案:C

题干论证是:如果让标的最低的投标人中标,会造成工程质量低下。因此,要杜绝"豆腐渣工程",就必须改变这种错误的政策。

如果C项为真,就削弱了题干论证的前提,因为还要对投标公司有严格质量标准和资质审查,不达标的公司就不能投标,这样,就不大可能出现"豆腐渣工程",因此,招标政策并非是错误的。

A为无关项;B项支持题干;D项是转移论题,不能削弱题干论证。

21. 答案:B

题干论述:因为铜能够由其他金属制造,所以工业用铜不应认为被铜矿的量所限制。

B项表明,从其他金属生产工业用铜在经济上是不可行的。这就有力地削弱了题干论述。

22. 答案:D

作者对"同姓不婚"的解释是:我国古人早就懂得现代遗传学中优生优育的原理,否则就不会意识到近亲结婚的危害性。

D项表明,同姓不婚不是因为古人懂得优生优育,而是鼓励异族通婚,促进各族融合,这以另有他因的方式削弱了作者的解释。

其余选项不妥，其中 B 项支持了古人意识到了近亲结婚的危害性这一说法。

23. 答案：C

专家认为，Tesla 电池动力系统的安全隐患大。理由是，18650 型电池的起火概率是百万分之零点二，那么，7000 块小电池组成的电池包的起火概率就是百分之零点一四。

如果 C 项为真，即 Tesla 有非常先进的电池管理系统，会自动断开工作异常的电池单元的输出，那么，Tesla 电池动力系统的安全性就有了保证。这就有力地削弱了专家的判断。

24. 答案：C

题干预测：神经修复未来将是一项普通的医疗技术。

理由是：虽然脊髓中存在着抑制神经生长的物质，导致脊髓中受损的神经不能自然地再生，但是现已开发出降低这种物质的活性的抗体。

C 项表明，阻止受损的神经再生只是这种抑制神经生长的物质在人体中主要功能的一个副作用，这意味着这种抑制神经生长的物质还有更重要的功能，那么用抗体来降低这种物质的活性，可能会带来其他严重后果。假如使用降低这种物质的活性的抗体，把该物质对人体至关重要的主要功能也抑制住了，也许连命都保不住了，还怎么敢进行神经修复？因此，该项严重地质疑了题干的预测。

选项 A、B 为无关项，D 项有轻度的削弱作用，但不构成严重质疑，抗体的稳定供应是有可能做到的。

25. 答案：A

题干认为铝合金装甲车的制造成本高，所以不可取。A 项认为铝合金装甲车投入使用后的运行成本低，是其优势，这样就削弱了铝合金装甲车来代替钢装甲车的做法是不可取的看法。其余选项都反而起到了支持作用。

26. 答案：D

题干论述：珍稀树种艾伯拉的树皮中可提取药物，因此，制药会导致该树种灭绝。

D 项表明，珍稀树种艾伯拉可以人工繁殖，那么即使持续生产也有可能不会使野生的该树种减少，从而不会导致树种灭绝，这就有力地削弱了题干论证。

其余选项均不妥，其中，A 项，该药物的使用受到政府限制，但是无论如何限制只要继续大量生产，后果都是一样的，不能削弱题干论述。B 项，生产该药物有经济方面的障碍，但是与题干已经确定的持续生产无关。C 项，说明该树种有灭绝的危险，有支持作用。E 项，无论该树种是否难以获得，持续生产都会造成其灭绝。

27. 答案：D

题干由该城市居民在街道上随意扔垃圾的事实，得到结论：该市居民不努力保持城市清洁。

D 项表明，该市垃圾罐满溢，说明了市民无处扔垃圾，对上面的行为提出另一种解释：并不是市民不努力保持城市清洁，而是该市的卫生服务状况不合格导致了市民随处扔垃圾，这就有力地反对了上面的论述。

其余选项均不妥，其中，A 项显然起到了支持作用，说明市民的参与量显著下降。B 项中的失业与上面推理无关。C 项同样起到支持作用，投票者反对为改善卫生状况的税收，说明确实市民不努力保持城市清洁。E 项也说明不了任何问题，不能假设该城市的垃圾增加。

28. 答案：D

传统看法认为，《周易》八卦和六十四卦卦名的由来或是取象说，或是取义说，不存在其他的解释。

D 项所述，卦名出自卦辞记述的所占之事，与卦名由来的传统看法完全不一致，D 为正确答案。

29. 答案：C

为提高该品牌的知晓率，该公司的决定是：将全部广告资金投入报纸广告。其理由是：通过报纸广告比电视广告的知晓率高。

选项C，通过报纸广告和电视广告知晓率的后续比较发现，电视广告的效果更好，有力地削弱了该公司的决定。

其余选项均为无关项，比如，A是谈获取信息的途径；B是讲广告的影响；D是讲知晓之后的购买意愿，均起不到削弱作用。

30. 答案：B

题干论述：因为有一种可以杀死新型真菌的杀真菌剂开始应用，所以这种真菌不会使目前依赖马铃薯生存的国家发生广泛的食物短缺。

B项表明，马铃薯农场主付不起在杀真菌剂上增加的花费，这意味着即使杀真菌剂有用，但用不起，因而新型真菌照样会造成食物短缺。这显然从另一个角度有力地削弱了题干论述。

其余选项起不到有效的削弱作用。

31. 答案：D

题干论证：因为人事部门不参加战略决策会议，在雇佣高级经理上人事部门没有决定权，所以，人事部门对公司并不重要。

D项对题干论据进行了反驳，举出了一个反例，可口可乐公司的人事总部是公司的决策团队之一，掌控人事方面的决定权，因此，人事部门对公司非常重要，这就有力地削弱了题干论证。

其余选项不妥，其中，A项所述人事部有雇佣中层管理者的决策权，B项所述人事部门设计的报酬体系能为公司留住有才能的人，这也都说明了人事部门的重要性，但这两项对题干论证的削弱力度都不如D项。C项所述激励的对象也包括人事部的经理，与题干论证无关。

32. 答案：B

题干认为：中国经济的高速发展，造成了国际上石油等能源价格的暴涨。

选项B说明，去年中国经济依然高速发展，但是国际上石油等能源价格比往年低，说明两者没有发生共变，也就不存在因果关系，这就有力地反驳了题干的结论。

33. 答案：C

题干结论是：《乐记》沿袭或引用了《系辞》的文句。

理由是：《乐记》和《系辞》中有同样的文句，而《系辞》写得自然，《乐记》显得生硬。

C项，同样的文句在比《系辞》更古老的《尚书》中被当作习语使用过，这说明《乐记》很可能是沿袭或引用了《尚书》的文句，而不是《系辞》，这就有力地削弱了题干的结论。

B项是干扰项，该项所述《乐记》和《系辞》成书年代尚未确定，这是一种或然性削弱；如果《乐记》比《系辞》还早的话，那么题干结论就不成立了；如果《乐记》比《系辞》要晚的话，就不能削弱题干结论；综合来看，B项削弱力度不如C项。

A、D项是明显的无关项。

34. 答案：B

专家的观点：新疆北鲵数量锐减的原因是牧场上随处走动的牛羊会将其大量踩死。

要削弱这个观点，只要指出"并非是牛羊而是其他原因造成了新疆北鲵的数量锐减"。

这是一道有争议的考题。选项B、C都能削弱专家观点。

B项所述新疆北鲵赖以栖息的水源环境受到影响，这显然会导致新疆北鲵数量锐减，以另有他因的方式（即从新疆的生存环境方面）削弱了专家的观点。

C项所述新疆北鲵白天大多躲在石头下避开了牛羊的踩踏，显然反了专家的观点。但大多躲在石头下也说明每天也有些新疆北鲵并没有躲在石头下，有可能被踩死，日积月累就可能被踩死很多，这样的话也可能造成其数量锐减；从这个意义上看，C项削弱程度似乎不如B项。因此，选B更好（而且C最多只能说明新疆北鲵没有被牛羊大量踩死，但不能解释新疆北鲵数量锐减这一事实）。

A、D 项对专家观点均无法形成质疑。

35. 答案：C

要削弱结论，就要说明晕船药是有效的。

如果 C 项为真，即那些服用晕船药的乘客如果不服药，他们晕船的症状会更严重。就显然削弱了结论。

36. 答案：B

题干根据超级商店也只控制了零售市场中很小的份额，得出结论：办公设备零售业的许多小企业已经破产不能归因于超级商店。

B 项表明，超级商店对它们的低价格进行的大规模广告已经促使整个办公用品零售市场的价格降低了，这就有力地说明：办公设备零售业的许多小企业已经破产确实应该归因于超级商店。因此 B 为正确答案。

其余选项均不妥，其中，A、E 项与超级商店无关；C 项起不到问题要求的作用；D 项与"市场份额"和"价格"均无关。

37. 答案：A

题干论述：国产饮料在国内市场的占有率逐渐降低，由于外国公司的广告比国内的广告更吸引人，权威人士认为，国产厂商需加大广告投入。而有人对权威人士的这一意见提出了质疑。

问题要求是削弱上述对权威人士的质疑，实际就是要寻找支持权威人士观点的选项。A 项表明，即使大多数进口软饮料的广告同样是由我国的广告公司制作，它们的较好的效果也是因为有较高的投入，因此，为了和进口软饮料争夺市场，国产软饮料的生产商需要加大广告投入，以改善广告效果。这就有力地支持了上述权威人士的观点，也即削弱了对权威人士的质疑。

其余各项都不能削弱上述对权威人士的质疑，其中，B 项可构成对题干中权威人士观点的质疑，而不能削弱对权威人士观点的质疑。

38. 答案：B

题干结论是：为新生儿保存脐带血可为孩子一生的健康提供保障。

理由是：脐带血含有的造血干细胞对许多恶性疾病有显著疗效，是人生中错过就不再有的宝贵的自救资源。

B 项说明脐带血是造血干细胞的重要来源，支持了题干，不能削弱结论，为正确答案。

其余选项都削弱了题干结论。比如：A 项，从经济上说明为新生儿保存脐带血这一做法不可取；C 项，说明脐带血在临床上用处不大；D 项，说明脐带血的保存量太小，以至于几乎没有治疗效果。

39. 答案：A

题干根据因疲劳驾驶而导致的交通事故是酒后驾车 1.5 倍，得出结论：今天需要做的不是加重对酒后驾车的惩罚力度，而是制定与驾驶者睡眠相关的法律。

A 项所述，目前世界上没有任何一个国家制定了与驾驶者睡眠相关的法律，这并不能有力地削弱题干所提出的"现在需要制定与驾驶者睡眠相关的法律"的观点，因为别人没做的事不等于我们不能做，事情总得有人开头。因此，该项削弱程度最小，为正确答案。

B 项所述，人们还没有找到能够判定疲劳驾驶的科学标准和法定标准。说明"要制定与驾驶者睡眠相关的法律"还做不到，削弱了题干。C 项和 D 项都有利于说明同样需要加重对酒后驾车的惩罚力度，均削弱了题干。

40. 答案：A

题干的结论是：我国目前不宜进行大学排名。

其论证前提是：第一，大学排名不像企业排名那样容易；第二，大学排名必须以成熟的市场经济体制、稳定的制度为前提，必须有公认的公证排名机构等，而公认的大学排名机构还未产生。

题干论述的是大学排名是不可行的，而 A 项只说明了大学排名的重要性，并不能说明大学排名的可行性，因此，不构成对上述论证的反驳。

B 项削弱了题干论证的第二个前提。

C 项削弱了题干论证的第一个前提。该项认为企业排名也不容易也不准确，仅供参考价值。那么，既然企业可以排名，那么大学也可以排名，这样就构成了对题干论证的反驳。

D 项，公认的排名机构只能从排名实践中产生，说明了公认的排名机构是可以产生的，削弱了第二个前提。

41. **答案：D**

本市议员的论述是：本市的税收应该主要让那些交税的人受益，低车费的受益者中的许多人不是本市的纳税人，因此，公共汽车票价该上升。

D 项表明，许多本市的从低交通费中受益的选民反对增加本地的税收，他们反对通过增加税收的办法来补偿交通费用的不足，由此要补偿交通费用的不足只可能是增加拨款或提高公交票价，因此，D 项是个支持项或者无关项，不能削弱题干，是正确答案。

其余选项均能起到削弱题干的作用，其中，A、B 和 C 都通过找他因的方法削弱了本市议员的公共汽车票价应该上涨的结论；选项 E 削弱了本市议员论述的前提。

42. **答案：D**

海关检查员认为，他能够准确地判定一个人是否在欺骗他。根据是，在他认为可疑的人身上，无一例查出了违禁物品。

选项 I 不能削弱海关检查员的论证。因为判定一个无意地携带了违禁物品的入关人员为不可疑，不能说明检查员受了欺骗，同样不能说明检查员在判定一个人是否在欺骗他时不够准确。

选项 II 能削弱海关检查员的论证。因为判定一个有意地携带了违禁物品的入关人员为不可疑，说明检查员受了欺骗，因而能说明检查员在判定一个人是否在欺骗他时不够准确。

选项 III 能削弱海关检查员的论证。因为判定有人无意地携带了违禁物品的入关人员为可疑，虽然不能说明检查员受了欺骗，但是能说明检查员在判断一个人是否在欺骗他时不够准确。

第四节　评　　价

论证评价考题主要考查我们评价论点的能力，一个人经常需要论证自己的观点，说服他人支持自己的主张。有些论证是有说服力的，有助于别人接受自己的主张；有些论证缺乏说服力，几乎无助于说服别人支持自己。一个具有批判性思维的人，可以辨别出哪些论证具有说服力，哪些论证缺乏说服力。此题型考查学生对一项论证的说服力的判断能力。

1. 解题思路

评价题型的解题思路就是寻找一个在肯定或否定状态下支持题干而相反状态下则削弱题干结论的选项。

（1）当选项为一般疑问句时，对这个问句有两方面的回答：肯定和否定。如果一方面的回答能支持或加强题干，而另一方面的回答能反驳或削弱题干，于是，这个问题就对题干推理有评价作用，这个疑问句所对应的选项就是我们所要寻找的评价型选项。

（2）当选项为特殊疑问句时，我们可以尝试着对这个选项所对应的问题做出精确的回答。在得到回答的精确信息之后，再否定这个精确信息。这样我们就得到了两方面的信息。如果一种信息能够支持和加强题干，而另一种信息能够削弱或反驳上述题干，那么这个疑问句所对应的选项就是我们所要寻找的评价型选项。

（3）当选项为陈述句时，一般地我们都可以把它们转换成一般疑问句或特殊疑问句来处理。

要特别引起注意的是，正确的选项一定是对这个问句的"是"与"否"的回答都起作用，如果仅仅对一方面回答起作用，则不是评价。

2. 答案方向

评价实质上就是支持和削弱的结合。对评价题可以从是否假设、有无他因、对比评价三个角度来考虑，答案方向如下：

（1）结果和原因之间有没有关系。

（2）原因是否可行或者有意义。

（3）除这个原因之外是否还有别的因素影响结论，或者有没有其他的原因来解释题干中存在的事实或者现象。

一、是否假设

由于评价在很多情况下是针对题干推理成立的隐含假设起作用，因此读题时要注意体会题干推理的隐含假设，解题重点一般在隐含假设上，对隐含假设提出评价，以达到评判目的。

针对隐含假设提出评价的思路包括因果有无联系、推理是否可行、方法是否可行、有无他因，也即寻找一个对题干论证过程起到正反两方面作用的隐含假设的选项。

■污水处理要消耗大量电力。美国某大学的研究人员最近开发出一项新的微生物电池技术，使污水产出电力的效率比原来提高了10～50倍。运用这项技术，污水处理厂不仅可以实现电力自给，还可将多余的电力出售。可以期待，一旦这项技术投入商业运作，企业对污水处理的态度会变得积极主动，从而减轻污水排放引发的环境污染。

对以下哪个问题的回答与上述判断的评估最具相关性？

A．采用这种方式进行污水处理的技术转让和设备成本会不会很高？

B．这种技术能否有效地处理化工厂污水中的重金属？

C．这种污水处理方式会不会因释放甲烷而造成空气污染？

D．环保部门是否会加大对企业排污情况的监管？

E．这种新的微生物电池技术是不是应该申请专利？

[解题分析] 正确答案：A

即使这项技术使污水产出电力的效率大幅度提高了，企业对污水处理的态度能否变得积极主动，还涉及另一个重要问题，那就是采用这种方式进行污水处理的技术转让和设备成本会不会很高，如果很高，则企业就不一定能盈利，对污水处理的态度就不见得会变得积极主动。因此，A项对上述判断的评估最具相关性。

■在北欧一个称为古堡的城镇的郊外，有一个不乏凶禽猛兽的天然猎场。每年秋季，猎场吸引了来自世界各地富于冒险精神的狩猎者。一个秋季下来，古堡镇的居民发现，他们之中此期间在马路边散步时被汽车撞伤的人的数量，比在狩猎时受到野兽意外伤害的人数多出了两倍！因此，对于古堡镇的居民来说，在狩猎季节，呆在猎场中比在马路边散步更安全。

为了评价上述结论的可信程度，最可能提出以下哪个问题？

A．在这个秋季，古堡镇有多少数量的居民去猎场狩猎？

B．在这个秋季，古堡镇有多少比例的居民去猎场狩猎？

C．古堡镇的交通安全纪录在周边几个城镇中是否是最差的？

D．来自世界各地的狩猎者在这个季节中有多少比例的人在狩猎时意外受伤？

E．古堡镇的居民中有多少好猎手？

[解题分析] 正确答案：B

题干根据在马路边散步时被汽车撞伤的人数比在狩猎时受到野兽意外伤害的人数多出了两倍，得出结论：在猎场比马路边散步更安全。

推理成立所隐含的假设是：马路边散步的人数和猎场中人数狩猎的差不多。

要比较在猎场与马路边散步的安全性，必须比较：马路边散步的受伤率与狩猎的受伤率。

马路边散步的受伤率＝马路边散步时被汽车撞伤的人数/马路边散步的总人数

狩猎的受伤率＝狩猎时受到野兽意外伤害的人数/在猎场狩猎的总人数

马路边散步的受伤率＞狩猎的受伤率，则支持题干"呆在猎场中比马路边散步更安全"的结论，否则，削弱题干。

可见，为了评价上述论证的正确性，必须要知道马路边散步的人数和去猎场的人数。因为在对猎场与马路边散步的安全性进行比较时，在受伤的绝对数量之间进行比较是没有意义的，正确的方法应是在受伤率之间进行比较。因此，只有在知道了古堡镇居民的人数（也就是在马路边散步的人数）和去猎场狩猎的人数比较，对这两个场合中的受到意外伤害的人数进行比较才有意义。B项提出的正是这个问题，它对评价题干的结论最为重要。

如果题干中给出了在两个场合下受到意外伤害的具体人数以及古堡镇的居民人数，那么回答A项提出的问题就可以准确地算出两个场合下的事故率并进行比较，但是题干中并没有给出古堡镇的居民人数，因此，A项提出的问题无助于对题干的结论进行评价。

D项提供的是一个外部信息，无助于评价题干的结论。

二、对比评价

对比评价针对的上一个对比实验或对比调查，往往涉及求异法，需要重点考虑的评价方向有：

（1）对比的基准如何？对某个事物的评价，首先要有个评价的基准，也就是可比较的标准。

（2）另一方的情况如何？重点考虑隐含比较的另一方往往是一个有效的评价。

（3）其他关键证据怎样？有无反例存在？对比实验或对比调查的关键是要让实验或调查对象的其他方面的条件相同。

■随着年龄的增长，人体对热量的日需求量逐渐减少，而对维生素和微量元素的需求却日趋增多。因此，为了摄取足够的维生素和微量元素，老年人应当服用一些补充维生素和微量元素的保健品，或者应当注意比年轻时食用更多的含有维生素和微量元素的食物。

为了对上述断定做出评价，回答以下哪个问题最为重要？

A. 对老年人来说，人体对热量需求量的减少幅度，是否小于对维生素和微量元素需求量的增加幅度？

B. 保健品中的维生素和微量元素，是否比日常食品中的维生素和微量元素更易被人体吸收？

C. 缺乏维生素和微量元素所造成的后果，对老年人是否比对年轻人更严重？

D. 一般地说，年轻人的日常食物中的维生素和微量元素含量，是否较多地超过人体的实际需要？

E. 保健品是否会产生危害健康的副作用？

[解题分析] 正确答案：D

题干观点：由于老年人所需的维生素和微量元素较多，因此老年人应该食用保健品或者比年轻人食用更多的含有维生素和微量元素的食物。

题干的议论要成立，需要满足一个条件，即年轻人的日常食物中的维生素含量，并没有较多地超过人体的实际需要。D项正是针对这个假设，对于评判题干至关重要。对D进行肯定回答，即：如果年轻人的日常食物中的维生素含量，实际上较多地超过人体的实际需要，那么，老年人只要维持年轻时的日常食物就可以，无需补充维生素了，这样题干的议论就不能成立。对D进行否定回答时，意味着老年人很可能的确需要摄入更多的食物来满足需要，支持题干论述，因此，D正确。

题干主要讨论维生素和微量元素的问题，A为明显无关比较，排除；

题干提供了保健品和食物两种选择，任选其一即可，B起不到评价作用，排除；

无论后果如何只要有不利后果就应该避免，C为明显无关选项，排除；

题干提供了保健品和食物两种选择，即使保健品有副作用，也可以通过选择食物来满足维生素的需要，E排除。

■毫无疑问，未成年人吸烟应该加以禁止。但是，我们不能为了防止给未成年人吸烟以可乘之机，就明令禁止自动售烟机的使用。这种禁令就如同为了禁止无证驾车而在道路上设立路障，这道路障自然禁止了无证驾车，但同时也阻挡了99%以上的有证驾驶者。

为了对上述论证做出评价，回答以下哪个问题最为重要？

A. 未成年吸烟者在整个吸烟者中所占的比例是否超过1%？
B. 禁止使用自动售烟机带给成年购烟者的不便究竟有多大？
C. 无证驾车者在整个驾车者中所占的比例是否真的不超过1%？
D. 从自动售烟机中是否能买到任何一种品牌的香烟？
E. 未成年人吸烟的危害，是否真如公众认为的那样严重？

[解题分析] 正确答案：B

本题推理为：因为拟议中的对售烟机的禁令就如同为防止100个人中的1个没有驾照而开车的人一样，所以该禁令不合适。

本题类比的要素列表如下：

目的	不可行的做法	做法不可行的理由
为防止未成年人吸烟	禁止自动售烟机	
为禁止无证驾车	在道路上设立路障	这道路障在禁止无证驾车的同时也阻挡了有证驾驶者

因此，为防止未成年人吸烟而禁止自动售烟机这个做法不可行的理由应该是：禁止自动售烟机在防止未成年人吸烟的同时，也影响了成年吸烟者。

B项说出了是否要禁止自动售烟机的参考依据。如果对B的回答为"肯定"，即如果自动售烟机也是成年吸烟者主要的甚至是唯一的购烟渠道的话，那么此禁令使大多数购买香烟的成年人感到不方便，所以支持了"该禁令不合适"的结论；否则如果对B的回答为"否定"，即禁令没有给大多数购买香烟的成年人造成不便，则反对了"该禁令不合适"的结论。所以B做了最好的评价。

三、不能评价

不能评价型考题的解题方法是把能够评价题干推理的选项排除掉，剩下的起不到评价作用的选项就是正确答案。

■任何一篇译文都带有译者的行文风格。有时，为了及时地翻译出一篇公文，需要几个笔译同时工作，每人负责翻译其中一部分。在这种情况下，译文的风格往往显得不协调。与此相比，用于语言翻译的计算机程序显示出优势：准确率不低于人工笔译，但速度比人工笔译快得多，并且能保持译文风格的统一。所以，为及时译出那些长的公文，最好使用机译而不是人工笔译。

为对上述论证做出评价，回答以下哪个问题最不重要？

A. 是否可以通过对行文风格的统一要求，来避免或至少减少合作译文在风格上的不协调？
B. 根据何种标准可以准确地判定一篇译文的准确率？
C. 机译的准确率是否同样不低于翻译家的笔译？
D. 日常语言表达中是否存在由特殊语境决定的含义，这些含义只有靠人的头脑，而不能靠计算机程序把握？

E. 不同的计算机翻译程序，是否也和不同的人工译者一样，会具有不同的行文风格？

[解题分析] 正确答案：E

题干结论是：为保持译文风格的统一，对于长的公文最好使用机译而不是人工笔译。

理由是：多人翻译公文，译文的风格往往不协调。

A、B、C、D项都与题干论证有关。只有E项涉及的问题和评判题干的论证无关，因为每篇公文的机译在正常情况下是由同一计算机翻译程序完成的，因此，即使不同的计算机翻译程序有不同的风格，也不会影响同一篇译文在行文风格上的统一。

■有网络媒体报道称，让水稻听感恩歌《大悲咒》能增产15％。福建省良山村连续3季的水稻种植结果证实，听《大悲咒》不仅增产了15％，水稻颗粒也更加饱满。有农业专家表示，音乐不仅有助于植物对营养物质的吸收、传输和转化，还能达到驱虫的效果。

以下哪一个问题的回答对评估上述报道的真实性最不相关？

A. 听《大悲咒》的水稻与不听《大悲咒》的水稻的其他生长条件是否完全相同？
B. 该方法是否具有大面积推广的可行性？
C. 专家能否解释为什么《大悲咒》对水稻的生长有益而对害虫的生长无益？
D. 专家的解释是否具有可靠的理论支持？
E. 听《大悲咒》的水稻与不听《大悲咒》的水稻的品种是否相同？

[解题分析] 正确答案：B

题干所述报道称：让水稻听感恩歌《大悲咒》能增产。

理由是：第一，福建省良山村水稻听《大悲咒》增产了15％。第二，专家表示，音乐有助于植物对营养物质的吸收、传输和转化，还能驱虫。

B项所述：该方法是否具有大面积推广的可行性？这显然无助于评估上述报道的真实性。

其余选项都对评估上述报道的真实性具有相关性，这些选项如果为真，均有助于评估上述报道的真实性，否则若为假则反对了题干报道的真实性。

【专项训练】

01. 教授：美国和加拿大等国早就招收写作学的硕士生、博士生了，而我们还在为争取写作学的学位授予权而竭力呼吁。这就是对应用性、技能性学科两种截然不同的态度。是我们错了，还是人家错了？

以下哪一项所表述的问题对评估上述论证的合理性最为重要？

A. 如果允许我们招收写作学的硕士和博士，有多少人会报考这个专业？
B. 我们在写作学的师资和学科研究水平上是否具备招收硕士和博士的条件？
C. 我们在写作学以外的其他应用性、技能性学科是否招收了硕士和博士？
D. 我们是否应该重视对应用性、技能性学科硕士和博士的培养？
E. 我们是否应该收写作学的硕士生、博士生？

02. 吉丝：三年前，交通委员会改进了我们镇上最繁忙的十字路口的可见度，这是一个减少那里的交通事故的值得称赞的努力。

伽瑞：在过去三年里，在那个路口每周交通事故实际上是增多了而不是减少了，因此这一改进增加了事故的可能性。

对下列哪一个问题的回答对评价伽瑞的论述最有用？

A. 卷入改进前交通事故的镇中司机有多大比例的人在事故中受了伤？
B. 当改进被实施后，交通委员会的成员的在位时间多长？
C. 该镇大多数居民认可交通委员会的总体表现吗？
D. 在过去3年中，附近城镇为了提高危险的十字路口的可见度采纳了什么方法？

E. 该镇最繁忙的十字路口的交通流量在过去三年是怎样变化的？

03. 世界卫生组织报告说，全球每年有数百万人死于各种医疗事故。在任何一个国家的医院，医疗事故致死的概率不低于0.3%。因此，即使是癌症患者也不应当去医院治疗，因为去医院治疗会增加死亡的风险。

为了评估上述论证，对以下哪个问题的回答最为重要？

A. 患者能否通过自身的努力来减少来医疗事故的发生？
B. 医疗事故致死的概率是否因医院管理水平的提高而正在下降？
C. 去医院治疗的癌症患者和不去医院治疗的癌症患者的死亡率分别是多少？
D. 在因医疗事故死亡的癌症患者中，即使不遭遇医疗事故最终也会死于癌症的人占多大比例？
E. 医疗事故致死与医生的医术水平之间是不是也存在着必然联系？

04. 在频繁地使用几个星期后吉他琴弦经常会"死掉"，即反应更加迟钝，音调不那么响亮。一个其子为古典吉他演奏家的研究人员提出一个假想，认为这是由脏东西和油，而不是琴弦材料性质的改变而导致的结果。

以下哪一项调查最有可能得出有助于评价该研究人员假想的信息？

A. 确定是否使用了一种金属合金来制作古典吉他演奏家使用的琴弦。
B. 确定古典吉他演奏家使他们的琴弦死掉的速度是否比通俗吉他演奏家快。
C. 确定把相同的标准长度相等的琴弦，安在不同品牌的吉他上，是否以不同的速度"死掉"。
D. 确定一根"死掉"的弦和一根新弦是否会产生不同音质的声音。
E. 确定在新吉他弦上抹上不同的物质是否能使它们"死掉"。

05. 自2003年B市取消强制婚前检查后，该市的婚前检查率从10年前接近100%降至2011年的7%，为全国倒数第一。与此同时，该市的新生儿出生缺陷发生率上升了一倍。由此可见，取消强制婚前检查制度导致了新生儿出生缺陷率的上升。

对以下各项问题的回答都与评价上述论证相关，除了

A. 近10年来该市的生存环境（空气和水的质量等）是否受到破坏？
B. 近10年来在该市育龄人群中，熬夜、长时间上网等不健康的生活方式是否大量增加？
C. 近10年来该市妇女是否推迟生育，高龄孕妇的比例是否有较大提高？
D. 近10年来该市流动人口的数量是增加还是减少了？
E. 近10年来该市食品安全问题是否频发？

【答案解析】

01. 答案：B

选项B对评估上述论证的合理性最为重要，如果我们在写作学的师资和学科研究水平上具备招收硕士和博士的条件，那么意味着我们错了；否则，如果我们不具备这样的条件，那么我们就没错。其他选项都是无关项，不能评估上述论证的合理性。

02. 答案：E

题干中伽瑞的论述为：改进可见度后交通事故反而增加了，所以改进可见度增加了事故。这个论述要成立必须假设没有别的因素影响这一论证，即必须假设在过去三年交通流量基本不变。E项指出了这一点，因为如果交通流量增加了，则上述论述被反对，反之上面论述被支持。

03. 答案：C

为评估癌症患者去医院治疗是否会增加死亡的风险，我们应该比较去医院治疗的癌症患者和不去医院治疗的癌症患者的死亡率，C项正确。

A、B首先应排除。D项是干扰项，此项是个单方面的数据，起不到有效的评价作用，因为没有进行对比研究。

04. 答案：E

题干假想：琴弦"死掉"不是因为频繁地使用造成的材料变化，而是脏东西和油造成的这种现象。

E项表明，通过将那些已知具有它们原来材料性质的新琴弦弄脏进行直接测试，如果新琴弦弄脏后也会"死掉"就支持了这个假想，反之就削弱这个假想，显然这是有助于评价该研究人员假想的信息，因此为正确答案。

其余选项均起不到评价作用。

05. 答案：D

题干论证的结论是：取消强制婚前检查制度和新生儿出生缺陷率的上升之间存在因果关系。

要使该因果关系成立，必须排除其他因素的影响。A、B、C选项均为可能是导致新生儿出生缺陷率上升的其他原因，均与评价题干论证相关。

D项所述的近10年来该市流动人口的数量是增加还是减少，这与新生儿出生缺陷率的上升不能直接相关，因此为正确答案。

第五节　推　论

推论题主要考查学生的阅读理解能力和交流沟通能力，考查学生能否把握阅读材料所传达的主要信息。

1. 题型特点

推论题是指逻辑考试中问题方向"自上而下"的论证推理考题。所谓"自上而下"解题思路，即假定题干论述成立，要求从题干论述中推出某些结果。具体地说，推论与假设、支持、削弱、评价题型的最大差异在于：假设、支持、削弱、评价考题所面临的题干是有待评价的论证（题干论证是有疑问的），因此这四类考题是要求从所列选项中选择一个选项放到题干中对题干推理起到一定作用；而推论所面临的题干论述是肯定成立的，不需要对题干的内容是否正确、结论是否荒谬、推理是否合理做出评价，而是要求从上面题干中能合理地推出什么。因此，推理目标应锁定在怎么样才能找到能从题干论述中得出的一个合理的结论，推出一个最合适的选项。

2. 阅读原则

(1) 收敛思维原则。不管题干内容如何，考生都不能对试题所陈述的事实的正确与否提出怀疑，题干论述是被假设为正确的，不容置疑的。

(2) 阅读分析原则。推论题的阅读难度要大于假设、支持、反对、评价这四类题，并且由于推论题的题干中每一个陈述都可以作为出题方向，因此读题要求比较高，读题时需要注意从逻辑层次结构上去分析题干推理关系，要学会一边读题一边分析题干论述。

(3) 紧扣题干原则。解题时必须紧扣题干陈述的内容，不能忽视试题中所陈述的事实，正确的答案应与陈述直接有关，并从陈述中直接推出一个合理的结论。

3. 题干分类

推论题的题干陈述可分为两类：

(1) 第一类是题干仅是个陈述，只给出某些前提或多个信息，没给出结论。这类题是推论题的大多数，包括概括论点、推出结论、推论支持等。解题思路是从题干所陈述的信息中，按问题要求，概括、引申或推出某个结论。

(2) 第二类是题干是个论证，给出了前提，也给出了结论。首先要认为题干的论证是必然正确的，因此，其前提与结论之间有必然的联系。所以，这类题往往转化为假设题或支持题来思考。推论假设题的解题思路就是要题干论证成立的隐含假设。

4. 选项分类

推论题的题干选项可分为四类：

(1) 无关类选项：与题干所陈述的内容无关的选项。

(2) 引申类选项：与题干所陈述的内容相关，或选项陈述是从题干论述中引申出来的。

(3) 概括类选项：与题干所陈述的内容相关，且选项陈述是从题干陈述中归纳概括出来的。

(4) 收敛类选项：与题干所陈述的内容相关，且选项陈述是从题干陈述中演绎推理出来的。

5. 常用解法

推论题常用解法如下：

(1) 排除法。从某种意义上这类题型考的就是阅读理解，解题策略就是要确定范围，即限定范围或收敛思维。推论推理题的"垃圾"选项经常是在文章的范围之外。做题时，注意一定要直击问题的范围。也就是说，推论题的答案应该在文章的范围之内。在文章之外的你个人的观点和背景知识通常都是在范围之外。

除了推论支持题和不能推论题外，包括演绎推论、概括论点、推出结论、推论假设等大部分推论题的正确答案必须与题干所给的陈述相符，一般不能用题干之外的信息进一步推理，原则上可用排除法排除超出题干范围的选项。

① 排除绝对化语言。题干没有绝对化语言，答案也不能包括绝对化语言。

② 排除新内容。一般不能出现题干中没有的新内容。

(2) 直接代入法。由于答案不能和题干信息相违背，直接代入法（归谬法）可用来帮助排除选项，具体是指当错误选项不容易排除，而正确选项又难以选择时，就应该运用代入法试一试。这种方法是说，先假设某一个备选项是成立的，然后代入题干，看是否导致矛盾，如果出现矛盾就说明假设该选项成立不对，该选项是不成立的。

但是，需要注意的是，如果通过假设某一选项成立代入题干并没有导致矛盾，是不是就说明该选项一定能成立呢？这可不一定。因为有时可能出现不只一个选项如果成立而不会导致矛盾的情况。这里，代入法需要结合排除法来使用，如果通过使用排除法，其他选项均导致矛盾，则剩余的不导致矛盾的选项就是正确的。

(3) 否定代入法。否定代入法（假设反证法：假设P假，推出逻辑矛盾，因此，P真）是说：如果我们对某个选项难以确定其真假，那么就可以先假设所要考虑的选项为假，然后代入题干，看是否导致矛盾，如果导致矛盾则说明该选项不可能假，一定为真。

既然题干事实为真，根据逆否命题的思路，由于如果选项不成立，题干推理就会不成立；这就说明，如果题干推理成立，则该选项就成立；这时，这个选项就是正确答案。

6. 答题技巧

推论题选择答案技巧有：

(1) 与题干重合度越高的选项越可能成为正确答案。推论题一般都可以找到题干的关键词语，按关键词语定位选项的解题速度可以加快。

(2) 首先要读懂题目的论述和结构，特别是找出题干的主结论或主要事实。推论答案往往是题干主结论的重写，必须概括全文，比如是原论断的逆否命题的改写或者是关键词替换。

(3) 推论题型错误无非两种：无关或扩大推理范围。

一、概括论点

概括论点题的具体表现形式是：题干给出一段论述，然后问作者到底想证明什么，实际上是要求总结它们所表达的中心内容或者作者的主要观点。这类题考查的方向包括确定论点，概括出题干陈述的内容、原则、主旨或中心思想，引申或推断出题干论述的意图。解这类题要着重把握对语言的理解，应在着重把握题干层次结构的基础上，凭语感去体会作者的写作用意。

正确答案大多是概括类选项。

■一国丧失过量表土，需进口更多的粮食，这就增加了其他国家土壤的压力；一国大气污染，导致邻国受到酸雨的危害；二氧化碳排放过多，造成全球变暖、海平面上升，几乎可以危及所有的国家和地区。

下述哪项最能概括上文的主要观点？
A. 环境危机已影响到国与国之间的关系，可能引起国际争端。
B. 经济的快速发展必然导致环境污染的加剧，先污染、后治理是一条规律。
C. 在治理环境污染问题上，发达国家愿意承担更多的责任和义务。
D. 环境问题已成为区域性、国际性问题，解决环境问题是人类面临的共同任务。
E. 各国在环境污染治理方面要量力而行。

[解题分析] 正确答案：D

题干强调的是环境问题及其对超出国界的影响，D 中的内容概括了题干的观点。

其他选择都增加了题干没有包含的观点，比如：选项 A 的"引起国际争端"，选项 B 的"先污染、后治理"，选项 C 的"发达国家愿意承担更多的责任"，选项 E 的"污染治理要量力而行"等都是额外的材料。

■X 先生一直被誉为"世纪西方世界的文学大师"，但是，他从前辈文学巨匠得到的受益却被评论家们忽略了。此外，X 先生从未写出真正的不朽巨著，他最广为人知的作品无论在风格上还是表达上均有较大缺陷。

从上述陈述可以得出以下哪项结论？
A. X 先生在文坛上成名后，没有承认曾受惠于他的前辈。
B. 当代的评论家们开始重新评估 X 先生的作品。
C. X 先生的作品基本上是仿效前辈，缺乏创新。
D. 作家在文学史上的地位历来是充满争议的。
E. X 先生对西方文学发展的贡献被过分夸大了。

[解题分析] 正确答案：E

从题干叙述，显然可以得出 E 项这一结论。

其余各项均不能从题干得出。例如 A 项不能得出，因为题干断定评论家忽略了 X 先生从前辈文学巨匠得到的受益，由此并不能表明 X 先生本人未承认这一点。

■有人提出通过开采月球上的氦 3 来解决地球上的能源危机，在熔合反应堆中氦 3 可以用作燃料。这一提议是荒谬的。即使人类能够在月球上开采出氦 3，要建造上述熔合反应堆在技术上至少也是 50 年以后的事。地球今天面临的能源危机到那个时候再着手解决就太晚了。

以下哪项最为恰当地概括了题干所要表达的意思？
A. 如果地球今天面临的能源危机不能在 50 年内得到解决，那就太晚了。
B. 开采月球上的氦 3 不可能解决地球上近期的能源危机。
C. 开采和利用月球上的氦 3 只是一种理论假设，实际上做不到。
D. 人类解决能源危机的技术突破至少需要 50 年。
E. 人类的太空探索近年内不可能有效解决地球面临的问题。

[解题分析] 正确答案：B

题干作者认为：通过开采月球上的氦 3 来解决地球上的能源危机这一提议是荒谬的。理由是：即使能够在月球上开采出氦 3，技术上至少也是 50 年以后的事，能源危机到那个时候再着手解决就太晚了。

可见，题干作者所要表达的意思就是：开采月球上的氦 3 不可能解决地球上近期的能源危机。因此，B 项为正确答案。

其余选项不能概括题干。比如 A 项虽然表达了题干的一个观点，但并不是题干所要表达的主要意思。C 项不符合题干表达的观点。D 项超出了题干范围，因为题干只是断定通过开采月球上的氦 3 来解决能源危机的技术突破至少需要 50 年，也许人类在 50 年内还有别的解决能源危机的技术。

二、推出结论

推出结论型考题是最普遍的推论题，具体表现形式是题干列举了一堆事实或给出一段陈述，然后问你从中最能得出什么结论。解题时要在把握题干层次结构的基础上去寻找隐含的结论或内在的含义。正确答案必定是与题干前提相关并从中合理推出的，大多也是概括类选项。

■"常春藤"通常指美国东部的八所大学。"常春藤"一词一直以来是美国名校的代名词，这八所大学不仅历史悠久、治学严谨，而且教学质量极高。这些学校的毕业生大多成为社会精英，他们中的大多数人年薪超过 20 万美元，有很多政界领袖来自常春藤，更有为数众多的科学家毕业于常春藤。

根据以上陈述，关于常春藤毕业生可以得出以下哪项？

A. 有些社会精英年薪超过 20 万美元。
B. 有些政界领袖年薪不足 20 万美元。
C. 有些科学家年薪超过 20 万美元。
D. 有些政界领袖是社会精英。
E. 有些科学家成为政界领袖。

[解题分析] 正确答案：A

题干陈述：常春藤的毕业生大多成为社会精英，他们中的大多数人年薪超过 20 万美元。

从而可以合理地推出：有些社会精英年薪超过 20 万美元。即 A 项正确。

其余选项超出题干范围，均推不出。

■人类男女祖先"年龄"的秘密隐藏在 Y 染色体与线粒体中。Y 染色体只从父传子，而线粒体只从母传女。通过这两种遗传物质向前追溯，可以发现所有男人都有共同的男性祖先"Y 染色体亚当"，所有女人都有共同的女性祖先"线粒体夏娃"。研究人员对来自亚非拉等代表 9 个不同人群的 69 名男性进行基因组测序并比较分析，结果发现，这个男性共同祖先"Y 染色体亚当"形成于 12 万～15.6 万年前。对线粒体采用同样的技术分析，研究人员又推算出这个女性共同祖先"线粒体夏娃"形成于 9.9 万～14.8 万年前。

以下哪项最适宜作为上述论述的推论？

A. "Y 染色体亚当"和"线粒体夏娃"差不多形成于同一时期，"年龄"比较接近，"Y 染色体亚当"可能还要早点。
B. 在 15 万年前，地球上只有一个男人"亚当"。
C. 作为两个个体，"亚当"和"夏娃"应该从未相遇。
D. 男人和女人相伴而生，共同孕育了现代人类。
E. 如果说"亚当"与"夏娃"繁衍出当今的人类，确实有一定的道理。

[解题分析] 正确答案：A

题干陈述：男性共同祖先"Y 染色体亚当"形成于 12 万～15.6 万年前，女性共同祖先"线粒体夏娃"形成于 9.9 万～14.8 万年前。从中显然可以推出 A 项。

题干并没涉及具体的"亚当"与"夏娃"，因此，B、C、E 项均推不出。至于 D 项，虽然符合事实，但不是题干的推论出来的。

■按照联合国开发计划署2007年的统计，挪威是世界上居民生活质量最高的国家，欧美和日本等发达国家也名列前茅。如果统计1990年以来生活质量改善最快的国家，发达国家则落后了。至少在联合国开发计划署的116个国家中，17年来，非洲东南部国家莫桑比克的生活质量提高最快，2007年其生活质量指数比1990年提高了50%。很多非洲国家取得了和莫桑比克类似的成就。作为世界上最受瞩目的发展中国家，中国的生活质量指数在过去17年中也提高了27%。

以下哪项可以从联合国开发计划署的统计中得出？

A. 2007年，发展中国家的生活质量指数都低于西方国家。
B. 2007年，莫桑比克的生活质量指数不高于中国。
C. 2006年，日本的生活质量指数不高于中国。
D. 2006年，莫桑比克的生活质量的改善快于非洲其他各国。
E. 2007年，挪威的生活质量指数高于非洲各国。

[解题分析] 正确答案：E

题干断定，按照联合国开发计划署2007年的统计，挪威是世界上居民生活质量最高的国家。从中显然可以得出挪威高于非洲各国，即E项正确。

A、B项超出题干断定范围。由于题干断定的是2007年的情况，因此，2006年无论如何也推不出，C、D项排除。

三、推论假设

推论假设题是指：题干是一个已经成立的论证，要求你推出一个结论。由于对推论题而言，题干论证是一个已经成立的论证关系，因此，其论证的必要条件自然能被推导出来，即题干论证的隐含假设必定成立。这类题应转化为假设去思维，可用否定代入法（选项反证法）解决，即假设如果选项不成立，则题干结论也不成立，这样的选项就是正确答案，必定是收敛类选项。

■在桂林漓江一些有地下河流的岩洞中，有许多露出河流水面的石笋。这些石笋是由水滴长年滴落在岩石表面而逐渐积聚的矿物质形成的。

如果上述断定为真，最能支持以下哪项结论？

A. 过去漓江的江面比现在高。
B. 只有漓江的岩洞中才有地下河流。
C. 漓江的岩洞中大都有地下河流。
D. 上述岩洞中的地下河流是在石笋形成前出现的。
E. 上述岩洞中地下河流的水比过去深。

[解题分析] 正确答案：E

题干断定一：石笋是由水滴常年滴落在岩石表面而逐渐积累的矿物质形成的。

题干断定二：石笋目前露出河流水面。

如果E项不成立，意味着岩洞地下水比过去浅，即地下河流的水过去比现在还深。题干所述的露出河流的石笋，就不可能是由水滴长年滴落在岩石表面而逐渐积聚的矿物质形成的，因为这样的岩石表面会在水面以下，含有矿物质的水滴无法滴落到这样的岩石表面。因此，E项是题干能推出的结论。

其余选项推不出来，比如A项讲的是江面，超出了题干的范围（河流），排除；从上面分析中看出D不对，应该是先有石笋后有河流。

■水泥的原料是很便宜的，像石灰石和随处可见的泥土都可以用作水泥的原料。但水泥的价格会受石油价格的影响，因为在高温炉窑中把原料变为水泥要耗费大量的能源。

基于上述断定最可能得出以下哪项结论？

A. 石油是水泥所含的原料之一。
B. 石油是制水泥的一些高温炉窑的能源。
C. 水泥的价格随着油价的上升而下跌。
D. 水泥的价格越高,石灰石的价格也越高。
E. 石油价格是决定水泥产量的主要因素。

[解题分析] 正确答案:B

题干断定:第一,水泥的原料很便宜(如石灰石和泥土)。

第二,水泥的价格会受石油价格的影响。

第三,在高温炉窑中把原料变为水泥要耗费大量的能源。

可见B项是题干论述成立必须假设的,否则,如果石油不是制水泥的一些高温炉窑的能源,那么,由于石油不是水泥的原料,水泥的价格就不会受石油价格的影响。

其余选项从题干都推不出来。

■在B国一部汽车的购价是A国同类型汽车的1.6倍。尽管需要附加运输费用和关税,在A国购买汽车运到B国后的费用仍比在B国国内购买同类型的汽车便宜。

如果上述断定为真,最能加强以下哪项断定?

A. A国的汽油价格是B国的60%。
B. 从A国进口到B国的汽车数量是B国国内销售量的1.6倍。
C. B国购买汽车的人是A国的40%。
D. 从A国进口汽车到B国的运输费用高于在A国购买同类型汽车价钱的60%。
E. 从A国进口汽车到B国的关税低于在B国购买同类型汽车价钱的60%。

[解题分析] 正确答案:E

假设E项不成立,则在A国购买汽车运到B国后的费用不比在B国国内购买同类型的汽车便宜,即题干的断定不能成立。因此,如果题干为真,E项一定成立。

四、推论支持

推论支持指的是自上而下的支持,要求用题干陈述去支持下面的选项。解题思路是根据题干陈述使下面选项成立的可能性最大的那个就是正确答案。这类题的正确答案可以是概括类选项,也可以是引申类选项。因此,推论支持题的正确答案尽可能在题干范围之内,但由于推论支持并不是从题干必然推出的,实际上正确答案也可以是引申类选项,有可能超出题干范围,但选项中出现的新内容一定要与题干紧密相关,或者选项能合理地得到题干的支持。

■地球在其形成的早期是一个熔岩状态的快速旋转体,绝大部分的铁元素处于其核心部分。有一些熔岩从这个旋转体的表面甩出,后来冷凝形成了月球。

如果以上这种关于月球起源的理论正确,则最能支持以下哪项结论?

A. 月球是唯一围绕地球运行的星球。
B. 月球将早于地球解体。
C. 月球表面的凝固是在地球表面凝固之后。
D. 月球像地球一样具有固体的表层结构和熔岩状态的核心。
E. 月球的含铁比例小于地球核心部分的含铁比例。

[解题分析] 正确答案:E

题干断定:第一,早期地球绝大部分的铁元素处于其核心;第二,月球是早期地球表面甩出的熔岩冷凝形成的。

由此显然有助于支持结论:月球的含铁比例小于地球核心部分的含铁比例。因此,E项

第八章　论证推理

正确。

A、B为明显无关选项，排除；表面何时凝固题干没有提及，C排除；D讨论的情况题干都没有涉及，排除。

■为了减少汽车追尾事故，有些国家的法律规定，汽车在白天行驶时也必须打开尾灯。一般地说，一个国家的地理位置离赤道越远，其白天的能见度越差；而白天的能见度越差，实施上述法律效果越显著。事实上，目前世界上实施上述法律的国家都比中国离赤道远。

上述断定最能支持以下哪项相关结论？
A. 中国离赤道较近，没有必要制定和实施上述法律。
B. 在实施上述法律的国家中，能见度差是造成白天汽车追尾的最主要原因。
C. 一般地说，和目前已实施上述法律的国家相比，如果在中国实施上述法律，其效果将较不显著。
D. 中国白天汽车追尾事故在交通事故中的比例，高于已实施上述法律的国家。
E. 如果离赤道的距离相同，则实施上述法律的国家每年发生的白天汽车追尾事故的数量，少于未实施上述法律的国家。

[解题分析] 正确答案：C
题干断定以下三个事实：
第一，一个国家的地理位置离赤道越远，其白天的能见度越差。
第二，白天的能见度越差，实施上述法律效果越显著。
第三，目前世界上实施上述法律的国家都比中国离赤道远。
从中很自然地推出"和目前已实施上述法律的国家相比，如果在中国实施上述法律，其效果将较不显著"这样的结论。

■营养学研究发现，在其他条件不变的情况下，如果增加每天吃饭的次数，只要进食总量不显著增加，一个人的血脂水平将显著低于他常规就餐次数时的血脂水平。因此，多餐进食有利于降低血脂。然而，事实上，大多数每日增加就餐次数的人都会吃更多的食物。

上述断定最能支持以下哪项？
A. 对于大多数人，增加每天吃饭的次数一般不能导致他的血脂水平显著下降。
B. 对于少数人，增加每天吃饭的次数是降低高血脂的最佳方式。
C. 对于大多数人，每天所吃的食物总量一半不受吃饭次数的影响。
D. 对于大多数人，血脂水平不会受每天所吃食物量的影响。
E. 对于大多数人，血脂水平可受到就餐时间的影响。

[解题分析] 正确答案：A
题干断定：只要进食总量不显著增加，多餐进食有利于降低血脂。然而，大多数每日增加就餐次数的人都会吃更多的食物。
从中显然能得出结论：对于大多数人，增加每天吃饭的次数一般不能导致他的血脂水平显著下降。因此，A为正确答案。
B太绝对化；C、D与题干矛盾，E为无关项。

五、推论削弱

推论削弱题指的是自上而下的削弱，要求用题干陈述去反对下面的选项。解题思路是根据题干陈述使下面选项成立的可能性降低的力度最大的那个就是正确答案。这类题的正确答案是与题干陈述相关且相反的选项，实质上是让我们找出一个与题干推理完全违背的选项。选择答案时注意两点：
一是，这种削弱是题干反对选项，不能够选无关选项。

二是，一般对题干中的主要观点取非即为答案。

■烟斗和雪茄比香烟对健康的危害明显要小。吸香烟的人如果戒烟的话，则可以免除对健康的危害，但是如果改吸烟斗或雪茄的话，对健康的危害和以前差不多。

如果以上的断定为真，则以下哪项断定最不可能为真？

A. 香烟对所有吸香烟者健康的危害基本相同。
B. 烟斗和雪茄对所有吸烟斗或雪茄者健康的危害基本相同。
C. 同时吸香烟、烟斗和雪茄所受到的健康危害不大于只吸香烟。
D. 吸烟斗和雪茄的人戒烟后如果改吸香烟，则所受到的健康危害比以前大。
E. 吸烟斗和雪茄对健康的危害要大。

[解题分析] 正确答案：B

题干断定：第一，烟斗和雪茄比香烟对健康的危害明显要小。

第二，吸香烟的人如果戒烟后改吸烟斗或雪茄的话，对健康的危害和以前差不多。

由此可以推出：只吸烟斗和雪茄的人所受的危害要比对戒香烟后改吸烟斗和雪茄的人危害要小。因此，B不可能为真。

■一组随机挑选出来的人看了一位演讲者给一群人数较多且注意力集中的听众做关于环境道德的讲座。另一组随机挑选出来的人看了同一位演讲者以同样方式给一群人数较少、注意力不集中的听众做相同的讲座。头一组人认为演讲者思考深入、自信，后一组人认为演讲者表达模糊、冗长。

以上信息最好地反驳以下哪种说法？

A. 同样的社会行为在不同的社会背景下，给不同人的感觉可能很不一样。
B. 如果第二组人看到该演讲者的第一批观众认真听取报告，他们对演讲者个人素质的判断很可能大不相同。
C. 人们对演讲者个人素质的判断主要取决于他的谈话内容和说话的方式。
D. 一个听众对演讲者发言的评论可能受到其他人的态度的影响。
E. 随机选出的一批人在特定的社会环境下，对演讲者个人素质的认识可能达成一致。

[解题分析] 正确答案：C

题干的实验说明，观察者对同一个演讲者相同演讲的评价结果与观众的人数和注意力有关。

选项C指出人们对演讲者个人素质的判断主要取决于他的谈话内容和说话方式，若如此，两组观察者对这个演讲者的反应应该相同，这与题干所述的情况相矛盾。这就表明，题干信息有力地反驳了该项这一说法，因此，C项为正确答案。

A为无关选项；B、D和E项都支持了题干的观点。

六、不能推论

不能推论题的解题思路是与题干论述的内容相一致的选项首先要排除掉；正确的答案应该是其论述与题干没有明显关系的选项。

■去年春江市的汽车月销售量一直保持稳定。在这一年中，"宏达"车的月销售量较前年翻了一番，它在春江市的汽车市场上所占的销售份额也有相应的增长。今年一开始，尾气排放新标准开始在春江市实施。在该标准实施的头三个月中，虽然"宏达"车在春江市的月销售量仍然保持在去年底达到的水平，但在春江市的汽车市场上所占的销售份额明显下降。

如果上述断定为真，以下哪项不可能为真？

A. 在实施尾气排放新标准的头三个月中，除了"宏达"车以外，所有品牌的汽车在春江市的月销售量都明显下降。

B. 在实施尾气排放新标准之前的三个月中，除了"宏达"车以外，所有品牌的汽车销售总量在春江市汽车市场所占的份额明显下降。

C. 如果汽车尾气排放新标准不实施，"宏达"车在春江市汽车市场上所占的销售份额会比题干所断定的情况更低。

D. 如果汽车尾气排放新标准继续实施，春江市的汽车月销售总量将会出现下降。

E. 由于实施了汽车尾气排放新标准，在春江市销售的每辆"宏达"汽车的平均利润有所上升。

[解题分析] 正确答案：A

题干论述：在尾气排放新标准实施的头三个月中，"宏达"车在春江市的月销售量没变，但销售份额明显下降。

由此可推出结论：这三个月春江市汽车销售总量明显增加。因此，A 项不可能为真。

其余选项均可能为真，B 项所指的是，在实施尾气排放新标准之前的三个月，这与题干论述的在尾气排放新标准实施的头三个月不同，因此，可能为真；C、D、E 为明显无关选项。

■图示方法是几何学课程的一种常用方法。这种方法使得这门课比较容易学，因为学生们得到了对几何概念的直观理解，这有助于培养他们处理抽象运算符号的能力。对代数概念进行图解相信会有同样的教学效果，虽然对数学的深刻理解从本质上说是抽象的而非想象的。

上述议论最不可能支持以下哪项判定？

A. 通过图示获得直观，并不是数学理解的最后步骤。

B. 具有很强的处理抽象运算符号能力的人，不一定具有抽象的数学理解能力。

C. 几何学课程中的图示方法是一种有效的教学方法。

D. 培养处理抽象运算符号的能力是几何学课程的目标之一。

E. 存在着一种教学方法，可以有效地用于几何学，又用于代数。

[解题分析] 正确答案：B

题干断定，对代数概念和几何概念进行图解有助于培养学生处理抽象运算符号的能力，至于这种处理抽象符号的能力，和对数学的深刻理解之间的关系，即和抽象的数学理解能力之间的关系，题干未作断定，既未作肯定性的断定，也未作否定性的断定。因此，题干不支持 B 项（即 B 项的事实题干并没有断定）。

题干支持其余各项。例如，题干断定，对数学的深刻理解从本质上说是抽象的而非想象的。这说明，通过图示获得直观，并不是数学理解的最后步骤。因此，题干支持 A 项。

七、推论复选

推论复选是推论题型的多选题，解题时需要把能从题干推出的选项都选出来，这实际上增加了解题难度，需要对每个选项都有正确的把握。

■在接受治疗的腰肌劳损患者中，有人只接受理疗，也有人接受理疗与药物双重治疗。前者可以得到与后者相同的预期治疗效果。对于上述接受药物治疗的腰肌劳损患者来说，此种药物对于获得预期的治疗效果是不可缺少的。

如果上述断定为真，则以下哪项一定为真？

Ⅰ 对于一部分腰肌劳损患者来说，要配合理疗取得治疗效果，药物治疗是不可缺少的。

Ⅱ 对于一部分腰肌劳损患者来说，要取得治疗效果，药物治疗不是不可缺少的。

Ⅲ 对于所有腰肌劳损患者来说，要取得治疗效果，理疗是不可缺少的。

A. 只有Ⅰ。

B. 只有Ⅱ。

C. 只有Ⅲ。

D. 只有Ⅰ和Ⅱ。
E. Ⅰ、Ⅱ和Ⅲ。

[解题分析] 正确答案：D

题干断定：

第一，对于一部分腰肌劳损患者来说，只接受理疗，而不用药物，可以得到预期治疗效果。因此，Ⅱ项必然为真。

第二，对于另一部分腰肌劳损患者来说，接受理疗与药物双重治疗可以得到预期治疗效果，此种药物对于这些患者获得预期的治疗效果是不可缺少的。因此，Ⅰ项必然为真。

题干并没有断定，对所有腰肌劳损患者来说，要取得治疗效果都必须理疗。因此，Ⅲ项不必然为真。

所以，正确答案选D。

■有一种通过寄生方式来繁衍后代的黄蜂，它能够在适合自己后代寄生的各种昆虫的大小不同的虫卵中，注入恰好数量的自己的卵。如果它在宿主的卵中注入的卵过多，它的幼虫就会在互相竞争中因为得不到足够的空间和营养而死亡；如果它在宿主的卵中注入的卵过少，宿主卵中的多余营养部分就会腐败，这又会导致它的幼虫的死亡。

如果上述断定是真的，则以下哪项有关断定也一定是真的？

Ⅰ. 上述黄蜂的寄生繁衍机制中，包括它准确区分宿主虫卵大小的能力。
Ⅱ. 在虫卵较大的昆虫聚集区出现的上述黄蜂比在虫卵较小的昆虫聚集区多。
Ⅲ. 黄蜂注入过多的虫卵比注入过少的虫卵更易引起寄生幼虫的死亡。

A. 仅Ⅰ。
B. 仅Ⅱ。
C. 仅Ⅲ。
D. 仅Ⅰ和Ⅱ。
E. Ⅰ、Ⅱ和Ⅲ。

[解题分析] 正确答案：A

复选项Ⅰ一定是真的。否则，如果上述黄蜂的寄生繁衍机制中，不包括它准确区分宿主虫卵大小的能力，那么，它就不能在适合自己后代寄生的各种昆虫的大小不同的虫卵中，注入恰好数量的自己的卵。

复选项Ⅱ、Ⅲ显然不一定是真的。

【专项训练】

01. 许多上了年纪的老北京都对小时候庙会上看到的各种绝活念念不忘。如今，这些绝活有了更为正式的称呼——民间艺术，然而，随着社会现代化进程加快，中国民俗文化面临前所未有的生存危机，城市环境不断变化，人们兴趣及爱好快速分流和转移，加上民间艺术人才逐渐流失，这一切都使民间艺术发展面临困境。

从这段文字可以推出：
A. 市场化是民间艺术的出路。
B. 民俗文化需要抢救性保护。
C. 城市建设应突出文化特色。
D. 应提高民间艺术人才的社会地位。
E. 民俗文化产业显现出一定的规模。

02. 广告业的真理之一是：在广告中很少需要使用有内容的词句。广告所要做的只是吸引可能的顾客的注意力，因为记忆会促成一切。以产品的销售量而言，顾客对某项产品的记忆比对产品某些特性的了解还重要。

这表明作者这样一种观点：
A. 广告业对它所促销商品的了解并不多。
B. 要吸引可能的顾客的注意力并不很困难。
C. 人们不需要对某产品有深入的了解就能够记住它。
D. 只为吸引可能的顾客的注意力的广告缺乏真实性。
E. 广告它可使用户和消费者得到有用的信息。

03. 人类中的智力缺陷者，无论经过怎样的培训和教育，也无法达到智力正常者所能达到的智力水平；同时，新生婴儿如果没有外界的刺激，尤其是人类社会的环境刺激，也同样达不到人类的正常智力水平，甚至还会退化为智力缺陷者。

以下哪项作为上面这段叙述的结论最为恰当？
A. 人的素质是由遗传决定的。
B. 在环境刺激接近的条件下，人的素质直接取决于遗传的质量。
C. 人的素质主要受环境因素的制约。
D. 遗传和环境的共同作用决定了人的素质状况的优劣。
E. 社会环境和自然地理环境都会对人的智力产生长远的影响。

04. 一般将缅甸所产的经过风化或经河水搬运至河谷、河床中的翡翠大砾石，称为"老坑玉"。老坑玉的特点是"水头好"、质坚、透明度高，其上品透明如玻璃，故称"玻璃种"或"冰种"。同为老坑玉，其质量相对也有高低之分，有的透明度高一些，有的透明度稍差些，所以价值也有差别。在其他条件都相同的情况下，透明度高的老坑玉比透明度较其低的单位价值高，但是开采的实践告诉人们，没有单位价值最高的老坑玉。

以上陈述如果为真，可以得出以下哪项结论？
A. 没有透明度最高的老坑玉。
B. 透明度高的老坑玉未必"水头好"。
C. "老坑玉"中也有质量很好的翡翠。
D. 老坑玉的单位价值还决定于其加工的质量。
E. 随着年代的增加，老坑玉的单位价值会越来越高。

05. 在美国纽约，有这样一种有趣的现象：每天晚上，总有几个时刻，城市的用水量突然增大。经过观察，这几个时刻都是热门电视节目间隔中插播大段广告的时间。而用水量的激增是人们同时去洗手间的缘故。

以下哪项，作为从上述现象中推出的结论最为合理？
A. 电视节目广告要短小，零碎地插在电视节目中才会有效。
B. 电视台对于热门节目中传播的广告的费用要提高，否则竞争就更为激烈。
C. 热门的电视节目后插广告不如在冷门些的节目后插广告效果好。
D. 在热门的电视节目中插广告，需要向自来水公司缴纳一定的费用，补偿用水激增对设备的损害。
E. 现代生活中人们普遍不喜欢电视节目中大段广告的插入。

06. 环境学家认为，随着许多野生谷物的灭绝，粮食作物的遗传特性越来越单一化，这是人类面临的最严重的环境问题之一。人类必须采取措施，阻止野生谷物和那些不再种植的粮食作物的灭绝，否则，不同遗传特性的缺乏，很可能使我们的粮食作物在一夜之间遭到毁灭性破坏。例如，1980年，菱叶病横扫了整个美国的南部，使得粮食作物减产大约20%，只有个别几个品种的谷物没有受到菱叶病的影响。

从上述信息能推出以下哪项结论？
A. 容易感染某种植物疾病，是一种通过遗传获得的特性。

B. 1980年在美国南部种植的粮食作物中，大约80%具有抵抗萎叶病的能力。
C. 目前种植的粮食作物的遗传特性都不利于它们抵抗植物疾病。
D. 已经灭绝的野生谷物，都具有抵抗萎叶病的能力。
E. 萎叶病只对植物中的谷物产生危害。

07. 20世纪60年代初以来，新加坡的人均预期寿命不断上升，到21世纪已超过日本，成为世界之最。与此同时，和一切发达国家一样，由于饮食中的高脂肪含量，新加坡人的心血管疾病的发病率也逐年上升。

从上述判定，最可能推出以下哪项结论？

A. 新加坡人的心血管疾病的发病率虽逐年上升，但这种疾病不是造成目前新加坡人死亡的主要杀手。
B. 目前新加坡对于心血管疾病的治疗水平是全世界最高的。
C. 20世纪60年代造成新加坡人死亡的那些主要疾病，到21世纪，如果在该国的发病率没有实质性的降低，那么对这些疾病的医治水平一定有实质性的提高。
D. 目前新加坡人心血管疾病的发病率低于日本。
E. 新加坡人比日本人更喜欢吃脂肪含量高的食物。

08. 在西方经济发展的萧条期，消费需求的萎缩导致许多企业解雇职工甚至倒闭。在萧条期，被解雇的职工很难找到新的工作，这就增加了失业人数。萧条之后的复苏，是指消费需求的增加和社会投资能力的扩张。这种扩张要求增加劳动力。但是经历了萧条之后的企业主大都丧失了经商的自信，他们尽可能地推迟雇用新的职工。

上述断定如果为真，最能支持以下哪项结论？

A. 经济复苏不一定能迅速减少失业人数。
B. 萧条之后的复苏至少需要两三年。
C. 萧条期的失业大军主要由倒闭企业的职工造成的。
D. 萧条通常是由企业主丧失经商自信引起的
E. 在西方经济发展中出现萧条是解雇职工造成的。

09. 一经济管理杂志刊登的文章提出：在对外经济交往中不能一味地好让不争，在必要的时候，我们也要用"反倾销"的武器来保护自己。

除哪项以外，下面都是对上述观点的进一步论述？

A. 一些国家频频对我国的某些产品提出"反倾销"，而我们却常常把市场拱手让人。
B. 某外国公司卖的某商品的价格远远低于专家推算的成本价。
C. "反倾销"是一把双刃剑，可能影响我国的商品出口。
D. 某外国公司计划用高额的代价取得在我国彩电市场上的绝对优势。
E. 我国要加速制定"反倾销"的有关法律、法规，并形成保护自身的群体意识。

10. 预测作为自然科学的一个特征，它很有可能将某种现象归约为数学语言表达式。有些社会科学家也想拥有准确预测的能力，而假定他们同样可以实现这种归约。但这将会是个错误，它将会因为忽视那些不容易数字化的数据而歪曲社会现象。

以下哪项陈述最准确地表述了上述论证的主要结论？

A. 数学在自然科学中起的作用比在社会科学中的大。
B. 人们需要提高社会科学的预测能力。
C. 社会科学中的现象不应当归约为数学公式。
D. 预测对于自然科学的成功是有帮助的。
E. 数学在社会生活中发挥着不可替代的作用。

11. 尽管幼儿园老师反复叮咛，我的孩子总难以养成临睡前刷牙的习惯。我做出样子，希望她能够模仿；我给她讲道理，临睡前刷牙甚至比清晨刷牙更重要，但总难以奏效。后来，我在她临睡前给她讲一个故事,并要求她听故事前去刷牙。几周后,每天晚上临睡前,只要我一拿起故事书,她就会立即去刷牙。

以下哪项是对上述家长经验的最恰当概括?

A. 喜欢听故事是幼儿的天性,家长应学会运用这一点对孩子进行有益的诱导。
B. 家长在教育幼儿方面比幼儿园老师更有效,是因为他们对孩子更具爱心。
C. 榜样比说教对幼儿更有效。
D. 孩子的习惯是靠重复某个行为养成的,即使她并不理解这一行为的意义。
E. 幼儿更愿意去模仿大人的行为,而不愿意听从大人的要求。

12. 有些昆虫在第一次繁殖幼虫之后便死去,另一些昆虫则在它们的下一代获得生存保证之后还能活几年。在后一种昆虫中,包括那些对生态系统做出有益贡献的昆虫,如蜜蜂。

从以上陈述中能得出以下哪项结论?

A. 在生态系统中不扮演主要角色的昆虫通常在第一次繁殖后便死去。
B. 大多数蜜蜂在下一代能够自行生活之后还会活得很好。
C. 蜜蜂通常不会在第一次繁殖以后立刻死亡。
D. 大多数昆虫一出生就能独立生活,不需要成年昆虫的照顾。
E. 所有的害虫都在第一次繁殖幼虫之后便死去。

13. 生物化学家们宣布,他们已掌握了有效控制植物体内拟南芥酶的技术,使用这种技术,人类就可以改变蔬菜和水果的气味。拟南芥酶是两种物质的综合体,包括二烯氧化物和过氧化氢酶,它能产生茉莉味和绿叶挥发物 GLV,后者决定了蔬菜和水果的芳香特点。

由此可以推出:

A. 茉莉花中含有的拟南芥酶比其他花多。
B. 在掌握这项技术之前,人类无法改变植物的气味。
C. 如果去掉了拟南芥酶,蔬菜和水果将改变气味。
D. 决定蔬菜和水果气味的是二烯氧化物和过氧化氢酶。
E. 拟南芥叶绿素酶不参与衰老过程中叶绿素降解。

14. 有专家认为,家庭装修中使用符合环保标准的建材只能保证有害物质的含量符合相关行业要求,并不代表完全不含有害物质,因此在装修中大量甚至过度使用建材,仍会导致有害物质累积超标。

由此可以推出:

A. 建材行业应该进一步严格环保标准。
B. 建材行业应努力降低产品的有害物质含量。
C. 挑选好的建材可以有效避免室内空气质量不合格。
D. 适量使用建材才能减少室内空气中的有害物质含量。
E. 有害物质含量超标的建材将禁止销售。

15. 为冬天的节日制作烘烤的食品是一种传统,这可以找到很好的医学根据。在冬天,白天的时间较短,许多人由于缺少阳光而患一种季节性抑郁症,糖和淀粉这两种碳水化合物可以增加大脑中有助于改善人的情绪的血清素含量,从这个角度说,碳水化合物扮演着与某些抗抑郁药同样的角色。所以,吃节日烤制的甜饼可以为自我疗法提供一种有效的方式。

以下哪项可以适当地从上文中推出?

A. 季节性抑郁症是所有抑郁症中最容易治疗的一种。
B. 人们在仲冬比在一年中的任何其他时间都更易于得抑郁症。
C. 有些抗抑郁药是通过改变大脑中血清素的含量水平而起作用的。
D. 大脑中神经传导素含量水平的提高能有效治疗抑郁症。
E. 抗抑郁药只能消除病理性抑郁情绪,并不提高正常人的情绪。

16. 有些清洁剂、合成地毯、墙镶板和其他产品会释放毒素（如甲醛和苯）到家里的空气供给中。在通风良好的房子里，这不是一个问题。但是，如果房间的密闭性好得让热量和毒素都不能散发出去时，就会产生问题。然而，最近的测试表明室内盆栽植物可吸收空气中的毒素，从而能消除它们的危害。在某一测试中，20株较大的植物消除了一个较小的、密闭性良好的房间内的空气中的甲醛。

假设一个人居住在一个较小的、密闭性良好的房间里，这个房间里放有会释放毒素的产品，同时也放有如文中在小房间内进行测试所用的室内盆栽植物。下面哪一项可以作为上述假设的结果？

A. 不再需要对那个房间进行通风处理。
B. 房间内的空气供给中的毒素浓度将会保持不变。
C. 那个房间将有一个暖和的、安全的空气供给。
D. 如果房间的空气供给中含有甲醛，那么它的水平将会下降。
E. 如果甲醛和苯都被释放到房间的空气供给中，那么每种毒素物质的释放量均会下降。

17. 厚雪覆盖通常引起恶劣气候模式持续下去，如果一场严重的冬季暴风雪覆盖了大草原，覆盖的雪把阳光辐射到空中，因此保持地面温度低。结果是从加拿大移动过来的冷空气保持足够低的温度，从而引起更多的暴风雪。

下面哪一项可以从上文的信息中推断出来？

A. 大草原上的冬季气候是空气不寻常移动的结果。
B. 大草原比其他地区更有可能遭受不寻常气候之害。
C. 在冬季的早期，如果大草原比平常有更多的雪，并且雪直到春季才融化，冬天有可能比以往更寒冷。
D. 即使气温不特别得低，但仍然在0℃以下，一场中等的暴风雪也可能会转变为特大风雪。
E. 地面温度主要取决于雪覆盖的厚度。

18. 广告业的自明之理之一是：为了促进销售，它很少有必要在一个广告中阐述某种产品的实质；相反，它只要吸引住潜在顾客的注意就够了。让人们记住一种产品会促进销售，因为对销售者来讲，让人们知道一种商品比了解一种商品重要得多。

上文暗示了下面哪一项？

A. 人们能够在没有很多信息的情况下记住一种产品。
B. 广告用其自身的方法，起着促进人们记忆的作用。
C. 吸引一个潜在顾客的注意是一件简单的事情。
D. 广告业很少了解其促销产品的实质。
E. 广告很少告知你一种产品的真实情况。

19. 通常认为人的审美判断是主观的，短时间内的确如此，人们对当代艺术作品的评价就经常出现较大分歧。但是，随着时间的流逝，审美中的主观因素逐渐消失。当一件艺术作品历经几个世纪还能持续给人带来愉悦和美感，如同达·芬奇的绘画和巴赫的音乐那样，我们就可以相当客观地称它为伟大的作品。

以上陈述最好地支持了以下哪项陈述？

A. 达·芬奇、巴赫在世时，人们对其作品的评价是不同的。
B. 对于当代艺术作品的价值很难做出客观的认定。
C. 对于同一件艺术作品，不同时代人们的评价有很大差异。
D. 如果批评家对一件当代艺术作品一致予以肯定，这件作品就是伟大的作品。
E. 对于某些当代艺术作品的评价，人们的看法是完全一致的。

20. 销售专家认为，在一个不再扩张的市场中，一个公司最佳的销售策略就是追求最大的市场份额，而达到目标的最佳方式就是做一些能突出竞争对手缺点的比较广告。在国内萧条的奶粉市场中，A牌奶粉与B牌奶粉进行了两年的比较广告战，相互指责对方产品对婴儿的健康造成有害影响。然而，这些广告战并没有使各自的市场份额增大，反而使很多人不再购买任何品牌的国产奶粉。

以上陈述最强地支持下面哪一个结论？
A. 不应该在一个正在扩张或可能扩张的市场中使用比较广告。
B. 比较广告冒有使它们的目标市场不是扩张而是收缩的风险。
C. 比较广告不会产生任何长期效益，除非消费者能很容易地判断那些广告的正确性。
D. 如果一个公司的产品比其竞争对手产品的质量明显高出一筹的话，比较广告在任何情况下都能增加该公司产品的市场份额。
E. 使用比较广告只会两败俱伤，所以比较广告应该禁止使用。

21. 商业化的新闻媒体通常强调诸如空难这样罕见的事件，而忽略诸如车祸这样更普遍的、对公众有更大危险性的事件。但是，观众却趋向于认为新闻媒体对所发生事件强调的力度指示着这类事件实际发生的危险程度。

如果以上陈述为真，最强地支持了以下哪项结论？
A. 如报纸、杂志等印刷媒体比广播媒体所提供的信息更可靠。
B. 商业化的新闻媒体对重大灾祸的偏好是由公众喜欢猎奇的口味决定的。
C. 人们通常认为他们无法控制的事件比可以防止或避免的事件更危险。
D. 在以商业化的新闻媒体为主要信息来源的地方，公众对危险的意识并未反映实际的危险性。
E. 与一种更罕见而严重的疾病相比，新闻媒体会更多地报道突发的大面积流行的霍乱。

22. 很多人以为只有抽烟的老人才会得肺癌，但某国一项最新的统计显示：近年来该国肺癌导致的女性死亡人数比乳腺癌、子宫内膜癌和卵巢癌三种癌症加起来还多，而绝大多数的妇女们根本没有意识到这一点。

由此无法推出的是：
A. 肺癌是导致该国人口死亡的首要原因，应当得到极大的重视。
B. 普遍认为男性比女性更容易患肺癌的观点，可能是片面的。
C. 烟草并不是肺癌的唯一致病源，还有很多因素也参与到肺癌的发病过程中。
D. 肺癌未引起广大女性的重视，是因为她们认为自己不抽烟，不可能得肺癌。
E. 女性即使不抽烟，也有可能得肺癌。

23. 今天的历史学家已经抛弃了传统的对英国文艺复兴时期戏剧发展的分析。他们不再接受伊丽莎白时期剧作家的突然成功是一个历史的异常，是一种古希腊形式应用于当代英国主题事物的不可思议的复兴的观点。取而代之的是，大多数戏剧学生现在看待伊丽莎白时期的戏剧是与当时传统戏剧的有机联系，特别是中世纪的道德剧。

下列哪项与上文不一致？
A. 英国在文艺复兴以前有着戏剧传统。
B. 伊丽莎白时期的戏剧，一度被认为是创造性的突然爆发，现在被看成是历史延续的一部分。
C. 历史学家对于英国文艺复兴时期的戏剧经历的观点已经相当大地改变了。
D. 当前的学术研究应用一个进化的模式来看待一个文艺复兴时期的戏剧。
E. 尽管英国文艺复兴时期的戏剧处理的是英国的主题事务，其形式与方法的源泉是古希腊的戏剧。

24. 某市公安部门通过扫黄打非的突击行动，收缴了大批淫秽光盘。另据情报，近年该市的淫秽光盘的来源，按其流入该市的淫秽光盘的数量的多少，依次是：第一，在外地复制并流入本市的海外淫秽光盘；第二，上述光盘在本市的再复制品；第三，在本市制作的原版淫秽光盘及其复制品。除此之外，没有其他途径。

如果上述断定是真的，并且情报是准确的，则以下哪项断定也一定是真的？

Ⅰ．上述被缴获的淫秽光盘中，大多数是海外淫秽光盘的复制品。
Ⅱ．上述被缴获的淫秽光盘中，有重复复制品。
Ⅲ．上述被缴获的淫秽光盘中，有在本市制作的原版淫秽光盘。

A．只有Ⅰ。
B．只有Ⅱ。
C．只有Ⅲ。
D．Ⅰ、Ⅱ和Ⅲ。
E．Ⅰ、Ⅱ和Ⅲ都不是。

25．在戒毒所里，有的吸毒者只接受心理治疗，有的吸毒者在接受心理治疗的同时还要借助于药物治疗。以上两种治疗的预期效果是一样的。采用药物和心理治疗这两种方法的吸毒者不能放弃其中的任何一种。

如果以上论述为真，则以下哪项必真？

Ⅰ．对一些吸毒者而言，要想取得预期的治疗效果，心理治疗是不可缺少的。
Ⅱ．对一些吸毒者而言，不用采取药物治疗，一样能够取得预期效果。
Ⅲ．对一些吸毒者而言，要结合心理治疗增加药物治疗才能取得预期的治疗效果。
Ⅳ．对所有吸毒者而言，只要采用心理疗法，就能取得预期的治疗效果。

A．仅Ⅰ。
B．仅Ⅱ。
C．仅Ⅲ。
D．仅Ⅰ、Ⅱ和Ⅳ。
E．仅Ⅰ、Ⅱ和Ⅲ。

【答案解析】

01．答案：B

转折复句的语意重点在"转折"后的半句，因此题干中"然而"所引出的是这段内容的观点所在，即本段文字论述的主题是"民俗文化面临前所未有的生存危机"，既然存在生存危机，则本段语意的推论就应该是：民俗文化需要抢救性保护。因此，B项正确。

02．答案：C

按题干所述，"顾客对某项产品的记忆比对产品某些特性的了解还重要"可推出"人们不需要对产品有深入的了解就能够记住它"的观点，因而C项为正确答案。

其余选项所述内容与题干没有直接关系，可排除。

03．答案：D

题干断定：第一，智力缺陷者，无论经过怎样的培训和教育，也无法达到智力正常。

第二，新生婴儿如果没有外界的刺激，也同样达不到正常智力。

可见，人的素质是由遗传和环境的共同作用决定的。因此，选项D比较好地综合了这段叙述的全部内容。

04．答案：A

题干断定：第一，在其他条件都相同的情况下，透明度高的老坑玉比透明度较其低的单位价值高；第二，开采的实践告诉人们，没有单位价值最高的老坑玉。

由此显然可以推出：没有透明度最高的老坑玉，即A项为真。

05．答案：E

题干论述，热门电视节目间隔中插播大段广告的时候，人们同时去洗手间造成用水量激增。

从中显然可以合理地推出：人们普遍不喜欢大段广告，因此，E 项最合理。

至于其他的选项都需要进一步的推理，而且还不那么一定。

06. 答案：A

题干断定：粮食作物的遗传特性越来越单一化，使作物抵抗疾病的能力下降。

这显然说明容易感染某种植物疾病是一种通过遗传获得的特性。实际上，A 项是题干论证的一个假设，否则，如果容易感染某种植物疾病并不是一种通过遗传获得的特性，那么，即使粮食作物的遗传特性越来越单一化，也不见得使作物抵抗灾害的能力下降。

作物减产 20％不意味着 80％具有抗病能力，有可能绝大部分没有抗病能力而造成总量减产 20％，B 项不能由题干推出；抗病能力下降不意味着所有遗传特性都不利于抗病，有可能有利于抗病的也有不利于抗病的，C 的说法过于绝对，排除；D、E 的说法都很绝对，为明显错误选项。

07. 答案：C

题干断定：一方面，新加坡的人均预期寿命上升为世界之最；另一方面，新加坡人的心血管疾病也逐年上升。

可见，题干论证必须假设：除了心血管疾病外，其他以前造成新加坡人死亡的疾病到目前造成新加坡人死亡的可能性大大降低了。因此，C 项最可能被题干所推出，否则，如果"20 世纪 60 年代造成新加坡人死亡的那些主要疾病，到 21 世纪，在该国的发病率没有实质性的降低，并且对这些疾病的医治水平也没有实质性的提高"，那么，新加坡的人均预期寿命不可能不断上升，更难以在 21 世纪初成为世界之最。

其余各项均不能从题干推出。例如：A 项不能从题干推出，因为尽管新加坡的人均预期寿命是世界之最，但心血管病仍完全可能是造成目前新加坡人死亡的主要杀手（A 项对题干有解释作用，但不能被题干推出）。B 项也不能从题干推出，因为题干并没有讲到心血管疾病是造成目前新加坡人死亡的主要杀手。

08. 答案：A

题干所述"萧条之后的复苏，要求增加劳动力。但是经历了萧条之后的企业主大都丧失了经商的自信，他们尽可能地推迟雇用新的职工"，从中显然可推出，经济复苏不一定能迅速减少失业人数。因此 A 项正确。

09. 答案：C

题干的观点是：要用"反倾销"的武器来保护自己。

C 项指出了"反倾销"的弊端，与题干观点不同，不是对题干的进一步论述。

其余选项均不妥，其中，A 项说我国"反倾销"的武器运用得不够，并以外国经济"反倾销"的事实论证我国运用"反倾销"武器的合理性。B 和 D 项指出外国对我国正在进行"倾销"，进一步论证"反倾销"不是无中生有。E 项论述如何运用"反倾销"武器，指出需要加强法制和宣传教育。这些都是对题干中观点的进一步论述。

10. 答案：C

题干断定：预测作为自然科学的一个特征可将某种现象归约为数学语言表达式。而在社会科学中要实现这种归约是错误的。由此可合理地得出结论：社会科学中的现象不应当归约为数学公式。

11. 答案：D

题干陈述：幼儿园老师反复叮咛、做出样子或者讲道理，孩子总难以养成临睡前刷牙的习惯。后改为临睡前讲故事并要求听故事前去刷牙，之后，孩子就养成了刷牙的习惯。

选项 A 和 D 都符合题干，但是题干议论的中心是如何培养孩子良好的习惯，因此，D 项对题干的概括最为恰当。

其余选项都不能从题干的叙述中得出。

12. 答案：C

从题干的叙述"蜜蜂在它们的下一代获得生存保证之后还能活几年"显然可以得出"蜜蜂通常不会在第一次繁殖以后立刻死亡"的结论。因此，C正确。

B项是干扰项，其断定超出了题干的范围，题干没说它们还会活得很好，只是能推出它们还能活下去。A、D项从题干得不到。

13. 答案：C

题干断定：拟南芥酶是二烯氧化物和过氧化氢酶两种物质的综合体，其中后者决定了蔬菜和水果的芳香特点。

由此显然可以推出：如果去掉了拟南芥酶，蔬菜和水果将改变气味，即C项正确。

其余选项超出题干断定范围。比如D项，因为题干只是断定，二烯氧化物和过氧化氢酶组成的拟南芥酶可以改变蔬菜和水果的气味，这并不能说明决定蔬菜和水果气味的是二烯氧化物和过氧化氢酶。

14. 答案：D

题干的观点是装修中过度使用建材，仍会导致有害物质超标。由此可以推出，应适量使用建材。因此，D项正确。

15. 答案：C

题干断定：第一，碳水化合物可以增加大脑中有助于改善人的情绪的血清素含量；第二，碳水化合物扮演着与某些抗抑郁药同样的角色。

从中可以合理地推出：有些抗抑郁药是通过改变大脑中血清素的含量水平而起作用的。即选C项。

16. 答案：D

题干陈述：室内盆栽植物可以吸收空气中的甲醛等毒素。

若一个密闭性良好的房间内有释放毒素的产品时，放入较多的室内盆栽植物后，室内的空气中的甲醛肯定会下降，所以D为正确答案。

其余选项均不能合理地推出。其中，E项有迷惑性，但错在每种毒素物质的释放量均会下降上，因为由题干知道室内盆栽植物只能吸收毒素，而不能抑制毒素的排放。

17. 答案：C

题干陈述：厚雪覆盖通常引起恶劣气候模式持续下去。

如果大草原比平常有更多的雪，并且雪直到春季才融化，这种情况恰恰就是题干所说的厚雪覆盖，那么，根据题干可推出，有可能是温度足够低，并引起更多的暴风雪。从而可以合理地得出结论，这样的冬天有可能比以往更寒冷。因此，C项为正确答案。

其余选项不能合理地从题干推出。A项，题干之中没有涉及"不寻常"这个概念。B项，题干之中没有涉及这方面的比较。D项，上文只是涉及保持地面温度足够低的情况下怎么样，气温不特别低的情况如何没有涉及。E项，太绝对化了。

18. 答案：A

题干陈述：让人们记住一种产品会促进销售，所以没必要在一个广告中阐述某种产品的实质，而只要吸引住人们的注意就够了。

选项A是上述推理的假设，否则，人们在没有很多信息的情况下不能够记住一种产品，广告就不能只吸引住人们的注意，就很有可能有必要在一个广告中阐述某种产品的实质。

19. 答案：B

题干所述表明，当代的艺术作品评价是经常不一致的，只有经历几个世纪后才能得到客观的评价。B选项最为恰当地表达了这一含义。

其余选项均从题干不能得出，比如，D选项与题干的意思背离。

20. 答案：B

题干中的信息是A牌奶粉与B牌奶粉进行了两年的比较广告战，没有使各自的市场份额增大，反而使很多人不再购买任何品牌的国产奶粉。也就是他们运用比较广告使各自的市场收缩了，这就对 B 选项的结论提供了支持。

其余选项均超出了题干内容所断定的范围。

21. 答案：D

题干论述：电视报道不同种类的事件力度不同，而电视观众根据电视新闻估计事件的危险程度。

由此可知，根据电视新闻估计事件的危险程度会导致公众对事件的实际危险性估计不客观，因此，D 项为正确答案。

其余选项均不能被题干信息所支持。其中，A 项，哪个媒体更可靠与题干论述无关。B 项，媒体报道动机与题干论述无关。C 项为明显无关选项。E 项与题干说法矛盾。

22. 答案：A

选项 A 在题中找不到相关证据，无法推出。故 A 项为正确答案。

其余选项均可以从题干推出。

23. 答案：E

本题是要求找出一个与题干陈述不一致的选项，E 项恰恰是题干中"他们不再接受"后所涉及的内容，所以与上文不一致的，因此为正确答案。

其余四个选项均与题干一致。A 项，由题干"取而代之的是"后的叙述得知是一致的。B 项，总结了题干一段话显然也一致。C 项，题干中"他们不再接受"说明了历史学家观点的改变，所以是一致的。D 项，题干中"取而代之的是"后"与当地传统戏剧的有机联系"，说明了英国伊丽莎白时期的戏剧是一种"进化的模式"，所以也一致。

24. 答案：E

Ⅰ 不一定是真的。因为从题干的条件中可以得出，在该市出现的淫秽光盘中，大多数是海外淫秽光盘的复制品，但不能得出结论，上述被缴获的淫秽光盘中，大多数是海外淫秽光盘的复制品。题干只是断定收缴了大批淫秽光盘，但没有断定被收缴的光盘所占的比例。因此，完全可能被收缴的光盘虽然数量不少，但只占该市这样的光盘的很小的比例，并且其中大多数是在本市制作的原版淫秽光盘及其复制品。

Ⅱ 不一定是真的。因为被收缴的光盘可能没有重复复制品，只包含海外淫秽光盘的一次复制品，或者是本市制作的原版淫秽光盘及其一次复制品。

Ⅲ 不一定是真的，因为被收缴的光盘可能没有在本市制作的原版淫秽光盘，只包含海外淫秽光盘的一次复制品，或者是上述光盘在本市的再复制品。

25. 答案：E

题干断定：有的吸毒者只接受心理治疗，可以取得同样的预期效果。Ⅱ 项必为真。

题干还断定：有的吸毒者在接受心理治疗的同时还要借助于药物治疗。采用药物和心理治疗这两种方法的吸毒者不能放弃其中的任何一种。Ⅰ、Ⅲ 项必真。

由于有的吸毒者在接受心理治疗的同时还要借助于药物治疗，因此，Ⅳ 项不正确。

第六节 解 释

所谓解释就是用某些一般道理说明某一事件之所以如此发生的原因。解释是为了更进一步地说明推理的正确性，或者说明矛盾的不矛盾性，或说明一种现象，或者说明差异事件的合理性。

1. 题型特征

解释题型的特征是：给出一段关于某些事实或现象的客观描述，要求考生对这些事实、现象、结果或矛盾做出合理的解释，实际上类似于支持题。

2. 阅读原则

（1）收敛思维：首先必须接受而不能怀疑或削弱题干所设定的基本事实。

（2）阅读理解：分析题干论述的现象、基本论点以及关键概念。

3. 答题原则

（1）相干原则：思路要紧扣题干，虽然正确答案有时可以超出题干范围，但一定要与题干相关。正确答案必须和题干的所有基本事实有关系，也就是说，选项不能只和某一事实有关而和另一事实无关。或者说，正确选项不能通过无视题干的某些事实来解释另一些事实。

（2）常识思维：只需运用理性思维与常识思维来寻找答案。即针对结果为什么发生，题干论述的反常现象的原因是什么，找出一个常识性的选项来达到解释的效果即可。所谓常识一般是指人所共知的内容。

一、解释现象

解释结论或现象考题是指给出一段关于某些事实或现象的客观描述，要求从选项中寻求一个选项来解释事实、结果、现象发生的原因或现象为什么发生，找到一个能说明结论能够成立或现象为什么发生的选项即可。

解题要点：抓住要解释的对象，思考其具体发生了什么变化，为什么会发生。

■新疆的哈萨克人用经过训练的金雕在草原上长途追击野狼。某研究小组为研究金雕的飞行方向和判断野狼群的活动范围，将无线电传导器放置在一只金雕身上进行追踪。野狼为了觅食，其活动范围通常很广，因此，金雕追击野狼的飞行范围通常也很大。然而两周以来，无线电传导器不断传回的信号显示，金雕仅在放飞地3公里范围内飞行。

以下哪项如果为真，最有助于解释上述金雕的行为？

A. 金雕的放飞地周边重峦叠嶂险峻异常。

B. 金雕的放飞地2公里范围内有一牧羊草场，成为狼群袭击的目标。

C. 由于受训金雕的捕杀，放飞地广阔草原的野狼几乎灭绝了。

D. 无线电传导器信号仅能在有限的范围内传导。

E. 无线电传导器的安放并未削弱金雕的飞行能力。

[解题分析] 正确答案：B

由于精雕是跟随野狼的，选项B断定，金雕的放飞地2公里范围内有一牧羊草场，说明了狼群为了生存得获取食物，当然会围绕羊群在周围活动，伺机攻击羊群。很好地解释了狼群在放飞地3公里内活动，从而很好地解释了金雕只在放飞地3公里范围内飞行这一行为。

其他的选项或者是无关，或者是起不到解释作用的。比如D项，不满足题干"无线电传导器不断传回的信号"这一现象。

■晴朗的夜晚我们可以看到满天星斗，其中有些是自身发光的恒星，有些是自身不发光但可以反射附近恒星光的行星。恒星尽管遥远，但是有些可以被现有的光学望远镜"看到"。和恒星不同，由于行星本身不发光，而且体积远小于恒星，因此，太阳系外的行星大多无法用现有的光学望远镜"看到"。

以下哪项如果为真，最能解释上述现象？

A. 现有的光学望远镜只能"看到"自身发光或者反射光的天体。

B. 太阳系外的行星因距离遥远，很少能将恒星光反射到地球上。

C. 如果行星的体积够大，现有的光学望远镜就能够"看到"。

D. 有些恒星没有被现有的光学望远镜"看到"。

E. 太阳系内的行星大多可以用现有的光学望远镜"看到"。

[解题分析] 正确答案：D

题干需要解释的现象是：自身发光的恒星即使遥远有些也可以被光学望远镜"看到"，尽管行星自身不发光但可反射光，然而，太阳系外的行星大多无法"看到"。

D项表明，有些恒星没有被现有的光学望远镜"看到"，显然其行星所反射的光就更弱了，当然更不能"看到"了。这是个合理的解释，因此为正确答案。

其余选项均不能解释题干现象。其中，A项，现有的光学望远镜只能"看到"自身发光或者反射光的天体，而题干说行星是可以反射光的天体，那么就不能够解释太阳系外的行星大多无法用现有的光学望远镜"看到"。B项，太阳系外的行星距离遥远很少能将恒星光反射到地球上，但这并不意味着这些恒星及其行星不能被光学望远镜"看到"。C项，题干并未断定太阳系外的行星体积不够大。

■美国某大学医学院的研究人员在《小儿科杂志》上发表论文指出，在对2702个家庭的孩子进行跟踪调查后发现，如果孩子在5岁前每天看电视超过2小时，他们长大后出现行为问题的风险将会增加1倍多。所谓行为问题是指性格孤僻、言行粗鲁、侵犯他人、难与他人合作等。

以下哪项如果为真，最能解释上述结论？

A. 电视节目会使孩子产生好奇心，容易导致孩子出现暴力倾向。
B. 电视节目中有不少内容容易使孩子长时间处于紧张、恐惧的状态。
C. 看电视时间过长，会影响儿童与他人的交往，久而久之，孩子便会缺乏与他人打交道的经验。
D. 儿童模仿力强，如果只对电视节目感兴趣，长此以往，会阻碍他们分析能力的发展。
E. 每天长时间地看电视，容易使孩子神经系统产生疲劳，影响身心健康发展。

[解题分析] 正确答案：C

本题需要解释的现象是：为什么孩子看电视时间过长会产生行为问题。

C项表明，看电视时间过长，会影响儿童与他人的交往，久而久之，孩子便会缺乏与他人打交道的经验。这就有力地解释了题干的现象。

二、解释矛盾

解释差异或缓解矛盾的考题主要指逻辑考题中发现的矛盾现象，或发现两类元素之间的不同，而让你寻找一个答案说明为什么不同，即要你消除这些矛盾或者解题分析为什么会存在这种矛盾。也即要求考生从备选答案中找到能够解释题干中看似矛盾但实质上并不矛盾的选项。

1. 思维原则

(1)"收敛思维"原则：首先必须接受而不能怀疑或削弱题干所设定的基本事实。其次正确选项必须和题干的所有基本事实有关系。也就是说，选项不能只和某一事实有关而和另一事实无关。或者说，正确选项不能通过无视题干的某些事实来解释另一些事实。

(2)"涉及双方"原则：解释差异类题时，注意正确答案一定要直接或者间接（用比较级）提到差异双方，否则就不是正确选项。

(3)"内在化解"原则：解释矛盾最好是从内部去寻找原本矛盾的二者之间的共同的东西，正确选项必须是能够化解题干相互矛盾的事实的桥梁。

(4)"另有他因"原则：要解释分歧，就要找差异原因，通过找他因的办法解决了上述分歧。

2. 解题步骤

解释矛盾题的关键是：找到矛盾的事件、差异点，直接明确破解一方或者双方，或者破解推理过程，最好的选项应该能解题分析矛盾的两面。解题步骤如下：

(1) 阅读题干。找出明显的矛盾（矛盾、差异或冲突）。
(2) 复述矛盾。用自己的话复述这些矛盾。
(3) 排除选项。相关无关排除答案，和具体的矛盾的事有关无关，排除那些不能联系矛盾双方的选项。

(4) 寻找答案。解题主要抓住区别点，找一个选项说明为什么会存在这种矛盾。

(5) 验证答案。答案必须使题干相矛盾的事物不矛盾，或者都是真都成立。

■一则关于许多苹果含有一种致癌防腐剂的报道，对消费者产生的影响极小。几乎没有消费者打算改变他们购买苹果的习惯。尽管如此，在报道一个月后的3月份，食品杂货店的苹果销售大大地下降了。

下列哪项，如果为真，能最好地解释上述明显的差异？

A. 在3月份里，许多食品杂货商为了显示他们对消费者健康的关心，移走了货架上的苹果。
B. 由于大量的食物安全警告，到了3月份，消费者已对这类警告漠不关心。
C. 除了报纸以外，电视上也出现了这个报道。
D. 尽管这种防腐剂也用在别的水果上，但是，这则报道没有提到。
E. 卫生部门的官员认为，由于苹果上仅含有少量的该种防腐剂，因此，不会对健康有威胁。

[解题分析] 正确答案：A

食品杂货店的苹果销售不仅仅取决于消费者购买的习惯，也取决于食品杂货商的供应。因为许多食品杂货商移走了货架上的苹果，所以尽管几乎没有消费者打算改变他们购买苹果的习惯，却可能无处购买，也同样会导致食品杂货店的苹果销售大大地下降。因此，A项有力地解释了题干。

■有气象专家指出，全球变暖已经成为人类发展最严重的问题之一，南北极地区的冰川由于全球变暖而加速融化，已导致海平面上升；如果这一趋势不变，今后势必淹没很多地区。但近几年来，北半球许多地区的民众在冬季感到相当寒冷，一些地区甚至出现了超强降雪和超低气温，人们觉得对近期气候的确切描述似乎更应该是"全球变冷"。

以下哪项如果为真，最能解释上述现象？

A. 除了南极洲，南半球近几年冬季的平均温度接近常年。
B. 近几年来，全球夏季的平均气温比常年偏高。
C. 近几年来，由于两极附近海水温度升高导致原来洋流中断或者减弱，而北半球经历严寒冬季的地区正是原来暖流影响的主要区域。
D. 近几年来，由于赤道附近海水温度升高导致了原来洋流增强，而北半球经历严寒冬季的地区不是原来寒流影响的主要区域。
E. 北半球主要是大陆性气候，冬季和夏季的温差通常比较大，近年来冬季极地寒流南侵比较频繁。

[解题分析] 正确答案：C

需要解释的差异现象是南北极地区的冰川由于全球变暖而加速融化，但北半球民众在冬季感到相当寒冷。

如果选项C为真，就可以有力地解释这一反常现象。

■巴斯德认为，空气中的微生物浓度与环境状况、气流运动和海拔高度有关。他在山上的不同高度分别打开装着煮过的培养液的瓶子，发现海拔越来越高，培养液被微生物污染的可能性越小。在山顶上，20个装了培养液的瓶子，只有1个长出了微生物。普歇另用干草浸液做材料重复了巴斯德的实验，却得出不同的结果：即使在海拔很高的地方，所有装了培养液的瓶子很快长出了微生物。

以下哪项如果为真，最能解释普歇和巴斯德实验所得到的不同结果？

A. 只要有氧气的刺激，微生物就会从培养液中自发地生长出来。
B. 培养液在加热消毒、密封、冷却的过程中会被外界细菌污染。

第八章 论证推理

C. 普歇和巴斯德的实验设计都不够严密。

D. 干草浸液中含有一种耐高温的枯草杆菌，培养液一旦冷却，枯草杆菌的孢子就会复活，迅速繁殖。

E. 普歇和巴斯德都认为，虽然他们用的实验材料不同，但是经过煮沸，细菌都能被有效地杀灭。

[解题分析] 正确答案：D

本题需要解释的是为什么普歇和巴斯德实验得到不同的结果。选项 D 表明，干草浸液中含有一种耐高温的枯草杆菌，培养液一旦冷却，枯草杆菌的孢子就会复活，迅速繁殖。这就以另有他因的方式，有力地解释了普歇和巴斯德实验所得到的不同结果。

三、不能解释

不能解释型考题的解题方法是把能解释题干推理的选项排除掉，剩下的起不到解释作用或加剧题干矛盾的选项就是正确答案。

■一个著名的旅游城市，每年都接待许多中外游客。在游览风景名胜的路上，导游小姐总在几个工艺品加工厂停车，劝大家去厂里参观，而且说买不买都没有关系。为此，一些游客常有怨言，但此种现象仍在继续，甚至一年胜似一年。

以下哪项最不可能是造成以上现象的原因？

A. 虽然有的人不满意，但许多游客是愿意的，他们从厂里出来时的笑容就是证据。

B. 有些游客来旅游的一项重要任务就是购物。若是空手回家，家里人会不高兴的。

C. 厂家生产的产品直销，质量有保证，价格也便宜，何乐而不为？

D. 所有的游客经济上都是富裕的，他们只想省时间，不在意商品的价格。

E. 在厂家购物，导游小姐会得到奖励。当然，奖励的钱是间接地从购物者那里来的。

[解题分析] 正确答案：D

如果游客想省时间，会尽量把时间花在欣赏旅游景点上，而不是参观工厂；他们不在意商品的价格，就不会从旅游地买东西受累带回家，而是回到离家近的商店去买。因此，D 项最不可能是造成以上现象的原因。

其余选项都能解释题干。选项 A，许多游客带着笑容从厂里出来，说明许多游客还是愿意去工艺品加工厂参观的，那么即使一些游客常有怨言，多数游客还是愿意的话，那么反对这种现象的声音还不大，这现象就得不到有效遏止，还是会继续下去。同样的道理，选项 B、C 是说游客希望得到旅游购物的机会，选项 E 讲导游小姐会得到实惠，当然会使题干所述的现象继续。

■若成为白领的可能性无性别差异，按正常男女出生率 102∶100 计算，当这批人中的白领谈婚论嫁时，女性与男性数量应当大致相等。但实际上，某市妇联近几年举办的历次大型白领相亲活动中，报名的男女比例约为 3∶7，有时甚至达到 2∶8，这说明，文化越高的女性越难嫁，文化低的反而好嫁；男性则正好相反。

以下除哪项外，都有助于解释上述分析与实际情况的不一致？

A. 与男性白领不同，女性白领要求高，往往只找比自己更优秀的男性。

B. 与本地女性竞争的外地优秀女性多于与本地男性竞争的外地优秀男性。

C. 大学毕业后出国的精英分子中，男性多于女性。

D. 一般来说，男性参加大型相亲会的积极性不如女性。

E. 男性因长相身高、家庭条件等被女性淘汰者多于女性因长相身高、家庭条件等被男性淘汰者。

[解题分析] 正确答案：E

题干对相亲活动男少女多这一现象的原因解释是：文化越高的女性越难嫁，文化低的反而好嫁，而男性则刚好相反。

E项不能解释题干所述现象。其余选项都以另有他因的方式解释了题干的现象。

■一般商品只有在多次流通过程中才能不断增值，但艺术品作为一种特殊商品却体现出了与一般商品不同的特性。在拍卖市场上，有些古玩、字画的成交价有很大的随机性，往往会直接受到拍卖现场气氛、竞价激烈程度、卖家心理变化等偶然因素的影响，成交价有时会高于底价几十倍乃至数百倍，使得艺术品在一次"流通"中实现大幅度增值。

以下哪项最无助于解释上述现象？

A. 艺术品的不可再造性决定了其交换价格有可能超过其自身价值。
B. 不少买家喜好收藏，抬高了艺术品的交易价格。
C. 有些买家就是为了炒作艺术品，以期获得高额利润。
D. 虽然大量赝品充斥市场，但对艺术品的交易价格没有什么影响。
E. 国外资金进入艺术品拍卖市场，对价格攀升起到了拉动作用。

[解题分析] 正确答案：D

题干陈述的现象是，艺术品在拍卖市场上，成交价有时会高于底价几十倍乃至数百倍，实现大幅度增值。

选项A、B、C、E都不同角度有助于解释上述现象。只有D项显然起不到解释作用。

四、解释复选

解释复选是解释题型的多选题，这类题的选项可从多个角度对题干论证进行解释，是各类解释方向的综合运用，实际上增加了解题的难度，需要对每个选项都有正确的把握。

■乘客使用手机及便携式电脑等电子设备会通过电磁波谱频繁传输信号，机场的无线电话和导航网络等也会使用电磁波谱，但电信委员会已根据不同用途把电磁波谱分成几大块。因此，用手机打电话不会对专供飞机通信系统或全球定位系统使用的波段造成干扰。尽管如此，各大航空公司仍然规定，禁止机上乘客使用手机等电子设备。

以下哪些项如果为真，能解释上述现象？

Ⅰ. 乘客在空中使用手机等电子设备可能对地面导航网络造成干扰。
Ⅱ. 乘客在起飞和降落时使用手机等电子设备，可能影响机组人员工作。
Ⅲ. 便携式电脑或者游戏设备可能导致自动驾驶仪出现断路或仪器显示发生故障。

A. 仅Ⅰ。
B. 仅Ⅱ。
C. 仅Ⅰ、Ⅱ。
D. 仅Ⅱ、Ⅲ。
E. Ⅰ、Ⅱ和Ⅲ。

[解题分析] 正确答案：E

题干陈述：手机等电子设备不会对飞机通信系统或全球定位系统使用的波段造成干扰，但仍然被禁止使用。

若Ⅰ、Ⅱ和Ⅲ为真，即乘客使用手机等电子设备，可能造成：对地面导航网络造成干扰，影响机组人员工作，或导致自动驾驶仪出现断路或仪器显示发生故障等情况，那么就合理地解释了题干所述的现象。

因此，E项为正确答案。

■实验证明：茄红素具有防止细胞癌变的作用。近年来W公司提炼出茄红素，将其制成片剂，希望让酗酒者服用以预防饮酒过多引发的癌症。然而，初步的试验发现，经常服用 W 公司的茄红素片剂的酗酒者反而比不常服用 W 公司的茄红素片剂的酗酒者更易于患癌症。

以下哪项能解释上述矛盾？

Ⅰ．癌症的病因是综合的，对预防药物的选择和由此产生的作用也因人而异。

Ⅱ．酒精与 W 公司的茄红素片剂发生长时间作用后反而使其成为致癌物质。

Ⅲ．W 公司生产的茄红素片剂不稳定，易于受其他物质影响而分解变性，从而与身体发生不良反应而致癌；自然茄红素性质稳定，不会致癌。

A. 只有Ⅰ和Ⅱ。
B. 只有Ⅰ和Ⅲ。
C. 只有Ⅱ和Ⅲ。
D. Ⅰ、Ⅱ、Ⅲ。
E. Ⅰ、Ⅱ、Ⅲ都不是。

[解题分析] 正确答案：C

本题需要解释的矛盾是：为什么一方面茄红素具有防止细胞癌变的作用，另一方面经常服用 W 公司的茄红素片剂的酗酒者反而比不常服用 W 公司的茄红素片剂的酗酒者更易于患癌症。

Ⅱ和Ⅲ都从另外的角度对此反常现象作出了合理的解释，而Ⅰ项起不到解释作用。因此，C 项为正确答案。

【专项训练】

01. 黑长尾猴在发现附近有食肉动物时，会用惊叫声通知同伴。根据危险是来自陆地还是来自空中，黑长尾猴会发出不同的惊叫声。

如果以下哪项陈述为真，最有助于解释黑长尾猴的上述行为？

A. 某些陆地食肉动物只吃黑长尾猴，从空中攻击黑长尾猴的猛禽以各种动物为食。
B. 黑长尾猴爬到树上以躲避陆地食肉动物，潜在叶子底下以躲避猛禽。
C. 没有一种对黑长尾猴构成危险的食肉动物，能够既从陆地又从空中攻击黑长尾猴。
D. 不同种类的食肉动物可以对付不同数量的黑长尾猴。
E. 大部分动物使用某种通用的警告信号通报危险的临近。

02. 青莲居士就是李白，每个中学生都知道李白是唐代诗人，但知道青莲居士是唐代诗人的中学生不到 10％。

以下哪项是对以上陈述最好的解释？

A. 有超过 20％的大学生知道青莲居士就是李白。
B. 有超过 10％的小学生不知道青莲居士就是李白。
C. 大多数中学生知道李白的字是太白。
D. 李白的诗很多，中学生只读了其中一部分。
E. 大多数中学生不知道李白的号是青莲居士。

03. 在一项关于"社会关系如何影响人的死亡率"的课题研究中，研究人员惊奇地发现：不论种族、收入、体育锻炼等因素，一个乐于助人、和他人相处融洽的人，其平均寿命长于一般人，在男性中尤其如此；相反，心怀恶意、损人利己、和他人相处不融洽的人 70 岁之前的死亡率比正常人高出 1.5～2 倍。

以下哪项如果为真，最能解释上述发现？

A. 身心健康的人容易和他人相处融洽，而心理有问题的人与他人很难相处。
B. 男性通常比同年龄段的女性对他人有更强的"敌视情绪"，多数国家男性的平均寿命也因此低于女性。
C. 与人为善带来轻松愉悦的情绪，有益身体健康；损人利己则带来紧张的情绪，有损身体健康。

　　D. 心存善念、思想豁达的人大多精神愉悦、身体健康。

　　E. 那些自我优越感比较强的人通常"敌视情绪"也比较强，他们长时间处于紧张状态。

04. 实质上，所有租金管理政策都包含规定一个房东可向房客索要的最高租金。租金管理的基本原理是在对房子的需求增加而房子的供给有限致使租金急剧增加的情况下，来保护房客的利益。然而，尽管租金管理从短期来看能帮助某些房客，但是从长期来看它会对出租房屋市场造成负面影响，这是因为房东将会不情愿维持他们现有房地产的质量，甚至更不愿意额外再建一些供出租的房子。

　　下面哪一点，如果正确，能最好地解释上面描述的房东的不情愿行为？

　　A. 房客喜欢租金管理下的低质量住宿设施，而不喜欢没有租金管理下的高质量的住宿设施。

　　B. 租金管理使房东很难从维护现房或建造新房的任何投资中取得公正合理的收益。

　　C. 租金管理是一种常见的习惯做法，尽管它对缓和租房紧张毫无作用。

　　D. 租金管理一般是由于政治原因而被引进的，因此它需要政治行为来解除它。

　　E. 房客们喜欢租金管理，而不喜欢直接从政府那里接受津贴来补偿他们付不起的租金。

05. 20 年前，任一公司的执行官在选择重新设置公司总部时主要关心的是土地的成本。今天一个执行官计划重设总部时主要关心的东西更广泛了，经常包括当地学校和住房的质量。

　　假如上面的信息是正确的，下列哪一项最好地解释了上面所描述的执行官关心方面的变化？

　　A. 20 年前高质量的住房和学校像今天一样难以发现。

　　B. 某些地区房地产税和学校停止增加，现允许许多人购买房屋。

　　C. 公司执行官在做决定时总是考虑替换方法将怎样影响公司的利润。

　　D. 一个近来人员缺乏的问题迫使公司找到尽可能多的方法来吸引新的雇员。

　　E. 在过去的 20 年中，一些地区比其他地区土地的价值变化少。

06. 达里湖是由火山喷发而形成的高原堰塞湖，生活在半咸水湖里的华子鱼——瓦氏雅罗鱼，像生活在海中的蛙鱼一样，必须洄游到淡水河的上游产卵繁育。尽管目前注入达里湖的 4 条河流都是内陆河，没有一条河流通向海洋，科学家们仍然确信：达里湖的华子鱼最初是从海洋迁徙来的。

　　以下哪一项陈述为真，对科学家的信念提供了最佳的解释？

　　A. 生活在黑龙江等水域的雅罗鱼比达里湖的瓦氏雅罗鱼个头大一倍。

　　B. 捕捞出的华子鱼放入海水或淡水中只能存活一两天，死后迅速腐坏。

　　C. 冰川融化形成达里湖，溢出的湖水曾与流入海洋的辽河相连。

　　D. 科研人员将达里湖华子鱼的鱼苗放入远隔千里的柴盖淖，养殖成功。

　　E. 达里湖的华子鱼虽然能适应不同的水域，但繁殖能力非常弱。

07. 政府与民营企业合作完成某个项目的模式（简称 PPP）能够使政府获得资金，也可以让社会资本进入电力、铁路等公用事业领域。这种模式中存在的问题是政府违约或投资人违约而给对方造成经济损失。在以往的 PPP 项目中，政府违约不是小概率事件。尽管地方政府违约的现象屡见不鲜，但投资人还是一如既往积极地投资于 PPP 项目。

　　如果以下哪一项陈述为真，能够最好地解释上述看似矛盾的现象？

　　A. 随着经济体制的改革和新城镇化建设的推进，PPP 模式被社会各界寄予厚望。

　　B. PPP 模式比较复杂，地方政府的谈判能力和 PPP 专业能力都不如投资人。

　　C. 今年国家发改委发布了 80 个重要的项目，鼓励社会资本以 PPP 等方式参与建设和运营。

　　D. 为防止地方政府违约带来的经济损失，投资人设法将其他方面的利益转移到自己的企业。

　　E. 在发达国家，PPP 的应用范围很广泛，既可以用于基础设施的投资建设，也可以用于很多非盈利设施的建设。

08. 经济学家与考古学家就货币的问题展开了争论。

经济学家：在所有使用货币的文明中，无论货币以何种形式存在，它都是因为其稀缺性而产生其价值的。

考古学家：在索罗斯岛上，人们用贝壳作货币，可是该岛上贝壳遍布海滩，随手就能拾到。

下面哪项能对两位专家论述之间的矛盾做出解释？

A. 索罗斯岛上居民节日期间在亲密的朋友之间互换货币，以示庆祝。
B. 索罗斯岛上的居民认为鲸牙很珍贵，他们把鲸牙串起来当作首饰。
C. 索罗斯岛上的男女居民使用不同种类的贝壳作货币，交换各自喜爱的商品。
D. 索罗斯岛上的居民只使用由专门工匠加工的有美丽花纹的贝壳作货币。
E. 即使在西方人将贵金属货币带上索罗斯岛之后，贝壳仍然是商品交换的媒介物。

09. 美国2006年人口普查显示，男婴与女婴的比例是51∶49；等到这些孩子长到18岁时，性别比例却发生了相反的变化，男女比例是49∶51。而在25～34岁的单身族中，性别比例严重失调，男女比例是46∶54。美国越来越多的女性将面临找对象的压力。

如果以下陈述为真，哪一项最有助于解释上述性别比例的变化？

A. 在40～69岁的美国女人中，约有四分之一的人正在与比她们至少小10岁的男人约会。
B. 2005年，单身女子是美国的第二大购房群体，其购房量是单身男子购房量的两倍。
C. 在青春期，因车祸、溺水、犯罪等而死亡的美国男孩远远多于美国女孩。
D. 1970年，美国约有30万桩跨国婚姻；到2005年增加10倍，占所有婚姻的5.4%。
E. 提倡男女平等之后，女性也开始注重事业上的发展，愿意成为单身贵族。

10. 大学生利用假期当保姆已不再是新鲜事。一项调查显示，63%的被调查者赞成大学生当保姆，但是，当问到回到自己家里是否会请大学生保姆时，却有近60%的人表示"不会"。

以下哪项陈述如果为真，能够合理地解释上述看似矛盾的现象？

A. 赞成大学生当保姆的人中，有69%的人认为做家政工作对大学生自身有益，只有31%的人认为大学生保姆能提供更好的家政服务。
B. 在不赞成大学生当保姆的人中，有40%的人认为，学生实践应该选择与自己专业相关的领域。
C. 在选择"会请大学生当保姆"的人中，有75%的人打算让大学生担任家教或秘书工作，只有25%的人想让大学生从事家务劳动。
D. 调查中有62%的人表示只愿意付给大学生保姆800～1000元的月薪。
E. 40%的大学生会考虑请大学生保姆来服务自己。

11. 在过去的40年里，不仅农业用杀虫剂的数量大大增加，而且农民们使用杀虫剂时的精心和熟练程度也不断增加。然而，在同一时期内，某些害虫在世界范围内对农作物造成的损失的比例也上升了，即使在这些害虫还没有产生对现有杀虫剂的抵抗性时也是如此。

下列哪项如果正确，最好地解释了为什么在杀虫剂使用上的提高伴随了某些害虫造成的损失更大？

A. 在40年前通用的一些危险却相对无效的杀虫剂已经不再在世界范围内使用了。
B. 由于杀虫剂对害虫的单个针对性越来越强，因此，用杀虫剂来控制某种害虫的成本在许多情况下变得比那些害虫本身造成的农作物损失的价值更大。
C. 由于现在的杀虫剂对特定使用条件的要求要多于40年前，因此现在的农民们对他们农田观察的仔细程度要高于40年前。
D. 现在有些农民们使用的某些害虫控制方法中不使用化学杀虫剂，却和那些使用化学杀虫剂的害虫控制方法在减少害虫方面同样有效。
E. 40年前人们对杀虫剂给人类及其他哺乳动物造成的影响的了解要比现在少得多。

12. 针对很重视安全性的瑞典市场，美国的一家台式计算机制造商开发出了一种特别的显示屏，这种显示屏产生的环绕使用者的电磁场比正常的屏幕产生的电磁场弱很多。尽管比其竞争者具有这方面的优势，该制造商在把这种显示屏引入美国市场时并未在广告中宣扬其是一种改进了安全性的产品。

下面哪个，如果正确，为该制造商在美国做这种显示屏广告的手段提供了根本理由？

A. 每年在美国市场上销售的台式计算机比在瑞典市场上销售的台式计算机多得多。
B. 该制造商并不想让其竞争对手知道本公司是如何实现在技术上的进步的。
C. 当市场上更好的技术成为可行时，台式计算机的大多数商业和学术购买者预期最终会更换这些机器。
D. 对新屏幕相对安全性能的强调会对该制造商已经在美国销售的屏幕的安全性提出质疑。
E. 在美国已经有人开始关注环绕高压电线的巨大电磁场对健康的影响。

13. 在最近几年，某地区的商场里只卖过昌盛、彩虹、佳音三种品牌的电视机。1997年，昌盛、彩虹、佳音三种品牌的电视机在该地区的市场占有率（按台数计算）分别为25%、35%和40%。到1998年，几个品牌的市场占有率变成昌盛第一、彩虹第二、佳音第三，其次序正好与1997年相反。

以下条件除了哪项外，都可能对上文提到的市场占有率的变化做出合理的解释？

A. 昌盛集团成立了信息部，应用信息技术网络与客户建立了密切联系。
B. 佳音集团的经理班子与董事会的经营理念出现分歧，总经理在1998年初辞职。
C. 昌盛集团耗巨资购并了一个濒临倒闭的大型电冰箱厂，转产VCD机。
D. 佳音集团新的总经理推行全面质量管理，引起费用增加，不得不提高价格。
E. 彩虹集团设计了新的生产线，要等到1999年才能投产，在1998年难有作为。

14. 2014年，为迎接APEC会议的召开，北京、天津、河北等地实施"APEC治理模式"，采取了有史以来最严格的减排措施。果然，令人心醉的"APEC蓝"出现了。然而，随着会议的结束，"APEC蓝"也渐渐消失了。对此，有些人士表示困惑，既然政府能在短期内实施"APEC治理模式"取得良好效果，为什么不将这一模式长期坚持下去呢？

以下除哪项外，均能解释人们的困惑？

A. 最严格的减排措施在落实过程中已产生很多难以解决的实际困难。
B. 如果近期将"APEC治理模式"常态化，将会严重影响地方经济和社会发展。
C. 任何环境治理都需要付出代价，关键在于付出的代价是否超出收益。
D. 短期严格的减排措施只能是权宜之计，大气污染治理仍需从长计议。
E. 如果APEC会议期间北京雾霾频发，就会影响我们国家的形象。

15. "安慰剂效应"是指让病人在不知情的情况下服用完全没有药效的假药，却能得到与真药相同甚至更好效果的现象。"安慰剂效应"得到了很多临床研究的支持。对这种现象的一种解释是：人对于未来的期待会改变大脑的生理状态，进而引起全身的生理变化。

以下陈述都能支持上述解释，除了

A. 安慰剂生效是多种因素共同作用的结果。
B. 安慰剂对丧失了预期未来能力的老年痴呆症患者毫无效果。
C. 有些病人不相信治疗会有效果，虽然进行了正常的治疗，其病情却进一步恶化。
D. 给实验对象注射生理盐水，并让他相信是止痛剂，实验对象的大脑随后分泌出止痛物质内啡肽。
E. 实验表明，"心理作用"确实能够在人的生理上起作用。

16. 某国家先后四次调高化肥产品出口关税以抑制化肥产品出口。但是，该国化肥产品的出口仍在增加，在国际市场上仍然具有很强的竞争力。

以下不能解释这一情况的是：

A. 国际市场上化肥产品处于供不应求的状态。

B. 该国化肥产品的质量在国际市场上口碑很好。
C. 该国化肥产品的价格在关税提高后仍然比其他国家低。
D. 该国化肥产品的产量仍在不断增加。
E. 该国化肥产品的性价比在国际市场上极具竞争力。

17. 在整个欧洲的历史上，工资上涨阶段一般是跟随在饥荒之后，因为当劳动力减少时，根据供求关系的规律，工人就会更值钱。但是，19世纪40年代爱尔兰的土豆饥荒却是个例外，它导致的结果是爱尔兰一半人口的死亡或移民，但在接下来的10年中，爱尔兰的平均工资并没有明显的上升。

如果以下哪项为真，将对上述的这个一般中的例外提供最弱的解释？

A. 改进了的医疗条件减少了饥荒后10年里的身体健壮的成年人的死亡率，死亡率甚至比饥荒前的水平还低。
B. 爱尔兰地主驱逐政策强迫年老体弱者移居国外，而保留了相当高比例的体格健壮的工人。
C. 技术的进步提高了工农业生产的效率，因此保持同样的经济产出对劳动力的需求却减少了。
D. 饥荒后的10年里出生率提高，这大大补偿了由于饥荒造成的人口锐减。
E. 在政治上控制爱尔兰的英国，人为地立法发低工资，目的是给英国所有的工业和爱尔兰的农业提供廉价劳动力。

【答案解析】

01. 答案：B
题干需要解释的是：黑长尾猴为什么会根据食肉动物出现的危险是来自陆地还是来自空中，发出不同的惊叫声？
那合理的解释应该是：不同的惊叫声是提醒同伴针对不同的危险采取不同的避险措施。B项说明了这一点，有力地解释了黑长尾猴的上述行为。
其余选项不妥，其中，A、C项也有一定的解释作用，但解释力度不足，D项为无关项。

02. 答案：E
显然，E项有力地解释了题干的陈述。
A、B项不符合题干断定，C、D为无关项。

03. 答案：C
本题需要解释的是：为什么乐于助人、和他人相处融洽的人，其平均寿命长于一般人；心怀恶意、损人利己、和他人相处不融洽的人死亡率比正常人高。
C项指出，与人为善带来轻松愉悦的情绪，有益身体健康；损人利己则带来紧张的情绪，有损身体健康，这就有力地解释了题干所述现象。
其余选项起不到合理的解释作用，其中D项只是重复了题干现象，而没有解释其原因。

04. 答案：B
题干论述：租金管理政策使得房东将会不情愿维护现房或建造供出租的新房。
B项指出，租金管理使房东很难从维护现房或建造新房的任何投资中取得公正合理的收益。显然，不赚钱的事没有人愿干，这从房东的自身利益出发，有力地解释了房东的不情愿行为。
其余选项都不能起到有效的解释作用。

05. 答案：D
题干需要解释的是：为什么公司执行官在选择重新设置公司总部时，现在比过去关心的面更大了。
D项表明，现在和过去有区别，由于人员缺乏使公司考虑用尽可能多的方法吸引新雇员，因此关心的面更广了。

其余选项都不能起到有效的解释作用。比如，A 项虽然涉及过去现在，但这是相同点，而不是区别。B、C、E 项也都说明不了为什么关心的面更广了。

06. 答案：C

科学家的信念是：达里湖的华子鱼最初从海洋迁徙来的。然而，目前注入达里湖的河流都没有通向海洋。

C 项陈述，冰川融化形成达里湖，溢出的湖水曾与流入海洋的辽河相连。这就从另一个角度，有力地解释了科学家的信念。

07. 答案：D

题干论述，PPP 模式的风险在于：政府违约或投资人违约而给对方造成经济损失，尽管政府违约的现象屡见不鲜，但投资人还是积极地投资于 PPP 项目。

其原因何在呢？若 D 项为真，为防止地方政府违约带来的经济损失，投资人设法将其他方面的利益转移到自己的企业。这就从另一个角度很好地解释了上述看似矛盾的现象。

其余选项均为无关项。

08. 答案：D

题干的争论是：经济学家认为货币因稀缺而产生价值的；而考古学家提出了索罗斯岛上用并不稀缺的贝壳作货币这一反例。

D 项断定，索罗斯岛上的居民只使用由专门工匠加工的有美丽花纹的贝壳作货币。这说明，虽然作为货币原料的贝壳遍布海滩，但由专门工匠加工的有美丽花纹的贝壳就有可能因其稀缺性而产生价值。这样，经济学家和考古家的观点并不存在矛盾。其余各项均不能对题干做出解释。

09. 答案：C

题干论述，美国男婴与女婴的比例是 51∶49，而在 25~34 岁的单身族中，男女比例却是 46∶54。

如果 C 项为真，即在青春期，因车祸、溺水、犯罪等而死亡的美国男孩远远多于美国女孩，这显然有助于解释题干关于随着年龄的增加性别比例却发生了相反的变化的现象。因此，C 为正确答案。

其余选项均无助于解释性别比例的变化。

10. 答案：A

题干的矛盾现象在于：一方面，大部分被调查者赞成大学生当保姆；另一方面，大部分被调查者却表示自己家里不会请大学生保姆。

如果 A 项为真，即在赞成大学生当保姆的人中，大部分人认为做家政工作对大学生自身有益，同时大部分人认为大学生保姆不能提供更好的家政服务。因此，从站在对方（大学生）的角度赞成大学生当保姆，而站在自己的角度，不会请大学生保姆。从不同的角度去考虑同一个问题，所持的看法就可能不同，这就很好地解释了题干矛盾的两个方面。

C 项是干扰项，解释力度不如 A 项。其余选项与解释题干矛盾无关。

11. 答案：B

题干需要解释的是：杀虫剂使用方面提高了，而某些害虫造成的损失却更大。

B 项表明，由于单个害虫的针对性增强，导致用杀虫剂控制某种害虫的成本变得比那种害虫带来的损失的价值更大，这就使得那种害虫造成的损失更大了，起到了有力的解释作用。

其余选项都不能起到有效的解释作用。其中，A 项起到部分反对作用；C 项只是解释了农民为什么更仔细；D 项说的是共同点，无法解释上面的似乎不合常理的说法；E 项为新比较，与题干需要解释的现象无关。

12. 答案：D

题干陈述：一家制造商开发出了一种比其竞争者的显示屏更安全的新产品，但该制造商在把这种显示屏引入美国市场时并未在广告中宣扬其是一种改进了安全性的产品。

D项表明,强调新屏幕的安全优势会对其已在美国销售的屏幕安全性提出质疑,解释了该制造商并未宣扬其优势的理由。

其余选项都不能起到有效的解释作用。比如,B项易误选,但题干里面并未告诉我们广告中一旦说出这种优点竞争者就知道,因此不能对结论提供一个很好的解释。

13. 答案:C

昌盛集团耗巨资购并电冰箱厂,又转产VCD机,其电视机的产量有可能下降,与题干的结论不符,难以作为昌盛集团市场占有率大幅度提高的解释。因此,C项正确。

其余选项均不妥。其中,A项能解释昌盛集团的进步。B项能解释佳音集团的退步。由D项可以推理佳音集团的产品质量可能提高,但提高价格会影响市场份额。E项对彩虹集团的介绍属于中性,正好符合题干所述。

14. 答案:E

题干所述人们的困惑是:政府能在短期内实施"APEC治理模式"取得良好效果,为什么不将这一模式长期坚持下去呢?

选项E只能说明为什么要采取"APEC治理模式",而不能解释为什么不将这一模式长期坚持下去,因此为正确答案。

其余选项都能起到解释作用。其中,A项,治理模式已产生很多难以解决的实际问题;B项,治理模式严重影响地方经济和社会发展;C项,长期坚持这一模式可能使付出的代价超出收益;D项,这种治理模式是权宜之计;这些都从不同角度说明了不能将这一模式长期坚持下去。

15. 答案:A

题干认为"安慰剂效应"来自于:人对于未来的期待会改变大脑的生理状态,进而引起全身的生理变化。

如果A成立则说明存在其他因素导致安慰剂效应,另有他因对题干论证起到的是削弱作用。

其余选项均对题干中的解释起到支持作用。B、C项,均属于无预期则无效果,作为证据支持了题干。D项,有预期则有效果,作为一个证据支持了题干。

16. 答案:D

该国化肥产品的产量仍在不断增加这一事实并不能解释题干,因此,D项为正确答案。

其余选项都能解释题干,因为如果国际市场上化肥产品紧缺,或者该国化肥产品质量在国际市场上口碑好,或者该国化肥产品的价格在关税提高后仍然比其他国家低;那么,即使该国调高化肥产品出口关税,该国化肥产品的出口仍可能出现增加的情况。

17. 答案:D

题干陈述:饥荒之后一般劳动力减少,工资会上涨,但是,在爱尔兰的土豆饥荒接下来的10年中,平均工资并没有明显的上升。

选项A、B、C、E都能从不同角度起到直接弥补劳动力不足的作用,从而解释了题干的现象。

最弱的解释就是最不能解释。D项,出生率高虽然补偿了人口的锐减,但对于弥补当下劳动力的短缺却起不到什么作用,这种弥补只是间接的、后续的,可见这是个最弱的解释。

第七节 比 较

比较题也叫相似比较,是有关类似推理的问题,这种类型的问题要求被测试者去识别这样一个论证,其中所包含的推理过程类似于一个给定论证中的推理过程。比较题型可大致分为结构平行(推理形式的相似比较)和方法相似(推理方法的相似比较)两类。

一、结构平行

结构平行是指推理形式的相似比较，该类题型主要从形式结构上比较题干和选项之间的相同或不同，即比较几个不同推理在结构上的相同或者不同。通过把题干和选项的论证过程翻译成符号形式，将方便地识别这种推理形式是否相似。

■大多数喝酒过量的人都会感到头疼，如果小王不喝酒过量，他可能不会头疼。
上述推理与下列哪项相似：
A. 大多数灰狗都很容易训练，所以小王训练他新买的那条狗可肯定没有问题。
B. 大多数国产车都很差，这辆车做得很好，所以它可能不是国产的。
C. 大多数名演员表演得都很好，因为老高不是名演员，所以他可能演得不好。
D. 大多数工程师都在学校里学习了很多年，所以老刘可能是一个工程师，因为他在学校里学习了很多年。
E. 所有已知的历史社会都有明确的社会等级，所以一个无等级的社会是绝对没有的。

[解题分析] 正确答案：C
题干推理结构可表示为：（大多数 P 是 Q）∧ ¬P → 可能 ¬Q。
C 项推理与题干类似；
B 项的推理结构为（大多数 P 是 Q）∧ ¬Q → 可能 ¬P。
D 项的推理结构为（大多数 P 是 Q）∧ 可能 P → Q。
A、E 项的推理结构显然不与题干类似。

■注重对孩子的自然教育，让孩子亲身感受大自然的神奇和奇妙，可促进孩子释放天性，激发自身潜能；而缺乏这方面教育的孩子容易变得孤独，道德、情感与认知能力的发展都会受到一定的影响。
以下哪项与以上陈述方式最为类似？
A. 脱离环境保护搞经济发展是"涸泽而渔"，离开经济发展抓环境保护是"缘木求鱼"。
B. 只说一种语言的人，首次被诊断出患阿尔茨海默症的平均年龄为 76 岁；说三种语言的人首次被诊断出患阿尔茨海默症的平均年龄为 78 岁。
C. 老百姓过去"盼温饱"，现在"盼环保"，过去"求生存"，现在"求生态"。
D. 注重调查研究，可以让我们掌握第一手资料；闭门造车只能让我们脱离实际。
E. 如果孩子完全依赖电子设备来进行学习和生活，将会对环境越来越漠视。

[解题分析] 正确答案：D
题干论述：注重对孩子的自然教育，会带来好的后果；缺乏这方面教育，会带来坏的后果。
其陈述方式可概括为：有 P，则有好的后果；没有 P，则有坏的后果。
诸选项中，只有 D 项与此陈述方式最为类似。

■使用枪支的犯罪比其他类型的犯罪更容易导致命案。但是，大多数使用枪支的犯罪并没有导致命案。因此，没有必要在刑法中把非法使用枪支作为一种严重刑事犯罪，同其他刑事犯罪区分开来。
上述论证中的逻辑漏洞，与以下哪项中出现的最为类似？
A. 肥胖者比体重正常的人更容易患心脏病。但是，肥胖者在我国人口中只占很小的比例。因此，在我国，医疗卫生界没有必要强调肥胖导致心脏病的风险。
B. 不检点的性行为比检点的性行为更容易感染艾滋病。但是，在有不检点性行为的人群中，感染艾滋病的只占很小的比例。因此，没有必要在防治艾滋病的宣传中，强调不检点性行为的危害。

C. 流行的看法是，吸烟比不吸烟更容易导致肺癌。但是，在有的国家，肺癌患者中有吸烟史的人所占的比例，并不高于总人口中有吸烟史的比例。因此，上述流行看法很可能是一种偏见。

D. 高收入者比低收入者更有可能享受生活。但是不乏高收入者宣称自己不幸福。因此，幸福生活的追求者不必关注收入的高低。

E. 高分考生比低分考生更有资格进入重点大学。但是，不少重点大学学生的实际水平不如某些非重点大学的学生。因此，目前的高考制度不是一种选拔人才的理想制度。

[解题分析] 正确答案：B

题干论证具有这样一个有逻辑漏洞的论证形式：

P比Q更易导致R；大多数P并没有导致R。因此，没必要区分P和Q。

在诸选项中，只有B项具有此种论证形式。

二、方法相似

方法相似指的是题干和选项不能或很难抽象出推理形式来进行相似比较，因此，主要从推理方法上来把握和比较题干和选项之间的相同或不同。

■南口镇仅有一中和二中两所中学，一中学生的学习成绩一般比二中的学生好，由于来自南口镇的李明乐在大学一年级的学习成绩是全班最好的，因此，他一定是南口镇一中毕业的。

以下哪项与题干的论述方式最为类似？

A. 如果父母对孩子的教育得当，则孩子在学校的表现一般都较好，由于王征在学校的表现不好，因此他的家长一定教育失当。

B. 如果小孩每天背诵诗歌1小时，则会出口成章，郭娜每天背诵诗歌不足1小时，因此，它不可能出口成章。

C. 如果人们懂得赚钱的方法，则一般都能积累更多的财富，因此，彭总的财富是来源于他的足智多谋。

D. 儿童的心理教育比成年人更重要，张青是某公司心理素质最好的人，因此，他一定在儿童时获得良好的心理教育。

E. 北方人个子通常比南方人高，马林在班上最高，因此，他一定是北方人。

[解题分析] 正确答案：E

题干论证漏洞是：根据可能性的前提，只能得出可能性的结论，但题干却得出了必然性的结论。选项E的论证方式存在类似的漏洞。

■商场调查人员发现，在冬季选购服装时，有些人宁可忍受寒冷也要挑选时尚但并不御寒的衣服。调查人员据此得出结论：为了在众人面前获得仪表堂堂的效果，人们有时宁愿牺牲自己的舒适感。

以下哪项情形与上述论证最相似？

A. 有些人的工作单位就在住所附近，完全可以步行或骑自行车上下班，但他们仍然购买高档汽车并作为上下班的交通工具。

B. 有些父母在商场为孩子购买冰鞋时，受到孩子的影响，通常会挑选那些式样新潮的漂亮冰鞋，即使别的种类的冰鞋更安全可靠。

C. 一对夫妇设宴招待朋友，在挑选葡萄酒时，他们选择了价钱更贵的A型葡萄酒，虽然他们更喜欢喝B型葡萄酒，但他们认为A型葡萄酒可以给宾客留下更深的印象。

D. 有些人在大热天的夜晚睡觉，宁可不使用空调或少使用空调，他们认为这样做不但可以省电，也可以减少因为大量使用空调所导致的对环境的破坏。

E. 杂技团的管理人员认为，让杂技演员穿上昂贵而又漂亮的服装，才能完美地配合他们的杂技表演，从而更好地感染现场观众。

[解题分析] 正确答案：C

冬服重要的是御寒，为取时尚而舍御寒，这是题干的论证。

作为饮料，葡萄酒重要的是口感，为显示价格而舍口感，因此，C项的论证和题干最为相似。

其余选项与题干不类似。比如B项中，得不出为取新潮而舍安全，因为所挑选的新潮冰鞋完全可能是安全的，即使别的冰鞋更安全。

■科学离不开测量，测量离不开长度单位。公里、米、分米、厘米等基本长度单位的确立完全是一种人为约定，因此，科学的结论完全是一种人的主观约定，谈不上客观的标准。

以下哪项与题干的论证最为类似？

A. 建立良好的社会保障体系离不开强大的综合国力，强大的综合国力离不开一流的国民教育。因此，要建立良好的社会保障体系，必须有一流的国民教育。

B. 做规模生意离不开做广告。做广告就要有大额资金投入。不是所有人都能有大额资金投入。因此，不是所有人都能做规模生意。

C. 游人允许坐公园的长椅。要坐公园长椅就要靠近它们。靠近长椅的一条路径要踩踏草地。因此，允许游人踩踏草地。

D. 具备扎实的舞蹈基本功必须经过长年不懈的艰苦训练。在春节晚会上演出的舞蹈演员必须具备扎实的基本功。长年不懈的艰苦训练是乏味的。因此，在春节晚会上演出是乏味的。

E. 家庭离不开爱情，爱情离不开信任。信任是建立在真诚基础上的。因此，对真诚的背离是家庭危机的开始。

[解题分析] 正确答案：D

题干论证：科学测量要用长度单位，长度单位的确立是人为约定的，因此，科学的结论完全是一种人的主观约定，谈不上客观的标准。

可见，题干的论证结构是：甲离不开乙，乙离不开丙，丙具有某种性质，因此，甲也具有此种性质。

D项的论证也具有此种结构，与题干同样犯了推不出的谬误。

【专项训练】

01. 美国在遭受"9·11"恐怖袭击后采取了这样的政策："要么与我们站在一起去反对恐怖主义，那你是我们的朋友；要么不与我们站在一起，那你是我们的敌人。"

下面哪一项与题干中的表达方式不相同？

A. 有一则汽车广告"或者你开凯迪拉克，那么你是富人；或者你根本不开车，那么你是穷人！"

B. 以足球为职业的人只有两种命运：要么赢，那你是英雄，面对鲜花、欢呼、金钱、美女；要么输，那你是孬种、笨蛋，面对责难、愤怒、谩骂，打落牙齿往肚里吞。

C. 如果一位教授有足够的能耐，他甚至能够把笨学生培养合格，因此，如果他不能将笨学生培养合格，就说明他的能耐不够大。

D. 要么你做一个道德高尚的人，那你就无私地贡献自己的一切；要么你做一个卑鄙的人，那你就不择手段地谋私利。

E. 要么你做一个有梦想的人，那你心中始终为梦想而奋斗；要么你做一个浑浑噩噩度日之人，终日无所事事过着每一天。

02. 有关Jamison活动的进一步的证据一定已真相大白。单靠以前掌握的证据，不可能证明Jamison是欺诈活动的参与者，现在，Jamison积极参与欺诈活动已被最后证实。

上面论证中所展示的推理模式与下面哪一个最为接近？

A. Smith 一定不是在去年购买了他的房子。作为那个房子的房主，他被列在一旧的房产所有者名单上，而任何在那张旧名单上的人，都不可能是在去年购买了他的或她的房子。

B. Turner 今天一定没有坐她通常乘坐的火车去 Nantes。如果她乘那个火车，她不可能在今天下午就到 Nantes，但是，今天上午就有人看见她在 Nantes 喝咖啡。

C. 当 Nofris 说她没有批准那个调查研究时，她一定在撒谎。毫无疑问，她已经批准它了，批准一调查研究不是一件任何人都可能会忘记的事情。

D. Waugh 一定知道昨天晚上的课被取消了。Waugh 昨天在图书馆，而在图书馆的人不可能没有看到那个取消的通知。

E. Lafort 一定为他没被提升而深感愤恨。他说无所谓，但是只有那些受到不公正待遇的人才会做出那样的评论，Lafort 在昨天的会上做了那样的评论。

03. 任何一条鱼都比任何一条比它小的鱼游得快，所以，有一条最大的鱼就有一条游得最快的鱼。

下面哪项陈述中的推理模式与上述推理模式最为类似？

A. 任何父母都有至少一个孩子，所以，任何孩子都有并且只有一对父母。

B. 任何一个偶数都比任何一个比它小的奇数至少大，所以，没有最大的偶数就没有只比它小 1 的最大奇数。

C. 任何自然数都有一个只比它大 1 的后继，所以，有一个正偶数就有一个只比它大 1 的正奇数。

D. 在国家行政体系中，任何一个人都比任何一个比他职位低的人权力大，所以，有一位职位最高的人就有一位权力最大的人。

E. 任何一个公民都有自己的权利和义务，所以，有一项权利就相应地要履行一项义务。

04. 多人游戏纸牌，如扑克和桥牌，使用了一些骗对手的技巧。不过，仅由一个人玩的纸牌并非如此。所以，使用一些骗对手的技巧并不是所有纸牌的本质特征。

下面哪一个选项最类似于题干中的推理？

A. 轮盘赌和双骰子赌使用的赔率有利于庄家。既然它们是能够在赌博机上找到的仅有的赌博类型，其赔率有利于庄家就是能够在赌博机上玩的所有游戏的本质特征。

B. 大多数飞机都有机翼，但直升机没有机翼。所以，有机翼并不是所有飞机的本质特征。

C. 动物学家发现，鹿偶尔也吃肉。不过，如果鹿不是食草动物，它们的牙齿形状将会与它们现有的很不相同。所以，食草是鹿的一个本质特征。

D. 所有的猫都是肉食动物，食肉是肉食动物的本质特征。所以，食肉是猫的本质特征。

E. 有的学生存在厌学的情绪，但大多数学生是热爱学习的。所以，学习仍然是学生的一个本质特征。

05. 一个国家要发展，最重要的是保持稳定。一旦失去稳定，经济的发展、政治的改革就失去了可行性。

上述议论的结构和以下哪项的结构最不类似？

A. 一个饭店，最重要的是让顾客感到饭菜好吃。价格的合理、服务的周到、环境的优雅，只有在顾客吃得满意的情况下才有意义。

B. 一个人，最要紧的是不能穷。一旦没钱，有学问、有相貌、有品行又能有什么用呢？

C. 高等院校，即使是研究型的高等院校，其首要任务是培养学生。这一任务完成得不好，校园再漂亮，设施再先进，发表的论文再多，也是没有意义的。

D. 对于文艺作品来说，最重要的是它的可读性、观赏性。只要有足够多的读者，高质量的文艺作品就一定能实现它的社会效益和经济效益。

E. 一个品牌要能长期占领市场，最重要的是产品质量。一个产品如果质量不过关，广告或包装再讲究，也不能使它长期占领市场。

06. 毫无疑问，向尚没有核武器的国家出售钚是违反国际法的，但如果美国不这样做，其他国家的公司会这样做。

以下哪一项同以上论述在逻辑结论方面最为相似？

A. 毫无疑问，同绑架者谈判是违反警察部门的政策的。但如果警察想阻止生命损失，他们在某些情况下必须同绑架者谈判。

B. 毫无疑问，拒绝登记服兵役是违法的。但在美国有一项历史很久、可以做到尽责地拒绝在军队服役的传统。

C. 毫无疑问，一个政府官员参与一项有明显利益冲突的交易是违法的。但如果将事实调查得更清楚一些，很清楚地看到实际上在被告方面没有利益冲突。

D. 毫无疑问，夜间潜入别人的住宅是违法的。但如果被告不先这样做，总会有别的某个人做夜盗潜入该房子。

E. 毫无疑问，该公司的政策禁止管理者在没有两次书面警告的情况下将雇员解雇。但有很多不遵守这项政策的管理者。

07. 如果Dolores代替Victor的董事长的地位，识字计划的志愿者们将会受益，因为Dolores在获得这个计划所需的财政支持方面比Victor能干得多，并且Dolores没有Victor的喜欢疏远这个计划的最虔诚的志愿者的嗜好。

上面论述中的推论方式与下面哪一个最为接近？

A. 对Dominque来说，乘公共汽车去学校要比坐地铁方便，因为汽车站比地铁离她的家近，并且不像地铁那样不能直达，公共汽车直接到达他们学校。

B. Joshua乘公共汽车而不是坐飞机去他的父母家将更符合他的利益，因为他所关心的是旅行费越少越好，坐公共汽车要比乘飞机便宜得多。

C. Belinda乘地铁去参加音乐会要比坐出租车快，因为音乐会在星期五的晚上举行，而星期五晚上音乐厅附近的交通特别拥挤。

D. Anide若坐火车而不是开车去上班，在财政上就会受益，因为当他开车时，她就必须付停车费，每日的停车费要比往返旅程的火车票价贵。

E. 把汽车票换成火车票对Fred有利，因为他需要在所有其他的参加会谈者之前到会，如果他坐汽车，将至少有一个参会者会比他先到达。

【答案解析】

01. 答案：C

相似比较题。题干论述结构：要么 X 则 Y，要么非 X 则非 Y。

A、B、D 项均是同样的表达方式。

C 项的结构：如果 X 则 Y，因此，如果非 Y 则非 X，这与题干的表达方式不同，因此 C 为正确答案。

02. 答案：B

题干推理模式如下：

P：单靠以前掌握的证据。

Q：不可能证明 Jamison 是欺诈活动的参与者。

非 Q：Jamison 积极参与欺诈活动已被最后证实。

所以，非 P：有进一步的证据（不是单靠以前掌握的证据）。

可见，题干推理结构是：P→Q，非 Q；因此，非 P。

在各个选项中，只有 B 项所用的推理方法与题干的一样。

03. 答案：D

这是一道推理结构类比的考题，题干推理结构上的特点是：一类事物的两个特征成正比关系，把该类事物排序后，在前一特征上排序最高的事物也是在后一特征上排序最高的事物。显然 D 项和题干推理模式最为类似。

04．答案：B

题干推理是：某类事物中的多数具有某种性质，而该类事物中的某个事物没有这种性质，因此，具有这种性质不是这类事物的本质特征。选项 B 与题干推理方法类似。

其余选项均不与题干推理类似。

05．答案：D

题干推理强调了某件事情的关键因素，没有这个关键因素，其他因素再好再多也没用。因此，题干是从必要条件的意义上断定这个关键因素的重要性的。

A、B、C、E 都是类似的推理，都是从必要条件的意义上断定产品质量的重要性的。其中 E 项等价于：如果一个产品没有过硬的质量，那么，广告和其他形式的包装对于某个品牌的产品长期占领市场就起不到实质性的作用。这也强调的是相关条件的必要性。

06．答案：D

题干论述：承认某一行为违反了法律，但它通过预先假定总会有人违反这项法律为该行为提供了一个借口。

这种为自己的非法行为寻找借口的理由显然是不当的。D 项的推理错误与题干类似，因此是正确答案。

其余选项不类似。在选项 A 中，为违反一项政策提出了一个借口，但是，同题干不同，没有预先假定该政策总会被违反。选项 B 和 E 都在没有预先假定违法活动总会发生的情况下，指出发生了违法行为。选项 C 描述了一个案例，在该案例中提到的法律是不适用的。

07．答案：A

题干陈述：因为 Dolores 比 Victor 更能获得这个计划所需的财政支持，并且前者不像后者那样疏远志愿者。因此如果前者代替后者的董事长的地位，志愿者们将会受益。

可见，题干用了比较选择论证法，而且在支持选择一个而不是另一个时用了两个比较。分析发现五个选项也都用了比较选择论证法，但只有 A 项论证用了两个比较，其他选项都只有一个比较。

第八节　描　　述

逻辑描述题并非涉及文章主题，并不是要求从上文中必然推导出什么，而是要求总结题干推理的方法或特点，最基本的问题是直接问上述推理怎样得到，要求考生描述作者推理的构建。描述题主要考查被测试者是否具备这些能力：识别题干论证的推理结构、方法和特点的能力，识别论证如何构建的能力，识别推理缺陷的能力。

一、评价描述

评价描述题要求评价题干论证的推理过程，主要考查被测试者在体会题干推理之后是否具备评价题干论证构建的能力。

■赞成死刑的人通常给出两条理由：一是对死的畏惧将会阻止其他人犯同样可怕的罪行；二是死刑比其替代形式——终身监禁更省钱。但是，可靠的研究表明：从经济角度看，终身监禁比死刑更可取。人们认为死刑省钱并不符合事实，因此，应该废除死刑。

从逻辑上来看，下面哪一项是对题干中论证的恰当评价？

A．该论证的结论是可接受的，因为人的生命比什么都宝贵。

B．该论证具有逻辑力量，因为它的理由真实，人命关天。

C．该论证没有考虑到赞成死刑的另外一个重要理由，故它不是一个好论证。

D. 废除死刑天经地义，不需讨论。
E. 死刑剥夺人的生命，应当予以废除。

[解题分析] 正确答案：C

题干给出了赞成死刑的两条理由，但题干的论证只是反驳了其中一个理由，因此，该论证没有考虑到赞成死刑的另外一个重要理由，故它不是一个好论证。所以，选 C。

■一种流行的看法是：人们可以通过动物的异常行为来预测地震。实际上，这种看法是基于主观类比，不一定能揭示客观联系。一条狗在地震前行为异常，这自然会给他的主人留下深刻印象。但事实上，这个世界上的任何一刻，都有狗出现行为异常。

为了评价上述论证，回答以下哪个问题最不重要？
A. 被认为是地震前兆的动物异常行为，在平时是否也同样出现过？
B. 两种不同类型的动物，在地震前的异常行为是否类似？
C. 地震前有异常行为的动物在整个动物中所占的比例是多少？
D. 在地震前有异常行为的动物中，此种异常行为未被注意的比例是多少？
E. 同一种动物，在两次地震前的异常行为是否类似？

[解题分析] 正确答案：B

本题需要评价的是：震前狗的异常行为和地震是否有确凿的联系。

B 项与此最不相关，因为即使否定此项，也不能削弱题干（即不同类型的动物在地震前的异常行为即使不类似，但只要都有异常行为就能支持题干）。

其余选项与此有关，例如 A 项如果得到肯定则支持题干，如果得到否定则削弱题干。

二、逻辑描述

逻辑描述要求去总结或描述题干推理的方法或特点，以及识别某句话对结论或前提是否起作用或起到什么作用。

■去年经纬汽车专卖店调高了营销人员的营销业绩奖励比例，专卖店李经理打算新的一年继续执行该奖励比例，因为去年该店的汽车销售数量较前年增加了 16%。陈副经理对此持怀疑态度。她指出，他们的竞争对手并没有调整营销人员的奖励比例，但在过去的一年也出现了类似的增长。

以下哪项最为恰当地概括了陈副经理的质疑方法？
A. 运用一个反例，否定李经理的一般性结论。
B. 运用一个反例，说明李经理的论据不符合事实。
C. 运用一个反例，说明李经理的论据虽然成立，但不足以推出结论。
D. 指出李经理的论证对一个关键概念的理解和运用有误。
E. 指出李经理的论证中包含自相矛盾的假设。

[解题分析] 正确答案：C

李经理根据"去年调高奖励比例增加了销售量"，得出结论：新的一年继续执行该奖励比例。

而陈副经理怀疑的根据是：竞争对手并没有调整营销人员的奖励比例，但去年也出现了类似的增长。可见，陈副经理并没有否认李经理的论据，但提出了一个反例，用以说明：销售量的增加并不一定是提高奖励比例的结果。这说明李经理的论据虽然成立，但不足以推出结论。即 C 项正确。

其余各项不恰当。例如 A 项不恰当，有理由认为李经理论证中包含一般性结论：提高奖励可以增加销量；否定这个一般性结论的反例应当是：某家企业提高奖励但没有增加销量。而陈副经理提出的不是这样的反例。

■雌性斑马和它们的幼小子女离散后，可以在相貌体形相近的成群斑马中很快又聚集到一起。研究表明，斑马身上的黑白条纹是它们互相辨认的标志，而幼小斑马不能将自己母亲的条纹与其他成年斑马区分开来。显而易见，每个母斑马都可以辨别出自己后代的条纹。

上述论证采用了以下哪种论证方法？
A. 通过对发生机制的适当描述，支持关于某个可能发生现象的假说。
B. 在对某种现象的两种可供选择的解释中，通过排除其中的一种，来确定另一种。
C. 论证一个普遍规律，并用来说明一特殊情况。
D. 根据两组对象有某些类似的特性，得出它们具有一个相同特性。
E. 通过反例推翻一个一般性结论。

[解题分析] 正确答案：B

题干推理如下：

前提一：雌性斑马和幼小子女能通过黑白条纹辨认又聚集到一起（母斑马辨认幼斑马或幼斑马辨认母斑马）。

前提二：幼小斑马不能辨认自己母亲的条纹。

结论：母斑马都可以辨别出自己后代的条纹。

可见题干的推理相容选言推理的否定肯定式，这实际上是我们所用的排除法。

因此，B项的描述是正确的。

三、缺陷描述

缺陷描述题主要考查体会题干推理之后是否具备识别论证和推理缺陷的能力。题目特点是前提到结论的推理方法或论证方式不正确或有漏洞，阅读和分析时要重点关注从前提到结论的推理过程中所存在的具体缺陷。

■和平基金决定中止对S研究所的资助，理由是这种资助可能被部分地用于武器研究。对此，S研究所承诺：和平基金会全部资助，都不会用于任何与武器相关的研究。和平基金会因此撤销了上述决定，并得出结论：只要S研究所遵守承诺，和平基金会的上述资助就不再会有利于武器研究。

以下哪项最为恰当地概括了和平基金会上述结论中的漏洞？
A. 忽视了这种可能性：S研究所并不遵守承诺。
B. 忽视了这种可能性：S研究所可以用其他来源的资金进行武器研究。
C. 忽视了这种可能性：和平基金的资助使S研究所有能力把其他资金改用武器研究。
D. 忽视了这种可能性：武器研究不一定危害和平。
E. 忽视了这种可能性：和平基金会的上述资助额度有限，对武器研究没有实质性意义。

[解题分析] 正确答案：C

题干结论：研究所遵守承诺，是和平基金会的资助不再会有利于武器研究的充分条件。

C项是另有他因的削弱，事实上，如果和平基金的资助使S研究所有能力把其他资金改用武器研究，那么，即使S研究所遵守"和平基金会的全部资助都不会用于任何与武器相关的研究"的承诺，和平基金会的上述资助就还是会有利于武器研究。

其余选项均不能说明题干结论的条件关系不成立。比如A项，即使研究所并不遵守承诺，题干的结论的条件关系仍然可以成立。

■在一场魔术表演中，魔术师看来是随意请一位观众志愿者上台配合他的表演。根据魔术师的要求，志愿者从魔术师手中的一副扑克中随意抽出一张。志愿者看清楚了这张牌，但显然没有让魔术师看到这张牌。随后，志愿者把这张牌插回那副扑克中。魔术师把扑克洗了几遍，又切了一遍。最后魔术师从中取出一张，志愿者确认，这就是他抽出的那一张。有好奇者重复三次看了这个节目，想揭穿其中的奥秘。第一次，他用快速摄像机记录下了魔术师的手法，没有发现漏洞；第二次，他用自己的扑克代替魔术师的扑克；第三次，他自己充当志愿者。这三次表演，魔术师无一失手。此好奇者因此推断：该魔术的奥秘，不在手法技巧，也不在扑克或志愿者有诈。

以下哪项最为确切地指出了好奇者的推理中的漏洞？

A. 好奇者忽视了这种可能性：他的摄像机的功能会不稳定。
B. 好奇者忽视了这种可能性：除了摄像机以外，还有其他仪器可以准确记录魔术师的手法。
C. 好奇者忽视了这种可能性：手法技巧只有在使用做了手脚的扑克时才能奏效。
D. 好奇者忽视了这种可能性：魔术师表演同一个节目可以使用不同的方法。
E. 好奇者忽视了这种可能性：除了他所怀疑的上述三种方法外，魔术师还可能使用其他方法。

[解题分析] 正确答案：D

题干论述：由于好奇者三次不同方式的观察都没有发现破绽，因此好奇者得出结论"该魔术的奥秘，不在手法技巧，也不在扑克或志愿者有诈。"

D指出：魔术师可能在他几次观察中采用了不同的方法（包括手法、扑克和志愿者）从而使他不能看出破绽，而不能排除魔术师采用了三种方法。比如，他用快速摄像机记录下了魔术师的手法时，魔术师完全可以使用有诈的扑克或志愿者。这样就确切地指出了好奇者的推理中的漏洞。

A、B、C为明显无关选项，排除；好奇者的推断只是说"奥秘不在于手法、扑克和志愿者"而并没有排除魔术师采用其他方法的可能性，因此，E项与题干不矛盾，不能削弱题干。

【专项训练】

01. 科学家：已经证明，采用新耕作方法可以使一些经营管理良好的农场在不明显降低产量、甚至在提高产量的前提下，减少化肥、杀虫剂和抗生素的使用量。

批评家：并非如此。你们选择的农场是使用这些新方法最有可能取得成功的农场。为什么不提那些尝试了新方法却最终失败了的农场呢？

以下哪项陈述最恰当地评价了批评家的反驳？

A. 批评家认为，新耕作方法应该能够普遍推广。
B. 批评家表明，如果大大增加被研究农场的数量，就会得到不同的研究结果。
C. 批评家毫无理由地假定，有些农场失败不是因其土壤质量引起的。
D. 批评家的反驳文不对题，因为科学家旨在表明某种情况可能发生，这与被研究对象是否有代表性无关。
E. 批评家不当预设，采用新耕作方法导致了多数农场的失败。

02. 近年来，有犯罪前科并在三年内"二进宫"的人数逐年上升。有专家认为，其数量递增可能是因为我们的教育改造体制存在缺陷，所以应当改革。我们需要一种既能帮助刑满释放人员融入社会又能监督他们的措施。

对以下哪个问题的回答，与评价该专家的观点不相干？

A. 刑满释放人员走出监狱的大门后是否无法就业，除重操旧业外别无选择？
B. 父母在监狱服刑的孩子的数量是不是多于父母已刑满释放的孩子的数量？
C. 在刑满释放之后，有关部门是否永久剥夺了曾犯重罪的人的投票权？
D. 政府是否在住房、就业等方面采取措施以帮助有犯罪前科的人重返社会？
E. 能否给予刑满释放人员一定的技术、资金支持，帮助他们重新做人？

03. 诸如"善良""棒极了"一类的语词，能引起人们积极的反应；而"邪恶""恶心"之类的语词，则能引起人们消极的反应。最近的心理学实验表明：许多无意义的语词也能引起人们积极或消极的反应。这说明，人们对语词的反应不仅受语词意思的影响而且受语词发音的影响。

"许多无意义的语词能引起人们积极或消极的反应"，这一论断在上述论证中起到了以下哪种作用？

A. 它是一个前提，用来支持"所有的语词都能引起人们积极或反应"这个结论。

B. 它是一个结论，支持该结论的唯一证据就是声称人们对语词的反应只受语词的意思和发音的影响。

C. 它是一个结论，该结论部分地得到了有意义的语词能引起人们积极或消极的反应的支持。

D. 它是一个前提，用来支持"人们对语词的反应不仅受语词意思的影响，而且受语词发音的影响"这个结论。

E. 它是一个结论，支持该结论的证据就是前述的引起人们积极或者消极反应的词语。

04. 心理学者：表达感激的义务通过匿名的方式是不能完成的。不管几个世纪以来社会发生了多大变化，人类的心理主要还是受人际互动的驱使。只有当恩人知道感激来源的时候，感激这种对别人有利的行为，其正面强化人际互动的社会功能才能显示出来。

心理学者关于"表达感激的义务通过匿名的方式是不能完成的"，这一断言在论证中的角色是：

A. 它是对支持结论的某个前提的解释。

B. 它是可能会动摇结论的一个反面事例。

C. 它是用来区分论证中所提到的对社会有益的一个标准。

D. 它是论证想要支持的结论。

E. 它是支持结论的一个。

05. 延长美国的学年，使它与欧洲和日本的相一致的建议经常会遭到这样的反对：削减学校的三个月的暑假将会违反已确立的可追溯到19世纪的美国传统。然而，这种反对却不得要领。确实，在19世纪，大多数的学校在夏季时都放假三个月，但这仅仅是因为在农村地区，成功收割离不开孩子们的劳作。如果任何政策只有迎合传统才是合理，就应该根据经济的需要来确定学年长度。

上述论述通过下列哪项来驳斥异议？

A. 提供证据显示异议依赖于对美国学校传统上每年放假时间的误解。

B. 使历史习惯做法的信息与现在提出的关于社会改变的争论的相关性陷入疑问。

C. 主张从另一方面来理解美国在传统上关于学年长度的实质。

D. 揭示了那年反对延长学年长度的人并不真正关心传统。

E. 说明了传统使美国的学年与其他工业化国家的相一致的做法合理化。

06. 假如我和你辩论，我们之间能够分出真假对错吗？我和你都不知道，而所有其他的人都有成见，我们请谁来评判？请与你观点相同的人来评判。他既然与你观点相同，怎么能评判？请与我观点相同的人来评判，他既然与我观点相同，怎么能评判？请与你我观点都不相同的人来评判，他既然与你我的观点都不相同，怎么能评判？所以，"辩无胜"。

下面哪一项最准确地描述了上述论证的缺陷？

A. 上述论证严重忽视了有超出辩论者和评论者之外的实施标准和逻辑标准。

B. 上述论证有"混淆概念"的逻辑错误。

C. 上述论证中的理由不真实，并且相互不一致。

D. 上述论证犯有"文不对题"的逻辑错误。

E. 上述论证犯有"强词夺理"的逻辑错误。

07. 文娱时评：KTV究竟该不该为歌曲使用付费，到底是KTV该为歌曲使用付钱，还是免费为唱片公司乃至歌手做了宣传从而扯平了，双方各执一词。这就好比"鸡生蛋还是蛋生鸡"，只能是一场无休止的争论。

如果以下哪项陈述为真，最严重地动摇了上述论证的基础？

A. 如果KTV为歌曲使用付费，那些小型的KTV将被淘汰出局。
B. 如果KTV不为歌曲使用付费，唱片公司会因版权问题状告KTV。
C. 在各执一词的两种观点之间，不存在互相依赖的循环关系。
D. 即使KTV为歌曲使用付费，歌曲的词曲作者和演唱者也拿不到钱。
E. 只有KTV为歌曲使用付费，歌曲的词曲作者和演唱者才能拿不到钱。

08. 统计显示，在汽车事故中，装有安全气囊的汽车比例高于未安装气囊的汽车，因此，在汽车中安装完全气囊，并不能使车主更安全。

以下哪项最为恰当地指出了上述论证漏洞？

A. 不加以说明就予以假设，任何安装气囊的汽车都有可能遭遇汽车事故。
B. 忽视了这种可能：未安装安全气囊的车主更注意谨慎驾驶。
C. 不当地假设：在任何汽车事故中，安全气囊都会自动打开。
D. 不当地把发生汽车事故的可能程度，等同于车主在事故中受伤害的严重程度。
E. 忽视了这种可能性：装有安全气囊的汽车所占比例的越来越大。

09. 不管你使用哪种牙膏，经常刷牙将降低你牙齿腐烂的可能性，科学家得出结论：当刷牙时，你通过去除牙齿与牙龈上所形成的牙菌斑薄片减少牙齿腐烂。因此你可以不用加氟牙膏，只要认真刷牙就能告别蛀牙。

下面哪一项是对上面论述推理的一个批评？

A. 用加氟牙膏刷牙表明可以降低牙齿腐烂。
B. 刷牙将减少牙齿腐烂的事实并没有表明氟无价值。
C. 几乎没有人通过刷牙可以充分地消除牙菌斑。
D. 在绝大多数的时间内，人们的牙齿上都有牙菌斑。
E. 科学家关于氟的说法是错误的。

10. 在某些社会的选举办法中，公民可以直接向候选人问问题。这看起来要比我们的选举制度更可靠，因为它准许人们系统地阐述他们自己对候选人的看法，而在我们的选举制度中，那种可以当面系统地阐述自己对候选人的观点的做法，看起来已经被只是用来衡量候选人竞选运动效果的民意调查所取代。

以下哪项如果为真，能表明作者主张采取的选举制度的最严重的缺陷？

A. 选举制度的目的在于选出领导人而不是使公民有强有力的感觉。
B. 让公民直接向候选人问问题，这在逻辑上是不可能的。
C. 在选举中的候选人试图为系统回答所有可能提出的问题做准备。
D. 候选人对所问的问题回答可能会令人满意，却没有人去倾听。
E. 在这个国家，言论自由是根本的，限制候选人在电台发表演说会侵犯他们行使言论自由的权利。

【答案解析】

01. 答案：D
题干中科学家的观点是通过研究发现，提出一种可能的结论，这种结论是不需要普遍适用。所以批评家不应该以不能普遍适用作为理由进行反驳。因此，D项正确。

02. 答案：B
专家观点是：重新犯罪的数量递增可能是教育改造体制存在缺陷，需要一种既能帮助刑满释放人员融入社会又能监督他们的措施。

即专家探讨的是有犯罪前科的人重新犯罪的原因及改进措施。对 A、C、D 项中问题的肯定回答都有助于解释为什么有些刑满释放人员会重新犯罪,均有助于评价专家的观点。

而 B 项在探讨两类孩子数量的多少,与专家的观点无关,故为正确答案。

03. 答案:D

心理学实验表明:许多无意义的语词也能引起人们积极或消极的反应。这说明,人们对语词的反应不仅受语词意思的影响而且受语词发音的影响。

根据题干论述,显然前一句话是一个前提论据,用来支持后面这个结论。因此,D 项正确。

04. 答案:D

心理学者的结论就是:表达感激的义务通过匿名的方式是不能完成的。

理由是:只有当恩人知道感激来源的时候,感激这种对别人有利的行为,其正面强化人际互动的社会功能才能显示出来。

因此,D 为正确答案。

05. 答案:C

题干在驳斥异议时,对异议的论据进行了驳斥,指出在 19 世纪时,学校放三个月的暑假是因为孩子们要参加收割庄稼,很显然 19 世纪时学校放长假是出于经济上的需要。而今天美国已成了一个工业化国家,经济上不再有让孩子们帮助收割庄稼的需要。可见,题干是从另一方面来理解美国在传统上学年长度的实质,因此,C 项是正确答案。

06. 答案:A

题干的观点是:对辩论者双方,不管什么样的评论者都无法进行评判。

题干的论证缺陷就在于严重忽视了有超出辩论者和评论者之外的实施标准和逻辑标准。

07. 答案:C

题干论述:KTV 是否该为歌曲使用付钱,双方各执一词。而这两种观点并不能用"鸡生蛋还是蛋生鸡"来类比,因为这两种观点不是一种互相依赖的循环关系。

08. 答案:D

题干结论:安装完全气囊并不能使车主更安全。

理由是统计发现:在汽车事故中,装有安全气囊的汽车比例高于未安装气囊的汽车。

安全气囊的作用,不在于避免汽车事故的发生,而在于当事故发生时减少车主受伤害的程度。题干论证忽略了这一常识,D 项恰当指出了上述论证漏洞。

有争议的是 B 选项,B 项造成的这个统计现象可能隐藏着其他原因,对题干结论也有所削弱。但它并没有指出题干有前提到结论这一论证过程的漏洞。

09. 答案:B

题干推理是:刷牙能降低你牙齿腐烂,因此可以不用加氟牙膏。

B 项指出,刷牙带来好处并不表明氟没作用,因此起到了批评作用。

其余选项不妥,其中,A 项易误选,但没说明氟的作用,题干已陈述用刷牙能降低牙齿腐烂;C、D 和 E 均为无关选项。

10. 答案:B

题干提到的公民可以直接向候选人问问题的选举制度若在一个选人数很少的国家是可行的,若是选民有几亿就不可行了。B 项指明了论证所蕴含的逻辑矛盾。

第九节 综 合

综合题对前面所述的假设、支持、削弱、解释、推论等各类题型的综合运用,主要包括完成句子和论证题组两大类题目。

一、完成句子

完成句子题型的题目要求完成一个带有空格的推理，包含的空格是该推理的最后一句。完成句子题的题干一般都包含一个完整的推理过程，需要做的是识别这个推理的缺口，这个缺口可能是论据，也可能是论点。完成句子题，找答案需满足：

(1) 在句子意思上要满足问题要求；
(2) 答案必须和题干描述有关系；
(3) 找答案时要注意前后照应，要选最恰当的选项；
(4) 要注意语气上要前后呼应。

■大气和云层既可以折射也可以吸收部分太阳光，约有一半照射地球的太阳能被地球表面的土地和水面吸收，这一热能值十分巨大。由此可以得出：地球将会逐渐升温以致融化。然而，幸亏有一个可以抵消此作用的因素，即：

以下哪项作为上述的后续最为恰当？

A. 地球发散到外空的热能值与其吸收的热能值相近。
B. 通过季风与洋流，地球赤道的热向两极方向扩散。
C. 在日食期间，由于月球的阻挡，照射到地球的太阳光线明显减少。
D. 地球核心因为热能积聚而一直呈熔岩状态。
E. 由于二氧化碳排放增加，地球的温室效应引人关注。

[解题分析] 正确答案：A

虽然太阳能被地球吸收，但 A 项说明地球具有把所吸收的太阳热能向外空散发的能力，这是一种抵消太阳能对地球影响的因素，因此，地球不会逐渐升温以致融化。可见，A 项作为题干的后续最为恰当。

■去年某旅游胜地游客人数与前年游客人数相比，减少约一半。当地旅游管理部门调查发现，去年与前年的最大不同是入场门票从 120 元升到 190 元。

以下哪项措施，最可能有效解决上述游客锐减问题？

A. 利用多种媒体加强广告宣传。
B. 旅游地增加很多的游玩项目。
C. 根据实际情况，入场门票实行季节浮动价。
D. 对游客提供更周到的服务。
E. 加强该旅游地与旅游公司的联系。

[解题分析] 正确答案：C

题干所给信息的要点为：第一，现象是游客减少；第二，事实是门票价格上涨。

既然问题出在门票价格上，解决问题当然还要从门票价格入手，因此 C 项最可能有效解决上述游客锐减问题。

B 项也会起到作用，但所起作用的效果不如 C 项。其他选项都没有涉及门票价格，为无关项。

■在各种动物中，只有人的发育过程包括了一段青春期，即性器官由逐步发育到完全成熟的一段相对较长的时期。至于各个人种的原始人类，当然我们现在只能通过化石才能确认和研究他们的曾经存在，是否也像人类一样有青春期这一点则难以得知，因为：

以下哪项作为上文的后继最为恰当？

A. 关于原始人类的化石，虽然越来越多地被发现，但对于我们完全地了解自己的祖先总是不够的。

B. 对动物的性器官由发育到成熟的测定，必须基于对同一个体在不同年龄段的测定。
C. 对于异种动物，甚至对于同种动物中的不同个体，性器官由发育到成熟所需的时间是不同的。
D. 已灭绝的原始人的完整骨架化石是极其稀少的。
E. 无法排除原始人类像其他动物一样，性器官无须逐渐发育而迅速成熟以完成繁衍。

[解题分析] 正确答案：B

由于任一动物个体的化石只能记录其一个特定的年龄段，而B项断定，对动物的性器官由以发育到成熟的测定，必须基于对同一个体在不同年龄段的测定，因此，显然难以根据化石来确定原始人为类是否也有青春期，而由题干，化石又是研究原始人类的唯一根据，这就使得确定原始人类是否有青春期变得极为困难。可见，B项有力地陈述了题干所提及的这种困难的原因，能恰当地作为题干的后继。

其余各项作为题干的后继均不恰当。比如C项易被误选，许多考生会根据各种生物经历青春期的最低的生长速度不同，推出无法知道它们是否经历青春期的结论；这种推理是错误的，因为虽然生物的种类不同，可以区别对待，但是还是可以验证几种生物是否经历青春期的。

二、论证题组

论证题组就是两到三个题（一般为两个题）基于同一个题干的考题，实际上就是对题干论证关系从不同角度同时考查，能更有效地考查考生的批判性思维能力。

■以下两题基于以下题干：

钟医生："通常，医学研究的重要成果在杂志发表之前需要经过匿名评审，这需要耗费不少时间。如果研究者能放弃这段等待时间而事先公开其成果，我们的公共卫生水平就可以伴随着医学发现更快获得提高。因为新医学信息的及时公布将允许人们利用这些信息提高他们的健康水平。"

(1) 以下哪项最可能是钟医生论证所依赖的假设？
A. 即使医学论文还没有在杂志发表，人们还是会使用已公开的相关新信息。
B. 因为工作繁忙，许多医学研究者不愿成为论文评审者。
C. 首次发表于匿名评审杂志的新医学信息一般无法引起公众的注意。
D. 许多医学杂志的论文评审者本身并不是医学研究专家。
E. 部分医学研究者愿意放弃在杂志上发表，而选择事先公开其成果。

[解题分析] 正确答案：A

钟医生论述：医学成果在发表之前需要经过耗时的匿名评审，如果医学论文即使还没有在杂志发表，研究者就事先公开其成果，公共卫生水平就可以伴随着医学发现更快获得提高。

这一论证显然必须假设A项，否则，如果人们不会使用已公开的相关新信息，那么，钟医生的论述就不成立了。

(2) 以下哪项如果为真，最能削弱钟医生的论证？
A. 大部分医学杂志不愿意放弃匿名评审制度。
B. 社会公共卫生水平的提高还取决于其他因素，并不完全依赖于医学新发现。
C. 匿名评审常常能阻止那些含有错误结论的文章发表。
D. 有些媒体常常会提前报道那些匿名评审杂志发表的医学研究成果。
E. 人们常常根据新发表的医学信息来源调整他们的生活方式。

[解题分析] 正确答案：C

选项C表明，匿名评审常常能阻止那些含有错误结论的文章发表。这意味着，医学成果在发表前就事先公开，可能会包含不少错误结论，公共卫生水平就不见得会伴随着医学发现更快获得提高。这显然有力地削弱了钟医生的论证。

■以下两题基于以下题干：

因为照片的影像是通过光线与胶片的接触形成的，所以每张照片都具有一定的真实性。但是，从不同角度拍摄的照片总是反映了物体某个侧面的真实而不是全部的真实，在这个意义上，照片又是不真实的。因此，在目前的技术条件下，以照片作为证据是不恰当的，特别是在法庭上。

(1) 以下哪项是上述论证所假设的？
A. 不完全反映全部真实的东西不能成为恰当的证据。
B. 全部的真实性是不可把握的。
C. 目前的法庭审理都把照片作为重要物证。
D. 如果从不同角度拍摄一个物体，就可以把握它的全部真实性。
E. 法庭具有判定任一证据真伪的能力。

[解题分析] 正确答案：A

题干断定，一张照片只反映一定的真实而不能反映全部的真实。如果A项为真，即不完全反映全部真实的东西不能成为恰当的证据。从而可以合理地得出结论：照片作为证据是不恰当的。因此，A为题干论证的假设。

(2) 以下哪项如果为真，最能削弱上述论证？
A. 摄影技术是不断发展的，理论上说，全景照片可以从外观上反映物体的全部真实。
B. 任何证据只需要反映事实的某个侧面。
C. 在法庭审理中，有些照片虽然不能成为证据，但有重要的参考价值。
D. 有些照片是通过技术手段合成或伪造的。
E. 就反映真实性而言，照片的质量有很大的差别。

[解题分析] 正确答案：B

题干论证：照片只反映一定的真实而不能反映全部的真实，因此，照片作为证据是不恰当的。其隐含的假设即是：不完全反映全部真实的东西不能成为恰当的证据。如果B项为真，即任何证据只需要反映事实的某个侧面，这就否定了题干论证的隐含假设。因此，有力地削弱了题干论证。

【专项训练】

01. 现在，一个出版商正在为大学教授订作教材提供选择，教授们可以在一本书上删掉他们不感兴趣的章节，增添他们自己选择的材料。

这种选择的广泛应用对下列哪项教育目标的完成贡献最小？
A. 提高一部分学生的特殊兴趣。
B. 提供高级的选修课程，这些选修课程对某一领域所选择的主题进行深入的研究。
C. 保证学生对某一专业课程有系统的理解。
D. 便于介绍某些领域的最新成果。
E. 通过提供生动、有趣的作业，加深学生对该门功课的理解。

02. 对待知识分子的态度，标志着一个民族的文明程度；对待工人和农民的态度，则考验着这个民族的良知与良心。因此＿＿＿＿＿＿

以下哪项论述能最恰当地完成上述论证？
A. 应该给知识分子、工人和农民同等的待遇。
B. 如何对待工人和农民，甚至比如何对待知识分子更重要。
C. 知识分子在待遇方面可以高于工人和农民一倍。

D. 应该善待知识分子，同样也应该善待工人和农民。
E. 知识分子、工人、农民都属于弱势群体。

03. 在智囊团里有这样一个倾向：机构中每一个较低层的成员在把信息传递到上一级机构前，都对信息进行筛选、修改。这样信息被渲染或歪曲以迎合上级的期望。这种倾向的典型例子是东京湾事件。虽然玛多克斯驱逐舰发出了第二条消息以取代第一条消息，并要求给予时间对数据重新估价，但第二条消息被官僚机构截取了。
官僚机构的负责人没有把消息传给总统是因为他们知道他：
下面哪一条能合理地完成上文？
A. 已经知道了第二条消息的内容。
B. 对第一条消息的内容感到满意。
C. 对第一条消息的内容不感兴趣。
D. 已经在第一条消息的基础上做出了决定。
E. 已经在第二条消息的基础上做出了决定。

04. "不可动摇的基础的哲学教条"这一说法一度被一位批评家用于阐述某一政治经济哲学的教条本质，该哲学的追随者在面对把他们的哲学付之于实践的政策失败时，只想出一个反应：设计另一个不同的政策，将其付诸实践。
从上文中可以推导出，假如追随者怎样的话，批评家将会同意？
A. 有勇气不加改变地尝试一个新政策。
B. 抑制住试图把其哲学中的每一点付诸实践。
C. 允许政策的失败导致他们疑问其哲学的基础。
D. 从他们的政策失败推导出政策一定不足以反映他们的哲学。
E. 尽管彻底地失败，仔细分析失败政策表现出仍然有前途的特点。

05. 每年赛尔公司的每一个雇员都必须参加由赛尔公司提供的两个健康保险计划中的一个。一个计划要求雇员自己支付一部分钱，另外一个计划则完全由赛尔公司支付。许多赛尔公司的雇员都参加要求自己支付一部分钱的计划。这个事实并不能表明他们觉得这个计划的好处比另一个不需要雇员付款的计划好处多，因为_____
下列哪一项能最合逻辑地完成以上论述？
A. 要求雇员自己支付一部分钱的计划比赛尔公司以外的公司所提供的一般健康保险计划使加入的雇员的花费显著地少。
B. 只有那些已为赛尔公司工作了至少15年的雇员才有资格参加完全由赛尔公司付款的计划。
C. 目前由赛尔公司提供的两个健康保险计划实际是过去10年中赛尔公司所提供的相同计划。
D. 大多数参加完全由赛尔公司付款的健康保险计划的雇员是小于50岁的。
E. 由赛尔公司所提供的两个计划不仅服务于赛尔公司的雇员，还服务于参加计划的雇员的配偶和孩子。

06. 每次核聚变都会发射出中子。为了检验一项关于太阳内部核聚变频繁程度的假设，物理学家们计算了在核假设正确的条件下，每年可能产生的中子数。他们再从这一点出发，计算出在地球某一特定地点应该经过的中子数。事实上，点数到的经过该地点的中子数要比预计的少得多，看起来这一事实证明了该假设是错误的，除了_____
下列哪一项，如果正确，最能从逻辑上将上段补充完整？
A. 物理学家们应用了另一种方法来估计可能到达该地点的中子数，结果验证了他们最初的估计。
B. 关于太阳核聚变反应频率还存在着其他几种竞争性假设。

C. 太阳内部没有足够的能量来破坏它释放出的中子。
D. 用来点数中子的方法仅发现了约不足10%的通过该地区的中子。
E. 其他星球核聚变反应所发出的中子也到达了地球。

07. 对两个国家的居民平均生活水平的比较可以反映居民获取产品和服务的相对情况。以一国货币表示的其居民的平均收入的可靠数字可以轻易得到。但从这些数字中很难得到平均生活水平的准确比较。因为_____。

下面哪个，如果正确，最好地完成了以上的论证？
A. 通常没有数字来比较为购买一定数量的产品和服务需要花费多少两种不同货币。
B. 同样工作的工资水平，因依赖于文化和纯粹的经济因素而在各国之间相差很大。
C. 这些数字必须用一国的国民总收入除以其人口来计算。
D. 获取产品和服务的相对情况只是决定生活质量的若干相关因素中的一个。
E. 一国居民的财富以及生活水平与他们的收入紧密联系着。

08～09题基于以下题干：

朱红：红松鼠在糖松的树皮上打洞以吸取树液。既然糖松的树液主要是由水和少量的糖组成的，就大致可以确定红松鼠是为了寻找水或糖。水在松树生长的地方很容易通过其他方式获得，因此红松鼠不会是因为找水而费力地打洞，它们可能是在寻找糖。

林娜：一定不是找糖而是找其他什么东西，因为糖松树液中糖的浓度太低了，红松鼠必须饮用大量的树液才能获得一点点糖。

08. 朱红的论证是通过以下哪种方式展开的？
A. 陈述了一个一般规律，该论证是运用这个规律的一个实例。
B. 对更大范围的一部分可观察行为做出了描述。
C. 根据被清楚理解的现象和未被解释的现象间的相似性进行类推。
D. 排除对一个被观察现象的一种解释，得出了另一种可能的解释。
E. 通过对现有知识的掌握来推测未知的事情。

09. 如果以下哪项陈述为真，最严重地动摇了林娜对朱红的反驳？
A. 一旦某只红松鼠在一棵糖松的树干上打洞吸取树液，另一只红松鼠也会这样做。
B. 红松鼠很少在树液含糖浓度比糖松还低的其他树上打洞。
C. 红松鼠要等从树洞里渗出的树液中的大部分水分蒸发后，才来吸食这些树液。
D. 在可以从糖松上获得树液的季节，天气已经冷得可以阻止树液从树中渗出了。
E. 糖松是唯一一种树液中含有糖的树木，别的树木的树液中含有水和糖以外的东西。

10、11题基于以下题干：

研究人员发现，每天食用五份以上的山药、玉米、胡萝卜、洋葱或其他类似蔬菜可以降低患胰腺癌的风险。他们调查了2230名受访者，其中有532名胰腺癌患者，然后对癌症患症的农产品加以分类，并询问他们其他的生活习惯，比如总体饮食和吸烟情况，将其与另外1701人的生活习惯作比较。结果发现，每天至少食用5份蔬菜的人患胰腺癌的概率是每天食用2份以下蔬菜的人的一半。

10. 以下哪一个问题不构成对上述研究结论可靠性的质疑？
A. 受访者在调查中所说的话都是真的吗？
B. 在胰腺癌患者中，男女各占多大比例？
C. 调查所涉及的胰腺癌患者与非胰腺癌患者在生活习惯方面的差异是否有重要遗漏？
D. 胰腺癌患者有没有遗传方面的原因？
E. 532名胰腺癌患者现有的生活习惯是否属于患病之后才形成的？

11. 以下哪一项办法最有助于验明上述研究结论的可靠性？
A. 查明在肉食为主、很少使用以上蔬菜的群体中胰腺癌患者的比例有多大。

B. 研究胰腺癌患者中有哪些临床表现及其治疗方法。
C. 尽可能让胰腺癌患者生活愉快，以延长他们的寿命。
D. 通过实验室研究，查明上述蔬菜中含有哪些成分。
E. 让用以实验用的小白鼠参与到实验中。

12、13 题基于以下题干：

某家长认为，有想象力才能进行创造性劳动，但想象力和知识是天敌，人在获得知识的过程中，想象力会消失，因为知识符合逻辑，而想象力无章可循。换句话说，知识的本质是科学，想象力的特征是荒诞。人的大脑"一山不容二虎"：学龄前，想象力"独占鳌头"，脑子被想象力占据；上学后，大多数人的想象力被知识"驱逐出境"。他们成为知识渊博但丧失了想象力、终身只能重复前人发现的人。

12. 以下哪项是该家长的论述所依赖的假设？
Ⅰ. 科学是不可能荒诞的，荒诞的就不是科学。
Ⅱ. 想象力和逻辑水火不容。
Ⅲ. 大脑被知识占据后很难恢复想象力。
A. 仅Ⅰ。
B. 仅Ⅱ。
C. 仅Ⅰ和Ⅱ。
D. 仅Ⅱ和Ⅲ。
E. Ⅰ、Ⅱ和Ⅲ。

13. 以下哪项与该家长的上述观点矛盾？
A. 如果希望孩子能够进行创造性劳动，就不能送他们上学。
B. 如果获得了足够知识，就不能进行创造性劳动。
C. 发现知识的人是有一定想象力的。
D. 有些人没有想象力，但能进行创造性劳动。
E. 想象力被知识"驱逐出境"是一个逐渐的过程。

14、15 题基于以下题干：

张教授：在南美洲发现的史前木质工具存在于 13000 年以前。有的考古学家认为，这些工具是其祖先从西伯利亚迁徙到阿拉斯加的人群使用的。这一观点难以成立。因为要到达南美洲，这些人群必须在 13000 年前经历长途跋涉，而在从阿拉斯加到南美洲之间，从未发现 13000 年前的木质工具。

李研究员：您恐怕忽视了这些木质工具是在泥煤沼泽中发现的，北美很少有泥煤沼泽。木质工具在普通的泥土中几年内就会腐烂化解。

14. 以下哪项最为准确地概括了张教授与李研究员所讨论的问题？
A. 上述史前木质工具是否是其祖先从西伯利亚迁徙到阿拉斯加的人群使用的？
B. 张教授的论据是否能推翻上述考古学家的结论？
C. 上述人群是否可能在 13000 年前完成从阿拉斯加到南美洲的长途跋涉？
D. 上述木质工具是否只有在泥煤沼泽中才不会腐烂化解？
E. 上述史前木质工具存在于 13000 年以前的断定是否有足够的根据？

15. 以下哪项最为准确地概括了李研究员的应对方法？
A. 指出张教授的论据违背事实。
B. 引用与张教授的结论相左的权威性研究成果。
C. 指出张教授曲解了考古学家的观点。
D. 质疑张教授的隐含假设。
E. 指出张教授的论据实际上否定其结论。

16、17题基于以下题干：

调查表明，每年仅有10%的抽烟者改换烟的品牌。但是生产厂商花费了大约其总收入的10%在杂志上进行香烟促销活动。从其吸引烟民改变品牌的数字来看得不偿失。如果烟草公司放弃广告，从经济角度来看企业也不会坏到哪去。

16. 对吸引烟民改变品牌得不偿失的结论最好的批评是基于下列哪项？
 A. 广告费用的计算基于总收入的百分比，而不是总成本。
 B. 过去的抽烟习惯可以持续到将来。
 C. 假定了烟民对某个香烟品牌的忠诚恒久不变。
 D. 假设了一个烟草生产企业只生产一种品牌的香烟。
 E. 烟草行业总体的数字不一定适用于某个具体的企业。

17. 以下哪项如果正确，最严重地削弱了"烟草公司如停止广告，经济上也不会受损害"的结论？
 A. 烟草广告在许多杂志的广告总收入中占了很大的比例。
 B. 烟草广告有助于吸引初次吸烟的人来弥补那些放弃抽烟的烟民。
 C. 没有结论性的研究表明广告促销的增加和抽烟的增加有联系。
 D. 广告已经成为烟草生产企业的一项重要的商业活动，所以烟草企业不大可能放弃它。
 E. 抽廉价香烟的人通常对品牌的忠诚度比较低。

18、19题基于以下题干：

计算机的操作系统软件正在日益标准化，但是，大量的具有多种用途的商用计算机系统被连接在一起，而且所有的计算机都使用完全相同的操作系统软件，当一个计算机黑客（破坏者）进入一台计算机时，便能自动进入系统中的所有计算机，使用一种称作"病毒"的程序摧毁所有计算机上的数据。如果一个公司能开发出一种操作系统之间略有不同的软件，就可以避免病毒在同一时刻非法侵入所有的计算机，而且这种不同对商用计算机的兼容性不会产生任何影响。所以，有公司来完成这样的操作系统是明智的。

18. 以下哪一项如果为真，强化了上文中的结论？
 A. 计算机操作系统软件的标准化提高了不同商业之间计算机的兼容性。
 B. 修正由于病毒侵入所造成的损害比预防这种损害的费用更加昂贵。
 C. 公司不会因为使用不具有兼容性的计算机操作系统而提高成本。
 D. 有些其他种类的计算破坏性病毒并不依赖网络连接。
 E. 操作系统可以看成是对计算机硬件的扩充。

19. 以下哪一项能从上文中推出？
 A. 如果一个公司没有采用略有不同的计算机操作系统，它将会由于病毒的损害而失去所有的数据。
 B. 如果计算机病毒侵入一台商用计算机，这台计算机的所有数据都会丢失。
 C. 如果一个公司在其网络中采用略有不同的计算机操作系统，它将会提高对其网络的整体保护，但它不能保护每一台计算机不受病毒侵入。
 D. 如果一个公司没有多种用途的计算机连接系统，它们的计算机就不可能防止病毒的入侵。
 E. 如果系统软件使得计算机使用者和其他软件将计算机当作一个整体，就不需要顾及底层每个硬件是如何工作的。

【答案解析】

01. 答案：C

教授们可以对教材任意增删、订作，这样做的结果容易影响学生对某一专门课程的系统学习和理解，因此，C项为正确答案。

02. 答案：D

本题考查的是语意理解。题干断定：

"对待知识分子的态度，标志着一个民族的文明程度"说明应该善待知识分子；

"对待工人和农民的态度，则考验着这个民族的良知与良心"说明应该善待工人和农民。

题干中的两句话用分号隔开，这就是一个并列关系。因此，有理由认为，题干的认证包含的前提是个联言命题：一个民族，既需要文明，也要有良知与良心。因此，D项作为题干论证的结论最为恰当。

B项似乎也有道理，但题干并未断定文明与良知良心，二者中谁更为重要。

A、C项显然均不恰当。

03. 答案：B

题干陈述：机构都对信息进行筛选、修改，这样信息被渲染或歪曲以迎合上级的期望。

因为总统满意第一条，所以为了迎合总统，对于第一条有抵触的第二条就不做上报了。

可见，B项为正确答案。

04. 答案：C

题干陈述：批评家阐述某哲学的教条本质是该哲学基础不可动摇。

那么该哲学的追随者怎样做批评家会同意呢？在面对把他们的哲学付之于实践的政策失败时，不能仅设计另一个不同的政策，而应该疑问其哲学的基础。因此，C项为正确答案。

其余选项均不妥，其中，A项与问题要求不符。B项与题意不符。D项与批评家态度不符。E项也与题意不符。

05. 答案：B

题干论述：两项保险计划，一个要自己付款，一个不要自己付款，两个计划的好处差不多，但是反而参加自己付款的保险计划的人多，题目实际上是要我们找一个原因来解释这个看起来很反常的现象。

B项说明，完全由赛尔公司付款的计划只对为赛尔公司工作了15年的雇员有效，并不是每一个人都可以参加的，这就有力地解释了题干的反常现象，因此，B为正确答案。

A引入无关比较；C、D为明显无关选项；E是说两种计划没什么区别，不能解释题干。

06. 答案：D

题干是让找一个选项说明这一事实不能证明该假设为错误，也就是找一个选项解释为什么点数到的中子数要比预计的少得多。

D项表明，用点数中子的方法仅发现了约不足10%的通过该地区的中子，解释了为什么点数到的比预计的要少，这说明是点数中子的方法不行，而不是原假设错误。所以D为正确答案。

其余选项不妥，比如，A项好像有点道理，但用另一种方法来估计，这不是实际测试。

07. 答案：A

题干结论：从以一国货币表示的其居民的平均收入的数字中，很难准确比较两个国家的居民平均生活水平。

A项表明，通常没有数字来比较为购买一定数量的产品和服务需要花费多少两种不同货币。这显然可有力地解释题干结论，因此A为正确答案。

08. 答案：D

逻辑描述题。朱红认为：红松鼠是为了寻找水或者糖，既然水很容易获得，因此，红松鼠可能是在寻找糖。

可见，朱红的论证方式是：排除了一个被观察现象的一种可能的解释而得出另一种解释。

09. 答案：C

林娜的观点是：红松鼠一定是寻找糖以外的其他什么东西。

理由是：树液中糖的浓度太低了，红松鼠必须饮用大量的树液才能获得一点点糖。

若 C 项为真，即事实上，红松鼠要等从树干的洞里慢慢渗出的树液中的大部分水蒸发掉以后才来吸食这些树液，这样就反对了小李论证的理由，从而从根本上动摇了林娜对朱红的反驳。

A、D 是无关项，B 项对题干也有反驳作用，但强度不如 C 项。

10. 答案：B

选项 A 直接对结论提出质疑，C 和 D 指出其他原因。

至于在胰腺癌患者中男女各占多大比例的问题，对上述研究结论的可靠性没有影响。

11. 答案：A

A 项实际上是做个对比实验。如果以肉食为主很少食用以上蔬菜的群体中胰腺癌患者的比例大，就支持了上述的结论；反之，如果比例很小，就削弱了上述的结论。因此，A 项是个很好的评价。

B、C 项都与评价无关。

D 项是干扰项，但即使查明上述蔬菜中含有哪些成分，题目也没告诉你这些成分的作用怎样。因此，D 项不是好的评价。

12. 答案：E

题干结论：人在获得知识的过程中，想象力会消失。理由是：想象力和知识不相容。

题干只指出想象力的特征是荒诞，如果不假设Ⅰ，不足以说明想象力和知识不相容。可见，必须假设Ⅰ项。

题干只指出知识符合逻辑。如果不假设Ⅱ，不足以说明想象力和知识不相容。可见，必须假设Ⅱ项。

根据题干断定，学龄前脑子被想象力占据，上学后，大多数人的想象力被知识"驱逐出境"，成为知识渊博但丧失了想象力的人。可见，此论述必须假设Ⅲ项。

13. 答案：D

根据题干断定，有想象力才能进行创造性劳动。

其负命题是，没有想象力却能进行创造性劳动。因此，D 项与题干观点矛盾。

14. 答案：B

考古学家的观点是：这些工具是其祖先从西伯利亚迁徙到阿拉斯加的人群使用的。

张教授不同意上述考古学家的观点，其论据是：在从阿拉斯加到南美洲之间，从未发现 13000 年以前的史前木质工具。张教授认为这一论据能推翻考古学家的结论，因为如果在南美洲发现的史前木质工具是其祖先从西伯利亚迁徙到阿拉斯加的人群使用的，那么，在从阿拉斯加到南美洲之间，应该能发现 13000 年以前的史前木质工具。

李研究员认为这一论据不能推翻考古学家的结论。因为在从阿拉斯加到南美洲之间，未发现 13000 年以前的史前木质工具，不等于 13000 年前在从阿拉斯加到南美洲之间一定没有此种木质工具。此种存在过的木质工具可能因为不具备土质条件而腐烂化解了。

因此，两人争论的问题是张教授的论据是否能推翻上述考古学家的结论。

其余概括均不恰当。例如 A 不恰当。题干可以说明，张教授认为，上述史前木质工具是其祖先从西伯利亚迁徙到阿拉斯加的人群使用的，这一观点不能成立；但题干不能说明，李研究员认为这一观点能成立。

15. 答案：D

张教授的隐含假设是：在从阿拉斯加到南美洲之间，如果存在过 13000 年前的木质工具，就应该如同在南美洲那样能被发现。而李研究员反驳了这一假设。

16. 答案：E

题干推理是：厂商花费了总收入的 10% 做广告，但仅有 10% 的抽烟者改换品牌，因此，从其吸引烟民改变品牌的数字来看得不偿失。

E 项表明，"每年只有 10% 的烟民更换品牌"是个整个行业的统计结果，并不是对每个烟草品牌都一样。具体到某个烟草公司可能远大于10%，如果不做广告就可能损失这些客户，这说明做广告不见得是得不偿失的，E是正确答案。

D项不能说明广告有用，因为如果该厂10%的收入做广告的效果是带来10%的抽烟者，那么还是有可能收支相抵，没有带来经济效益。

17. 答案：B

该推理存在着这样一个假设：不管公司放弃还是坚持费用占公司收入10%的广告，那么它的顾客都会且只会减少10%。B项指出，这个广告实际上吸引了新的烟民，否则烟草公司顾客总量的损失会比10%还多，从而驳斥了这个假设的可靠性，这意味着如果不做广告会带来经济上的损害，因此B为正确答案。

18. 答案：B

题干针对计算机的操作系统软件日益标准化所带来的病毒侵犯导致的整体安全问题提出了一个预防措施。

如果预防这种损害的费用要低于修正由于病毒侵犯所造成的损害，这显然有力地支持了题干的结论。

19. 答案：C

题干断定：第一，若所有的计算机都使用完全相同的操作系统软件，当一个黑客进入一台计算机时，便能自动进入系统中的所有计算机，就可以用病毒程序摧毁所有计算机上的数据。

第二，如果一个公司能开发出一种操作系统之间略有不同的软件，就可以避免病毒非法侵入所有的计算机。

由此显然可以推出：如果一个公司在其网络中采用略有不同的计算机操作系统，它将会提高对其网络的整体保护，但它不能保护每一台计算机不受病毒侵入。

附录

最后冲刺

考前最后一个月是复习的重要阶段,是考生最后能把握到的冲刺阶段!临考冲刺的最大特点是时间短、节奏快。本篇精编五套管理类联考逻辑模拟试题,并提供了最新的考试真题,每套试题30道题,每题2分,共60分。每题给出的A、B、C、D、E五个选项中,只有一项是符合试题要求的。每套试题建议做题时间为54分钟,做完后对照答案和解析进行检查。

附录 A　模拟考场

在模拟训练过程中，建议考生给自己规定一个时间，一次集中做一套模拟题，考前做模拟练习时，一定要找出整体、连贯的时间，在不受干扰的环境中进行，注意对时间的把握，一定要掐时间做练习，要控制在规定时间内做完一套题，以此来训练自己的应试能力，必须在规定的时间里做完，只许缩短时间不许超时。通过全真模考，从而有效提升应试能力。

一、模拟试题一

01. 地理学家和历史学家传统地持有这样一个观点：南极洲在1820年左右被首次发现，但是一些16世纪的欧洲地图显示了一个类似于南极大陆的形体，尽管那个时代的探险家从来没有看见过它。因此，一些学者争论说：该大陆必然是被古人所发现并被画在地图上，人们知道古人的地图是欧洲制图师的参考模型。

下面哪一个，如果正确，最削弱学者们的推断？

A. 在现代，谁最先看见南极洲的问题仍然有许多争论，没有人能够提出确切的证据。
B. 在3000～9000年以前，世界比现在暖和，估计极地大陆还较小。
C. 仅有一些16世纪的全球地图显示在南极有大陆。
D. 对古代文明甚至外星人惊人成就的主要归因最终是不可信的或是荒谬的。
E. 古代哲学家认为在南极必须有一块大陆来平衡北极的陆地，以使地球对称。

02. 某种鸟有两种基本变种：有冠的和无冠的。那些生活在仅由有冠的鸟或仅由无冠的鸟组成的鸟群中的鸟倾向于选择一只和它们同一个变种的鸟作配偶。然而，如果一只生活在所有其他成员都是有冠的鸟群中的鸟后来移居到一个混杂的鸟群中，那么不管那只鸟是有冠的还是无冠的，都有可能选择一只有冠的鸟作配偶。这个事实说明一只鸟喜欢选择有冠的鸟还是无冠的鸟作配偶不是由遗传决定的，而是由后天习得的。

下面哪一项，如果正确，最能支持上述论证？

A. 其他品种的鸟也倾向于喜欢那些具有一个或另一个明显身体特征的配偶。
B. 一般来说，有冠变种的鸟和无冠变种的鸟在行为上几乎没有差别。
C. 有冠变种的鸟和无冠变种的鸟都倾向于选择那些大小和年龄都与它们相似的鸟作配偶。
D. 如果一只有冠的鸟被抓获后与其他的鸟分开来饲养，后来又把它放入一个混杂的鸟群中，这只鸟有可能选择一个有冠的鸟作配偶。
E. 如果那个品种的一只鸟被饲养在一群由有冠变种和无冠变种混杂而成的鸟群中，那么这只鸟在选择配偶时不会对某个变种的鸟有所偏好。

03. 要求60个成年人对他们的饮食记日记，日记的内容包括他们吃些什么，在什么时候以及和多少人一块吃。结果发现，在含有酒精饮料的饮食中他们从非酒精类食物来源中摄入的热量比他们在不含酒精饮料的饮食中摄入的热量多175卡。

下面每一项，如果正确，除了哪一项之外都有助于解释摄入的热量的不同？

A. 就餐者在有酒时吃饭用的时间比没酒时用的时间长。
B. 一天中，吃得较晚的饭倾向于比吃得较早的饭丰盛，且吃得较晚的饭包含有酒的可能性大。
C. 在一餐饭中，吃饭的人越多，人们吃得就越多，而且趋向于桌上有酒，吃饭的人就多；桌上没酒，吃饭的人就少。
D. 那些粗心制作且最具吸引力的饭菜倾向于给就餐者提供含有酒精的饮料。

E. 在有酒的饭菜中，总的热量摄入中有相对较多的热量来自碳水化合物，相对较少的热量来自脂肪和蛋白质。

04. 国庆7天长假，许多人选择了外出旅游。关于今年的假期安排，几位同事认为如下考虑比较合适：如果许艳梅去敦煌旅游的话，那么，陆冰冰、邵萍萍和穆念慈都将去敦煌旅游。

假设上述断定是真的，那么以下哪项也是真的？

A. 如果许艳梅不去敦煌旅游，那么陆冰冰、邵萍萍和穆念慈三人中至少有一人不去敦煌旅游。
B. 如果许艳梅不去敦煌旅游，那么陆冰冰、邵萍萍和穆念慈三人都将不去敦煌旅游。
C. 如果陆冰冰、邵萍萍和穆念慈都去敦煌旅游，那么许艳梅将去敦煌旅游。
D. 如果邵萍萍和穆念慈都不去敦煌旅游，那么许艳梅不会去敦煌旅游。
E. 如果穆念慈不去敦煌旅游，那么陆冰冰和邵萍萍不会都去敦煌旅游。

05. 一次重大的博物馆艺术品失窃案是引人注目的，失窃的艺术品明显是经过细心选择的，而这个选择的标准又显然不是艺术品的市场价值。所以，窃贼是专程为迎合某些个别的收藏家私人收藏的口味偷的。

上述论证不言而喻地运用了以下哪项原则？

A. 从对被窃艺术品的选择上看，任何专门偷窃艺术品的窃贼或者为一个已知的个人而为，或者为一组已知的个人而为。
B. 任何一个仅为一个收藏家而为的艺术品窃贼，其选择的方式都是难以用理性分析的。
C. 通过对被窃艺术品的分析，往往可以区分出艺术品窃贼的不同类型。
D. 艺术品窃贼选择偷窃品的方式可能会严重损害剩余收藏品的完整性。
E. 艺术品窃贼偷窃艺术品是为了钱，不是为了欣赏艺术之美。

06. 国家的研究人员发现自从1970年石油价格上升以来，家用能源的消耗量已经下降。他们把几乎所有这方面的下降归结为生活标准的降低和人们日常生活习惯的改变。

如果以下哪项为真，能强化上述结论？

Ⅰ. 由于家庭成员在冬季集中在几个有限的房间里活动，便携式加热器的销量上升了。
Ⅱ. 在冬天，更多的人经常出入诸如图书馆和社区中心这样的公共场所，他们在那里比从前平均花费更长的时间。
Ⅲ. 多于39%的家庭都能通过廉价的方法改善房间的取暖设备以提高其效力，并由此而节省了大量的能源。
Ⅳ. 在比较冷的天气里，至少有59%的家庭保持着比他们所习惯的温度更低的室内温度。

A. 只有Ⅰ和Ⅱ。
B. 只有Ⅰ、Ⅱ和Ⅲ。
C. 只有Ⅰ、Ⅱ和Ⅳ。
D. 只有Ⅱ、Ⅲ和Ⅳ。
E. Ⅰ、Ⅱ、Ⅲ和Ⅳ。

07. 研究显示，在115℃下，将甜玉米分别加热10分钟、25分钟和50分钟后发现，其抗自由基的活性分别升高了22%、44%和53%，因此，加热时间越长的玉米，抗衰老的作用越好。

以下各项如果为真，无法削弱上述结论的是？

A. 加热60分钟后，玉米抗自由基的活性反而降低了。
B. 与甜玉米相比，糯玉米在加热相同时间后，其抗自由基的活性增高的幅度很小。
C. 甜玉米是玉米中比较少见的一种，不具有代表性。
D. 对于玉米来说，并非是抗自由基的活性越高，其抗衰老的作用越好。
E. 对于玉米来说，抗自由基的活性越高，其抗衰老的作用反而降低了。

08. 某餐馆发生一起谋杀案，经调查：

第一，谋杀或者用的是叉，或者用的是刀，二者必居其一。
第二，谋杀时间或者在午夜 12 点，或者在凌晨 4 点。
第三，谋杀者或者是甲，或者是乙，二者必居其一。
如果以上断定是真的，那么以下哪项也一定是真的？
(1) 死者不是甲用叉在午夜 12 点谋杀的，因此，死者是乙用刀子在凌晨 4 点谋杀的。
(2) 死者是甲用叉在凌晨 4 点谋杀的，因此，死者不是乙用叉在凌晨 4 点谋杀的。
(3) 谋杀的时间是午夜 12 点，但不是甲用叉子谋杀的，因此，一定是乙用刀子谋杀的。
A. 仅 (1)。
B. 仅 (2)。
C. 仅 (3)。
D. (1)、(2)、(3)。
E. (2) 和 (3)。

09. 19 世纪的艺术评论家是根据其表现手法的现实性来评判艺术的，并使现实主义的手法发展到了形式现实主义的完美。20 世纪美学革命的成就之一就是去除了这种形式的美学。

从上文可以推断出，20 世纪的美学革命有下列哪个影响？
A. 不再强调现实主义表现手法作为评判艺术作品的价值的考虑因素。
B. 允许现代文艺评论家鉴赏原始艺术的朴实性。
C. 否认了建立在过去艺术上的现实主义表现手法。
D. 加强了看待和评判伟大艺术的传统方法。
E. 允许艺术评论家去理解艺术的发展和本质。

10. 一个随机选择的购物者回答一份营销调查问卷中的问题。六个月以后，另一个停止选择的购物者回答相同的问题，除了这些问题被安排成不同的次序。对许多单个问题的答案有很大不同，因此显示出一个问题有时将得到不同的回答仅仅取决于哪一个问题在它前面。

上面的论述基于下列哪一个假设？
A. 问题的记录并未把每个问题放在与六个月以前不同的前后次序中。
B. 回答营销调查问卷的人通常不记得六个月前他们给出的答案。
C. 第二次调查除了发现问题的顺序是否起作用外没有其他的动机。
D. 调查不包括消费者在一年的不同时间给予不同回答的问题。
E. 第一次购物者抽样调查没有任何人与六个月以后调查中的人相同。

11. 学校成立篮球协会和围棋协会，限于名额，每个学生至多报名参加一个协会。鉴于三 (1) 班已有同学参加了乒乓球队，为了加强智力训练，该班的学生全部报名参加了围棋协会。

如果上面的事实成立，下面各项均可推出，除了：
A. 有的乒乓球队队员是围棋协会的成员。
B. 所有的围棋协会的成员都不是篮球协会的成员。
C. 有的乒乓球队队员不是篮球协会的成员。
D. 三 (1) 班中有的同学既是围棋协会的成员又是乒乓球队队员。
E. 没有乒乓球队队员是篮球协会的成员。

12. 由于冷冻食品的过程消耗能量，因此很多人使他们的电冰箱保持半空状态，只用它们贮存购买的冷冻食品。但是半空的电冰箱经常比装满的电冰箱消耗的能量更多。

下面的哪一项，如果是正确的，最能解释上面描述的明显的矛盾？
A. 冰箱中使一定体积的空气保持在低于冰点的某一温度比使相同体积的冷冻食品保持该温度需要更多的能量。
B. 冰箱的门打开的次数越多，保持冰箱的正常温度所需的能量越多。
C. 当将未冷冻的食品放入冰箱时，冰箱内的一定体积空气的平均温度会暂时升高。

D. 通常保持冰箱半空的人可以使用比该冰箱体积小一半的冰箱,从而很大程度地削减能耗。
E. 只有当冷空气能够在冰箱的冷冻室里自由循环时,电冰箱才能有效地运行。

13. 当将客运和货运服务结合在一起时,铁路服务业会遭受损失。由于铁路服务业把精力分散在货运和客运两种服务上,因而两种服务中的每一种做得都不是特别好。所以,如果铁路服务业要想商业上的成功,就必须全神贯注地经营其中的一个。

为使以上论证在逻辑上是正确的,它必须依赖以下哪项假设?

A. 货运服务与客运服务相互之间几乎没有共同之处。
B. 铁路服务业的首要目标就是获得商业上的成功。
C. 除非铁路服务业使其消费者满意,否则它就不会获得商业上的成功。
D. 如果铁路服务业把精力集中在客运服务上,它将会获得商业上的成功。
E. 铁路的客运和货运服务一定会越来越好。

14. 世界田径锦标赛3000米决赛中,始终跑在最前面的甲、乙、丙三人中,一个是美国选手,一个是德国选手,一个是肯尼亚选手,比赛结束后得知:
(1) 甲的成绩比德国选手的成绩好。
(2) 肯尼亚选手的成绩比乙的成绩差。
(3) 丙称赞肯尼亚选手发挥出色。

以下哪一项肯定为真?

A. 甲、乙、丙依次为肯尼亚选手、德国选手和美国选手。
B. 肯尼亚选手是冠军,美国选手是亚军,德国选手是第三名。
C. 甲、乙、丙依次为肯尼亚选手、美国选手和德国选手。
D. 美国选手是冠军,德国选手是亚军,肯尼亚选手是第三名。
E. 甲、乙、丙依次为肯尼亚选手、德国选手和美国选手。

15. 很多民工之所以带着现金返乡,其中最主要的原因可能还是金融系统的服务还远远不能适应民工的需求。如农村信用社还未真正建立起全国统一的电子汇兑网络,一些经济欠发达地区农村信用社,业务设备、运作手段还十分落后;有些民工选择通过邮局由异地向家乡汇款,但邮局只在乡镇一级的地域设立网点,农民取款往往要往返几十里,极不方便;还有的金融机构的营业网点为了完成存款任务,想方设法不让民工将钱取出,久而久之,民工对这些金融机构便敬而远之。种种因素的存在,决定了民工们像影片《天下无贼》里的傻根一样带现金回家既是心理的偏好,更是不得已而为之。

由此不能推出哪项?

A. 我国农村金融系统很不完善。
B. 改善农村金融服务后,农民喜欢带现金的情况就会改变。
C. 农民们很少光顾农村金融机构。
D. 农民工带现金返乡不仅出于心理习惯。
E. 金融网点想方设法不让民工将钱取出。

16、17题基于以下题干:

P. 任何在高速公路上运行的交通工具的时速必须超过60公里。
Q. 自行车的最高时速是20公里。
R. 我的汽车只有逢双日才允许在高速公路上驾驶。
S. 今天是5月18日。

16. 如果上述断定都是真的,下面哪项断定也一定是真的?

Ⅰ. 自行车不允许在高速公路上行驶。
Ⅱ. 今天我的汽车仍然可能不被允许在高速公路上行驶。
Ⅲ. 如果我的汽车的时速超过60公里,则当日肯定是逢双日。

A. Ⅰ、Ⅱ和Ⅲ。
B. 仅Ⅰ。
C. 仅Ⅰ和Ⅱ。
D. 仅Ⅰ和Ⅲ。
E. 仅Ⅱ和Ⅲ。

17. 假设只有高速公路才有最低时速限制，则从上述断定加上以下哪项条件可合理地得出结论："如果我的汽车正在行驶的话，时速不必超过60公里。"
    A. Q改为"自行车的最高时速可达60公里"。
    B. P改为"任何在高速公路上运行的交通工具的时速必须超过70公里"。
    C. R改为"我的汽车在高速公路上驾驶不受单双日限制"。
    D. S改为"今天是5月20日"。
    E. S改为"今天是5月19日"。

18. 威特里镇的学校董事会计划继续在威特里高中提供拉丁文课程，尽管这些课参加的学生很少。该董事会认为拉丁文课的高成本是值得的，参加拉丁文课可以给需要提高英文水平的学生带来很多好处。
    下列哪一个，假如正确，最反对学校董事会的论述？
    A. 学校的拉丁文老师可以教西班牙语，可以被重新安排到更受欢迎的西班牙语课中。
    B. 需要提高英文水平的学生能够从上其他的语言课中获得上拉丁文课一样的好处。
    C. 在拉丁文课中表现良好的大多数学生在其他课中同样优秀。
    D. 在英语课中表现良好的学生在拉丁文课中表现不佳。
    E. 因为拉丁语在现代世界中的任何地方都不再被广泛使用，即使学者也不能确定其正确发音。

19. 关于选派出国人员，甲、乙、丙三人的意见分别是：
    甲：如果不选派小方，那么不选派小王。
    乙：如果不选派小王，那么选派小方。
    丙：要么选派小方，要么选派小王。
    以下诸项中，同时满足甲、乙、丙三人意见的方案是：
    A. 选派小方，不选派小王。
    B. 选派小王，不选派小方。
    C. 两人都选派。
    D. 两人都不选派。
    E. 不存在这样的方案。

20. 婴儿期的记忆缺失现象，是指婴儿不能记住生命中最初两年或三年里发生的事件，以往对这一现象的解释是：婴儿在这一时期不能形成持久的关于自身经验的表征，即没有相关记忆的存在，因此无法利用早期记忆。但近来的研究却发现事实并非如此，婴儿能够回忆较早的经验，并且在婴儿期内相隔相当长的一段时间内都能回忆。因此，研究者认为并不是所有婴儿都存在记忆缺失现象。
    上述推理中隐含的假设是：
    A. 婴儿的短期记忆优于长期记忆。
    B. 自身经验的表征和记忆密切相关。
    C. 能够回忆相关经验则意味着一定存在记忆。
    D. 记忆缺失常常是由于难以提取记忆线索而引起的。
    E. 婴儿对所要记忆的内容根本不理解。

21. 近年来，以营利为目的的渔民在南大西洋的河虾捕获量的总重量上急剧下降。这个下降主要是由于日益增多的以娱乐性为目的的渔民的竞争,他们能够在河虾成熟的河湾处捕捉到小的河虾。

下面哪一个管制规则将最可能有助于增加以营利为目的的渔民的河虾捕获量?

A. 要求以营利为目的的渔民在河湾处钓鱼。
B. 限制以营利为目的的渔民每季郊游的总次数。
C. 要求以娱乐为目的的渔民在钓鱼时使用大网眼的网。
D. 对以娱乐为目的的渔民被准许捕获的鱼的大小规定一个上限。
E. 允许以娱乐为目的的渔民移出河湾进入南大西洋。

22. 在一次选举活动中,计票人发现,每一个候选人都有选民投了赞成票。

计票人的发现是可靠的,在这一事实基础上,下面五项断定中一定是真实的有几项?

(1) 有的选民投了所有候选人的赞成票。
(2) 没有候选人得到够当选的赞成票数。
(3) 没有选民投了所有候选人的赞成票。
(4) 所有的候选人都得到够当选的赞成票数。
(5) 没有候选人没有得到赞成票。

A. 只有一项。
B. 只有两项。
C. 只有三项。
D. 只有四项。
E. 共有五项。

23. 飞机制造商:我反对你把我们的X-387型喷气机描述为危险的。商业使用的X-387飞机从未坠毁,也未曾有过严重的功能失调。

航空调度员:X-387飞机的问题并不在于其自身,而在于发动起来时会引起空气湍流,给附近的飞行器造成危险的环境。

航空调度员通过下面哪一项对制造者做出了回答?

A. 把制造商的论断特征描述为来自主观兴趣,而不是来自于对事实的客观评价。
B. 把注意力集中于这个事实:制造商对"危险"的阐释太狭隘了。
C. 引用一些制造商把它们当作与争论问题无关而明显忽略的证据。
D. 引用统计证据以反驳制造商的断言。
E. 向制造商对最近空难数量的了解程度提出质疑。

24. 甲:每年数以百计的交通事故都归因于我市街道条件太差,因此必须维修道路以挽救生命。

乙:城市可用少于维修街道的花费来改进其众多运输系统,从而大大减少交通拥挤,这对避免交通事故大有裨益。城市负担不起同时进行两项改善,因此它应该改进众多运输系统,因为减少交通拥挤还有其他好处。

下列哪一个最好地描述了甲和乙争论的观点?

A. 某一问题实际上是否存在。
B. 某一问题怎样出现。
C. 谁负责处理某一问题。
D. 该城市是否有足够的财力来处理某一问题。
E. 城市如何能够最佳地处理某一问题。

25. 如果一个社会能够促进思想和言论的自由,那么在这一段能自由表达思想的时间内,这个社会的创造性将会得到激发。美国在18世纪时创造性得到了极大的激发。因此,很明显美国在18世纪时思想自由得到了极大的激励。

下面的论述除了哪一个之外，都犯了与文中论述同样的推理错误？

A. 对航空业来说，要使航空旅行更安全，机票价格就必须上涨，既然机票刚涨价过，因此我们可以非常确信地认为航空旅行比以前变得更安全了。

B. 我们可以推断出希尔塞得市警察局已提高了它的工作效率。因为希尔塞得市的犯罪率有所下降，众所周知，当警察局的工作效率提高时，犯罪率就会下降。

C. 真正对保护野生动植物感兴趣的人很明显是不会猎取大猎物的；既然她从未猎取过大猎物，并从未打算去猎取它们，因此很明显，她是个真正关心、保护野生动植物的人。

D. 如果一个瓶内的东西可以被安全地喝下，那么这个瓶子就不会被标为"毒品"，所以，既然一个瓶子没被标为"毒品"，那么它里面的东西就可以被安全地喝下。

E. 没有一个所谓的西方民主是真正的民主，因为，如果一个国家是个民主国家的话，每个公民的见解就一定会对政府产生有意义的影响，而这些国家中没有一个国家中每一个公民的意见会有这样的效果。

26. 生理学家发现，人类掌管记忆和思维等高级认知功能的大脑皮层在正常情况下有6层，如果胎儿缺乏一种名叫"Cdk5"的酶，大脑皮质的发育就会变得极为缓慢，无法最终形成正常大脑皮层的层结构，从而严重影响儿童认知发展，一些医药界人士推测，利用这一发现，将有望研发出药物，普遍提高学生的学习能力。

如果以下各项为真，哪项不能质疑上述推论？

A. 人体不能吸收外部补充的"Cdk5"酶。

B. 学生的学习能力主要是通过后天学习获得的。

C. 一些脑部"Cdk5"酶含量高的人学习能力并不突出。

D. 青少年过了脑发育关键期后，补充"Cdk5"酶不起作用。

E. 学生的学习能力完全是由先天的基因决定的。

27. 在除臭剂中，只有白熊牌能提供一次性全天除臭效果，并且只有白熊牌能提供雨林檀香味。

如果上述广告是真的，那么以下哪项不可能是真的？

Ⅰ. 红旗牌除臭剂能提供一次性全天除臭效果。

Ⅱ. 北海牌除臭剂比白熊牌在市场上更受欢迎。

Ⅲ. 洪波浴液能提供雨林檀香味。

A. 只有Ⅰ。

B. 只有Ⅰ和Ⅱ。

C. 只有Ⅰ和Ⅲ。

D. 只有Ⅱ和Ⅲ。

E. Ⅰ、Ⅱ和Ⅲ。

28. 一家公司正在考虑改变其关于日常工作时间的规定。目前，该公司要求所有的员工早上8:00到达并开始工作。提议中的规定会允许员工决定什么时候到，最早从早上6:00，最晚到晚上11:00。

该规定的采用可能降低员工的生产率，如果员工的工作职责要求他们_____。

A. 工作时不受其他员工的妨碍。

B. 每天至少一次和其他公司的员工进行磋商。

C. 把他们的工作交给一位管理人员最后批准。

D. 整个工作日中经常互相联系。

E. 承担需要数日来完成的项目。

29. 公司有人建议，只要员工都在承诺书上签字承诺不迟到，公司就取消上下班打卡制度，如果有人迟到那么所有员工的当月奖金均被扣除。公司采纳了建议，结果还是有员工迟到，但是，员工小刘仍拿到了当月奖金。

从这段文字可以推出：

A. 小刘从未迟到过。

B. 其他员工没有拿到奖金。

C. 公司有人没在承诺书上签字。

D. 迟到的人不是该公司的正式员工。

E. 在承诺书上签字有法律效力。

30. 在最近的一部以17世纪的欧洲为背景的电影中，有男主角自由泳的镜头，而自由泳在20世纪20年代以前的欧洲尚未出现。然而因为看电影的人明显对游泳动作史并不在行，因此对于大多数电影观众来说，这一错误显然不会影响该电影在其他方面所揭示的任何历史真实性。

下面哪一项，假如正确，最削弱已提出的论述？

A. 尽管电影描述了许多未经历史证实的事件，但他因为描述历史事件合乎情理而受到了赞扬。

B. 表现男主角做自由泳的电影场景是对于该电影情节至关重要的营救场景，并且部分场景在倒叙中被第二次放映。

C. 历史电影的制作者，甚至包括那些19世纪的场景的电影制作者，通常在历史的真实性和保持素材让现代观众可接受的需要之间做妥协，就像演员们的说话方式一样。

D. 19世纪20年代的欧洲游泳者所使用的自由泳比现在所教的自由泳效率低且样子笨拙。

E. 在这之间的一部描绘18世纪欧洲海战的影片展现了一个船员以自由泳逃生的场景，这一历史性错误被许多大众性的影评文章所嘲讽。

模拟试题一答案与解析

01. 答案：E

题干根据一个发现，16世纪的欧洲地图上有南极大陆，而欧洲地图是仿照古人画的，因此得到结论：古人发现了南极大陆。

E项表明，那时地图上有南极大陆，并不是古人发现，而是从哲学对称的角度认为那儿应该有大陆，这就以另有他因的方式有力地削弱了题干的结论。

02. 答案：E

题干论述：一只鸟在选择配偶时的行为不是由遗传决定的，而是后天习得的。

E项表明，一只生活在由两种变种组成的鸟群中的鸟在选择配偶时不会对某一个变种的鸟有所偏好，就表明了是这只鸟生活的环境而不是它的遗传特性决定它在择偶时的行为，这就有力地支持了题干论证。

其余选项均不能支持题干论证。其中，D项，反对题干的结论；A、B和C均为无关选项。

03. 答案：E

题干需要解释的现象是：人们在吃有酒的饭菜比没酒的饭菜时，从非酒精类食物中摄入的热量较多。

由于有酒的饭菜与无酒的饭菜相比一般制作精心，也较丰盛，出席的人也较多，因此人们倾向于吃得时间长且吃得多。所以A、B、C和D项都能有助于解释上述现象。

E项表明，在有酒的饭菜中人们倾向于喝更多的酒而不是吃更多的其他食物，这显然不能解释人们在有酒的饭菜中从非酒精类食物中摄入的热量较多，因此为正确答案。

04. 答案：D

题干断定：许→陆∧邵∧穆

根据其等价的逆否命题，陆冰冰、邵萍萍和穆念慈三人中只要至少有一人不去，那么许艳梅就不会去，因此，D项必为真。

根据充分条件假言推理的规则：否定前件不能否定后件，因而推不出A、B必然为真；肯定后件不能肯定前件，因而推不出C必然为真；至于E，无法根据题干进行推导。

05. 答案：C

题干结论是：窃贼是专程为迎合某些个别的收藏家私人收藏的口味偷窃的。理由是：失窃的艺术品明显是经过细心选择的，选择标准显然不是艺术品的市场价值。

该论证原则显然是：通过对被窃艺术品的分析，往往可以区分出艺术品窃贼的不同类型。

06. 答案：C

题干认为家用能源的消耗量下降的原因是生活标准的降低和人们日常生活习惯的改变。

Ⅰ、Ⅱ和Ⅳ项都符合题干意思，只有Ⅲ项指出了别的原因，不能强化题干的结论。

07. 答案：B

题干结论是：玉米加热时间越长则抗衰老作用越好。

理由是：实验显示甜玉米在一定温度和一定时间内，加热时间越长则抗自由基的活性越高。

上述论证成立，必须至少同时满足以下三个前提假设：

第一，加热时间即使超过实验时间，增加加热时间，抗自由基的活性照样提高。

第二，甜玉米具有玉米的代表性。

第三，抗自由基的活性越高，抗衰老的作用就越好。

选项A、C、D分别否定了上述三个假设，因此，削弱了题干。

只有B项为无关项，不能削弱题干结论。

08. 答案：B

题干告诉我们：不是叉，必是刀；不是午夜12点，必是凌晨4点；不是甲，必是乙。这样，专案工具、时间和人物的组合一共有2×2×2＝8种情况。

因此，（1）和（3）的情况都不能必然推出，（2）是必然可推出的。

09. 答案：A

题干论述：20世纪的美学革命是去除了根据表现手法的现实性来评判艺术这种形式的美学。

由此可知：20世纪的美学革命不再强调现实主义表现手法作为评判艺术作品的价值的考虑因素。因此，A项为正确答案。

其余选项均不妥。其中，C项错误，因为题干只是说不再根据表现手法的现实性来评判。

10. 答案：D

题干根据相同问题以不同次序在六个月后向另一随机选择的购物者提问得到了不同的答案，得出结论，问题的次序不同导致了答案不同。

题干认为答案不同的原因是次序不同，但两次问卷相隔了六个月，完全有可能是时间的不同而导致对相同问题的回答不同。D项否定了这种可能，是题干论述必须基于的假设，否则，如果调查包括消费者在一年的不同时间给予不同回答的问题，那么就严重削弱了题干结论。

其余选项均不是假设，其中，A、C项为无关项。B项有支持作用。E项对题干论证起不到任何作用。

11. 答案：E

根据题干断定，只能知道三（1）班参加乒乓球队的学生中没有人是篮球协会的成员，因为该班的学生全部参加了围棋协会，但其他班级的情况就不得而知了，所以E项不能从题干的条件中推出，因此为正确答案。

从"三（1）班有同学参加乒乓球队"和"该班全体学生都报名参加了围棋协会"，可以推出A项：有的乒乓球队队员是围棋协会会员。

从"每个学生至多报名参加一个协会"，可推出B项：所有的围棋协会的成员都不是篮球协会的成员。

从"三（1）班有的同学既是乒乓球队队员又是围棋协会的成员"和"所有的围棋协会的成

员都不是篮球协会的成员",可推出 C 项:有的乒乓球队队员不是篮球协会的成员。

选项 D 可从题干中推出是显然的。

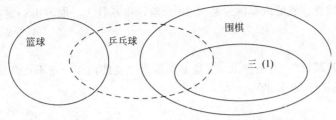

12. 答案:A

题干需要解释的矛盾现象是:半空的电冰箱比装满的电冰箱耗能更多。

A 项表明,一定体积的空气维持于某一温度比相同体积的食物耗能更多,由于半空的电冰箱比全满的电冰箱中所含空气明显要多,这就解释了上面的矛盾。

其余选项都不能起到有效的解释作用。其中,B 项无法说明为什么半空更消耗能量。C 和 E 项仅仅说明电冰箱运作时的一些情况。D 项只是得出一个节约能量的方法,没有解释上面所说的为什么半空更消耗能量。

13. 答案:C

题干结论是:如果铁路服务业要想商业上的成功,就必须全神贯注地经营一种服务。

理由是:铁路服务业同时做货运和客运两种服务,使得每一种做得都不是特别好。

选项 C 的意思是:如果铁路服务业不能使其消费者满意,就不会获得商业上的成功。

若该项不成立,意味着:如果铁路服务业不能使其消费者满意,也能获得商业上的成功。那么即使铁路服务业同时做货运和客运两种服务做得都不是特别好,不能使其消费者满意,也可能获得商业上的成功,那就没必要全神贯注地经营一种服务。

因此,C 项是题干论证成立所必须依赖的假设。

14. 答案:C

"肯尼亚选手的成绩比乙的成绩差","丙称赞肯尼亚选手发挥出色",那么肯尼亚选手不是乙也不是丙,即:肯尼亚选手是甲。

"甲(肯尼亚选手)的成绩比德国选手的成绩好","肯尼亚选手的成绩比乙的成绩差",那么,三位选手的名次和国籍如下:

    乙   >   甲   >   (丙)
(美国)   肯尼亚   德国

因此,C 为正确答案。

15. 答案:B

根据题意可知,民工们带现金回家的原因包括心理的偏好、农村金融服务不完善以及金融网点想方设法不让民工将钱取出等因素都存在。

改善农村金融服务只是改变农民喜欢带现金习惯的一个必要条件而非充分条件,因此,B 项不能被推出。

其余选项均可以从题干推出,其中,C 项也可以从题干合理地推出。

16. 答案:C

条件表达如下:

P. 高速公路→超过 60 公里。

Q. 自行车＜20 公里。

R. 双日←我的汽车在高速公路上。

S. 今天是双日。

选项 I 成立。由条件 P 和 Q 推出。

选项Ⅱ成立。今天是双日，我的汽车只满足上高速公路的必要条件，因此，不能确定是否允许上高速公路。

选项Ⅲ不一定成立。我的汽车时速超过60公里，由条件P，推不出一定在高速路上，也就不一定是双日。

17. 答案：E

如果"今天不是双日"，由条件R，就能必然推出"我的汽车一定不在高速公路上"，那样就能推出，"时速不必超过60公里"。

18. 答案：B

题干论述：董事会计划继续提供拉丁文课的理由是，上拉丁文课可以使提高英文水平。

B项指出，上其他课也可以像拉丁文课一样对英文有益，也就是说，要提高英文水平不一定要上拉丁文课，这就有力地反对了学校董事会的论述。

其余选项均与上述推理无关。

19. 答案：A

甲的意见等价为：如果选派小王，那么选派小方。

再结合乙的意见：如果不选派小王，那么选派小方。

通过二难推理可得：不管是否选派小王，必然要选派小方。

再结合丙：要么选小方，要么选小王。

既然选派小方，那么，一定不能选派小王。因此，A项为正确答案。

也可用选项排除法。A项同满足三人的意见。

B项与甲的意见矛盾。因为甲的意见是"如果不选派小方，那么不选派小王"，等价于"如果选派小王，那么选派小方"。

丙的意见是：小方小王两人中，只能选一个。因此C、D不成立。

20. 答案：C

题干前提：婴儿能够回忆较早的经验，并且在婴儿期内相隔相当长的一段时间内都能回忆。

补充C项：能够回忆相关经验则意味着一定存在记忆。

推出结论：婴儿存在记忆。

21. 答案：C

本题要求寻求选项以增加以营利为目的的渔民的河虾捕获量，因此，方法只能从消除以营利为目的的渔民的河虾捕获量下降的原因入手，而这个原因是由于以娱乐为目的的渔民在河虾成熟的海湾处捕捉到小的河虾。

C项指出，要求以娱乐为目的的渔民使用大网眼的网，这样就可以使小河虾仍然在河中生长繁殖，从而消灭了这个原因，实现了问题目的，因此为正确答案。

其余选项均不妥，比如，D项易误选，但其中"上限"的意思与问题目的刚好相反。

22. 答案：A

题干断定：每一个候选人都有选民投了赞成票。由此可推知：

（1）真假未知，因为从题干断定为真，推不出"有的选民投了所有候选人的赞成票"，尽管可以从后者为真可以推出前者为真。

（2）真假未知，这是显然的。

（3）真假未知，"没有选民投了所有候选人的赞成票"与"有的选民投了所有候选人的赞成票"是相互矛盾的关系，既然后者的真假未知，那么前者的真假也就未知。

（4）真假未知，这也是显然的。

（5）必为真，从题干可推出"没有候选人没有得到赞成票"一定为真。

23. 答案：B

题干中飞机制造商认为，X-387型喷气机不"危险"的理由是该飞机从未坠毁，也未曾有过严重的功能失调。

航空调度员认为 X-387 的"危险"是指给附近的飞行器造成危险的环境。

可见，双方对"危险"的理解不一样，因此，B 项为正确答案。

24. 答案：E

题干中甲认为事故应归因于街道条件，所以甲认为通过修理街道来解决这个问题。

而乙认为事故的原因是交通拥挤，所以乙认为应提高大众运输系统来处理这一问题。

可见，两人争论的观点为 E 项，即城市如何能够最好地处理某一问题。

25. 答案：E

题干推理形式是：如果 P 那么 Q，Q；所以 P。

这是一个充分条件假言推理的肯定后件式，其推理是错误的。选项 A、B、C 和 D 四个选项都犯了同样的推理错误。

E 项的推理是，如果 P 那么 Q，非 Q；所以，非 P。这个推理是正确的。

E 的论述则是由原命题成立推出逆否命题也成立。因此 E 是题干的正确选项。

26. 答案：C

题干陈述：胎儿缺乏"Cdk5"会严重影响大脑皮层发育，因此，有望研发出提高学生的学习能力的药物。

选项 C，一些脑部"Cdk5"酶含量高的人学习能力并不突出，注意学习能力与别人比并不突出，并不代表"Cdk5"酶对自身学习能力的提高没起到作用，完全有可能"Cdk5"酶含量高的人相对自身来说学习能力得到了充分的发展，可见该项不能构成质疑，因此为正确答案。

其余选项均能够质疑上述推论，其中，D 项容易误选，但该项若为真，意味着青少年过了脑发育关键期后，即使补充"Cdk5"酶也不能普遍提高其学习能力，起到了削弱作用。

27. 答案：A

题干断定，在除臭剂中：

（1）白熊牌←能提供一次性全天除臭效果

（2）白熊牌←能提供雨林檀香味

Ⅰ不可能真。由（1），红旗牌除臭剂不可能提供一次性全天除臭效果。

Ⅱ可能是真的。因为题干没有断定能提供一次性全天除臭效果和雨林檀香味是除臭剂在市场上受欢迎的决定性因素。

Ⅲ可能是真的。因为题干只是断定：在除臭剂中，只有白熊牌能提供雨林檀香味。洪波浴液不是除臭剂，完全可能提供雨林檀香味，这并不有悖于题干的断定。

28. 答案：D

该公司正在考虑改变其工作时间的规定，由固定工作制改为弹性工作制。

如果员工的工作职责要求他们在整个工作日中经常互相联系，那么提议中的规定将可能使得经常互相联系受到干扰，从而降低雇员生产率，所以，D 项为正确答案。

其余选项均不妥，其中，A 项易误选，但题干并没有表明"员工自己决定何时到达"是否会"妨碍别的员工"。

29. 答案：C

根据题意，以 P 表示"员工都在承诺书上签字承诺不迟到"；Q 表示"有人迟到"；R 表示"所有员工的当月奖金均被扣除"，则可得出以下条件关系式：

（1）P 且 Q→R

其等价于逆否命题：

（2）非 R→非 P 或非 Q

题干又告诉我们：员工小刘仍拿到了当月奖金，而且还是有员工迟到。即：

（3）非 R 且 Q

由（2）（3）必然可以推出：非P。

即：有人没有在承诺书上签字。

所以正确答案为C。

30．答案：E

题干论述：因为看电影的人并非游泳动作史的行家，因此，这个违背历史的错误不会干扰电影在其他方面所揭示的历史真实性。

E项指出了与论据恰好相对立的一种现象，表明尽管大多数看电影的人不懂它是否与历史相左，但毕竟存在内行人士，而他们可以指出这个错误并广泛传播，就会影响电影的历史真实性。这就有力地削弱了题干论述。

其余选项均不妥。其中，A为无关项；B项，第二次放映与知道错误是两个概念；C项只是提到妥协，却不能对上述论点产生任何影响；D项为无关比较。

二、模拟试题二

01．科学家的研究成果在出版前必须得到官方的确认是没有理由的。社会本身就存在着确认或否认科学发现的体系，也就是其他科学家的重复性研究结果。任何一位科学家的研究成果中所包含的粗劣部分，从粗心的研究报告到欺诈性的行为等，都是无害的，当它们被其他科学家的实验否证时，其谬误就会被暴露并因此而使之无害。

如果以下哪项为真，会削弱上述论证？

A．科学实验要经过许多年才会受到重复性实验的挑战。

B．大多数科学家在大学工作，他们的研究在发表前都要经过同行的复查。

C．大多数科学家都承受着使其研究成果通过重复实验检验的压力。

D．在科学实验中，粗心的研究报告比欺诈行为更常见。

E．重复试验的目的是减小误差。

02．大量减少热量的摄入，如果同时伴随维生素的补充，可使实验室老鼠的寿命延长一倍。喂食40％标准食物量的老鼠的预期寿命是喂食标准食物量的老鼠的两倍。

如果以上信息正确，下列陈述如果正确，除哪项外都将有助于解释喂食比标准食物量少的实验室老鼠活的时间是喂食标准食物量的老鼠的两倍？

A．由于吃得少，降低了老鼠的新陈代谢速度，也就减少了老鼠自身的消耗。

B．低热量的进食延缓了老鼠免疫系统的老化，从而保护老鼠免受一些常会致命的疾病的侵扰。

C．大量减少热量的摄入促使荷尔蒙系统延缓衰老进程。

D．比标准允许量吃得少的老鼠细胞的寿命比正常进食的老鼠的细胞寿命长。

E．伴随着减少了热量的饮食所做的对维生素的补充并没增加饮食中的热量。

03．最近的一则调查报告显示，参加民意测验的人中，有50％的人认为选举产生的官员如被控告有罪时就应辞职，而有35％的人认为只有当选举产生的官员被宣判有罪时，他们才应当辞职。因此，认为选举产生的官员被控告时应该辞职的人比认为选举产生的官员被宣判有罪时应该辞职的人多。

上面的推理有缺陷，因为它：

A．基于人口的一个抽样，做了一个关于整个人口的结论。

B．把充分条件和必要条件相混淆。

C．基于它的一个模棱两可的术语。

D．基于对两个具体信仰询问的回答，做了一个关于某一具体信仰的结论。

E．包含有不可能全部正确的前提。

04. 部分英国医生宣称，他们开始对苹果 IPAD 用户类似重复性劳损的病症进行治疗，这类被戏称为"i伤害"的病症，主要表现为用户的手和点击、触摸屏幕的手指出现各种各样的病痛。专家推测：大多数 IPAD 用户左手拿着平板电脑以保持其稳定，右手食指点击屏幕发送邮件或生成文件。这使得他们有患上诸如重复性劳损、腕管综合征以及其他肌腱伤害的风险。

如果以下各项为真，最能支持上述专家推测的是：
A. 使用 IPAD 的用户患上此类病症的概率比较高。
B. 使用其他品牌平板电脑的用户出现了类似病症。
C. 未普及 IPAD 的地区此类病症出现的概率极低。
D. 使用台式机的用户患上此类病症的概率比较低。
E. 未使用 IPAD 的用户患上此类病症的概率也不低。

05. 有国风、江夏、金力三家投资公司，一家总部在北京，一家总部在上海，一家总部在深圳。三家公司中，一家主营基金，一家主营外汇，还有一家主要在证券二级市场炒作。其中，国风公司不经营基金，江夏公司不在证券二级市场上炒作；主营基金的总部不在上海，主要在证券二级市场炒作的公司总部在北京；江夏公司总部不在深圳。

根据上述事实，请尽可能准确地判断国风公司的主要经营方向：
A. 主营基金。
B. 主营外汇。
C. 主要在证券二级市场炒作。
D. 外汇或是在证券二级市场炒作。
E. 已知信息不足，无法判断。

06. 近来网上出现了一则有关"公务员绿色出行"的报道，即 A 市教育局通过添置公务自行车，使得较近距离的公务活动不再派汽车，从而大幅降低了公务汽车使用率，B 市环保局负责人看了这则报道，认为引进公务自行车能缩减财政开支，于是决定也采取这种做法。

下列哪项如果为真，不能构成上述决定的前提条件？
A. 自行车出行的方式结合 B 城市的地理环境以及道路交通状况是可行又可取的。
B. B 市环保局的公务人员规模和已有公车数量与 A 市教育局相近。
C. 较近距离的公务活动由自行车取代汽车不会影响办公效率。
D. B 市环保局原来的公务活动主要是采用汽车出行的方式。
E. A 市教育局的公务员基本都会骑自行车。

07. 经公安机关讯问，已知下列判断为真：(1) 若甲和乙都是杀人犯，则丙是无罪的；(2) 丙有罪，并且丁的陈述正确；(3) 只有丁的陈述不正确，乙才不是杀人犯。

由此可以推出下列哪项是正确的？
A. 甲、丙是杀人犯。
B. 丙、丁是杀人犯。
C. 甲不是杀人犯，乙是杀人犯。
D. 甲是杀人犯，乙不是杀人犯。
E. 乙、丙是杀人犯。

08. 天津许云鹤一案：许云鹤在驾车行驶途中，遇王老太翻越马路中心护栏，后王老太倒地受伤，许把她扶起。王老太坚称是许将她撞伤。经司法鉴定，许的车没有碰到她。法院一审认为，许见到王老太时离她仅四五米远，她摔倒定然是由于受到许的车惊吓，判决许承担 40％的责任，赔偿王老太 108606 元。

以下哪项陈述最好地指出了该案一审中的纰漏之处？
A. 该判决没有弄清，证据严重不足，有可能王老太先摔倒，许才开车过来。
B. 该判决违背传统道德：像南京彭宇案一样，会使大众不敢向受伤者伸出援助之手。

C. 法官推理悖于常理：王老太违章翻越马路护栏，应该预期机动车道上有车，而受惊吓通常是看到未预期的事物。

D. 该判决颠倒了原因和结果。

E. 该判决会对社会形成错误的导向：宁少一事，不要多事。

09. 现任中国男子足球队教练佩兰，曾在 2007/2008 赛季率领法国里昂队赢得法甲冠军和法国杯冠军，但随即出人意料地离开了这支球队。当时他的信条是：要么绝对信任，要么不干，没有中间路线。

以下哪项陈述最准确地表达了佩兰这一信条的意思？

A. 要干就必须得到绝对信任，否则就不干。

B. 只有得到绝对信任才干，如果不干就是没有得到绝对信任。

C. 只有得到绝对信任才干。

D. 如果得到绝对信任就干。

E. 如果得到绝对信任就干，只有得不到绝对信任才不干。

10. 一个马克木留兵可以敌三个法兰西兵，一个马克木留营和一个法兰西营打个平手；一个法兰西军团可以敌五个马克木留军团。

以下哪项显然不能从上述断定中推出？

A. 整体的力量不等于各部分力量的简单相加。

B. 军事竞争不只是单个士兵战斗力和武器威力的竞争。

C. 军事谋略在战争中起着举足轻重的作用。

D. 整体的力量必然大于各部分力量简单相加。

E. 马克木留兵的个人战斗力一般地要超过法兰西兵。

11. 当学校管理者将教学研究转化为标准化的教学项目并且授权老师使用时，学生学得少并且没有以前学得好，即使老师都是一样的。因此，管理者理论到实践的转换一定有缺陷。

上面的论述基于下列哪一个假设？

A. 老师根据标准化的项目的教学能力有所不同。

B. 标准化的教学项目所基于的教育研究是合理的。

C. 应当由研究者自己把研究转化为教学项目。

D. 教师选择完成项目的方法是无效的。

E. 学生学习的水平随着阶段不同而不同。

12. 毫无疑问，所有年龄低于 18 岁的人都不是教授。此外，众所周知，所有年龄低于 18 岁的人都没有投票权。最后，有些优秀人物是教授，有些优秀人物是拥有投票权的人，并且有些优秀人物是不到 18 岁的人。

如果以上陈述为真，基于此以下哪项必然真？

A. 没有正好 18 岁的教授。

B. 所有的优秀人物或是教授，或者有投票权，或者不到 18 岁。

C. 有些有投票权的人不是教授。

D. 有些教授既不是有投票权的人，也不是优秀人物。

E. 有些优秀人物既不是教授，也不是有投票权的人。

13. 确凿的证据表明：汽车安全座将大大减少儿童在汽车事故中所蒙受的严重伤害，法律已经通过使用这种安全座的条例。出人意料的是，在这之后，人们发现许多使用安全座位的儿童仍然在汽车事故中继续蒙受严重的伤害。而这种伤害正是设计安全座位时刻意要避免的，而且这种座位在预防这些伤害方面实际上已经被证明是有效的。

以下哪一项如果为真，最能充分地解释上文中这个没料到的发现？

A. 许多家长通过不让自己的孩子使用安全座位的做法公然反抗这项法规。

B. 儿童比使用安全座之前更喜欢乘汽车旅行。
C. 儿童安全座的高成本使许多父母拖延安置它。
D. 汽车安全座不能防止所有类型的伤害，所以仍然发生一些伤害并不奇怪。
E. 儿童安全座提供的防护作用有赖于它们被正确地使用，许多父母没有正确使用它。

14. 在几个大国中，讲卡罗尼语言的人占人口的少数。一国际团体建议以一个独立国家的方式给予讲卡罗尼话的人居住的地区自主权，在那里讲卡罗尼话的人可以占人口的大多数。但是，讲卡罗尼话的人居住在几个广为分散的地区，这些地区不能以单一连续的边界相连接，同时也就不允许讲卡罗尼话的人占人口的多数。因此，那个建议不能得到满足。

上述论述依赖于下面哪条假设？
A. 曾经存在一个讲卡罗尼话的人占人口多数的国家。
B. 讲卡罗尼话的人倾向于认为他们自己构成了一个单独的社区。
C. 那个建议不能以创建一个由不相连接的地区构成的国家的方式得到满足。
D. 新卡罗尼国的公民不包括任何不说卡罗尼话的人。
E. 大多数国家都有几种不同的语言。

15. 某局办公室共有 10 个文件柜按序号一字排开。其中 1 个文件柜只放上级文件，2 个只放本局文件，3 个只放各处室材料，4 个只放基层单位材料。

| 1 | 2 | 3 | 4 | 5 | 6 | 7 | 8 | 9 | 10 |

要求：
1 号和 10 号文件柜放各处室材料；
两个放本局文件的文件柜连号；
放基层单位材料的文件柜与放本局文件的文件柜不连号；
放各处室材料的文件柜与放上级文件的文件柜不连号。
已知 4 号文件柜放本局文件，5 号文件柜放上级文件，由此可以推出：
A. 9 号文件柜放基层单位材料。
B. 2 号文件柜放基层单位材料。
C. 7 号文件柜放各处室材料。
D. 6 号文件柜放各处室材料。
E. 3 号文件柜放各处室材料。

16. 高技术使国家的保健费用升高。最近在白内障手术上取得的进步说明了为什么会出现这种现象，特别是在老年人中白内障是导致失明的主要原因。10 年以前，白内障手术不但痛苦，而且不总是有效。现在由于在白内障手术中使用了新技术，因此手术可以使视力得到极大的恢复并且更便宜。这两个因素使医生做白内障手术的次数急剧增加，结果在白内障手术上所花的总的费用升高了。

下面哪一点可以从上述题干中推出？
A. 10 年以前，很少人的白内障手术是成功的。
B. 从长期的观点看，医学技术进步的优点将有可能超过它的缺点。
C. 在白内障手术上的总的花费增加了，这是因为参加手术治疗的人的数量的增加过多地抵消了每起手术费用的降低。
D. 国家的保健费的巨大增加主要是由于老年人对手术需求量的增加。
E. 10 年以前，能付得起白内障手术费的人数比去年的多。

17. 苏格兰科学家在人类历史上首次以无性繁殖即"克隆"(CLONG) 法成功地培养出绵羊"朵丽"，引起国际社会的极大震动。因为这个试验从理论上表明人类可以复制自己。有人从法律、道德、宗教、传统、政府手段等方面说明，无性生殖技术不可能用于人类自身。

以下哪项成立,最能削弱上面的结论?
A. 好奇心和成功欲使得少数科学家不顾一切地把这项试验用于人类自身。
B. 法律难以完备,以至于对从事此类试验的人束手无策。
C. 宗教的影响力不够强大,不足以使人们从心灵上敬畏上帝。
D. 政府削减此项研究的经费的措施不够得力,以至于这项研究得以继续下去。
E. 道德的约束力不够,不足于制止在人类身上进行这种试验。

18. 要想使某项针对一个特定国家的贸易禁运成功,必须维持高水平的国际协调和阻止货物进入或离开该国的能力。若要实行禁运,对帕特瑞阿的港口实行完全的封锁是有必要的,但这样的行动可能导致国际上对禁运的不协调。

如果上述观点成立,将最有力地支持了以下哪个结论?
A. 在封锁事件中意见的不一致可能有利于帕特瑞阿。
B. 只要国际意见一致反对帕特瑞阿,贸易禁运就可能成功。
C. 对帕特瑞阿港口实行海上封锁可以保证没有货物进入或离开帕特瑞阿。
D. 任何针对帕特瑞阿的贸易禁运都可能在某个时候失败。
E. 为使对帕特瑞阿港口的封锁成功,国际上的意见必须一致。

19. 现在许多城市的垃圾地下填埋场正迅速接近其容量限度。这些垃圾可能向地下水中渗透毒素,使之受污染,而不再适合人们饮用。因此,人们不应再用地下填埋的方式处理垃圾,而应尽可能多地将之回收、利用,再把剩余物烧尽。只有这样,才能将垃圾的环境污染控制在最小限度。

以下哪项是上述论点所基于的假设?
A. 未来用地下填埋的方式处理垃圾将比现在更污染环境。
B. 垃圾地下填埋场达到其容量限度之后,将会被关闭,泄漏的毒素因此会减少。
C. 通过回收、再利用方式处理垃圾并不会减少将来环境污染的危险,除非剩余的垃圾能被焚烧尽。
D. 与用地下填埋的方式处理垃圾相比,焚烧垃圾所带来的环境污染较小。
E. 许多城市已经找不到新的垃圾填埋地点,不得不尽可能多地回收、利用垃圾,再把剩余物焚烧掉。

20. 学术和科学期刊价格的飞涨迫使只供学术研究人员使用的图书馆大量削减它们的订量。有些人认为,每一种专业学科期刊的订阅应当只取决于该期刊在本学科的应用价值,而衡量其应用价值的标准则是该期刊的论文被本学科的研究人员在其发表的文章中所引用的次数。

如果以下哪项为真,对上文所描述的建议提出了最严重的质疑?
A. 一个学术或科学期刊的非专业读者群可以通过其文章在报纸和大众化的杂志上被征引的次数而准确地估算出来。
B. 价格越来越高的学术期刊使得供大众使用的非专业性图书馆对它们的订阅越来越少。
C. 如果研究者认为某种杂志刊载的文章没有受到本学科占主流的学科带头人的高度重视,尽管这些文章对他们的研究工作有用,他们通常也不会引用。
D. 在某些专业学科领域,某种期刊的文章所引起的争论会传布到其他杂志的文章中去,并因此而使本学科更多的研究者对之有所了解。
E. 文章的引用次数一定程度上可以反映出研究的热点和潮流。

21、22题基于以下题干:
对法律服务进行广告宣传的限制越少,对其服务进行广告宣传的律师就越多。并且那些对某项服务进行广告宣传的律师通常比那些没有进行广告宣传的律师收费低。所以,如果国家取消目前所有的限制,比如限制没有标明收费标准的广告,消费者的诉讼费用将比保留该项限制的费用低。

21. 如果以上所述是正确的,下面哪一项一定为真?

A. 一些现在进行广告宣传的律师,如果他们不需在广告中标明收费标准,他们可能会对进行了广告宣传的服务项目收取更高的费用。

B. 如果关于对法律服务进行广告宣传的限制越少,更多的消费者就会使用法律服务。

C. 如果禁止那些没有标明收费标准的广告的限制被取消,更多的律师会为他们的服务进行广告宣传。

D. 如果更多的律师在广告宣传中为某些服务标明较低的价格,一些没有进行广告宣传的律师也会对这些服务收取比现在低的费用。

E. 如果关于对法律服务进行广告宣传的限制仅仅是那些对所有类型广告都适用的限制,那么大多数律师会对他们的服务进行广告宣传。

22. 以下哪一项,如果是正确的,将最严重地削弱关于消费者在法律事务中的花费的论述?

A. 国家最近取消了一些其他的对法律服务进行广告宣传的限制。

B. 国家不可能取消所有的仅适用于对法律服务进行广告宣传的限制。

C. 那些不进行广告宣传的律师和那些进行广告宣传的律师提供相同质量的法律服务。

D. 大多数现在在他们的广告宣传中标明了收费标准的律师,即使不要求这种标明,他们也会继续这样做。

E. 大多数为某些服务进行广告宣传的律师并没有在他们开始进行广告宣传时,降低他们对那些服务的收费。

23. 计算机科学家已经发现称为"阿里巴巴"和"四十大盗"的两种计算机病毒。这些病毒常常会侵入计算机系统文件中,阻碍计算机文件的正确储存。幸运的是,目前还没有证据证明这两种病毒能够完全删除计算机文件,所以,发现有这两种病毒的计算机用户不必担心自己的文件被清除掉。

以上论证是错误的,因为它——

A. 没有考虑这一事实:没有被证明的因果关系,人们也可以假定这种关系的存在。

B. 没有考虑这种可能性:即使尚未证明因果关系的存在,这种关系也是存在的。

C. 并没有说明计算机病毒删除文件的技术机制。

D. 用仅仅是对结论加以重述的证据来支持它的结论。

E. 没有把这些病毒的传播途径搞清楚。

24. 张珊说:应该对残忍的杀人犯施以极刑,这是明智的行为。因为这可以阻止可恶的犯罪,并在长时期内使整个社会承受的痛苦减至最小。死刑是一个健全社会的自我防范。

李斯说:你忽视了一条,即一个国家或社会是否有权力剥夺任何一个人的生命。如果没有这样的权力,那么,死刑能否阻止犯罪这一点就无关紧要了。

假设死刑不能阻止犯罪,那么,张珊和李斯的观点将以下面哪一种方式受到影响?

A. 张珊和李斯的观点都不会受到加强或削弱。

B. 李斯的观点受到削弱,张珊的观点得到加强。

C. 张珊的观点受到削弱,李斯的观点不受影响。

D. 张珊和李斯的观点都被削弱。

E. 张珊不受影响,李斯也不受影响。

25. 如果这个城市的政务委员会维持与本年度相同的消费水平,它就可能会在下一年征收2%的销售税。由于政务委员会正在增加他们的开支,因此,政务委员会将征收较高的税。

以下哪项中的推理形式与上述论证中的最相似?

A. 如果建筑成本不增加的话,那么营造商就不会提高房子的价格。因此,如果他们降低房子的价格,他们就会售出更多的房子。

B. 如果商店希望减少扒手,他们就应雇用更多的侦探。因此,如果商店不雇用更多的侦探,他们就会由于丢失货物而蒙受减少利润的损失。

C. 如果公司不增加职工本年度的工资，商品的价格就会维持与去年同样的水平。由于公司增加了职工的工资，因此，他们将会提高商品的价格。

D. 如果航空公司希望创造与去年同样的利润，他们今年就不能涨价。因此，如果他们涨价，他们就应该改善他们的服务。

E. 如果报社想要出版好的报纸，他们就应当雇用好的记者。因此，如果他们雇用了不好的记者，他们的发行量下跌就不奇怪了。

26. 实验发现，将小鼠突然置身于巨大声响（恐惧）中，小鼠大脑杏仁体内特定细胞更活跃，脑内一种特殊"恐惧蛋白"会增加，这种"恐惧蛋白"含量在一定时间达到峰值之后自动消失。进一步实验发现，"恐惧蛋白"的消失归功于一种名为"GluA1"的物质。缺少GluA1的小鼠会保持与巨大声响相关的恐惧记忆，而其他小鼠则不会。因此实验得出结论，研制GluA1类药物可以帮助人们删除痛苦或恐惧等不好的记忆，只留下快乐时光。

下列哪项如果为真，不能质疑上述结论？

A. 小鼠跟人的神经系统差距较大，小鼠实验结果很难应用到人身上。

B. 杏仁体负责掌管焦虑、急躁、惊吓及恐惧等负面情绪的产生和调控。

C. GluA1删除了恐怖记忆，也删除了自我保护的记忆。

D. 长期服用GluA1药物可能导致健忘症。

E. GluA1药物会损害人的记忆细胞，使人失去记忆。

27. 一个人要受人尊敬，首先必须保持自尊；一个人，只有问心无愧，才能保持自尊；而一个人如果不恪尽操守，就不可能问心无愧。

以下哪项结论可以从题干的断定中推出？

Ⅰ. 一个受人尊敬的人，一定恪尽操守。

Ⅱ. 一个问心有愧的人，不可能受人尊敬。

Ⅲ. 一个恪尽操守的人，一定保持自尊。

A. 只有Ⅰ。

B. 只有Ⅰ和Ⅱ。

C. 只有Ⅰ和Ⅲ。

D. 只有Ⅱ和Ⅲ。

E. Ⅰ、Ⅱ和Ⅲ。

28. 张文和李武一起参加考试，他们同样都考完全相同的5门课。张文的最高分是数学、最低分是管理。李武的最高分是管理，最低分是数学。已知，张文的数学高于李武的管理；张文的管理高于李武的数学。但张文的总分却没有李武高。

下述哪项最能合理地解释这种现象？

A. 张文的管理和数学仅比李武的数学和管理各高1分。

B. 张文的英语成绩比李武低。

C. 李武的另外三门功课的成绩都比张文高。

D. 李武的语文与逻辑成绩比张文高10分。

E. 张文的最高分和最低分分别比李武的最高分和最低分高不了多少，而张文的另外三门功课的成绩比李武低得多。

29. 自然资源保护论者相信通过集中进行对某一易于观察的物种，如鸟的聚居地的保护，他们可以保护整个拥有各种生物的地区。这种意见基于下面的观点，即如果某一地区富有某一种生物，那么该地区也会富有其他同气候区的物种。

下列哪项关于一处方圆10公里的温带区的发现最严重地质疑了上述假设？

A. 该地区由于人类活动而造成的破坏及污染很小。

B. 一类生物，比如鸟，在某地数量多的话，就会有数量丰富的食物，如昆虫的存在；若是植物，则有其所需的丰富的土地及水资源。

C. 该地区的面积足够大，可以让本地区的代表生物在此间生存下去。

D. 在蝴蝶种类多的地区与鸟类种类多的地方没有什么重合之处。

E. 在总物种类型越多的地方，稀有物种越集中。

30. 从大理石中散发的放射性氡气使住在用这种石头建造的房屋的居民面临这样的危险：住的时间越长，得肺癌的危险性越大。所以，一旦氡的测量超过每升4皮居里就应该采取措施，这项建议主要基于任何一个人70年的居住。

如果一位65岁的住户从以上信息得出结论，认为无需检测她刚买的新居里的氡浓度，下面选项都能削弱她的理由，除了：

A. 房屋拥有者原来就住在一个氡浓度颇高的地区。

B. 房屋拥有者新家附近的房屋里，氡的浓度大大高于每升4皮居里的最高限度，因此需要尽快采取措施减少该气体对任何居民的影响。

C. 房屋拥有者的孙女最终将继承这间房屋，现在和她的孩子们一起住在那里。

D. 房屋拥有者是个抽烟者，而抽烟增加了接触氡气体的风险。

E. 房屋拥有者的新居地面与那种散发氡气体的石头完全不同。

模拟试题二答案与解析

01. 答案：A

题干认为，任何一位科学家的研究成果中所包含的粗劣部分都是无害的，因为社会本身就存在着确认或否认科学发现的体系。

若A项为真，即科学实验要经过许多年才会受到重复性实验的挑战，这意味着，在许多年前，研究成果中的粗劣部分就会影响别人，也就是有害的，这就严重地削弱了题干论证。

02. 答案：E

本题要求对摄入热量少的老鼠为什么寿命反而更长做出解释。

选项A、B、C和D都通过找他因的办法，从不同的侧面对老鼠吃得少所带来的寿命的延长做了解释。

E项和寿命长短无关，当然就起不到解释作用，因此为正确答案。

03. 答案：B

题干断定：

（1）50%的人认为：被控告有罪时→应辞职

（2）35%的人认为：被宣判有罪时←应辞职

那么，根据条件（1）可知，认为选举产生的官员被控告时应该辞职的人为50%。

而条件（2）是个必要条件，因此，认为选举产生的官员被宣判有罪时应该辞职的人的比例是不知道的。

因此题干论证的推理把充分条件与必要条件相混淆了，所以B是正确答案。

04. 答案：C

专家推测：因为使用IPAD，导致了用户的"i伤害"的病症。

选项C通过未普及IPAD的地区的对比，即没使用IPAD则此类病症出现的概率极低，这就有力地支持了专家的推测。

其余选项不妥，其中，A项的支持力度不足，其他选项起不到支持作用。

05. 答案：C

根据题意：江夏公司不在证券二级市场上炒作；主要在证券二级市场炒作的公司总部在北京；江夏公司总部不在深圳。可推出，江夏只能在上海。

又由"主营基金的总部不在上海,主要在证券二级市场炒作的公司总部在北京"可推出:在上海的主营外汇,在深圳的主营基金。结合江夏在上海,推出:江夏在上海的主营外汇。

再由国风公司不经营基金,结合江夏在上海的主营外汇,推出:国风在北京主要在证券二级市场炒作。

06. 答案:B

B市环保局负责人看到A市公务自行车的措施有效,于是决定引进该措施,以缩减财政开支。

这一决定的前提条件包括A、C、D项,否则,如果A项不成立,则地理环境因素对该方法的有制约,削弱了这一决定;如果C项不成立,则公务自行车会影响办公效率,削弱了这一决定;如果D项不成立,则原来的公务活动不采用汽车,现在换了自行车,也不能大幅降低公务汽车使用率。

只有B项不是上述决定的前提条件。

07. 答案:C

由(2)知丁的陈述正确,结合(3)可推出,乙是杀人犯。

又由(2)知丙有罪,结合(1)可推出,甲或乙不是杀人犯。

08. 答案:C

法院一审判决许承担部分责任的理由是:许见到翻越马路中心护栏的王老太时离她仅四五米远,她摔倒定然是由于受到许的车惊吓。

其纰漏之处显然在于法官推理悖于常理:王老太违章翻越马路护栏,应该预期机动车道上有车,而受惊吓通常是看到未预期的事物。即C项正确。

其余选项不能指出该案一审中的纰漏。比如A项中,王老太先摔倒,许才开车过来,这是司法鉴定过的,故不妥。

09. 答案:B

佩兰的信条是:要么"绝对信任",要么"不干"。可用条件表达为两个条件关系式:

① 绝对信任→¬不干

等价于:¬绝对信任←不干;意思是:如果不干就是没有得到绝对信任。

② ¬绝对信任→不干

等价于:绝对信任←干;意思是:只有得到绝对信任才干。

因此,B项最准确地表达了这一信条的意思。

其余选项都不能同时表达上述两个意思,比如A项前后两句话只表达了同一个意思。

10. 答案:D

根据题干陈述,来分析各选项:

A项,整体的力量不等于各部分力量的简单相加。显然可以从题干推出。

B项,军事竞争不只是单个士兵战斗力和武器威力的竞争。显然可以从题干推出。

C项,军事谋略在战争中起着举足轻重的作用。军事竞争除单个士兵战斗力和武器威力外还包括多种因素,其中军事谋略也起着重要的作用。符合题意,可以从题干推出。

D项,整体的力量必然大于各部分力量简单相加。既然从题干可知,整体的力量不等于各部分力量的简单相加,因此,该项显然不能从题干推出。

E项,马克木留兵的个人战斗力一般地要超过法兰西兵。显然可以从题干推出。

11. 答案:B

题干论述:学生在新教学项目下学得没有以前好,所以,教学研究理论到实践转换有缺陷。

该论述必须基于的假设是:没有其他原因来解释上述事实,即其他方面是没有缺陷的。B项表明所基于的教育研究是合理的,即没有缺陷的,为题干的假设,否则,如果所基于的教育研究是有缺陷的,那么,就不能说明转化是有缺陷,而是教育研究本身的缺陷。

其余选项均不是假设，其中，A 说明不了问题，因为题干已说过老师是相同的。C、E 是无关项。D 是削弱项。

12. 答案：E

低于 18 岁不能是教授也没有投票权，并且有些优秀人物是不到 18 岁的人，因此一定有些优秀人物即不到 18 岁的优秀人物，既不是教授也没有投票权，因此，E 项必然真。

所有年龄低于 18 岁的人都不是教授，但是是否有正好是 18 岁的教授不能确定，A 未必为真；

题干没有排除高于 18 岁的优秀人物不是教授并且没有投票权的可能性，B 未必为真；

题干没有排除有投票权的人也都是教授的可能，C 未必为真；

题干既没有排除教授都是有投票权的可能，也没有排除教授都是优秀人物的可能，D 未必为真。

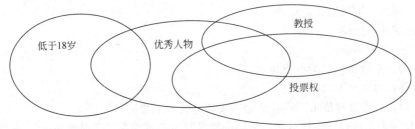

13. 答案：E

题干矛盾在于：一方面，汽车安全座的作用已被确凿的证据所证明；另一方面，使用这种安全座位的儿童仍然在汽车事故中继续蒙受严重的伤害。

E 项表明，汽车安全座没有得到正确的使用，从而不能起到有效的防护作用，这就为上述冲突提供了合理解释。

其余选项都不能起到有效的解释作用。A、B、C 项都脱离了题干。D 项的辩护缺乏针对性。

14. 答案：C

要使题干论证成立，必须假设 C 项，否则，如果那个建议能以创建一个由不相连接的地区构成的国家的方式得到满足，那么，"以一个独立国家的方式给予讲卡罗尼话的人居住的地区自主权"这一建议就有可能成立。

15. 答案：A

根据题干信息，"1 号和 10 号文件柜放各处室材料"，"4 号文件柜放本局文件，5 号文件柜放上级文件"后，题干中"两个放本局文件的文件柜连号"可得本局另外一个文件柜不可能是 5，那么只能是 3。又根据题干要求"放基层单位材料的文件柜与放本局文件的文件柜不连号"，所以 2 号文件柜不能放基层文件，那么只剩 6、7、8、9 四个文件柜空，所以这四个柜子必然是基层文件。处室的另外一个文件只能是 2。列表如下：

1	2	3	4	5	6	7	8	9	10
处	(处)	(局)	局	上	(基)	(基)	(基)	(基)	处

所以 9 号柜必然是基层文件，答案为 A。

16. 答案：C

题干观点是：高技术使国家的保健费用升高。其以白内障手术为例来说明，新的技术使白内障手术的成功率提高，且使手术费用下降，因此新技术吸收了更多的白内障患者，其结果使总的医疗费用升高。

由此可推知，总的医疗费用升高一定是由于增加的人数所花的医疗费超过了所有手术费下降所节省的医疗费，因此 C 项是正确答案。

其余选项都明显不能从题干中合理地推出。

17. 答案：A

题干中有人断定：从法律、道德、宗教、传统、政府手段等方面来看，无性生殖技术不可能用于人类自身。

A项表明，好奇心和成功欲使得少数科学家不顾一切地把这项试验用于人类自身，显然，好奇心和成功欲超出了法律、道德、宗教、传统、政府手段的约束范围，而难以或不能约束的东西迟早有一天就会出现的，这就有力地削弱了题干的结论。

其余选项均不妥，其中，选项B认为对从事此类试验的人难以制定完备的法律加以制止或予以制裁，但法律是可以逐步完备的；同理，选项C、D、E分别从宗教、政府手段、道德等方面的不够完善来说明这一问题，但这些方面都是可以逐步完善的。

18. 答案：D

由题干，列出以下关系式：

(1) 禁运成功→协调

(2) 禁运→可能不协调

由(1)得：不协调→禁运不成功 (3)

由(2)得：协调→不禁运 (4)

由(3)(4)二难推理推出：或者禁运不成功，或者不禁运。

这符合D项的说法，任何针对帕特瑞阿的贸易禁运都可能在某个时候失败。

19. 答案：D

题干前提：人们不应再用地下填埋的方式处理垃圾，而应尽可能多地将之回收、利用，再把剩余物烧尽。

补充D项：与用地下填埋的方式处理垃圾相比，焚烧垃圾所带来的环境污染较小。

题干结论：只有这样，才能将垃圾的环境污染控制在最小限度。

其余选项均不是假设。A项，与用减轻环境污染的办法去处理垃圾这个问题无关。B项，与题意不合。C项，是对题干论点的反驳。E项，与减轻环境污染不直接相关。

20. 答案：C

题干的建议是：每一种专业学科期刊的订阅应当只取决于该期刊在本学科的应用价值，而衡量其应用价值的标准则是该期刊的论文被本学科的研究人员在其发表的文章中所引用的次数。

选项C表明，文章中所引用的次数主要受学科带头人的重视程度的影响，而并非受在本学科的应用价值的影响。这就严重地削弱了题干的建议。

21. 答案：C

题干断定：第一，对法律服务进行广告宣传的限制越少，进行广告宣传的律师就越多。第二，进行广告宣传的律师收费相对较低。第三，如果国家取消对没有标明收费标准的广告的限制，诉讼费用将降低。

选项C与题干意思完全一致，因此为正确答案。

其余选项均超出题干断定范围。

22. 答案：E

如果E项为真，即大多数为某些服务进行广告宣传的律师并没有在他们开始进行广告宣传时，降低他们对那些服务的收费。在这种情况下消费者在法律事务中的花费没有减少，这就直接削弱了题干论述，E是正确答案。

其余选项均不妥，其中，A项不能削弱，因为没有把最近限制的取消同消费者在法律事务中的费用联系起来。B项没有削弱该论述，因为该论述同哪些限制实际上保留下来无关，而仅关注哪些限制将要被取消。C和D项同评价该论述无关，该论述考虑从费用的角度分析，不考虑法律服务的质量或律师的广告内容。

23. 答案：B

题干论证：目前还没有证据证明这两种病毒能够完全删除计算机文件，所以，发现有这两种病毒的计算机用户不必担心自己的文件被清除掉。

这实际上犯了诉诸无知的谬误。目前还没有证据证明这两种病毒能够完全删除计算机文件，并不能排除它们能够完全删除计算机文件的可能性。可见，B 项正确地指出了题干论证的错误。

24. 答案：C

张珊认为，死刑可以阻止可恶的犯罪；

李斯认为，关键是一个国家或社会是否有权力剥夺任何一个人的生命。

25. 答案：C

题干推理形式是：如果 P，则 Q；非 P，所以非 Q。

26. 答案：B

题干通过小鼠的试验，得出结论：研制 GluA1 类药物可以帮助人们删除痛苦或恐惧等不好的记忆，只留下快乐时光。

选项 B，对杏仁体的解释，补充说明题意，无法构成质疑，因此为正确答案。

其余选项均能质疑题干结论，其中：

选项 A，小鼠跟人不一样，那么对小鼠管用但对人不一定管用，直接构成质疑。

选项 C，GluA1 删除了恐怖记忆，也删除了自我保护的记忆，那就不能做到只留下快乐时光，质疑结论。

选项 D，长期服用 GluA1 药物可能导致健忘症，说明快乐时光也可能不能留下，质疑结论。

27. 答案：B

把题干陈述的条件关系，可表达为如下充分条件关系：

受人尊敬→保持自尊→问心无愧→恪尽操守。

由此，可判断各个论断：

Ⅰ成立，因为肯定前件可以肯定后件；

Ⅱ成立，因为否定后件可以否定前件；

Ⅲ不成立，因为肯定后件不能肯定前件。

28. 答案：E

题干断定：

第一，张文的数学和管理两门课的合计成绩高于李武。

第二，张文五门课的总分低于李武。

从中必然可以推出：张文的另外三门功课的成绩比李武要低。

因此，E 项可合理地解释上述现象。

姓名	高分→低分			
张文	数学		三门课	管理
李武	管理		三门课	数学

29. 答案：D

题干论证的假设为：如果某一地区富有某一种生物，那么该地区也会富有其他同气候区的物种。

D 项表明，如果某一地区富有种类多的蝴蝶，就不会富有种类多的鸟类，是上述假设的一个反例，严重地质疑了上述假设。

30. 答案：E

题干所述"这项建议主要基于任何一个人 70 年的居住"的意思是，放射性氡是一种慢性中毒，对大多数人来说必须居住70年才有实质性的病变。一位65岁的住户由此得出结论：无需检测新居里的氡浓度。

E项表明，新居地面不是那种散发氡气体的石头，说明新居里没有氡或者氡含量极少，因此，无需检测，这就支持了该住户的结论。

其余选项都从不同角度有助于说明应该检测她刚买的新房子里的氡浓度，即都削弱了该住户的结论。比如，C项，她孙女及孩子会继承那个房屋，意味着他们很可能会住70年。

三、模拟试题三

01. 社会习俗影响人性格的形成这个主张已经被普遍接受了。这种说法只把个人当成社会影响的顺从的接受者，个性完全是社会的产物，在生活中任何一个方面，个人的性格都会被社会的管理所改变。而犯罪之所以存在，据说是因为社会在某些方面没有能够尽到使每个人都过上富足的生活这一责任。然而，尽管极端贫穷会迫使人去偷盗是事实，但很明显，有些人不管社会如何善待他们，他们仍然会去犯罪。

下列哪一项被上文所描述的教条所暗示？

A. 社会习俗可以像他们形成人格一样反映人格。
B. 社会对人格的影响最强烈地被富人感觉到。
C. 财富集中于某些特权阶层的手中是犯罪存在的原因。
D. 引进社会改革是最可能削减犯罪的方法。
E. 对犯罪不严厉的惩罚将可能导致更多的犯罪。

02. 如果你爬山，你就不会长寿。但是，除非你爬山，否则你会感到活得厌烦。所以，如果你长寿，你将会感到活得厌烦。

以下哪项中的推理与上述论证中的最相似？

A. 如果你不试着去游泳，你就不能学会游泳。但是，如果你不会游泳，你在船上就不安全。所以，你一定要试着去游泳。
B. 如果你不打高尔夫球，你在周末就不愉快。但是，除非你周末放松，否则你下周就会感到很疲惫。所以，若要有一个愉快的周末，就必须通过打高尔夫球来放松。
C. 如果你为你的候选人工作，就不会提高你的吉他演奏技巧。但是，除非你为你的候选人工作，否则你就会忽视你的工作职责。所以，如果你提高了你的吉他演奏技巧，你就会忽视你的工作职责。
D. 如果你不训练，你就不会成为一个优秀的运动员。但是，除非你训练，否则你会易于感到疲劳。所以，如果你训练，你就不会易于感到疲劳。
E. 如果你花光了你的钱，你就不会变得富有。但是，除非你花光了所有的钱，否则你会饿肚子。所以，如果你变得富有，你就不会饿肚子了。

03. 唯有为拯救一个人的生命而撒谎在道德上才是站得住的。不过，大多数人撒谎并不是因为一个生命处于危险中，而是为了避免说真话所带来的不愉快后果。所以，大多数谎话在道德上是站不住脚的。

下面选项中的哪一个推理过程最类似于上面论证中的推理过程？

A. 死刑是站得住脚的，如果它能够吓阻人们去剥夺另一个人的生命。但最终证明，死刑并不能有效地起到这样的吓阻作用，所以，死刑是站不住脚的。
B. 死刑是站得住脚的，唯有我们确知，被指控的嫌犯确实犯有杀人罪。但在许多情形下，没有犯杀人罪的人也被指控犯有该罪行。所以，在许多情形下，死刑是站不住脚的。
C. 死刑唯有不能促成对最大数量的人民的最大的善，在道德上才是错误的。但是，宗教圣典并不把死刑谴责为道德上错误的。因此，死刑对最大数量的人民带来了最大的善。

D. 如果谋杀案中的被告被判决有罪，且不能合理地提出抗告，就可以实施该法律所能允许的最大惩罚。但是，大多数谋杀案中的被告并没有被判决有罪而不能提出合理的抗告，所以，很少实施最大的惩罚。

E. 对犯有暴力罪的人实施体罚是站得住脚的，当且仅当体罚能够改变那个人未来的行为。但是，对犯暴力罪的大多数人实施体罚，不是为了改变他们未来的行为，而仅是为了实施复仇。所以，大多数体罚的判例都是站不住脚的。

04. 国家教育部门策划了一项"全国重点院校排列名次"的评选活动。方法是：选择 10 项指标，包括对学生的思想政治教育、学校的硬件设施（校舍、图书馆等）、博士硕士点的数量、在国外发表论文的年数量、在国内出版发表的论著论文的年数量等。每项指标按实际质量或数量的高低，评以从 1～10 分之间某一分值，然后求得这 10 个分值的平均数，并根据其高低排出全国重点院校的名次。

以下各项都是对上述策划的可行性的一种质疑，除了：

A. 各项指标的重要性不一定都是均等的。
B. 有些指标的测定，例如学生的思想政治工作，是难以准确量化的。
C. 有些专业和学科之间存在不可比关系，例如：我国马克思主义哲学的论文，由于众所周知的原因，是很难在西方世界发表的。
D. 学校之间在硬件设施上的差异，有些是历史造成的，有些是国家投入的多寡造成的，不是该校自己的当前行为所造成的。
E. 出版或发表的论著论文数量较多，不一定质量就较高；反之，数量较少，不一定质量就较低。

05. 科学观测表明：（1）全球正在变暖，并且南极冰块正在融化；（2）如果没有人类的破坏性活动，那么臭氧空洞就不会扩大。

有关专家根据卫星云图和其他资料分析出：（1）如果科学观测两项都准确的话，那么南极冰块没在融化；（2）如果科学观测至少有一项不准确的话，那么全球没有变暖，臭氧空洞正在扩大；（3）科学观测两项中至少有一项是准确的。

根据有关专家的分析，可以推出：

A. 全球正在变暖。
B. 南极冰块正在融化。
C. 臭氧空洞不会扩大。
D. 存在人类的破坏性活动。
E. 北极冰块没有融化。

06. 莱德地区与地中海的东部接界，在史前时代，这个地区的人口相当稠密。尽管具有相同气候的莱德北部地区的人口仍相当稠密，莱德南部的人们却在 6000 年前离弃了这个地方。最近，考古学家假定南部莱德人口的突然减少起因于开伐森林引起的经济崩溃。

如果上面的陈述是正确的，且考古学家的假定也是正确的，那么下面哪一条不可能正确？

A. 直到 6000 年以前，南部莱德人放牧的绵羊和山羊大量地吃本地秧苗树种的和幼苗。
B. 在生产石灰时要用到树，直到 6000 年以前整个南部莱德的人都广泛地使用石灰这种建筑材料。
C. 从北部莱德发现的有机物遗物可靠地表明，在南部莱德被遗弃的那段时间内，北部莱德地区的树木繁茂，没有受到打扰。
D. 碳元素确定的来自南部莱德地区的有机物遗物的日期可靠地表明，在 6000 年以前那个地区没有森林。
E. 因为在南部莱德地区挖出的建筑物中很少有采集的石头或泥砖的遗迹，所以很有可能在 6000 年以前，那儿的建筑物几乎全都是用木材建的。

07. 为了创办世界一流的名校,国家拨出专款,较大幅度提高甲、乙两所大学的教员工资。作为该项举措的结果,出现了两个显著拉开:第一是显著拉开了甲、乙两所大学和全国其他大学的教员收入差距,前者的平均值是后者的10倍以上;第二是显著拉开了甲、乙两校中教员的收入差距,最高等级是最低等级的10倍以上。

以下各项如果为真,都能说明上述举措的负面影响,除了:

A. 甲、乙两校中的教员将面临空前未有的巨大压力。

B. 其他院校的骨干将不可避免地向甲、乙非正常流动,从而影响我国教育的总体发展。

C. 其他院校的学术大家的收入,很可能不如甲、乙的一般教员,这无疑是一种分配不公。

D. 在甲、乙两校中,分配等级区分过细,相应的评定工作难度极大,并不可避免出现疏漏而导致许多人为的矛盾。

E. 为稳定教员队伍,其他院校纷纷自筹或动用各种资金以提高教员收入,这不可避免地将打乱某些院校基本建设的合理布局。

08. 有关专家指出,月饼高糖、高热量,不仅不利于身体健康,甚至演变成了"健康杀手",月饼要想成为一种健康食品,关键要从工艺和配料两方面进行改良,如果不能从工艺和配料方面进行改良,口味再好,也不能符合现代人对营养方面的需求。

由此不能推出的是:

A. 只有从工艺和配料方面改良了月饼,才能符合现代人对营养方面的需求。

B. 如果月饼符合了现代人对营养方面的需求,说明一定从工艺和配料方面进行了改良。

C. 只要从工艺和配料方面改良了月饼,即使口味不好,也能符合现代人对营养方面的需求。

D. 没有从工艺和配料方面改良月饼,却能符合现代人对营养方面需求的情况是不可能存在的。

E. 除非从工艺和配料方面改良了月饼,否则不能符合现代人对营养方面的需求。

09. 去年,埃塞俄比亚从世界银行得到了25亿美元的贷款,它的国民生产总值GNP增长了5%;今年,埃塞俄比亚向世界银行提出两倍于去年的贷款要求,它的领导人并因此期待今年的国民生产总值将增加10%。但专家认为,即使上述贷款要求得到满足,埃塞俄比亚领导人的期待也很可能落空。

以下各项如果正确,都将支持专家的意见,除了:

A. 去年该国5%的GNP增长率主要得益于农业大丰收,而这又主要是难得的风调雨顺所致。

B. 埃塞俄比亚的经济还未强到足以吸收每年30亿美元以上的外来资金。

C. 埃塞俄比亚不具备足够的重工业基础以支持每年6%以上GNP增长率。

D. 对发展中国家来说,外来资金对国民生产总值增长的促进作用怎么估计也不过分。

E. 外来资金对国民生产总值增长的促进作用在很大程度上依赖于国际国内环境。

10. 晶晶的父母正在分析孩子为什么会发生肥胖。

父亲说:"我看孩子的肥胖是由于她不爱运动引起的。"

母亲说:"我听说只有大量脂肪堆积在体内才会引起肥胖。所以我看孩子的肥胖还是因为她吃的脂肪太多引起的,和运动不运动没有关系。"

下列哪项可以说明母亲对父亲的反驳是不对的?

A. 吃过多的含高脂肪的食物确实可以导致肥胖。

B. 现在的孩子普遍营养过剩,又不只是他们一个孩子的问题。

C. 现在的孩子确实没有原来的孩子喜欢运动了。

D. 不爱运动就容易导致脂肪大量堆积在体内。

E. 因为孩子肥胖以后,运动起来会很累,所以一般越胖的孩子越不爱运动。

11. 美国交通部公布的统计数字表明，接近80%的交通死亡事故具有以下特点：第一，车速低于每小时50英里；第二，出事地点在距肇事者家25英里之内。因此，如果你在美国驾车时速高于50英里并且超出你家方圆25英里之外，那么，你是较为安全的。

以下哪项，如果是真的，最为有力地削弱了上述论证的结论？

A. 在导致死亡的交通事故肇事者中，75%是年轻人。
B. 在因车速超过法定时速而被捕的人中80%是酒后驾车者。
C. 全国每年的交通死亡事故中，50%发生在6个周末，这6个周末被认为是交通高风险周末，因为它们包括全国的节日。
D. 交通部的统计数字的来源是各种警察局的报告。
E. 一天中只有凌晨1时至3时，才允许汽车超过时速50英里或者超出司机家方圆25英里。

12、13题基于以下题干：

新学年刚开始，有些刚入学的新生当上了学生会干部。在奖学金的评定中，所有来自上海的学生都申请了本年度奖学金，所有学生会干部都没有申请本年度奖学金。

12. 如果以上断定为真，以下哪项也必定为真？

A. 所有新生都是上海人。
B. 有些新生申请了本年度奖学金。
C. 所有新生都是上海人。
D. 有些新生不是上海人。
E. 有些学生会干部申请了本年度奖学金。

13. 如果将题干的断定中"有些刚入学的新生当上了学生会干部"改为"所有刚入学的新生都当上了学生会干部"，并且假设这些断定都是真的，那么，以下哪项必定是假的？

A. 某些来自上海的学生是新生。
B. 并非所有学生会干部都是新生。
C. 所有新生都没有申请本年度奖学金。
D. 有些新生不是上海人。
E. 所有来自上海的学生都不是学生会干部。

14. 美国实业界有一种观点对政府干预持绝对否定的态度，认为政府干预增加了实业的经营成本，减弱了有效竞争。他们举出像货运、航空、电信这样一些实业，政府的放松或放弃干预明显地增加了经济效益。这种观点忽略了另外一些实业部门，例如金融业，其中政府的干预和规范是不可缺少的。如果没有政府的干预，美国就不可能渡过20世纪30年代的金融危机。

以下哪项是以上反驳所使用的方法？

A. 对论敌的动机提出质疑。
B. 指出论敌的论证所使用的概念前后不一致。
C. 指出论敌的基本假设是一种主观臆造，没有客观依据。
D. 指出论敌所举的实例不具有否定政府干预必要性的典型意义。
E. 举出反例来驳斥论敌的一般性结论。

15. 两位大妈听说有帮助困难学生完成学业的致远学校。正在议论一个邻居的孩子王小伍能否进这所学校读书。

张大妈说："王家的人均收入每月不足500元，这在北京来说，真够困难的，我看王小伍能进致远学校读书。"

李大妈说："我看不一定，听说王小伍学习成绩不太好，上次期末考试他有三门功课不及格呢。"

李大妈的看法如果成立，必须有以下哪项假设？

A. 致远学校只招收本地区的学生。

B. 作为致远学校的学生要品学兼优。
C. 只有家庭经济困难的学生才能进入致远学校学习。
D. 作为致远学校的学生不一定非得家庭经济困难。
E. 仅仅家庭经济困难，还不够进入致远学校学习的条件。

16. 美国公映了一部影片《深海喋血》，剧情为一伙恐怖分子劫持了一艘核潜艇，以向华盛顿发射核弹为要挟，要美国政府提供一亿美元经费，为此，美国国防部人员与恐怖分子在核潜艇内展开了一场生死搏斗。一位了解内情的人士看了这部影片后说该影片的剧情毫无根据，恐怖分子即使控制的是货真价实的核弹，也没有对华盛顿构成实质性的威胁，因为根据美国宪法，发射核武器的按钮都必须全部控制在总统手里。

以下各项如果为真，都能对该人士的见解提出质疑，除了：

A. 美国政府每年要耗费巨资来排除核武器被非法启用的各种潜在可能性。
B. 该核潜艇从设计、制造到劫持，都是在非法状态下进行的。
C. 该核潜艇携带的核弹的威力，足以摧毁整个华盛顿。
D. 美国历史上有总统因严重渎职损害国家利益而受到弹劾。
E. 世界各国违宪事件的发生，不乏其例。

17. 同为工科院校的大学甲比大学乙的教学质量要高，因为大学甲每年不能获得学位的学生比例要低于大学乙不能获得学位的学生比例。

这个推理包含了下面哪些预设？

Ⅰ．大学甲和大学乙的课程设置完全相同。
Ⅱ．两所大学的成绩评定标准完全一致。
Ⅲ．大学甲的学生比大学乙的学生素质高。
Ⅳ．有多大比例的学生能获得学位是评判一个大学教学质量的重要标准。

A. Ⅰ、Ⅱ和Ⅲ。
B. Ⅰ、Ⅱ和Ⅳ。
C. Ⅱ、Ⅲ和Ⅳ。
D. Ⅰ和Ⅲ。
E. Ⅲ和Ⅳ。

18. 这个出土陶器可以确定为古希腊米诺时期的文物。陶器表面饰画上女性的服饰，特别是刻意表现的赤裸的乳房，还有所描绘的人物、动物，以及公牛的突出形象，都有力地说明这是那个时期的文物。这些因素，再加上黑色半透明的釉子——这只能是在封闭的窑中低温煅烧的结果，更增加了上述结论的说服力。

以下哪项是上述议论含有的前提？

A. 陶器表面饰画上女性的服饰对于确定文物的年代十分重要。
B. 公牛在大多数古文化时期都是一种重要的动物。
C. 艺术品中对女性裸体的成功表现是古希腊艺术的突出成就。
D. 古希腊米诺时期女性普遍习惯半裸身体。
E. 古希腊米诺时期已掌握了封闭窑中低温煅烧的技术。

19. 当且仅当竞争对手甲退出投标时，对手乙就会报一个较高的价位，我方也才不会在第一轮就被淘汰。当且仅当我方在第一轮竞争中就被淘汰之后，第一轮轮空的强有力对手丙才会在第二轮报价。当且仅当对手丙报价时，才会出现强劲对手丁不战退出的情况，或者出现另一个对手误报一个相当的高价的情况，或者两种情况都出现。

如果已知的信息是丁退出了第二轮竞争，下面哪项一定是事实？

A. 我方通过了第一轮的竞争。
B. 竞争对手乙首轮报价过高。

C. 竞争对手甲没有退出投标。
D. 竞争对手丙第二轮没报价。
E. 竞争对手误报了一个高价。

20. 某企业最近开发出一种体积很小的洗碗机。该公司总经理向新闻界介绍该产品的时候说:"这种洗碗机有出口欧美市场的前景,因为西方国家的单身家庭越来越多,这种体积小、价格低的洗碗机最适合于这种家庭。"

下列哪项陈述有利于反驳上述观点?
Ⅰ. 洗碗机在国内市场的销售前景很好。
Ⅱ. 单身家庭并不一定是收入少的家庭。
Ⅲ. 双亲家庭一般需要大洗碗机。

A. 仅Ⅰ。
B. 仅Ⅱ。
C. 仅Ⅰ和Ⅱ。
D. 仅Ⅲ。
E. 仅Ⅱ和Ⅲ。

21. 据某国卫生部门的调查显示:城市居民心脑血管疾病的发病率是农村的近3倍。有人断言,这要归咎于城市中人们的高脂肪、高蛋白、高热量的食物摄入。相对来说,农村较少有人具备生这种"富贵病"的条件。其实,这种看法很难成立,因为它忽略了如下事实:目前城市的人均寿命高于70岁,而农村则不到50岁。

以下哪项,如果为真,最能加强上述反驳?
A. 统计资料显示,目前心脑血管疾病患者呈年轻化趋势。
B. 统计资料显示,心脑血管疾病患者相对集中在中老年年龄段,即45岁以上。
C. 相对于农村来说,城市的人们具有较多的防治心脑血管疾病的常识和较好的医疗条件。
D. 大致说来,一个人的寿命越长,在其有生之年患某种疾病的概率越高。
E. 农村人们的高脂肪、高蛋白、高热量食物的摄入量,无论是总量还是人均量都在逐年增长。

22. 对于掌握一种语言来说,不仅仅要能听会说,真正的理解还要依赖于关于世界的"综合知识"。要使电脑理解一般句子的含义是非常困难的,因为"教"电脑某种人类语言规则通常很容易,但是要教会它所谓"综合知识"就很困难了。

以下哪项可由上文中推导出来?
A. 对一般语句的理解要依赖一个人的背景知识和经验。
B. 学会了某一语言规则的电脑能够理解用那种语言说出的话。
C. 费力去"教"电脑某种语言的形式规则是毫无用处的。
D. 为了理解某些简单语句,说这种语言的人有时必须对这种语言的形式规则置之不理。
E. 那些能理解一些一般语句的电脑具备了说那种语言的基本能力。

23. 各电视台、报纸、杂志经常统计和公布固定播放的各栏目的收视率及观众的性别、年龄和受教育的情况,这对于广告策划人员和想要进行广告宣传的企业都是十分有用的。

下述哪项如果为真,则最能有力地支持上文的推论?
Ⅰ. 广告策划人员在制作广告时,应预估有多少人可能会看到它。
Ⅱ. 广告要想引导消费、推介商品,其内容和形式必须注意要有针对性。
Ⅲ. 电视台和其他宣传媒介采用的抽样调查的办法,其可靠性是一个需要研究的问题。
Ⅳ. 受教育的程度是能够影响一个人对于广告信息的理解的。

A. 仅Ⅰ、Ⅱ、Ⅲ。
B. 仅Ⅱ、Ⅲ、Ⅳ。

C. 仅Ⅰ、Ⅲ、Ⅳ。
D. 仅Ⅰ、Ⅱ、Ⅳ。
E. Ⅰ、Ⅱ、Ⅲ、Ⅳ。

24. 公司需要招聘一位有经验的有价证券组合管理人，最终入围最后面试的是三个人：赵、钱和孙。三个人中，笔试成绩最差的，是赵；面试成绩最好的，是钱；最后总成绩最好的，不是孙。已知，笔试、面试和总成绩中，三个人的排列顺序没有一次完全相同。三个成绩排序，有一个人的顺序始终未变。

请问三个人的总成绩由低到高的排列顺序。

A. 已知信息不完全，无法作出准确判断。

B. 钱、孙、赵。

C. 钱、赵、孙。

D. 以上条件矛盾，没有符合条件的顺序。

E. 赵、孙、钱。

25. 两位教授在讨论人造宇宙飞船的未来。

罗教授：人造宇宙飞船没有什么前途，因为在实现空间飞行的手段中，人造宇宙飞船在成本上最为昂贵。

周教授：没有哪一种人类的飞行器有过人造宇宙飞船这样好的安全记录：25年来只发生过2次事故。因此，人造宇宙飞船确实会很有前途。

以下哪项是对周教授针对罗教授观点所进行的论辩在逻辑上最好的评价？

A. 如果周教授的论辩给出的证据是真实的话，他是试图证明罗教授的论据是错误的。

B. 周教授的论辩提出了一个比罗教授的结论更有价值的观点。

C. 周教授的论辩没有能够针对罗教授的观点，因为他没有能够揭示是否空间飞行可以先于宇宙飞行资金的筹集。

D. 周教授的论辩没有针对罗教授的观点，因为他假定人造宇宙飞船进行空间飞行没有任何其他的困难，而困难问题正是罗教授的观点。

E. 周教授的论辩指出了罗教授的论据与结论之间的很大的分歧。

26、27 两题基于以下题干：

在美国，政府保障所有个人的银行储蓄，以防银行倒闭。一位经济学家认为，正是这一保障措施，使得美国的银行倒闭率非常高。由于个人储蓄得到保障，民众不再注意银行本身的风险，如果储户对银行倒闭的问题更敏感，各家银行将为竞争而更注意防范风险。

26. 这位经济学家是以以下哪个选项为假设的？

A. 巨额贷款不能回收是银行倒闭的主要原因。

B. 相当多的储户都会把钱分别存在不同的银行中。

C. 储户手中钱越多，选择银行越审慎。

D. 不同的银行提供不同的利率不是银行倒闭的主要原因。

E. 储户有能力判断哪家银行的风险更小。

27. 以下哪个选项最有效地削弱该经济学家的观点？

A. 在政府提供个人储蓄保障之前，银行的倒闭率比现在低。

B. 如果政府不向个人储户提供这种保障，更多的银行会因为储户不敢储蓄而倒闭。

C. 调查表明，绝大多数的储户都知道他们的储蓄是得到政府的保障的。

D. 政府对个人储蓄的保障是有上限的，但很少有储户的储蓄能超过这一界限。

E. 银行的风险，取决于他们资产中贷款所占的比例和每一笔贷款的风险。

28. 医生甲、乙、丙可治病 L、M、N、O。医生甲只能治其中的一种病；医生乙不能治 M 病；O 病不能由医生丙治；L 病和 O 病由同一个医生治；每种病只有一个医生能治。

根据以上对事实的陈述，以下哪个判断为假？
A. 医生甲不能治 O 病。
B. 医生乙只能治其中一种病。
C. 医生丙不能治 L 病。
D. 根据以上事实无法判断出哪位医生能治 M 病。
E. 根据以上事实无法判断出哪位医生能治 N 病。

29. 甲、乙两个人之间发生了以下一段对话：

甲：国营公司 X 三年前被民营公司 Y 兼并，现在盈利状况很好，这说明私有制企业的效益要比国有企业的好。

乙：不对，仔细分析 X 公司的有关经营资料可以发现，在 X 公司被 Y 公司兼并前，X 公司调整了领导班子，从那以后不久 X 公司就开始盈利了。

以下哪项指出了甲的推理中的一个破绽，而乙在反驳甲时又抓住了这个破绽？
A. X 公司的盈利可能是暂时的。
B. 甲所认为的原因可能发生在甲陈述的结果之后。
C. 对 X 公司的盈利并没有提出准确的数据支持。
D. 甲仅仅根据一个公司的资料就片面地得出了"私有制企业的效益要比国有企业的好"这样的一般性结论，未免过于草率。
E. 国有企业不等于国营公司，民营公司不等于私有企业。

30. 目前有人设计了一种安装在汽车中的气袋，它能够直接在撞车事故发生时迅速自胀，减轻乘员在碰撞时的承受压力，从而避免死亡。设计者认为气袋应该像安全带，安装在每一辆新汽车里面。有人对此持反对意见，认为安装气袋设施将增加新汽车的成本，使得国产汽车在竞争时处于不利的地位，因为外国政府并没有要求它们的汽车制造商也给新汽车安装气袋。

下面哪一项如果为真，则最能削弱上述反对意见的论证？
A. 大多数接受调查的汽车司机都认为气袋并没有比安全带增加更多的效能。
B. 在十分之九的汽车事故中，使用安全带都最大限度地减少了伤亡。
C. 根据对气袋的测试，其质量合格率几乎达 100%。
D. 要求安装气袋的规定同样也适用于进口汽车。
E. 气袋的研制已经引起了越来越多的国家的注意。

模拟试题三答案与解析

01. 答案：D

题干论述：教条认为个性是社会化的产物，可以被社会管理而改变，而且，社会环境和个性影响了犯罪。

由此可见，上文所描述的教条暗示了引进社会改革是最可能削减犯罪的方法。因此，D 项为真。其余选项均超出题干范围。

02. 答案：C

题干的推理形式是：

如果 P（爬山），则 Q（不会长寿）；

如果非 P（不爬山），则 R（活得厌烦）。

所以，如果非 Q（长寿），则 R（活得厌烦）。

这是个有效的推理，在诸选项中，只有 C 项的推理形式与题干一致。

03. 答案：B

题干陈述：唯有为拯救一个人的生命而撒谎在道德上才是站得住的。大多数人撒谎并不是因为拯救一个人的生命。所以,大多数谎话在道德上是站不住脚的。

该推理结构为:只有 P 才 Q,非 P,所以,非 Q。

各选项中唯有 B 项与题干推理结构一致。

04. 答案:D

题干论述:国家教育部门策划的评选活动是:以 10 项指标分值的平均数对全国重点院校排列名次。

D 项表明,学校之间在硬件设施上的差异是历史或国家投入造成的,不是该校自己的当前行为所造成的。但评选活动是就各重点院校的当前状况而言,并不涉及这种状况形成原因,离开学校的当前状况,就构不成对这项评选活动的质疑,因此 D 为正确答案。

其余选项均能起到削弱策划的可行性的作用,其中:

选项 A 认为,各项指标的重要性不一定都是均等的,那么题干的策划以 10 个分值的平均数的高低来确定全国高等院校的名次,就是不可行的;

选项 B 认为,有些指标的测定是难以准确量化的,那么题干的策划使用纯量化的方法对各项指标评以某一分值,并求得其平均数的做法就是不可行的;

选项 C 指出,有些专业和学科之间存在不可比关系,那么题干的策划把不可比的东西进行比较,其可行性当然是可以质疑的;

选项 E 表明,不能以出版或发表的论著论文数量的多少来确定全国高等院校的名次,因为不同的论著论文的质量是不相同的。

05. 答案:D

根据有关专家的分析,推理如下:

第一,如果科学观测两项都准确的话,那么南极冰块没在融化;如果两项都准确,与(1)全球正在变暖,并且南极冰块正在融化是矛盾的,所以不可能两项都准确,即至少有一项不准确。

第二,如果科学观测至少有一项不准确的话,那么全球没有变暖,臭氧空洞正在扩大,即科学家观测的第一项是不准确的。

第三,科学观察两项中至少有一项是准确的。科学家观测的第一项不准确,那么第二项即(2)如果没有人类的破坏性活动,那么臭氧空洞就不会扩大,一定是准确的。由臭氧空洞正在扩大,通过逆否命题推理得知:有人类的破坏性活动。

06. 答案:D

题干陈述:具有相同气候的莱德北部地区的人口相当稠密,而莱德南部的人们却在 6000 年前离弃了这个地方。考古学家假定南部莱德人口的突然减少起因于开伐森林引起的经济崩溃。

D 项表明,6000 年前南部莱德没有森林,这与题干所述的考古学家的假定相矛盾,因此为正确答案。

其余选项都有可能成立,其中,A、B 和 E 三项都通过找他因的办法说明了 6000 年前南部莱德地区森林减少的原因;C 项通过对比,指出了莱德南部人们在 6000 年前离弃那个地方的原因。

07. 答案:A

题干陈述:甲、乙两所大学较大幅度提高教员工资,一是显著拉开了这两所大学和全国其他大学的教员收入差距,二是显著拉开了两校中教员之间的收入差距。

选项 A 断定,举措实施以后,甲、乙两所学校的教员将面临空前的压力,但这种压力如果不超过限度,将很可能正是举措本身的目的之一,不能算是上述举措的负面影响,因此 A 为正确答案。

其余选项都说明了题干所述举措的负面影响。

08. 答案：C

题干表明，"工艺和配料方面进行改良"是"符合现代人对营养方面的需求"的必要条件。

C项表明，"工艺和配料方面进行改良"是"符合现代人对营养方面的需求"的充分条件，不符合题干含义，因此，不能被题干推出。

其余选项均符合题意。

09. 答案：D

专家的意见是：即使贷款增加了一倍，埃塞俄比亚领导人所期待的GNP增长一倍达到10%也很可能落空。

选项A、B、C、E都从另有他因的角度，质疑了埃塞俄比亚领导人的期待，即支持了专家的意见。

只有D项支持了埃塞俄比亚领导人的期待，即不能支持专家的意见。因此，D为正确答案。

10. 答案：D

父亲认为：肥胖是不爱运动引起的。

母亲认为：肥胖是因为脂肪太多引起的，和运动不运动没有关系。

若D项为真，即不爱运动就容易导致脂肪大量堆积在体内。而脂肪堆积在体内会引起肥胖，这说明不爱运动还是会导致肥胖。这就有力地削弱了母亲对父亲的反驳。

11. 答案：E

题干断定：接近80%的交通死亡事故具有P、Q两个特点（其中，P：车速低于每小时50英里；Q：出事地点在距肇事者家25英里之内）。由此得出结论，如果不具备P、Q两个特点，那么就较为安全。

而实际上，具备这两个特点的情况我们可以看成正常行驶，而不具备这两个特点的情况属于非正常行驶。即80%的交通死亡事故在正常行驶中发生，而20%的交通死亡事故在非正常行驶中发生。即正常行驶的交通死亡事故大致是非正常行驶的4倍，这能否说明非正常行驶比正常行驶更安全呢？显然不能！因为还需要跟正常行驶的车辆和非正常行驶的车辆来进行比较，若正常行驶的车辆比非正常行驶的车辆远远大于4倍，那就意味着正常行驶更安全。

E项表明，一天中只有凌晨1时至3时，才允许非正常行驶。这说明，非正常行驶的车辆所占比例很小，绝大部分的车辆是正常行驶的。这就有力地削弱了题干论证。

12. 答案：D

所有来自上海的学生都申请了本年度奖学金，所有学生会干部都没有申请本年度奖学金。

推出：所有学生会干部都不是来自上海的学生。

有些刚入学的新生当上了学生会干部。

推出：有些新生不是上海人。

因此，D必定为真。

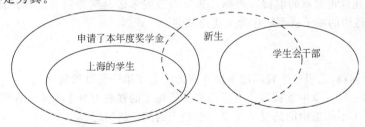

13. 答案：A

所有来自上海的学生都申请了本年度奖学金，所有学生会干部都没有申请本年度奖学金。

推出：所有来自上海的学生都不是学生会干部。

所有刚入学的新生都当上了学生会干部。

推出：所有来自上海的学生都不是新生。
因此，A项必定为假。

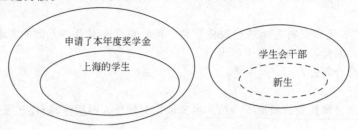

14. 答案：E

题干首先论述美国实业界有一种观点对政府干预持绝对否定的态度，并举出像货运、航空、电信这样一些实业来说明。然后用金融业来反驳：如果没有政府的干预，美国就不可能渡过20世纪30年代的金融危机。

可见，该反驳所使用的方法是举出反例来驳斥论敌的一般性结论，即E项正确。

15. 答案：E

张大妈的看法是：王小伍家庭经济困难，所以能进致远学校读书。
李大妈的看法是：王小伍学习成绩不好，所以不一定能进致远学校读书。

E项是李大妈的假设，否则，如果仅仅家庭经济困难，就能够进入致远学校学习，那么李大妈就不会提出这样的看法了。

16. 答案：C

该人士的见解是：恐怖分子即使劫持了核潜艇并控制核弹，也没有对华盛顿构成实质性的威胁；理由是：根据美国宪法，发射核武器的按钮都必须全部控制在总统手里。

C项表明该核弹的威力足够，支持了该人士的见解，因此为正确答案。

其余选项均质疑了上述见解，其中，A项表明核武器被非法启用的可能性是存在的；B项表明该核潜艇是在非法状态下进行的；D项表明总统有可能严重渎职；E项表明违宪事件的发生是存在的。

17. 答案：B

题干前提：大学甲每年不能获得学位的学生比例要低于大学乙不能获得学位的学生比例。
补充Ⅰ项：大学甲和大学乙的课程设置完全相同。
补充Ⅱ项：两所大学的成绩评定标准完全一致。
补充Ⅳ项：有多大比例的学生能获得学位是评判一个大学教学质量的重要标准。
得出结论：大学甲比大学乙的教学质量要高。
而Ⅲ项：大学甲的学生比大学乙的学生素质高。这不是题干推理所需要预设的。

18. 答案：E

选项E是上述议论含有的前提，否则，如果古希腊米诺时期并没有掌握封闭窑中低温煅烧的技术，黑色半透明的釉子就不能作为上述论证的一个证据。

19. 答案：C

题干断定：
① 甲退出投标↔(乙报一个较高的价位∧我方不会在第一轮就被淘汰)。
② 我方在第一轮竞争中就被淘汰之后↔第一轮轮空的强有力对手丙才会在第二轮报价。
③ 丙报价←丁不战退出的情况∨戊报一个相当的高价的情况。

丁退出了第二轮竞争，由③得，丙第二轮报价；
再由②得，我方在第一轮竞争中就被淘汰；
再由①得，甲没有退出投标。因此，C项为正确答案。

20. 答案：B

题干观点是：这种体积小、价格低的洗碗机有出口欧美市场的前景。

Ⅰ项，洗碗机在国内市场的销售前景很好。这显然支持了上述观点。

Ⅱ项，单身家庭并不一定是收入少的家庭。这意味着价格低并非具有明显的优势，反驳了上述观点。

Ⅲ项，双亲家庭一般需要大洗碗机。由于西方国家的单身家庭越来越多，因此，该项支持了上述观点。

21. 答案：D

题干反驳"农村较少有人具备生心脑血管疾病的条件"的理由是：目前城市的人均寿命高于农村。

D项表明，一个人的寿命越长，在其有生之年患某种疾病的概率越高，这意味着农村较少有人生心脑血管疾病可能是其人均寿命短而导致，而并非不具备生心脑血管疾病的条件，这就有力地加强了上述反驳的理由。

22. 答案：A

题干陈述：

第一，真正理解语言不仅要懂语言规则，还要依赖于关于世界的"综合知识"。

第二，要使电脑理解一般句子的含义是非常困难的，因为要教会电脑"综合知识"很难。

由此可以推导出A项：对一般语句的理解要依赖一个人的背景知识和经验。这里的背景知识和经验就是所谓的"综合知识"。

其余选项均违背题意或超出题干陈述的范围。

23. 答案：D

题干论述：统计和公布的各栏目的收视率及观众的性别、年龄和受教育的情况，对于广告策划和宣传十分有用。

Ⅰ项，涉及的是收视率，显然支持上文的推论。

Ⅱ项，涉及的是消费者的特性，与观众的性别、年龄等有关，能支持上文的推论。

Ⅲ项，涉及的是统计的可靠性还不能确认，显然不能支持上文的推论。

Ⅳ项，涉及的是受教育的程度，显然支持上文的推论。

24. 答案：D

根据题意，既然总成绩最好的不是孙，那就是钱或赵。列表如下：

项目	最好	中	最差
笔试成绩			赵
面试成绩	钱		
总成绩	钱/赵		

既然三个成绩排序，有一个人的顺序始终未变。

假定是钱的顺序不变（见下表），这样，孙和赵在中和最差里怎么变化，三个人的排列顺序至少会有一次完全相同，违背题意。同样，无论假定是赵还是孙的顺序不变，也都没有符合条件的顺序。

项目	最好	中	最差
笔试成绩	钱		赵
面试成绩	钱		
总成绩	钱		

25. 答案：D

罗教授认为：人造宇宙飞船没前途的理由是成本昂贵。

周教授认为：人造宇宙飞船很有前途的理由是非常安全。

可见，周教授的论辩没有针对罗教授的观点，因为他假定用人造宇宙飞船进行空间飞行没有任何其他的困难，而困难问题正是罗教授所认为的成本昂贵。因此，D项正确。

26. 答案：E

经济学家的观点是：美国政府保障所有个人的银行储蓄这一保障措施，使得美国的银行倒闭率非常高。理由是：民众不再注意银行本身的风险。

这显然需要假设E项，否则，如果储户没有能力判断银行的风险。

27. 答案：B

若B项为真，即如果政府不向个人储户提供这种保障，更多的银行会因为储户不敢储蓄而倒闭。这显然说明银行倒闭率高不能简单地归因于这种保障，这就有力地削弱了经济学家的观点。

28. 答案：B

医生甲只能治其中的一种病；L病和O病由同一个医生治；因此，L病和O病不能由甲治。

而O病不能由医生丙治；L病和O病由同一个医生治；因此，L病和O病不能由丙治。

甲、乙、丙可治病L、M、N、O。每种病只有一个医生能治。由此推出，L病和O病只能由乙治。因此，B项判断为假。

29. 答案：B

甲陈述的结果是：国营公司X现在盈利状况很好。其认为的原因是：国营公司X三年前被民营公司Y兼并。而乙反驳时提出，X公司被Y公司兼并前调整了领导班子，从那以后不久X公司就开始盈利了。

可见，乙在反驳甲时抓住的破绽是：甲所认为的原因可能发生在甲陈述的结果之后。因此，B项正确。

30. 答案：D

上述反对意见是：新汽车里安装气袋将增加新汽车的成本，使得国产汽车在竞争时处于不利的地位。理由是：外国政府并没有要求它们的汽车制造商也给新汽车安装气袋。

若D项为真，即要求安装气袋的规定同样也适用于进口汽车，那么即使外国政府并没有要求给新汽车安装气袋，那么进口到中国的外国汽车也要按中国政府的要求安装气袋，这样，在国产新汽车里安装气袋就不会使得国产汽车在竞争时处于不利的地位，这就有力地削弱了上述论证。

四、模拟试题四

01. 知名度和美誉度反映了社会公众对一个组织的认识和赞许的程度，两者都是公共关系学所强调追求的目标。一个组织形象如何，取决于它的知名度和美誉度。公共关系策划者需要明确的是：只有不断提高知名度，才能不断提高组织的美誉度。知名度只有以美誉度为基础才能产生积极的效应。同时，美誉度要以知名度为条件，才能充分显示其社会价值。

由此可知，知名度和美誉度的关系是：

A. 知名度高，美誉度必然高。

B. 知名度高，美誉度必然低。

C. 只有美誉度高，知名度才能高。

D. 只有知名度高，美誉度才能高。

E. 没有美誉度，就没有知名度。

02. 需要不止一位游戏者的纸牌，例如扑克和桥牌，使用了一些旨在骗过对手的技巧；不过，仅由一个人玩的纸牌，例如单人纸牌游戏，并不如此。所以，旨在骗过对手的技巧并不是所有纸牌的本质性特征。

下面哪一个选项的推理最类似上面题干中的推理？

A. 赌运气游戏，轮盘赌和双骰子赌，使用的赔率不利于玩家，而有利于庄家，既然这些是能够在赌博机上找到的仅有的赌博类型，其赔率有利于庄家就是能够在赌博机上玩的所有游戏的本质性特征。

B. 大多数航空器都有机翼，但是有一些航空器，例如直升机，就没有机翼。所以，有机翼并不是所有航空器的本质特性。

C. 美味屋最著名的特点就是它精美的食品和品种繁多的葡萄酒。但是，因为这些也是许多其他精致餐馆的特点，因此，它们就不是反映这家杰出餐馆的绝妙处的唯一特性。

D. 据可靠的报告，鹿偶尔也吃肉。但是，如果鹿不是首要性食草动物，它们的牙齿形状将会与它们现有的大不相同。所以，食草是成为鹿的一个本质性特征。

E. 所有的猫都是食肉的，食肉是肉食者的定义特征。对于做一只猫来说：肉食者是本质性的。

03. 旅行社组织了两个旅游团，一个旅游团南下广州，另一个旅游团北上哈尔滨，两个旅游团同时出发。南下广州的旅游团全部是北京人。有些外国人参加了北上哈尔滨的旅游团。所有的外国游客都持有护照。

如果上面的事实成立，下面的哪一项是不可能从中得出的结论？

A. 有些持有护照的外国游客去哈尔滨旅游。

B. 没有北京人参加去哈尔滨的旅游团。

C. 凡是去哈尔滨旅游的人就不能去广州旅游。

D. 有的外国游客没有去广州旅游。

E. 有的北京人没有去哈尔滨旅游。

04. 其他星球上如果也存在生命的话，至少必须具备两个条件：第一，星球表面具有适中的温度，并且这种温度是处于适当距离之外的能源所提供的；第二，星球表面的这种适中的温度至少稳定地持续了37亿年。这样的条件在宇宙中是很难再满足的。因此，地球上的生命极可能是宇宙中唯一存在的生命。

以上述论基于以下哪些假设？

Ⅰ. 地球表面的温度至少稳定地持续了37亿年。

Ⅱ. 宇宙中几乎不存在一个星球，以地球围绕太阳的距离，围绕一个提供能源的恒星运行。

Ⅲ. 其他星体上的生命要能够存在，必须满足地球上的生命的某些必要条件。

A. 只有Ⅰ。

B. 只有Ⅱ。

C. 只有Ⅲ。

D. 只有Ⅰ和Ⅲ。

E. Ⅰ、Ⅱ和Ⅲ。

05. 戏剧研讨班的评委们决定根据申请者试演的好坏，给10％的最优秀的当地申请者和10％的最优秀的外地申请者提供奖学金。他们这样做是为了确保只向试演中得到最高评价的申请者提供这个项目的奖学金。

下面哪一点指出了为什么评委们的计划不可能有效地达到它的目的？

A. 最好的演员也可申请加入另一个项目，于是就不能加入戏剧研讨班的项目。

B. 对一个演员会产生良好效果的试演材料可能对另一个演员来说是不利的，从而导致了评价的不准确性。

C. 10％的最优秀的当地和外地申请者可能不需要该项目的奖学金。

D. 有些获得奖学金的申请者的试演得到的评价可能没有某些没获得奖学金的申请者得到的

评价高。

E. 把申请者分成当地组和外地组是不公平的，因为它偏袒了外地申请者。

06. 即使天下最勤奋的人，也不可能读完天下所有的书。

以下哪项是以上陈述的逻辑推论？

A. 天下最勤奋的人必定读不完天下所有的书。

B. 天下最勤奋的人不一定能读完天下所有的书。

C. 天下最勤奋的人有可能读完天下所有的书。

D. 读完天下所有书的人必定是天下最勤奋的人。

E. 有些读完天下所有书的人是天下最勤奋的人。

07. 为了对付北方夏季的一场罕见干旱，某市居民用水量受到严格限制。不过，该市目前的水库蓄水量与8年前该市干旱期间的蓄水量持平。既然当时居民用水量并未受到限制，那么现在也不应该受到限制。

如果以下陈述为真，哪一项将最严重地削弱作者的主张？

A. 自上次干旱以来，该市并没有建造新的水库。

B. 自上次干旱以来，该市总人口有了极大的增长。

C. 居民用水量占总用水量的50%还多。

D. 按计划，对居民用水量的限制在整个夏天仅仅持续两个月。

E. 自上次干旱以来，法律要求在所有新的住宅中安装储水设备。

08. 对于希望健身的人士来说，多种体育锻炼交替进行比单一项目的锻炼效果好。单一项目的锻炼使人的少数肌肉发达，而多种体育锻炼交替进行可以全面发展人体的肌肉群，后者比前者消耗更多的热量。

如果以下哪项陈述为真，最有力地加强了上述论证？

A. 在健康人中，健康的增进与热量的消耗成正比。

B. 通过运动训练来健身是最有效的。

C. 那些大病初愈的人不适宜进行紧张的单一体育锻炼。

D. 全面发展人体的肌肉群比促进少数肌肉发达困难得多。

E. 健身房里多种体育锻炼交替进行的人占大多数。

09. 尽管通过一种新的计算机辅助设计过程生产出来的定制的修复用的骨替代物的价格是普通替代物的两倍多，定制的替代物仍然是节约成本的。定制的替代物不仅可以减少手术和术后恢复的时间，而且它更耐用，因而减少再次住院的需要。

为评论以上提出的论述，必须研究以下哪一项？

A. 一个病人花在手术中的时间与花在术后恢复的时间的比较。

B. 随着生产定制替代物的新技术的出现，生产定制替代物减少的成本数量。

C. 与使用普通替代物相比较，使用定制的替代物可以在多大程度上减少再次手术的需要。

D. 用新技术生产的替代物比普通替代物生产得更仔细的程度。

E. 当生产程度逐渐标准化，并可运用到更大规模上时，用新技术生产的定制替代物的成本将下降的数量。

10. 海洋生物学家曾经猜测龙虾在捕虾器中聚集在一起是为了在饥饿时可以吃掉对方。对捕虾器的定期察看发现龙虾在同一地点可以共存数周，甚至有八只龙虾聚在一起长达两个月而没有吃掉对方，所以，海洋生物学家的猜测肯定是错误的。

上文反对海洋生物学家猜测的论证基于以下哪项假设？

A. 不在捕虾器中的龙虾曾被观察到有相互蚕食的情况。

B. 两个月是目前已知的八只或更多的龙虾在捕虾器中聚在一起最长的时间。

C. 很少发现在同一只捕虾器中有八只龙虾聚集在一起。

D. 其他海洋生物在不能得到其他食物来源时有时也会吃掉自己的同类。
E. 聚在一起的八只龙虾在捕虾器中可能获得的所有食物不足以使其抵抗饥饿。

11. 正常足月出生的婴儿在出生后所具有的某种本能反射到两个月大时就会消失。因为这个三个月大的婴儿还有这种本能的反射，所以这个婴儿不是足月出生的。
   以下哪一项中的逻辑结构与上述论证中的最相似？
   A. 因为二氧化碳可以使石灰水混浊，这种气体是氧气，所以它不会使石灰水混浊。
   B. 因为没有猴子会说话，Suzy 是一只猴子，所以 Suzy 不可能会说话。
   C. 因为人是社会性的动物，亨利是善于交际的，所以亨利是正常的。
   D. 因为袋鼠肚子上有袋，这个动物肚子上没有袋，所以这个动物不是袋鼠。
   E. 因为有些树每年都落叶，而这棵树至今还未落叶，所以它是不正常的。

12. 北美的雄性棕熊通常会攻击并杀死不是由它交配的雌熊产下的幼崽。然而，在每年 7～8 月间鲑鱼洄游的季节里，聚集在哈罗湾捕鱼的棕熊中，雄性棕熊攻击并杀死雌性棕熊幼崽的概率不到平时的十分之一，而带着幼崽的雌性棕熊与雄性棕熊不期而遇的概率却是平时的几十倍。在这个雌性棕熊与雄性棕熊相遇最多的时期，幼崽被击杀的概率却最低。
   如果以下哪项陈述为真，对雄性棕熊的反常行为提供了最佳的解释？
   A. 棕熊平时为保护自己的领地大打出手，在鲑鱼洄游的季节，它们专注于自己的捕鱼技术，很少为争夺地盘而打斗。
   B. 幼崽靠雌性棕熊养育 3 年才能独立生存，由于雌性棕熊在哺乳期内不会受孕，3～12 个月大的幼崽被杀率最高。
   C. 鲑鱼是北美棕熊大量补充体内脂肪的主要食物来源，棕熊奋力捕鱼而增加体重，以便熬过即将到来的严冬。
   D. 雌性棕熊为了保护将来的幼崽，通常会和多只雄性棕熊交配，以便让更多的雄性棕熊认为它们是其幼崽的父亲。
   E. 为了让雌性棕熊尽早进入交配阶段，雄性棕熊会找机会杀死这些雌性棕熊的幼崽。

13. 涉及国际合作的科学研究所发表的论文比没有合作的研究所发表的论文具有更大的影响力。如果一篇论文影响力的大小通过随后发表的文章对该论文的引用次数来衡量，国际合作研究发表的论文平均被引用 7 次，而单独作者所发表的论文却仅被引用 3 次。这个差异表明国际合作研究项目比单个研究人员进行的研究项目具有更大的重要性。
   上面的论述基于下面哪一个假设？
   A. 多产的作家可以在随后发表的论文中通过自我引述来提高他们的论文的引用次数。
   B. 可以通过一篇论文被引用的次数来确定该论文是否是国际合作研究的成果。
   C. 一篇论文被引用的次数是其所报道的研究项目的重要性的评价标准。
   D. 由同一国家的科学家合作发表的论文的重要性抵不上国际合作所发表的论文的重要性。
   E. 与单一研究者相比，国际研究小组更易得到丰厚的资助。

14. 在某政府机关的公务员中，理科毕业的多于文科毕业的，女性多于男性。
   如果上述断定是真的，以下哪项关于该机关公务员的断定也一定是真的？
   Ⅰ. 文科毕业的女性多于文科毕业的男性。
   Ⅱ. 理科毕业的男性多于文科毕业的男性。
   Ⅲ. 理科毕业的女性多于文科毕业的男性。
   A. 只有Ⅰ和Ⅱ。
   B. 只有Ⅲ。
   C. 只有Ⅱ和Ⅲ。
   D. Ⅰ、Ⅱ和Ⅲ。
   E. 只有Ⅰ和Ⅲ。

15. 对于丙烯酸塑料——一种硬塑料,在铸造的时候,必须促使相对复杂的分子在一个被称为聚合的过程中连接起来。聚合过程是放热的,也就是,其影响是每次分子连接时,产生少量的热量。另外,分子连接的速度随温度的增加而加速。

下列哪一项可以从上文中推导出来?

A. 丙烯酸塑料用于促发聚合过程的方法是周围空气温度的剧烈增加。
B. 除非分子连接时产生的热量被迅速散发,在铸造丙烯酸塑料加速时形成一个热量集结。
C. 在铸造薄片的丙烯酸塑料时,热量迅速散发到周围空气中,聚合过程比铸造厚片的丙烯酸塑料快。
D. 丙烯酸塑料被铸造时,假如空气温度保持稳定,分子连接的速度也保持一致。
E. 一旦聚合过程已经开始,在分子中所有可能连接在形成前,它的速度不能被降低下来。

16. 在一项实验中,让80名焦虑程度不同的女性完成同样的字母识别任务,同时在她们头上放置电极,观察大脑活动,结果表明:焦虑程度高的女性完成任务时脑电活动更复杂,更容易出错。实验者由此得出结论:女性焦虑影响完成任务的质量。

以下哪项如果为真,最能反驳上述结论?

A. 焦虑程度高的女性与其他女性相比在实验前对任务不熟悉。
B. 女性焦虑时,大脑会受到某种思绪的干扰而无法专注。
C. 女性焦虑容易引发强迫症、广泛性焦虑等心理问题。
D. 有研究显示,焦虑和大脑反应错误率是正相关的。
E. 焦虑通常情况下与精神打击以及即将来临的、可能造成的威胁或危险相联系。

17. 公正地对待一个人就是毫无偏见地对待他。但我们的朋友通常希望我们把他们的利益看得比别人的利益更为重要。这样,考虑到我们总是努力维持与我们朋友的友谊,我们就不能公正地对待我们的朋友。

上述论证必须假定以下哪一项?

A. 在处理非朋友之间的人际关系时,人们能够保持公正。
B. 公正的理想与处理大多数人际关系不相干。
C. 与一些人保持密切的朋友关系,在人的一生中非常重要。
D. 一个人不能同时对某个人公正又将他的利益看得比别人的利益更重要。
E. 为了朋友的友谊,我们可以放弃一些利益。

18. 口腔癌对那些很少刷牙的人是危险的。为了能在早期发觉这些人的口腔癌,一座城镇的公共卫生官员向所有的该镇居民散发了一份小册子,上面描述了如何进行每周口腔的自我检查以发现口腔内的肿瘤。

下面哪项,如果正确,最好地批评了把这份小册子作为一种达到公共卫生官员的目标的方法?

A. 许多牙病产生了不能在每周自我检查中被发觉的症状。
B. 一旦口腔癌被发现后,治疗的有效性因人而异。
C. 这份小册子被散发到所有的该镇居民,包括那些经常刷牙的人。
D. 口腔癌在成年人中比在儿童中更为普遍。
E. 很少刷牙的人不大可能每周对他们的口腔进行检查。

19. 某个饭店中,一桌人边用餐边谈生意。其中,2人是成都人,3人是四川人,2人只做机电生意,3人兼做化妆品生意。

假设以上的介绍涉及了这餐桌上所有的人,那么,这餐桌最少可能是几个人?最多可能是几个人?

A. 最少可能是3人,最多可能是8人。
B. 最少可能是5人,最多可能是8人。

C. 最少可能是5人，最多可能是9人。
D. 最少可能是3人，最多可能是9人。
E. 无法确定。

20、21题基于以下题干：

在多个选择项中，有且只有一个正确答案的试题称为单选题，至少有一个但也可以有一个以上正确答案的称为多选题。对于一道严格的单选试题来说，作为答案的选项一定满足两个条件：第一，正确性；第二，唯一性。所谓正确性是指答案是对问题的正确回答；所谓唯一性是指不存在其他选项是对问题的正确回答。因此，如果对同一道单选试题，我们感觉两个或两个以上的选项都满足正确性，那么一定是遇到了干扰项，即似乎成立但实际上不成立的选项。

20. 以下哪项是上述推理所假设的？

A. 所有的单选试题都是严格的。
B. 有的多选试题是不严格的。
C. 单选试题的选择答案中一定存在干扰项。
D. 多选试题中不会出现干扰项。
E. 多选试题中一定会出现干扰项。

21. 从上述推理的前提，可推出以下哪项结论？

Ⅰ. 一道严格的单选试题的选项，如果满足正确性，则一定满足唯一性。
Ⅱ. 一道严格的多选试题的选项，如果满足正确性，则一定不满足唯一性。
Ⅲ. 一道不严格的单选试题，至少存在一个选项，满足正确性，但不满足唯一性。

A. 只有Ⅰ。
B. 只有Ⅰ和Ⅱ。
C. 只有Ⅲ。
D. 只有Ⅰ和Ⅲ。
E. Ⅰ、Ⅱ和Ⅲ。

22. 张强：当一个地区的经济不景气时，许多人失业，于是他们降低生活消费，结果造成更多人失业，并导致经济恶化。经济不断恶化，最后物价降至最低点。低物价刺激人们增加生活消费，消费增加又导致经济状况改善。

李明：如果人们失业的话，他们就无法增加消费，也没有钱购买生活必需品之外的商品。因此，物价降至最低点不会导致经济状况改善。

如果以下陈述为真，哪一项最能削弱李明对张强的反驳？

A. 经济状况改善后公司会雇用更多的人，许多被重新雇用的人会购买此前推迟购买的商品。
B. 即使经济状况继续恶化，消费者仍然相信，经济状况最终是会好转的。
C. 即使在经济极端恶化的情况下，失业者也必须不断购买诸如食品这样的生活必需品。
D. 在经济恶化时期，即使未失业的人也会压缩开支；当物价降至最低点时，他们就有储蓄的钱可供消费。
E. 如果普遍的商品价格下降，那么人们会倾向于将收入储蓄而不是消费。

23. 甲：那座拱形桥是什么时候被什么人炸毁的？

乙：是被日本人炸的，我记得那是抗日战争快结束的时候。

以上对话中必须预设的是：

Ⅰ. 曾经有一座拱形桥。
Ⅱ. 拱形桥被人炸毁了。
Ⅲ. 有一段历史时期被称作抗日战争时期。
Ⅳ. 拱形桥是被日本人炸毁的。

A. 仅Ⅰ和Ⅱ。
B. 仅Ⅰ、Ⅱ和Ⅲ。
C. 仅Ⅱ、Ⅲ和Ⅳ。
D. 仅Ⅰ、Ⅱ和Ⅳ。
E. Ⅰ、Ⅱ、Ⅲ和Ⅳ。

24. 广告："脂立消"是一种新型减肥药，它可以有效地帮助胖人减肥。在临床实验中，100个服用脂立消的人中只有6人报告有副作用。因此，94％的人在服用了脂立消后有积极效果，这种药是市场上最有效的减肥药。

以下哪项陈述最恰当地指出了该广告存在的问题？

A. 该广告贬低其他减肥药，却没有提供足够的证据，存在不正当竞争。
B. 该广告做了可疑的假定：如果该药没有副作用，它就对减肥有积极效果。
C. 该广告在证明脂立消的减肥效果时，所提供的样本数据太小，没有代表性。
D. 移花接木，夸大其辞，虚假宣传，这是所有广告的通病，该广告也不例外。
E. 虚假广告具有误导性、欺骗性，侵害了他人的合法权益，是一种侵权行为。

25. 广告：在化妆品中，只有灵芝玉液同时具有防晒、增白、祛斑、抗过敏和护肤的功能，并且也只有灵芝玉液有白玉兰香味。

如果上述广告是真的，那么以下哪项不可能是真的？

Ⅰ. 由艾丽雅化妆品公司推出的瑶池秋露虽然没有白玉兰香味，但同时具有防晒、增白、祛斑、抗过敏和护肤的功能。
Ⅱ. 美白护肤霜同时具有祛斑和抗过敏的功能。
Ⅲ. 大漠空气清新剂具有白玉兰香味。

A. 只有Ⅰ。
B. 只有Ⅰ和Ⅱ。
C. 只有Ⅰ和Ⅲ。
D. Ⅰ、Ⅱ和Ⅲ都可能是真的。
E. Ⅰ、Ⅱ和Ⅲ都不可能是真的。

26. 在观察地球的气候类型和周期为11年的太阳黑子的活动长达36年以后，科学家们发现：在影响地球气候的风的类型变换之前，太阳黑子活动非常频繁。有人得出结论认为气象学家可以利用这一信息来改善他们的天气预报。

以下哪项，如果正确，最严重地削弱了以上的论证？

A. 现在的天气预报要比36年前详细得多。
B. 科学家们可以确定，太阳黑子活动直接影响地球的气候。
C. 气象学家们以前可以利用太阳黑子活动以外的其他证据来预测，而现在可根据太阳黑子活动来预测气候状况。
D. 科学家们尚未确定为什么太阳黑子活动会遵循11年的周期。
E. 已经可以确定，可预测的风的类型产生了可预测的气候类型。

27. 某市发生了一个代号为R的案件，已知：
(1) 只有破获R案件，才能确认甲、乙、丙三人都是罪犯；
(2) 如果甲不是罪犯，则甲的供词是真的，而甲说乙不是罪犯；
(3) 如果乙不是罪犯，则乙的供词是真的，而乙说自己和丙是好朋友；
(4) 现查明丙根本不认识乙；
(5) R尚无法结案。

由以上条件，可以推出以下哪一个选项一定为真？

A. 甲、乙、丙都是罪犯。

B. 甲、乙、丙都不是罪犯。
C. 甲、丙是罪犯，但乙不是罪犯。
D. 甲、乙肯定是罪犯，但丙是否罪犯尚需进一步查证。
E. 丙、乙是罪犯，但甲不是罪犯。

28. 今年，我国的小汽车交易十分火爆。在北京，小汽车的平均价格是 138000 元；在石家庄，其平均价格仅为 99000 元。所以，如果你想买一辆新的小汽车，若去石家庄购买，有可能得到一个更好的价钱。

下面哪一个选项最好地描述了作者推理中的漏洞？
A. 作者假定：在北京和石家庄两地所卖的汽车档次差不多。
B. 作者假定：一类商品的平均价格就是它的中位价格。
C. 作者假定：在北京所卖的汽车数量与在石家庄所卖的汽车数量相同。
D. 作者假定：在石家庄新汽车的价格比在北京的新汽车价格更便宜。
E. 作者假定：北京和石家庄两地的消费者偏好相同。

29. 2013 年，某市科技馆共售出了 3 万张入场券。2014 年，该市新建的天文馆和自然博物馆开放了，当年这 3 家场馆售出的入场券累计达到 9.5 万张。这说明建天文馆和自然博物馆的投入是值得的，因为现在到这些场馆接受科普教育的市民增加了 2 倍多。

如果以下哪项陈述为真，最能削弱上述结论？
A. 天文馆和自然博物馆开放的第一年通常会吸引大量的参观者。
B. 天文馆和自然博物馆实际售出的入场券比预期的要少一些。
C. 多数参观科技馆的人也会参观天文馆和自然博物馆。
D. 仅靠入场券的收入远远无法收回天文馆和自然博物馆的建造成本。
E. 入场券的收入可以部分收回天文馆和自然博物馆的建造成本。

30. 一个社会只有在经济增长的条件下才能对资源进行公平的分配，要想取得经济增长，该社会必须保障其每个公民的经济机会是均等的，要保障经济机会的均等就必然要求社会的政府去积极地推动它。

如果上文正确，那么从中可适当地得出结论：
A. 没有政府可在经济增长的条件下对资源进行公平分配。
B. 所有能够保障其全部成员经济机会均等的社会都是那些公平分配资源的社会。
C. 一个社会只有在其政府积极地推动经济机会均等的条件下才能对资源进行公平分配。
D. 一个社会要取得经济增长就必须保障对资源进行公平分配。
E. 一些取得经济增长的社会没能保障其全部公民的机会均等。

模拟试题四答案与解析

01. 答案：D
题干断定：只有不断提高知名度，才能不断提高美誉度。
这意味着知名度是美誉度的必要条件，因此，D 项符合题意。
其余选项都不符合题意。

02. 答案：B
题干陈述：有些纸牌包含骗过对手的技巧，但有些纸牌并没有这样的技巧。所以，骗过对手并不是所有纸牌的本质性特征
该推理结构为：有些 S 有 P，有些 S 没有 P。所以，P 并不是 S 的本质性特征。
B 项的推理结构与题干一致，因此为正确答案。

03. 答案：B
由"有些外国人参加了北上哈尔滨的旅游团"和"所有的外国游客都持有护照"可推出 A

项：有些持有护照的外国游客去哈尔滨旅游。

由"南下广州的旅游团和北上哈尔滨的旅游团同时出发"，显然可推出 C 项：凡是去哈尔滨旅游的人就不能去广州旅游。

由"有些外国人参加了北上哈尔滨的旅游团"，显然可推出 D 项：有的外国游客没有去广州旅游。

由"南下广州的旅游团全部是北京人"，显然然可推出 E 项：有的北京人没有去哈尔滨旅游。

唯有选项 B 不能从题干的条件中得出，因为南下广州的旅游团全部是北京人，并不意味着北京人只能参加南下广州的旅游团，这不排斥还有另外的北京人参加了北上哈尔滨的旅游团。因此，该项为正确答案。

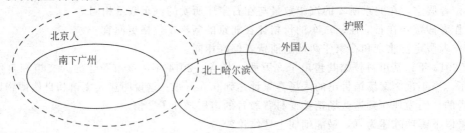

04. 答案：D

Ⅰ是必须假设的。因为如果Ⅰ不成立，即如果地球表面的温度稳定持续的时间不到37亿年，则由题干的条件，地球上就不可能有生命，这和题干的"地球上的生命极可能是宇宙中唯一存在的生命"的断定矛盾。

Ⅱ不是必须假设的。因为如果Ⅱ项不成立，只能说明宇宙中存在着某个星球，和地球一样在星球表面具有适中的温度，但这只是满足题干中所说的星球具有生命的两个必要条件中的一个条件，另一个必要条件是否满足并没有确定，由此不能得出结论，这样的星球上一定具有生命，从而否定该项并不能否定题干的论证。

Ⅲ显然是必须假设的，因为题干所陈述的宇宙间星球上存在生命的两个必要条件，正是地球上生命存在的必要条件。

05. 答案：D

题干论述：评委们决定让试演最优秀的申请者取得奖学金，目的是为了确保只向试演中得到最高评价的申请者得到奖学金。

D 项表明，有些获得奖学金的申请者的试演并不比某些没获得奖学金的申请者优秀，这样评委们的目的就达不到了。

其余选项都不能起到有效的解释作用。

06. 答案：A

不可能"天下最勤奋的人能读完天下所有的书"＝必然天下最勤奋的人不能读完天下所有的书

也即，天下最勤奋的人必定读不完天下所有的书。因此，A 项正确。

07. 答案：B

题干结论是：居民用水不应受到限制。

理由是：目前的水库蓄水量与 8 年前持平，而当时居民用水量并未受到限制。

该论证需假设：现在对水的需求与先前是一样的。

B 项，本市人口数量显著增长，这说明现在的水的需求量增加了，这就否定了这一假设。因此，B 项有力地削弱了作者的主张，为正确答案。

其余选项不能削弱题干论证。

08. 答案：A

题干陈述：多种体育锻炼交替进行比单一项目的锻炼消耗更多的热量。

补充 A 项：在健康人中，健康的增进与热量的消耗成正比。

得出结论：多种体育锻炼交替进行比单一项目的锻炼效果好。

09. 答案：C

题干论述：尽管生产成本更昂贵，由于其他开支的节省可以使定制的骨替代物成为节省成本的选择。

为评论该论述，必须决定这些节省能否抵消增加的成本，因此需要研究期望的再次住院需要减少的情况，所以，C 项是正确答案。

其余选项均起不到评价作用，其中，A 项不妥，因为该论述并不要求研究手术时与恢复时间的比较。B、E 项不妥，因为过去和将来的成本变化与评论一项建立在目前计划的成本基础上的论述无关。D 项不妥，因为研究生产定制替代物的仔细程度自身不能提供关于成本的信息。

10. 答案：E

题干论述：因为龙虾在捕虾器中能够长期共存，所以海洋生物学家的猜测（龙虾在捕虾器中聚集是为了在饥饿时可以吃掉对方）肯定是错误的。

E 项是题干论证的假设，否则，如果聚在一起的八只龙虾在捕虾器中可能获得的所有食物够抵抗其饥饿所用，那么，龙虾就没必要吃掉对方，这样就无法确定海洋生物学家的猜测是错误的。

选项 A、B、C 为无关项；D 项对海洋生物学家的猜测有所支持。

11. 答案：D

题干是一个直言三段论，其推理结构是：PAM，SEM，所以，SEP。

诸选项中，只有 D 项的逻辑结构与题干相同，为正确答案。

其余选项推理结构均与题干不相似，逻辑结构分别为：

A 项的推理结构是：MAP，SEM，所以，SEP（二氧化碳可以使石灰水混浊，这种气体不是二氧化碳，所以它不会使石灰水混浊）。

B 项的推理结构是：MEP，SAM，所以，SEP。

C、E 项不是三段论。

12. 答案：C

题干论述：雄性棕熊通常会攻击并杀死不是由它交配的雌熊产下的幼崽。然而，在鲑鱼洄游的季节里，虽然雌性棕熊与雄性棕熊相遇机会最多，幼崽被击杀的概率却最低。

C 项表明，这个时期棕熊为熬过即将到来的严冬而奋力捕鱼以增加体重，就顾不上击杀幼崽了，这就以另有他因的方式解释了雄性棕熊的反常行为。

其余选项不能起到很好的解释作用。

13. 答案：C

题干前提：国际合作研究发表的论文被引用的次数较多。

省略前提：一篇论文被引用的次数是其所报道的研究项目的重要性的评价标准。

题干结论：国际合作研究项目具有更大的重要性。

C 项表达了这一省略前提，因此为题干论述所基于的假设。

14. 答案：B

根据题意，理科毕业的多于文科毕业的，女性多于男性。即是：

理科女＋理科男＞文科女＋文科男；

理科女＋文科女＞理科男＋文科男。

上述两个式子相加可得：2 理科女＋理科男＋文科女＞2 文科男＋文科女＋理科男。

即为：理科女＞文科男。

其余论述都不是一定为真的。因此，B 为正确答案。

15. 答案：B

题干断定：聚合过程是分子连接产生热量，而分子连接的速度随温度的增加而加速。

从中可以合理地推出：如果分子连接时产生的热量不能被迅速散发，温度越高产生热量越多，而产生热量越多则温度越高，这就会形成一个热量集结。因此，B 项为正确答案。

其余选项均从题干推不出来。比如，A 项超出题干范围。C 项，既然热量被散发，那么过程就应该慢而不是快。D 项，由分子连接的速度随温度的增加而加速，推不出温度稳定则速度稳定。E 项，影响速度的因素有温度，也可能是其他因素比如浓度等，所以，通过散热或降低浓度等办法也可降低速度。

16. 答案：A

题干通过脑电活动的实验表明：焦虑程度高的女性完成任务时更容易出错。从而得出结论：女性焦虑影响完成任务的质量。

A 项指出焦虑程度高的女性在实验前对任务不熟悉，这意味着任务完成的质量很可能是由对任务的熟悉程度的影响，而非焦虑本身影响了完成任务的质量。这就以另有他因的方式削弱了题干结论。因此，A 为正确答案。

B、D 项均有利于说明论点成立，起支持作用。C 项提到焦虑引发心理问题，与题干讨论的论点不一致，为无关项。

17. 答案：D

D 项与题干等价：¬（公正∧重要）＝¬公正∨¬重要＝重要→¬公正

如果 D 项为真，即一个人不能同时对某个人公正又将他的利益看得比别人的利益更重要。那么，就可以得出结论：要把某些人的利益看得比别人的利益更重要，就不能公正地对待他。

因此，D 项是题干必须假设的。其余选项都不是题干论证所必须假设的。

18. 答案：E

题干论述：为了能在早期发现很少刷牙者的口腔癌，卫生官员向所有居民散发了一份描述了如何进行每周口腔自检以发现口腔肿瘤的小册子。

E 项表明，很少刷牙的人不大可能每周对他们的口腔进行检查，那么也就表明发放小册子的方法达不到在早期发现口腔癌这个目标。

其余选项均起不到削弱作用，其中，A 项并未告知有无口腔癌；B 项讨论的是治疗，但题干推理讨论的是检查；C 项为无关选项；D 项做了无关比较。

19. 答案：B

根据题意：成都人一定是四川人，这样按地域有 3 个人；

2 人只做机电生意，3 人兼做化妆品生意。这样按职业，就是 5 个人。

求最少，地域包含于职业，就是 5 人。

求最多，地域与职业不相容，就是 8 人。

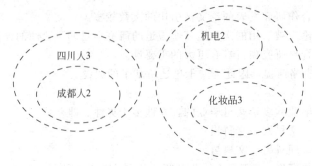

20. 答案：A

A 项是题干论证必须假设的，否则，如果有的单选试题并不严格，那么，如果感觉两个或两个以上的选项都满足正确性，就有可能这两个都是正确答案。

21. 答案：A

题干断定：有且只有一个正确答案的试题称为单选题，至少有一个但也可以有一个以上正确答案的称为多选题。

Ⅰ必然正确。因为题干断定，有且只有一个正确答案的试题称为单选题。

Ⅱ不能从题干必然推出。因为题干断定，至少有一个但也可以有一个以上正确答案的称为多选题。因此，一道严格的多选试题的选项，如果正确，也可以唯一。

Ⅲ不能从题干必然推出。一道不严格的单选试题，有可能不存在正确答案。

22. 答案：D

二者争论的根结在于在物价降到最低点的时候，人们会不会增加消费。只有D选项说明在物价降到最低点的时候，人们有积蓄，可以增加消费。这就支持了张强的观点，削弱了李明的反驳。

23. 答案：B

根据语感，Ⅰ、Ⅱ和Ⅲ都是题干对话中所必须预设的。

Ⅳ是不必预设的，因为"拱形桥是被日本人炸毁的"这样一个事实是题干中已经表达出来的。

24. 答案：B

广告中存在的问题很明显是犯了"非黑即白"的错误。没有副作用，还可以是不起作用，而不必然是有积极效果。B项恰当地指出了这一点。

25. 答案：A

题干断定，在化妆品中：

（1）灵芝玉液←同时具有防晒、增白、祛斑、抗过敏和护肤的功能。

（2）灵芝玉液←有白玉兰香味。

Ⅰ不可能是真的。因为题干断定，在化妆品中，同时具有防晒、增白、祛斑、抗过敏和护肤的功能的只有灵芝玉液，瑶池秋露也同时具有防晒、增白、祛斑、抗过敏和护肤的功能，这和题干的断定矛盾。

Ⅱ可能是真的。因为美白护肤霜同时具有的，只是只有灵芝玉液才同时具有的五种功能中的两种。

Ⅲ可能是真的。因为大漠空气清新剂不是化妆品，它具有白玉兰香味和题干断定的条件不矛盾。

26. 答案：C

题干结论为：气象学家可以利用太阳黑子活动情况来改善天气预报。

C项表明，气象学家们以前可以利用太阳黑子活动以外的其他证据来预测，那么，现在利用太阳黑子活动情况，不一定就能改善天气预报，这就削弱了以上的论证。

27. 答案：D

根据题意，写出以下条件关系：

（1）R←甲∧乙∧丙；
（2）¬甲→¬乙；
（3）¬乙→乙和丙是好友；
（4）丙不认识乙；
（5）¬R。

根据给出的信息进行推理：由（4）推出乙和丙不是好友；再由（3）推出乙是罪犯；再由（2）推出甲是罪犯。

由（1）得出，确认甲乙丙都是罪犯，则R结案。而（5）表明R未结案。根据这两个条件不能确定三人都是罪犯。

综上分析，得出结论：甲和乙是罪犯，丙不能确定。因此，D 项为正确答案。

28. 答案：A

题干根据北京交易的小汽车的平均价格高于石家庄，得出结论：去石家庄购买小汽车更合算。

要使这一论证成立，必须依赖于这一有疑问的假设，即：在北京和石家庄两地所卖的汽车档次差不多。否则，如果北京所卖的汽车档次要高于石家庄，那么，这两地的汽车售价就不具有可比性，这样就得不出题干的结论。因此，A 项最好地描述了作者推理中的漏洞，为正确答案。

其余选项不恰当，比如 D 项，在石家庄新汽车的价格比在北京的新汽车价格更便宜，这是题干作者隐含的结论，而非作者的假定。

29. 答案：C

题干结论是：建天文馆和自然博物馆的投入是值得的；其理由是：现在到这些场馆接受科普教育的市民增加了 2 倍多。

若 C 项为真，即多数参观科技馆的人也会参观天文馆和自然博物馆，这意味着到天文馆和自然博物馆接受科普教育的市民几乎没有增加，还是原来那些参观科技馆的人。可见，这通过反驳上述论证的理由从而削弱了上述的结论。

其余选项削弱力度不足或是无关项。

30. 答案：C

题干条件关系为：

（1）经济增长←对资源进行公平的分配。

（2）经济增长→保障经济机会均等。

（3）保障经济机会均等→社会的政府去积极地推动。

联立以上条件关系式，可得：对资源进行公平的分配→社会的政府去积极地推动。

意思就是：一个社会只有在其政府积极地推动经济机会均等的条件下才能对资源进行公平分配。因此，C 项为正确答案。

五、模拟试题五

01. 在汽车事故中，安全气囊可以大大降低严重伤害的风险。然而，统计显示，没有安全气囊的汽车卷入事故的可能性比有安全气囊的要小。因此，有安全气囊的汽车并不比没有安全气囊的汽车安全。

以下哪项陈述最准确地描述了上述论证的缺陷？

A. 论证中只是假设而没有确证：有安全气囊的汽车将来可能会卷入事故中。

B. 否认了这种可能性：没有安全气囊的汽车会有其他降低严重伤害风险的安全措施。

C. 忽视了这种可能性：在一些事故中既包括有安全气囊的汽车，也包括没有安全气囊的汽车。

D. 论证中只是假设而没有确证：事故的发生至少与事故所造成的严重伤害在评估安全性问题上处于同等重要的地位。

E. 忽视了这种可能性：有安全气囊的汽车经常走危险的路，而没有安全气囊的汽车往往走的是不危险的路。

02. 标准抗生素通常只含有一种活性成分，而草本抗菌药物却含有多种。因此，草本药物在对抗新的抗药菌时，比标准抗生素更有可能维持其效用。对菌株来说，它对草本药物产生抗性的难度，就像厨师难以做出一道能同时满足几十位客人口味的菜肴一样，而做出一道满足一位客人口味的菜肴则容易得多。

以下哪项中的推理方式与上述论证中的最相似？

A. 如果你在银行有大量存款，你的购买力就会很强。如果你的购买力很强，你就会幸福。所以，如果你在银行有大量存款，你就会幸福。

B. 足月出生的婴儿在出生后所具有的某种本能反应到2个月时就会消失，这个婴儿已经3个月了，还有这种本能反应。所以，这个婴儿不是足月出生的。

C. 根据规模大小的不同，超市可能需要1~3个保安来防止偷窃。如果哪个超市决定用3个保安，那么它肯定是个大超市。

D. 电流通过导线如同水流通过管道。由于大口径的管道比小口径的管道输送的流量大，因此，较粗的导线比较细的导线输送的电量大。

E. 长期以来，我们一直以为衡量经济发展的主要尺度是产值，直到这几年才开始发现GDP不是最重要的，最要紧的是软实力，也就是文化的代名词。

03. 卫生部要求明年全国各医院完成的器官移植手术不少于10000例。这个目标恐怕很难达到。因为据统计，近年来，我国在交通事故中死亡的人数呈逐年下降的趋势。

以下哪项，是上述论证所必须假设的？

Ⅰ．交通事故死亡人员的器官，是完成移植手术所需的人体器官的一个重要来源。

Ⅱ．明年对器官移植的需求不少于10000例。

Ⅲ．只有非正常死亡的人体的器官，才符合器官移植手术的需要。

A. 只有Ⅰ。
B. 只有Ⅱ。
C. 只有Ⅰ和Ⅱ。
D. 只有Ⅰ和Ⅲ。
E. Ⅰ、Ⅱ和Ⅲ。

04. 树的年龄可以通过数树干中的年轮来确定。每一年轮代表一年，且每个年轮的厚度可反映那一年降雨量的多少。考古学家们利用年轮已成功地确定了帕淄克地区的古墓的相对建造年数。每个墓都是用新砍下的木材建成的，且受传统约束，古墓的建设者们仅使用生长在神圣的帕淄克山谷中的树木上的木料。

下面哪一条，如果正确，最有助于解释考古学家们在使用年轮来确定帕淄克地区的古墓的相对建造年数时取得的成功？

A. 在古代时，帕淄克地区的墓全部被抢劫，但是这些墓封口的破坏使得水渗入其中，这些水很快就永远地冻结下来，因此这些墓中遗留的人工制品都被保存下来。

B. 帕淄克山谷被非常高的山所环绕，具有与众不同的年降雨方式，因此生长在帕淄克山谷中的所具有的年轮与生长在附近山谷的树的年轮截然不同。

C. 帕淄克地区的墓中的每一块木料的年轮中都有一个富有特色的12个年轮序列，这12个年轮序列代表了6年的干旱，接着是3年多雨和3年干旱。

D. 考古学家们测定出在任何一个墓中，使用的最年轻的树是90岁，最老的树是450岁。

E. 所有帕淄克墓中都含有文化制品，这些文化制品可追溯到大约2300年前。

05. 某人涉嫌某案件而受到指控。法庭辩论中，检察官与辩护律师有如下辩论：

指控：如果被告人作案，则他必有同伙。

辩护：这不可能。

辩护律师的本意是想说明他的当事人不是作案人，但当事人自己则认为辩护律师的辩护是愚蠢的。这是因为——

A. 辩护律师没有正面反击检察官的指控。

B. 辩护律师承认他的当事人既是作案人又有同伙。

C. 辩护律师不承认他的当事人作案,却承认他有同伙。
D. 辩护律师承认他的当事人作案,但不承认他有同伙。
E. 辩护律师不承认他的当事人作案,而且不承认他有同伙。

06. 计算机有望代替老师的想法是:学生们对所教的科目的理解在于他们知道事实和规则,老师的工作就是使事实和规则明确化,并通过做练习或者教授的方法把它们传授给学生,如果大脑确实是那样运行的话,教师可以把事实和规则输进计算机,计算机就可以作为教练和教官代替教师。但是既然理解并不仅在于知道事实和规则,而且在于对事实和规则所内含的整体概念的掌握,那么计算机有望最终代替老师的想法,从根本上说方向是错误的。

下面哪一点,如果正确的话,最能削弱作者关于计算机不能最终代替老师的结论?

A. 计算机在事实和规则方面对学生的训练与教师是一样的。
B. 教师的工作就是使学生们理解具体事实与规则所内含的全面概念。
C. 计算机编程有可能教授学生如何理解具体事实与规则所内含的整体概念。
D. 因为它们不会犯人类的错误,所以计算机在传递事实与规则方面比教师强。
E. 学生们通过做练习和训练不可能理解事实与规则所内含的概念。

07. 环境经济学要解决的问题如下:人们做出经济上的决定时不会爽快地把环境因素,例如清洁的空气、濒临灭绝的生物的生存与其他的成本和收益做比较。就像环境经济学家认识到的那样,解决这个问题需要赋予环境因素一定的金钱价值。但是金钱的价值源自人们为做出经济上的决定而对成本和收益的比较,因此,环境经济学被激发它的东西所阻碍。

如果上文提出的支持结论的理由是正确的,那么对该结论的支持是:

A. 强烈地假设认为赋予环境因素的金钱价值是不可能的,除非人们在做出经济上的决定时考虑这些因素。
B. 除非经济上的决策对被归类为环境因素的事情无任何影响。
C. 充其量是微弱的,因为上述题干没有证明经济决策者大体上都不会考虑环境因素。
D. 充其量是微弱的,因为上述论述假设污染和其他对环境因素的影响很少源自经济决策。
E. 根本没有,因为上述论证是循环的,把结论当作它的一个前提。

08. 当且仅当汤姆在法国时,列宾在英国且麦克不在西班牙;当且仅当麦克在西班牙时,劳力斯不在电视台露面;当且仅当劳力斯不在电视台露面,马力在剧场演出或者露丝参加蒙面舞会。

如果马力在剧场演出,下面哪项一定是真的?

A. 汤姆不在法国。
B. 麦克不在西班牙。
C. 列宾在英国。
D. 劳力斯在电视台露面。
E. 露丝参加蒙面舞会。

09、10题基于以下题干:

正统的医学对极轻微或极严重的病情都没有办法有效地治疗。对极轻微的病来说,正统医学没有有效的办法来治疗如疼、痒、过敏等症状;对于极严重的病来说,目前还没有找到治疗晚期癌症和狼疮的方法。当正统医学没有办法帮助他们,或对其进行治疗而副作用太大时,人们就会找一些偏方、怪方,而这些偏方、怪方不会产生副作用的一个原因就是他们根本就不起任何治疗作用。

09. 如果以上论述为真,以下哪项陈述可以从上文中推出?

A. 开这些偏方、怪方的人很不负责任。
B. 有些疾病甚至用那些偏方、怪方也是无法治疗的。
C. 有些偏方可以治疗一些极轻微的病症。

D. 任何有效的治疗都有副作用。
E. 偏方因其用药简单、价廉、疗效独特而受百姓的欢迎。

10. 如果以下哪项陈述为真，最强地削弱了上文中对偏方、怪方的批评？
A. 在正统医学中，有些医生虽然预言患了致命的疾病，但患者仍能康复。
B. 偏方的理论和实践体系与传统医学完全不同。
C. 偏方为那些被正统医学"判死刑"的人提供了希望。
D. 患者对能从疾病中康复的信心可使其体内分泌抵抗病痛和过敏的物质，并加快康复的速度。
E. 患者切不可抱着"试试看"的态度，把自己的身体和生命当成偏方的试验品。

11. 没有脊索动物是导管动物，所有的翼龙都是导管动物，所以，没有翼龙属于类人猿家族。

以下哪项陈述是上述推理所必须假设的？
A. 所有类人猿都是导管动物。
B. 所有类人猿都是脊索动物。
C. 没有类人猿是脊索动物。
D. 没有脊索动物是翼龙。
E. 有些类人猿属于导管动物，有些是脊索动物。

12. 广告：本厨师培训班有着其他同类培训班所没有的特点，就是除了传授高超的烹饪技艺外，还负责向毕业生提供确实有效的就业咨询。去年进行咨询的本培训班毕业生中，100%都找到了工作。为了在烹饪业找到一份理想的工作，欢迎您加入我们的行列。

为了确定该广告的可信性，以下哪个相关问题是必须询问清楚的？
Ⅰ. 去年有多少毕业生？
Ⅱ. 去年有多少毕业生进行就业咨询？
Ⅲ. 上述就业咨询在咨询者找到工作的过程中，究竟起到了多少作用？
Ⅳ. 咨询者找到的工作，是否都属于烹饪行业？
A. Ⅰ、Ⅱ、Ⅲ、Ⅳ。
B. 只有Ⅰ、Ⅱ和Ⅲ。
C. 只有Ⅱ、Ⅲ和Ⅳ。
D. 只有Ⅲ和Ⅳ。
E. 只有Ⅰ和Ⅱ。

13. 在四川的一些沼泽地中，剧毒的链蛇和一些无毒蛇一样，在蛇皮表面都有红白黑相间的鲜艳花纹。而就在离沼泽地不远的干燥地带，链蛇的花纹中没有了红色；奇怪的是，这些地区的无毒蛇的花纹中同样没有了红色。对这种现象的一个解释是，在上述沼泽和干燥地带中，无毒蛇为了保护自己，在进化过程中逐步变异为具有和链蛇相似的体表花纹。

以下哪项最可能是上述解释所假设的？
A. 毒蛇比无毒蛇更容易受到攻击。
B. 在干燥地区，红色是自然界中的一种常见色，动物体表的红色较不容易被发现。
C. 链蛇体表的颜色对其捕食的对象有很强的威慑作用。
D. 以蛇为食物的捕猎者尽量避免捕捉剧毒的链蛇，以免在食用时发生危险。
E. 蛇在干燥地带比在沼泽地带更易受到攻击。

14. 凡物质是可塑的，树木是可塑的，所以树木是物质。

以下哪个选项的结构与上述最为相近？
A. 凡真理都是经过实践检验的，进化论是真理，所以进化论是经过实践检验的。
B. 凡恒星是自身发光的，金星不是恒星，所以金星自身不发光。

C. 凡公民必须遵守法律，我们是公民，所以我们必须遵守法律。
D. 所有的坏人都攻击我，你攻击我，所以你是坏人。
E. 凡鲸一定用肺呼吸，海豹可能是鲸，所以海豹可能用肺呼吸。

15. 近百年来，在达里湖地区，长期的干旱使多草的湿地大量萎缩，变成盐碱地。多草的湿地是鸭类、鹅类以及其他种类水鸟筑巢和孵化的场所。然而，随着湿地的不断萎缩，该地区赤麻鸭数量平均下降的速度却远低于天鹅数量平均下降的速度。

如果以下哪项陈述为真，对上文中的不一致给出了最佳的解释？
A. 赤麻鸭每窝孵化 8~10 枚卵，天鹅每窝孵化 2~3 枚卵，成活率大体相当。
B. 环境保护措施的加强减缓了赤麻鸭、天鹅及其他种类水鸟数量平均下降的速度。
C. 赤麻鸭和天鹅都是迁徙性鸟类，赤麻鸭在迁徙过程中更容易遭到捕杀。
D. 除湿地外，赤麻鸭逐渐学会在树洞和崖洞筑巢孵化，天鹅则未能如此。
E. 湿地复杂多样的植物群落，为野生动物尤其是鸟类、两栖类动物提供了良好的栖息地。

16. 众所周知，高的血液胆固醇水平会增加由血液凝结而引起的中风的危险性。但是，最近的一篇报告指出，血液胆固醇水平低使人患其他致命类型的中风（即脑溢血，由大脑的动脉血管破裂而引起）的危险性在增大。报告建议，因为血液胆固醇在维持细胞膜的韧性方面起着非常重要的作用，所以低的血液胆固醇会削弱动脉血管壁的强度，从而使它们易于破裂。由此，上述结论证实了日本研究者长期争论的问题，即西方饮食比非西方饮食能更好地防止脑溢血。

上述论述基于下面哪条假设？
A. 西方饮食比非西方饮食更有益于健康。
B. 与非西方饮食相比，西方饮食易使人产生较高的血液胆固醇。
C. 高的血液胆固醇水平能消除动脉血管的衰弱。
D. 脑溢血比血液凝结引起的中风更危险。
E. 血压低的人患脑溢血的危险性在增大。

17. 为适应城市规划调整及自身发展的需要，某商业银行计划对全市营业网点进行调整，拟减员 3%，并撤销三个位于老城区的营业网点，这三个营业网点的人数正好占该商业银行总人数的 3%。计划实施后，上述三个营业网点被撤销，整个商业银行实际减员 1.5%。此过程中，该银行内部人员有所调整，但整个银行只有减员，没有增员。

据此可知，下列陈述正确的有：
Ⅰ. 有的营业网点调入了新成员。
Ⅱ. 没有一个营业网点调入新成员的总数超出该银行原来总人数的 1.5%。
Ⅲ. 被撤销营业网点中的留任人员不超过该银行原来总人数的 1.5%。
A. 只有Ⅰ。
B. 只有Ⅰ和Ⅱ。
C. 只有Ⅱ和Ⅲ。
D. Ⅰ、Ⅱ和Ⅲ。
E. 只有Ⅲ。

18. 作为一个微妙的平衡系统的一部分，人体的心脏能分泌一种激素，这种物质控制着血液中盐的含量以及人体中循环的血液量。人体只需很少量的这种荷尔蒙，它对调节血压极其重要。

如果上面的陈述正确，则下面哪一项也是正确的？
A. 如果心脏分泌的这种荷尔蒙不足，则会导致低血压。
B. 是大量的心脏荷尔蒙引起的心脏病发作。
C. 少量的心脏荷尔蒙在人体内产生的效果是持久的。
D. 如果一种装置仅仅是一个机械泵，它被用作人工心脏，那将无法执行人的心脏的所有功能。

E. 任何调节血压的药都通过影响心脏分泌的荷尔蒙量而起到效果。

19. "东胡林人"遗址是新石器时代早期的人类文化遗址,在遗址中发现的人骨化石经鉴定属两个成年男性个体和一个少年女性个体。在少女遗骸的颈部位置有用小螺壳串制的项链,腕部戴有牛肋骨制成的骨镯。这说明在新石器时代早期,人类的审美意识已开始萌动。

以下哪项如果为真,最能削弱上述判断?

A. 新石器时代的饰品通常是石器。
B. 出土的项链和骨镯都十分粗糙。
C. 项链和骨镯的作用主要是表示社会地位。
D. 两个成年男性遗骸的颈部有更大的项链。
E. 新石器时代开始出现了农业和畜牧业。

20.

2	5	A	b
第一张	第二张	第三张	第四张

上面四张卡片,一面为阿拉伯数字,一面为英文字母,主持人断定:如果一面为奇数,则另一面为元音字母。

为验证主持人的断定,必须翻动:

A. 第1张和第3张。
B. 第1张和第4张。
C. 第2张和第3张。
D. 第2张和第4张。
E. 全部四张卡片。

21. 为了减少海狸对树木的损坏逐渐增加的现象,我们的郊区城镇开始了一个使交配的海狸不能生育的野生生命控制项目。该项目的批评者认为对该镇的海狸采取一次性搬迁项目可能更便宜并且更有人性,可能减少海狸将来对该镇树木的损坏。

下列哪一个,假如正确,最反对执行海狸迁移项目的论述?

A. 海狸迁移项目已经在许多经历过海狸数目过多的国家公园中成功地执行了。
B. 海狸迁移项目不会减轻该镇树木已经承受的损坏。
C. 该镇界内已废弃的海狸地区通常在数月内由来自其他城镇的另一对交配的海狸占据。
D. 海狸所造成的伤害没有阻碍任何该镇最重要的市政服务的进行。
E. 海狸没有伤害的多种树木在该镇的一些地方生长。

22. 关于如何界定"裸官",2010年发布的相关《暂行规定》明确了以下3类国家工作人员为"裸官":配偶、子女均已移居国(境)外的;没有子女,配偶已移居国(境)外的;没有配偶,子女均已移居国(境)外的。2014年中组部下发的相关《管理办法》规定:配偶已移居国(境)外的,或者没有配偶,子女均已移居国(境)外的国家工作人员均为"裸官"。

以下哪一项陈述与上述两个文件的规定是相符的?

A. 根据《管理办法》,只有子女均已移居国(境)外的国家工作人员才是"裸官"。
B. 对于既有配偶也有子女的国家工作人员来说,两个文件的规定是相同的。
C. 根据《暂行规定》,只要某国家工作人员的配偶已移居国(境)外,他(她)就是"裸官"。
D. 对于只有配偶没有子女的国家工作人员来说,两个文件的规定是相同的。
E. 对于没有配偶的国家工作人员来说,这两个文件的规定是不同的。

23. 甲:最近,我被一家航空公司的某一航班拒绝了一个我已经确认过的预订座位,因为这家航空公司超额预定了那个航班。因此,我被迫乘下一班可乘的航班,该航班两个小时后才起飞,我错过了一个非常重要的商业会议。即使我预定的那个航班在最后一分钟因为天气原因而被取消,航空公司也应该因没能让我乘坐那个航班而给我赔偿。

乙:从道义上来说,航空公司没有给你赔偿的责任,即使你没被拒绝乘坐早一点的航班,无论如何你都会错过你的商业会议。

下面哪一条原则,如果正确,能证明乙对甲的反应,即从道义上讲航空公司有责任赔偿那些在某一航班上确认了预订座位而又被拒绝乘坐该航班的乘客是合理的?

A. 如果迫使乘坐晚一点航班的唯一原因是航空公司已超额预定了那次航班。
B. 只有当乘客被迫乘坐晚一点的航班的原因不是因为天气恶劣而取消了该航班。
C. 只有当航空公司没有超额预定最初的那次航班,也没有天气原因,乘客被迫乘坐晚一点的航班。
D. 即使乘客被迫乘坐晚一点的航班的唯一原因是航空公司因为天气不好而取消了最初的那次航班。
E. 即使在航空公司没有超额预定最初的那次航班的情况下,乘客仍被迫乘坐晚一点的航班。

24. 甲:莎士比亚名下的戏剧和诗歌,其实不是他,而是伊丽莎白一世写的。莎士比亚是个没有受过多少教育的乡下人,而伊丽莎白一世则完全具有完成这些天才作品的知识和教养。

乙:你的断定是不成立的。因为如果伊丽莎白写了像《哈姆雷特》这样的名剧的话,她早成为世界上最著名的女作家了,但事实上她并没有。

乙预设以下哪项是不可能的?

A. 一个未受过多少教育的乡下人能写出像《哈姆雷特》这样的剧本。
B. 伊丽莎白一世具有创作传世之作的文学家天赋。
C. 伊丽莎白是莎士比亚名下作品的实际作者的秘密一直保守到现在。
D. 一个经典作家既要有天才又要受过良好的教育。
E. 在伊丽莎白时代,一个妇女能够成为伟大作家。

25. 许多人并不了解自己,也不去试图了解自己。这些人可能会去试图了解别人,但很少会成功,因为连自己都不了解的人是不可能了解别人的。所以,缺乏自我了解的人是不会了解别人的。

以上论证的推理是错误的,因为:

A. 错误地把某一事件的必要条件作为这一事件的充分条件。
B. 没有估计到并非每个人都想完全了解自己。
C. 因某事而指责人们,而他们按理对此事并无责任。
D. 在没有定义"自我了解"的情况下使用了这个原本就含糊的词。
E. 结论仅仅是重复了论据。

26. 人的脑细胞总数愈 300 亿个,参与人的正常智力活动的仅是其中的一小部分。要有效地开发青少年的智力,有两个必要条件,第一,必须使他们勤于思考,这样才能激活更多的脑细胞;第二,必须使他们摄入足够的脑细胞生长所需要的营养素,这样才能促进脑细胞的正常分裂。"125 健脑素"具有青少年大脑发育所需要的各种营养素。据在全国范围内对服用该营养品的约 10 万名青少年的调查显示,"125 健脑素"对促进青少年的大脑健康发育并继而有利于开发他们的智力,具有无可争议的作用。

如果上述断定是真的,则以下有关一群小学生的推断中,哪项成立?

Ⅰ. 张泉勤于思考并服用了足量的"125 健脑素",因此,他的智力一定得到了有效的开发。
Ⅱ. 李露的智力得到了有效的开发但未服用"125 健脑素",因此,他一定勤于思考。
Ⅲ. 王琼勤于思考但智力并未得到有效的开发,因此,他一定没有摄入足够的脑细胞生长所需要的营养素。

A. 仅Ⅰ。

B. 仅Ⅱ。
C. 仅Ⅲ。
D. 仅Ⅱ和Ⅲ。
E. Ⅰ、Ⅱ和Ⅲ。

27. 一项统计表明，近五年来，脑白金营养液在各种营养滋补品中的销售比例提高了近10%。其间，这种营养液的电视广告的出现频率，特别是在黄金时段的出现频率也有明显增加。这一事实有力地说明：电视广告是产品促销的有效手段。

以下哪项如果为真，最能削弱题干的论证？

A. 电视观众的普遍习惯是：看到电视广告就立即换频道。
B. 一项对脑白金营养液买主的调查显示：99%的被调查者回答没有注意该产品的电视广告。
C. 一项对注意到脑白金营养液广告的电视观众的调查显示：几乎没有被调查者购买脑白金营养液。
D. 巨额广告费极大地降低了脑白金营养液的利润率。
E. 脑白金营养液具有改善睡眠和润肠通便的保健功能。

28. 控制物价和薪酬是控制通货膨胀的唯一手段。但是，控制薪酬限制了工人的消费能力，如果对价格也进行控制的话，这反过来又减削了公司的利润。

假定上面的陈述为真，如果公司的利润没有减少的话，下面哪一个陈述也必定是真的？

A. 如果存在通货膨胀，薪酬控制没有发生。
B. 如果存在通货膨胀，现在必定没有对它的控制。
C. 人可花的钱更少了。
D. 价格控制在实施中。
E. 薪酬控制在实施中。

29. 在选购地板时，消费者都很关心地板散发的气味。因为地板的刺激性气味强往往是有毒有害物质超标的一种表现。最近有一种据称是香味环保地板赢得了不少消费者的青睐。销售人员声称地板散发的香味可以消毒杀菌，去除空气中的异味。当销售人员在推销这种产品时，往往会拿来几种不同的地板让有购买意向的消费者闻一闻，并指出散发着清香气味的地板即是香味环保地板。

以下哪项如果为真，最能削弱销售人员的观点？

A. 事实上，由于木材本身的气味以及受制造工艺所限，地板或多或少都带有一定的刺激性气味。
B. 气味并不是判别地板是否环保的唯一标准，除气味外，消费者更关心地板中有机挥发物的含量。
C. 到目前为止，国家有关部门还没有出台香味环保地板的专门标准，所谓的"香味"不过是厂家炒作的概念。
D. 检验证明，不少厂商是通过在地板中添加大量香精等化学助剂来达到掩盖或者中和刺激性气味的目的。
E. 研究表明，一些带有清香的香味确实可以起到消毒杀菌、去除空气中的异味的作用。

30. 过度工作和压力都会不可避免地导致失眠症。森达公司的所有管理人员都有压力。尽管医生反复提出警告，但大多数的管理人员每周工作仍然超过60小时，而其余的管理人员每周仅工作40小时。只有每周工作超过40小时的员工才能得到一定的奖金。

以上的陈述最强地支持下列哪项结论？

A. 大多数得到一定奖金的森达公司管理人员患有失眠症。
B. 森达公司员工的大部分奖金给了管理人员。

C. 森达公司管理人员比任何别的员工更易患失眠症。
D. 没有每周仅仅工作40小时的管理人员工作过度。
E. 森达公司的工作比其他公司的工作压力大。

模拟试题五答案与解析

01. 答案：D

题干结论是：有安全气囊的汽车并不比没有安全气囊的汽车安全。

理由是：没有安全气囊的汽车卷入事故的可能性比有安全气囊的要小。

可见，题干在评价安全性问题时，把事故的发生与事故所造成的严重伤害看成同等重要的，没有考虑到安全气囊在汽车事故中所具有的减轻危害的作用。因此，这个论证的缺陷在于：只对比了事故发生的可能性，而没有对比发生事故后所造成的后果。所以，D项为正确答案。

02. 答案：D

题干论证用了类比推理，诸选项中，只有D项用了类比推理。

03. 答案：A

Ⅰ是必须假设的。因为如果Ⅰ不成立，即事实上交通事故死亡人员的器官，并不是完成移植手术所需的人体器官的一个重要来源，则题干的论证显然不能成立。

Ⅱ不是必须假设的。因为如果Ⅱ不成立，只能说明卫生部要求明年全国各医院完成的器官移植手术不少于10000例的目标不合理，而不能说明题干关于这一目标难以达到的论证不成立。

Ⅲ不是必须假设的。因为显然题干的论证只须假设交通事故死亡人员的器官，是完成移植手术所需的人体器官的一个重要来源，而并不需要假设交通事故死亡人员的器官是完成移植手术所需的人体器官的唯一来源。

04. 答案：C

题干的结论是：考古学家们利用木料中的年轮已成功地确定了帕淄克地区的古墓的相对年龄。

要使用木料中的年轮来确定古墓的相对年龄，首先就要考虑有些木料是否有相关性，其年轮是否有一致的地方。C项指出，墓中的每一块木料的年轮中都有一个同样特色的12个年轮序列，这也就是说古墓修建时用的木料在生长过程中都经历了6年的干旱，接着是3年的多雨和3年的干旱。由此，根据这12个年轮在古墓的木料中出现的位置的差异，就可以推知木料被砍伐的相对时长，从而可以确定建造古墓的相对年数。

其余选项都不能起到有效的解释作用。

05. 答案：D

不可能（被告人作案→必有同伙）

＝必然非（被告人作案→必有同伙）

＝必然（被告人作案且没有同伙）

06. 答案：C

题干论述：由于学生的理解包括对存在于事实和规则中的整体概念的领会，因此，计算机不能最终替代老师。

显然作者必须假设：不存在领会事实和规则中的整体概念的计算机程序。C项否定了这一假设，指出计算机也能传授存在于事实和规则中的一般概念，有力地削弱了题干结论。

其余选项均起不到削弱作用。其中，A项，重复了题干观点；B项，说法不全面，题干已经说明老师有另外的作用；D项，无论计算机在传授事实和规则上有多好，只要它不能传授存在于事实和规则中的一般概念还是不能代替老师；E项，说明学生归根结底还是需要老师，有支持题干观点的作用。

07. 答案：A

题干断定一：人们做出经济上的决定时不会把环境因素与其他的成本和收益做比较。

题干断定二：金钱的价值源自人们为做出经济上的决定而对成本和收益的比较。

得出推论一：人们在做出经济上的决定时不会考虑环境因素。

补充 A 项：如果人们在做出经济上的决定时不考虑环境因素，赋予环境因素金钱价值是不可能的。

得出推论二：赋予环境因素金钱价值是不可能的。

题干断定三：解决这个问题需要赋予环境因素一定的金钱价值。

得出推论三：这个问题解决不了。

即题干结论：环境经济学被激发它的东西所阻碍。

所以 A 项通过做了一个假设支持了该题干的结论。

08. 答案：A

（1）汤姆↔列宾∧¬麦克

（2）麦克↔¬劳力斯

（3）¬劳力斯↔马力∨露丝

既然马力在剧场演出，由（3）就可推出劳力斯不在电视台露面，再由（2）进一步推出麦克在西班牙，再由（1）可推出汤姆不在法国。即 A 项为真。

09. 答案：B

题干断定：第一，当正统医学没有办法治疗重病，或对其进行治疗而副作用太大时，人们就会找一些偏方、怪方；第二，偏方、怪方不会产生副作用的原因是他们根本就不起任何治疗作用。

由此，显然可以合理地推出 B 项。

10. 答案：D

若 D 项为真，即患者对可能从疾病中康复的信心可使其体内分泌抵抗病痛和过敏的物质，并加快康复的速度。那么，偏方、怪方就能通过增强患者康复的信心从而起到治疗作用，这样就有力地削弱了题干中对偏方、怪方的批评。

11. 答案：B

题干是个省略三段论，补充假设后构成有效的三段论推理：

题干前提一：没有脊索动物是导管动物。

题干前提二：所有的翼龙都是导管动物。

推出结论：没有翼龙属于脊索动物。

补充 B 项：所有类人猿都是脊索动物。

得出结论：没有翼龙属于类人猿家族。

补充其他选项都不能合乎逻辑地推出题干中的结论。

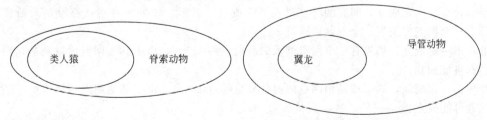

12. 答案：C

Ⅰ不必询问清楚。因为广告是为了宣传它的就业咨询的有效性，不了解去年毕业生的总人数，也能了解其中进行就业咨询的人数。反过来，了解了去年毕业生的总人数，不一定能了解其中进行就业咨询的人数。因此，去年毕业生的人数和确定广告的可信性没有直接关系。

Ⅱ必须询问清楚。为了确定上述广告的可信性，去年毕业生中有多少人进行就业咨询是必须弄清楚的。因为如果进行就业咨询的毕业生极少（例如只有一个人），那么，即使全部都找到了工作，也是一个很弱的根据，很难就此让人建立对广告的信任。

Ⅲ必须询问清楚。否则，如果事实上就业咨询在上述咨询者找到工作的过程中没起什么作用，那么，咨询者全部找到工作的事实，就不能用来说明就业咨询的效果。

Ⅳ必须询问清楚。因为，广告词说："为了在烹饪业找到一份理想的工作，欢迎您加入我们的行列"，由此可知，广告中所说的就业咨询，显然是指烹饪业内，要确定该广告的可信性，当然要根据咨询者在烹饪业内的就业状况。

13. 答案：D

题干对无毒蛇和链蛇相似的体表花纹这一现象的解释是：无毒蛇为了保护自己，在进化过程中逐步变异为具有和链蛇相似的体表花纹。

D项是上述解释的假设，否则，如果捕猎者并不避免捕捉剧毒的链蛇，那么，无毒蛇在进化过程中即使变异为具有和链蛇相似的体表花纹，也就起不到保护自己的作用了。

其余选项都不是假设。其中，选项A和B所作的断定都会削弱题干解释的说服力。选项C和E虽然不会削弱题干解释的说服力，但也不会增加这种说服力。

14. 答案：D

题干的结构是：所有P都是M，所有S都是M；所以，所有S都是P。

在诸选项中只有D和题干具有相类似的结构。

15. 答案：D

题干论述：作为禽鸟类筑巢和孵化的场所，湿地在不断萎缩，但该地区赤麻鸭却远低于天鹅数量下降的速度。

D项表明，除湿地外，赤麻鸭逐渐学会在树洞和崖洞筑巢孵化，天鹅则未能如此。这就从另一个角度有力地解释了上述现象的不一致。

16. 答案：B

题干前提：高的血液胆固醇水平能防止中风。

省略前提：与非西方饮食相比，西方饮食易使人产生较高的血液胆固醇。

题干结论：西方饮食比非西方饮食能更好地防止脑溢血。

B项表达了这一省略前提，因此为题干论述所基于的假设。

其余选项均不是假设。比如，题干断定的是，低的血液胆固醇水平会削弱动脉血管的强度，C项是其否命题，不一定正确。

17. 答案：A

题干断定：第一，三个网点的人数占全行人数的3%。

第二，三个网点撤销后，全行实际减员1.5%。

第三，银行内部人员有所调整，但全行只有减员，没有增员。

显然，Ⅰ项一定成立，即有的网点调入了新成员。否则，如果所有网点都没调入新成员的话，那么三个网点撤销后，全行就要减员3%了。

Ⅱ项不一定成立，如果有一个网点调入的新成员占1.5%，由于其他网点可以减员，题干条件依然有可能成立。

Ⅲ项不一定成立，如果被撤销网点的留任成员超过1.5%，由于其他网点可以减员，题干条件依然有可能成立。

因此，A项为正确答案。

18. 答案：D

根据题干可知，如果一个机械泵的装置被用作人工心脏，那么它将不能分泌这种激素，因此就无法控制着血液中盐的含量以及人体中循环的血液量等，也就无法执行人体心脏的所有功能，所以，D项为正确答案。

其余选项均不能从题干推出。其中，A项，题干推理并未说明荷尔蒙少时会导致什么样的后果。B项，题干最后一句只表明在患有心脏病的人的血液中有大量的荷尔蒙，但并没有说是由于荷尔蒙导致心脏病。C项，效果持久的说法超出题干范围。E项，出现了绝对化语言，超出了题干范围。

19. 答案：C

题干根据在一个新石器时代早期的人类文化遗址中发现的少女遗骸的颈部位置有用小螺壳串制的项链，腕部戴有牛肋骨制成的骨镯这一事实，认为：在新石器时代早期人类的审美意识已开始萌动。

而C如果为真，即项链和骨镯的作用主要是表示社会地位，这说明那时的人类佩戴项链和骨镯不一定说明其有审美意识，而是为了表明身份。因此，C项以另有他因的方式削弱了题干。

其余选项不能削弱题干，比如D项支持题干。

20. 答案：D

主持人的断定：一面是奇数→另一面是元音字母。

其负命题为：一面是奇数而另一面不是元音字母。

5为奇数，A为元音字母，翻动5和b，即第二张和第四张。

翻动第二张，如果另一面不是元音字母，可验证主持人的断定错误。

翻动第四张，如果背面为奇数，可以验证主持人的断定错误。

若翻动第一张，由于一面已不是奇数了，不能推翻主持人的断定。

若翻动第三张，由于一面已是元音字母了，不能推翻主持人的断定。

21. 答案：C

题干论述，为了减少海狸对树木的损坏而提出迁移海狸的办法。

C项指出，即使迁移海狸也会有来自其他地方的海狸占据已废弃地区，从而有力地反对了执行海狸迁移项目。

其余选项均起不到削弱作用，其中，A项只能起到支持作用。B项易被误选，有些考生会认为既然该项目不会减轻树木已承受的破坏，不就反对了该项目吗？其实题干上面的第一句话已指出目的为减少逐渐增加的海狸对树木的破坏，即使不会缓解已存在的伤害，如果阻止将来更大的破坏，目的也就达到了，所以起不到有效的反对作用。C、D项均与迁移项目无关。

22. 答案：D

根据题意，列表如下，其中《暂行规定》明确的"裸官"标示为"√"；《管理办法》规定的"裸官"标示为"＋"。

项目	配偶已移居国外	配偶在国内	无配偶
有子女均已移居国外	√ ＋		√ ＋
有子女在国内	＋		
无子女	√ ＋		

可见，这两个规定的差异在于：对于配偶已移居国（境）外的，在有子女的情况下，即使子女未移居国（境）外，《管理办法》也界定为"裸官"，而《暂行规定》并不界定为"裸官"。

因此，对于只有配偶没有子女的国家工作人员来说，根据《暂行规定》和《管理办法》，配偶已移居国（境）外的均为"裸官"，可见，D项与上述两个文件的规定是相符的。

其余选项均与上述两个文件的规定不相符。

23. 答案：C

甲认为，因航空公司超额预定航班或者天气原因耽误乘客行程，都应给予赔偿。

而乙对甲论述的驳斥，可知乙认为，航空公司超额预定航班和天气原因都不属于航空公司的过错，都不应给予赔偿。

可见，根据乙的看法，只有当航空公司没有超额预定最初的那次航班，也没有天气原因的情况下，乘客仍被拒绝了座位时，航空公司在道义上才具有赔偿的责任，所以C是正确答案。

24. 答案：C

题干中的甲认为，莎士比亚名下的作品其实是伊丽莎白一世写的。而乙认为，如果是伊丽莎白一世的，她早就成为世界上最著名的女作家了，但事实上她没有。

由此可见乙的预设是：伊丽莎白一世是莎士比亚名下作品的实际作者的秘密一直保守到现在，这绝对是不可能的。因此，C项为正确答案。

其余选项不妥，其中，A项是不可能的；B项是未知的；D和E项与题意不相关。

25. 答案：E

题干的结论是"缺乏自我了解的人是不会了解别人的"，其论据是"连自己都不了解的人是不可能了解别人的"。

可见，其结论直接重复了论据，属于循环论证，因此，E项为正确答案。

26. 答案：B

对于任一青少年，令P表示"智力受到了有效的开发"，Q表示"勤于思考"，R表示"摄入了足够的脑细胞生长所需要的营养素"，S表示"服用了足量的125健脑素"。根据题意，用推理形式表示如下：

(1) $P \rightarrow Q \wedge R$

(2) $S \rightarrow R$

推断Ⅰ的形式是：$Q \wedge S \rightarrow P$。从题干条件推不出Ⅰ成立。

推断Ⅱ的形式是：$P \wedge \neg S \rightarrow Q$。因为Q是P的必要条件，所以，由P就可推出Q，既然由P单独就能推出Q，那么由P加上非S这个条件，当然也能推出Q。因此，推断Ⅱ成立。

推断Ⅲ的形式是：$Q \wedge \neg P \rightarrow \neg R$。从题干条件推不出Ⅲ成立。

27. 答案：C

题干论述：脑白金的电视广告的出现频率明显增加，其销售比例也明显增加，所以，电视广告是产品促销的有效手段。

C项表明，被调查的白金营养液广告的电视观众几乎没有购买的，意味着脑白金电视广告对于脑白金的促销产生了负影响，即看了广告反而不买了，有力地削弱了题干论证。

其余选项均不妥，比如，A项说明电视广告，包括脑白金营养液电视广告没什么影响，B项说明脑白金营养液电视广告对于脑白金营养液的促销没产生什么影响，这两项的削弱力度不足。D项是无关项。

28. 答案：B

(1) 控制通货膨胀→控制物价∧控制薪酬。

(2) 控制薪酬→限制了工人的消费能力。

(3) 限制了工人的消费能力∧控制物价→削减了公司的利润。

(4) 公司的利润没有减少。

由(1)(2)(3)推出：控制了通货膨胀→削减了公司的利润。

而由(4)公司的利润没有减少，使用否定后件式，我们就得到：通货膨胀没有控制。

因此，选B为答案。

29. 答案：D

销售人员声称,这种地板是环保地板,其散发的香味可以消毒杀菌,去除空气中的异味。

若选项 D 为真,不少厂商是通过在地板中添加大量香精等化学助剂来达到掩盖或者中和刺激性气味的目的,这说明这类地板并不环保,有力地削弱了销售人员的观点。

其余选项无法说明香味地板是否是环保地板,不能构成削弱。

30. 答案:A

题干断定:

(1) 过度工作和压力都会不可避免地导致失眠症。

(2) 森达公司的所有管理人员都有压力。

(3) 大多数的管理人员每周工作超过 60 小时,而其余的管理人员每周仅工作 40 小时。

(4) 只有每周工作超过 40 小时的员工才能得到一定的奖金。

根据 (4) 可知,得到一定奖金的森达公司管理人员工作超过 40 小时。

再根据 (3) 可合理推知,大多数得到一定奖金的森达公司管理人员工作过度(每周工作超过 60 小时)。

再结合 (2) 和 (1),可合理地推出:大多数得到一定奖金的森达公司管理人员患有失眠症,因此,A 项为正确答案。

选项 B、D 讨论的是管理人员以外的员工,选项 C、E 又引入了其他公司的情况,这都是不能断定的信息,题干无从支持。

附录 B 最新真题

本部分汇编了最新的管理类专业学位联考综合能力逻辑试题,并提供了答案与解析,以供考生有针对性地训练提高。

一、2017 年真题

2017 年全国硕士研究生入学统一考试
管理类专业学位联考综合能力逻辑试题

01~25 略。

26. 倪教授认为,我国工程技术领域可以考虑与国外先进技术合作,但任何涉及核心技术的项目决不能受制于人;我国许多网络安全建设项目涉及信息核心技术,如果全盘引进国外先进技术而不努力自主创新,我国的网络安全将会受到严重威胁。

根据倪教授的陈述,可以得出以下哪项?

A. 我国有些网络安全建设项目不能受制于人。
B. 我国工程技术领域的所有项目都不能受制于人。
C. 如果能做到自主创新,我国的网络安全就不会受到严重威胁。
D. 我国许多网络安全建设项目不能与国外先进技术合作。
E. 只要不是全盘引进国外先进技术,我国的网络安全就不会受到严重威胁。

27. 任何结果都不可能凭空出现,它们的背后都是有原因的;任何背后有原因的事物都可以被人认识,而可以被人认识的事物都必然不是毫无规律的。

根据以上陈述,以下哪项为假?

A. 任何结果都可以被人认识。
B. 任何结果出现的背后都是有原因的。

C. 有些结果的出现可能毫无规律。
D. 那些可以被人认识的事物必然有规律。
E. 人有可能认识所有事物。

28. 近年来，我国海外代购业务量迅速增长，代购者们通常从海外购买产品，通过各种渠道避开关税，再卖给内地顾客从中牟利，却让政府损失了税收收入。某专家由此指出，政府应该严厉打击海外代购的行为。

以下哪项如果为真，最能支持上述论证？
A. 近期，有位前空乘服务员因在网上开设海外代购店而被我国地方法院判定有走私罪。
B. 国内一些企业生产的同类产品与海外代购产品相比，无论质量还是价格都缺乏竞争优势。
C. 海外代购提升了人民的生活水平，满足了国内部分民众对于品质生活的追求。
D. 去年，我国奢侈品海外代购规模几乎是全球奢侈品国内门店销售额的一半，这些交易大多避开关税。
E. 国内民众的消费需求提升是伴随着我国经济发展而产生的经济现象，应以此为契机促进国内同类消费品产业的升级。

29. 为了配合剧情，招 4 类角色：外国游客 1~2 名，购物者 2~3 名，商贩 2 名，路人若干。有甲、乙、丙、丁、戊、己 6 人，每人在同一场景中只能出演一个角色。已知：
(1) 只有甲、乙才能出演外国游客；
(2) 每个场景中至少有 3 类角色同时出现；
(3) 每个场景中，乙或丁演商贩则甲和丙演购物者；
(4) 购物者、路人之和在每个场景中不超过 2 人。

根据上述信息可以得出以下哪项？
A. 同一场景中，如果戊和己演路人，那么甲只能演外国游客。
B. 同一场景中，由己演外国游客则甲演商贩。
C. 至少有 2 人在不同场景出演不同角色。
D. 甲、乙、丙、丁不会出现在同一场景。
E. 同一场景中，如果丁或戊演购物者，则乙只能演外国游客。

30. 离家 300 米的学校不能上，却被安排到 2 公里以外的学校就读。某市一位适龄儿童在上小学时就遇到了所在区教育局这样的安排，而这一安排是区教育局根据儿童户籍所在施教区做出的，根据该市教育局规定的"就近入学"原则，儿童家长将区教育局告上法庭，要求撤销原来安排，让其孩子就近入学，法院对此作出一审判决，驳回原告请求。

下列哪项最可能是法院的合理依据？
A. "就近入学"不是"最近入学"，不能将入学儿童户籍地和学校的直线距离作为划分施教区的唯一依据。
B. 按照特定的地理要素划分，施教区中的每所小学不一定就处于该施教区的中心位置。
C. 儿童入学应上哪一所学校不是让适龄儿童或其家长自主选择，而是要听从政府主管部门的行政安排。
D. "就近入学"仅仅是一个需要遵循的总体原则，儿童具体入学安排还要根据特定的情况加以变通。
E. 该区教育局划分施教区的行政行为符合法律规定，而原告孩子户籍所在施教区的确需要去离家 2 公里外的学校就读。

31. 张立是一位单身白领，工作 5 年积累了一笔存款，由于该笔存款金额尚不足以购房，考虑将其暂时分散投资到股票、黄金、基金、国债和外汇等 5 个方面。该笔存款的投资需要满足如下条件：
(1) 如果黄金投资比例高于 1/2，则剩余部分投入国债和股票；

(2) 如果股票投资比例低于1/3，则剩余部分不能投入外汇或国债；
(3) 如果外汇投资比例低于1/4，则剩余部分投入基金或黄金；
(4) 国债投资比例不能低于1/6。
根据上述信息，可以得出以下哪项？
A. 国债投资比例高于1/2。
B. 外汇投资比例不低于1/3。
C. 股票投资比例不低于1/4。
D. 黄金投资比例不低于1/5。
E. 基金投资比例低于1/6。

32. 通识教育重在帮助学生掌握尽可能全面的基础知识，即帮助学生了解各个学科领域的基本常识；而人文教育则重在培育学生了解生活世界的意义，并对自己及他人行为的价值和意义做出合理的判断，形成"智识"。因此有专家指出，相比较而言，人文教育对人未来生活的影响会更大一些。
以下哪项如果为真，最能支持上述专家的断言？
A. 当今我国有些大学开设的通识教育课程要远远多于人文教育课程。
B. "知识"是事实判断，"智识"是价值判断，两者不能相互替代。
C. 没有知识就会失去应对未来生活挑战的勇气，而错误的价值观可能会误导人的生活。
D. 关于价值和意义的判断事关个人的幸福和尊严，值得探究和思考。
E. 没有知识，人依然可以活下去；但如果没有价值和意义的追求，人只能成为没有灵魂的躯壳。

33、34题基于以下题干：
丰收公司邢经理需要在下个月赴湖北、湖南、安徽、江西、江苏、浙江、福建7省进行市场需求调研，各省均调研一次，他的行程需满足如下条件：
(1) 第一个或最后一个调研江西省；
(2) 调研安徽省的时间早于浙江省，在这两省的调研之间调研除了福建省的另外两省；
(3) 调研福建省的时间安排在调研浙江省之前或刚好调研完浙江省之后；
(4) 第三个调研江苏省。

33. 如果邢经理首先赴安徽省调研，则关于他的行程，可以确定以下哪项？
A. 第二个调研湖北省。   B. 第二个调研湖南省。
C. 第五个调研福建省。   D. 第五个调研湖北省。
E. 第五个调研浙江省。

34. 如果安徽省是邢经理第二个调研的省份，则关于他的行程，可以确定以下哪项？
A. 第一个调研江西省。   B. 第四个调研湖北省。
C. 第五个调研浙江省。   D. 第五个调研湖南省。
E. 第六个调研福建省。

35. 王研究员：我国政府提出的"大众创业、万众创新"激励着每一个创业者。对于创业者来说，最重要的是需要一种坚持精神。不管在创业中遇到什么困难，都要坚持下去。
李教授：对于创业者来书，最重要的是要敢于尝试新技术。因为有些新技术一些大公司不敢轻易尝试，这就为创业者带来了成功的契机。
根据以上信息，以下哪项最准确地指出了王研究员与李教授的分歧所在？
A. 最重要的是敢于迎接各种创业难题的挑战，还是敢于尝试那些大公司不敢轻易尝试的新技术。
B. 最重要的是坚持创业，有毅力有恒心把事业一直做下去，还是坚持创新，做出更多的科学发现和技术发明。

C. 最重要的是坚持把创业这件事做好，成为创业大众的一员，还是努力发明新技术，成为创新万众的一员。

D. 最重要的是需要一种坚持精神，不畏艰难，还是要敢于尝试新技术，把握事业成功的契机。

E. 最重要的是坚持创业，敢于成立小公司，还是尝试新技术，敢于挑战大公司。

36. 进入冬季以来，内含大量有毒颗粒物的雾霾频繁袭击我国部分地区。有关调查显示，持续接触高浓度污染物会导致10%～15%的人患有眼睛慢性炎症和干眼症。有专家由此认为，如果不采取紧急措施改善空气质量，这些疾病的发病率和相关的并发症将会增加。

以下哪项如果为真，最能支持上述专家的观点？

A. 上述被调查的眼疾患者中有65%是年龄在20～40岁之间的男性。

B. 有毒颗粒物会刺激并损害人的眼睛，长期接触会影响泪腺细胞。

C. 空气质量的改善不是短期内能做到的，许多人不得不在污染环境中工作。

D. 在重污染环境中采取戴护目镜、定期洗眼等措施有助于预防干眼症等眼疾。

E. 眼睛慢性炎症和干眼症等病例通常集中出现于花粉季。

37. 很多成年人对于儿时熟悉的《唐诗三百首》中的许多名诗，常常仅记得几句名句，而不知诗作者或诗名。甲校中文系硕士生只有三个年级，每个年级人数相等。统计发现，一年级学生都能把该书中的名句与诗名及其作者对应起来；二年级2/3的学生能把该书中的名句和作者对应起来；三年级1/3的学生不能把该书中的名句与诗名对应起来。

根据上述信息，关于该校中文系硕士生，可以得出以下哪项？

A. 1/3以上的一、二年级学生不能把该书中的名句和作者对应起来。

B. 1/3以上的硕士生不能将该书中的名句与诗名或作者对应起来。

C. 大部分硕士生能将该书中的名句与诗名及其作者对应起来。

D. 2/3以上的一、三年级学生能把该书中的名句与诗名对应起来。

E. 2/3以上的一、二年级学生不能把该书中的名句与诗名对应起来。

38. 婴儿通过碰触物体、四处玩耍和观察成人的行为等方式来学习，但机器人通常只能按照编订的程序进行学习。于是，有些科学家试图研制学习方式更接近于婴儿的机器人。他们认为，既然婴儿是地球上最有效率的学习者，为什么不设计出能像婴儿那样不费力气就能学习的机器人呢？

以下哪项最可能是上述科学家观点的假设？

A. 婴儿的学习能力是天生的，他们的大脑与其他动物幼崽不同。

B. 通过碰触、玩耍和观察等方式来学是地球上最有效的学习方式。

C. 即使是最好的机器人，它们的学习能力也无法超过最差的婴儿学习者。

D. 如果机器人能像婴儿那样学习，它们的智能就有可能超过人类。

E. 成年人和现有机器人都不能像婴儿那样毫不费力地学习。

39. 针对癌症患者，医生常采用化疗手段将药物直接注入人体杀伤癌细胞，但这也可能将正常细胞和免疫细胞一同杀灭，产生较强的副作用。近来，有科学家发现，黄金纳米粒子很容易被人体癌细胞吸收，如果将其包上一层化疗药物，就可作为"运输工具"，将化疗药物准确地投放到癌细胞中。他们由此断言，微小的黄金纳米粒子能提升癌症化疗的效果，并能降低化疗的副作用。

下列哪项如果为真，能支持上述科学家所做出的论断？

A. 黄金纳米粒子用于癌症化疗的疗效有待大量临床检验。

B. 在体外用红外线加热已进入癌细胞的黄金纳米粒子，可以从内部杀灭癌细胞。

C. 因为黄金所具有的特殊化学性质，黄金纳米粒子不会与人体细胞发生反应。

D. 现代医学手段已能实现黄金纳米粒子的精准投送，让其所携带的化疗药物只作用于癌细胞，并不伤及其他细胞。
E. 利用常规计算机断层扫描，医生容易判定黄金纳米粒子是否已投放到癌细胞中。

40. 甲：己所不欲，勿施于人。
乙：我反对，己所欲，则施于人。
以下哪项与上述对话方式最为相似？
A. 甲：人非草木，孰能无情？
乙：我反对。草木无情，但人有情。
B. 甲：人无远虑，必有近忧。
乙：我反对，人有远虑，亦有近忧。
C. 甲：不入虎穴，焉得虎子。
乙：我反对，如得虎子，必入虎穴。
D. 甲：人不犯我，我不犯人。
乙：我反对，人若犯我，我就犯人。
E. 甲：不在其位，不谋其政。
乙：我反对，在其位，则行其政。

41. 颜子、曾寅、孟申、荀辰申请一个中国传统文化建设项目。根据规定，该项目的主持人只能有一名，且在上述4位申请者中产生；包括主持人在内，项目组成员不能超过两位。另外，各位申请者在申请答辩时做出如下陈述：
（1）颜子：如果我成为主持人，将邀请曾寅或荀辰作为项目组成员；
（2）曾寅：如果我成为主持人，将邀请颜子或孟申作为项目组成员；
（3）荀辰：只有颜子成为项目组成员，我才能成为主持人；
（4）孟申：只有荀辰或颜子成为项目组成员，我才能成为主持人。
假定4人陈述都为真，关于项目组成员的组合，以下哪项是不可能的？
A. 孟申、曾寅。
B. 荀辰、孟申。
C. 曾寅、荀辰。
D. 颜子、孟申。
E. 颜子、荀辰。

42. 研究者调查了一组大学毕业即从事有规律的工作正好满8年的白领，发现他们的体重比刚毕业时平均增加了8公斤。研究者由此得出结论：有规律的工作会增加人们的体重。
关于上述结论的正确性，需要询问的关键问题是以下哪项？
A. 和该组调查对象其他情况相仿且经常进行体育锻炼的人，在同样的8年中体重有怎样的变化？
B. 该组调查对象的体重在8年后是否会继续增加？
C. 为什么调查关注的时间段是对象在毕业工作后8年，而不是7年或者9年？
D. 该组调查对象中男性和女性的体重增加是否有较大差异？
E. 和该组调查对象其他情况相仿但没有从事有规律工作的人，在同样的8年中体重有怎样的变化？

43. 赵默是一位优秀的企业家，因为如果一个人既拥有在国内外知名学府和研究机构工作的经历，又有担任项目负责人的管理经验，那么他就能成为一位优秀的企业家。
以下哪项与上述论证最为相似？
A. 李然是信息技术领域的杰出人才。因为如果一个人不具有前瞻性目光、国际化视野和创新思维，就不能成为信息技术领域的杰出人才。
B. 袁清是一位好作家。因为好作家都具有较强的观察能力、想象能力及表达能力。

C. 青年是企业发展的未来。因此，企业只有激发青年的青春力量，才能促其早日成才。

D. 人力资源是企业的核心资源。因为如果不开展各类文化活动，就不能提升员工岗位技能，也不能增强团队的凝聚力和战斗力。

E. 风云企业具有凝聚力。因为如果一个企业能引导和帮助员工树立目标，提升能力，就能使企业具有凝聚力。

44. 爱书成痴注定会藏书。大多数藏书家也会读一些自己收藏的书；但有些藏书家却因喜爱书的价值和精致装帧而购书收藏，至于阅读则放到了自己以后闲暇的时间，而一旦他们这样想，这些新购的书就很可能不被阅读了。但是，这些受到"冷遇"的书只要被友人借去一本，藏书家就会失魂落魄，整日心神不安。

根据上述信息，可以得出以下哪项？

A. 有些藏书家将自己的藏书当做友人。
B. 有些藏书家喜欢闲暇时读自己的藏书。
C. 有些藏书家会读遍自己收藏的书。
D. 有些藏书家不会立即读自己新购的书。
E. 有些藏书家从不读自己收藏的书。

45. 人们通常认为，幸福能够增进健康、有利于长寿，而不幸福则是健康状况不佳的直接原因，但最近有研究人员对300多人的生活状况调查后发现，幸福或不幸福并不意味着死亡的风险会相应地变得更低或更高。他们由此指出，疾病可能会导致不幸福，但不幸福本身并不会对健康状况造成损害。

以下哪项如果为真，最能质疑上述研究人员的论证？

A. 有些高寿老人的人生经历较为坎坷，他们有时过得并不幸福。
B. 有些患有重大疾病的人乐观向上，积极与病魔抗争，他们的幸福感比较高。
C. 人的死亡风险低并不意味着健康状况好，死亡风险高也不意味着健康状况差。
D. 幸福是个体的一种心理体验，要求被调查对象准确断定其幸福程度有一定的难度。
E. 少数个体死亡风险的高低难以进行准确评估。

46. 甲：只有加强知识产权保护，才能推动科技创新。

乙：我不同意。过分强化知识产权保护，肯定不能推动科技创新。

以下哪项与上述反驳方式最为类似？

A. 妻子：孩子只有刻苦学习，才能取得好成绩。

丈夫：也不尽然。学习光知道刻苦而不能思考，也不一定会取得好成绩。

B. 母亲：只有从小事做起，将来才有可能做成大事。

孩子：老妈你错了。如果我们每天只是做小事，将来肯定做不成大事。

C. 老板：只有给公司带来回报，公司才能给他带来回报。

员工：不对呀。我上月帮公司谈成一笔大业务，可是只得到1%的奖励。

D. 老师：只有读书，才能改变命运。

学生：我觉得不是这样。不读书，命运会有更大的改变。

E. 顾客：这件商品只有价格再便宜一些，才会有人来买。

商人：不可能。这件商品如果价格再便宜一些，我就要去喝西北风了。

47. 某著名风景区有"妙笔生花""猴子观海""仙人晒靴""美人梳妆""阳关三叠""禅心向天"等6个景点。为方便游人，景区提示如下：

(1) 只有先游"猴子观海"，才能游"妙笔生花"；

(2) 只有先游"阳关三叠"，才能游"仙人晒靴"；

(3) 如果游"美人梳妆"，就要先游"妙笔生花"；

(4) "禅心向天"应第四个游览，之后才可以游览"仙人晒靴"。

张先生按照上述提示，顺利游览了上述 6 个景点。

根据上述信息，关于张先生的浏览顺序，以下哪项不可能为真？

A. 第一个游览"猴子观海"。
B. 第二个游览"阳关三叠"。
C. 第三个游览"美人梳妆"。
D. 第五个游览"妙笔生花"。
E. 第六个游览"仙人晒靴"。

48. "自我陶醉人格"，是以过分重视自己为主要特点的人格障碍。它有多种具体特征：过高估计自己的重要性，夸大自己的成就；对批评反应强烈；希望他人注意自己和羡慕自己；经常沉溺于幻想中，把自己看成是特殊的人；人际关系不稳定，嫉妒他人，损人利己。

以下各项自我陈述中，除了哪项均能体现上述"自我陶醉人格"的特征？

A. 我是这个团队的灵魂，一旦我离开了这个团队，他们将一事无成。
B. 他有什么资格批评我？大家看看，他的能力连我的一半都不到。
C. 我的家庭条件不好，但不愿意被别人看不起，所以我借钱买了一部智能手机。
D. 这么重要的活动竟然没有邀请我参加，组织者的人品肯定有问题，不值得跟这样的人交往。
E. 我刚接手别人很多年没有做成的事情，我跟他们完全不在一个层次，相信很快就会将事情搞定。

49. 通常情况下，长期在寒冷环境中生活的居民可以有更强的抗寒能力。相比于我国的南方地区，我国北方地区冬天的平均气温要低很多。然而有趣的是，现在许多北方地区的居民并不具有我们所以为的抗寒能力，相当多的北方人到南方来过冬，竟然难以忍受南方的寒冷天气，怕冷程度甚至远超过当地人。

以下哪项如果为真，最能解释上述现象？

A. 一些北方人认为南方温暖，他们去南方过冬时往往对保暖工作做得不够充分。
B. 南方地区冬天虽然平均气温比北方高，但也存在极端低温的天气。
C. 北方地区在冬天通常启用供暖设备，其室内温度往往比南方高出很多。
D. 有些北方人是从南方迁过去的，他们没有完全适应北方的气候。
E. 南方地区湿度较大，冬天感受到的寒冷程度超出气象意义上的温度指标。

50. 译制片配音，作为一种独有的艺术形式，曾在我国广受欢迎。然而时过境迁，现在许多人已不喜欢看配过音的外国影视剧。他们觉得还是听原汁原味的声音才感觉到位。有专家由此断言，配音已失去观众，必将退出历史舞台。

以下各项如果为真，则除哪项外都能支持上述专家的观点？

A. 很多上了年纪的国人仍习惯看配过音的外国影视剧，而在国内放映的外国大片有的仍然是配过音的。
B. 配音是一种艺术再创作，倾注了艺术家的心血，但有的人对此并不领情，反而觉得配音妨碍了他们对原剧的欣赏。
C. 许多中国人通晓外文，观赏外国原版影视剧并不存在语言的困难，即使不懂外文，边看中文字幕边听原声也不影响理解剧情。
D. 随着对外交流的加强，现在外国影视剧大量涌入国内，有的国人已经等不及慢条斯理、精工细作的配音了。
E. 现在有的外国影视剧配音难以模仿剧中的演员的出色嗓音，有时也与剧情不符，对此观众并不接受。

51、52 题基于以下题干：

"六一"节快到了，幼儿园老师为班上的小明、小雷、小刚、小芳、小花等 5 位小朋友准备了红、橙、黄、绿、青、蓝、紫等7份礼物。已知所有礼物都送了出去，每份礼物只能由一人获得，每人最多获得两份礼物。另外，礼物派送还需要满足如下要求：

(1) 如果小明收到橙色礼物，则小芳会收到蓝色礼物；
(2) 如果小雷没有收到红色礼物，则小芳不会收到蓝色礼物；
(3) 如果小刚没有收到黄色礼物，则小花不会收到紫色礼物；
(4) 没有人既能收到黄色礼物，又能收到绿色礼物；
(5) 小明只收到橙色礼物，而小花只收到紫色礼物。

51. 根据上述信息，以下哪项可能为真？
A. 小明和小芳都收到两份礼物。
B. 小雷和小刚都收到两份礼物。
C. 小刚和小花都收到两份礼物。
D. 小芳和小花都收到两份礼物。
E. 小明和小雷都收到两份礼物。

52. 根据上述信息，如果小刚收到两份礼物，则可以得出以下哪项？
A. 小雷收到红色和绿色两份礼物。
B. 小刚收到黄色和蓝色两份礼物。
C. 小芳收到绿色和蓝色两份礼物。
D. 小刚收到黄色和青色两份礼物。
E. 小芳收到青色和蓝色两份礼物。

53. 某民乐小组拟购买几种乐器，购买要求如下：
(1) 二胡、箫至多购买一种；
(2) 笛子、二胡和古筝至少购买一种；
(3) 箫、古筝、唢呐至少购买两种；
(4) 如果购买箫，则不购买笛子。
根据以上要求，可以得出以下哪项？
A. 至少购买了3种乐器。
B. 箫、笛子至少购买了一种。
C. 至少要购买3种乐器。
D. 古筝、二胡至少购买一种。
E. 一定要购买唢呐。

54、55 题基于以下题干：

某影城将在"十一"黄金周7天（周一至周日）放映14部电影，其中有5部科幻片，3部警匪片，3部武侠片，2部战争片，1部爱情片。限于条件，影城每天放映两部电影。已知：
(1) 除科幻片安排在周四外，其余6天每天放映的两部电影都属于不同的类型；
(2) 爱情片安排在周日；
(3) 科幻片与武侠片没有安排在同一天；
(4) 警匪片和战争片没有安排在同一天。

54. 根据以上信息，以下哪项两部电影不可能安排在同一天放映？
A. 警匪片和爱情片。
B. 科幻片和警匪片。
C. 武侠片和战争片。
D. 武侠片和警匪片。
E. 科幻片和战争片。

55. 根据以上信息，如果同类影片放映日期连续，则周六可以放映的电影是哪项？

A. 科幻片和警匪片。
B. 武侠片和警匪片。
C. 科幻片和战争片。
D. 科幻片和武侠片。
E. 警匪片和战争片。

2017 年逻辑试题答案与解析

01～25 略。

26. 答案：A

题干中倪教授陈述：

第一，任何涉及核心技术的项目决不能受制于人；

第二，我国许多网络安全建设项目涉及信息核心技术。

由此必然可以推出：我国有些网络安全建设项目不能受制于人。即 A 项正确。

其余选项都不能从倪教授的陈述中必然被推出。

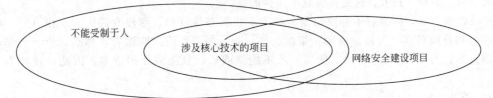

27. 答案：C

题干断定：

（1）任何结果都不可能凭空出现。

（2）他们的背后都是有原因的。

（3）任何背后有原因的事物都可以被人认识。

（4）可以被人认识的事物都必然不是毫无规律的。

由（2）（3）必然推出 A 项；

由（2）必然推出 B 项；

由（2）（3）（4）必然推出，任何结果都不是毫无规律，因此，C 项必假；

由（4）不能必然推出，可以被人认识的事物必然有规律，因此，D 项真假不确定。

从题干显然不能确定 E 项为假。

总之，只有 C 项一定为假，所以是正确答案。

28. 答案：D

题干论证关系为：

结论：政府应该严厉打击海外代购的行为。

论据：海外代购业务避开关税，让政府损失了税收收入。

D 项说明了海外代购的销售额所占比重大，而且又避开关税，提供了新的证据加强了题干的论证。

其余选项起不到对题干论证的支持作用。

29. 答案：E

根据题干条件，条件表达如下：

(1) 甲∨乙←外

(2) (外、购、商、路)≥3

(3) 每个场景中，乙∨丁（商）→甲∧丙（购）

(4) 购+路≤2

现进行逐项考查：

A项不必然为真，因为同一场景中，如果戊和己演路人，那么甲演商贩，乙演外国游客，也符合题干条件。

B项错误，因为根据条件（1），除甲、乙之外，其他人都不能出演外国游客。

C项不必然为真，比如在仅有两场的演出中，只有1人出演不同角色，其他人演同样的角色，这是符合题干条件的。

D项错误，因为甲、乙、丙、丁可以出现在同一场景，比如甲、乙、丙、丁分别出演外国游客、购物者、商贩、路人，这是符合题干条件的。

E项必然为真，因为若丁和戊出演购物者，根据条件（4），则没有路人，又由（2），则一定有商贩和外国游客。若乙演商贩，根据条件（3），则甲和丙演购物者，那么，甲、乙都不出演外国游客，与条件（1）矛盾。所以，乙不能演商贩，只能演外国游客。因此，该项为正确答案。

30. 答案：E

题干陈述：儿童家长将区教育局告上法庭的理由是离家300米的学校不能上，却被安排到2公里以外的学校就读，违反了"就近入学"原则。但法院驳回了儿童家长的请求。

E项，孩子户籍所在施教区的确需要去离家2公里外的学校就读，表明教育局对孩子的安排符合规定，这显然是法院的合理依据。

31. 答案：C

根据条件（4）可知，国债有投资，再由（2）推出，股票投资比例不低于1/3。

因此，C项为正确答案。其余选项不能必然得出。

32. 答案：E

题干论证关系如下：

结论：相对而言，人文教育对个人未来影响更大。

论据：通识教育重在帮助学生掌握尽可能全面的基础知识；人文教育重在培育学生了解世界的意义。

E项指出，对人来讲，没有知识可以活，但如果没有价值和意义的追求便失去了灵魂，由此可知后者的意义更大，从而加强了题干论证。

其余选项均不妥，其中，A、B项起不到支持作用，C、D项的支持力度不足。

33. 答案：C

根据题目条件，按调研顺序从1到7排列，可列条件如下：

(1) 江西=1/7；

(2) 安徽+2=浙江，（福建<安徽）∨（福建>浙江）；

(3) （福建<浙江）∨（福建=浙江+1）；

(4) 江苏=3。

首先赴安徽省调研，即安徽在1号；由条件（4），江苏在3号；再由条件（1），江西只能在7号。既然安徽在1号，由条件（2），浙江就在4号，而且福建不能在2号。再由条件（3），福建只能在5号，因此，C项为正确答案。

1	2	3	4	5	6	7
安徽		江苏	浙江	福建		江西

34. 答案：C

安徽是第二个调研的省份，由条件（2），浙江就在5号，因此，C项为正确答案。

1	2	3	4	5	6	7
	安徽	江苏		浙江		

35. 答案：D

题干中王研究员和李教授讨论的焦点问题是：对于创业者来说什么是最重要的？

王研究员认为，最重要的是需要一种坚持精神；

李教授认为，最重要的是要敢于尝试新技术。

D项准确地指出了王研究员与李教授的分歧所在，因此为正确答案。

36. 答案：B

题干论证关系为：

结论：如果不采取紧急措施改善空气质量，这些疾病的发病率和相关的并发症将会增加。

论据：持续接触高浓度污染物会直接导致10%~15%的人患有眼睛慢性炎症或干眼症。

B项如果为真，增加了论据，从而支持专家的观点。

37. 答案：D

根据题干所陈述的最对甲校中文系硕士生的统计发现，列表如下：

项目		能	不能
一年级学生	把名句与诗名及其作者对应起来	1	0
二年级学生	把名句和作者对应起来	2/3	1/3
三年级学生	把名句与诗名对应起来	2/3	1/3

由此可见，2/3以上的一、三年级学生能把该书中的名句与诗名对应起来。因此，D项正确。

其余选项都不能必然得出。

38. 答案：B

题干论证关系如下：

题干前提：婴儿通过碰触物体、四处玩耍和观察成人的行为等方式来学习。

补充B项：通过碰触、玩耍和观察等方式来学是地球上最有效的学习方式。

题干结论：婴儿是地球上最有效率的学习者。所以，应该设计出能像婴儿那样不费力气就能学习的机器人。

39. 答案：D

科学家所做出的论断是：黄金纳米粒子能提升癌症化疗的效果，并能降低化疗的副作用。

D项表明，用黄金纳米粒子作用于癌细胞以治疗癌症是可行的，有力地支持了科学家的论断。

40. 答案：D

题干推理形式为：甲：¬P（己所不欲）→¬Q（不施于人）；乙：P（己所欲）→Q（施于人）。

D项推理形式为：甲：¬P（人不犯我）→¬Q（我不犯人）；乙：P（人犯我）→Q（我犯人）。

其余选项都于题干推理形式不相似。比如，E项中"谋其政"与"行其政"概念不一致。

41. 答案：C

题干条件为：

（1）颜为主持→曾为成员∨荀为成员；

（2）曾为主持→颜为成员∨孟为成员；

（3）颜为成员←荀为主持；

（4）荀为成员∨颜为成员←孟为主持。

曾寅、荀辰这一组合不可能为真，因为项目组成员不能超过两位，若曾寅是主持人，荀辰是组成员，则与条件（2）矛盾；若荀辰是主持人，曾寅是组成员，则与条件（3）矛盾。因此，C项为正确答案。

其余选项所列的组合都可能为真。

42. 答案：E

按照求异法，要得出合理的结论必须对有规律工作的人和没规律工作的人的体重变化进行对比。

E项是需要询问的关键问题，和该组调查对象其他情况相仿但没有从事有规律工作的人，在同样的8年中体重有怎样的变化？若体重同样增加则削弱题干论证，若体重没有增加或增加很少，则加强题干论证。

43. 答案：E

题干推理形式为：a属于R，因为P且Q→R。

在诸选项中，只有E项与题干推理形式类似，因此为正确答案。

44. 答案：D

题干断定：有些藏书家因喜爱书的价值和精致装帧而购书收藏，至于阅读则放到了自己以后闲暇的时间。

从中显然可以得出，有些藏书家不会立即读自己新购的书。因此，D项为正确答案。

其余选项不能从题干中必然得出。其中，A项"将自己的藏书当做友人"，B项"喜欢闲暇时读"，C项"读遍"，E项"从不读"均超出题干断定范围。

45. 答案：C

研究人员的论证如下：

结论：疾病可能会导致不幸福，但不幸福本身并不会对健康状况造成损害。

论据：幸福和不幸福的人死亡率没有差别。

该论证需要假设，死亡风险低代表身体健康状况好（没有疾病），死亡风险高代表身体健康差（有疾病）。C项否定了这一假设，最能质疑上述研究人员的论证。

46. 答案：B

题干推理形式为：

甲：P（加强知识产权保护）←Q（能推动科技创新）。

乙：过分P（加强知识产权保护）→¬Q（不能推动科技创新）。

各选项中，只有B项与题干反驳方式类似，因此为正确答案。

其余选项都不类似。比如，A项，"不一定"与题干不符。E项，"去喝西北风了"不代表"没有人来买"。

47. 答案：D

题干信息整理如下：

（1）猴＜妙；

(2) 阳＜仙；
(3) 妙＜美；
(4) 禅＝4＜仙。

1	2	3	4	5	6
			禅心向天		

根据条件（4）可知，5和6中必然有一个是仙人晒靴。

D项，第五个游览"妙笔生花"，由条件（3），第6个位置必然是美人梳妆，则和上述信息矛盾，故D项不可能为真。

48. 答案：C
根据题干中"自我陶醉人格"的具体特征，依次判断各选项：
A项符合"过高估计自己的重要性，夸大自己的成就"；
B项符合"对批评反应强烈"；
D项符合"过高估计自己的重要性，人际关系不稳定"；
E项符合"经常沉溺于幻想中，把自己看成是特殊的人"。
只有C项没有体现上述"自我陶醉人格"的特征。

49. 答案：E
题干陈述的反常现象是：通常长期在寒冷环境中可以有更强的抗寒能力，北方地区温度低于南方地区，但北方人抗寒能力不如南方人。
E项指出还有湿度差异，南方的寒冷气候不同于北方，所以来到南方的北方人不适应这种潮湿的寒冷。这从另一角度解释了上述现象。

50. 答案：A
题干中专家的观点是：配音已失去观众，必将退出历史舞台。理由是：现在许多人喜欢原汁原味的声音。
A项指出，配音仍然存在一定的市场，对专家的观点有所削弱。
其余选项都支持了专家的观点。

51. 答案：B
根据条件（5），说明小明和小花只能收到一份礼物，不可能收到两份礼物，所以，A、C、D、E项均排除。只有B项可能为真。

52. 答案：D
由（5），小明只收到橙色，小花只收到紫色。
又由（1），小芳会收到蓝色。
再由（2），小雷收到红色。
由（5）（3）（4），小刚收到黄色，且没有收到绿色。
列表如下：

项目	小明	小芳	小雷	小刚	小花
礼物份数	1				1
礼物颜色	橙色	蓝色	红色	黄色,非绿色	紫色

如果小刚收到两份礼物，那只能是黄色和青色。因此，D项为正确答案。

53. 答案：D
假设购买箫，由（1）（4）可得，不购买笛子，不购买二胡；再由（2）可得，购买古筝，对于唢呐无法判断。

假设不购买箫,由(3)可得,购买古筝、唢呐。

由此可见,不管买不买箫,一定要购买古筝。

既然一定要购买古筝,那么"古筝、二胡至少购买一种"必真,即 D 项为正确答案。

54. 答案:A

根据题干信息列表如下:

时间	1	2	3	4	5	6	7
影片				科幻			爱情
				科幻			

这样还剩下 3 部科幻片,3 部武侠片,3 部警匪片,2 部战争片。

而根据(3)科幻片与武侠片没有安排在同一天,可推出,1~3 以及 5~7 这 6 天,必然要选择科幻片和武侠片中的一部来放映。由此可见,周日不能放映警匪片,即警匪片不可能和爱情片在一起。因此,A 项为正确答案。

55. 答案:C

如果同类影片连续放映,则 5~7 必然要么是科幻要么是武侠连续放映。

所以,3 部警匪片只能在 1~3 连续放映,则 5~6 必然连续放映战争片。

时间	1	2	3	4	5	6	7
影片	警匪	警匪	警匪	科幻	战争	战争	爱情
				科幻			

由此可见,周六可以放映的电影是"科幻片和战争片"或者"武侠片和战争片"。

因此,C 项为正确答案。

二、2018 年真题

2018 年全国硕士研究生入学统一考试
管理类专业学位联考综合能力逻辑试题

01~25 略。

26. 人民既是历史的创造者,也是历史的见证者;既是历史的"剧中人",也是历史的"剧作者",离开人民,文艺就会变成无根的浮萍、无病的呻吟、无魂的躯壳,关注人民的生活、命运、情感,表达人民的心愿、心情、心声,我们的作品才会在人民中传之久远。

根据以上陈述,可以得出以下哪项?

A. 只有不离开人民,文艺才不会变成无根的浮萍、无病的呻吟、无魂的躯壳。
B. 历史的创造者都不是历史的"剧中人"。
C. 历史的创造者都是历史的见证者。
D. 历史的"剧中人"都是历史的"剧作者"。
E. 我们的作品只要表达人民的心愿、心情、心声,就会有人民中传之久远。

27. 盛夏时节的某一天,某市早报刊载了由该市专业气象台提供的全国部分城市当天天气预报,择其内容列表如下:

天津	阴	上海	雷阵雨	昆明	小雨
呼和浩特	阵雨	哈尔滨	少云	乌鲁木齐	晴
西安	中雨	南昌	大雨	香港	多云
南京	雷阵雨	拉萨	阵雨	福州	阴

根据上述信息，以下哪项做出的论断最为准确？

A. 由于所列城市盛夏天气变化频繁，所以上面所列的 9 类天气一定就是所有的天气类型。

B. 由于所列城市并非我国的所有城市，所以上面所列的 9 类天气一定不是所有的天气类型。

C. 由于所列城市在同一天不一定展示所有的天气类型，所以上面所列的 9 类天气可能不是所有的天气类型。

D. 由于所列城市在同一天可能展示所有的天气类型，所以上面所列的 9 类天气类型一定是所有的天气类型。

E. 由于所列城市分出我国的东南西北中，所以上面所列的 9 类城市一定就是所有的天气类型。

28. 现在许多人很少在深夜 11 点以前安然入睡，他们未必都在熬夜用功，大多是在玩手机或看电视，其结果就是晚睡，第二天就会头晕脑涨、哈欠连天，不少人常常对此感到后悔，但一到晚上他们多半还会这么做。有专家就此指出，人们似乎从晚睡中得到了快乐，但这种快乐其实隐藏着某种烦恼。

以上哪项如果为真，最能支持上述专家的结论？

A. 晨昏交替，生活周而复始，安然入睡是对当天生活的满足和对明天生活的期待，而晚睡者只想活在当下，活出精彩。

B. 晚睡者具有积极的人生态度，他们认为，当天的事须当天完成，哪怕晚睡也在所不惜。

C. 大多数习惯晚睡的人白天无精打采，但一到深夜就感觉自己精力充沛，不做点有意义的事情就觉得十分可惜。

D. 晚睡其实是一种表面难以察觉的、对"正常生活"的抵抗，它提醒人们现在的"正常生活"存在着某种令人不满的问题。

E. 晚睡者内心并不愿意睡得晚，也不觉得手机或电脑有趣，甚至都不记得玩过或看过什么，但他们总是要在睡觉前花较长时间磨蹭。

29. 分心驾驶是指驾驶人为满足自己的身体舒适、心情愉悦等需求而没有将注意力全部集中于驾驶过程的驾驶行为，常见的分心行为有抽烟、饮水、进食、聊天、刮胡子、使用手机、照顾小孩等。某专家指出，分心驾驶已成为我国道路交通事故的罪魁祸首。

以下哪项如果为真，最能支持上述专家的观点？

A. 一项统计研究表明，相对于酒驾、药驾、超速驾驶、疲劳驾驶等情形，我国由分心驾驶导致的交通事故占比最高。

B. 驾驶人正常驾驶时反应时间为 0.3～1.0 秒，使用手机时反应时间则延迟 3 倍左右。

C. 开车使用手机会导致驾驶人注意力下降 20%，如果驾驶人边开车边发短信，则发生车祸的概率是其正常驾驶时的 23 倍。

D. 近来使用手机已成为我国驾驶人分心驾驶的主要表现形式，59% 的人开车过程中看微信，31% 的人玩自拍，36% 的人刷微博、微信朋友圈。

E. 一项研究显示，在美国超过 1/4 的车祸是由驾驶人使用手机引起的。

30、31 题基于以下题干：

某工厂有一员工宿舍住了甲、乙、丙、丁、戊、己、庚 7 人，每人每周需轮流值日一天，且每天仅安排一人值日。他们值日的安排还需满足以下条件：

(1) 乙周二或周六值日；
(2) 如果甲周一值日，那么丙周三值日且戊周五值日；
(3) 如果甲周一不值日，那么己周四值日且庚周五值日；
(4) 如果乙周二值日，那么己周六值日。

30. 根据以上条件，如果丙周日值班，则可以得出以下哪项？
A. 甲周日值班。
B. 乙周六值班。
C. 丁周二值班。
D. 戊周二值班。
E. 己周五值班。

31. 如果庚周四值日，那么以下哪项一定为假
A. 甲周一值日。
B. 乙周六值日。
C. 丙周三值日。
D. 戊周日值日。
E. 己周日值日。

32. 唐代韩愈在《师说》中指出："孔子曰：三人行，则必有我师，是故弟子不必不如师，师不必贤于弟子，闻道有先后，术业有专攻，如是而已。"
根据上述韩愈的观点，可以得出以下哪项？
A. 有的弟子必然不如师。
B. 有的弟子可能不如师。
C. 有的师不可能贤于弟子。
D. 有的弟子不可能贤于师。
E. 有的师可能不贤于弟子。

33. "二十四节气"是我国在农耕社会生产生活的时间活动指南，反映了从春到冬一年四季的气温、降水、物候的周期性变化规律。已知各节气的名称具有如下特点：
(1) 凡含"春""夏""秋""冬"字的节气各属春、夏、秋、冬季；
(2) 凡含"雨""露""雪"字的节气各属春、秋、冬季；
(3) 如果"清明"不在春季，则"霜降"不在秋季；
(4) 如果"雨水"在春季，则"霜降"在秋季。
根据以上信息，如果从春至冬每季仅列两个节气，则以下哪项是不可能的？
A. 雨水、惊蛰、夏至、小暑、白露、霜降、大雪、冬至。
B. 惊蛰、春分、立夏、小满、白露、寒露、立冬、小雪。
C. 清明、谷雨、芒种、夏至、秋分、寒露、小雪、大寒。
D. 立春、清明、立夏、夏至、立秋、寒露、小雪、大赛。
E. 立春、谷雨、清明、夏至、处暑、白露、立冬、小雪。

34. 刀不磨要生锈，人不学要落后。所以，如果你不想落后，就应该多磨刀。
以下哪项与上述论证方式最为相似？
A. 妆未梳成不见客，不到火候不揭锅。所以，如果揭了锅，就应该是到了火候。
B. 兵在精而不在多，将在谋而不在勇，所以，如果想获胜，就应该兵精将勇。
C. 马无夜草不肥，人无横财不富。所以，如果你想富，就应该让马多吃夜草。
D. 金无足赤，人无完人，所以，如果你想做完人，应该有真金。
E. 有志不在年高，无志空活百岁。所以，如果你不想空活百岁，就应该立志。

35. 某市已开通运营一、二、三、四号地铁线路，各条地铁线每一站运行加停靠所需时间均

彼此相同。小张、小王、小李三人是同一单位的职工，单位附近有北口地铁站。某天早晨，3人同时都在常青站乘一号线上班，但3人关于乘车路线的想法不尽相同。已知：

(1) 如果一号线拥挤，小张就坐2站后转三号线，再坐3站到北口站；如果一号线不拥挤，小张就坐3站后转二号线，再坐4站到北口站。

(2) 只有一号线拥挤，小王才坐2站后转三号线，再坐3站到北口站。

(3) 如果一号线不拥挤，小李就坐4站后转四号线，坐3站后再转三号线，坐1站到达北口站。

(4) 该天早晨地铁一号线不拥挤。

假定三人换乘及步行总时间相同，则以下哪项最可能与上述信息不一致？

A. 小王和小李同时到达单位。
B. 小张和小王同时到达单位。
C. 小王比小李先到达单位。
D. 小李比小张先到达单位。
E. 小张比小王先到达单位。

36. 最近一项调研发现，某国30岁至45岁人群中，去医院治疗冠心病、骨质疏松等病症的人越来越多，而原来患有这些病症的大多是老年人，调研者由此认为，该国年轻人中"老年病"发病率有不断增加的趋势。

以下哪项如果为真，最能质疑上述调研结论？

A. 由于国家医疗保障水平的提高，相比以往，该国民众更有条件关注自己的身体健康。
B. "老年人"的最低年龄比以前提高了，"老年病"的患者范围也有所变化。
C. 近年来，由于大量移民涌入，该国45岁以下年轻人的数量急剧增加。
D. 尽管冠心病、骨质疏松等病症是常见的"老年病"，老年人患的病未必都是"老年病"。
E. 近几十年来，该国人口老龄化严重，但健康老龄人口的比重在不断增大。

37. 张教授：利益并非只是物质利益，应该把信用、声誉、情感甚至某种喜好等都归入利益的范畴。根据这种"利益"的广义理解，如果每一个体在不损害他人利益的前提下，尽可能满足其自身的利益需求，那么由这些人体组成的社会就是一个良善的社会。

根据张教授的观点，可以得出以下哪项？

A. 如果一个社会不是良善的，那么其中肯定存在个体损害他人利益或自身利益需求没有尽可能得到满足的情况。
B. 尽可能满足每一个体的利益需求，就会损害社会的整体利益。
C. 只有尽可能满足每一个体的利益需求，社会才可能是良善的。
D. 如果有些个体通过损害他人利益来满足自身的利益需求，那么社会就不是良善的。
E. 如果某些个体的利益需求没有尽可能得到满足，那么社会就不是良善的。

38. 某学期学校新开设4门课程："《诗经》鉴赏""老子研究""唐诗鉴赏""宋词选读"。李晓明、陈文静、赵珊珊和庄志达4人各选修了其中一门课程。已知：

(1) 他们4人选修的课程各不相同。
(2) 喜爱诗词的赵珊珊选修的是诗词类课程。
(3) 李晓明选修的不是"《诗经》鉴赏"就是"唐诗鉴赏"

以下哪项如果为真，就能确定赵珊珊选修的是"宋词选读"？

A. 庄志达选修的不是"宋词选读"。
B. 庄志达选修的是"老子研究"。
C. 庄志达选修不是"老子研究"。
D. 庄志达选修是"《诗经》鉴赏"
E. 庄志达选修不是"《诗经》鉴赏"

39. 我国中原地区如果降水量比往年偏低，该地区河流水位会下降，流速会减缓。这有利于河流中的水草生长，河流中的水草总量通常也会随之增加。不过，去年该地区在经历了一次极端干旱之后，尽管该地区某河流的流速十分缓慢，但其中的水草总量并未随之而增加，只是处于一个很低的水平。

以下哪项如果为真，最能解释上述看似矛盾的现象？

A. 经过极端干旱之后，该河流中以水草为食物的水生物数量大量减少。
B. 我国中原地区多平原，海拔差异小，其地表河水流速比较缓慢。
C. 该河流在经历了去年极端干旱之后干涸了一段时间，导致大量水生物死亡。
D. 河水流速越慢，其水温变化就越小，这有利于水草的生长和繁殖。
E. 如果河中水草数量达到一定的程度，就会对周边其他物种的生存产生危害。

40、41题基于以下题干

某海军部队有甲、乙、丙、丁、戊、己、庚7艘舰艇，拟组成两个编队出航，第一编队编列3艘舰艇，第二编队编列4艘舰艇，编列需满足以下条件：

(1) 航母己必须编列在第二编队；
(2) 戊和丙至多有一艘编列在第一编队；
(3) 甲和丙不在同一编队；
(4) 如果乙编列在第一编队，则丁也必须编列在第一编队。

40. 如果甲在第二编队，则下列哪项中的舰艇一定也在第二编队？

A. 乙。　　　　　　　B. 丙。
C. 丁。　　　　　　　D. 戊。
E. 庚。

41. 如果丁和庚在同一编队，则可以得出以下哪项？

A. 甲在第一编队。
B. 乙在第一编队。
C. 丙在第一编队。
D. 戊在第二编队。
E. 庚在第二编队。

42. 甲：读书最重要的目的是增长知识、开阔视野。

乙：你只见其一，不见其二，读书最重要的是陶冶性情、提升境界，没有陶冶性情、提升境界，就不能达到读书的真正目的。

以下哪项与上述反驳方式最为相似？

A. 甲：文学创作最重要的是阅读优秀文学作品。

乙：你只见现象，不见本质。文学创作最重要的是观察生活、体验生活。任何优秀的文学作品都来源于火热的社会生活。

B. 甲：做人最重要的是要讲信用。

乙：你说得不全面，做人最重要的是要遵纪守法，如果不遵纪守法，就没法讲信用。

C. 甲：作为一部优秀的电视剧，最重要的是能得到广大观众的喜爱。

乙：你只见其表，不见其里。作为一部优秀的电视剧最重要的是具有深刻寓意与艺术魅力。没有深刻寓意与艺术魅力，就不能成为优秀的电视剧。

D. 甲：科学研究最重要的是研究内容的创新。

乙：你只见内容，不见方法。科学研究最重要的是研究方法的创新。只有实现研究方法的创新，才能真正实现研究内容的创新。

E. 甲：一年中最重要的季节是收获的秋天。

乙：你只看结果，不问原因。一年中最重要的季节是播种的春天。没有春天的播种，哪来秋天的收获？

43. 若要人不知，除非己莫为；若要人不闻，除非己莫言。为之而欲人不知，言之而欲人不闻，此犹捕雀而掩目，盗钟而掩耳者。

根据以上陈述，可以得出以下哪项？

A. 若己不言，则人不闻。
B. 若己为，则人会知；若己言，则人会闻。
C. 若能做到盗钟而掩耳，则可言之而人不闻。
D. 若己不为，则人不知。
E. 若能做到捕雀而掩目，则可为之而不知。

44. 中国是全球最大的卷烟生产国和消费国，但近年来政府通过出台禁烟令，提高卷烟消费税等一系列公共政策努力改变这一现象。一项权威调查数据显示，在2014年同比上升2.4%之后，中国卷烟消费量在2015年同比下降了2.4%，这是1995年来首次下降，尽管如此，2015年中国卷烟消费量仍占全球的45%，但这一下降对全球卷烟总消费量产生巨大影响。使其同时下降了2.1%。

根据以上信息，可以得出以下哪项？

A. 2015年发达国家卷烟消费量同比下降比率高于发展中国家。
B. 2015年世界其他国家卷烟消费量同比下降比率低于中国。
C. 2015年世界其他国家卷烟消费量同比下降比率高于中国。
D. 2015年中国卷烟消费量大于2013年。
E. 2015年中国卷烟消费量恰好等于2013年。

45. 某校图书馆新购一批文科图书，为方便读者查阅，管理人员对这批图书文科新书阅览室中的摆放位置作如下提示：

（1）前3排书橱均放有哲学类新书；
（2）法学类新书都放在第5排书橱，这排书橱左侧也放有经济类的新书；
（3）管理类新书放在最后一排书橱。

事实上，所有的图书都按照上述提示放置，根据提示，徐莉顺利找到了她想查阅的新书。

根据上述信息，以下哪项是不可能的？

A. 徐莉在第2排书橱中找到哲学类新书。
B. 徐莉在第3排书橱中找到经济类新书。
C. 徐莉在第4排书橱中找到哲学类新书。
D. 徐莉在第6排书橱中找到法学类新书。
E. 徐莉在第7排书橱中找到管理类新书。

46. 某次学术会议的主办方发出会议通知：只有论文通过审核才能收到会议主办方发出的邀请函，本次学术会议只欢迎持有主办方邀请函的科研院所的学者参加。

根据以上通知，可以得出以下哪项？

A. 本次学术会议不欢迎论文没有通过审核的学者参加。
B. 论文通过审核的学者都可以参加本次学术会议。
C. 论文通过审核并持有主办方邀请函的学者，本次学术会议都欢迎其参加。
D. 有些论文通过审核并持有主办方邀请函的学者，本次学术会议欢迎其参加。
E. 论文通过审核的学者有些不能参加本次学术会议。

47、48题基于以下题干：

一江南园林拟建松、竹、梅、兰、菊5个园子，该园林拟设东、南、北3个门分别位于其中3个园子，这5个园子的布局满足如下条件：

（1）如果东门位于松园或菊园，那么南门不位于竹园；

(2) 如果南门不位于竹园，那么北门不位于兰园；
(3) 如果菊园在园林的中心，那么它与兰园不相邻；
(4) 兰园与菊园相邻，中间连着一座美丽的廊桥。

47. 根据以上信息，可以得出以下哪项？
A. 兰园不在园林的中心。
B. 菊园不在园林的中心。
C. 兰园在园林的中心。
D. 菊园在园林的中心。
E. 梅园不在园林的中心。

48. 如果北门位于兰园，则可以得出以下哪项？
A. 南门位于菊园。
B. 东门位于竹园。
C. 东门位于梅园。
D. 东门位于松园。
E. 南门位于梅园。

49. 有研究发现，冬季在公路上撒盐除冰，会让本来要成为雌性的青蛙变成雄性。这是因为这些路盐中的钠元素会影响青蛙的受体细胞并改变原可能成为雄性青蛙的性别。有专家据此认为，这会导致相关区域青蛙数量的下降。
以下哪项如果为真，最能支持上述专家的观点？
A. 大量的路盐流入池塘可能会给其他生物造成危害，破坏青蛙的食物链。
B. 如果一个物种以雄性为主，该物种的个体数量就可能受到影响。
C. 在多个盐含量不同的水池中饲养青蛙，随着水池中盐含量的增加，雌性青蛙的数量不断减少。
D. 如果每年冬季在公路上撒很多盐，盐水流入池塘，就会影响青蛙的生长发育过程。
E. 雌性比例会影响一个动物种群的规模，雌性数量的充足对物种的繁衍生息至关重要。

50. 最终审定的项目或者意义重大或者关注度高，凡意义重大的项目均涉及民生问题，但是有些最终审定的项目并不涉及民生问题。
根据以上陈述，可以得出以下哪项？
A. 意义重大的项目比较容易引起关注。
B. 有些项目意义重大但是关注度不高。
C. 涉及民生问题的项目有些没有引起关注。
D. 有些项目尽管关注度高但并非意义重大。
E. 有些不涉及民生问题的项目意义也非常重大。

51. 甲：知难行易，知然后行。
乙：不对，知易行难，行然后知。
以下哪项与上述对话方式最为相似？
A. 甲：知人者愚，自知者明。
   乙：不对。知人不易，知己更难。
B. 甲：不破不立，先破后立。
   乙：不对，不立不破，先立后破。
C. 甲：想想容易做起来难，做比想更重要。
   乙：不对，想到就能做到，想比做更重要。
D. 甲：批评他人易，批评自己难；先批评他人后批评自己。
   乙：不对，批评自己易，批评他人难；先批评自己后批评他人。
E. 甲：做人难做事易，先做人再做事。

乙：不对，做人易做事难，先做事再做人。

52. 所有值得拥有专利的产品或设计方案都是创新，但并不是每一项创新都值得拥有专利；所有的模仿都不是创新，但并非每一个模仿都应该受到惩罚。

根据以上陈述，以下哪项是不可能的？

A. 有些创新者可能受到惩罚。
B. 有些值得拥有专利的产品是模仿。
C. 所有的模仿者都受到了惩罚。
D. 所有的模仿值得拥有专利。
E. 有些值得拥有专利的创新产品并没有申请专利。

53. 某国拟在甲乙丙丁戊己6种农作物中进口几种，用于该国庞大的动物饲料产业，考虑到一些农作物可能含有违禁成分，以及它们之间存在的互补或可替代因素，该国对这些农作物有如下要求：

（1）它们当中不含违禁成分的都进口；
（2）如果甲或乙含有违禁成分，就进口戊和己；
（3）如果丙含有违禁成分，那么丁就不进口了；
（4）如果进口戊，就进口乙和丁；
（5）如果不进口丁，就进口丙；如果进口丙，就不进口丁；

根据上述要求，以下哪项所列的农作物是该国可以进口的？

A. 丙、戊、己。
B. 乙、丙、丁。
C. 甲、乙、丙。
D. 甲、丁、己。
E. 甲、戊、己。

54、55题基于以下题干：

某校四位女生施琳、张芳、王玉、杨虹与四位男生范勇、吕伟、赵虎、李龙进行中国象棋比赛，他们被安排在四张桌上，每桌一男一女对弈，四张桌从左到右分别记为1、2、3、4号，每桌选手需要进行四局比赛，比赛规定：选手每胜一局得2分，和一局得1分，负一局得0分。前三局结束时，按分差大小排列，四对选手的总积分分别是6：0、5：1、4：2、3：3，已知：

（1）张芳和吕伟对弈，杨虹在4号桌比赛，王玉的比赛桌在李龙比赛桌的右边；
（2）1号桌的比赛至少有一局是和局，4号桌双方的总积分不是4：2；
（3）赵虎前三局总积分并不领先他的对手，他们并没有下过和局；
（4）李龙已连输三局，范勇在前三局总积分上领先他的对手。

54. 根据上述信息，前三局比赛结束时谁的总积分最高？

A. 杨虹。 B. 施琳。
C. 范勇。 D. 王玉。
E. 张芳。

55. 如果下列有位选手前三局均与对手下成和局，那么他（她）是谁？

A. 施琳。 B. 杨虹。
C. 张芳。 D. 范勇。
E. 王玉。

2018年逻辑试题答案与解析

01～25 略。

26. 答案：A

题干断定：离开人民→文艺就会变成无根的浮萍、无病的呻吟、无魂的躯壳。

其等价于：不离开人民←文艺不会变成无根的浮萍、无病的呻吟、无魂的躯壳。

即：只有不离开人民，文艺才不会变成无根的浮萍、无病的呻吟、无魂的躯壳。

27. 答案：C

题干仅给某一天的部分城市的情况，显然，这些城市并不能确认包含了所有的天气情况。

选项 A、D、E，断定了"一定是所有的天气类型"，以偏概全，可以排除。

选项 B，断定了"一定不是所有的天气类型"，推断绝对化了，也应排除。

选项 C，"可能不是所有的天气类型"，这是可能性推断，为正确答案。

28. 答案：D

专家结论是：人们似乎从晚睡中得到了快乐，但这种快乐其实隐藏着某种烦恼。

在诸选项中，能体现某种烦恼的答案只有 D 项，即晚睡提醒人们现在的"正常生活"存在

29. 答案：A

专家观点：分心驾驶已成为我国道路交通事故的罪魁祸首。

此题要抓住"罪魁祸首"这个关键词，意味着分心驾驶造成交通事故最多，A 项指出"我国

30. 答案：B

题干条件关系式为：

(1) 乙 2∨乙 6

(2) 甲 1→丙 3∧戊 5

(3) ¬甲 1→己 4∧庚 5

(4) 乙 2→己 6

由丙周日值日，结合（2）根据"否后必否前"可得：¬甲 1。

再结合（3），可得：己 4 且庚 5。

由己 4，结合（4）根据"否后必否前"可得：¬乙 2。

再由¬乙 2，结合（1），根据选言推理规则可得：乙 6。即乙周六值班。

31. 答案：D

庚周四值日，结合（3）根据"否后必否前"可得：甲 1。

又由（2）可得：丙 3∧戊 5。

即，戊一定是周五值日，故不可能周日值日。D 项一定为假。

32. 答案：E

根据模态推理规则：不必然=可能不。由此：

弟子不必不如师=弟子可能如师。即有的弟子可能如师。

师不必贤于弟子=师可能不贤于弟子。即有的师可能不贤于弟子。

因此，唯有 E 项正确。

33. 答案：E

根据（2）"雨"都在春季，说明"雨水"在春季。

结合（4），得到，"霜降"在秋季。

再结合（3），得到"清明"在春季。

而 E 选项"清明"是第三个，属于夏季，这是不可能的。

其余选项都有可能成立，比如，A 项，由（4）"霜降"在秋季则"雨水"在春季，但题目只列了两个节气，并没有列出全部。所以，A 项并非不可能。

34. 答案：C

题干结构：不 P 就 Q；不 R 就 S。所以，如果不 S，就 P。

诸选项中，只有 C 项与题干论证方式最相似（可把"不肥"看成一个整体的概念）。

其他选项均不相似，比如 A 项：不 P 就 Q；不 R 就 S。所以，如果不 S，就 R。

35. 答案：D

由条件1和条件4可得：小张先坐一号线（3站），转两号线（4站），到达。即坐了7站，转乘一次。

由条件3和条件4可得：小李先坐一号线（4站），转四号线（3站），再转三号线（1站），到达。即坐了8站，转乘两次。

由于"各条地铁线每一站运行加停靠所需时间均彼此相同"且"换乘及步行总时间相同"，所以小李一定要比小张晚到单位。所以，选项D不可能为真。

由条件2和条件4可得：小王不会"坐2站后转三号线，再坐3站到北口站"，具体情况未知。因此，包含小王的选项均应予以排除。

36. 答案：C

题干根据该国年轻人去医院治疗"老年病"的人越来越多，得出结论，该国年轻人中"老年病"发病率有不断增加的趋势。

此漏洞在于根据"发病人数"增加推出"发病率"增加，混淆了绝对数与相对数。C项表明，由于大量移民涌入，该国年轻人的数量急剧增加。这意味着，年轻人总人数在增加，那就意味着分子分母都在增加，从而无法确定"发病率"是否增加。这显然有力地质疑了上述调研结论。

37. 答案：A

题干断定：如果每一个体在不损害他人利益的前提下，尽可能满足其自身的利益需求，那么由这些人体组成的社会就是一个良善的社会。

其等价的逆否命题为：如果一个社会不是良善的，那么其中肯定存在个体损害他人利益或自身利益需求没有尽可能得到满足的情况。即A项正确。

38. 答案：D

根据题干：赵珊珊选的是诗词类的课程，诗词类课程包括诗经、唐诗和宋词。

若D项为真，即庄志达选修《诗经》鉴赏，结合（3），李晓明就要选"唐诗鉴赏"，

39. 答案：C

题干的矛盾在于：一方面，如果降水量低，流中的水草总量通常也会随之增加。另一方面，去年该地区在经历了一次极端干旱之后，但其中的水草总量并未随之而增加。

C项表明，该河流在经历了去年极端干旱之后干涸了一段时间，导致大量水生物死亡。可见。

40. 答案：D

甲在第二编队。根据（3）可得：丙在第一编队。

41. 答案：D

已知丁和庚在同一编队。

假设丁和庚都在第二编队，根据（4）可得：乙在第二编队；再根（1）可知：己在第二编队。到此可知在第二编队的有：丁、庚、己、乙，根据题干"第二编队有4艘舰艇"可知，第二编队已经满员。但又由（3），甲和丙不能在同一编队，那么二者必有一个在第二编队，这就出现了矛盾，因此，假设不成立。

由此可知，丁和庚在第一编队，甲、丙必有一艘在第一编队，第一编队到此满员。其他舰艇乙、戊、己只能全部在第二编队。

42. 答案：B

题干论述和反驳的结构为：

甲：A最重要的是B。

乙：A最重要的是C，没有C就没有B。

诸选项中，B项与上述反驳方式最为相似。

其余选项不妥，比如 C 的结构为：
甲：A 最重要的是 B。
乙：A 最重要的是 C，没有 C 就没有 A。

43. 答案：B
若要人不知，除非己莫为
＝人不知→己莫为＝人知←己为＝若己为，则人会知。
若要人不闻，除非己莫言
＝人不闻→己莫言＝人闻←己言＝若己言，则人会闻。

44. 答案：B
题干断定：中国卷烟消费量在 2015 年同比下降了 2.4%，而全球卷烟总消费量下降了 2.1%。
由此显然可知：2015 年世界其他国家卷烟消费量同比下降比率低于中国。因此，B 项正确。
其余选项均推不出，比如 E 项，2015 年中国卷烟消费量应该是 2013 年的 $1×(1+2.4\%)×(1-2.4\%)=0.9994$，不可能相等。

45. 答案：D
根据（2）"法学类新书都放在第 5 排"可知，其他排绝对不会出现法学类新书。因此，D 项是不可能的。

46. 答案：A
题干断定：
① 论文通过审核←邀请函 。（只有论文通过审核才能收到会议主办方发出的邀请函）
② 邀请函←欢迎参加。（本次学术会议只欢迎持有主办方邀请函的科研院所的学者参加）
由此可得：论文没通过审核→没邀请函→不欢迎参加。
因此，必然可以得出 A 项。

47. 答案：B
根据（4）可知：兰和菊相邻；
再根据（3）可得：菊园不在园林的中心。

48. 答案：C
北门位于兰园，根据（2）可得：南门位于竹园；
再根据（1）可得：东门不位于松园且不位于菊园；
由于只有五个园子，可推知：东门只能位于梅园。

49. 答案：E
专家观点：雌性变成了雄性会导致青蛙数量下降。
若 E 项为真，即雌性数量的充足对物种的繁衍生息至关重要，这显然作为一个重要的论据有力地支持了专家的观点。

50. 答案：D
题干条件：
① 最终审定的项目：意义重大∨关注度高
② 意义重大→涉及民生
③ 有些最终审定的项目→不涉及民生
整理①②③可得：有些最终审定的项目→不涉及民生→不意义重大→关注度高
即，有些最终审定的项目关注度高但意义不重大。

51. 答案：E
题干对话的结构为：
甲：P 难 Q 易，先 P 后 Q。

乙：P易Q难,先Q后P。
在诸选项中,只有E项与上述对话方式最为相似。

52. 答案：B

题干断定：

"所有值得拥有专利的产品或设计方案都是创新

所有模仿都不是创新"

由此可知：所有值得拥有专利的产品或设计方案都不是模仿。

因此,"有些值得拥有专利的产品是模仿"是不可能的

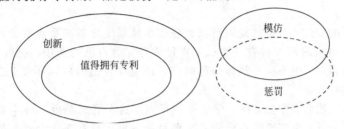

53. 答案：C

排除法解决。根据(5),排除B项。根据(4),排除A、E项。

考察D项：进口丁,根据(3)丙没有违禁成分,再根据(1),丙也得进口,故该项排除。

因此,只有C项与题干条件不矛盾。

54. 答案：B

由题干信息四对选手的总积分分别是6∶0、5∶1、4∶2、3∶3可知,总积分最高的是得6分的选手。根据(4)可知：与李龙对弈的人得6分,是最高分,只能来自女生行列。

由(1)可知：李龙的对手不是张芳、王玉。假设杨虹和李龙在4号桌比赛,这和(1)中"王玉在李龙的右边"相冲突,假设不成立。因此,李龙的对手不是张芳、王玉,也不是杨虹,那就只能是施琳。

55. 答案：C

三局都是和局,那结果就是3∶3。

根据上题的分析,先排除A项。再根据(4),排除D项。

根据得分规则可知：6∶0是3胜；5∶1是2胜1和；4∶2是1胜2和或2胜1负；3∶3是3和。

先由(3)赵虎没有下过和局；不可能是3∶3和5∶1。只能是6∶0或4∶2。

又由(4)李龙已连输三局,为6∶0。因此,赵虎的局只能为4∶2。

再由(4)范勇在前三局总积分上领先他的对手。因此,范勇的局不可能是3∶3；所以,范勇的局只能是5∶1。

由此,男选手中只有吕伟的局是3∶3。再由(1)知,他的对手是张芳。因此,C项正确。

本题还可以继续推出每对选手的桌号。由(2)1号桌的比赛至少有一局是和局；因此,不可能是6∶0。再由(1)王玉的在李龙的右边；这样推出的结果如下表所示：

项目	1	2	3	4
得分	3∶3	6∶0	4∶2	5∶1
战况	3和	3胜	1胜2和或2胜1负	2胜1和
女	张芳	施琳	王玉	杨虹
男	吕伟	李龙	赵虎	范勇

497

附录 C 应考策略

逻辑应考策略可包括临考安排和考场策略两个部分,现分述如下。

一、临考安排

临考安排大致是指考前两周的时间安排,建议重点做好以下几点:

1. 查漏补缺

随着考试日期的临近,考生的复习重点也应逐步从系统准备向重点准备转变。个别还没掌握的知识点和容易出错的地方再看一看;主要目的是完善自己的弱项,把握应试准备的重点。对于有关考试的内容,考生不应平均地分配时间,而应在自己的薄弱环节上多投入精力,这样才能获得较高的实际收益。

寻找逻辑盲点,然后类型化训练,学会举一反三。这个意思是说,考生要把我们逻辑历年来的考点整理一下,每一个逻辑考点先弄几个题目做一做,看看在这个点上是不是出现了逻辑盲点,这种类似的题目是不是经常做错,通过这种类型化的做题找出自己思维当中的盲点,然后把这些盲点通过类型化训练来消除。

做题过程中三种情况:做对、猜对、做错,后两种情况要做记号,之后要想通。将过去做错的试题认真总结一下:做对的选项为什么正确,选错的选项为什么错误。经过这样的步骤,逻辑的分数就会提高得很快。

2. 模考热身

考前模拟实战训练非常重要,考前一周要至少做三次全科模考,作为考前热身,进入一下实战环境。一定要控制在 3 小时内做完全科模拟试题,从中把握考试的节奏,因为每个考生各科的基础不一样,通过模拟训练,找出适合自己特点的答题顺序和时间分配方案,从而来确定自己现场考试的时间分配策略。建议考生在上考场之前就先有个比较明确的想法,把做题速度和正确率这两项指标调整到最佳状态,当时再根据实际的卷子难度分布加以调整。只要把握好考试时间的分布,合理分配时间,就能最大限度地发挥自己的真实水平。

3. 规范思路

考前三天不要再做新题,而是把以前做过的题再看一遍。逻辑备考,很重要的一点就是使自己的做题思路向命题者靠的过程,向命题者靠得越近,越能做对答案。因此,最后的时间段,建议看题只看曾做错或蒙对的题,而且不再看这些题目的错误选项,不要再考虑错误选项为什么错误,而只考虑正确答案为什么正确就可以了。仔细体会正确答案的正确性,想一遍想通即可,以进一步规范自己的思路。

4. 调整状态

考前两三天开始,要调整好自己的生理状态和心理状态。努力调整到一个最佳状态,比如有些比赛型选手,比赛成绩高于平时成绩,这类运动员上场的心态和状态调整都非常好。

临场发挥状况除了应试实力之外,良好的应试状态也非常重要。无论是考生的生理状态还是心理状态,都不可能是一成不变的,总是存在着一定的起伏、波动,会出现波峰和谷底,对于有些考生而言,这种波峰和谷底的差别还非常大。因此,考前实力相当的两个考生,由于身体或心理方面的原因,最终考分可能相差达数十分。有些考生信奉"临阵磨枪,不快也亮",在考试前过度"开夜车",使自己疲惫不堪;或者,在考试前瞻前顾后,顾虑重重,思想包袱很重,注意力不是集中在如何准备好考试上,而是集中于万一考不好该怎么办上,这些都不利于在考试中发挥自己的正常水平。理想的情况是,考生的心理曲线和生理曲线在正式考试时都能够调整到峰顶。以往成功的考生大多都能够很好地调整自己的生理状态和心理状态。

5. 适度放松

越是临近考试，考生越要注意保证适当的休息时间，越要保持情绪稳定。建议考前一天，要适度放松，不再做题，提前看好考场，准备好考试用具。

二、考场策略

逻辑考试能否考高分取决于四个因素：一是先天的逻辑思维能力，少数很聪明的人早些悟出一些规律；二是辅导是否得法，辅导得法可以少走弯路；三是学习与训练，坚持是一个可贵的品质，投入的精力和时间以及适当的方法，大多数普通考生只要下决心投入进去也一定能达到同样的目的，取得满意的结果；四是良好的应试技巧与状态。

进入考场的那一刻，前三个因素已经固定。下面介绍一下涉及应试技巧与状态的考场策略：

1. 总体策略

把逻辑80%～90%的题目做到80%～90%的正确率；剩下近10%～20%的难题再凭感觉猜一个答案。有了这样的策略，考试的心态就会相对放松，就不至于出现发挥失常的情况。

逻辑测试和其他类型考试大体都是60%左右的简单题，属于应该能得到的分数，这部分的题不能放过；30%左右的提高题，要尽量争取拿分；10%左右的难题，做不来也没关系，来不及就猜一个答案。

2. 做题顺序

管理类联考综合能力试卷是按数学、逻辑、写作的顺序安排的。先做哪一科，应该有个策略上的考虑，要从实际出发，结合自己的特点安排好所答的科目顺序。由于写作是主观题，因此一般放最后做。至于先做数学还是先做逻辑，由考生根据自己的情况自定。若考生没有明显的倾向，那还是按试卷排列的顺序来答题。

3. 答题时间

从阅读和逻辑推理能力的综合水平由高到低，我们可以把考生分成逻辑高手、逻辑份子和逻辑患者这三类。经过一定时间的训练，绝大部分考生都是前两类。逻辑高手应当是比规定时间提前10分钟左右将逻辑部分彻底完成；逻辑份子可以根据自己的情况和喜好，用规定时间稳稳当当地将逻辑部分做完一遍。

在联考过程中，有些考生反映时间不够用，题目做不完。由于考试题型、题量相对固定，考生应该在熟悉考试大纲所给出的样题的基础上，结合自己平常解题的习惯，在考试之前就合理地规划好自己的考试时间，明确到哪个时间应该完成哪一科，这样，就不会出现时间配置不合理的现象，在考试过程中也就能够表现得游刃有余了。具体对不同的考生来说，可以根据自身情况作不同的处理。策略上的考虑应当在全面衡量综合科目中各科得分上的边际收益，必要时也不妨牺牲另一部分的时间来争取总体上的更多得分。

逻辑其实是非常好拿分的一科，很多考生有这样的感觉：在做逻辑模拟时发现，逻辑适当地延长时间，能成比例地提高考试分值，这样的时间投资是值得的。因此，现场考试时，建议考生要用足逻辑应做的时间。同时注意以下三点：

（1）要有整体时间控制观念。

（2）不要在个别难题上耽误太多的时间，要权衡优势科目和劣势科目的答题时间。

（3）预留足够的填涂答案的时间，同时要注意答题卡的科目顺序和题号，千万不能错填。

4. 考场要诀

考题一般都是全新的题，考试时一般不会碰到平时训练中一模一样的题。个别命中考题的情况，只能算是碰巧。当然万变不离其宗，考题的各种类型在本书中都会讲到，所有逻辑考题相类似的题在平时训练你应该都见过，所以要保持足够的自信。

考生在考场上做逻辑科目的一般感觉是：一方面，逻辑试题都没见过，所以考试时会觉得题干很长，很费阅读时间；另一方面，多数考题一旦读懂题干，答案其实一目了然。

考试时是按平时训练时分析的思路去做题吗？其实不是，考试时不需要仔细考虑用哪种解题思路，因为时间上来不及，考试时做题很大程度上是靠感觉，这种感觉主要靠平时解题训练中逐步形成的自己的风格，复习到后期你会觉得用什么解题方法本身并不是重要的，因为它们都殊途同归，实际上真正考试的时候对解题方法并没有明确的界限，是融会贯通、浑然一体的。

具体在考场中要注意的要点是：

（1）尽量保持一分半钟内做一道题。

（2）挑自己会做的题目，读一遍题，能出答案的就出（比如用关键词定位选项）。

（3）出不了答案的，就用排除法去掉错误选项的方法再在剩下的选项中猜一个答案，这样命中率就高。

（4）若50分钟内结束不了，简单浏览剩余题目，看到简单的再做几个题，复杂的就直接猜一个答案。

5. 注意事项

做逻辑题的状态非常重要，考前状态要调节好，因为逻辑题只有清醒的时候才能做得又快又好。逻辑临场考试要注意以下几点：

（1）沉着冷静，集中精力。

（2）快速阅读，提取信息。

（3）借助图表，综合分析。

（4）迅速推理，准确选择。

（5）敏锐和周到，两者缺一不可。

（6）相信第一感觉，保持良好心态。

（7）平和并保持适度的紧张。即：一方面不要太紧张，切忌手忙脚乱；另一方面要保持适度的紧张，要随时写、画，一刻也不闲着。

（8）更重要的是考试的信心和以此而来的从容。不要急，用够时间做对题。

6. 意外情况

临场考试的意外主要有三种情况：遇到难题、遇到有歧义的题和时间不够。

（1）在考试中万一碰了个钉子，遇到了点麻烦，怎么办？

如果有的题目一看就特别复杂，你不能一下突破，建议你不要钻到这个题目中不拐弯了，你要放一放，你要想到其他考生也碰到这样的情况，不要着急；有的考生一遇到难题就钻研，最后时间就不够了。建议对这道题先放过去，先凭第一印象做个选择，但用三角号做好标记（空下来没做的或没把握的题一定要做标记，等做完卷子后如果还有时间的话回头再考虑）。

（2）万一我们在考场上发现个别比较模糊或是有歧义的题怎么办？

也要认真对待，不能带有任何别的情绪。应该相信，考题肯定是经过命题者的仔细推敲的，绝大多数的试题是没有歧义的，当然也不排除个别有争议的题，但这最多是个别情况，万一遇到了就根据第一印象选一个答案。

（3）时间不够用了怎么办？

分别对待。不到差1分钟的时候，不随便乱猜乱画。可以先挑短的题、自己熟悉的题做，争取拿一分是一分。

总之，对待逻辑考试，要战术上重视，战略上藐视。既要认真对待，又要有平常心态，才能在考场上发挥出自己的最好水平，从而夺得逻辑高分。

周建武逻辑系列精品图书书目

逻辑专著系列

◆《逻辑学导论——推理、论证与批判性思维》（周建武　主编），清华大学出版社

◆《批判性思维——逻辑原理与方法》（周建武　武宏志　著），清华大学出版社

◆《论证有效性分析——逻辑与批判性写作指南》（周建武　编著），清华大学出版社

◆《科学推理——逻辑与科学思维方法》（周建武　编著），化学工业出版社

逻辑考研系列

◆《MBA、MPA、MPAcc、MEM逻辑推理——高效思维训练与应试指导》（周建武编著），化学工业出版社

◆《MBA、MPA、MPAcc、MEM逻辑题典——分类思维训练与专项题库》（周建武编著），化学工业出版社

◆《MBA、MPA、MPAcc、MEM论证有效性分析——高效思维训练与应试指导》（周建武编著），化学工业出版社

◆《全国硕士研究生招生考试管理类专业学位联考综合能力考前辅导教程——逻辑分册》（全国工程专业学位研究生教育指导委员会、全国工程管理专业学位研究生教育指导委员会联合组编，周建武主编），清华大学出版社

◆《管理类专业学位联考综合能力考试逻辑真题分类精解》（周建武主编），中国人民大学出版社

◆《管理类专业学位联考综合能力考试逻辑精选600题》（周建武主编），中国人民大学出版社

逻辑通俗系列

◆《魔鬼逻辑学——揭露潜藏在历史与社会表象下的博弈法则》（第二版）（周建武编著），中国人民大学出版社

◆《世上最经典的365道逻辑思维名题——附详解》（第四版）（周建武编著），中国人民大学出版社

◆《经典逻辑思维名题365道》（周建武编著），化学工业出版社

◆《挑战最强大脑的思维游戏》（周建武编著），清华大学出版社

作者简介

周建武 著名逻辑学专家，博士、研究员。清华大学经济管理学院研究生毕业，中国国家行政学院－加拿大魁北克大学博士后。在北京专业从事博硕士研究生教育与培训管理工作，担任清华大学素质教育研究中心逻辑通识教育研究课题负责人，21世纪新逻辑研究院副院长。致力于逻辑学、批判性思维、科学思维方法论以及各类逻辑推理测试的教学与研究。长期担任全国工程专业学位研究生教育指导委员会、全国工程管理专业学位研究生教育指导委员会统编逻辑辅导教程主编，被誉为"考研逻辑第一人"，其主编的考研逻辑系列图书是历年最畅销的专业硕士联考辅导用书，已成为逻辑应试经典。

丛书书目

◆《MBA、MPA、MPAcc、MEM逻辑推理——高效思维训练与应试指导》（周建武编著），化学工业出版社

◆《MBA、MPA、MPAcc、MEM逻辑题典——分类思维训练与专项题库》（周建武编著），化学工业出版社

◆《MBA、MPA、MPAcc、MEM论证有效性分析——高效思维训练与应试指导》（周建武编著），化学工业出版社

丛书介绍

◆本套丛书是全国著名逻辑教学与研究专家周建武在清华大学、中国人民大学、复旦大学等出版社编著出版十余部考研逻辑用书的基础上，历经18年积累与打造，全面改版，重新编排，精心修订，优化设计而成。

◆自2000年起，周建武老师主编的管理类、经济类以及工程类等各类专硕考研逻辑系列辅导用书每年修订再版，年年切中考点，屡屡押中考题，被历届专业硕士考生公认为考研逻辑应试必备用书，累计畅销数百万册。

◆作为全新推出的管理类联考和经济类联考的综合能力辅导用书，本套丛书详尽地提供了逻辑推理与论证有效性分析的整体解决方案，讲解细致，分析透彻，必将有效地提升考生的实战能力与应试水平。